QUADERNI DEL DIPARTIMENTO DI DIRITTO PUBBLICO INTERNAZIONALE E COMUNITARIO
Nuova serie
Università degli Studi di Padova

32

LA CITTÀ
OLTRE LO STATO

a cura di

FILIPPO PIZZOLATO, GUIDO RIVOSECCHI e ANTONINO SCALONE

Coordinamento editoriale

Giovanni Comazzetto, Fabio Corvaja e Paolo Costa

G. Giappichelli Editore

VIA PO 21 - TEL.: 011-81.53.111 - FAX: 011-81.25.100

http://www.giappichelli.it

ISBN/EAN 978-88-921-4227-5
ISBN/EAN 978-88-921-9969-9 (ebook - pdf)

Il volume è pubblicato con il contributo finanziario del Dipartimento di Diritto Pubblico, Internazionale e Comunitario dell'Università di Padova.

Stampa: Rotolito S.p.A. - Pioltello (MI)

INDICE

SEZIONE SECONDA

L'OLTRE-CONCETTUALE: LA POLITICITÀ ORIGINARIA ED AUTONOMA DELLE CITTÀ

I CITTADINI AZIONISTI DELLA CITTÀ

MARIO BERTOLISSI

IL COSTITUZIONALISMO E LA NON-CITTÀ

PAOLO COSTA

CITTÀ, SPAZIO, DIRITTO. RIPENSARE IL DIRITTO ALLA CITTÀ NELL'ETÀ DELL'INFORMAZIONE

GIOVANNI COMAZZETTO

LA CITTÀ AVAMPOSTO DELLE TRASFORMAZIONI DELLO STATO: INTORNO A TALUNI REGISTRI COMUNALI

LUCIA BUSATTA

ORDINE LEGALE E CIVISMO

SVEVA IANESE

LA LIBERTÀ DEI CITTADINI ATTIVI OLTRE LO STATO: PRIME CONSIDERAZIONI SULL'AMMINISTRAZIONE CONDIVISA IN UNIONE EUROPEA

CHIARA SALATI

SEZIONE TERZA

L'OLTRE NEL RAPPORTO TRA ORDINAMENTI: LE CITTÀ NELLO SPAZIO INTER- E SOVRANAZIONALE

LA CITTÀ OLTRE LO STATO, MA NON SENZA LO STATO

STEFANO SOLARI

LE CITTÀ NEL DIRITTO INTERNAZIONALE

MARCO DIMETTO

CITTÀ-STATO E CITTÀ-SANTUARIO. RESIDENTI O UTENTI?

ANDREA PIN

LE CITTÀ NEL PROCESSO DI INTEGRAZIONE EUROPEA

Giovanni Comazzetto

UN'AUTONOMIA *À LA CARTE*? LA CARTA EUROPEA DELL'AUTONOMIA LOCALE NELL'ORDINAMENTO ITALIANO, TRA VINCOLO GIURIDICO E INTERPRETAZIONI RIDUTTIVE

Fabio Corvaja

IL CDR NEL QUADRO ISTITUZIONALE DELL'UNIONE EUROPEA E IL RUOLO (PROBLEMATICO) DEGLI ENTI LOCALI

Antonino Scalone

CITTADINANZA EUROPEA COME CITTADINANZA FEDERALE

MATTEO BOZZON

PARTE SECONDA

LE POLITICHE CITTADINE

SEZIONE PRIMA

LA TESSITURA DI RETI

FLOATING CITIES, RETI E TERRITORIO: IL COSTITUZIONALISMO TRANSNAZIONALE TRA FUNZIONALISMO E ISTANZA DEMOCRATICA

FILIPPO PIZZOLATO

LE ATTIVITÀ COMUNALI DI "MERO RILIEVO INTERNAZIONALE"

ANDREA AMBROSI

CITIES, LAW AND LANGUAGE. GOING BEYOND THROUGH EDUCATIONAL NETWORKS

GIOVANNA TIEGHI

GEMELLAGGI ED ORIZZONTI RELAZIONALI DELLE CITTÀ: QUALCHE SPUNTO A PARTIRE DALLA "FRATELLI TUTTI"

GIACOMO MENEGATTO

SEZIONE SECONDA

LE POLITICHE PUBBLICHE

TRASFORMAZIONI DEL PROCESSO DI *POLICY MAKING* NELLA DIMENSIONE LOCALE: LA QUESTIONE DELLE DONNE IN POLITICA

LORENZA PERINI

DA LEONIA A ECOTOPIA: IL CONTRIBUTO DELLE CITTÀ ALLA TUTELA DELL'AMBIENTE

ELENA BUOSO

CITTÀ E SVILUPPO SOSTENIBILE: LA SOSTENIBILITÀ COME RISPOSTA ALLA DOMANDA DI CITTÀ

PAOLO PINTO

APPALTI INNOVATIVI E CITTÀ DEL FUTURO TRA INNOVAZIONE E PARTECIPAZIONE

CRISTIANA BENETAZZO

LA PROSPETTIVA *CULTURAL-GLOCAL* DELLE CITTÀ CONTEMPORANEE: TERRITORIO, CITTADINI E BENI CULTURALI

FRANCESCA DONÀ

L'ALLEANZA SOVRANNAZIONALE DELLE ESPERIENZE CITTADINE PER UN TRASPORTO PUBBLICO LOCALE SOSTENIBILE, EFFICIENTE E FLESSIBILE

CAROLA PAGLIARIN

LA CITTÀ D'ARTE ITALIANA DI FRONTE AL FENOMENO DEL TURISMO DI MASSA. IL CASO DI VENEZIA

CLARA SILVANO

GLI AUTORI

Marco ALMAGISTI, Professore associato di Scienza Politica, Università degli Studi di Padova.

Andrea AMBROSI, Ricercatore di Diritto costituzionale, aggregato di Diritto costituzionale regionale, Università degli Studi di Padova.

Michele BASSO, Ricercatore di Filosofia politica, Università degli Studi di Padova.

Cristiana BENETAZZO, Avvocato, Professore associato di Diritto amministrativo, Università degli Studi di Padova.

Mario BERTOLISSI, già Professore ordinario di Diritto costituzionale, Università degli Studi di Padova.

Matteo BOZZON, Borsista di ricerca presso l'Istituto Italiano per gli Studi Filosofici di Napoli.

Elena BUOSO, Professore associato di Diritto amministrativo, Università degli Studi di Padova.

Lucia BUSATTA, Ricercatrice di Diritto costituzionale, Università degli Studi di Trento.

Giovanni COMAZZETTO, Dottore di ricerca in Diritto costituzionale e cultore della materia, Università degli Studi di Padova.

Fabio CORVAJA, Ricercatore di Diritto costituzionale, Università degli Studi di Padova.

Paolo COSTA, Professore associato di Istituzioni di diritto pubblico, Università degli Studi di Padova.

Marco DIMETTO, Assegnista di ricerca in Diritto internazionale, Università degli Studi di Padova.

Francesca DONÀ, Dottoranda di ricerca in Diritto costituzionale, Università degli Studi di Padova.

Sveva IANESE, Avvocato e Cultrice della materia di Istituzioni di diritto pubblico, Università degli Studi di Padova.

Cristina LEVORATO, Dottoressa in Giurisprudenza e in Scienze Politiche, Università degli Studi di Padova.

Giacomo MENEGATTO, Cultore della materia in *ELP – Global English for Legal Studies*, Università degli Studi di Padova.

Andrea MICHIELI, Dottore di ricerca in Diritto pubblico dell'economia, Università degli Studi di Milano – Bicocca.

Carola PAGLIARIN, Professore associato di Diritto amministrativo, Università degli Studi di Padova.

Lorenza PERINI, Ricercatrice di Scienza Politica, Università degli Studi di Padova.

Andrea PIN, Professore associato di Diritto pubblico comparato, Università degli Studi di Padova.

Paolo PINTO, Dottorando di ricerca in Scienze Giuridiche Europee ed Internazionali, Università degli Studi di Verona.

Filippo PIZZOLATO, Professore ordinario di Istituzioni di diritto pubblico, Università degli Studi di Padova.

Guido RIVOSECCHI, Professore ordinario di Diritto costituzionale, Università degli Studi di Padova.

Chiara SALATI, Dottoranda di ricerca in *Global studies. Justice, rights, politics*, Università degli Studi di Macerata.

Antonino SCALONE, Professore associato di Istituzioni di diritto pubblico, Università degli Studi di Padova.

Clara SILVANO, Dottore di ricerca in Diritto amministrativo, Università degli Studi di Padova.

Stefano SOLARI, Professore associato di Economia Politica, Università degli Studi di Padova.

Davide TESTA, Cultore della materia in Diritto costituzionale e Diritto pubblico comparato, Università degli Studi di Padova.

Giovanna TIEGHI, Docente di *ELP – Global English for Legal Studies*, Università degli Studi di Padova.

INTRODUZIONE

Filippo Pizzolato – Guido Rivosecchi – Antonino Scalone

Il presente volume è il secondo frutto del lavoro del gruppo di ricerca «Progetto Città», istituito e promosso dal Dipartimento di Diritto Pubblico, Internazionale e Comunitario. Il gruppo, da quando si è costituito (nell'aprile 2018), ha operato come luogo informale e aperto di un confronto organizzato e continuativo, condotto in stile seminariale, e di ricerca comune attorno a temi che hanno un sicuro fondamento nel diritto pubblico, ma che intersecano altri ambiti scientifici, giuridici e non. Ai lavori del gruppo hanno preso parte docenti, ricercatori e studiosi del diritto pubblico e di altre discipline, non solamente giuridiche. Al centro delle riflessioni del Progetto Città si pone il tema complessivo della città, come dimensione originaria della democrazia e anche del diritto.

Nell'anno accademico 2018-2019 il gruppo, dopo essersi costituito, ha posto come tema specifico della propria riflessione seminariale il rapporto tra città e partecipazione. L'esito di quel lavoro è confluito in un volume collettaneo (a cura di F. Pizzolato-A. Scalone-F. Corvaja, *La città e la partecipazione tra diritto e politica*, Giappichelli, Torino, 2019). Attorno ai risultati di questa prima ricerca è stato promosso un dibattito scientifico e civile: il 15 luglio 2020 si è svolto un *webinar* in cui il tema di fondo del rapporto tra città e forme istituite della partecipazione civica è stato approfondito mettendo a confronto l'esito della ricerca del Progetto Città con un'altra contestuale e indipendente pubblicazione, condotta da studiosi dell'Università degli Studi di Verona (curata da T. Dalla Massara-M. Beghini, *La città come bene comune*, Editoriale Scientifica, Napoli, 2019). Il 25 settembre 2020, il volume *La città e la partecipazione tra diritto e politica* è stato presentato alla comunità scientifica (relatori G. Rivosecchi, G. Verde, U. Curi, M. Bertolissi, P. Marzaro, A. Ambrosi) e alle istituzioni cittadine (erano presenti gli assessori competenti del Comune di Padova).

Nell'anno accademico 2019-2020 la riflessione seminariale è proseguita attorno al tema della "città oltre lo Stato". Quell'"oltre" che è messo esplicitamente a tema è anzitutto di natura *concettuale* e allude, in continuità con gli esiti della prima ricerca del gruppo, all'autonoma fondazione della politicità della città che si rispecchia nell'autonomizzazione crescente dei processi interni alla sfera della cittadinanza (intesa come sociologica o amministrativa) rispetto a quella legale e nel disallineamento, significativo e problematico, tra la nozione di città (e di un diritto *della* città e *alla* città) – di sempre più largo uso – e quella, istituzionale e giuridicamente più consueta, di Comune o ente locale. In questo disallineamento si ritrova un'ulteriore riprova della difficoltà di contenere le trasformazioni e le dinamiche, politiche e giuridiche, della sfera cittadina entro un quadro rigido di attribuzioni governato secondo le classiche categorie classificatorie delle fonti del diritto. Peraltro, questo disallineamento è, in qualche modo, una feconda contraddizione interna allo stesso testo costituzionale, come si ricava dalla tensione tra le funzioni specifiche e la potestà regolamentare degli enti locali, da un lato, e la generalità potenziale degli ambiti di cura dagli stessi presi in carico, secondo il principio di sussidiarietà e gli artt. 5 e 114 Cost.

Al di là di questa accezione concettuale di quell'"oltre" vi è, collegata, una dimensione spaziale e cioè la crescente apertura dei Comuni (e delle città) alla dimensione internazionale e sovranazionale. La riflessione si è pertanto concentrata sul ruolo dei Comuni e dei cittadini nell'ordinamento sovranazionale europeo, nello spazio internazionale e nella dimensione funzionale transnazionale. Tale apertura non sembra adeguatamente racchiusa nel perimetro della competenza formalmente attribuita agli enti locali, ancorata alle anodine attività di mero rilievo internazionale. Tale dinamismo cittadino nello spazio sovra-inter e trans-nazionale ha bisogno, perché sia colto e misurato, di categorie e di strumenti interpretativi aggiornati. Al contempo, la novità di questo protagonismo trova nelle categorie tradizionali e nei concetti politico-giuridici un termine di raffronto necessario e, per gli studiosi, chiavi ermeneutiche preziose per diradare nebbie addensate da narrazioni retoriche spesso poco sorvegliate. Ad esempio, centrale ma ambigua si rivela, quasi fosse una sorta di elemento di congiunzione tra le due dimensioni dell'oltre cittadino, la categoria di *rete*, cui si ricorre assai frequentemente per descrivere l'assetto e l'esito delle relazioni esperite dai Comuni, nonché l'ambiente, anche giuridico, in cui le stesse sarebbero ormai necessariamente inserite. Si ragiona, anche tra giuristi, di un paradigma reticolare entro cui l'autonomia stessa è trasformata, non essendo più in relazione necessitata con lo Stato, ma inserita in una logica decentrata ed essenzialmente di tipo funzionale, più che territoriale. La categoria di "rete" è però spesso accompagnata da una certa retorica, non scevra di criticità, con cui la riflessione si è dovuta confrontare. Se infatti si escludono le poche *global cities*, occorre verificare con quale forza ed effettiva autonomia le città "normali" possono stare nello spazio internazionale frammentato. Uno strumento euristico fondamentale, sempre più anche per i giuristi, al fine di cogliere senso e direzione dei processi un atto è l'approccio di studio per "politiche", anziché per attribuzioni e competenze formali. È attraverso questa analisi – assai più consueta nella politologia o nella scienza dell'amministrazione – che si possono cogliere direzioni e concreta consistenza dell'apertura internazionale dei Comuni.

La griglia delle criticità che i processi analizzati sollevano è stata affrontata attraverso seminari interdisciplinari che si sono articolati secondo il seguente calendario: il 9 dicembre 2019, vi è stato un primo scambio di idee e di prospettive attorno al tema della ricerca; il 28 aprile 2020, vi è stata una prima presentazione, di taglio sintetico più che analitico, delle principali direzioni dell'apertura delle città oltre lo Stato (introduzione di F. Pizzolato); il 20 maggio 2020 ci si è confrontati attorno al concetto di *global city* (introduzioni di P. Costa e G. Tieghi); il 27 maggio 2020, si è riguardato alla città oltre lo Stato (città-stato) nel quadro della globalizzazione economica (S. Solari) e con l'ausilio della comparazione giuridica (A. Pin); il 3 giugno 2020 le questioni centrali della rilevanza europea e internazionale della dimensione urbana sono state affrontate, a partire dalle introduzioni di G. Comazzetto e M. Dimetto; il 22 ottobre 2020, è stato presentato l'approccio alle politiche pubbliche, grazie al contributo politologico (L. Perini) e alle risultanze dell'esperienza istituzionale (A. Rota della Regione Veneto); il 26 novembre 2020, la riflessione sulla politicità della città è stata approfondita a partire dalla ripresa delle ricerche seminali sul tema di Max Weber, rilette in chiave politologica (M. Almagisti) e filosofica (M. Basso). In concomitanza, componenti del gruppo di ricerca hanno partecipato a convegni e seminari scientifici, nazionali e internazionali, sul tema delle città (ad esempio, nel 2020, F. Pizzolato al seminario di studio italo-franco-spagnolo sul tema *La democrazia locale: ragioni, forme, prospettive*; nel 2021, G. Tieghi alla Conferenza internazionale sul tema *Constitutional Space for Cities – Le sommet sur les villes Massey Cities Summit,* Università di Toronto; e F. Donà e G. Menegatto alla *14th Annual McGill Law Graduate Conference* sul tema *Law and the City*).

L'esito di questo (secondo) anno di confronto e di ricerca è il volume qui pubblicato. Esso è articolato in due parti principali. La prima (*Prospettive e sfide*), a partire dalla lezione di Max Weber, adotta una prospettiva sintetica per affrontare i due profili dell'essere oltre della città: l'oltre concettuale e quello spaziale, con riferimento specifico agli ordinamenti sovranazionale ed internazionale. I contributi raccolti in questa parte evidenziano percorsi evolutivi del diritto *della* città e *alla* città che attestano della vitalità dell'autonomia comunale, capace, in taluni casi, di entrare in rapporto dialettico con l'ordine legale e con la gerarchia delle fonti come tradizionalmente ricostruita. La crescente rilevanza degli enti locali nell'ordinamento dell'Unione Europea e per il diritto internazionale è fatta oggetto di altri contributi di questa prima parte, da cui si ricava però l'idea di un protagonismo non ancora supportato da stabili ed efficaci strumenti istituzionali e da adeguate procedure partecipative. La seconda parte (*Le politiche cittadine*) coglie la rilevanza delle città nello spazio transnazionale, sia nel prisma opaco della categoria di "rete", mostrando la partecipazione degli enti locali a *networks* intessuti funzionalmente attorno a specifiche *issues*; sia nell'ottica *bottom-up* di specifiche politiche pubbliche nella cui implementazione gli enti locali stringono concrete relazioni con soggettività non appartenenti all'ordinamento repubblicano.

Parte Prima

PROSPETTIVE E SFIDE

Sezione Prima

UNA RIFLESSIONE ISTITUENTE: LA CITTÀ NELLA LEZIONE DI MAX WEBER, 100 ANNI DOPO …

WEBER E LA CITTÀ

MARCO ALMAGISTI

Max Weber è considerato giustamente un caposaldo della moderna sociologia, di cui è uno dei maestri fondatori, ma la sua straordinaria capacità di navigare fra le costellazioni del sapere e la sua poliedricità rendono fertili i suoi contributi in tutte le articolazioni delle scienze umane.

Weber costituisce un esempio di scienziato sociale abituato a ragionare per problemi più che per appartenenze disciplinari, irriducibile rispetto a segmentazioni iper-specialistiche. La "questione" che ha dominato gran parte delle sue riflessioni concerne la transizione storica da cui è originata la società moderna, con le sue caratteristiche specifiche: con i suoi processi di razionalizzazione delle culture e dell'azione sociale, con i diversi percorsi in cui si riproduce la ricerca di senso di individui e gruppi in un contesto di compiuto pluralismo delle condotte di vita. Possiamo ritrovare il succo di questo poderoso lavoro di ricerca non solo in "Economia e Società", ma anche nella "Sociologia delle Religioni".

Decisivo risulta il contributo epistemologico e metodologico di Max Weber. L'essenza storicizzata della società implica, secondo Weber, la necessaria adozione del metodo storico comparato che, per il pensatore di Erfurt, si basa sul confronto delle relazioni osservate tra le cause supposte e gli esiti riscontrati in più ambiti spazio-temporali. In quest'ottica, assumono un ruolo decisivo la ricostruzione del contesto storico entro cui accadono gli eventi e il significato soggettivo attribuito alle azioni. Lo strumento indicato da Weber per condurre l'analisi è la costruzione dell'ideal-tipo, ossia una sintesi, una stilizzazione creata dallo scienziato sociale, ottenuta mediante l'accentuazione unilaterale di uno o più punti di vista del fenomeno empirico studiato.

Lo stesso Weber avverte che "nella sua purezza concettuale questo quadro non può mai essere rintracciato empiricamente nella realtà [... pertanto] al lavoro storico si presenta il compito di constatare in ogni caso singolo la maggiore o minore distanza della realtà da quel quadro ideale". Alla costruzione di "tipi ideali" si accompagna l'articolazione di una sociologia "comprendente" e la ricostruzione dei "contesti" entro cui le azioni degli individui possono trarre significato. Per Weber, quello del sociologo deve essere "un comprendere capace di rivivere, il quale renda possibile un'interpretazione dei contesti dotati di senso".

Un buon esempio di utilizzo di "tipo ideale" riguarda proprio l'analisi che Max Weber conduce a proposito della città e del suo ruolo nello sviluppo politico dell'Europa. L'omonimo testo "La città" [1], che fa parte dell'opera più grande e articolata "Economia e Società", costituisce un esempio di analisi storica comparata e interpretativa in cui si utilizzano "tipi ideali". In questo senso, le differenti città hanno in comune un elemento: «che ciascuna è sempre un insediamento circoscritto, almeno relativamente» (p. 3). Ossia, Weber indica un centro abitato, ma abbastanza esteso da non consentire «la conoscenza personale e reciproca degli abitanti, caratteristica del vicinato» (*ivi*). Segue una dettagliata tipizzazione delle città attraverso categorie economiche. Tuttavia, Weber si sofferma in particolare sui criteri politico-amministrativi che possono contribuire a distinguere le città. In prospettiva storica sono proprio tali criteri (e non caratteristiche di tipo economico) a distinguere la città da altre aggregazioni: «il fatto, cioè, che la città, quale si concepiva nel passato, era un tipo speciale di *fortezza* e *guarnigione* tanto nell'Antichità che nel Medioevo, sia in Europa che altrove. Oggigiorno tale caratteristica è venuta a mancare completamente» (p. 14), ma anche in passato, la costruzione di fortificazioni non è mai stata prerogativa esclusiva delle città. «La città fortificata, nel primo stadio della sua trasformazione in organismo *politicamente* distinto, era un castello o ne racchiudeva uno o si appoggiava al castello d'un re o d'un nobile signore oppure d'una loro federazione» (pp. 17-18). La presenza di un castello manifesta subito, per Weber, un elevato potenziale di attrazione e di sviluppo per l'intero centro abitato che ne dipende: «La questione delle relazioni fra guarnigione e cittadinanza politica della fortezza da un lato e popolazione civile, economicamente attiva, dall'altro, è spesso assai complicata, ma è sempre una questione basilare, d'importanza *decisiva* per la storia della costituzione della città. Dove esiste un castello, è naturale che si stabiliscano e prendano dimora degli artigiani per il soddisfacimento delle occorrenze dell'amministrazione padronale e della milizia, e che la capacità di consumo di un centro militare e la protezione che questo concede attirino i commercianti. D'altra parte lo stesso padrone ha interesse ad attirare queste categorie, poiché egli allora è in grado di procurarsi delle entrate di denaro sia tassando le attività commerciali ed industriali, sia partecipandovi con l'anticipare i capitali, oppure commerciando per proprio conto o anche monopolizzando il commercio» (p. 19).

Una volta definite tali dinamiche connesse con la nascita e il primo sviluppo delle città, Weber si concentra su uno dei principali snodi esplicativi della sua analisi: il carattere associativo della "comunità" civica e lo statuto del "cittadino" quali tratti specifici dell'Occidente: «Non tutte le città, considerate nel senso economico, e non tutte le fortezze, sottoposte nel senso politico-amministrativo ad un di-

---

[1] In questa sede si fa riferimento a M. WEBER, *La città*, Milano, 1979. I corsivi sono presenti nel testo.

ritto speciale degli abitanti, erano dei "comuni". Anzi, i comuni urbani nel vero senso della parola sono noti soltanto nell'Occidente. [...] Era necessario infatti che si trattasse di insediamenti di carattere industriale e commerciale almeno relativamente accentuato che presentano le seguenti caratteristiche: 1) la fortezza; 2) il mercato; 3) giurisdizione propria e legislazione, almeno parzialmente, propria; 4) carattere associativo e, per conseguenza, 5) autonomia almeno parziale e governo proprio, ossia un'amministrazione retta da un'autorità alla cui nomina partecipano in qualche modo cittadini in quanto tali. Simili diritti sogliono sempre presentarsi nel passato in forma di *privilegi di costituzione*. Il cittadino isolato ne era la *personificazione*, egli era perciò l'elemento tipico della città nel senso politico» (pp. 21-22). Secondo Weber tale ideal-tipo si ritrova soltanto in parte nelle città dell'Europa medievale e in misura ancor minore nelle città del XVIII secolo; tuttavia, nelle città dell'Asia queste componenti non si trovano affatto. In Asia si trovavano centri fortificati e, spesso, essi erano sedi di mercatura, tuttavia, nelle città asiatiche non si conosceva un diritto materiale o processuale riservato ai cittadini in quanto tali. «L'amministrazione autonoma era ad esse sconosciuta o conosciuta solo rudimentalmente. Ma soprattutto – e questo è il fatto più importante – era a loro sconosciuto il carattere *associativo* della città e il concetto di cittadino, in antitesi a quello di contadino» (p. 22). L'abitante delle città asiatiche apparteneva di diritto alla sua "schiatta". Potevano esistere forme locali di associazioni professionali o di corporazioni, ad alcune di esse potevano essere attribuiti poteri effettivi per regolare singole questioni concernenti concreti interessi di gruppo. «Ma non esisteva di regola una qualsiasi associazione generale nella quale ci fosse una rappresentanza d'una comunità *cittadina* vera e propria. Appunto questo concetto manca completamente. Mancano soprattutto i caratteri specificamente stabili degli abitanti della città" (pp. 24-25). Non c'è il riconoscimento della rappresentanza di una comunità "cittadina" in quanto tale, per effetto della grande lontananza fra i diversi gruppi castali: «la mancanza di contatti fra le caste ostacolava ogni affratellamento» (p. 25). Nella città occidentale, invece, poteva accadere che larghi ceti di servi della gleba godessero di affrancamenti parziali rispetto ai propri padroni, ai quali finivano poi per limitarsi a pagare qualche tributo. Di fatto, in questo modo, tali servi potevano partecipare ad opere pubbliche o lavorare nell'industria e nel piccolo commercio, divenendo una sorta di proto-borghesia in grado di formare patrimoni e di avviare attività industriali o commerciali. Tali motivi inducono Weber ad affermare che «la città occidentale era perciò, fin dall'antichità, [...] un ruolo di *ascensione dalla servitù alla libertà* mediante il guadagno realizzato con operazioni finanziarie. Lo stesso fenomeno si verificava nella città del Medioevo e soprattutto in quella continentale, in modo sostanzialmente più accentuato e tanto più quanto più a lungo durava. Poiché la borghesia della città, a differenza di quasi tutti gli altri processi da noi conosciuti, aveva adottato a questo riguardo, e di regola con piena coscienza, una *politica* di classe rivolta a tal fine» (pp. 35-36).

Parallelamente, tali processi contribuiscono in modo sostanziale a delineare un concetto che si rivelerà centrale nella politica moderna, quello di *cittadinanza*: «Per conseguenza esisteva anche un interesse solidale a che non tutti i servi della gleba, appena divenuti benestanti, fossero nuovamente requisiti dai loro padroni per essere adibiti a servizi domestici e di scuderia, anche se col solo scopo di estorcere loro un riscatto» (p. 36). Il servo della gleba, emancipatosi dalla dura realtà di dominio esperita nel mondo rurale, necessitava di adeguati strumenti di protezione della sua nuova ed ancor gracile libertà e nella città potrà trovarli: «La cittadinanza si arrogava, dunque, lo sgretolamento del diritto padronale e questo era una delle grandi innovazioni effettivamente *rivoluzionarie* della città occidentale del Medioevo in confronto a tutte le altre. Nella città dell'Europa centrale e settentrionale nacque il noto principio: "L'aria della città dà la libertà"; ciò significava che dopo un periodo di varia durata, ma sempre relativamente breve, il padrone d'uno schiavo o d'un servo perdeva il diritto di approfittarne come se fosse a lui soggetto» (*ivi*). Se la servitù tende a scomparire dalle città, parimenti tenderà a scomparire anche la nobiltà, che pure nelle città continua ad esistere e a ricoprire ruoli di rilievo. Tuttavia, a mutare profondamente è il rapporto fra la nobiltà cittadina e quella rurale, in un modo che sottolinea la «comunanza di stato giuridico dei cittadini veri e propri, fossero essi considerati nobili o meno, di fronte alla nobiltà che viveva fuori città» (p. 37). Quello che accade costituisce una sorta di mancato riconoscimento di status della nobiltà cittadina: «al patriziato cittadino che partecipava alla attività produttiva e che collaborava con le gilde nella amministrazione cittadina non era riconosciuta la qualità di nobile da parte della nobiltà cavalleresca rurale e di avere vassalli» (*ivi*). Tali processi ingeneravano una duplice tendenza: da un lato, premevano per un certo livellamento di status giuridico fra gli abitanti della città, tuttavia, dall'altro lato, il patriziato cittadino tendeva a monopolizzare tutte le cariche pubbliche (questo accadeva in Italia, Francia, Inghilterra e Germania, alla fine del Medioevo e all'inizio dell'età moderna).

Weber sottolinea ripetutamente come la divisione "in schiatte" della popolazione tendeva a perdere di rilievo nelle città occidentali già nell'antichità: l'affievolimento dello spirito di schiatta favoriva l'emergere della solidarietà fra gli abitanti della singola città. Pertanto, quest'ultima diveniva una federazione di individui per i quali l'appartenenza verso comunità esistenti fuori dalle mura «perdeva praticamente ogni importanza di fronte alla comunità cittadina. In tal modo, già l'antica "polis" divenne vieppiù, nel concetto dei suoi abitanti, un "comune" secondo lo stato giuridico. Nell'Antichità, il concetto di "comune", opposto a quello di "stati", si formò definitivamente solo con l'incorporamento della comunità nello Stato ellenico e romano, che la privò, dall'altro lato, della sua indipendenza politica. La città medievale era invece un "comune" fin dalle sue origini [...]» (pp. 41-42). Questo è reso possibile, secondo Weber, dall'assenza o dalla debolezza, di legami tabuistici e totemistici che in Oriente inibiscono l'affratellamento:

«Le migrazioni secolari di associazioni guerriere dei Germani che vivevano conquistando prima e durante l'epoca delle migrazioni dei popoli, i loro arruolamenti negli eserciti stranieri e le loro scorrerie da avventurieri alle dipendenze di condottieri eletti da loro stessi, tutto ciò costituiva altrettanti freni al sorgere di legami tabuistici e totemistici» (p. 42). Un elemento fondamentale nell'affievolimento dei "legami di schiatta" è svolto dalla religione: «il cristianesimo, che divenne da allora la religione di tutti i popoli profondamente scossi in tutte le loro tradizioni, e che tale poté divenire proprio per la debolezza o la mancanza fra i popoli stessi delle barriere magiche e tabuistiche, il cristianesimo indebolì e ruppe definitivamente tutti questi legami di schiatta in ciò che avevano di rilevante per la religione" (p. 43).

Il legame che Weber pone fra la presenza della comunità civica nella città medievale e la nascita della libertà politica costituisce una robusta filigrana che continua a persistere nel grande libro delle scienze sociali, soprattutto all'interno di quei contributi analitici che mettono in risalto variabili di ordine culturale. Consideriamo, in sintesi, un contributo appartenente alla Scienza politica degli anni Novanta, che ha contribuito ad alimentare un intenso dibattito interdisciplinare: l'analisi del rendimento delle istituzioni democratiche proposto da Robert Putnam. Fra gli anni '80 e '90, il politologo americano ha condotto una ricerca articolata sulle regioni ordinarie italiane cercando di spiegare la differenza nel loro rendimento (nettamente favorevole alle regioni centro-settentrionali). Utilizzando un'ampia raccolta di dati empirici, frutto di una ricerca pluridecennale, Putnam evidenzia un'elevata correlazione fra il rendimento istituzionale e la presenza di una specifica cultura politica locale: la *civicness*, consistente in un orientamento diffuso dei cittadini verso la politica sostenuto da una estesa fiducia interpersonale e dalla consuetudine alla cooperazione. Nella precisazione delle caratteristiche qualificanti del civismo compare una novità concettuale: la cultura civica, per Putnam, è tale in quanto ricca di capitale sociale, che per l'autore significa «la fiducia, le norme che regolano la convivenza, le reti di associazionismo civico, elementi che migliorano l'efficienza dell'organizzazione sociale promovendo iniziative prese di comune accordo» [2].

Per Putnam il capitale sociale evoca un particolare tipo di cultura politica, la *civicness*, e quegli elementi che tendono a riprodurla, fra cui – seguendo la lezione di Tocqueville – spicca la partecipazione associativa.

Secondo Putnam, le differenze di rendimento a favore delle regioni del Centro-Nord dipenderebbero da differenti dotazioni di capitale sociale e l'origine di tale discrepanza andrebbe ricercata nelle vicende che hanno caratterizzato la nostra penisola quasi un millennio fa, quando nell'Italia centro-settentrionale riusci-

---

[2] R.D. PUTNAM, *Making Democracy Work: Civic Traditions in Modern Italy*, Princeton, 1993 (trad. it., *La tradizione civica nelle regioni italiane*, Milano, 1993, 196).

rono a prosperare i liberi comuni mentre nel Meridione il regno dei Normanni portò a compimento una centralizzazione gerarchica costruita sull'eredità istituzionale bizantina e musulmana. Nel divenire storico, questa contrapposizione avrebbe sedimentato istituzioni e culture divergenti: "verticali" al Sud, "orizzontali" al Nord, ancora in grado di influenzare, dopo secoli, il rendimento delle istituzioni politiche contemporanee. Putnam evidenzia la sovrapponibilità fra l'area caratterizzata dalla presenza di liberi comuni nel Medioevo e quella contraddistinta dal civismo regionale negli anni Settanta e Ottanta nel Novecento, ma non troviamo nella sua ricerca una sistematica analisi storica comparata dei contesti interessati, tanto che lo stesso Putnam si limita ad affermare che «per decidere se questa affascinante correlazione rappresenta una vera continuità storica o semplicemente una curiosa coincidenza, si deve analizzare da vicino l'evoluzione della vita politica e sociale italiana nei successivi sette secoli» [3].

L'analisi del politologo americano richiama esplicitamente Machiavelli e Tocqueville, iscrivendosi in un filone che correla lo stato di salute di un regime politico con la presenza di virtù civiche diffuse. Tuttavia, l'enfasi posta sugli elementi di continuità di lungo termine nei processi di riproduzione del capitale sociale sottace il tema machiavelliano (e weberiano) del conflitto e induce Putnam a sottovalutare le modalità attraverso le quali le fratture politiche e sociali si riverberano sulle reti fiduciarie e sugli stessi sistemi di associazione. Pertanto, l'invito di Putnam all'analisi storica per stabilire se la correlazione fra civismo ed eredità della civiltà comunale può essere accolto, ma analizzando in particolare: a) la relazione fra produzione, trasformazione o distruzione di capitale sociale e le fasi storiche in cui i conflitti sono più acuti e strutturano identità collettive lungo linee di frattura durevoli; b) il rapporto fra le diverse modalità di regolazione dei conflitti e la produzione di diversi tipi di capitale sociale; c) la relazione fra tipi di capitale sociale storicamente sedimentati e le dimensioni di qualità della democrazia empiricamente riscontrabili [4]. Per questo, e per l'importanza riconosciuta dal politologo norvegese Stein Rokkan alle dinamiche conflittuali nella creazione di identità collettive [5], ho sostenuto che l'analisi storica comparata di tipo weberiano può alimentare una prospettiva putnamiana-rokkaniana: perché il capitale sociale può essere prodotto anche dal conflitto, può rimanere a lungo incapsulato lungo le linee di frattura e diventa essenziale regolarlo e ancorarlo alle istituzioni della democrazia.

---

[3] R.D. PUTNAM, *op. cit.*, trad. it., 156.

[4] M. ALMAGISTI, *Una democrazia possibile. Politica e territorio nell'Italia contemporanea*, Roma, 2016.

[5] S. ROKKAN, *Citizens, Elections, Parties: Approaches to the Comparative Study of the process of Development*, Oslo, 1970 (trad. it., *Cittadini, elezioni e partiti*, Bologna, 1982); ID., *State Formation, Nation-Building, and Mass Politics in Europe: The Theory of Stein Rokkan*, a cura di P. Flora, Oxford, 1999 (trad. it., *Stato, nazione e democrazia in Europa*, a cura di P. Flora, Bologna, 2002).

In questa prospettiva, diventa essenziale non guardare soltanto all'esperienza della città medievale, ma dobbiamo seguire Max Weber anche nella ricostruzione di quei processi di edificazione dello Stato che costituiscono un tratto fondamentale della modernità politica. Max Weber definisce lo Stato come «un'impresa istituzionale di carattere politico nella quale [...] l'apparato amministrativo avanza con successo una pretesa di monopolio della coercizione fisica legittima in vista dell'attuazione degli ordinamenti»[6]. La costruzione dello Stato (e della nazione) sono processi tutt'altro che indolori, dal momento che hanno prodotto profonde linee di frattura nella società europea, da cui sono scaturite durevoli identità politiche contrapposte. Ecco allora che la lezione weberiana può rinnovarsi e trovare nuova linfa nella ricostruzione delle traiettorie di sviluppo dei diversi paesi, dall'esperienza delle città medievali alla costruzione dei moderni Stati nazionali e delle linee di frattura da questi processi ingenerate: a partire proprio da quelle di matrice politico-culturale, che già Weber insegnava a tenere massimamente in considerazione.

[6] M. WEBER, *Wirtschaft und Gesellschaft*, Tübingen, 1922.

MAX WEBER. LA CITTÀ PRIMA DELLO STATO

MICHELE BASSO

SOMMARIO: 1. La città prima dello Stato. *Incipit*. – 2. *Conjurationes*. – 3. Essere cittadini. L'essere umano e le cose. – 4. Essere cittadini. Da Antiochia alle città medievali.

1. *La città prima dello Stato.* Incipit

La città in cui noi oggi viviamo può essere pensata *oltre* lo Stato proprio perché la sua origine *ha preceduto* lo Stato. In questo breve testo si cercherà di indagare questa origine, ripercorrendo alcune tappe della riflessione sulla città svolta da un pensatore classico quale Max Weber. Nel primo paragrafo viene fornita una rapida ricognizione dei due testi fondamentali in cui Weber affronta più nello specifico la questione. Nel secondo, l'attenzione sarà focalizzata su quel peculiare tipo di affratellamento giurato, la *conjuratio*, che sta a fondamento di alcune città. Il terzo paragrafo sarà dedicato alla specificità del mutamento delle relazioni sociali che avviene all'interno dei contesti urbani, in particolare quelli nati attraverso *conjurationes*. Nel quarto si daranno alcune indicazioni sul fondamento politico-religioso che ha reso possibile la *conjuratio* cittadina, e si svolgerà una breve conclusione del ragionamento.

I testi in cui Max Weber si occupa della questione della città sono principalmente due[1]. *In primis*, in termini cronologici, vi è la sua tesi di dottorato, di cui

[1] I testi dell'edizione critica tedesca delle opere di Max Weber sono stati citati con la consueta abbreviazione "MWG" seguita dal numero del volume e dal numero di pagina. La traduzione italiana dell'edizione critica di *Economia e Società*, edita da Donzelli e curata da M. Palma, è citata riportando i titoli dei singoli volumi qui citati (*Comunità religiose*, 2006; *Dominio*, 2012; *Diritto*, 2016; *La città*, 2016), seguiti dal numero di pagina. Altri luoghi in cui Weber affronta il tema della città si ritrovano nelle pagine dei *Rapporti Agrari* (cfr. in particolare la versione del 1909 in MWG I/6, 300-747), in diversi altri passaggi di *Economia e Società* e negli articoli oggi raccolti sotto il titolo di *L'Etica economica delle religioni universali* o *Sociologia della religione* (MWG I/19, I/20, I/21-1, I/21-2); infine, passaggi interessanti sulla città si ritrovano nell'ultimo corso tenuto in vita da Weber, sulla storia economica universale, di cui è stata pubblicata la riproduzione stenografica da parte degli studenti delle lezioni orali (MWG III/6).

una parte viene pubblicata nel 1889 con il titolo di *Storia delle società commerciali nel medioevo*[2]. Si tratta della prima pubblicazione weberiana. Sebbene il testo si occupi specificamente di rintracciare la genesi di due istituti giuridici, la società in accomandita e la società in nome collettivo, l'argomentazione è svolta attraverso un confronto in particolare con le fonti statutarie delle città italiane: vengono citati – solo per indicare alcuni riferimenti principali – gli statuti di Vicenza, Padova, la *collegantia* veneziana, il peculiare caso della città di Genova; a Firenze e Pisa Weber dedica un intero capitolo. Il secondo testo in cui Weber si occupa della città, qui monograficamente, è un ampio frammento scritto probabilmente a più fasi tra il 1911 e il 1914, mai pubblicato, e che almeno in parte sarebbe dovuto confluire nel grande progetto, anch'esso destinato a rimanere incompiuto, che oggi noi conosciamo come *Economia e Società*[3]. Ad un primo sguardo, Weber sembra svolgere in queste pagine un'analisi comparativa delle tipologie di città a livello mondiale: si va dalla polis greca e romana, allo sviluppo della città in Russia, India, Giappone, ai centri cittadini dell'antica Mesopotamia, alle città di Gerusalemme e Persepoli, alle città in Arabia e in Cina. Vi è anche un accenno alle città in Costa d'Avorio. Tuttavia, la parte decisamente più consistente è dedicata all'analisi delle formazioni urbane europee del Basso Medioevo, con ampi riferimenti alle città italiane, alla stessa stregua della tesi di dottorato del 1889. In termini generali, è possibile affermare che l'intento comparativo di Weber tende ad evidenziare le ragioni della specificità della formazione cittadina occidentale rispetto a tutte le altre città sviluppatesi in altre parti del globo. La riflessione di

[2] Cfr. MWG I/1. Per un'edizione italiana del testo M. WEBER, *Storia delle società commerciali nel Medioevo (in base a fonti dell'Europa meridionale)*, a cura di R. Marra, tr. it. di L. Udvari, in *Atti della Accademia Nazionale dei Lincei*, CDXIII/2016, serie IX, vol. XXXVII, fasc. 2, Roma, 2016. Tra la bibliografia secondaria relativa a questo testo, un riferimento fondamentale è R. MARRA, *Dalla comunità al diritto moderno. La formazione giuridica di Max Weber 1882-1889*, Torino, 1992.

[3] Oggi questo testo costituisce il volume I/22-5 della *Max Weber Gesamtausgabe*. Su questo frammento weberiano si è riflettuto e scritto molto. Ci dobbiamo limitare, in questa sede, a richiamare solo alcuni contributi essenziali: A. SCAGLIA, *Max Weber e la città democratica. Idealtipo del potere non legittimo*, Roma, 2007; A. PETRILLO, *Max Weber e la sociologia della città*, Milano, 2000; H. BRUHNS, *Webers „Stadt" und die Stadtsoziologie*, in H. BRUHNS-W. NIPPEL (a cura di), *Max Weber und die Stadt im Kulturvergleich*, Göttingen, 2000; *Die okzidentale Stadt nach Max Weber: zum Problem der Zugehörigkeit in Antike und Mittelalter*, in *Historische Zeitschrift*, Beihefte, Bd. 17, München, 1994; K. SCHREINER, *Die mittelalterliche Stadt in Webers Analyse und die Deutung des okzidentalen Rationalismus. Typus, Legitimität, Kulturbedeutung*, in J. KOCKA (a cura di), *Max Weber, der Historiker*, Göttingen, 1986, 119-150; G. DILCHER, *La città di Weber nella storiografia e nella globalizzazione*, in *Scienza&Politica*, 53/27, 2015, 279-293; M. PALMA, *Linee di lettura de* La città *di Max Weber. L'intrico del dominio non legittimo*, in G.M. LABRIOLA (a cura di), *La città come spazio politico. Tessuto urbano e corpo politico: crisi di una metafora*, Napoli, 2016, 185-238; S. BREUER, *Blockierte Rationalisierung. Max Weber und die italienische Stadt des Mittelalters*, in *Archiv für Kulturgeschichte*, 66, 1984, 47-85; F. FERRARESI, *Genealogie della legittimità. Città e Stato in Max Weber*, in *SocietàMutamentoPolitica*, 9/5, 2014, 143-160. Per quanto riguarda i primi tre paragrafi del presente testo, ho sviluppato il ragionamento in maniera più ampia e articolata in M. BASSO, *La città, alba dell'Occidente. Saggio su Max Weber*, Macerata, 2020.

queste pagine parte proprio da questo intento, espresso nel testo in un passaggio breve ma molto significativo:

> [...] né il moderno capitalismo né lo Stato moderno sono sbocciati sul terreno delle città antiche, mentre lo sviluppo delle città medievali non fu in alcun modo l'unico stadio preliminare determinante di entrambi né l'unico loro veicolo, ma certo non va ignorato in quanto fattore massimamente decisivo della loro genesi [4].

La città medievale, in particolare sul territorio italiano, va considerata un "fattore massimamente decisivo" per la nascita di Stato e capitalismo. L'indagine della specificità della città medievale europea come formazione autonoma sarà svolta cercando di dipanare il senso di questa citazione.

2. Conjurationes

Nella prima parte del lungo frammento, Weber presenta una tipologia delle possibili nascite o rinascite [5] delle formazioni urbane nel Basso Medioevo. L'analisi è articolata, e non la si ripercorrerà qui nel dettaglio. Basti ricordare che "in linea di principio la città può essere fondata in modo duplice. E precisamente in presenza della sede di una signoria fondiaria [...] la seconda caratteristica che deve presentarsi è l'esistenza nel luogo di insediamento di uno scambio di prodotti – non soltanto occasionale ma regolare, quale elemento essenziale del guadagno e della copertura del fabbisogno degli abitanti: l'esistenza di un mercato" [6].

Weber pone quindi una distinzione tipologica tra la città fondata a partire da un preesistente centro fondiario e quella fondata a partire dal luogo del mercato. Come è usuale in Weber, i tipi ideali non si presentano mai in modo puro, e l'articolata tipologia contiene i più svariati intrecci a partire da questa duplicità di fondo. Al suo interno, ci interessa qui focalizzare l'attenzione su un tipo particolare, vale a dire sulla città sorta a seguito di una *conjuratio*. Si tratta di un giuramento comune fatto da aggregati tra loro differenti, con lo scopo di dare vita a un primo nucleo urbano. Weber lo definisce anche affratellamento (*Verbrüderung*), e, perlomeno per quanto concerne le città medievali, il termine tedesco e quello latino sono usati come sinonimi. Le "parti" coinvolte nel giuramento comune possono essere le più differenziate: nuove figure emergenti quali i *cives meliores* o i *capitanei* possono trovarsi associate assieme a signori fondiari o vescovi. Vi sono tuttavia alcuni casi in cui "la cittadinanza si arroga la prerogativa di violare il di-

[4] MWG I/22-5, 233 (*La città*, 108).

[5] A seconda che la formazione cittadina sorga *ex novo* o a partire da una preesistente fondazione di origine greco-romana.

[6] MWG I/22-5, 61 (*La città*, 108).

ritto signorile"[7], o in cui "l'associazione civica" è "il risultato di una associazione politica di cittadini nonostante e contro le potestà legittime"[8]. Va ribadito che si tratta di una possibilità all'interno di altre forme di genesi dell'aggregato cittadino. Tuttavia, è un caso che ci interessa in modo particolare: infatti, solo qui Weber parla di "genesi originaria" della città. All'interno delle *conjurationes* svolte contro i poteri preesistenti, si dà inoltre un caso ancora più specifico in cui il nuovo aggregato urbano viene creato tramite un "affratellamento di associazioni professionali (*arti* o *paratici*)"[9], e cioè "organizzato corporativamente"[10]. In questa occasione l'unione viene chiamata "popolo", ed è definita da Weber come "la prima aggregazione politica del tutto consapevolmente illegittima e rivoluzionaria"[11]. Ci troviamo di fronte a una formazione politica, articolata in modo plurale al suo interno, ma che al contempo si definisce in modo unitario – ad esempio come "popolo" o come "*universitas civium*"[12] – e che concepisce l'appartenenza cittadina come l'elemento che accomuna e tiene insieme le parti. Per limitarci alle città sorte tramite giuramento comune, Weber richiama la *campagna communis* contro il vescovo a Milano (980) e quella di Genova (1099), l'"affratellamento chiamato popolo" a Lodi, Pavia, Siena, Verona, Bologna, la *conjuratio* di Colonia (1112), un documento imperiale del 1161 riguardante Treviri, nel quale si vietavano le *conjurationes*, la prima rilevazione della presenza dei *consules* (che di solito attesta l'avvenuta formazione del comune) a Lucca, Pisa, Asti, fino alla lega giurata dei cittadini di Londra (1191). Gli esempi, com'è evidente, riguardano, con l'eccezione di Londra, città del territorio italiano e tedesco. Tuttavia, Weber precisa che "la vera patria delle *conjurationes* fu certamente l'Italia"[13]. Si tratta ora di capire che cosa ha reso possibile questa singolare forma di aggregazione cittadina.

3. *Essere cittadini. L'essere umano e le cose*

La città diventa qualcosa di specifico anzitutto perché al suo interno mutano le relazioni sociali. A favorire questo mutamento sono cambiamenti nel modo di produrre, scambiare, provvedere al proprio sostentamento, fenomeni che in senso lato

---

[7] MWG I/22-5, 105 (*La città*, 29).

[8] MWG I/22-5, 125 (*La città*, 41).

[9] MWG I/22-5, 200 (*La città*, 88).

[10] MWG I/22-5, 259 (*La città*, 125).

[11] Su questo passaggio weberiano si è riflettuto e scritto molto. In questa sede, ci si limita a ricordare A. SCAGLIA, *Max Weber e la città democratica. Idealtipo del potere non legittimo*, cit.; M. PALMA, *Linee di lettura de* La città *di Max Weber. L'intrico del dominio non legittimo*, cit. Sugli aspetti filologici della questione, si rimanda MWG I/22-5, 46-47 (*La città*, LXIV-LXV).

[12] MWG I/22-5, 122 (*La città*, 40).

[13] MWG I/22-5, 125 (*La città*, 42).

possiamo definire di carattere "economico", e al compresente sforzo da parte della giurisprudenza di imbrigliare, condurre, governare l'economia. Il passaggio di fondo che investe la città va da una preesistente produzione e uno scambio fondati primariamente sulla gestione della terra – che sinteticamente Weber qualifica come "feudali" – alla prevalenza nella città della produzione e il commercio di cose. Riprendendo Werner Sombart, per "cosa" Weber intende qui anzitutto il *Ding*, ovvero l'oggetto di produzione artigiana. Non l'astratta merce, quindi, ma un oggetto nel quale gli artigiani immettono ancora un "pezzo" della loro anima[14]. Il signore feudale, nella maggior parte dei casi, entra a far parte della nascente vita cittadina. Tuttavia la sua politica, fondata sulla gestione e il possesso della terra compresi gli uomini e le donne che vi lavorano al suo interno, rimane al di fuori della città, nei luoghi ove risiedono i *rurales*, ora contrapposti ai *cives*. In ogni caso, la politica del feudo non diventa predominante nel contesto cittadino, ma viene messa progressivamente in secondo piano dall'emergere delle corporazioni, delle gilde, delle arti e dei paratici, ovvero da quelle aggregazioni deputate alla produzione e al commercio di *Dinge*. Un sintomo evidente di questo spostamento è dato dalla differente rilevanza della terra stessa. Anche la città, naturalmente, è collocata su un terreno, ma esso non è più concepito come la fonte diretta di sostentamento, e del governo di uomini e cose ad esso correlato, ma viene pensato anzitutto come terreno edificabile. La terra concepita come feudo diventa "elemento accessorio" a favore dell'emergere in primo piano del "possesso fondiario cittadino, cioè la proprietà edilizia"[15].

Dal punto di vista del diritto, ciò significa, com'è d'altronde noto, il passare in secondo piano di costruzioni giuridiche fondate sulla terra e tradizionalmente ascritte al mondo feudale. Se osserviamo il fenomeno dalla prospettiva di coloro che possiedono terra e armi ed anche per questo sono destinati al comando, parliamo anzitutto del venire meno dei rapporti di vassallaggio. Se invece guardiamo al mondo di coloro che sono prevalentemente destinati all'obbedienza e al lavoro della terra va fatto riferimento all'allodio, al *precarium*, alla mezzadria. Questi vengono sostituiti dai nuovi raggruppamenti cittadini, dalle gilde, dalle corporazioni, le arti e i paratici nonché dalle articolate e complesse forme di rappresentanza che caratterizzano il governo cittadino[16]. In questo mutamento dei rapporti giuridici e delle istituzioni che li sorreggono Weber rintraccia, come dicevamo, un sostanziale cambiamento delle relazioni sociali. Nelle relazioni che Weber definisce "tradizionali"[17] e "feudali", il legame con la terra è consustanziale alla na-

---

[14] Cfr. W. SOMBART, *Il capitalismo moderno* (1902), Torino, 1967, 142. Sull'importanza del confronto con Sombart all'interno del testo *La città* cfr. W. NIPPEL, *Einleitung*, MWG I/22-5, 12 ss. (*La città*, XXX ss.).

[15] MWG I/22-5, 73 (*La città*, 12).

[16] Su questo ultimo aspetto, cfr. in particolare MWG I/22-5, 206 (*La città*, 91-92) e MWG I/22-5, 221 (*La città*, 100-101).

[17] All'interno della Sociologia del potere, quella del "tradizionale" è in Weber una categoria

tura del rapporto giuridico e all'identità stessa di coloro che vi si trovano coinvolti. "Nulle terre sans seigneur" [18], scrive Weber nella Sociologia del potere, riprendendo l'antico adagio feudale, ma facendo intendere che il nesso va anche rovesciato: nessun signore può essere tale senza la terra. Ciò vale tanto più per le figure che Weber ascrive al mondo di coloro che sono destinati a obbedire. L'identità del contadino sarà differente a seconda del suo rapporto con la terra: sarà pienamente "contadino" (Bauer) se la possiede in forma allodiale. Se la coltiva, ma non ne è proprietario, sarà un "mezzadro"; se la terra gli è concessa per un tempo determinato, ma non data in proprietà, sarà un "precario". Il prevalere delle "cose" sulla terra, divenuta ora primariamente proprietà edilizia, muta radicalmente il contesto. Nella città, vi è una parte consistente di esseri umani che vive producendo e commerciando oggetti d'uso. Ciò innesca un processo molto importante: l'identità del singolo lavoratore si slega dalla terra per legarsi alle cose. La terra, però, è per sua natura "immobile", non può spostarsi dal luogo in cui si trova, mentre le "cose" sono dotate di un'intrinseca mobilità. Per poter vivere di esse, è necessario produrle per poi liberarsene, per tornare a produrle ancora. La mobilità delle cose investe l'identità di chi le produce e mette in movimento. Le conseguenze di ciò sono rilevanti almeno sotto due aspetti. In primo luogo, slegando il singolo essere umano dalla sua identità con la terra e con chi la possiede, la città viene percepita come luogo di libertà. "L'aria della città rende liberi", il noto adagio che Weber puntualmente cita [19], non è di origine medievale, ma è una riformulazione dello storico Heinrich Brunner di un'espressione che nella sostanza intendeva indicare che "si appartiene all'aria della terra in cui si sta respirando" [20]. Nel feudo, l'aria appartiene al signore, e quindi respirandola si appartiene a qualcun altro. La città non appartiene di principio a qualcuno: chi ne respira l'aria, pertanto, non è immediatamente soggetto a un signore, e se si riesce a trovare una qualche collocazione al suo interno, magari anche umile, trascorso un determinato periodo di tempo ci si può considerare svincolati da qualsiasi legame feudale. Nella città prende forma quindi una nuova forma di libertà, la quale va intesa anzitutto come possibilità di svincolarsi da legami servili. In secondo luogo, le "cose" non pretendono quel legame di consustanzialità che invece vigeva nelle terre feudali. Se le cose sono mobili, ciò significa anche che da esse ci si separa e poi ci si riunisce, in un ciclo che oggi chiamiamo di produzione: l'elemento essenziale, anche dal punto di vista giuridico, comincia a diventare non tanto l'identità semplice tra uomo e cosa, ma piuttosto la possibilità (Chance) di essere proprietario.

---

ampia, che comprende entro sé quelle forme di potere che egli definisce come "patrimonialismo", "patriarcalismo" e "feudalesimo".

[18] MWG I/22-4, 401 (*Dominio*, 382).

[19] Cfr. MWG I/22-5, 105 (*La città*, 165).

[20] Cfr. MWG I/22-5, 105 (*La città*, 165), in particolare la relativa nota 13.

L'essere umano può essere considerato come proprietario anche se, in un dato istante, non è effettivamente in possesso di qualcosa. Ciò significa però che essere umano e cosa possono essere pensati come separati. Il vassallo non poteva essere tale senza la terra, l'artigiano può essere tale senza le cose, purché abbia la possibilità di produrle. Interessante, per citare un esempio legato al mondo del commercio, come il funzionario della famiglia/impresa dei Peruzzi, nello smerciare i suoi prodotti in Olanda, si trovi di fronte al problema di identificarsi come membro della famiglia. Inizialmente, sarà necessario che a svolgere lo scambio commerciale fosse effettivamente un parente, in un'identità indissolubile tra sangue e prodotto di commercio. Ben presto, basterà una coccarda che indichi il nome della famiglia: il membro della famiglia è divenuto un funzionario commerciale. Come ribadito, questo processo di astrazione che attraversa le forme del giuridico e che in fondo, attraverso ulteriori passaggi, giunge fino a noi, è legato in molti modi al mutamento essenziale prodotto dall'emergere di un mondo incentrato sulle cose e non più sulla terra: e questo mondo è la città medievale italiana. L'aspetto cruciale del processo è il seguente: anche attraverso questi intrecci tra mutamenti economici e configurazioni giuridiche, si apre nella città la possibilità che l'essere umano possa essere concepito anche indipendentemente dal "fardello di fattualità"[21] che lo caratterizza, ovvero da quel complesso di terre, armi o cose che ne definisce l'identità. Potendosi anche liberare delle cose, l'essere umano può essere concepito come mero cittadino. Weber avanza la tesi che egli possa essere qualificato come "singolo cittadino", parlando addirittura di un "diritto alla cittadinanza", pur lasciando intendere al contempo che nella città medievale la cittadinanza come ascrizione giuridica individuale nel senso moderno e "statale" non è ancora in ultima analisi pensabile. La cittadinanza diventa in altre parole un "privilegio di ceto" che coinvolge tutti i cittadini e si aggiunge, non sostituendole ma integrandole, alle varie appartenenze preesistenti all'interno del mondo plurale dell'urbe. Ciò è tipico secondo Weber della cittadinanza medievale europea e in particolare delle città italiane, e non si è verificato in nessun'altra parte del globo. Per definire tale specificità, tuttavia, l'intreccio nominato tra fenomeni economici e giuridici non è sufficiente. Esso deve essere integrato da un ulteriore riferimento, che tocca invece più propriamente la crasi tra religione, sacralità e politica.

4. *Essere cittadini. Da Antiochia alle città medievali*

Ne *La città* si ritrova un passaggio che Weber riprende anche in diversi altri luoghi della sua produzione[22], e che concerne la polemica espressa da Paolo nella

[21] Riprendo l'espressione usata da P. GROSSI, *L'Ordine giuridico medievale*, Roma-Bari, 2006, 180.

[22] Oltre ai due passaggi qui segnalati, cfr. anche MWG I/22-2, 171 (*Comunità religiose*, 56-57).

Lettera ai Galati[23] contro Pietro, il quale presso la comunità di Antiochia aveva rinunciato alla comunità di pasto con i pagani convertiti[24]. Il luogo in cui Weber si esprime con maggior chiarezza su questo episodio è il testo sul sistema sociale induistico all'interno della *Sociologia della religione*. Qui egli lo interpreta affermando che il "superamento delle barriere rituali della commensalità significava il superamento [...] della condizione di popolo-paria propria del Giudaismo [...] e per i Cristiani il sorgere della 'libertà' cristiana"[25]. L'aggiunta successiva di Weber è talmente ardita da suonare sconcertante:

> L'eliminazione di tutte le barriere rituali di nascita per la comunità dell'eucarestia, quale si verificò in Antiochia, era anche [...] l'ora del concepimento della 'borghesia' occidentale, anche se la sua nascita avvenne solo più di un millennio dopo nelle *conjurationes* rivoluzionarie delle città medioevali. Infatti senza commensalità, ossia – in termini cristiani – senza cena eucaristica in comune, non era affatto possibile una fratellanza giurata e una borghesia cittadina medioevale[26].

La *conjuratio* cittadina consente nel modo più radicale quella ridislocazione della relazione tra esseri umani e cose che abbiamo descritto, pur brevemente, nel precedente paragrafo. Ma a far sì che una *conjuratio* sia effettivamente possibile è un fondamento di tipo religioso, o meglio una peculiare concatenazione di dinamiche politiche e religiose.

In particolare, un ruolo decisivo è legato alla capacità del cristianesimo di rendere concepibile una appartenenza che, pur non eliminando altre differenze preesistenti (di carattere cetuale, corporativo, etnico, rituale ecc.),[27] preesiste ad esse configurando uno spazio politico di condivisione. Questo spazio, rappresentato simbolicamente nell'incidente di Antiochia dalla commensalità, sfocia un millennio dopo, nell'ardito parallelo weberiano, nella *conjuratio*. Tale giuramento permette il formarsi di un nuovo aggregato di esseri umani i quali, accanto alle loro

---

[23] *Galati*, 2, 11 ss.

[24] MWG I/22-5, 111-112 (*La città*, 33 e la relativa nota 32). Sul tema la bibliografia secondaria weberiana è molto ampia. Ci si limita qui a richiamare l'ottimo contributo di T. SCHMELLER, *Das paulinische Christentum und die Sozialstruktur der antiken Stadt. Überlegungen zu Webers 'Tag der Antiochien'*, in H. BRUHNS-W. NIPPEL (a cura di), *Max Weber und die Stadt im Kulturvergleich*, cit., 107-118.

[25] MWG I/20, 96 (M. WEBER, *Sociologia della religione. III. L'etica economica delle religioni universali. Induismo e Buddismo*, Torino, 2002, 39).

[26] *Ibidem.*

[27] Nella fondazione delle città potevano essere inclusi con privilegio di cittadinanza anche agli "immigrati" o i "commercianti non solo estranei al luogo, ma eventualmente anche di ceppo estraneo". La delicata questione del rapporto con gli ebrei (con i quali, nonostante l'accoglienza in città, l'affratellamento risulta in ultima analisi impossibile) è troppo complessa e articolata per essere sviluppata qui. Si vedano comunque le riflessioni di Weber in MWG I/22-5, 117 ss. (*La città*, 37 ss.).

variegate appartenenze, condividono il privilegio comune di essere considerati e di considerarsi tra loro *cittadini*.

Le condizioni economiche per la possibile riconfigurazione del rapporto tra esseri umani e cose sono esistite anche altrove. Le grandi città cinesi, asiatiche, d'Egitto e indiane possedevano grandi mercati, centri manifatturieri e commerciali, spesso fortificati. In Cina si trovano grandi associazioni professionali, assimilabili alle nostre corporazioni medievali. La situazione più vicina a quella europea, dal punto di vista economico, si ritrova in India, dove esistevano associazioni professionali dotate di una "autonomia molto estesa" [28]. Tuttavia, in tutte queste città sono persistiti dei fattori che hanno impedito in ultima analisi la formazione di un privilegio di ceto propriamente cittadino. In Cina, l'abitante della città giuridicamente "faceva parte del suo clan e, attraverso di esso, al suo villaggio d'origine" [29]. In India, "l'articolazione della società indiana in caste ereditarie con la sua separazione rituale delle professioni esclude la genesi di una 'borghesia' come di un 'comune urbano'" [30]. Alle città asiatiche "erano sconosciuti un diritto materiale o processuale distinto, proprio dei cittadini *come tali*" [31]. In generale, "non esisteva [...] una qualche associazione generale che rappresentasse la comunità dei *cittadini* in quanto tale". In Giappone, anche nelle città, l'articolazione dei ceti rimane "meramente feudale: i *samurai* (ministeriali a cavallo) e i *kashi* (ministeriali appiedati) si contrapponevano ai contadini (*no*), ai commercianti e agli artigiani in parte riuniti in associazioni professionali" [32]. Il concetto di "borghesia cittadina" era del tutto assente, come in Cina [33]. Secondo Weber, solo nelle città europee si è potuta formare una "associazione *riunita in una sociazione istituzionale*, dotata di organi speciali e caratteristici, di 'cittadini' che in questa loro qualità sottostanno a un *diritto comune*, valido solo per loro, e sono così per ceto 'consociati giuridici'" [34]. Per la formazione di questa associazione, come ricordato, è stato decisivo quell'evento di Antiochia a cui Weber ascrive un'importanza storico universale, così come l'estensione del suo 'spirito' all'interno dei giuramenti contro i poteri preesistenti nelle città medievali. In sintesi, quella configurazione giuridico-economica del rapporto tra uomini e cose che è stata descritta nel paragrafo precedente, e che secondo lo studioso di Erfurt trova l'espressione giuridica più pro-

[28] MWG I/22-5, 89 (*La città*, 21).

[29] MWG I/22-5, 85 (*La città*, 19).

[30] MWG I/22-5, 89 (*La città*, 21).

[31] MWG I/22-5, 85 (*La città*, 19).

[32] MWG I/22-5, 88-89 (*La città*, 21).

[33] MWG I/22-5, 89 (*La città*, 21).

[34] MWG I/22-5, 107 (*La città*, 31).

pria nel contratto (di scopo)[35], ha potuto svilupparsi solo a partire da questo fondamento di carattere religioso-sacrale, che a sua volta ha reso possibile pensare l'appartenenza alla città come elemento che tiene assieme i cittadini nonostante tutte le loro ulteriori differenze interne.

Riprendendo questi argomenti weberiani, è opportuno ribadire con forza che non si intende in alcun modo evidenziare una qualsivoglia superiorità delle città europee su altre esperienze cittadine a livello mondiale. Ricerche recenti hanno d'altronde dimostrato con dovizia filologica alcuni limiti delle comparazioni weberiane[36]. Quel che qui interessa mostrare è come, per quanto riguarda il contesto del territorio italiano ed europeo, ciò che ci tiene assieme in una vita comune, in una parola l'appartenenza politica, ha origine nelle città prima che negli Stati, come lo stesso concetto di "cittadino", che oggi usiamo per indicare l'appartenenza a uno Stato, sta ancora a dimostrare. Allo stesso tempo, Weber intende rilevare come le stesse dinamiche economiche, che oggi oltrepassano le logiche e il diritto statali, in una parola lo sviluppo di ciò che ha ancora senso chiamare sistema capitalistico, trovano una parte della loro origine nel mutamento delle relazioni sociali e giuridiche avvenute all'interno delle città medievali. Nelle pagine de *La città* ove egli descrive il declino progressivo del contesto urbano risulta evidente come l'erosione della città come aggregato politico a favore dell'istituzione più ampia degli Stati territoriali viene fatta appropriandosi progressivamente della fondamentale acquisizione politica delle città stesse, che Weber ha definito sia come privilegio che come diritto di cittadinanza. Lo stesso vale per le dinamiche del nascente capitalismo commerciale: le sue forme giuridiche, che sempre più si estendono a commerci e scambi che acquistano una dimensione prima europea e poi mondiale, vengono reiterate e perfezionate a partire dall'irripetibile esperienza cittadina.

---

[35] Sulla distinzione tra contratti di *status* e contratti di scopo, cfr. MWG I/22-3, 315-316 (*Diritto*, 113-114).

[36] Cfr. ad esempio D. FAURE, *What Weber did not know: Towns and Economic Development in Ming and Qing China*, in D. FAURE-T.T. LIU, *Town and Country in China. St Antony's Series*, London, 2002, 58-84.

Sezione Seconda

L'OLTRE-CONCETTUALE: LA POLITICITÀ ORIGINARIA ED AUTONOMA DELLE CITTÀ

I CITTADINI AZIONISTI DELLA CITTÀ

MARIO BERTOLISSI

SOMMARIO: 1. Premessa. – 2. La Costituzione. – 3. Un cenno all'art. 53 Cost. – 4. Azionisti della città.

1. *Premessa*

Usare la parola *azionista*, senza spiegarne il senso e il perché, può lasciare spazio a non pochi dubbi e perplessità. A prima vista, si potrebbe pensare che ciò sottintenda una inaccettabile opzione liberista e individualista. Ma già il vocabolario chiarisce che si tratta, semplicemente, di "persona che possiede azioni di una società" [1]. Per possederle, è indispensabile aver speso – vale a dire: dato – qualcosa di ciò che si ha. Dunque, bisogna aver investito, con un qualche sacrificio. Ove si consideri la forma di società di capitali più evoluta – la società per azioni –, è risaputo che "ogni azione attribuisce il diritto di voto" (art. 2351, comma 1, c.c.). Dunque, il voto dipende dall'azione: dal fatto di essere azionisti.

Certo, lo *status civitatis* è altro. Tuttavia, non è altro soltanto. È anche altro, ma non prescinde – là dove si consideri la struttura di un ordinamento e la sua effettività – da un titolo – formale e sostanziale, ad un tempo – di natura monetaria. Al pari di qualunque organismo, infatti, vale anche per una società politicamente organizzata il collaudato brocardo, secondo cui *homo sine pecunia imago mortis.* Esso si estende, per ragioni elementari, di carattere logico ed empirico, dal singolo al corpo sociale, con evidenti e non contestabili implicazioni. Non a caso, al rientro in patria, mezzo secolo dopo la fine della guerra del Peloponneso, Senofonte scrisse un'opera dedicata alle entrate [2]; mentre è preoccupazione evidente di Machiavelli quella di porre in luce il carattere strategico della fiscalità, se è vero che non manca

[1] *Il piccolo Rizzoli-Larousse*, Milano, 2004, *ad vocem.*

[2] V., appunto, *Le entrate*, nel cui secondo capitolo si sostiene che Atene avrebbe dovuto incrementare il numero di stranieri, cui concedere la cittadinanza, per poter acquisire maggiori entrate e risanare, così, le disastrate finanze. V. C. NATALI, *Senofonte*, in *Enciclopedia filosofica*, vol. XI, Milano, 2006, 10461.

di ricordare – è un indirizzo, si direbbe oggi, di politica economica – che colui che governa "Deve (...) fare in modo che i cittadini possano tranquillamente esercitare le loro attività nei commerci, in agricoltura e in ogni altro campo, così che nessuno debba temere di migliorare le sue proprietà per timore che gli siano tolte o di iniziare un'attività per paura delle tasse. Deve invece premiare chiunque voglia fare queste cose e chiunque voglia comunque sviluppare la città e lo Stato" [3].

È una considerazione, che ha il pregio di porre al centro dell'attenzione un interrogativo di enorme rilevanza istituzionale, perché riguarda il rapporto governanti-governati e la relativa qualità. Sotto questo profilo, per evitare dannosi equivoci [4], vale la pena di non dimenticare un eloquente frammento [5], che riguarda il contribuente, il quale "in Italia (...) non ha mai sentito la sua dignità di partecipe della vita statale" [6]. È una condizione, che si è protratta nel tempo, senza soluzione di continuità, tant'è vero che ci si è prefissi – già nel 1979 – di "(...) riportare la pace tra pubbliche amministrazioni e cittadini. La pace, non la fiducia, perché questa non dipende da leggi, e non si avrà finché non sia cancellata da una diuturna opera illuminata di uomini l'odierna figura dello Stato: per i cittadini esso non è un amico sicuro e autorevole, ma una creatura ambigua, irragionevole, lontana (...)" [7].

Vicini rimangono gli enti territoriali minori, in cui si consuma una vita normale, caratterizzata da una solidarietà umana, che rimane, sempre, solida [8].

---

[3] N. MACHIAVELLI, *Il Principe*, versione in italiano moderno, con introduzione e note di P. Melograni, Milano, 1996, 105-106.

[4] Sempre possibili, quando ci si limita a combinare insieme proposizioni normative, privandosi dell'apporto conoscitivo offerto dalla realtà. Illuminanti le considerazioni delineate da F. CALASSO, voce *Equità (storia)*, in *Enc. dir.*, vol. XV, Milano, 1966, 65 ss.

[5] Già richiamato, perché ignoto ai più, in *L'*habitat *della democrazia*, in AA.VV., *La città e la partecipazione tra diritto e politica*, a cura di F. Pizzolato, A. Scalone e F. Corvaja, Torino, 2019, 21 ss.

[6] P. GOBETTI, *La rivoluzione liberale. Saggio sulla lotta politica in Italia*, Torino, 1974, 159, il quale prosegue con queste tristissime parole: "la garanzia del controllo parlamentare sulle imposte non era una esigenza, ma una formalità giuridica: il contribuente italiano paga bestemmiando lo Stato; non ha coscienza di esercitare, pagando, una vera e propria funzione sovrana. L'imposta gli è *imposta.* Il Parlamento italiano, derivato, attraverso la Carta e la costituzione belga, dal modello inglese esercita il controllo finanziario come esercita ogni altra funzione politica. È demagogico, parlamentaristico sin dal suo nascere perché è nato dalla retorica, dalla inesperienza, dal mimetismo".

Qui si annida l'elemento genetico dell'evasione fiscale e contributiva, causa di enormi sperequazioni, cui la Repubblica non ha saputo porre rimedio: v. infatti, da ultimo, F. VECCHI, *Gli scrocconi. Per ogni italiano che lavora, dieci vivono alle sue spalle*, Milano, 2021. I costituzionalisti se ne disinteressano e passano sotto silenzio violazioni sistematiche, di carattere strutturale, dell'art. 3 Cost., che minano le basi della Legge fondamentale. Dei perché, mi sono occupato in *Fiscalità Diritti Libertà. Carte storiche e ambiti del diritto costituzionale*, Napoli, 2015. Ma v. anche *Contribuenti e parassiti in una società civile*, Napoli, 2012.

[7] *Rapporto sui principali problemi dell'amministrazione dello Stato*, trasmesso alle Camere dal Ministro per la funzione pubblica, Massimo Severo Giannini, il 16 novembre 1979.

[8] Ragionamenti, che indirizzano, oltre i luoghi comuni, alla comprensione dei capisaldi del vi-

2. *La Costituzione*

La tendenza è a rimuovere. A considerare la fiscalità come una pura e semplice questione di diritto tributario. Forse, perché la materia è ignota. Forse, perché ci si è dimenticati delle vicende storiche del costituzionalismo, il quale si è via via affermato anche perché i soggetti passivi del tributo, dovendo pagare, avanzarono la pretesa di condizionarne l'impiego. Da qui, il tema del "consenso all'imposta", trasformatosi in "riserva di legge" [9], che ha finito per anestetizzare una relazione, la quale rimane, comunque, dotata di un'alta – se non incandescente – intensità istituzionale.

Sarebbe opportuno non trascurare questo fenomeno. Suggerisce – più precisamente: dovrebbe imporre – una riconsiderazione di categorie fondamentali, a partire dalla nozione di costituzione [10]. Quanto alla Costituzione del 1947-1948, ci si dovrebbe allontanare da un insegnamento tradizionale, fuorviante: quello, secondo cui "La nozione di '*capacità contributiva*', sulla quale poggia il dovere medesimo, esorbita per altro dal campo del diritto costituzionale strettamente inteso" [11]. Le conseguenze di simili ragionamenti non sono di poco conto. Infatti, rendono irrilevante ogni discorso costituzionale sulla fiscalità, da cui dipende l'attuazione in concreto della Parte I della Legge fondamentale [12]. E ci si ostina a replicare che il "cosiddetto dovere tributario (...) costituisce oggetto di studi di un'apposita disciplina, il diritto tributario", anche quando si aggiunge – del tutto contraddittoriamente – che "Per gli Stati moderni a impronta sociale, il prelievo fiscale costituisce la fonte principale di acquisto dei mezzi necessari per l'assolvimento dei propri fini sociali: il prelievo è preordinato, soprattutto, al finanziamento dei diritti costituzionali, i quali richiedono ingenti quantità di risorse per divenire effettivi (l'inadempimento dell'obbligazione tributaria reca, quindi, un diretto pregiudizio al sistema dei diritti e alla loro effettività... e sarebbe bene non dimenticarlo!)" [13]. Non adempiere equivale – for-

---

vere insieme, che è ordinamento, in F. PIZZOLATO, *I sentieri costituzionali della democrazia*, Roma, 2019, nonché in G.M. FLICK, *Elogio della città? Dal luogo delle paure alla comunità della gioia*, Milano, 2019.

[9] A. FEDELE, *Art. 23*, in AA.VV., *Commentario della Costituzione*, a cura di G. Branca, Bologna-Roma, 1978, 21 ss.

[10] Qui, ci si limita a qualche piccola notazione, priva di ogni pretesa. In ogni caso – fermo restando il valore del contributo di Augusto Barbera, quale aggiornamento della voce per l'Enciclopedia del diritto –, va da sé che rimane ancora essenziale C. MORTATI, voce *Costituzione (Dottrine generali)*, in *Enc. dir.*, vol. XI, Milano, 1962, 139 ss.

[11] L. PALADIN, *Diritto costituzionale*, Padova, 1998, 597.

[12] Ne sono un esempio significativo, tra gli altri, R. BIN-G. PITRUZZELLA, *Diritto costituzionale*, Torino, 2016, che dedicano ai doveri costituzionali le due ultime pagine (neppure intere) del manuale.

[13] F. RIGANO-M. TERZI, *Lineamenti dei diritti costituzionali*, Milano, 2021, 388.

malmente – a sottrarsi all'obbligo imposto dal dovere costituzionale di solidarietà (art. 2 Cost.) e – sostanzialmente – ad assumere la veste di parassita, vale a dire di sogetto estraneo al consorzio umano. Duole dirlo, ma non se ne intendono le implicazioni [14]. Certo, siamo al di fuori di ogni relazione di cittadinanza, data la scissione-separazione, che viene a determinarsi, tra i diritti e i doveri. Anzi, tra i doveri e i diritti.

Tutto ciò diviene ancor più evidente se si dà credito – come chi scrive dà credito – all'insegnamento di chi ricorda che viviamo e operiamo in un tempo, in cui le più accreditate definizioni si sono andate decomponendo. Il rapporto, a dimensione unica, è divenuto insieme di relazioni: rete. I livelli di governo sono una pluralità e la sovranità tradizionale ha trasformato i connotati di chi si diceva e si dice *popolo* [15]. Certo, le premesse di ordine teorico possono essere differenti, ma le implicazioni, non di rado, no. Infatti, si può concordare, senza esitazioni, sul fatto che "La Costituzione non è più la sola, *unica*, legge positiva fondamentale. Essa è l'intreccio di quell'insieme di norme, di provvedimenti, di atti, di procedure che costituiscono la rete che unisce una comunità. Più che di Costituzione come 'documento' si deve parlare di Costituzione come 'realtà' normativa, creata dai Trattati e capillarmente diffusa nel 'corpo' comunitario. Questa Costituzione 'reale' deve convivere, però, con le vecchie Costituzioni degli Stati sovrani" [16].

È una convivenza, ancorché difficile, possibile.

---

[14] Se può accadere quel che riferisce il direttore generale dell'Agenzia delle Entrate, che si è espresso così: D. MANCA, *"L'alta evasione? I dati ci sono ma non possiamo utilizzarli"*, in *Corriere della Sera*, 20 giugno 2021, 1 e 9. Detta così, è un'infamia, che vede lo Stato correo.

[15] Dalle astrazioni, al reale. V., infatti, P. GROSSI, *La Costituzione italiana quale espressione di un tempo giuridico pos-moderno*, ora in *L'*invenzione *del diritto*, Roma-Bari, 2017, 53, là dove osserva – in controtendenza – che "il 'popolo' è individuato nella sua storica concretezza, ed è còlto, più che nella sua improbabile *Happiness*, nella sua esistenza quotidiana, laddove distesamente si parla della dimensione fattuale di questa esistenza: la religione, il lavoro, la salute, la scuola, la cultura, l'ambiente, l'economia, situazioni tutte dove protagonista non è una entità astratta (magari in dialogo con un'astratta entità divina), ma lo sono genitori e figli, maestri e studenti, proprietarii e nullatenenti, imprenditori e lavoratori, sani e malati". Le risorse servono per costoro: non per Tizio, Caio o Sempronio! Da leggere, P. GROSSI, *Il diritto in una società che cambia. A colloquio con Orlando Roselli*, Bologna, 2018.

[16] D. CASTELLANO, *Livio Paladin e il problema della "scienza giuridica"*, in AA.VV., *Riforme. Opinioni a confronto*, a cura di M. Bertolissi, Napoli, 2015, 33, il quale prosegue rilevando che "Il Diritto costituzionale non è la 'teoria' della Costituzione scritta, come in ultima analisi chiede la geometria legale. Esso è, piuttosto, l'ordinamento pubblico, inteso come equilibrato rapporto di competenze diffuse e normativamente coordinate. In altre parole esso è il 'tessuto' della società e degli enti che, a livello diverso, operano (spesso anche sulla base del principio di sussidiarietà) per il conseguimento delle finalità elette sottoscrivendo i Trattati" (*ivi*, 33-34).

3. *Un cenno all'art. 53 Cost.*

Estraneo, dunque, l'art. 53 Cost. agli oggetti del diritto costituzionale o non, invece, parte integrante, essenziale al fine di dare concretezza all'intera Legge fondamentale? Estraneo, fino a quando la sovranità la si attribuisce, nominalmente, al popolo, inteso come mera astrazione; effettivamente, ai supremi organi dello Stato, i quali finiscono per appropriarsene, in forza di una lettura giacobina dell'art. 1, comma 2, Cost., il quale stabilisce che "La sovranità appartiene al popolo, che la esercita nelle forme e nei limiti della Costituzione". Che è sacrosanto, ma non tale da porre nel nulla il principio di responsabilità, che si è usi declinare con significati inappropriati, rispetto a ciò che quotidianamente accade nelle sedi, in cui il potere è inverato, all'interno della Repubblica [17].

Infatti, se si considerano gli elementi costitutivi di una organizzazione qualunque – e, finanche, di una fondazione, la cui base associativa è pressoché inesistente –, ci si accorge che gli stessi sono dati dallo scopo, dai componenti e dai mezzi. Impensabile che siano assenti i primi due. Quanto al terzo, pur presente, potrebbe rivelarsi inadeguato; e ciò rappresenterebbe un limite oggettivo, se non una causa di nullità del patto associativo. Banale – non v'è dubbio –, come scontata è la deduzione che ne consegue, quando, dal quotidiano e dall'interpersonale, si sale la piramide istituzionale e si guarda, in specie, agli enti territoriali: sono quelli enumerati dall'art. 114, comma 1, Cost.

Da questo punto di vista, non conta tanto la statica, quanto la dinamica: vale a dire, il funzionamento della Repubblica nel suo insieme e nelle sue singole parti. La prima delle quali è rappresentata dal comune: *id est*, dalla città. All'insieme si applica l'art. 53, comma 1, Cost., secondo cui "Tutti sono tenuti a concorrere alle spese pubbliche in ragione della loro capacità contributiva".

È una disposizione, che ha dato luogo a infiniti dibattiti, i cui esiti hanno risentito di premesse legate – più che a ideologie: sarebbe, questa, una prospettiva par-

---

[17] Se è vero solo in parte ciò che si narra in *Io sono il potere. Confessioni di un capo di gabinetto*, Milano, 2020, c'è da rimanere esterrefatti. Nessuna meraviglia se il Paese naviga sempre – quanto ad *accountability* – nella parte bassa delle classifiche internazionali, perché parlare di "Piccoli, velleitari, patetici leader politici. Credono che la storia cominci con loro. Invece io ero qui prima che nascessero. Io sono qui dai tempi di Crispi. Correva l'anno 1888 (...)" (*ivi*, 10), non è privo di conseguenze. Infatti, questo è il linguaggio dei *mandarini*, che sopravvivono a carico di chi ha dato e dà quotidianamente il meglio di sé, anche per gli altri. Magari riconoscendosi in FRANCESCO, *Fratelli tutti. Enciclica sulla fraternità e l'amicizia sociale*, con guida alla lettura di A. Smerilli, Città del Vaticano, 2020. Costoro, invece, si compiacciono di essere esperti navigatori delle stanze del potere, e di saper elaborare testi normativi, la cui prolissità, verbosità, inappropriatezza e velleitarismo sono non già sintomo, ma prova provata, della loro inqualificabile incompetenza. Non a caso, Gesù perdona ogni peccato. Non il fatto di essere *dottore della legge*: "Guai a voi, dottori della legge che vi arrogate la chiave della scienza col risultato di non capirla voi stessi e di porre impedimento a quelli che volevano capirla" (LUCA, 11, 45 e 52).

ziale – ad articolate e non coincidenti letture sia della realtà, sia della Costituzione. In breve, la fiscalità propone – ingigantito – il dissidio persona-potere, libertà-autorità e via dicendo, la cui soluzione è ancorata a vere e proprie visioni del mondo, che finiscono, inevitabilmente, per interrogare la coscienza di ciascuno. Del resto, c'è stato chi ha osservato che "Nella stragrande maggioranza delle nostre decisioni, la logica entra in gioco solo *a partire da*, e *dopo*, una opzione iniziale che ha un fondamento non logico, che non si può dimostrare, ma in cui si può solo credere per la sua autoevidenza e in cui crede solo chi lo ritiene autoevidente" [18].

Con queste puntualizzazioni – a dire il vero, più che altro accennate –, si può sostenere che vi è la piena consapevolezza di una circostanza: che tutti i diritti costano [19] e che, dunque, la prima preoccupazione di chi governa deve essere quella di convincere, quanti usufruiscono di prestazioni e servizi a carico della collettività, a dare il loro contributo, in nome di una fedeltà fiscale non risibile [20]; che la piena consapevolezza di queste distorsioni comporta che si ridefiniscano i contorni e la sostanza di ciò che attiene allo *status civitatis*. Alla dignità del cittadino e – nella prospettiva dell'art. 53 Cost. – ad ogni persona, che vive ed opera in un determinato territorio e in una comunità.

4. *Azionisti della città*

Se quel che precede ha sempre avuto un rilievo istituzionale preminente, sia sul piano teorico, sia sul piano pratico; ora, dopo Covid-19, è inconcepibile che non si rifletta, con il dovuto rigore, anche morale, sul fatto che l'enorme debito pubblico accumulato dovrà essere progressivamente ridotto; e che ciò dovrà realizzarsi attraverso una gradata riduzione dell'ingiustizia fiscale. È a questo proposito che si può verificare se l'espressione *azionisti della città* possiede oppure no uno

---

[18] A. CATTANI, *Botta e risposta. L'arte della replica*, Bologna, 2001, 11. In queste parole, c'è la eco – implicita, ma chiara – dell'insegnamento di Tullio Ascarelli, a proposito del quale v. F. CASA, *Tullio Ascarelli. Dell'interpretazione giuridica tra positivismo e idealismo*, Napoli, 1999. V., per talune specifiche implicazioni, L. PALADIN, *Le fonti del diritto italiano*, Bologna, 1996, 97 ss.

[19] S. HOLMES-C.R. SUNSTEIN, *Il costo dei diritti. Perché la libertà dipende dalle tasse*, Bologna, 2000.

[20] AA.VV., *Evasione fiscale e "tax compliance"*, a cura di A. Gentile e S. Giannini, Bologna, 2012. I curatori osservano, tra l'altro, che "In una fase di profonda crisi della finanza pubblica, qual è quella attuale, emerge con ancora maggiore forza come l'elevata sottrazione di gettito per evasione alteri gli equilibri di bilancio e sottragga risorse fondamentali per lo sviluppo del *welfare*. A ciò si aggiunge l'evidente distorsione della concorrenza economica tra gli operatori adempienti e quelli che, violando gli obblighi di legge, usano la leva dell'illegalità per alterare il mercato. Non va, poi, dimenticata l'ingiustizia sociale che genera la fruizione di beni e servizi pubblici da parte di soggetti che non concorrono al loro mantenimento, anzi sfruttano il concorso altrui" (*ivi*, 19). Per quale ragione tutto ciò sia estraneo al diritto costituzionale, davvero mi sfugge!

specifico rilievo, che incide su quello che – genericamente e metaforicamente – si intende per patto costituzionale. Che è anche patto fra generazioni.

a) Da un lato e in primo luogo, proprio Covid-19 ha reso evidente ciò che era risaputo, ma è rimasto coperto dall'ipocrisia e da una disdicevole mistificazione della realtà [21]. Tutti hanno il diritto di essere curati: lo impongono l'art. 32 Cost. e la legge n. 833/1978. Le risorse necessarie provengono dalle tasche del contribuente. Ha diritto alla tutela della salute – nei limiti rigorosi stabiliti dalla Corte costituzionale [22] – chi ha pagato il tributo e chi non è stato in grado di pagarlo. Tuttavia, ne ha usufruito pure l'evasore parziale o totale, il quale non è affatto escluso abbia potuto beneficiare di trattamenti privilegiati, addirittura, rispetto a quelli riservati al contribuente onesto. E l'ingiustizia appare ancora più intollerabile se si considera il livello quantitativo della tassazione, che colpisce pure redditi di modeste proporzioni: si pensi ai dipendenti pubblici e privati ed ai pensionati.

b) D'altro lato e in secondo luogo, la condizione – la posizione nell'ambito dell'aggregato comunitario –, in cui viene a trovarsi il contribuente infedele è tale da rendere necessitata una conseguenza: non può farne parte colui che, indegnamente, approfitta di risorse prodotte dalla fatica e dal lavoro altrui, che dovrebbero invece – in aggiunta alla "retribuzione" – essere in grado di "assicurare a sé e alla famiglia un'esistenza libera e dignitosa": ai sensi dell'art. 36, comma 1, Cost. Non può farne parte [23], perché – sta scritto nell'art. 38 Cost. – "Ogni cittadino inabile al lavoro e sprovvisto dei mezzi necessari per vivere ha diritto al mantenimento e all'assistenza sociale" (comma 1). Mentre "I lavoratori hanno diritto che siano preveduti ed assicurati mezzi adeguati alle loro esigenze di vita in caso di infortunio, malattia, invalidità e vecchiaia, disoccupazione involontaria" (2° co.). Inoltre, "Gli inabili ed i minorati hanno diritto all'educazione e all'avviamento professionale" (comma 3) [24].

Nel medesimo senso dispone, in particolare, l'art. 25 della Dichiarazione universale dei diritti dell'uomo del 1948. Ed è proprio questo atto – approvato dall'Assemblea generale delle Nazioni Unite il 10 dicembre –, che afferma, a chiare lettere, che "Ogni individuo ha dei doveri verso la comunità, nella quale soltanto è possibile il libero e pieno sviluppo della sua personalità" (art. 29, comma 1).

c) La prima comunità, al cui sostentamento è doveroso partecipare, è quella

---

[21] A. SANTORO, *L'evasione fiscale. Quanto, come e perché*, Bologna, 2010, il quale parla di "un miscuglio di verità, semplificazioni e vere e proprie falsità ideologiche" (*ivi*, 9-10).

[22] C. TRIPODINA, *Art. 32*, in AA.VV., *Commentario breve alla Costituzione*, a cura di S. Bartole e R. Bin, Padova, 2008, 321 ss., nonché C. BOTTARI, *La tutela della salute: lavori in corso*, Torino, 2020.

[23] Lo ribadisco nel modo più vigoroso.

[24] C. TRIPODINA, *Art. 36* e *Art. 38*, in AA.VV., *Commentario breve alla Costituzione*, cit., 351 ss. e 370 ss.

cittadina. La città – stando all'art. 119 Cost. – dovrebbe essere titolare di un autonomo potere impositivo, anche perché – come ha sottolineato Giannino Parravicini – "Gli enti politici minori, ossia le regioni, le province e i comuni sono enti autonomi anche nell'ambito finanziario, e come tali sono dotati di potestà impositiva originaria, non derivata dallo stato, anche se disciplinata dallo stato" [25].

Un tale carattere viene meno e si disperde quando il tributo è concepito come espressione di un potere eminente, autoritario ed irresponsabile: quale è il potere dello Stato. Tutto questo crea una divaricazione – che diviene contrapposizione – tra ente impositore e contribuente, destinata ad aumentare quando il percettore dell'imposta è lontano, rispetto alla comunità di riferimento. Certo, si sterilizza l'imposta, ma anche la relazione sottostante: meccanica, scontata, impersonale, priva di riferimenti rispetto all'ente di appartenenza: la città.

d) Eppure, la condivisione dell'idea – ricca di implicazioni concrete –, secondo cui si ha titolo per *partecipare alla vita cittadina e deciderne le sorti* [26], se si contribuisce al suo sostentamento, trova la sua prima e basilare giustificazione nella nozione stessa di *tributo*, inteso – secondo l'insegnamento della migliore dottrina – come "prestazione pecuniaria coattiva", che "nasce come pianta necessitata ed inestirpabile nella socialità dell'essere umano, nel suo voler vivere assieme ad altri uomini nella *città-stato*. Il vivere nella *civitas* genera ineludibilmente *spese comuni* e il *tributum* è lo strumento che veicola i criteri per la ripartizione delle spese comuni o pubbliche dell'organizzazione sociale" [27].

Quindi, si è *azionisti della città* in forza di una convinta ed inestinguibile vocazione alla socialità, che trova il suo migliore coronamento in un significativo pensiero di chi ha sacrificato sé stesso e i suoi averi in nome della libertà: "Poiché la vita secondo Diritto ha come supporto l'autonomia – l'autonomia della persona e la corrispondente autonomia dei centri di determinazione della volontà collettiva – lo Stato non può essere concepito che come il regime delle autonomie, cioè come il regime che, pur conservando circa la sua ragion d'essere un carattere rigidamente monista, rimane allo stesso tempo essenzialmente pluralista circa la sua struttura, la sua costituzione organica" [28].

Integrarsi significa partecipare. Partecipare è condividere. Condividere è mettere in comune. È di una società civile, non di una somma di individualità rapaci.

---

[25] G. PARRAVICINI, *Scienza delle finanze. Principi*, Milano, 1975, 28.

[26] Nel senso descritto da A. DE TOCQUEVILLE, *La democrazia in America*, a cura di G. Candeloro, Milano, 2007, spec. 72. V., soprattutto, *Rapporto della Commissione economica. V. Finanza. I. Relazione*, presentato all'Assemblea costituente, Roma, 1946, spec. 125 ss.

[27] G. FALSITTA, *Manuale di diritto tributario. Parte generale*, Padova, 2010, 5. V., inoltre, M. BERTOLISSI, *Autonomia e responsabilità sono un punto di vista*, Napoli, 2015, 403 ss.

[28] S. TRENTIN, *La crisi del diritto e dello stato*, prima edizione italiana, a cura di G. Gangemi, Roma, 2006, 202-203.

IL COSTITUZIONALISMO E LA NON-CITTÀ

PAOLO COSTA

«Non conoscevo l'agricoltura e non l'amavo;
questo, forse, perché i miei avi non erano stati contadini
e nelle mie vene scorreva puro sangue cittadino.
Amavo teneramente la natura, amavo i campi, i prati e gli orti,
ma il contadino che rivoltava la terra coll'aratro di legno, che incitava il suo misero
cavallo, cencioso, bagnato, con il collo teso, era per me l'espressione di una forza
bruta, selvaggia, senza bellezza, e ogni volta, guardando i suoi movimenti sgraziati,
cominciavo involontariamente a pensare a una vita remota,
leggendaria, quando gli uomini non conoscevano ancora l'uso del fuoco»

(ANTON ČECHOV, *La mia vita. Racconto di un provinciale*, 1896)

SOMMARIO: 1. La libertà cittadina e la servitù della terra: una mitologia moderna? – 2. Città e non-città nell'ordine politico moderno: dalla *coniuratio* al costituzionalismo. – 3. La non-città e il suo diritto – 4. La città oltre lo Stato e la non-città nel limbo dell'impolitico: una suggestione conclusiva.

1. *La libertà cittadina e la servitù della terra: una mitologia moderna?*

Nel torno tra medioevo e modernità, nell'Europa centro-settentrionale divenne celebre la massima «l'aria della città rende liberi» [1]. Il suo significato va collocato in quel processo sociale, consumatosi nel medesimo periodo, che ha visto le città dell'Occidente divenire luoghi di emancipazione (in senso giuridico) dai vincoli servili propri del sistema patrimonialistico.

La massima potrebbe indurre facilmente ad una lettura valutativa del rapporto tra città e campagna. La prima sarebbe il luogo della libertà tra pari; la seconda il luogo di poteri tradizionali fondanti gerarchie sociali sclerotizzate e vessatorie.

È fin troppo facile constatare come una simile semplificazione non potrebbe

[1] M. WEBER, *Economia e società. La città*, tr. it. Roma, 2016, 29.

che esitare in uno schematismo inficiato da una pesante ipoteca ideologica. Sarebbe l'ennesimo frutto della proiezione retrospettiva del punto di vista moderno: un errore storiografico già ampiamento messo in rilievo da Otto Brunner. Non è fortuito, del resto, che nella modernità il concetto stesso di emancipazione, da giuridico che era, abbia assunto un significato essenzialmente politico-ideologico [2].

In realtà basta andare appena più a fondo nella storia sociale europea per avvedersi presto che la questione è assai più complessa.

Gli studi sulla città occidentale condotti da Max Weber, ispirati a quella *Wertfreiheit* che ha reso epocale lo sforzo scientifico del grande maestro della sociologia [3], sono sufficienti a demitizzare la massima da cui si è partiti e la pregnanza di significati ideali che porta con sé. La città occidentale è a sua volta un capitolo della storia delle gerarchie sociali e dei rapporti di potere dell'età di mezzo. Essa non sorge sospinta da una tensione ideale verso la libertà e l'uguaglianza. La sua genesi poggia invece su quei medesimi rapporti di potere che verranno successivamente considerati arretratezza politica e imputati alla società rurale.

Alle soglie della modernità, ciò che fa di un insieme di case una città non sono tanto i caratteri morfologici [4] quanto una duplice presenza. In primo luogo, la presenza «della sede di una signoria fondiaria, soprattutto di un principato, come centro per il cui fabbisogno economico o politico si svolgano attività manifatturiere con produzione specializzata e ci si scambino i beni» [5]. In secondo luogo, la presenza «nel luogo dell'insediamento di uno scambio di prodotti – non soltanto occasionale ma regolare – quale elemento essenziale del guadagno e della copertura del fabbisogno degli abitanti: l'esistenza di un mercato» [6]. Accanto a questo nucleo fondamentale può trovarsi anche la domanda di consumo di *rentiers* di diversa natura [7].

La città occidentale appare così, anzitutto, una «città di consumatori». Accanto ai grandi consumatori vi sono altresì piccoli produttori, in particolare artigiani (la «città manifatturiera»), e soprattutto mercanti (la «città dei commercianti»). Frequentemente queste differenti economie si combinano, come testimoniano gli istituti della commenda e della *societas maris* [8].

---

[2] R. KOSELLECK, *Il vocabolario della modernità: progresso, crisi, utopia e altre storie di concetti*, tr. it Bologna, 2009, 73 ss.

[3] Su cui si è soffermata anche la riflessione giuridica (H. DREIER, *Wertfreiheit. Il postulato di Max Weber sull'avalutatività della scienza*, Modena, 2020).

[4] M. WEBER, *op. cit.*, 3.

[5] *Ibidem*, 4.

[6] *Ibidem.*

[7] *Ibidem*, 6.

[8] Nei quali «un *tractor* (commerciante viaggiatore), con il capitale affidatogli interamente o parzialmente in accomandita dai capitalisti residenti sul posto, portava sui mercati del Levante prodotti locali o acquistati sul mercato locale – abbastanza spesso deve aver viaggiato fino a lì anche con le

L'emancipazione cittadina a cui si assiste in seguito non è contraria bensì funzionale a tale struttura socio-economica. Essa è epifenomenica, ancora una volta, agli interessi signorili. Attraverso specifici istituti giuridici sorti per la gestione di questi ultimi, i servitori conseguono quell'indipendenza economica che sarà premessa della loro liberazione dai vincoli verso il signore e verso la terra. «La circostanza che la città fosse un mercato», osserva Weber, «con l'opportunità relativamente costante di guadagnare denaro attraverso il commercio o l'artigianato, indusse numerosi signori ad impiegare i loro schiavi o servi non come forza-lavoro nella propria casa o nella propria attività, ma come fonte di rendita, istruendoli cioè come artigiani o piccoli commercianti e consentendo loro di dedicarsi al proprio guadagno in cambio di un tributo personale [...] Così, già nell'antichità come in Russia la città occidentale era un luogo di ascesa dalla non liberta alla libertà per mezzo del guadagno economico-monetario»[9]. Gli interessi del nuovo ceto faranno il resto: di qui la prassi «sostanzialmente rivoluzionaria» di violare il diritto signorile sul servo per rendere la città attrattiva e conservarvi la ricchezza ivi generata.

La crescita quantitativa di questo processo economico genererà la borghesia cittadina che, forte del potere numerico ed economico del borgo franco, si opporrà finalmente al signore fondiario secondo la logica dell'*ôte-toi de là que je m'y mette.*

Quella successiva è la storia delle istituzioni comunali.

Sul piano politico, il ceto da poco asceso ottenne prima la libertà (attraverso il sistema delle franchigie) e poi il potere (attraverso la *coniuratio*, che diede alle città l'autocefalia, talora per via di «usurpazione rivoluzionaria», talora ottriata dal signore[10]).

È probabilmente dall'istituto della *coniuratio*, e dalla sua struttura contrattuale e dunque paritetica, che nacque in seguito, sull'onda degli entusiasmi giusrazionalistici, il mito della libertà cittadina (favorito, forse, anche da una caratteristica sociologica della città: la mancanza della «conoscenza reciproca e personale degli abitanti»[11], che facilmente può aver indotto all'astrazione individualistica).

Ma di mito, appunto, si tratta: nessuna delle libere città rinunciò mai davvero ad una rigida gerarchia sociale fondata ancora una volta sul patrimonio. Anche laddove fu marginalizzato il ruolo della precedente aristocrazia, la città conobbe nondimeno nei notabili, nei cavalieri (i gestori delle scuderie per i tornei cittadi-

---

stive vuote –, e li vendeva; con il ricavato comprava merci orientali e trasportava sul proprio mercato, dove li rivendeva, ma il ricavato veniva ripartito tra il *tractor* e il capitalista secondo gli accordi pattuiti» (*ibidem*, 7, 8).

[9] *Ibidem*, pp. 28, 29.

[10] *Ibidem*, p. 41.

[11] *Ibidem*, p. 3.

ni) e nei conestabili «un'aristocrazia specificamente cittadina» che, coesistendo con i cittadini comuni, determinava una nuova divisione in ceti [12].

Tuttavia il mito funzionò; e legittimò anche idealmente la concentrazione di potere politico ed economico nelle città, relegando la campagna ai margini della storia sociale europea. Mentre nell'antichità il cittadino era a tutti gli effetti «un "cittadino agricoltore"», ora il cittadino è colui che vive della sua attività di mercato. «Non è casuale», si può concordare con Brunner, «che l'epicentro delle sollevazioni contadine coincidesse con una regione economicamente molto sviluppata e nella quale la signoria andava indebolendosi a vantaggio dell'amministrazione locale del sovrano» [13].

2. *Città e non-città nell'ordine politico moderno: dalla* coniuratio *al costituzionalismo*

All'alba della modernità, la libertà cittadina è perfettamente idealizzata, e con essa la logica contrattualistica della *coniuratio* fattasi *pactum societatis*.

Le continuità storico-concettuali fra contrattualismo medievale e teorie politiche moderne sono state messe in luce da una celebre opera di Otto von Gierke [14]. Sull'ipotesi di tali continuità si sono appuntate anche condivisibili considerazioni critiche [15]; ma non è su questo che ora occorre soffermarsi. Il fatto è che quell'immagine di libertà e di uguaglianza a cui ha dato vita l'idealizzazione della città è divenuto il *Weltbild* politico-costituzionale di un'epoca [16]. Al di là dei complessi e intrecciati percorsi storici delle dottrine politiche e giuridiche, libertà e uguaglianza, smarcatesi concettualmente dalla società corporata in cui pur erano situate, sono divenute gli elementi fondativi della nuova rappresentazione della società; e dunque le plausibili premesse del moderno contrattualismo.

Si assiste dunque all'idealizzazione di una particolare realtà storica, che ha fatto di quest'ultima addirittura un *Weltbild* metastorico: l'immagine della condizione prepolitica dell'uomo. Di ciò si trova facile conferma in pressoché tutto il giusnaturalismo moderno.

---

[12] *Ibidem*, 30.

[13] O. BRUNNER, *Storia sociale dell'Europa nel Medioevo*, tr. it. Bologna, 1988, 159.

[14] O. VON GIERKE, *Giovanni Althusius e lo sviluppo storico delle teorie politiche giusnaturalistiche*, tr. it. Torino, 1934, 79 ss.

[15] G. DUSO, *La logica del potere. Storia concettuale come filosofia politica*, Roma-Bari, 1999, 134; M. SCATTOLA, *Storia dei concetti e storia delle discipline politiche*, in *Storia della storiografia*, 49/2006, *passim*.

[16] Sul rapporto tra *Weltbild* e organizzazione costituzionale, mi permetto di rinviare a P. COSTA, *Dal corpo politico alla corporate governance. Organizzazione pubblica e immagine giuridica del mondo*, in *Jus-Online*, 5/2020.

Da esso, notoriamente, nascono poi la teoria della sovranità rappresentativa (in particolare per opera di Thomas Hobbes) e, quasi gemellarmente, il dispositivo teorico-giuridico del costituzionalismo.

Tale gemellarità è ben visibile nella dottrina di Emmanuel Sieyès; in essa si scorge altresì l'immagine della città che fantasmagoricamente si proietta e si fa immagine stessa dello Stato nazionale (*rectius*, di quel suo prototipo che è lo Stato borghese di diritto).

La dottrina di Sieyès è assai nota; è sufficiente richiamarla schematicamente.

Il titolare della sovranità è il popolo. In esso la sovranità si manifesta nella forma del potere costituente. Tale potere non è esercitato né esercitabile direttamente, bensì per il tramite di un delegato *quoad exercitium*. Anche Sieyès, come Hobbes, giunge così a legittimare un sovrano rappresentativo; ma con due differenze decisive.

In primo luogo, la delega non è mai in bianco (come accade invece nel processo autorizzativo hobbesiano). Il sovrano riceve una delega dai confini ben precisi: il suo potere nasce limitato. In ciò risiede la logica del costituzionalismo stesso.

In secondo luogo, ed è questo l'aspetto più interessante per questa riflessione, il soggetto costituente non è indistintamente l'intero popolo. Il soggetto costituente è il terzo stato. *Qu'est-ce que le Tiers-État?*, domanda il titolo del celebre *pamphlet* del 1789. Il terzo stato, per Sieyès, è tutto: «Chi dunque oserebbe sostenere che il Terzo stato non comprende in sé tutto quel che occorre per formare una nazione completa?» [17]. In grazia di una sineddoche politico-istituzionale, il terzo stato, politicamente attivo nella borghesia cittadina, si autoproclama titolare del potere costituente.

Con la trasformazione degli Stati generali in Assemblea nazionale costituente e l'inaugurazione del secolo delle costituzioni borghesi, lo Stato stesso diviene una grande città occidentale istituita politicamente dalla *coniuratio* ed economicamente dal mercato. Lo *status* giuridico dell'abitante dello spazio politico nazionale è ora quello della *cittadinanza*.

La nuova prospettiva si riflette sulla comprensione della realtà rurale. Di essa si tenta la riduzione alla logica del mercato e della ricchezza nazionale. Il maggiore sforzo teorico in questa direzione lo faranno i fisiocrati, in parte nel solco già tracciato da Locke.

Si porterà il mercato nelle campagne, dunque; non però le campagne nella *coniuratio*. L'esigenza di una presenza politica delle realtà rurali non sarà avvertita. Esse saranno al più oggetto di riforme fondiarie, le quali ultime, pur per molti versi giuste e condivisibili, perseguiranno anzitutto l'obiettivo del massimo sfruttamento economico della terra (si pensi alle questioni del latifondo e della ma-

---

[17] J.E. SIEYÈS, *Che cos'è il Terzo stato?*, in ID., *Opere e testimonianze politiche*, Milano, 1993, t. 1, v. 1, 212.

nomorta) nella prospettiva dell'innalzamento della ricchezza nazionale.

Lo spazio politico nazionale è ora, al contempo, lo spazio del mercato. La contrapposizione tra città e campagna si fa in questo modo scarsamente rilevante e si riduce sempre più ad una distinzione essenzialmente morfologica. Dal punto di vista assiologico, ciò che non è città è, residualmente, solo *non-città*.

3. *La non-città e il suo diritto*

Tutto questo è ancora visibile in alcuni tratti di fondo del diritto agrario.

Diversamente da quanto accaduto per il diritto civile e per il diritto commerciale, per esso si è avvertita meno l'esigenza della codificazione e dell'uniformazione. Ciò non è di poco momento, se si considera la natura sostanzialmente costituzionale dei codici ottocenteschi (a partire dal Codice napoleonico [18]).

Pur senza esagerarne l'importanza, nel diritto agrario la consuetudine ha avuto per lungo tempo un ruolo preminente. Questo si potrebbe dire anche per il diritto commerciale; ma con una differenza decisiva: mentre gli usi commerciali tendono anch'essi, al pari della codificazione, all'uniformazione del diritto applicabile agli scambi, gli usi agrari tendono invece alla differenziazione (insita nella natura stessa dell'attività da essi regolata). «La consuetudine», è stato osservato, «trova nel campo dei rapporti agrarî un naturale ambiente di sviluppo, perché gli agricoltori sono ligi alla tradizione e quindi al rispetto di ciò che la pratica è venuta creando e consolidando, e perché la varietà delle condizioni locali, mutevoli da provincia a provincia, da comune a comune, può essere disciplinata più opportunamente dalla consuetudine che non dalla legge» [19]. Del resto, la fatticità del diritto agrario emerge anche dalla sua origine, in cui si ritrova non solo il *Sollen* della scienza giuridica ma anche il *Sein* dell'agrimensura (come testimoniano le fonti gromatiche [20]).

Da parte loro, le costituzioni si sono preoccupate della realtà rurali in modo assai limitato e prevalentemente nella prospettiva delle riforme fondiarie, quest'ultime ispirate all'incremento della produzione e a principi di giustizia distributiva (principi non ampiamente praticati invece – e forse non fortuitamente – con riguardo alla distribuzione della proprietà fondiaria urbana; e ancor meno nell'ambito dell'economia di mercato) [21].

---

[18] A. GAMBARO-R. SACCO, *Sistemi giuridici comparati*, Torino, 1988., 282.

[19] A. ARGANGELI, *Diritto agrario*, in *Enciclopedia italiana*, *ad vocem*, 1938.

[20] U. VINCENTI, *Diritto senza identità. La crisi delle categorie giuridiche tradizionali*, Roma-Bari, 2007, 16.

[21] Cfr. art. 44 Cost. Ancor più eloquente l'art. 155 della Costituzione di Weimar: «La ripartizione ed utilizzazione delle terre sono controllate con lo scopo di impedire gli abusi e di assicurare

Insomma: o per la natura delle fonti o per le peculiarità delle norme sostanziali, sembra che la campagna sia destinataria di un diritto in qualche misura sempre speciale rispetto a quello generale.

Anche venendo al diritto più attuale, ritroviamo lo speciale regime giuridico definito dalla politica agricola comune europea, il quale, per diverso tempo, ha rappresentato per alcuni aspetti (si pensi al sistema delle quote) una forzatura artificiale dell'attività agricola al fine di ricondurre anch'essa ad un quadro economico ed ordinamentale volto all'istituzione di un mercato comune. Sempre in ambito europeo, del resto (e a conferma della rilevanza della non-città per i processi di mercato ma non altrettanto per i processi politici) l'attualissima intrapresa digitale denominata *smart city* ha lambito la non-città con il progetto *smart village*, ma senza che ciò abbia potuto alludere in qualche modo alla dimensione politica[22].

Tutto questo, lo si ribadisce, restituisce l'immagine di un diritto che vive nell'ordinamento generale come una costante eccezione rispetto agli assi portanti di questo. Come se, appunto, l'ordinamento generale si fosse sviluppato secondo il prototipo cittadino ed abbia accolto solo con difficoltà la giuridicità, tanto elementare quanto refrattaria nei confronti dell'artificialità della legislazione moderna, della *iustissima tellus*[23].

Nella giurisprudenza costituzionale italiana ne troviamo un'ennesima prova, se fosse necessaria.

Si tratta della pronuncia n. 193/2017 in materia di maso chiuso. La pronuncia è nota e non è necessario rammentare ora gli estremi della relativa questione di legittimità costituzionale. Ciò che appare significativo è che la Corte, con l'eccezione della prelazione maschile, ha giudicato costituzionale il regime speciale del maso chiuso, che per molti e rilevanti versi si distacca dalle linee portanti del co-

ad ogni tedesco un'abitazione sana, ed a tutte le famiglie tedesche, specie a quelle numerose, una casa ed un patrimonio familiare corrispondenti ai loro bisogni. La legislazione sui beni di famiglia dovrà avere particolare considerazione per gli antichi combattenti. Le proprietà fondiarie possono essere espropriate quando ciò sia reso necessario per soddisfare il bisogno di abitazione, o per promuovere la colonizzazione interna, il dissodamento delle terre incolte, o lo sviluppo dell'agricoltura. I fedecommessi sono soppressi. La coltivazione ed utilizzazione della terra è un dovere che i proprietari assumono di fronte alla collettività. L'aumento di valore dei terreni, che non derivi da un impiego di lavoro o di capitali sulla terra, deve essere rivolto a vantaggio della collettività. Tutte le ricchezze del suolo e le forze della natura economicamente utilizzabili sono da porre sotto la sorveglianza dello Stato, secondo le disposizioni della legge».

[22] L. MONTI-R. CERRONI, *Le città del futuro: la "terza via" possibile tra smart cities e smart villages*, in *Amministrazione in Cammino*, 15 luglio 2017, 6: «è possibile definire lo Smart village come un piccolo centro dotato di un elevato tasso di alfabetizzazione digitale (e-literacy skills); un buon accesso alla sanità digitale (e-health); un'economia circolare ben sviluppata; una rete di promozione dei prodotti locali mediante l'uso delle tecnologie digitali e ICT. Il tutto con al centro la Green economy e il turismo esperienziale come fattori di sviluppo economico sostenibile».

[23] L'espressione di Virgilio è ripresa da Carl Schmitt per esprimere la condizione di naturale giuridicità della terra (*Il nomos della terra*, tr. it., Milano, 1991, 20).

stituzionalismo moderno (recando elementi propri dei superati istituti del fedecommesso e del maggiorascato, con l'intendimento di preservare nel tempo l'unità del maso chiuso ed assicurarne la sopravvivenza alle vicende successorie[24]). Nel far questo, la Corte si è curiosamente appellata al principio della pluralità degli ordinamenti giuridici: «D'altronde, la recezione del maso chiuso attraverso il più elevato livello normativo del nostro ordinamento (la legge costituzionale) costituisce fenomeno emblematico del pluralismo economico, sociale e giuridico che permea la Carta costituzionale, tanto più significativo in quanto di questo istituto prestatuale è stata più volte messa in dubbio la compatibilità rispetto all'ordinamento civile italiano, con il quale tuttavia convive da sempre nel limitato ambito territoriale della sua operatività». Come a dire: il maso chiuso e il complesso di usi che ne sostanziano la disciplina sono "un altro" ordinamento giuridico. Viene da domandarsi: uno tra i molti, secondo un'interpretazione romaniana dell'ordinamento giuridico? Oppure un corpo estraneo appena tollerato, come per altri versi la pronuncia sembra suggerire? La risposta è verosimilmente la seconda. Un ulteriore elemento della disciplina del maso chiuso derivante dall'origine rurale di questo (quello del maggiorascato, divenuto peraltro già marginale in ragione di successivi interventi legislativi) è infatti venuto meno con la recente pronuncia n. 15/2021, in base all'argomento per cui «l'avvento delle tecnologie nei metodi di produzione agricola e il diffondersi dell'esercizio contestuale di attività connesse a quella agricola rendono essenziale la preparazione tecnico-specialistica nella gestione, mentre fanno apparire superata la trasmissione – peraltro meramente ipotetica – di competenze da una generazione all'altra».

4. *La città oltre lo Stato e la non-città nel limbo dell'impolitico: una suggestione conclusiva*

La breve ricognizione storico-giuridica appena svolta mette forse in discussione una certa interpretazione dei rapporti tra Stato e città propria della letteratura giuspubblicistica continentale.

L'apoteosi della sovranità rappresentativa prima, e della persona giuridica dello Stato poi, hanno indotto la teoria costituzionale e la prassi legislativa ad assegnare alla città una posizione sotto-ordinata nei rapporti inter-istituzionali interni allo spazio politico nazionale. Trova qui origine la classica distinzione concettuale – dogmatizzata dal diritto pubblico – tra enti sovrani ed enti autonomi.

Tutto questo però non ha impedito alla moderna città occidentale di conti-

[24] Sul più ampio rapporto tra diritti storici e costituzioni, si rinvia a M. COSULICH-G. ROLLA, *Il riconoscimento dei diritti storici negli ordinamenti costituzionali*, Università degli Studi di Trento, Trento, 2014.

nuare ad essere se stessa, ossia un combinato di *coniuratio* e mercato; e di esserlo più di quanto lo possa lo stesso Stato nazionale, il cui territorio era ed è *de facto* costellato da non-città (in senso morfologico e in senso socio-economico).

Di qui, probabilmente, la proiezione delle grandi città (sedi del potere economico-finanziario e residenze delle relative *élite* transnazionali) oltre i confini statali, ed il conseguente fenomeno delle *world city* prima e delle *global city* poi [25].

Ma l'essere *oltre lo Stato* della città ha, come si è visto, anche un significato più profondo. La città occidentale è un *oltre* non solo spaziale ma anche storico e concettuale. È oltre lo Stato in quanto ne è l'immagine prototipica e dunque lo eccede assiologicamente. Sorta tra il medioevo e la modernità da un intreccio di processi politici, giuridici ed economici, la città occidentale è divenuta l'ideale fondante dello Stato nazionale, che appare così esso stesso come una smisurata città di fondazione (con la quale, non casualmente, condivide il carattere dell'artificialità).

In questo *milieu*, alla non-città sono riservati regimi giuridici speciali. Per il loro tramite si tenta di portare la non-città nel mercato; non però di portarla nella *coniuratio*.

Questo è un punto fondamentale. La questione della presenza politica della non-città è tutt'altro che avvertita. Se Henry Lefebvre ha potuto affermare l'esistenza di un diritto (tutto politico) alla città, per contro non si è ancora svolta una consapevole riflessione costituzionalistica sul diritto (non meno politico) alla non-città.

La questione emerge solo in modo occasionale, e sempre in relazione all'epicentro assiologico rappresentato dalla città. Della non-città si torna a parlare, e in modo critico, quando emergono certe geografie elettorali: peraltro non sempre nette (spesso analoghe geografie si rinvengono nelle periferie cittadine) e tutt'altro che univocamente interpretabili. Della non-città si è tornato a parlare in occasione dell'emergenza sanitaria, rivalutandola in ragione della più alta qualità di vita che offre in tempi di confinamento (una rivalutazione contingente, dunque, e piuttosto residuale).

In realtà la non-città appare costitutivamente relegata nel limbo dell'impoliticità, dacché nella modernità l'unico modo di esistere politicamente è quello configurato dal paradigma cittadino.

Sono queste, ovviamente, considerazioni assai seminali. Suggeriscono tuttavia che il costituzionalismo dovrebbe aderire meno acriticamente a certe mitologie moderne e svincolarsi almeno in parte dalla sua storia: se il non farlo può produrre il risultato di rappresentare chi è già presente; e di rendere invece irrappresentabile chi presente, in fondo, non lo è mai stato.

---

[25] S. SASSEN, *The global city: introducing a concept*, in *The Brown Journal of World Affairs*, 2/2005, 28.

CITTÀ, SPAZIO, DIRITTO. RIPENSARE IL DIRITTO ALLA CITTÀ NELL'ETÀ DELL'INFORMAZIONE

GIOVANNI COMAZZETTO

SOMMARIO: 1. Premessa. Verso una nuova rivoluzione spaziale? – 2. La città nell'età moderna. – 3. La rivoluzione dell'informazione e la città. – 4. Conclusioni. Ripensare il diritto alla città.

1. *Premessa. Verso una nuova rivoluzione spaziale?*

Nella sua vertiginosa ricostruzione della storia del mondo dal punto di vista della contrapposizione tra gli 'elementi' terra e mare, Carl Schmitt individua nella determinazione di un mutamento della struttura del concetto stesso di spazio il carattere distintivo di una *rivoluzione spaziale*[1]. Mutamenti degli spazi dell'esistenza storica sono avvenuti più volte nella storia del mondo: dalle campagne di conquista di Alessandro Magno – che danno origine alla grande cultura ellenistica – alla conquista, da parte di Cesare, della Gallia e della Britannia, fino alle spedizioni successive che segnano la massima espansione geografica dell'Impero romano, si ha la maturazione – graduale, e inizialmente limitata ad una ristretta cerchia di uomini perspicaci – di un «senso globale dello spazio»[2]. Il lungo «interramento»[3] medievale provoca tuttavia un'eclissi dello spazio che dura secoli, ed è interrotta soltanto dall'«ampliamento spaziale» che fa seguito alle Crociate e dalla svolta culturale che si manifesta nella fine del monopolio culturale del clero, nella fondazione delle prime Università e nella riscoperta del diritto romano[4]. Non si tratta ancora di una rivoluzione spaziale planetaria, bensì di prodromi, anticipazioni degli sconvolgimenti successivi.

[1] C. SCHMITT, *Terra e mare. Una riflessione sulla storia del mondo*, tr. it., Milano, 2002, 58-59.

[2] C. SCHMITT, *Terra e mare*, cit., 63.

[3] C. SCHMITT, *Terra e mare*, cit., 63.

[4] Sul Trecento come «tempo di transizione» vedi, per tutti, P. GROSSI, *L'Europa del diritto*, Bari-Roma, 2016, 83 ss.

Quella che Schmitt definisce la «trasformazione più profonda e determinante dell'immagine planetaria del mondo mai avvenuta nell'intera storia universale a noi nota»[5] avviene infatti successivamente, nei secoli XVI e XVII. È in questo periodo che «nasce un nuovo mondo nel senso più audace del termine, mentre la coscienza collettiva, dapprima dei popoli dell'Europa occidentale e centrale e poi dell'intera umanità, subisce un mutamento radicale». Non si tratta 'soltanto' delle scoperte geografiche: ciò che muta è piuttosto «l'immagine globale del nostro pianeta, e poi la rappresentazione astronomica complessiva dell'intero universo, con la conseguente totale eliminazione delle tradizionali concezioni antiche e medievali»[6]. Decisive furono, in questo senso, le scoperte astronomiche e la scoperta di uno spazio vuoto e infinito. Proprio quest'ultimo concetto è, per Schmitt, «fondamentale e rivoluzionario»[7], al punto che le stesse scoperte geografiche potrebbero ritenersi soltanto manifestazioni e conseguenze di metamorfosi più profonde.

Perché si possa parlare di rivoluzione spaziale, è necessario che ricorra una «trasformazione dei concetti di spazio che abbracci tutti i livelli e tutti gli ambiti dell'esistenza umana»[8]. Si può affermare che «tutte le sfere della vita, tutte le forme di esistenza, tutte le specie di energia creativa dell'uomo [...] prendono parte alla formazione del nuovo concetto di spazio»[9]. È in quest'epoca che il razionalismo occidentale si afferma, si diffonde irresistibilmente e soggioga i popoli non europei, i cui territori sono trattati come mero oggetto di conquista e di sfruttamento. Il nocciolo del diritto internazionale cristiano-europeo, sostiene il giurista di Plettenberg, sta appunto nella spartizione del «nuovo mondo».

L'essenza della prima rivoluzione spaziale planetaria risiede dunque nella separazione di terra e mare, e più specificamente in questo evento epocale, di carattere duplice: da una parte l'immane conquista di terra da parte di un gruppo di Stati sovrani, dall'altra parte la conquista britannica del mare. «Libero mare e libero mercato mondiale» scrive ancora Schmitt «si unirono in un'idea di libertà di cui soltanto l'Inghilterra poteva essere il latore e il custode»[10].

Nel corso del secolo XIX, tuttavia, si giunge ad una nuova fase del rapporto elementare tra terra e mare. Tra l'elemento del mare e l'esistenza dell'uomo si frappone un «dispositivo meccanico». La macchina muta il rapporto dell'uomo con il mare; il traffico marittimo subisce un processo di meccanizzazione; il Levia-

---

[5] C. SCHMITT, *Terra e mare*, cit., 66.

[6] C. SCHMITT, *Terra e mare*, cit., 66-67.

[7] C. SCHMITT, *Terra e mare*, cit., 69.

[8] C. SCHMITT, *Terra e mare*, cit., 70.

[9] C. SCHMITT, *Terra e mare*, cit., 71.

[10] C. SCHMITT, *Terra e mare*, cit., 99.

tano, da grande pesce, si trasforma in macchina [11]. Il declino dell'Impero britannico coincide con l'avvio di una nuova rivoluzione spaziale: è, questa, l'epoca dell'elettrotecnica e dell'elettrodinamica [12]. Il primo conflitto mondiale si svolge già nel segno di questa nuova fase. La comparsa dell'aeroplano marca, poi, la conquista di una terza dimensione oltre alla terra e al mare, l'aria [13], al punto da estendere fino a livelli prima sconosciuti (e impensabili) il dominio dell'uomo sulla natura.

Il secolo XX sembra allora porre fine al *nomos* della terra durato per tre secoli e fondato sulla separazione tra terra e mare. Muta di nuovo il concetto di spazio: questo non è più lo spazio vuoto del secolo XVI, bensì lo spazio inteso come il «campo di forze dell'energia, dell'attività e del lavoro dell'uomo» [14]. Giunto a questo punto, tuttavia, Schmitt si interrompe. Nasce un nuovo *nomos* della terra, inarrestabile e irresistibile, ma sull'ordinamento che da esso promana ben poco di sicuro è possibile dire. Quel che è certo, è che il nuovo *nomos* non è «assenza di misura»: «molti vedono solo un disordine privo di senso laddove in realtà un nuovo senso sta lottando per il suo ordinamento [...]. Anche nella lotta più accanita fra le vecchie e le nuove forze nascono giuste misure e si formano proporzioni sensate» [15].

In uno scritto successivo a *Terra e mare*, il breve e folgorante *Nomos-Nahme-Name*, Schmitt osserva che – all'epoca in cui scrive – si è imposta una condanna pressoché unanime del colonialismo, inteso come la «presa di possesso della terra e del mare nell'epoca delle grandi scoperte e nei quattrocento anni di diritto internazionale eurocentrico che vi è associato» [16]. Quest'odio non è altro che l'odio nei confronti del *Nehmen*, ossia della presa di possesso. È tuttavia convinzione del giurista tedesco che il problema del prendere possesso sia tutt'altro che superato, essendo ciò che viene chiamato storia universale nient'altro che «la storia dello sviluppo [...] negli oggetti, nei mezzi e nelle forme della presa di possesso» [17]. Tale sviluppo «va dalla *presa di possesso della terra* (*Landnahme*) dell'epoca nomadica e agrario-feudale alla *presa di possesso del mare* (*Seenahme*) dei secoli dal XVI al XIX, passando per la *presa di possesso dell'industria* (*Industrienahme*) dell'epoca tecnico-industriale [...], per giungere infine alla *presa di possesso dell'aria e dello spazio* (*Luft-und Raum-Nahme*) del presente» [18].

---

[11] C. SCHMITT, *Terra e mare*, cit., 101.

[12] C. SCHMITT, *Terra e mare*, cit., 106.

[13] O il fuoco: sul punto, Schmitt non dà indicazioni chiare: C. SCHMITT, *Terra e mare*, cit., 108.

[14] C. SCHMITT, *Terra e mare*, cit., 109.

[15] C. SCHMITT, *Terra e mare*, cit., 110.

[16] C. SCHMITT, *Nomos - Presa di possesso - Nome*, in ID., *Stato, Grande spazio, Nomos*, tr. it., Milano, 2015, 354.

[17] C. SCHMITT, *Nomos - Presa di possesso - Nome*, cit., 355.

[18] C. SCHMITT, *Nomos - Presa di possesso - Nome*, cit., 355.

L'indagine schmittiana sin qui rapidamente richiamata è fondamentale per diverse ragioni, lo è in particolare nel contesto della presente riflessione in quanto pone l'accento sulla connessione necessaria tra innovazioni tecnologiche, modi dell'esistenza spaziale dell'uomo e forme politiche.

2. *La città nell'età moderna*

Alla luce delle citate corrispondenze tra svolte 'epocali' e mutamenti delle forme politiche, seguendo l'insegnamento schmittiano sul pensare per 'grandi paralleli' può delinearsi un percorso che va dalla 'città di case' (*polis*) dell'era pre-moderna, alla 'città-porto' e alla metropoli dell'era moderna, fino ad arrivare alla 'città intelligente' (o *technopolis*) di un tempo che – con tutte le cautele del caso – può definirsi post-moderno. Le forme politiche di riferimento, entro le quali queste diverse concezioni della città si collocano, sono ugualmente mutate: dalla straordinaria varietà di figure proprie della lunga epoca che precede la modernità (città-stato, regni, imperi, stato dei ceti, ecc.), all'assoluta centralità della figura dello Stato nel periodo che va dal XVI secolo al XX secolo, per approdare infine al tempo attuale che vede nel progressivo – e forse inesorabile – 'sfondamento' dei confini statali (e nella connessa proliferazione non solo di organizzazioni internazionali e sovranazionali, ma anche di «regimi giuridici privati» la cui natura è tutt'altro che perspicua, e in ogni caso a stento messa a fuoco dalla dottrina costituzionalistica [19]) il fenomeno più rilevante, con cui la dottrina giuridica deve fare i conti.

È necessario, in questo senso, essere consapevoli della *storicità* e *determinatezza* dei concetti di cui ci serviamo [20], concetti che rischiano di risultare fuorvianti nella misura in cui si pretende di adoperarli come 'lenti' per guardare a fonti ed esperienze passate – vizio che si riscontra molto spesso negli scritti di storia del diritto, e in particolare di storia della costituzione. Prezioso è quindi, alla luce dell'indicazione metodologica testé richiamata, il suggerimento a rilevare l'esistenza di una soluzione di continuità tra la concezione antica della politica e la concezione moderna, individuando in particolare «nell'ordinamento della casa il discrimine e nella negazione del discrimine il momento di rottura e l'inizio di uno sviluppo del tutto eterogeneo della realtà della polis il cui fenomeno è la metropoli descritta da Simmel e la sua ulteriore evoluzione nello Stato moderno e nella cosmopoli tecnica» [21]. La disconti-

[19] La bibliografia su questo tema è sterminata. Ci si limita qui a rimandare alle riflessioni di uno dei più autorevoli e originali interpreti di questo passaggio: G. TEUBNER, *La cultura del diritto nell'epoca della globalizzazione. L'emergere delle costituzioni civili*, tr. it., Roma, 2005.

[20] Cfr. G. DUSO, *La logica del potere. Storia concettuale come filosofia politica*, Monza, 2007.

[21] A. SANDRI, *Città di case e technopolis*, in C. BUZZACCHI-P. COSTA-F. PIZZOLATO (a cura di), *Technopolis. La città sicura tra mediazione giuridica e profezia tecnologica*, Milano, 2019, 142.

nuità è magistralmente messa a fuoco da Otto Brunner nel noto saggio *La 'casa come complesso' e l'antica 'economica' europea*, ove l'economica (*Ökonomic*) come dottrina dell'*oikos* è descritta come cosa del tutto altra dalla moderna dottrina economica: la prima, infatti, comprende «la totalità dei rapporti umani e delle attività nella casa, la relazione fra marito e moglie, genitori e figli, signore di casa e servi (schiavi) e l'adempimento dei compiti esistenti nell'economia domestica e agraria» [22]. Peraltro, «non possiamo farci un'idea corretta dell'economica limitandoci a confrontarla con la moderna dottrina economica: fin nel XVIII secolo si è inteso con 'economia' (*Wirtschaft*) qualcosa di diverso da quel che si è inteso in seguito. L'antica economia europea appare, dal punto di vista moderno, come un complesso di dottrine che appartengono all'etica, alla sociologia, alla pedagogia, alla medicina, alle differenti tecniche dell'economia domestica e agraria» [23].

La centralità della 'casa', da intendersi qui come elemento fondamentale della struttura costituzionale complessiva (*lato sensu* intesa), poteva persistere solo nel contesto di una società prettamente rurale – né l'affermazione, in diversi periodi storici dell'antichità, di 'economie di mercato' piuttosto sviluppate, in particolare nel Mediterraneo, è riuscita ad incidere sull'orientamento complessivo del pensiero. Almeno, non fino al definitivo affermarsi della società industriale. Nell'economia cittadina, infatti, si è definita sempre più la separazione tra gestione domestica ed attività aziendale; la popolazione urbana ha superato di gran lunga quella rurale; e «anche là dove continua a sussistere una popolazione contadina di tipo antico, la progressiva meccanizzazione anche della media e piccola azienda ne muta l'essenza» [24]. Viene meno, così, la categoria della 'casa nel suo complesso'. La contrapposizione, tutta moderna, tra la 'razionalità' dell'azienda e la 'sentimentalità' della famiglia, è manifestazione soltanto esteriore, ma comunque emblematica, del profondo mutamento strutturale già intervenuto.

Contrapposta alla 'città di case' del mondo antico e medievale, l'idea moderna di città è connessa al processo di costruzione dello Stato e della società industriale. Si può intravedere, in questo senso, una connessione tra la prima rivoluzione spaziale planetaria – rivoluzione a seguito della quale «l'ordinamento della terraferma consiste nella suddivisione in Stati; il mare aperto invece è libero, cioè esente da confini nazionali» [25], imponendosi così lo *jus publicum europaeum* –, l'affermazione della concettualità politico-giuridica moderna di carattere statocentrico, tale da tagliare i ponti con la precedente concezione del diritto, e una nuova concezione del vivere in comune degli uomini che vede nell'individuo metropolitano la

---

[22] O. BRUNNER, *La 'casa come complesso' e l'antica 'economica' europea*, in ID., *Per una nuova storia costituzionale e sociale*, tr. it., a cura di P. Schiera, Milano, 2000, 136.

[23] O. BRUNNER, *La 'casa come complesso'*, cit., 138.

[24] O. BRUNNER, *La 'casa come complesso'*, cit., 141.

[25] C. SCHMITT, *Terra e mare*, cit., 88.

figura sintomatica di una nuova idea di libertà. È infatti dalla dissoluzione dell'«engerer Kreis» che prende corpo «la metropoli moderna posta da *regolarità tecnico-formali* e costituita da uomini – i *cittadini* – che, da un canto, sottostanno a queste stesse regolarità e prendono così congedo dalla dimensione concreta e limitante dei rapporti interpersonali propri della struttura della piccola comunità storica [...], e, dall'altro, entrano in una *sfera di libertà formale* il cui contenuto di volta in volta indifferentemente determinato può sconfinare [...] nell'estrema esaltazione della volontà individuale»[26]. L'idea di libertà che così si afferma è quella propugnata dal contrattualismo moderno – che ha alla sua base il giusnaturalismo razionalistico seicentesco. Si impone infatti, prima a livello concettuale e poi – nel Settecento, grazie alle costituzioni rivoluzionarie – a livello di organizzazione costituzionale della vita in comune degli uomini, un'idea di umanità il cui tratto fondamentale è l'*indipendenza*, più che la *relazionalità* – fino a quel momento ritenuta coessenziale, e non certo 'accessoria' ed eventuale (finanche indesiderabile), all'esistenza umana. Padre di questa concezione della libertà è – come sottolinea una convincente lettura della vicenda concettuale della modernità – Thomas Hobbes: il 'politico' è ora pensato «mediante la razionalità formale che caratterizza quella moderna *forma politica* che è la creazione del Diritto naturale e che connoterà la successiva dottrina dello Stato»[27].

La metropoli è sempre stata anche la sede dell'economia monetaria, poiché in essa – come osserva Georg Simmel – «la molteplicità e la concentrazione dello scambio economico procurano al mezzo di scambio in se stesso un'importanza che la scarsità del traffico rurale non avrebbe mai potuto generare»[28]. Vi è una corrispondenza tra l'atteggiamento di mera neutralità oggettiva con cui si trattano uomini e cose, tipico della vita nella moderna metropoli, e la riduzione di tutte le qualità e specificità alla dimensione quantitativa, prodotta dall'affermazione dell'economia monetaria. In questo senso, la *polis* antica sembra potersi avvicinare più alla città di provincia che alla moderna metropoli: «il fatto che la sua esistenza fosse permanentemente minacciata da nemici vicini e lontani generava quella coesione ferrea nelle relazioni politiche e militari, quella sorveglianza del cittadino da parte del cittadino, quella gelosia della comunità nei confronti del singolo, per cui la vita autonoma di quest'ultimo era così piena di vincoli che questi poteva rivalersi, tutt'al più, solo con l'esercizio di un potere dispotico all'interno della propria casa»[29].

L'uomo della *polis* e l'uomo dell'età feudale, avvolti in un complesso di relazioni e vincoli politici, corporativi e religiosi che ne definivano l'esistenza, sem-

[26] A. SANDRI, *Città di case e technopolis*, cit., 139.

[27] G. DUSO, *Il potere e la nascita dei concetti politici moderni*, in S. CHIGNOLA-G. DUSO (a cura di), *Sui concetti giuridici e politici della costituzione dell'Europa*, Milano, 2005, 163.

[28] G. SIMMEL, *Le metropoli e la vita dello spirito*, tr. it., Roma, 2012, 37-38.

[29] G. SIMMEL, *Le metropoli e la vita dello spirito*, cit., 48.

brano allora contrapporsi all'individuo metropolitano, libero da legami storici e affrancato da vincoli ormai percepiti come forieri di diseguaglianze insostenibili. Permane tuttavia il dubbio se la libertà dell'individuo metropolitano non si sia rivelata, in ultima analisi, solo un'altra forma di eteronomia. Con l'affermazione del binomio sovranità-rappresentanza, che costituisce l'asse sul quale si sono imperniate le moderne costituzioni, tende a realizzarsi un'espropriazione della volontà politica degli individui che si accompagna alla meccanizzazione dell'apparato statale e al ripiegamento della 'società civile' in uno *spazio privatizzato* connotato dalla libertà di commercio e di movimento, ma deprivato di ogni sostanza politica.

3. *La rivoluzione dell'informazione e la città*

Si è accennato, in precedenza, all'ipotesi che la rivoluzione dell'informazione configuri una *rivoluzione spaziale* nel senso schmittiano. Gli indizi a sostegno di questa affermazione sono diversi. Occorre valutare, in particolare, se le trasformazioni che si sono verificate – e continuano a verificarsi – nel campo delle tecnologie dell'informazione e della comunicazione abbiano modificato il concetto stesso di 'spazio'.

Richiamandosi al lascito di Alan Turing, inteso come precursore di una nuova «filosofia dell'informazione», Luciano Floridi ha osservato che «nel presente, stiamo lentamente accettando l'idea che non siamo enti isolati e unici, quanto piuttosto organismi, il cui sostrato è informazionale (*inforgs*), reciprocamente connessi e parte di un ambiente costituito da informazioni (*infosfera*), che condividiamo con agenti naturali o artificiali simili a noi sotto più profili» [30]. Le ICT (*Information and Communications Technologies*) stanno al contempo «modificando il nostro mondo attraverso la creazione di nuove realtà e promuovendo un'interpretazione di ogni aspetto del mondo e delle vite che vi conduciamo in termini d'informazioni» [31]. La stessa distinzione tra un'esistenza spaziale 'reale' dell'uomo e la sua esistenza 'virtuale' sembra progressivamente svanire, in quanto anche la prima è reinterpretata in termini informazionali, pervasa – per così dire – dall'infosfera.

L'analisi delle conseguenze di questi processi sul significato dei concetti fondamentali di spazio e tempo esula dalle possibilità del presente scritto. È tuttavia utile, ai fini di ciò che si dirà, il richiamo a quello che Manuel Castells definisce lo «spazio dei flussi», intendendo con questa espressione «*l'organizzazione mate-*

---

[30] L. FLORIDI, *Pensare l'infosfera. La filosofia come design concettuale*, tr. it., Milano, 2020, 130.

[31] L. FLORIDI, *La quarta rivoluzione. Come l'infosfera sta trasformando il mondo*, tr. it., Milano, 2017, 47.

riale delle pratiche sociali di condivisione del tempo che operano mediante flussi»[32]. Lo spazio dei flussi, a dispetto di certe ingenue concezioni della globalizzazione che ancora persistono, non è uno spazio liscio. Osserva infatti Castells che «l'economia informazionale e globale è organizzata intorno a centri di comando e controllo in grado di coordinare, innovare e gestire le attività intrecciate delle reti di imprese»[33]. Sebbene i servizi avanzati, consistenti nella generazione di conoscenza e flussi di informazione, possano astrattamente essere localizzati ovunque nel globo, essi – quantomeno per ciò che concerne i segmenti superiori di tali attività – si collocano perlopiù in pochi centri nodali di alcuni paesi. Le ragioni per cui la produzione di valore basata sull'informazione tende a collocarsi, anche nello spazio dei flussi globali, in alcuni grandi nodi metropolitani, sono state esposte, tra i molti, da Saskia Sassen in alcune opere molto note[34]. Vi sono dunque gerarchie anche nella rete – per quanto si tratti di gerarchie instabili e precarie.

Si osservava in precedenza, sulla scia dell'indagine schmittiana sul *nomos*, come né la condanna dell'imperialismo né l'egemonia del pensiero economico siano riusciti a rimuovere del tutto il problema dell'appropriazione. Di più: può dirsi, sempre con Schmitt, che il sogno di una 'spoliticizzazione' del mondo in favore di una definitiva affermazione del binomio etica-economia è ancora ben lungi dall'essere realizzato. «Un dominio sugli uomini fondato su basi economiche», afferma il giurista di Plettenberg, «deve apparire come un terribile inganno proprio se resta non politico, poiché in tal caso si spoglia di ogni responsabilità ed evidenza politica. Il concetto di scambio non esclude assolutamente, sul piano concettuale, che uno dei contraenti subisca un danno e che un sistema di contratti reciproci possa alla fine trasformarsi in un sistema del più crudo sfruttamento ed oppressione»[35]. Potrebbe dirsi, a margine di queste osservazioni di Schmitt, che il problema della «presa di possesso» si ripropone anche nella società dell'informazione. Un'opera recente, ricorrendo alla nozione marxiana di *capitale aggregato*, ha indagato le operazioni 'estrattive' del capitale allo scopo di «cogliere criticamente la logica di fondo e i principi che guidano il ritmo sincopato della crisi e della transizione che caratterizza il capitalismo contemporaneo»[36]. È di particolare interesse la definizione che qui viene data della nozione di «estrazione»: si tratta infatti non solo dei processi di appropriazione ed espropriazione delle risorse naturali, ma anche di una serie di

[32] M. CASTELLS, *La nascita della società in rete*, tr. it., Milano, 2002, 473.

[33] M. CASTELLS, *La nascita della società in rete*, cit., 437.

[34] Si veda in particolare S. SASSEN, *Città globali: New York, Londra, Tokyo*, tr. it., Torino, 1997.

[35] C. SCHMITT, *Il concetto di 'politico'. Testo del 1932 con una premessa e tre corollari*, in ID., *Le categorie del 'politico'. Saggi di teoria politica*, a cura di G. Miglio e P. Schiera, Bologna, 1972, 163.

[36] S. MEZZADRA-B. NEILSON, *Operazioni del capitale. Capitalismo contemporaneo tra sfruttamento ed estrazione*, tr. it., Castel San Pietro (RM), 2020, 194.

pratiche che attraversano oggi altre forme di cooperazione umana. Le pratiche del *data mining* sono, in questo senso, emblematiche: esse infatti funzionano secondo una logica di profilazione che «produce schemi utilizzabili e dipende da operazioni algoritmiche che analizzano e aggregano i dati raccolti attraverso processi di quello che può essere chiamato scavo ed estrazione digitale. L'estensione delle tecniche di *data mining* lungo una vasta gamma di attività economiche corrisponde a un radicamento delle operazioni estrattive all'interno dei regimi contemporanei di valorizzazione e accumulazione capitalistica» [37].

4. *Conclusioni. Ripensare il diritto alla città*

Qual è, dunque il futuro del diritto alla città? A questa domanda fondamentale è necessario dedicare alcune notazioni conclusive. Per diritto alla città può intendersi l'aspirazione della cittadinanza a 'riappropriarsi' delle città – nel senso della volontà di governare, e non subire, i processi economici, tecnologici, politici e sociali in atto [38] –, e in particolare a 'dar forma' ai processi di urbanizzazione. Osserva David Harvey che fin dalle origini le città sono nate come «concentrazioni geografiche e sociali di un surplus produttivo», surplus che «si è sempre dovuto estrarre da qualche parte e da qualcuno» [39]. Dopo la prima rivoluzione spaziale planetaria e l'affermazione del capitalismo industriale la città assume tuttavia un aspetto affatto inedito, in quanto il capitalismo «necessita di processi urbani per assorbire l'eccedenza di capitale che costantemente produce» [40]. È alla luce dell'intima connessione tra capitalismo e urbanizzazione che si comprende la sostanziale coincidenza tra le curve logistiche di crescita della produzione capitalistica e le curve logistiche del tasso di urbanizzazione della popolazione mondiale.

Oggi i processi di appropriazione ed espropriazione che contrassegnano le nuove forme dell'esistenza spaziale dell'uomo risultano particolarmente evidenti proprio nei contesti urbani. Le pratiche di *data mining* e i fronti più avanzati della cosiddetta *sharing economy* – si pensi alla piattaforma Uber per il trasporto automobilistico e al portale Airbnb per la ricerca di alloggi per brevi periodi – trovano infatti nell'ambiente urbano un terreno particolarmente fertile di diffusione, incidendo in misura significativa sugli stessi processi di governance urbana. Le

---

[37] S. MEZZADRA-B. NEILSON, *Operazioni del capitale*, cit., 203.

[38] Cfr. F. PIZZOLATO, *La città come dimensione del diritto e della democrazia*, in F. PIZZOLATO-A. SCALONE-F. CORVAJA (a cura di), *La città e la partecipazione tra diritto e politica*, Torino, 2019, sp. 37-39.

[39] D. HARVEY, *Città ribelli. I movimenti urbani dalla Comune di Parigi a Occupy Wall Street*, tr. it., Milano, 2013.

[40] D. HARVEY, *Città ribelli*, cit.

città europee, le cui capacità di autogoverno sono state fortemente limitate da oltre un decennio di tagli al bilancio da parte dei governi centrali, risultano così sempre più sensibili alle pressioni del capitalismo digitale. La delega e il subappalto a investitori privati di responsabilità prima riservate alle istituzioni pubbliche e l'immissione di capitali finanziari privati nello sviluppo, gestione e manutenzione delle infrastrutture[41] – secondo il modello tecnocratico della *smart city*[42] – sono soltanto due esempi di come molte città finiscano per piegarsi al paradigma del «keynesismo privatizzato»[43], attratte dalla prospettiva di un ingente risparmio nella fornitura dei servizi.

Il ripensamento del diritto alla città passa allora, necessariamente, attraverso la consapevolezza di questi processi, e non può non connettersi ad una critica radicale della costellazione dei concetti giuridici della modernità, imperniata sulla triade *Stato-territorio-sovranità* e del tutto inadeguata a mettere a fuoco i problemi del presente. Gli Stati non solo sembrano sempre meno in grado di articolare e controllare i rapporti tra capitale e politica (come la reazione alla crisi del 2007-2008 ha ampiamente dimostrato), ma assistono – impotenti – alla straordinaria proliferazione di nuove fonti del diritto; il territorio è concetto tutt'altro che monolitico, alla luce di fenomeni come i *dark pools*, le zone economiche speciali, gli 'spazi giurisdizionali' controllati da organizzazioni internazionali[44], ecc.; la sovranità, infine, è un paradigma che sembra reggere sempre meno, sul lato sia interno sia esterno[45]. La ricerca di categorie giuridiche all'altezza delle grandi questioni del nostro tempo non può che portare in un'altra direzione. Per quanto concerne il diritto alla città, essa esige il superamento della concezione imperativistica dell'agire giuridico, che tende a sclerotizzare la vitalità della cooperazione sociale[46], e della logica proprietaria che ancora pervade il dibattito sui diritti collettivi; il tentativo di definire – contro ogni tentativo di espropriazione ed «estrazione» – con maggiore precisione la categoria dei «beni comuni» e il loro statuto (in particolare degli *urban commons*); la collocazione degli spazi cittadini in un'architettura giuridica necessariamente *multilevel*, superando le diverse declinazioni del

---

[41] Vedi F. BRIA-E. MOROZOV, *Ripensare la smart city*, tr. it., Torino, 2018, 32 ss.

[42] Cfr. P. COSTA, *La sicurezza della global city. Prassi globale e critica costituzionale*, in *Costituzionalismo.it*, 2/2018, 126 ss.

[43] L'espressione è stata coniata da C. CROUCH, *Privatised Keynesianism: An Unacknowledged Policy Regime*, in *The British Journal of Politics and International Relations*, 11, 2009, 382-399.

[44] V. sul punto S. SASSEN, *When Territory Deborders Territoriality*, in *Territory, Politics, Governance*, 1, 2013, 30 ss.

[45] Si vedano, *ex multis*, le illuminanti considerazioni di L. FERRARI BRAVO, *Sovranità*, in ID., *Dal fordismo alla globalizzazione. Cristalli di tempo politico*, Roma, 2001, 329-345.

[46] Sul rinnovato interesse teorico nei confronti dell'istituzionalismo giuridico, v. il commento di A. SCALONE, *Il concetto di istituzione fra innovazione e continuità. A proposito di alcune pubblicazioni recenti*, in *Nomos. Le attualità nel diritto*, 3/2020, 1-16.

«nazionalismo metodologico»; la configurazione di «reti di solidarietà» [47] che, sul presupposto dell'insufficienza di spazi limitati come città, regioni e Stati nel governo dei processi tecnologici, economici e sociali della contemporaneità, possano invertire i rapporti di forza con il capitalismo finanziario e cognitivo. La ricerca sul punto è, senza dubbio, ancora all'inizio.

---

[47] Su alcune «esperienze federative» che hanno coinvolto le città europee negli ultimi decenni v. F. PIZZOLATO, *Economia globale e città: note introduttive su una dialettica centrale per le democrazie del XXI secolo*, in *Economia Pubblica. The Italian Journal of Public Economics and Law*, 1/2020, 108-113.

LA CITTÀ AVAMPOSTO DELLE TRASFORMAZIONI DELLO STATO: INTORNO A TALUNI REGISTRI COMUNALI

LUCIA BUSATTA

SOMMARIO: 1. Ingegnosi stratagemmi per tartarughe stanche. – 2. Una funzione precorritrice: disposizioni anticipate di trattamento e donazione degli organi. – 3. Una funzione "simbolica": le unioni tra persone dello stesso genere. – 4. Una funzione riparatrice: il divieto di iscrizione anagrafica dei richiedenti asilo. – 5. La città laboratorio per lo Stato in trasformazione.

1. *Ingegnosi stratagemmi per tartarughe stanche*

Un divertente volumetto di Bruno Munari, edito per la prima volta nel 1942, dal titolo *Le macchine di Munari*, offre una serie di ingegnosi stratagemmi per far fronte a piccoli o grandi ostacoli – più o meno reali ... – della vita quotidiana [1]. Si passa, ad esempio, dalla «macchina per addomesticare le sveglie» al «Meccanismo per annusare fiori finti» o al «Mortificatore di zanzare». Ciascun ingranaggio – progettato in modo a dir poco fantasioso – viene sagacemente descritto nei minimi (e impensabili) dettagli.

Fra queste macchine, colpisce il «Motore a lucertola per tartarughe stanche», che, costringendo una lucertola a correre (come un criceto) all'interno di una ruota, mette in movimento un complesso ingranaggio che consente ad una stanca tartaruga di essere rimessa in movimento, grazie a una cinghia di trasmissione che porta ad una ruota con pneumatico.

La curiosa immagine offre un'efficace diapositiva per raffigurare il fenomeno di cui si vuole qui trattare, ossia quello delle esperienze di alcuni Comuni che, in momenti differenti e con riguardo a contesti diversi, hanno svolto il ruolo di «lucertole a motore» nei confronti di uno Stato forse troppo lento nel fornire risposte concrete a esigenze emergenti nel corpo sociale.

Da un certo punto di vista, in effetti, si può osservare come la dimensione citta-

---

[1] B. MUNARI, *Le macchine di Munari*, Mantova, 2004 (ristampa della I ed. del 1942).

dina funga spesso da laboratorio che, in prospettiva giuridica, consente di sperimentare e verificare la funzionalità di alcune soluzioni innovative. Collaudate su piccola scala, queste possono essere poi trasposte ad un livello istituzionale più ampio. Per le sue relativamente contenute dimensioni, per esempio, il Comune può proporsi quale luogo ideale per testare esperienze partecipative o consultive, forme di sussidiarietà orizzontale o, ancora, nuovi modelli di democrazia diretta [2].

In alcuni casi, poi, grazie agli spazi di autonomia che il nostro ordinamento riconosce agli enti locali, il Comune può divenire l'istituzione capace di colmare un vuoto non di principi, ma regolatorio, che impedisce la piena effettività dei diritti [3].

Quando lo Stato si comporta da tartaruga stanca, insomma, la città può rappresentare la lucertola che consente di andare oltre, ossia di superare l'*impasse* che rallenta l'adozione di strumenti per rendere effettive talune posizioni giuridiche riconosciute dal legislatore. Talvolta, poi, il meccanismo può diventare una testa d'ariete, e aprire le porte al recepimento, da parte dell'ordinamento, di situazioni non ancora accolte nel tessuto normativo.

A partire dalla macchina fantastica di Bruno Munari, quindi, ci si propone di ragionare sul ruolo che alcune iniziative comunali hanno avuto per il successivo riconoscimento legislativo di diritti, sia in termini propulsivi dell'avanzamento di un dibattito politico altrimenti bloccato sia per favorire l'effettività di principi zoppi per la mancanza di una regolazione o di una proceduralizzazione adeguata. Non sono pochi gli esempi che, negli anni più recenti, hanno visto i Comuni schierarsi in prima linea oltre lo Stato, per assicurare il necessario avanzamento nel riconoscimento dei diritti resosi necessario per il naturale mutamento della sensibilità sociale e dei bisogni della popolazione.

Si prederanno, anzi tutto, in considerazione le ricadute dei regolamenti comunali per la registrazione delle dichiarazioni anticipate di trattamento e della volontà sulla donazione degli organi. Alcune riflessioni verranno, poi, sviluppate sull'istituzione dei registri delle unioni civili, antecedentemente all'approvazione della legge n. 76/2016. Infine, si avanzeranno alcuni rilievi sulla reazione di alcuni Comuni al divieto di iscrizione anagrafica dei richiedenti asilo, disposto dal d.l. n.

---

[2] Su questi temi la letteratura è davvero amplissima. Senza alcuna pretesa di completezza, v. U. ALLEGRETTI (a cura di), *Democrazia partecipativa: esperienze e prospettive in Italia e in Europa*, Firenze, 2010; G. ARENA-C. IAIONE (a cura di), *L'età della condivisione. La collaborazione fra cittadini e amministrazioni per i beni comuni*, Roma, 2015; M. BOMBARDELLI (a cura di), *Prendersi cura dei beni comuni per uscire dalla crisi: nuove risorse e nuovi modelli di amministrazione*, Napoli, 2016; G.F. FERRARI (a cura di), *La prossima città*, Milano, 2017; L. GORI, *Il sistema delle fonti del diritto nel terzo settore*, in *Osservatorio sulle fonti*, 1, 2018; F. PIZZOLATO-A. SCALONE-F. CORVAJA (a cura di), *La città e la partecipazione tra diritto e politica*, Torino, 2019.

[3] Si esprime in questi termini, in riferimento ai regolamenti comunali sulle disposizioni anticipate di trattamento, su cui ora torneremo, anche V. MOLASCHI, *Riflessioni sui registri comunali relativi alle disposizioni anticipate di trattamento istituiti prima dell'entrata in vigore della l. n. 219/2017*, in *BioLaw Journal*, 1, 2018, 71.

113/2018 e successivamente dichiarato costituzionalmente illegittimo con sentenza n. 186/2020.

Il filo rosso che unisce queste iniziative, oltre al loro evidente collegamento con le battaglie per il riconoscimento di alcuni diritti e le esigenze di tutela che ne scaturiscono, consiste nel fatto che nessuna di esse è stata adottata *contra legem*. Gli enti locali coinvolti si sono, infatti, mossi nell'ambito delle funzioni ad essi riconosciute dalla legge, sfruttando gli strumenti regolatori a loro disposizione, con l'effetto di rimettere in moto un ordinamento altrimenti pigro.

Si tenterà, in conclusione, di sistematizzare i fenomeni citati, andando a individuare le funzioni che tali iniziative hanno svolto tanto con riguardo alla tutela dei diritti individuali, quanto in termini propulsivi per il legislatore.

2. *Una funzione precorritrice: disposizioni anticipate di trattamento e donazione degli organi*

Come abbiamo premesso, vi sono dei casi nei quali il Comune può intercettare le (nuove) esigenze della società e farsi parte diligente nel dare ad esse risposta. In questo caso, la sperimentazione di nuove soluzioni, prevalentemente di carattere regolatorio, può portare ad apprezzabili risultati e, se ben accolti dalla popolazione, questi nuovi meccanismi possono perfino essere recepiti dal legislatore e divenire parte integrante della legge. Le funzioni comunali, infatti, per la loro vicinanza ai cittadini e per l'accessibilità capillare che caratterizza i servizi amministrativi degli enti locali, rappresentano sedi ideali per consentire un'effettiva attuazione di diritti e facoltà, che, se pur già previsti a livello normativo, devono dotarsi di solide gambe di carattere organizzativo per poter funzionare.

Rappresentano un efficace esempio di questa funzione precorritrice del diritto i registri delle disposizioni anticipate di trattamento (dat), istituiti in alcuni Comuni prima dell'approvazione della legge n. 219/2017. Come si ricorderà, in seguito alla drammatica vicenda di Eluana Englaro, alcuni enti locali avevano cominciato a istituire registri per raccogliere i nominativi di coloro che avevano redatto le dat [4]. In ben poco tempo, l'iniziativa si era spontaneamente diffusa sul territorio nazionale, coinvolgendo numerose amministrazioni [5], tanto da scatenare pure una severa (sebbene non ineccepibile) reazione censoria, a mezzo cir-

---

[4] Ne parla, fra i molti, A. PIOGGIA, *I registri comunali delle dichiarazioni anticipate di trattamento: a proposito di una recente circolare ministeriale*, in *Astrid-online.it*, 2010.

[5] Cfr. A. GOVI-V. GNUCCI-F. INGRAVALLO, *I registri comunali delle dichiarazioni anticipate di trattamento: un'analisi critica*, in *Italian Journal of Legal Medicine*, 2, 2013, 61 ss.; S. BAGNI, *Vademecum per l'istituzione di un registro comunale delle dichiarazioni anticipate di trattamento in assenza di disciplina legislativa sulla materia*, in *Nuova rassegna di legislazione, dottrina e giurisprudenza*, 1, 2012, 4 ss.

colare, da parte dei Ministri del lavoro e delle politiche sociali, dell'interno e della salute[6].

Ciononostante, l'iniziativa dei registri comunali delle dat proseguì inarrestata, allargandosi, anzi, progressivamente, sino all'approvazione della legge n. 219/2017, che le ha infine disciplinate. Prima di tornare sul legame tra questo atto normativo e le iniziative locali, è necessario sottolineare brevemente talune peculiarità della mancanza di sintonia istituzionale registrata nella circolare citata. L'atto, infatti, precisava che i Comuni che avevano istituito tali registri si stavano muovendo su di un terreno giuridicamente incerto, al di fuori delle norme di legge. Nella circolare si leggeva, infatti, che la materia del fine vita spetta alla competenza esclusiva del legislatore statale, così come quella delle «certezze giuridiche», che, se affidate a pubblici ufficiali, rientrano nella competenza dell'ordinamento civile; si affermava, infine, che «nessuna legge abilita il Comune a gestire il servizio relativo alle dichiarazioni anticipate di trattamento».

Al di là dei paralogismi contenuti in questo testo, preme sottolineare il valore politico di tale presa di posizione. Dietro al "richiamo" governativo si celava l'esclusione di un intervento normativo in materia, che è giunto, in effetti, solamente a distanza di anni (promosso da una maggioranza politica di colore diverso).

Ciò che richiama l'interesse, in particolare, è la *vindicatio potestatis*[7] da parte dell'esecutivo statale, che, però, non trova conferma alcuna nel tessuto normativo, tanto che non risultano né impugnazioni dinanzi al giudice amministrativo né tanto meno annullamenti delle deliberazioni di istituzione dei registri delle dat. I Comuni, del resto, si erano mossi nell'ambito delle potestà che la legge già affida loro, nella gestione dei servizi alla persona e nel ricevimento di dichiarazioni sostitutive di atto di notorietà[8].

Nulla nelle leggi dello Stato, dunque, vietava ai Comuni di svolgere questo ruolo. Anzi, sulla scorta dell'esperienza allora maturata, la legge n. 219/2017, nel disciplinare le disposizioni anticipate di trattamento, ha anche introdotto una apposita norma transitoria, volta al riconoscimento dell'efficacia giuridica delle dichiarazioni di volontà depositate prima dell'entrata in vigore della nuova disciplina[9].

Oggi le disposizioni anticipate di trattamento trovano la loro disciplina nell'art. 4 della legge n. 219, che, per l'appunto, ha fatto salva e valorizzato l'ori-

---

[6] Circolare interministeriale del 19 novembre 2010. In proposito v. S. ROSSI, *Tre Ministri e una circolare: nota sui registri comunali delle dichiarazioni anticipate*, in *Forum costituzionale*, 9 febbraio 2011.

[7] S. ROSSI, *Tre Ministri e una circolare*, cit., 2.

[8] Cfr. l'art. 13 del d.lgs. n. 267/2000, Testo unico degli enti locali, e l'art. 47 del d.P.R. n. 445/2000.

[9] Legge n. 219/2017, art. 6: «Ai documenti atti ad esprimere le volontà del disponente in merito ai trattamenti sanitari, depositati presso il comune di residenza o presso un notaio prima della data di entrata in vigore della presente legge, si applicano le disposizioni della medesima legge».

ginaria iniziativa comunale. La persona può consegnare personalmente le proprie volontà presso l'Ufficio dello stato civile del Comune di residenza, che provvede all'annotazione in apposito registro, ove istituito [10]. In risposta ai primi dubbi interpretativi sollevati dalla disposizione, ben presto una circolare del Ministero dell'Interno [11] ha chiarito, proprio con riguardo ai registri, che la legge n. 219 non istituisce un nuovo registro dello stato civile [12], e che – semplicemente – l'ufficiale dello Stato civile deve limitarsi a registrare in «ordinato elenco cronologico» le dat presentate, assicurandone la loro adeguata conservazione. Ciò ha evidentemente spazzato via ogni timore relativo a vuoti di eguaglianza derivanti da un'attuazione geograficamente diseguale della norma, che avrebbero lasciato alcune persone prive di una delle possibilità previste dalla legge per il deposito di tali volontà [13].

A conferma di tale impostazione, si è recentemente posta su questa linea, proprio a salvaguardia dell'effettività della legge, un'ordinanza del Tribunale di Napoli. Sebbene il fulcro della decisione non riguardasse l'istituzione del registro comunale, nella pronuncia si chiarisce che ricevere il deposito delle dat da parte dell'ufficiale dello stato civile è un atto dovuto, poiché la materia «non è connotata da alcuna discrezionalità della P.A.». Un eventuale indebito rifiuto andrebbe ad incidere negativamente nella sfera di autodeterminazione della persona [14].

Bisogna infine segnalare che, in seguito all'istituzione della banca dati nazionale delle dat, disposta dai commi 418 e 419 della legge di bilancio del 2018 (legge n. 205/2017) [15], i registri comunali sono riconosciuti come una delle fonti di alimentazione della raccolta nazionale e, grazie alla loro prossimità ai cittadini e all'accessibilità dei servizi, svolgono una fondamentale funzione attuativa delle disposizioni della legge 219 [16].

Abbiamo fatto riferimento, in questo caso, ad una funzione precorritrice della legge: a partire dagli enti locali si è trovata la possibilità di registrare le volontà della persona, in attesa di giungere all'approvazione di una legge nazionale. Anche grazie all'accessibilità, alla gratuità e, quindi, all'universalità della semplice soluzione rappresentata dai registri comunali, il legislatore ha recepito questa possibi-

[10] La norma prevede che le dat redatte con scrittura privata possano essere consegnate personalmente anche alle strutture sanitarie. Cfr. legge n. 219/2017, art. 4, comma 6.

[11] Ministero dell'Interno, circolare 8 febbraio 2018, n. 1.

[12] In aggiunta a quelli previsti dall'art. 14 del r.d. n. 1238/1939.

[13] A riguardo cfr. V. MOLASCHI, *Riflessioni sui registri comunali relativi alle disposizioni anticipate di trattamento istituiti prima dell'entrata in vigore della l. n. 219/2017*, cit., 73.

[14] Trib. Napoli, XIII sez. civ., ordinanza del 31 ottobre 2020, reperibile in *Quotidiano sanità*, all'indirizzo *http://www.quotidianosanita.it/governo-e-parlamento/articolo.php?articolo_id=91001.*

[15] L'attuazione si completa con il decreto del Ministro della Salute 10 dicembre 2019, n. 168, recante il regolamento della banca dati nazionale.

[16] A riguardo già la circolare del Ministero dell'Interno dell'8 febbraio 2018 aveva precisato che l'Ufficio dello Stato Civile deve provvedere all'annotazione in un apposito registro.

lità nel testo normativo, potendo così offrire una soluzione (quasi) effettiva ad una facoltà riconosciuta dalla legge.

Un percorso per certi versi analogo, e ancor più efficace, si può osservare con riguardo alla disciplina delle dichiarazioni di volontà rispetto alla donazione degli organi *post mortem* (legge n. 91/1999). Il quadro normativo, che si caratterizza per un'impostazione assai lungimirante, ha negli anni incontrato alcuni problemi di effettività, se si considera che il sistema "ordinario" originariamente pensato dal legislatore si fondava sul c.d. «consenso presunto informato», che è tuttavia rimasto inattuato [17].

Il dato interessante, in quest'ambito, riguarda proprio il progressivo coinvolgimento dei Comuni, grazie alla funzione propulsiva storicamente esercitata dalle associazioni maggiormente attive in quest'ambito. Nella consapevolezza della necessità di continuare a promuovere una "cultura dei trapianti", infatti, anche al fine di aumentare il numero dei potenziali donatori, con decreto ministeriale dell'11 marzo 2008 veniva introdotta la possibilità, per i cittadini, di presentare la dichiarazione di volontà anche al proprio Comune di residenza, il quale – a fronte di una convenzione con l'azienda sanitaria territoriale – avrebbe provveduto a registrare tale dichiarazione nel Sistema Informativo Trapianti (SIT) [18].

L'intento perseguito era, appunto, quello di favorire la promozione della cultura dei trapianti e la sensibilizzazione della popolazione su tali tematiche, coinvolgendo attivamente gli enti territoriali. A differenza dell'esempio precedentemente citato, bisogna subito rilevare che la possibilità di depositare la propria dichiarazione di volontà è transitata attraverso un atto ministeriale. Il coordinamento nazionale, in questo caso, si rendeva necessario proprio al fine di garantire l'immediata registrazione delle manifestazioni di volontà rese nella banca dati nazionale. Il Comune, ancora una volta, viene scelto quale luogo di elezione per la sua prossimità ai cittadini e per rendere l'attuazione della legge davvero capillare. Si noti che, in una prima fase, si trattava solamente di una facoltà riconosciuta agli enti locali, non di un obbligo.

---

[17] L'economia dello scritto non consente di approfondire ulteriormente le diverse tipologie di consenso alla donazione degli organi e i rispettivi riflessi applicativi. Per maggiori dettagli circa questo aspetto della disciplina cfr. G. MAESTRI, *Fine vita e donazione di organi e tessuti*, in C. CASONATO *ET AL.* (a cura di), *Il biodiritto e i suoi confini: definizioni, dialoghi, interazioni*, Trento, 2014, 480, nonché, se si vuole, L. BUSATTA, *Repetita non iuvant: l'illegittimità della legge calabra sul consenso alla donazione degli organi*, in *Studium Iuris*, 5, 2016, 548 ss.

[18] Ministero della Salute, decreto 11 marzo 2008, Integrazione del decreto 8 aprile 2000 sulla ricezione delle dichiarazioni di volontà dei cittadini circa la donazione di organi a scopo di trapianto. Tale integrazione si pone in concomitanza con il lancio della campagna informativa nazionale "Un dono per la Vita", promossa dal Ministero della Salute, con il patrocinio dell'ANCI (Associazione Nazionale Comuni d'Italia), allo scopo di diffondere l'informazione sul tema della donazione e del trapianto di organi, tessuti e cellule, attraverso il coinvolgimento degli uffici anagrafe comunali nella raccolta delle espressioni di volontà dei singoli cittadini. Cfr. la pagina dedicata sul sito web del Centro Nazionale Trapianti.

Alla luce dell'esito positivo della sperimentazione, un successivo intervento legislativo ha reso pienamente operativa la possibilità per i cittadini di registrare le proprie dichiarazioni di volontà relative alla donazione *post mortem* di organi e tessuti presso gli sportelli comunali, al momento del rilascio o rinnovo della carta di identità [19]. Si tratta di un passaggio, invero, assai significativo: grazie a questo (apparentemente contenuto) intervento normativo si è riusciti, a distanza di parecchi anni dall'approvazione della legge sulla donazione degli organi, a rendere completamente capillare la raccolta delle dichiarazioni di volontà dei cittadini rispetto alla donazione *post mortem* degli organi [20].

In questo secondo esempio, gli enti locali hanno positivamente accettato la sfida di divenire luogo di elezione per la raccolta delle manifestazioni di volontà circa la donazione degli organi. Il buon esito degli esperimenti intrapresi ha, dunque, portato ad una definitiva formalizzazione normativa di tale possibilità, colmando un vuoto di effettività che la legge n. 91/1999 si trascinava da molti anni e mutando, di fatto, il modello di consenso alla donazione ad oggi prevalente.

3. *Una funzione "simbolica": le unioni tra persone dello stesso genere*

Nella nostra panoramica, necessariamente sintetica, di alcune delle soluzioni e sperimentazioni che, negli anni, gli enti locali hanno messo in opera per offrire risposte concrete a esigenze provenienti dal corpo sociale, non possono non essere tenuti in considerazione quei casi in cui l'intervento comunale ha assunto risvolti simbolici. Con ciò, si intende far riferimento al fatto che, sempre mantenendosi nell'ambito del lecito e del perimetro tracciato dal legislatore, alcuni amministratori locali hanno saputo elaborare originali percorsi per dare un contributo al su-

---

[19] Ci si riferisce alle modifiche apportate al r.d. n. 773/1931 (Testo unico delle leggi di pubblica sicurezza) dall'art. 3, comma 8 *bis*, del d.l. n. 194/2009, convertito con modificazioni dalla legge n. 25/2010, e dall'art. 43, comma 1, del d.l. n. 69/2013, convertito con modificazioni dalla legge n. 98/2013, che hanno introdotto la seguente disposizione: «la carta d'identità può altresì contenere l'indicazione del consenso ovvero del diniego della persona cui si riferisce a donare gli organi in caso di morte. I comuni trasmettono i dati relativi al consenso o al diniego alla donazione degli organi al Sistema Informativo Trapianti, di cui all'articolo 7, comma 2, della legge 1 aprile 1999, n. 91». La circolare interministeriale del 29 luglio 2015, n. 2128 riporta tutte le indicazioni organizzative, tecniche e informatiche per rendere operativa e uniforme su tutto il territorio nazionale questa modalità di registrazione della dichiarazione di volontà in occasione del rilascio/rinnovo della carta d'identità. Sul punto, anche alla luce della particolare sensibilità della tematica della donazione degli organi e al fine di procedere ad una completa attuazione delle previsioni introdotte per legge, si è espresso con parere favorevole il Garante per la protezione dei dati personali (provv. 4 giugno 2015, n. 333).

[20] Circa alcune importanti implicazioni della raccolta capillare della volontà in quest'ambito sia consentito rinviare a L. BUSATTA, *Il consenso alla donazione degli organi: uno studio comparato alla ricerca di un modello costituzionalmente preferibile*, in *Corti Supreme e Salute*, 1, 2020, 103 ss.

peramento di vuoti normativi divenuti, ormai, troppo significativi. Anche in questo caso, come in quelli precedenti, le realtà cittadine interessate hanno fatto leva su facoltà loro già pacificamente riconosciute dalla legge, tanto nell'ambito della loro autonomia quanto all'interno dello spazio delle funzioni statali che essi sono chiamati a svolgere. L'esempio cui si fa qui riferimento è quello dei registri (o elenchi) delle unioni fra persone dello stesso genere, prima dell'entrata in vigore della legge n. 76/2016 che, come è noto, ha infine disciplinato la materia[21].

Nel perdurante silenzio del legislatore, pertanto, a livello locale si è iniziato a prendere posizione su questioni per le quali il corpo sociale (o almeno, una significativa parte di esso) da tempo richiedeva una disciplina. Lo spazio che il Comune, in questi casi, va ad occupare è simile a quanto abbiamo già osservato con riguardo ai registri delle disposizioni anticipate di trattamento, ma con alcune apprezzabili differenziazioni, di cui ora diremo.

Il problema della regolamentazione giuridica delle c.d. "unioni civili" è stato oggetto di un significativo dibattito pubblico e politico a partire dagli anni Novanta. Diversi tentativi di intervento normativo, in momenti storici differenti, sono stati abbandonati o sono naufragati nella difficoltà di individuare una condivisione sufficiente a garantirne l'approvazione[22].

Il mancato riconoscimento giuridico di queste unioni si è trascinato tanto da condurre, prima, a una sentenza della Corte costituzionale che ha ricondotto le unioni tra persone dello stesso genere quali formazioni sociali, all'alveo dell'art. 2 Cost., rilevando però la sussistenza di un'ampia discrezionalità legislativa nelle forme, nei modi e nei tempi del loro riconoscimento[23]. A distanza di pochi anni, nel caso *Oliari*, la Corte europea dei diritti dell'uomo ha condannato l'Italia per il mancato riconoscimento giuridico delle unioni fra persone dello stesso genere: i giudici di Strasburgo hanno rilevato l'esistenza di un ampio margine di apprezzamento in capo al legislatore statale quanto alla scelta della soluzione normativa da adottarsi per il riconoscimento di queste unioni, ma circa l'*an* dell'intervento hanno stigmatizzato severamente il nostro Paese, all'epoca uno dei pochi Stati europei ad essere rimasto ancora inerte in materia[24]. È stato proprio in seguito a tale

[21] Si noti che non si vuole far qui riferimento alla diversa ipotesi della trascrizione nei registri dello stato civile delle unioni celebrate all'estero, che pure alcuni Sindaci avevano iniziato a compiere, a cavallo tra il 2014 e il 2015, su cui è infine intervenuto il Consiglio di Stato, con sentenza n. 4897 del 2015. In argomento cfr. E.C. RAFFIOTTA, *Sulla trascrizione delle unioni omosessuali celebrate all'estero: il Consiglio di Stato riporta a razionalità l'ordinamento giuridico*, in *Le istituzioni del federalismo*, 3, 2015, 707.

[22] Fra i molti contributi in argomento cfr., sull'inerzia (o «inattivismo») del legislatore, L. CONTE, *Le unioni non matrimoniali*, in F. GIUFFRÈ-I. NICOTRA (a cura di), *La famiglia davanti ai suoi giudici*, Napoli, 2014, 43 ss.

[23] Corte cost., sent. n. 138/2010, punto 8 del considerato in diritto.

[24] Cedu, *Oliari c. Italia*, ricorsi nn. 18766/11 e 36030/11, sent. 21 luglio 2015.

decisione che il nostro Parlamento si è trovato costretto a giungere all'approvazione di un testo che superasse le criticità che rendevano l'Italia inadempiente rispetto agli obblighi assunti in adesione alla Cedu.

Non solo nelle Corti, però, ma anche presso gli Uffici dello Stato civile si è andata costruendo, pur molto lentamente, quella condivisione che ha portato alla legge del 2016[25]. A partire dalla fine degli anni Novanta, alcuni consigli comunali avevano approvato proposte o mozioni per l'istituzione di un registro comunale delle unioni civili. Molti di questi atti rimasero, tuttavia, inattuati, talvolta per alcune difficoltà politiche contingenti che li hanno, di fatto, "insabbiati", altre volte per il loro annullamento da parte del Comitato regionale di controllo[26]. In effetti, almeno in una prima fase, questi atti attraversarono incerte vicende, sino ad una pronuncia del T.A.R. Toscana che, nel 2001, rilevò l'illegittimità dell'annullamento da parte del Co.re.co. della delibera del Comune di Firenze che istituiva detti registri[27]. In sintesi, il tribunale amministrativo aveva rilevato che al Comune non è preclusa la previsione di registri ulteriori rispetto a quelli dello stato civile, purché ciò non crei interferenze con la disciplina dell'anagrafe, soprattutto laddove l'iscrizione sia volontaria. Tale elemento, infatti, distingue questi registri da quelli anagrafici propriamente detti, che sono, invece, caratterizzati dall'obbligatorietà.

La pronuncia ha, di fatto, aperto la strada alla possibilità, da parte dei Comuni più attenti al riconoscimento dei diritti civili, di istituire tali elenchi, con un'importante funzione simbolica. Ottennero una discreta eco nel dibattito pubblico le deliberazioni con le quali alcuni Comuni, oltre ad istituire suddetti registri, prevedevano anche la possibilità per le coppie di celebrare un rito, certamente privo di efficacia giuridica, ma non meno significativo per i protagonisti[28].

Al di là delle valutazioni di merito o dell'analisi delle differenti soluzioni adottate negli enti locali, ciò che interessa evidenziare ai fini della presente analisi concerne l'individuazione dello spazio di liceità dell'istituzione di tali registri e la loro portata fortemente simbolica.

Quanto al primo aspetto, come si è visto, il percorso è stato decisamente più lungo e complesso di quello osservato in riferimento al registro delle dat, considerata anche la portata politica delle relative decisioni, incidenti su un tema estremamente divisivo e molto polarizzato nel dibattito pubblico. Nonostante, come si è visto, anche il giudice amministrativo sia stato investito di alcune questioni ine-

---

[25] A riguardo si veda l'approfondita analisi di L. IMARISIO, *Il registro delle unioni civili*, in F. GIUFFRÈ-I. NICOTRA (a cura di), *La famiglia davanti ai suoi giudici*, Napoli, 2014, 261 ss.

[26] Ne tratta dettagliatamente V. MARANO, *I registri comunali delle unioni civili: considerazioni per un ripensamento critico*, in *Quaderni di diritto e politica ecclesiastica*, 1, 1999, 247 ss.

[27] T.A.R Toscana, sent. n. 1041/2001. Cfr. L. IMARISIO, *op. cit.*, 263.

[28] Ne sottolinea le criticità L. IMARISIO, *op. cit.*, 266.

renti tali registri, però, non risultano, almeno a partire dal 2001, pronunce che abbiano censurato le iniziative comunali, a conferma della legittimità di siffatti registri. I Comuni, naturalmente, non possono istituire registri dello stato civile diversi da quelli che la legge statale prevede. Lo stato civile, inoltre, è evidentemente una materia riservata in via esclusiva allo Stato ed è pacifico che la funzione anagrafica rientri tra quelle esercitate dal Sindaco quale ufficiale di Governo [29].

A riguardo, giova evidenziare che la legge n. 76/2016 sulle unioni civili ha modificato l'art. 14 dell'ordinamento dello stato civile, introducendo, appunto, il nuovo registro delle unioni civili (art. 14, comma 1, lett. 4 *bis*). Prima della legge, invece, ciò che ai Comuni era consentito fare consisteva nella redazione di elenchi o registri, che gli enti locali possono liberamente istituire, sulla base di situazioni di fatto e nell'ambito delle funzioni ad essi riconosciute dalla legge, per proprie finalità [30].

In secondo luogo, non è da escludersi che il significato simbolico sotteso alla possibilità di potersi registrare come coppia, in un apposito registro, pur senza alcuna conseguenza giuridica derivante da tale iscrizione, possa aver progressivamente veicolato il (risicato) consenso politico che consentì, infine, di superare le censure ricevute dall'Italia a Strasburgo, con l'approvazione della legge n. 76/2016 e l'istituzione, come si è detto, del registro anagrafico delle unioni civili [31].

4. *Una funzione riparatrice: il divieto di iscrizione anagrafica dei richiedenti asilo*

Ancora una volta, è un ambito tematico caratterizzato da un acceso dibattito politico a offrire un esempio efficace a illustrare il ruolo che i Comuni possono assumere, in chiave costruttiva, quando lo Stato arretra nella copertura di alcune posizioni giuridiche (e, dunque, nel livello di tutela garantito ad alcuni soggetti presenti nell'ordinamento).

---

[29] I riferimenti normativi rilevanti sono rappresentati dal già citato r.d. n. 1238/1939 sull'ordinamento dello stato civile (cfr. in particolare, l'art. 14) e la legge n. 1228/1954 in materia di anagrafe.

[30] Cfr. l'art. 3 del d.lgs. n. 267/2000. Chiarissimo sul punto è pure il T.A.R. Toscana, sent. n. 1041/2001, 14.

[31] Ai fini dell'economia del presente scritto, si è consapevolmente scelto di tralasciare le implicazioni giuridiche della registrazione anagrafica del secondo genitore nelle famiglie omogenitoriali che, a motivo della loro complessità avrebbero richiesto una più diffusa trattazione. In argomento è, peraltro, recentemente intervenuta, con un severo monito al legislatore, la Corte costituzionale con la sentenza n. 32/2021. Circa talune problematiche del riconoscimento della genitorialità nel nostro ordinamento v., *inter multis*, L. GIACOMELLI, *Tutela dei minori e pragmatismo dei giudici: verso il riconoscimento delle "nuove" forme di filiazione e genitorialità*, in *Osservatorio costituzionale*, 3, 2018, 551 ss.

Ci si riferisce, in particolare, alle prime reazioni seguite all'entrata in vigore del d.l. n. 113/2018, con riguardo al divieto di iscrizione anagrafica dei richiedenti asilo[32]. Le modifiche normative introdotte dal provvedimento governativo scatenarono subito accese reazioni, *in primis* da parte dei Sindaci, che, nella loro veste di ufficiali del Governo, erano direttamente interessati dalle ricadute applicative della disciplina. Fra esse, bisogna in particolare segnalare i ricorsi presentati da ben sette Regioni, giudicati però inammissibili da parte della Corte costituzionale[33], e i numerosi contenziosi giurisdizionali che, dopo le prime pronunce favorevoli da parte di alcuni tribunali[34], hanno infine sollecitato la proposizione della questione di legittimità costituzionale, accolta con sentenza n. 186/2020.

A livello locale, il repentino divieto di iscrizione anagrafica dei richiedenti asilo non era scevro di implicazioni, non solo per i diretti interessati, ma anche per i Comuni stessi. Quanto ai primi, come evidenziato pure dal giudice delle leggi, la mancata iscrizione anagrafica determinava un'oggettiva difficoltà nell'accesso ad alcuni servizi pubblici essenziali o anche a servizi privati di pubblico rilievo, che, sebbene non espressamente negati, risultavano difficilmente ottenibili[35]. Anche per le amministrazioni comunali, però, risultava più complesso monitorare la presenza – sebbene tendenzialmente temporanea – di questi stranieri sul territorio e programmare una serie di servizi, oltre che garantire il naturale controllo della popolazione e le basilari attività di ordine pubblico[36].

In questo caso, si diceva, alcuni enti locali, giovandosi efficacemente di strumenti esistenti nell'ordinamento, hanno individuato la via per "tamponare" sep-

---

[32] L'art. 13 del c.d. Decreto sicurezza del 2018 modificava l'art. 4 del d.lgs. n. 142/2015, introducendo il comma 1 *bis*, in base al quale: «Il permesso di soggiorno di cui al comma 1 non costituisce titolo per l'iscrizione anagrafica». Anche su questo argomento i contributi sono ormai sterminati. Per le prime reazioni dottrinali, all'indomani dell'approvazione del provvedimento del governo, cfr. S. CURRERI, *Prime considerazioni sui profili d'incostituzionalità del decreto-legge n. 113/2018 (c.d. "decreto sicurezza")*, in *federalismi.it*, 22, 2018, 1; A. MORELLI, *La "ribellione" dei Sindaci contro il "Decreto sicurezza": la tortuosa via per la Corte costituzionale*, in *Consulta online*, 7 gennaio 2019; A.M. CERERE, *Le iscrizioni anagrafiche per gli stranieri richiedenti protezione internazionale dopo il d.l. n. 113 del 2018, il cd. Decreto Salvini. Quando il legislatore demagogicamente orientato disorienta l'amministrazione pubblica*, in *Federalismi.it*, 3, 2019, 1.

[33] Ci si riferisce a Corte cost., sent. n. 194/2019.

[34] Per i principali riferimenti sia consentito rinviare a L. BUSATTA, *Stranieri e città: la partecipazione "estesa" quale strumento di accoglienza e inclusione*, in F. PIZZOLATO-A. SCALONE-F. CORVAJA (a cura di), *La città e la partecipazione tra diritto e politica*, Torino, 2019, 172.

[35] Ciò è efficacemente rappresentato, quanto ai servizi pubblici, dall'ordinanza del Tribunale di Napoli, del 10 luglio 2019, reperibile sul sito *www.asgi.it*, in materia di iscrizione al SSN. Con riguardo, invece, ad altri servizi, si segnala ad esempio la circolare di ABI (Associazione bancaria italiana) del 19 aprile 2019, reperibile sul sito *www.asgi.it*, con cui si raccomanda a tutti gli uffici bancari di consentire l'apertura di conti corrente di base ai richiedenti asilo, anche in assenza di carta di identità.

[36] Sono tutte questioni affrontate anche dalla Corte cost., sent. n. 186/2020, in particolare punto 4.1 del considerato in diritto.

pur limitatamente gli effetti negativi della modifica normativa: in sintesi, molti Comuni hanno costituito elenchi separati per registrare i richiedenti asilo presenti sul loro territorio.

Fra questi episodi, va segnalata, in particolare la «riesumazione» [37] di un istituto decisamente desueto, ossia lo schedario della popolazione temporanea, disciplinato dall'art. 8 della legge anagrafica (e dall'art. 32 del Regolamento anagrafico) [38]. Tale istituto era stato pensato per cittadini o stranieri che, pur essendo dimoranti nel territorio comunale da almeno quattro mesi, non fossero ancora in condizione di stabilirvi la residenza. Negli anni, tale schedario ha avuto un'altalenante applicazione: ad esso si è fatto ricorso per registrare la presenza di alcuni stranieri temporaneamente presenti, ad esempio, in occasione della c.d. "emergenza Nord Africa" nel 2011. In quel caso, però, il Ministero dell'Interno ha riconosciuto poi il diritto all'iscrizione anagrafica degli stranieri allora accolti, anche a motivo del protrarsi della situazione emergenziale [39].

Nell'ipotesi qui riferita, e sino alla declaratoria di incostituzionalità da parte della Corte, lo schedario ha rappresentato uno strumento – normativamente già previsto – potenzialmente utile a consentire ai Comuni di mantenere un quadro aggiornato circa la presenza di richiedenti asilo sul proprio territorio; ed utile anche al fine di provvedere all'erogazione dei servizi cui prima si faceva cenno. Peraltro, ricorrere ad un istituto già previsto dalle norme statali, qualora il divieto fosse ulteriormente perdurato, avrebbe consentito di monitorare in modo omogeneo il fenomeno [40].

5. *La città laboratorio per lo Stato in trasformazione*

I casi presi in considerazione sono solo alcuni tra i molteplici esempi che, soprattutto in anni più recenti, hanno visto le città rendersi protagoniste di iniziative collegate al riconoscimento di diritti o a trasformazioni delle esigenze del corpo sociale che non avevano ancora ricevuto adeguato riconoscimento da parte del le-

---

[37] L'espressione è usata da P. MOROZZO DELLA ROCCA, *Ancora sulla controversa esclusione dall'iscrizione anagrafica dei richiedenti asilo*, in *Lo Stato Civile Italiano*, 3, 2019, 39.

[38] A riguardo v. S. RAFANELLI, *Lo schedario della popolazione temporanea: uno strumento utile per la registrazione dei richiedenti asilo?*, in *Lo Stato Civile Italiano*, 3, 2019, 35 ss. Ci si riferisce alla legge n. 1228/1954 e al d.P.R. n. 223/1989.

[39] Cfr. S. RAFANELLI, *Lo schedario della popolazione temporanea*, cit., 36.

[40] Fortunatamente, la sentenza n. 186/2020 ha annullato il divieto. Si segnala che aveva posto in evidenza le criticità del divieto di iscrizione anagrafica e la possibilità di ricorrere allo schedario anche E. GARGIULO, *L'appartenenza negata: la residenza e i suoi significati, tra ambivalenze interpretative e conflitti politici*, in *Diritto, Immigrazione e cittadinanza*, 2, 2019, 32.

gislatore (o che, come per l'iscrizione anagrafica dei richiedenti asilo, erano state momentaneamente compresse)[41].

Il dato che appare significativo, circa i fenomeni osservati, concerne la conferma del fatto che non sempre il tradizionale circuito democratico-rappresentativo sembra idoneo a fornire (tempestivamente) adeguate risposte ai bisogni emergenti nel corpo sociale[42]. Al di là dello scardinamento dei meccanismi rappresentativi, però, l'ulteriore elemento significativo riguarda il rispetto del principio di legalità: le iniziative di cui si è dato conto, come si è già anticipato, si sono tutte sviluppate nella rigorosa osservanza delle attribuzioni che l'ordinamento già riconosce agli enti locali.

Provando a sviluppare alcune valutazioni globali sugli istituti considerati, possiamo allora considerare, in termini positivi, la capacità del Comune di porsi quale canale operativo per fornire le risposte richieste dal corpo sociale, in assenza (o in attesa) di un adeguato e specifico intervento del legislatore. A riguardo, è stato per esempio osservato che il Comune è «il livello istituzionale in trincea rispetto a queste evoluzioni», sia per la propria vicinanza alla popolazione sia per la duttilità degli strumenti a sua disposizione[43]. Ciò consente, inoltre, di rendere la realtà cittadina inclusiva rispetto alle esigenze individuali e *responsive* rispetto alle istanze di riconoscimento del pluralismo sociale che contraddistingue il momento storico in cui viviamo.

Non mancano, tuttavia, i profili critici.

Un primo punto riguarda senz'altro il principio di eguaglianza: le iniziative considerate – sebbene lodevoli e significative, anche sul piano simbolico – dipendono in via esclusiva dalla sensibilità e dall'iniziativa degli amministratori locali. Nonostante, come si sia visto, alcune di esse si siano diffuse celermente sul territorio nazionale, in assenza di una previsione statale non vi è alcuna garanzia di omogeneità territoriale, con l'effetto della creazione di una *postcode lottery* delle facoltà riconosciute alle persone, con l'esito negativo di accentuare le differenziazioni.

Una seconda criticità, di cui non si può non dare conto, riguarda iniziative di carattere meramente ricognitivo, ma con un importante significato in termini simbolici, come si è visto in riferimento agli elenchi delle unioni fra persone dello stesso genere. Qui il rischio è che, a livello sociale, i diretti interessati non colgano la differenza tra il valore ideale della facoltà riconosciuta e l'assenza di effetti giu-

---

[41] Fra le altre iniziative meritevoli di attenzione vanno segnalati i registri delle associazioni di volontariato, prima della riforma del terzo settore, ma anche i regolamenti comunali sui beni comuni.

[42] Così anche F. CORTESE, *Il nuovo diritto delle città: alla ricerca di un legittimo spazio operativo*, in G.F. FERRARI (a cura di), *Smart City: l'evoluzione di un'idea*, Milano, 2020, 83.

[43] In questa prospettiva anche F. PIZZOLATO, *Traiettorie della cittadinanza e concezioni dell'ordinamento*, in M. BERTOLISSI (a cura di), *Scritti per Paolo Grossi*, Torino, 2019, 354.

ridici, con il rischio che si creino false aspettative o pretese, e che, di conseguenze, cali ulteriormente il livello di fiducia riposto dai singoli nei confronti delle istituzioni. È dunque necessario che a tali iniziative comunali si accompagni sempre un'adeguata e chiara campagna informativa.

Il «dinamismo democratico», che i registri comunali di cui si è trattato incarnano, racchiude un forte potenziale, anche in termini di dialogo tra le istituzioni e di valorizzazione di percorsi della rappresentanza che non necessariamente seguono i sentieri tradizionali. Ciò non manca, tuttavia, di porre in evidenza le perduranti carenze di un «sistema politico non più baricentrico» [44], nel quale oggettivamente faticano a trovare tempestiva risposta istanze e bisogni sociali che contribuiscono a rendere effettivi i diritti costituzionali.

---

[44] Le espressioni virgolettate sono di F. PIZZOLATO, *Traiettorie della cittadinanza e concezioni dell'ordinamento*, cit., 355.

ORDINE LEGALE E CIVISMO

SVEVA IANESE

SOMMARIO: 1. Introduzione. – 2. Occupazioni "disobbedienti" e beni comuni urbani. – 3. Civismo antagonista a garanzia dei diritti individuali. – 4. Ordine legale e civismo *secundum legem*. – 5. Conclusioni.

1. *Introduzione*

All'interno della mutevole fenomenologia della "città oltre lo Stato" si inserisce la questione relativa al rapporto intercorrente tra civismo e ordine legale.

Il punto di partenza della presente riflessione coincide con il riconoscimento della natura complessa della relazione esistente tra impegno civico e obbedienza all'ordinamento positivo, la quale può anche assumere natura conflittuale.

Il rapporto che collega la legalità alle manifestazioni della socialità ha carattere bidirezionale, come insegna l'istituzionalismo giuridico (*ubi societas ibi ius*). Da un lato, infatti, la legalità serve a regolare le azioni della collettività e a conferire a quest'ultima ordine attraverso l'adozione di precetti normativi generali e astratti; dall'altro lato, la legalità abbisogna della socialità per esistere in quanto, senza di essa, non vi sarebbe necessità di stabilire alcun ordine atto a regolare i rapporti umani.

La connessione esistente tra legalità e socialità è quindi profonda e inscindibile; tuttavia, essa assume dei contorni peculiari ogni qualvolta la cittadinanza attiva, facendosi carico di istanze sociali o promuovendo la soddisfazione di esigenze collettive rimaste disattese, tenga dei comportamenti contrari ai precetti normativi dati. In queste ipotesi si genera una frizione tra impegno civico e ordine legale, di cui è possibile fare esperienza soprattutto all'interno dei confini urbani.

La città rappresenta il contesto privilegiato entro cui misurare il grado di conflittualità esistente tra legalità e civismo. Questo perché è nella dimensione urbana che la socialità sprigiona tutta la propria forza potenziale ed è in grado di dare vita a iniziative orizzontali "da cittadino a cittadino" o "da cittadino a collettività" aventi come finalità ultima quella di accrescere il benessere della comunità urbana di riferimento.

All'interno del perimetro della città prendono vita iniziative di valorizzazione dei beni comuni urbani (c.d. *urban commons*) e di aiuto a favore dei bisognosi, le quali possono anche tradursi – e si traducono sovente – in manifestazioni di disobbedienza all'ordine legale. Ciò si verifica ogni qualvolta la cittadinanza attiva ritenga che il rispetto dei precetti normativi sia ostativo all'effettivo raggiungimento degli obiettivi di coesione sociale e benessere collettivo che la stessa si prefigge. Le iniziative che ne conseguono possono essere dirette a favorire il miglioramento della condizione della comunità urbana o a colmare i vuoti di tutela sociale lasciati incolpevolmente dallo Stato, il quale – spesso a causa delle limitate risorse di cui dispone – non appaia in grado di soddisfare simili istanze. Così facendo, tali manifestazioni di impegno civico si pongono al di fuori dei confini della legalità: la spinta solidaristica assume carattere rivoluzionario, disobbediente, *contra legem*.

Tali spinte antagoniste possono essere ricondotte, per approssimazione, a tre differenti categorie fenomenologiche: (a) l'occupazione di spazi pubblici e privati sussumibili nella categoria dei "beni comuni urbani", la quale acquista carattere di disobbedienza alla legge in quanto viola le disposizioni vigenti in tema di proprietà; (b) le iniziative di matrice solidaristica aventi come finalità quella di promuovere la soddisfazione dei diritti sociali del cittadino, le quali assumono carattere "antagonista" quando si traducono in azioni corrispondenti all'esercizio di funzioni pubbliche; (c) espressioni di impegno civico apparentemente rimproverabili, poiché *contra legem*, riconducibili *in facto* nell'alveo della legalità per effetto dell'operatività di cause di giustificazione o di situazioni giuridiche soggettive innovative di matrice giurisprudenziale. Nella categoria testé citata rientrano, ad esempio, le iniziative poste in essere in violazione delle disposizioni vigenti in materia di circolazione delle persone e diritto di asilo per scopi di carattere umanitario.

Trattasi di esperienze multiformi, non riconducibili a un unico *genus*, ma accomunate da un duplice requisito: (a) la contrarietà, effettiva o apparente, all'ordinamento positivo; (b) la corrispondenza di tali iniziative a un impegno civico declinato entro i confini e gli spazi urbani della città.

Esamineremo più approfonditamente ciascuno di questi fenomeni nei paragrafi seguenti, cercando, al contempo, di individuare una possibile soluzione che consenta di ricondurre dette manifestazioni di civismo antagonista entro i confini della legalità.

2. *Occupazioni "disobbedienti" e beni comuni urbani*

La prima categoria fenomenologica in cui si declina la contrapposizione tra civismo e legalità riguarda le iniziative di occupazione di spazi pubblici e privati che siano, o siano stati, oggetto di abuso o di abbandono da parte del relativo titolare.

La frizione tra socialità e legalità si pone, in questi casi, sul piano della limitazione all'esercizio del diritto reale e delle facoltà da esso derivanti in capo al proprietario, in contrasto con la normativa vigente *ex lege*.

Tali fenomeni prendono vita da scelte relative alle modalità di gestione e di cura degli spazi urbani pubblici o privati, ritenute inadeguate dalla cittadinanza, ovvero da limitazioni all'accesso o alla fruizione di tali beni stabilite dai relativi proprietari.

Il minimo comune denominatore tra dette manifestazioni di civismo antagonista è ravvisabile nel carattere "super-individuale" delle risorse urbane oggetto di interesse, considerate funzionali al benessere della collettività e alla coesione sociale; in altre parole, ritenute "beni comuni urbani" (c.d. *urban commons*)[1]. Il secondo aspetto che accomuna le esperienze civiche qui richiamate riguarda il fatto che le scelte compiute dai proprietari delle risorse urbane in ordine alle modalità di accesso, di gestione e di valorizzazione delle medesime corrispondono all'esercizio di poteri e facoltà spettanti al titolare, per espressa previsione di legge. Nonostante ciò, la cittadinanza attiva promuove iniziative atte a contrastare le scelte effettuate dai proprietari proprio in nome del carattere "comune" dei beni interessati e della loro vocazione all'accrescimento del benessere della collettività, iniziative che diventano ostacoli *contra legem* all'esercizio delle facoltà proprietarie.

Attraverso l'organizzazione di *sit-in* e altre forme di protesta, i *cives* desiderano, cioè, rivendicare la natura "comune" delle risorse urbane e promuovere un'amministrazione delle stesse che assicuri la soddisfazione del benessere collettivo. Gli episodi di occupazione – più o meno violenta – di spazi pubblici e privati noti alle cronache sono numerosi. A titolo meramente esemplificativo possiamo citare le vicende che hanno interessato il *Colorificio Toscano* nel 2012[2] e il complesso de *La Cavallerizza Reale* nel 2013[3-4]. In questi e in altri casi, le pretese di sussunzio-

[1] Nel tentativo di offrire una definizione sintetica di tale concetto possiamo richiamare quella proposta da C. Iaione: "*gli spazi e i servizi urbani funzionali al benessere della comunità locale e alla qualità della vita urbana (...) alla cui produzione e cura devono concorrere in alleanza fra loro istituzioni e società civile*". C. IAIONE, *La città come bene comune*, in *Aedon*, 1/2013. Si veda anche A. LUCARELLI, *Beni comuni. Dalla teoria all'azione politica*, Viareggio, 2011.

[2] Trattasi di un colorificio situato alle porte di Pisa. L'immobile è stato acquistato dalla società "J Colors" nel 2008, impiegato per la produzione di vernici e dismesso pochi anni dopo. Il capannone, così abbandonato, è stato occupato dal Progetto "Rebeldia" il 20 ottobre 2012 e adibito a nuovo luogo di socialità (oltre che a sede del "Municipio Dei Beni Comuni" locale). La vocazione produttiva dell'area è stata in parte mantenuta: sono stati creati *in loco* laboratori artigiani, artistici e di riciclo responsabile, una biblioteca popolare, nonché organizzate attività di integrazione che hanno dato vita a una sorta di "città dentro la città".

Tuttavia, il 23 gennaio 2013 la società "J Colors" ha chiesto il sequestro dell'immobile, ottenendo lo sgombero dei locali da parte della forza pubblica, allo scopo di adibire l'intera area a zona residenziale. L'originario luogo di impegno civico e aggregazione è stato dunque progressivamente smantellato.

[3] Il complesso della Cavallerizza Reale, parte della rete delle residenze reali sabaude dichiarata

ne delle risorse urbane oggetto di interesse all'interno della categoria dei "beni comuni" avanzate dalla cittadinanza attiva avevano come scopo quello di promuovere la cura e la valorizzazione congiunta di tali beni da parte delle istituzioni e della società civile, prescindendo dalla titolarità formale del relativo diritto di proprietà.

Appare evidente quanto le iniziative di *ri*-appropriazione dei beni comuni urbani da parte della cittadinanza attiva, tra cui gli esempi sopra citati, si pongano in contrasto con le disposizioni di legge vigenti e oltre i confini della legalità. Una conflittualità siffatta potrebbe essere affievolita, o addirittura annullata, seguendo tre diverse linee direttrici, due delle quali operanti sul piano interpretativo e la restante sul piano legislativo.

Anzitutto, si potrebbe tentare di ricomporre la frattura esistente tra legalità e civismo "disobbediente" facendo leva sulla rilevanza sociale dei beni urbani oggetto d'interesse, per lo meno nelle ipotesi in cui tali risorse siano oggetto di proprietà privata. La "funzione sociale" della proprietà privata, richiamata dall'art. 42 della Costituzione, potrebbe rappresentare un utile grimaldello per scardinare detta conflittualità, ponendovi rimedio.

Quando l'occupazione di spazi urbani privati, pur contraria alla legge – in quanto limitativa delle facoltà spettanti al relativo proprietario –, è volta a favorire il godimento e la gestione condivisa di tali beni, assicurare la funzione sociale del diritto dominicale significa anche garantire la piena attuazione delle potenzialità proprie di tali beni (tra le quali rientrano la coesione sociale e l'aumento del benessere collettivo). Al contempo, la disaffezione o l'abuso da parte del proprietario in questi casi non solo produce effetti negativi nella sfera giuridica del singolo *cives*, ma ridonda in una compressione del benessere dell'intera collettività.

Patrimonio mondiale dell'umanità dall'UNESCO nel 1997, è stata adibita a luogo di spettacolo dal 2001 in poi. Nel 2007 il complesso è stato ceduto dal Demanio, in parte al Comune di Torino e in parte alla Cassa Depositi e Prestiti; tuttavia, a causa della mancanza di risorse, l'amministrazione comunale ha deciso di mettere in vendita il complesso. Nel 2010 il Comune di Torino ha sottoscritto la convenzione con la CCT S.p.A. (Cartolarizzazione Città di Torino) per la cessione della Cavallerizza a scopo di vendita e commercializzazione, trasferendo il controllo di quasi la metà del complesso a soggetti privati.

Il 23 maggio 2014 un gruppo di cittadini ha deciso di opporsi alla sua vendita organizzando un occupazione ("Assemblea 14.45" è il nome dell'organizzazione promotrice). Durante la protesta sono state avviate numerose iniziative di valorizzazione del complesso, tra cui l'organizzazione di assemblee civiche e iniziative culturali. A quasi cinque anni dall'inizio dell'occupazione, il Consiglio comunale ha approvato il *Regolamento per i beni comuni urbani* e ha aperto un tavolo di negoziato con i rappresentanti dell'organizzazione allo scopo di risolvere la conflittualità e porre fine all'occupazione.

Il 19 novembre 2019 il complesso è stato definitivamente sgomberato sulla base dell'intesa raggiunta dal soggetto pubblico con i rappresentanti dei cittadini occupanti.

[4] Entrambe le vicende sono illustrate in U. MATTEI-A. QUARTA, *Right to the City or Urban Commoning? Thoughts on the Generative Transformation of Property Law*, in *The Italian Law Journal*, 2/2015, 303 ss.

Si noti che il fatto che il disposto dell'art. 42 della Costituzione testualmente rimetta al legislatore il compito di assicurare la funzione sociale della proprietà non rappresenta un ostacolo all'estensione di tale impegno anche all'interprete, il quale è pur sempre chiamato a leggere la realtà fattuale attraverso la lente dei principi costituzionali [5].

Sulla base di ciò, eventuali iniziative di protesta o di occupazione di risorse sussunte nella categoria dei "beni comuni urbani", le quali abbiano come scopo primario quello di rivendicare la natura "comune" di tali beni e di favorirne la cura e la fruizione da parte di chiunque, potrebbero essere ricondotte nell'alveo della legalità proprio facendo leva sulla funzione sociale dei beni comuni urbani [6].

In quest'ottica, le condotte civiche antagoniste potrebbero essere rilette alla luce del precetto costituzionale e considerate alla stregua di un tentativo, se si vuole maldestro, di garanzia della funzione sociale della proprietà, attuabile solo attraverso la fruizione universale e la corretta amministrazione della risorsa.

La seconda via interpretativa percorribile per ridurre la frizione tra impegno

---

[5] La tesi della c.d. «rilettura del diritto civile alla luce della Costituzione», sviluppatasi in seno alla più ampia riflessione sulla c.d. *Drittwirkung* dei principi costituzionali sorta a partire la metà degli anni '60 del secolo scorso, propone una lettura delle inferenze dei principi costituzionali all'interno dei rapporti di diritto privato nel senso di attribuire ai primi valenza essenzialmente "interpretativa" dei precetti legislativi atti a regolare le relazioni interprivate.

Sulla base di tali presupposti, "*L'interprete viene così indotto a calare nelle categorie civilistiche e nella ricostruzione del significato delle norme i principi costituzionali, permeando di essi il sistema legale*", E. NAVARRETTA, *Costituzione, Europa e diritto privato. Effettività e Drittwirkung ripensando la complessità*, Torino, 2017, 10.

È proprio sulla base del presupposto della rilevanza della normativa costituzionale nell'ambito dei rapporti di diritto privato che è stato possibile inquadrare in termini culturalmente nuovi molteplici istituti fondamentali del diritto civile, trattati dagli stessi Costituenti, tra i quali "*l'individuazione della funzione sociale come elemento strutturale di una moderna teoria del diritto di proprietà*". C. SALVI, *Norme costituzionali e diritto privato. Attualità di un insegnamento.* in *Riv. crit. dir. priv.*, 2004, 243.

Sul punto, si veda anche G. D'AMICO, *Problemi (e limiti) dell'applicazione diretta dei principi costituzionali nei rapporti di diritto privato (in particolare nei rapporti contrattuali)*, in *Giustizia civile*, 3/2016, 443 ss.

[6] La natura "comune" di tali risorse impone di superare in noto binomio pubblico/privato ricavabile dalla *littera legis* e di concentrare l'attenzione, più che sulla titolarità formale del diritto di proprietà, sulla naturale vocazione di tali risorse alla soddisfazione di un interesse facente capo a tutti i cittadini di una data comunità urbana.

La necessità di rivisitare in via interpretativa il sistema normativo vigente in materia di diritto dominicale sulla scorta dei principi costituzionali è stata messa in luce da Cass., sez. un., 16 febbraio 2011, n. 3813, la quale, rispetto alla nota vicenda riguardante il complesso immobiliare delle c.d. valli da pesca della laguna veneta, ha affermato che: "*là dove un bene immobile, indipendentemente dalla titolarità, risulti per le sue intrinseche connotazioni (...) destinato alla realizzazione dello Stato sociale come sopra delineato, detto bene è da ritenersi, al di fuori dell'ormai datata prospettiva del dominium romanistico e della proprietà codicistica, "comune" vale a dire, prescindendo dal titolo di proprietà, strumentalmente collegato alla realizzazione degli interessi di tutti i cittadini.*".

civico e ordine legale prende le mosse dal noto "diritto alla città" teorizzato da Henri Lefebvre nel 1968[7].

Nella prospettazione offerta dal filosofo e sociologo francese, il diritto alla città presenta alcuni caratteri essenziali[8] tra cui quello *rivendicativo*: trattasi di un diritto basato sull'uso e sull'appropriazione, ovverosia sulla possibilità di utilizzo delle risorse urbane indipendentemente dalla titolarità formale del relativo diritto di proprietà[9].

In questa prospettiva, il diritto alla città non è frutto del riconoscimento espresso da parte del diritto positivo, in direzione "*top-down*", ma nasce dall'uso e dall'appropriazione spontanea del nucleo urbano, in una prospettiva "*bottom-up*". Al contempo, la natura rivendicativa è connaturata a tale diritto e ne rappresenta uno dei tratti fondativi. È agevole riconoscere questa dimensione *ri*-appropriativa, disobbediente, anche nelle manifestazioni di protesta e nelle occupazioni di spazi urbani sopra ricordate.

Pur nella consapevolezza dell'assenza di un riconoscimento unanime ed esplicito di tale "diritto alla città"[10], il quale è stato oggetto di meri atti di *soft law*[11], si evidenzia che i vari diritti "di primo livello" in cui esso si articola assumono la veste di situazioni giuridiche soggettive riconosciute dall'ordinamento. Il diritto alla salute (inteso sia come diritto all'integrità psicofisica, sia come diritto alla salubri-

---

[7] H. LEFEBVRE, *Il diritto alla città*, Padova, 1976, (ed. orig., *Le droit à la ville*, Paris, 1968). Com'è noto, la riflessione dell'Autore si basa su una concezione della città come "*proiezione della società sul territorio*". Analizzando lo spazio dell'organizzazione urbana, il filosofo e sociologo francese evidenziò come l'industrializzazione avesse tramutato le città in oggetti di profitto ("*il valore di scambio dello spazio urbano s'impone autoritativamente sul valore d'uso di quest'ultimo da parte della cittadinanza*", ID., *Il diritto alla città*, cit., 37).

[8] Gli ulteriori connotati del diritto alla città ricavabili dalla teorizzazione di Lefebvre sono: (a) la natura collettiva, essendo la città composta in egual misura da spazio fisico e da relazioni sociali; (b) il fatto che si tratti di un diritto "di secondo livello" – ovverosia di un fascio di diritti –, in quanto racchiude in sé ulteriori diritti quali, ad esempio, quello all'individualizzazione nella socializzazione, all'habitat, all'abitare, alle opportunità. H. LEFEBVRE, *Il diritto alla città*, cit.

[9] Il merito dell'Autore fu quello di concepire un "diritto alla città" come "*diritto alla vita urbana, alla centralità rinnovata, ai luoghi d'incontro e di scambio, ai ritmi di vita e ai modi di utilizzare il tempo che consentano un uso pieno e completo di momenti, luoghi*", e di articolarlo come "*forma superiore dei diritti, come diritto alla libertà, all'individualizzazione nella socializzazione, all'habitat e all'abitare. Il diritto all'opera (all'attività partecipante) e il diritto alla fruizione (*ben diverso dal diritto alla proprietà)". ID., *op. cit.*, 130.

[10] Il quale peraltro, secondo Lefebvre, non rappresenta una vera e propria situazione giuridica soggettiva astrattamente riconoscibile, ma può essere ritenuto tuttalpiù "*un diritto assimilabile a quelli della celebre Dichiarazione dei diritti dell'uomo, atto costitutivo della democrazia. Questi diritti non sono mai formalmente realizzati, ma vi si fa continuamente riferimento per definire la situazione della società*". H. LEFEBVRE, *Spazio e politica. Il diritto alla città II*, Verona, 2018, 131.

[11] Vedasi, *ex multis*, la *World Charter on the Right to the City* adottata in occasione del *World Social Forum* tenutosi a Porto Alegre (Brazil) nel 2005 (*https://www.hlrn.org.in/documents/World_Charter_on_the_Right_to_the_City.htm*).

tà dell'ambiente), il diritto di partecipare alla vita politica locale e di influenzare le decisioni su cui essa si fonda, la libertà di riunione, la libertà di circolazione, ecc. costituiscono declinazioni – o, per meglio dire, specificazioni – del più generale "diritto alla città" dotate di rilevanza costituzionale.

Visto il riconoscimento normativo esplicito di tali diritti "primari" si potrebbe quantomeno ipotizzare di operare un bilanciamento tra il diritto vantato dal proprietario del bene occupato e i singoli diritti "primari" (che costituiscono espressione del più generale "diritto alla città", avente connotato rivendicativo), ogni qualvolta tali occupazioni di spazi urbani siano compiute al fine di promuovere e/o agevolare – seppure indirettamente – l'esercizio di tali diritti costituzionalmente garantiti.

La terza via percorribile, di portata normativa, presuppone l'intervento delle Istituzioni nel favorire la riconduzione delle iniziative di riuso o di rigenerazione dei *commons* urbani entro i confini della legalità. Possono essere osservati, sul punto, cinque diversi modelli di relazione tra cittadinanza attiva e governi locali: (a) la tolleranza; (b) il riconoscimento; (c) la qualificazione giuridica innovativa; (d) i patti di collaborazione; (e) riuso dei beni in transizione [12].

Il primo modello citato abbraccia le ipotesi di iniziative civiche di interesse generale avviate in assenza di una preventiva legittimazione da parte dell'Autorità, ma da questa tollerate – seppure solo temporaneamente –. Qui la tolleranza degli Enti locali è basata sulla meritevolezza delle azioni compiute dai cittadini a favore della comunità, che ne giustifica l'atteggiamento permissivo.

Diversamente, il modello del riconoscimento presuppone un esplicito riconoscimento della meritevolezza dell'azione sul piano sociale attraverso un atto formale dell'Ente pubblico, la cui efficacia temporale è tuttavia provvisoria e subordinata alla sussistenza di determinate condizioni fattuali.

Nel modello della qualificazione giuridica innovativa [13] i beni oggetto d'interesse sono espressamente riconosciuti dall'Autorità pubblica, con proprio provvedimento, come "beni ad uso civico urbano" e come tali rimessi alle determinazioni della collettività in ordine al loro uso, nonché soggetti a fruizione condivisa.

Il modello dei patti di collaborazione presenta un grado ancora maggiore di recepimento formale. Ciò in quanto detto strumento negoziale segue l'adozione di un previo regolamento comunale e si traduce in accordi negoziali condivisi da cittadinanza e amministrazione locale allo scopo di concordare e coordinare gli interventi di valorizzazione di beni comuni [14].

---

[12] Tale classificazione è proposta da F. GIGLIONI, *La città come ordinamento giuridico*, in *Istituzioni del Federalismo*, 1/2018, 36 ss.

[13] Il caso più noto è quello promosso dalla città di Napoli.

[14] Per una compiuta disamina della disciplina dei beni comuni urbani e della regolamentazione offerta attraverso lo strumento dei patti di collaborazione vedasi F. GIGLIONI, *La città come ordinamento giuridico*, cit., 29; C. IAIONE, *op. cit.*

L'ultimo modello utile a consentire la riconduzione di iniziative di rivalutazione delle risorse "comuni" entro i confini della liceità è dato dal riuso dei beni in transizione. In tali casi, l'occupazione di spazi urbani da parte della cittadinanza attiva avviene nell'ambito di procedure formalizzate volte a operare un trasferimento della proprietà del bene a un diverso soggetto (privatizzazione di beni pubblici; confisca di beni alla criminalità organizzata). Nelle more di tali procedure è l'Autorità stessa ad accordare espressamente alla cittadinanza la facoltà d'uso dei beni oggetto d'interesse, con proprio atto formale (es. concessione).

Tra quelli descritti, il modello testé citato consente di raggiungere il maggior grado di compatibilità tra azione civica e legalità formale, compatibilità che viene meno via via che si analizzano le ulteriori soluzioni proposte, procedendo *a contrariis* rispetto all'elencazione proposta.

3. *Civismo antagonista a garanzia dei diritti individuali*

La seconda categoria che abbraccia fenomeni di civismo "antagonista" riguarda le iniziative volte alla tutela di diritti sociali promosse dalla cittadinanza, all'interno dei confini della città, quando lo Stato tardi a intervenire ovvero manchi di farsi carico delle esigenze sociali degli individui. Il presupposto che caratterizza tale sottoinsieme di iniziative rivoluzionarie consiste nella natura "suppletiva" dello sforzo dei *cives*, impegnati nel colmare i vuoti di tutela lasciati dal potere pubblico locale.

Anche in simili ipotesi assistiamo sovente alla nascita di una frizione tra socialità e legalità.

Il tratto eversivo di tali manifestazioni di impegno cittadino consiste nel fatto che esse mirano apparentemente a spogliare le Pubbliche Amministrazioni di poteri e facoltà a esse spettanti, nel tentativo di offrire tutela alle istanze sociali formulate dai cittadini, ignorate – seppure incolpevolmente – dallo Stato. Il carattere contestativo di tali esperienze consiste, cioè, nell'apparente tentativo della cittadinanza attiva di esercitare una funzione pubblica facendola propria, ancorché solo temporaneamente e per fini lodevoli.

Gli esempi di interventi considerati "antagonisti" posti in essere all'interno dei confini della città sono svariati. Basti pensare all'ampia casistica prospettata dall'associazione CittadinanzAttiva in occasione della campagna di sensibilizzazione "*Imputati per eccesso di cittadinanza*" [15]. Inoltre, lo scoppio della recente emergen-

---

[15] Cittadinanzattiva è un'organizzazione fondata nel 1978 che mira a promuovere l'attivismo dei cittadini per la tutela dei diritti, la cura dei beni comuni e il sostegno alle persone in condizioni di debolezza. L'iniziativa "*Imputati per eccesso di cittadinanza*", lanciata dall'associazione nel 1999, ebbe come scopo quello di raccogliere le testimonianze di cittadini attivi che subirono condanne o

za sanitaria ha reso ancora più attuale l'esigenza di favorire interventi supplenti da parte della cittadinanza, a causa dell'incapacità dello Stato e degli Enti locali di far fronte all'aumento di istanze di natura sociale avanzate dai cittadini. In numerose città si è assistito a manifestazioni coraggiose di solidarietà orizzontale volte a soddisfare le richieste di aiuto provenienti da *cives* bisognosi [16].

In particolar modo nella prima delle due ipotesi esemplificative sopra citate [17] la spinta propulsiva civica è stata fortemente osteggiata dalle Autorità Pubbliche, in nome di una asserita contrarietà di tali iniziative all'ordine legale. Ciò ha portato all'irrogazione di sanzioni nei confronti dei cittadini attivi, ovvero all'interruzione coatta, tramite la forza pubblica, di tali iniziative di solidarietà [18].

Anche rispetto a tale fenomenologia è possibile ipotizzare una ricomposizione della frattura esistente fra impegno civico e rispetto dell'ordine legale.

La riconduzione di tali iniziative "antagoniste" nell'alveo della legalità può essere compiuta facendo leva sui doveri di solidarietà, sanciti dall'art. 2 Cost., e sul principio di sussidiarietà orizzontale, previsto dall'art. 118, comma 4, Cost. Tali disposizioni non consentono certamente di giustificare qualsivoglia iniziativa posta in essere dalla cittadinanza in spregio alle disposizioni di legge vigenti; tuttavia, non può nemmeno essere taciuto il fatto che spesso l'azione civica *contra legem* corrisponde effettivamente a un'esigenza di tutela sociale rimasta insoddisfatta, ignorata incolpevolmente dai pubblici poteri.

L'avvenuta violazione dell'ordine costituito dovrebbe quindi essere bilanciata con il dovere esistente in capo a ciascun individuo di assolvere ai doveri imposti dai precetti costituzionali, *in primis* dall'art. 2 Cost.

Parallelamente, l'iniziativa civica apparentemente corrispondente all'esercizio di una pubblica funzione può essere ricondotta nell'alveo della legalità attraverso il riconoscimento della portata sussidiaria di tale sforzo, in nome del principio di sussidiarietà orizzontale sancito dall'art. 118, comma 4, Cost.

Entrambe le soluzioni prospettate consentirebbero di ricomporre *ex post* e per

---

andarono incontro a sanzioni per aver aderito a iniziative o tenuto comportamenti positivi nell'interesse della collettività urbana (tra cui ridipingere le strisce pedonali, ripulire la scuola del proprio figlio, rinvigorire un parco pubblico) (*www.cittadinanzattiva.it*).

[16] Tra le tante, merita di essere ricordata l'iniziativa "Cosenza solidale", promossa all'interno della città omonima durante il periodo del *lockdown* con lo scopo di offrire aiuto a famiglie indigenti mediante la consegna di pasti gratuiti a domicilio (*www.dinamopress.it*).

[17] Contrariamente alla seconda ipotesi, che rappresenta un'eccezione al favore generalmente dimostrato dalle Pubbliche Amministrazioni nei confronti delle iniziative civiche promosse durante la pandemia da SARS-CoV-2.

[18] Nel primo esempio numerosi cittadini attivi sono stati sanzionati, convenuti in giudizio o imputati, talvolta addirittura condannati, per aver tenuto comportamenti *contra legem*. Nel secondo esempio è stata la stessa forza pubblica a osteggiare le manifestazioni di solidarietà da parte della cittadinanza cosentina, a causa del presunto mancato rispetto da parte di quest'ultima delle restrizioni imposte della normativa emergenziale.

via interpretativa la frattura esistente tra civismo e ordine legale, prospettandone una possibile ricomposizione ermeneutica.

4. *Ordine legale e civismo* secundum legem

La terza categoria fenomenologica citata contempla fattispecie peculiari, le quali, a ben vedere, non danno luogo a una vera e propria contrapposizione tra civismo e legalità. Il conflitto tra attivismo e norma giuridica risulta essere, in questi casi, soltanto apparente.

Tale semplice apparenza si verifica per effetto dell'operatività di cause di giustificazione atipiche – *rectius*, non codificate –, ovvero attraverso l'introduzione nell'ordinamento giuridico di situazioni soggettive nuove, di matrice giurisprudenziale. In simili casi l'esclusione della connotazione illecita delle manifestazioni di impegno civico avviene *ex post*, per effetto del riconoscimento di una situazione giuridica nuova che dovrà essere posta in bilanciamento con quella presidiata dal precetto violato, ovvero per volontà del legislatore.

La spinta alla riflessione avente ad oggetto tale ulteriore categoria fenomenologica muove dalla recente decisione del *Conseil constitutionnel* francese (n. 2018-717/718 QPC del 6 luglio 2018) avente ad oggetto la presunta illegittimità costituzionale degli articoli L. 622-1 e L. 622-4 del *Code de l'entrée et du séjour des étrangers et du droit d'asile,* nella parte in cui escludono la punibilità delle sole condotte atte a favorire il soggiorno di stranieri irregolari, ma non l'ingresso o la circolazione di questi ultimi, nel territorio francese [19]. In forza di tale pronuncia il *Conseil,* dopo aver elevato per la prima volta il principio di *fraternité* a "*valeur constitutionnel*", ne ha riconosciuto il carattere matriciale ai fini della creazione di situazioni giuridiche soggettive nuove. Tra queste ultime, a venire in rilievo è stata soprattutto la *liberté d'aider autrui dans un but humanitaire*, la libertà di aiutare gli altri per fini umanitari, libertà a di nuovo conio dotata dallo stesso *Conseil* di copertura costituzionale per il tramite del neo-riconosciuto principio di *fraternité* [20-21].

---

[19] Si ricorda che l'esimente trova applicazione nelle sole ipotesi in cui la condotta *contra legem* sia necessaria per tutelare la vita o l'integrità fisica dello straniero, a fronte di un pericolo attuale o imminente; sia proporzionata alla gravità della minaccia; non dia luogo ad alcuna contropartita diretta o indiretta (cfr. art. L. 622-4, n. 3).

[20] Per una compiuta disamina della portata del principio di *fraternité* e della ruolo attribuito a la *liberté d'aider autrui* vedasi F. PIZZOLATO, La *fraternité matrice della "liberté d'aider autrui"*, in *Quaderni costituzionali*, 4/2018, 914.

[21] La pronuncia del *Conseil constitutionnel* ha aperto la strada a un filone giurisprudenziale che attribuisce dignità di situazione giuridica soggettiva alla libertà di aiutare gli altri per scopi umanitari, meritevole pertanto di protezione. Tra queste, una recente pronuncia del *Juge Des Référés Du*

La ricostruzione compiuta dalla giurisprudenza francese assume una valenza particolare, ancor più rilevante, all'interno della presente riflessione. La pronuncia del *Conseil* dimostra le potenzialità insite nell'attività giurisprudenziale rispetto alla necessità di porre rimedio a una condizione di conflittualità tra legalità ed espressioni di impegno civico. Attraverso l'attribuzione di rilevanza costituzionale alla *liberté d'aider autrui,* infatti, quest'ultima ha acquistato pari dignità rispetto alle ulteriori situazioni giuridiche soggettive con essa eventualmente confliggenti.

Generalizzando tale approdo è possibile concludere che ogni qualvolta situazioni soggettive corrispondenti a doveri o divieti stabiliti *ex lege* siano violate a seguito della realizzazione di condotte corrispondenti ad altrettante libertà di portata costituzionale – ancorché di matrice giurisprudenziale –, sarà sempre necessario operare un bilanciamento tra i primi e le seconde[22]. Qualora la libertà di nuovo conio prevalga all'esito di tale confronto, le condotte che ne siano espressione – anche se fino ad allora ritenute contrarie alla legge –, sarebbero da ritenersi non solo legittime, ma addirittura preferibili rispetto all'adempimento del dovere imposto *ex lege.*

Attraverso questa via è possibile compiere *ex post* una "riconduzione a liceità" delle iniziative civiche (ad es. quelle atte a favorire l'ingresso o la circolazione irregolare di uno straniero in territorio francese per ragioni di carattere umanitario) apparentemente contrarie al diritto positivo.

La ricomposizione della frattura tra le condotte antagoniste dei cittadini attivi, le quali siano poste in essere in violazione di disposizioni di legge vigenti, e l'ordine legale può quindi avvenire anche per via interpretativa, attraverso il riconoscimento di una situazione giuridica soggettiva dotata di fondamento costituzionale, come tale idonea a giustificare il compimento di iniziative fino ad allora ritenute *contra legem.*

La fattispecie che ha dato luogo alla pronuncia innovativa del *Conseil* ri-

---

Tribunal Administratif di Nizza (TA Nice, ord., 4 mars 2021, n. 2101086) ha ritenuto contraria a tale libertà la decisione del prefetto delle Alpi Marittime di vietare l'accesso alla stazione di polizia di frontiera di Menton pont Saint-Louis, presso il confine italo-francese, la quale accoglie gli stranieri in attesa di essere sottoposti a controlli e di eventuale consegna alle autorità italiane, alle associazioni umanitarie impegnate nel prestare assistenza medica, legale e amministrativa a tali persone, in particolare *Association nationale d'assistance aux frontières pour les étrangers* (ANAFÉ) e *Médecins du Monde.*

Vietare l'accesso alle associazioni umanitarie dai locali in cui sono detenuti gli stranieri rappresenta, a detta del *Juge Des Référés,* una violazione grave e manifestamente illecita della *liberté d'aider autrui,* che include la libertà di assicurare il rispetto delle libertà fondamentali delle persone rifugiate, ivi compreso il diritto di asilo, la libertà individuale, la sicurezza e la dignità umana.

[22] Nel caso *de quo,* ad esempio, la possibilità di ricondurre entro i confini della legalità condotte espressamente vietati *ex* artt. L. 622-1 e L. 622-4 del *Code de l'entrée et du séjour des étrangers* passa attraverso il riconoscimento, in capo all'agente, di una situazione giuridica soggettiva meritevole di protezione, la quale può essere quindi posta in bilanciamento con il contrario dovere di rispetto dell'ordine pubblico a cui lo stesso agente risulta assoggettato.

chiama alla mente dell'interprete italiano la disposizione di cui all'art. 10 *bis*, comma I, d.lgs. n. 286/1998, la quale sanziona penalmente l'ingresso o la permanenza irregolare dello straniero in territorio italiano e la cui legittimità costituzionale è stata oggetto di pronunce da parte della Corte costituzionale nazionale (ord. n. 64/2011) [23].

A differenza dell'ordinamento francese, l'art. 12, comma 2, d.lgs. n. 286/1998 [24] reca una causa di giustificazione *ad hoc*, meglio nota come scriminante umanitaria, la quale riconduce nell'alveo della legalità iniziative civiche altrimenti perseguibili penalmente. Colui il quale, per spirito solidarietà, presti aiuto al migrante irregolare, in quanto persona bisognosa, pone in essere una condotta legittima, resa tale per effetto dell'operare della causa esimente.

Pertanto, diversamente da quanto accade entro gli orizzonti francesi, nel nostro ordinamento la conflittualità tra impegno civico e legalità in ambito umanitario è risolta per via legislativa attraverso l'introduzione di una c.d. scriminante, la quale esclude ex ante e una volta per tutte il carattere *contra legem* dell'iniziativa civica (al ricorrere dei presupposti fissati dalla disposizione *de qua*).

Questa seconda esemplificazione evidenzia come le potenzialità antagoniste dell'azione civica possano essere azzerate anche tramite lo strumento normativo, ossia mediante l'adozione di una disposizione di legge che introduca *expressis verbis* una causa esimente, "scusando" così l'azione civica ribelle.

Entrambi gli approdi assumono rilievo all'interno della presente riflessione, in quanto esemplificano delle ulteriori modalità attraverso cui risulta possibile addivenire a una ricomposizione della frattura esistente tra le espressioni multiformi di attivismo e la legalità formale.

5. *Conclusioni*

La frizione spesso esistente tra l'ordine legale e le manifestazioni di impegno civico, della cui fenomenologia abbiamo tentato di offrire una breve panoramica nei paragrafi che precedono, obbliga l'interprete a interrogarsi su quale sia la via da percorrere per ridurre al minimo detto attrito.

---

[23] La riflessione della Corte prende le mosse dall'asserita violazione, da parte della norma in esame, degli artt. 3 e 27 Cost. in ragione della mancata previsione dell'«esimente» del «giustificato motivo» e si conclude con una pronuncia di rigetto. In particolare, la Corte ha escluso che la mancata previsione della causa di non punibilità del «*giustificato motivo*» prevista per la più grave fattispecie delittuosa – analoga – di cui all'art. 14, comma 5 *ter*, d.lgs. n. 286/1998 crei una irragionevole disparità di trattamento e integri così una violazione del principio di uguaglianza sostanziale.

[24] Che recita: "*Fermo restando quanto previsto dall'articolo 54 del codice penale, non costituiscono reato le attività di soccorso e assistenza umanitaria prestate in Italia nei confronti degli stranieri in condizioni di bisogno comunque presenti nel territorio dello Stato*".

Considerata la natura variegata dei fenomeni sociali, non riconducibili a un unico *genus*, crediamo che non sia possibile teorizzare un'unica modalità solutoria utile a porre fine al conflitto esistente tra le forme di attivismo urbano e la legalità. Al contrario, riteniamo sia preferibile offrire una soluzione multiforme, adeguata alle singole manifestazioni di impegno civico "antagonista" che di volta in volta vengono in rilievo, teorizzando differenti modalità di riconduzione dell'iniziativa civica entro i confini della legalità.

Tale mancanza di uniformità penalizza, in parte, l'approdo raggiunto, il quale ci è parso tuttavia l'unico possibile, in quanto capace di abbracciare tutte le possibili declinazioni del fenomeno dell'attivismo cittadino.

In quest'ottica, la natura "disobbediente" del civismo urbano è esattamente ciò che pone la città – il cui perimetro delimita l'ambito di attuazione di tali iniziative antagoniste – "oltre lo Stato", ovverosia oltre i confini stabiliti dall'ordine legale.

LA LIBERTÀ DEI CITTADINI ATTIVI OLTRE LO STATO: PRIME CONSIDERAZIONI SULL'AMMINISTRAZIONE CONDIVISA IN UNIONE EUROPEA

CHIARA SALATI

SOMMARIO: 1. Sulla libertà come responsabilità di ciascuno verso la comunità. – 2. La trasformazione silenziosa dei cittadini attivi nei Comuni italiani. – 3. Per uno sguardo allargato: quale prospettiva per questo modello in Unione Europea? – 4. Non solo partecipazione: beni comuni e città. – 5. Le città europee come laboratori per forme nuove di partecipazione civica. – 6. Da *Il potere dei senza potere* al potere dei cittadini attivi nelle città europee: prime conclusioni.

1. *Sulla libertà come responsabilità di ciascuno verso la comunità*

In una riflessione del 1955, Albert Camus affermava come una delle debolezze della società occidentale fosse "la creazione di questo individuo separato dalla comunità, dell'individuo considerato come tutto" [1]. La civiltà europea del futuro – o meglio, le civiltà europee –, proseguiva, dovrebbero riconoscere una libertà in cui l'affermazione dei diritti individuali non porti ad una negazione dei doveri di ciascuno, ma piuttosto ad una assunzione di responsabilità del singolo verso la collettività.

Il tema della libertà intesa come responsabilità verso la comunità è un tratto che riemerge spesso se si guarda all'individuo non solo dal punto di vista dei suoi diritti. Sui rischi di una deriva del riconoscimento dei soli diritti dell'individuo, d'altra parte, si era pronunciato in un famoso discorso [2] il dissidente sovietico Aleksandr Solzhenitsyn, la cui accusa – tra le altre – all'Occidente consisteva nel

[1] A. CAMUS, *Il futuro della civiltà europea*, conferenza tenutasi ad Atene il 28 aprile 1955. Testo integrale in A. BRESOLIN (a cura di), *Albert Camus. Calendario delle libertà*, Roma, 2013, 87-120.

[2] A. SOLZHENITSYN, *A world split apart* (conosciuto anche come "Harvard Address"), lezione tenuta all'Università di Harvard l'8 giugno 1978. Disponibile al sito *https://www.solzhenitsyncenter.org/a-world-split-apart*.

raggiungimento di una libertà senza limiti in cui la responsabilità degli individui verso la società è sempre più debole. Una libertà, insomma, tutta a discapito della responsabilità. Il nesso tra libertà e responsabilità è anche ciò che porta allo sviluppo: la libertà esercitata come impegno sociale dovrebbe essere volta, come sostiene il premio Nobel Amartya Sen, ad ampliare le libertà sostanziali che ogni persona effettivamente possiede, definite "capacità"[3]. La domanda chiave passa dunque da "a cosa ha diritto una persona?" a "che cosa può essere e fare una persona?"[4]: si tratta di un cambio di paradigma determinante, in quanto l'approccio delle capacità richiede – rispetto all'approccio dei diritti – non un mero esercizio della propria libertà individuale, ma un suo esercizio in combinato con una responsabilità verso la comunità.

In che modo l'esercizio responsabile e autonomo della libertà di ciascuno può essere riconosciuto dalle autorità pubbliche? È urgente disporre al più presto canali giuridico-istituzionali che sappiano valorizzare la creatività e l'autonoma iniziativa di tutte quelle persone che spontaneamente scelgono di attivarsi: ad oggi, infatti, manca un riconoscimento di questo nuovo modello di democrazia che si basa sull'iniziativa. È necessario, allora, mettere a valore il capitale sociale liberamente esercitato da tante persone nelle nostre comunità. Per farlo, ci occorre un diritto elastico in grado di rispondere al dinamismo della società, e un esercizio di immaginazione volto a ripensare la relazione tra individuo e Stato: il nostro orizzonte di riferimento guarda oltre lo Stato, all'Unione Europea.

2. *La trasformazione silenziosa dei cittadini attivi nei Comuni italiani*

Dall'approvazione nel 2014 a Bologna del primo *Regolamento sulla collaborazione tra cittadini e amministrazione per la cura e la rigenerazione dei beni comuni urbani,* la domanda "che cosa può fare ed essere una persona?" ha iniziato a prendere forma concreta attraverso l'esercizio da parte di migliaia di cittadini attivi[5] della propria libertà intesa come responsabilità verso la comunità. Il quadro giuridico di riferimento è molto chiaro: la Costituzione, attraverso il

---

[3] A. SEN, *Lo sviluppo è libertà*, Milano, 1999, 282-297.

[4] A. VALASTRO, *La democrazia partecipativa alla prova dei territori: il ruolo delle amministrazioni locali nell'epoca delle fragilità*, in ID. (a cura di), *Le regole locali della democrazia partecipativa. Tendenze e prospettive dei regolamenti comunali*, Napoli, 2016, 16.

[5] G. ARENA, *Amministrazione e società. Il nuovo cittadino*, in *Rivista trimestrale di diritto pubblico*, 2017, 1, 43-55. Il concetto di "cittadino attivo" va oltre lo *status* giuridico di cittadinanza: G. ARENA, *Immigrazione e cittadinanze*, in R. ACCIAI-F. GIGLIONI (a cura di), *Poteri pubblici e laicità delle istituzioni*, Roma, 2008, 113-128. Sul riconoscimento di una nozione di "cittadinanza di residenza" volta ad includere anche gli stranieri in attività di valorizzazione dei beni comuni si veda Corte cost., sent. n. 119/2015.

principio di sussidiarietà orizzontale *ex* art. 118, ultimo comma, legittima un nuovo modello organizzativo della società definito *Amministrazione condivisa*, che si struttura nei Regolamenti sui beni comuni, e nello strumento di natura negoziale del Patto di collaborazione [6]. Questo modello ha *in nuce* una concezione dell'individuo come portatore di risorse e capacità che, attraverso l'esercizio di una *libertà attiva*, può esercitare non solo un'autonomia privata, ma anche una *autonomia civile* volta ad attuare doveri di solidarietà verso la propria comunità [7]. In questa prospettiva di ampliamento delle libertà, il cittadino quale membro della *polis* diventa lui stesso centro di produzione del diritto: questo si realizza attraverso una condivisione tra autonomie pubbliche e autonomie civili dell'esercizio delle funzioni pubbliche.

Ad oggi siamo in presenza di una situazione di fatto in cui sono almeno 247 i Comuni che hanno approvato il Regolamento, migliaia i Patti di collaborazione – nuove fonti del diritto – firmati tra cittadini attivi e autorità pubbliche, e centinaia di migliaia le persone coinvolte in questo modello nuovo di società che si realizza nella collaborazione per la cura dei beni comuni [8]. Patti ad oggi sono stati firmati, ad esempio, su beni riconosciuti come comuni quali verde pubblico e parchi, vie, scuole, edifici, beni confiscati alle mafie, beni privati, ambiente, benessere psicologico, sport, educazione, memoria storica, integrazione culturale, dati. L'aspetto centrale di questa trasformazione silenziosa consiste nella funzione promozionale attribuita dall'art. 118, ultimo comma, Cost. alla Repubblica nei confronti dell'autonoma iniziativa di ciascuno, che di fatto equivale a dire supporto della loro libertà attiva (e delle loro capacità). La sussidiarietà orizzontale legittima così da una parte una libertà *funzionale* all'interesse generale (che si concretizza nei beni comuni) che guarda al singolo tanto quanto alla comunità, e dall'altra un nuovo modello di società della cura – se non anche una modifica della forma di Stato [9] – in cui *fare* i cittadini e non solo esserli.

Nonostante l'inquadramento giuridico di questo strumento ad oggi sia ancora dibattuto [10], rileva sottolineare come i Patti rappresentino un vero e proprio spazio di libertà in una zona di confine tra diritto pubblico e diritto privato in cui sta emergendo un modello di relazione innovativo volto a prendersi cura di quanto

---

[6] Si sono di recente aggiunte anche due leggi regionali volte a promuovere l'Amministrazione condivisa dei beni comuni: la legge reg. 26 giugno 2019, n. 26 (Lazio), e la legge reg. 24 luglio 2020, n. 71 (Toscana).

[7] F. BENVENUTI, *Il nuovo cittadino,* Venezia, 1994, 60-64 e 78-80.

[8] Per un elenco aggiornato dei Comuni con Regolamento, e per una raccolta di alcuni significativi Patti di collaborazione si vedano le sezioni dedicate del sito *www.labsus.org*.

[9] Così G. Zagrebelsky, come riportato in R. REALDON, *La sussidiarietà orizzontale nel Titolo V della Costituzione e la sussidiarietà generativa*, Milano, 2018, 36.

[10] Per i diversi orientamenti della dottrina sulla natura dei Patti si rimanda a F. GIGLIONI, *Le città come ordinamento giuridico*, in *Istituzioni del Federalismo*, 1, 2018, 55-70.

rientra nell'interesse generale. Si tratta di un nuovo polo di interessi [11], che si aggiunge – e completa – i due solidi poli dell'interesse pubblico e dell'interesse privato, ricollegabili a loro volta al paradigma ad oggi consolidato nella nostra società di dualismo tra Stato e mercato, al quale inizia invece ad aggiungersi la comunità come Terzo pilastro [12]. Il polo degli interessi generali rappresenta, dunque, lo spazio ibrido di azione ed immaginazione di ciascuna persona, singola o associata. In questo spazio, i Patti di collaborazione in Italia si stanno rivelando come gli strumenti appropriati per coinvolgere in questo terzo polo non solo gli enti del Terzo settore (ETS), ma anche tutti coloro che dalla definizione di ETS ad oggi sono esclusi: individui singoli, gruppi informali, comitati di quartiere, e tutti coloro ai quali non è applicabile il Codice del Terzo settore (CTS). Mentre è necessario che lo Stato garantisca i diritti sociali, qui passiamo nel campo delle *libertà sociali* [13], per le quali possono invece liberamente attivarsi tutti *ex* art. 118, ultimo comma, Cost. L'innovazione italiana consiste allora in una copertura costituzionale da parte della sussidiarietà orizzontale delle autonome iniziative di *chiunque* – ETS o cittadino non riconducibile ad un ETS – voglia esercitare la propria libertà attiva e sociale verso la comunità, ad oggi realizzata in piccoli Comuni tanto quanto in Città metropolitane.

3. *Per uno sguardo allargato: quale prospettiva per questo modello in Unione Europea?*

È possibile provare ad immaginare il modello dell'Amministrazione condivisa oltre lo Stato? Potrebbe un cittadino europeo esercitare la propria libertà attiva attraverso la cura dei beni comuni? Sarebbe riconosciuto dalle autorità pubbliche nazionali ed europee come risorsa e non solo come utente-consumatore? E se riconosciuto, sarebbe supportato nella sua autonoma iniziativa? La trasformazione che in Italia si sta realizzando allo stesso tempo dal basso e dall'alto all'interno di una cornice giuridico-istituzionale ci interroga sulla possibilità per questa idea di libertà di essere valorizzata ed inquadrata dal diritto europeo.

Per allargare lo sguardo all'UE, il compito fondamentale riguarda l'individuazione di un comune principio europeo che, a partire dai Trattati, possa rappre-

---

[11] G. ARENA, *Sussidiarietà orizzontale ed enti del Terzo Settore*, in *Impresa sociale*, 3/2020.

[12] R. RAJAN, *The Third Pillar. How Markets and the State leave the community behind*, London, 2019.

[13] Il riconoscimento dell'esercizio di queste da parte degli ETS secondo il canale dell'Amministrazione condivisa è avvenuto da ultimo grazie alla Corte costituzionale (sent. n. 131/2020). Cfr. S. PELLIZZARI-C. BORZAGA (a cura di), *Terzo settore e pubblica amministrazione. La svolta della Corte Costituzionale*, Trento, 2020.

sentare il riferimento del modello italiano ancorato nella sussidiarietà orizzontale. In questo modo, si potrebbe legittimare la creazione di percorsi simili negli ordinamenti degli altri Stati. La convinzione di fondo è che oggi nei Trattati esista un potenziale inesplorato da cui si possono ancora estrarre possibilità: l'obiettivo è quello di riconoscere e legittimare la libera iniziativa dei cittadini europei per la cura dei beni comuni attraverso una assunzione di responsabilità verso le proprie comunità.

Tra i riferimenti che potrebbero rappresentare questo punto di partenza comune, i più significativi sembrano essere quattro: il principio di solidarietà (art. 2 TUE), non tanto a livello di istituzioni e Stati membri, quanto di responsabilità dei singoli verso la comunità [14]; il concetto di autonomia (art. 4(2) TUE), in particolar modo relativa alle autorità locali luoghi di allargamento della partecipazione [15]; il richiamo ai diritti fondamentali (art. 6 TUE), strettamente legati alla concezione italiana di beni comuni a partire dalla proposta di legge della Commissione Rodotà; il principio di partecipazione (artt. 10(3) e 11(2) TUE). Il principio di sussidiarietà (art. 5 TUE), invece, non sembra rappresentare un valido punto di riferimento in quanto la sua interpretazione a livello europeo è, ad oggi, limitata alla dimensione verticale relativa al conferimento di funzioni [16]. A questa ricerca, anche il lavoro di altri enti e istituzioni europee potrebbe contribuire: in particolare, il Comitato Economico e Sociale Europeo (CESE) per quanto riguarda i concetti di "cittadinanza attiva" e "sussidiarietà funzionale" [17]; e il Congresso dei poteri locali e regionali del Consiglio d'Europa attraverso la Carta europea dell'autonomia locale, non solo per la cultura autonomistica europea e il rilievo giuridico delle città (oltre lo Stato), ma soprattutto con riguardo al "diritto a partecipare" delle persone e alla "democrazia locale" [18].

---

[14] M. ROSS, *Transnational solidarity: a transformative narrative for the EU and its citizens?*, in *Acta Politica*, 56, 2021, 220-241.

[15] F. HENDRIKS-J. LOUGHLIN-A. LIDSTRÖM, *European subnational democracy: comparative reflections and conclusions*, in J. LOUGHLIN-F. HENDRIKS-A. LIDSTRÖM (a cura di), *The Oxford Handbook of Local and Regional Democracy in Europe*, Oxford, 2010, 740-741.

[16] Nel dibattito europeo degli anni '90 sul concetto di sussidiarietà era già presente l'accezione che oggi definiamo "orizzontale", derivante dalla dottrina sociale della chiesa, quale principio di organizzazione sociale volto a favorire la partecipazione responsabile dei singoli nella società. Su questa e sulle altre due radici della sussidiarietà in UE (federalismo tedesco e ideologia conservatrice britannica) J. PETERSON, *Subsidiarity: a definition to suit any vision?*, in *Parliamentary Affairs*, vol. 47(1), 1994, 116-132; cfr. M. WILKE-H. WALLACE, *Subsidiarity Approaches to power sharing in the European Community*, in *RIIA Discussion Paper*, 27, 1990.

[17] Per "cittadinanza attiva" si veda *Active citizenship. For a better European Society*, 6, 2012, in *https://op.europa.eu/it/publication-detail/-/publication/1822448a-1e8f-4f3b-bd06-d60eb7fc0b78*; per "sussidiarietà funzionale" definita anche dal CESE stesso "orizzontale", *Parere del Comitato economico e sociale sul tema "La governance europea - Libro bianco"*, (COM(2001)428 def.), 62-63, in *https://eur-lex.europa.eu/legal-content/IT/TXT/PDF/?uri=CELEX:52002AE0357&from=IT*).

[18] Sulla Carta M. FALCONE, *Le politiche europee per le città: agenda urbana e "aree interne"*, in E.

Tra questi possibili riferimenti, la partecipazione sembra la strada più percorribile nella nostra ricerca di un punto comune. È necessario sottolineare come ad oggi l'interpretazione predominante degli artt. 10(3) e 11(2) TUE – relativi al *diritto di partecipare alla vita democratica dell'Unione* e al *dialogo aperto* che le istituzioni devono mantenere con la società civile – consiste nella partecipazione al processo decisionale (*decision-making*) da parte dei cittadini attraverso molte diverse pratiche [19], e non anche in una partecipazione intesa come nel modello italiano. Le pratiche partecipative che ad oggi riempiono di significato il termine "partecipazione" sono iscritte nei Trattati – come l'iniziativa dei cittadini europei (ICE) prevista dal TUE all'art. 11(4) – oppure sperimentate al di fuori e diffuse a livello locale – come il bilancio partecipativo, alcune forme di dibattito pubblico e di giurie civiche, l'urbanistica partecipata. Ci sembra urgente, tuttavia, ampliare il campo europeo: non esistono infatti solo forme di "partecipazione al dire", ma anche esperienze di "partecipazione al fare" [20] quali le attività dei cittadini attivi *ex* art. 118, ultimo comma, Cost. in Italia, che necessitano di un riconoscimento anche a livello sovranazionale. Servirebbe allora partire da un riconoscimento dei limiti della partecipazione per come concepita ad oggi [21], allargandone il campo alle potenzialità che derivano dal *fare* e che in Italia stanno creando sentieri nuovi [22] per la democrazia locale grazie ad una responsabilità diffusa. La partecipazione europea potrebbe così ampliare le sue forme con una nuova modalità: la partecipazione dei cittadini europei al fare attraverso la cura dei beni comuni, in collaborazione con le autonomie territoriali.

4. *Non solo partecipazione: beni comuni e città*

Se la libera iniziativa volta al *fare* dei cittadini attivi europei potrebbe essere garantita e supportata ampliando l'interpretazione del principio di partecipazione europea, questo da solo non basta per dare copertura all'Amministrazione condi-

---

CARLONI-F. CORTESE (a cura di) *Diritto delle autonomie territoriali*, Milano, 2020, 240-244. Cfr. G. BOGGERO, *Constitutional Principles of Local Self-Government in Europe*, Leiden, 2017. In merito alla partecipazione civica e al diritto a partecipare dei cittadini rileva, in particolare, il *Protocollo addizionale alla Carta europea dell'autonomia locale sul diritto di partecipare agli affari pubblici delle collettività locali*, aggiunto nel 2009.

[19] Cfr. G. SGUEO, *The practice of democracy. A selection of civic engagement initiatives*, Study, European Parliamentary Research Service, 2020.

[20] Su questa distinzione A. VALASTRO, *La democrazia partecipativa alla prova dei territori*, cit., 30; G. COTTURRI, *Storia del principio di sussidiarietà in Costituzione*, in G. ARENA-G. COTTURRI (a cura di), *Il valore aggiunto. Come la sussidiarietà può cambiare l'Italia*, Roma, 2010, 59.

[21] A. ALEMANNO, *Europe's Democracy Challenge: Citizen Participation in and Beyond Elections*, in *German Law Journal*, 21(1), 2019, 171-178.

[22] F. PIZZOLATO, *I sentieri costituzionali della democrazia*, Roma, 2020.

visa. Uno sguardo europeo per questo modello sembra richiedere un approccio complesso che riunisca la partecipazione civica ad altri due filoni di ricerca: beni comuni, e diritto delle città.

Il tema dei beni comuni come oggetto della partecipazione al fare non presenta a livello istituzionale europeo una definizione condivisa e un inquadramento giuridico [23], e talvolta sembra anzi che l'elaborazione scientifica in merito non sia nemmeno conosciuta, con la conseguenza di un uso improprio del termine [24]: al contrario, è la società civile che sta portando avanti iniziative e sperimentazioni in varie realtà europee [25]. Accanto a queste, sull'elaborazione dei *commons* nello spazio europeo il contributo principale viene dalle scienze politiche che, a partire dalla definizione economica di beni non escludibili e rivali, hanno proposto nuovi modelli di *governance* per l'UE basati su una cooperazione tra pubblico e privato sui beni comuni [26], e una rinnovata attenzione al concetto di *self-governance* da parte degli individui di una comunità in una prospettiva di policentrismo [27]. Nonostante invece il vuoto normativo persista, ci si chiede se i progressi che vengono dall'elaborazione giuridica italiana sui beni comuni possano in qualche modo favorirne una legittimazione anche a livello europeo, ponendo l'accento sul loro riconoscimento in quanto tali in relazione alla funzione, e non al regime proprietario (materia regolata dai diversi ordinamenti nazionali). È stato anche sostenuto [28], tuttavia, che forse l'obiettivo di arrivare ad una definizione giuridica condivisa non sia nemmeno così utile, in quanto in parallelo ad una integrazione istituzionale ed economica può convivere una "integrazione per valori" volta ad assecondare fenomeni sociali che si affermano in autonomia, quale sembra sia il caso dei *commons*.

La necessità di un inquadramento istituzionale, ad ogni modo, si ritiene sia auspicabile per ampliare la libertà attiva dei cittadini attivi europei: un importante contributo per questo fine potrebbe arrivare dalle città come nuova frontiera

---

[23] Come iniziativa istituzionale di approfondimento dei *commons*, si segnala la sola creazione di un intergruppo parlamentare su "Beni comuni e servizi pubblici" nel 2014.

[24] European Political Strategy Centre (European Commission), *Delivering on European Common goods*, 2019, in *https://op.europa.eu/en/publication-detail/-/publication/d5a5859f-873d-11e9-9f05-01aa75ed71a1/language-en/format-PDF*.

[25] La realtà è ovviamente di grande frammentazione, sia in merito ai protagonisti che in merito alle sperimentazioni avviate. Tra le reti transnazionali che si occupano dal basso dei *commons* si segnala *Commons Network*, *www.commonsnetwork.org*.

[26] Cfr. A. HÈRITIER (a cura di), *Common Goods. Reinventing European and International Governance*, Lanham, 2002.

[27] J. VAN ZEBEN-A. BOBIĆ (a cura di), *Polycentricity in the European Union*, Cambridge, 2019.

[28] F. GIGLIONI, *Beni comuni e autonomie nella prospettiva europea: città e cittadinanze*, in M. BOMBARDELLI, (a cura di), *Prendersi cura dei beni comuni per uscire dalla crisi. Nuove risorse e nuovi modelli di amministrazione*, Napoli, 2016, 151-218.

del diritto pubblico, in particolare costituzionale[29] e amministrativo[30]. Nel quadro di grande differenziazione delle autonomie territoriali in Unione Europea[31], il livello locale e la città in particolare – entità considerata non per la sua delimitazione geografica, ma per la condivisa esperienza di fruizione cittadina che la caratterizza[32] – sembra il contesto dove la libertà attiva dei cittadini sui beni comuni possa meglio concretizzarsi. Le città contemporanee sempre più rivendicano la loro essenza di spazio politico[33] in cui la *civitas*, insieme dei cittadini, è caratterizzata da forte pluralismo, e in cui i doveri di solidarietà e la richiesta di partecipazione della cittadinanza attiva si pongono come sempre più vivi. Esse rappresentano una vera e propria frontiera di innovazione e sperimentazione: sono luoghi che stanno essi stessi producendo nuovo diritto con processi dal basso, come le città italiane attraverso i Patti di collaborazione sui beni comuni.

5. *Le città europee come laboratori per forme nuove di partecipazione civica*

A livello europeo, dopo il fondamentale contributo del Consiglio d'Europa con la Carta europea dell'autonomia locale, la partita fondamentale si sta giocando essenzialmente attraverso strumenti di *soft-law*. Data la mancanza di basi giuridiche nei Trattati, e nonostante il tentativo della Commissione Europea di fornire una definizione di città (in accordo con l'OCSE)[34], è grazie alla progressiva definizione della politica urbana che sta aumentando l'importanza attribuita alle città come vere e proprie protagoniste oltre gli Stati. La politica urbana europea si sta sviluppando soprattutto attraverso la cooperazione intergovernativa che – insieme al ruolo propulsivo della Commissione che negli anni '90 ha rilanciato la

---

[29] R. HIRSCHL, *City, State: Constitutionalism and the Megacity*, Oxford, 2020; E. ARBAN, *City, state: Reflecting on cities in (comparative) constitutional law*, in *ICON*, 19(1), 2021, 343-357.

[30] J.B. AUBY, *The role of law in the legal status and powers of cities*, in *Italian Journal of Public Law*, 5(2), 2013, 302-326.

[31] D. DONATI, *Architetture e tendenze delle autonomie territoriali in Europa*, in E. CARLONI-F. CORTESE (a cura di), *Diritto delle autonomie territoriali*, cit., 181-196.

[32] F. CORTESE, *Il nuovo diritto delle città: alla ricerca di un legittimo spazio operativo*, in G.F. FERRARI, (a cura di), *Smart City: l'evoluzione di un'idea*, Milano, 2020, 82.

[33] G.M. LABRIOLA, *Città e diritto. Brevi note su un tema complesso*, in *Istituzioni del federalismo*, 1, 2018, 5-28. Cfr. E. KEYMOLEN-A. VOORWINDED, *Can we negotiate? Trust and the rule of law in the smart city paradigm*, in *International Review of Law, Computers & Technology*, 2019.

[34] L. DIJKSTRA-H. POELMAN (European Commission), *Cities in Europe. The new OECD – EC definition*, Regional Focus, 1, 2012. Il livello locale è qui ripartito in: *cities, towns, suburbs, rural areas*. La definizione di città a cui si è arrivati è basata sulla sola densità di popolazione. Non è considerata concetto con autonomo valore giuridico.

centralità della prospettiva urbana nelle varie politiche dell'Unione[35] – sta portando all'accrescimento di un *acquis* urbano comunitario[36]. Tra i documenti sulla dimensione urbana europea, il rinascimento delle città nello spazio europeo sta avvenendo in particolare attraverso il lavoro organico degli ultimi anni relativo alla c.d. Agenda urbana europea[37]. Il termine circolava già da anni nei documenti di diversi attori europei[38], ma dal 2016 con il Patto di Amsterdam diventa il termine ombrello ufficiale per tutte le iniziative di politica urbana intraprese da città europee, Stati membri, Commissione Europea e altri attori.

La New Leipzig Charter di novembre 2020 rappresenta l'ultima tappa di questo percorso di valorizzazione delle città, e rileva in questo contributo per il forte richiamo espresso alla necessità per le città di facilitare i cittadini nello sperimentare forme nuove di partecipazione civica. Tra i principi chiave delineati relativi ad una *good urban governance*, "partecipazione e co-creazione" rappresentano il modo per coinvolgere anche i cittadini nella democrazia locale. Viene auspicata (non per la prima volta) la sperimentazione da parte delle città europee di nuove forme di partecipazione allo scopo di risolvere conflitti, condividere responsabilità, trovare soluzioni innovative da replicare anche in altre città; inoltre, si sottolinea come le città abbiano bisogno di una cornice giuridica che permetta cooperazione tra i diversi attori urbani. Sembra ora possibile affermare come alla luce di questa ultima Carta – che rimane una dichiarazione senza valore giuridico – possa leggersi anche il modello italiano dell'Amministrazione condivisa, il quale sta permettendo alle città italiane di supportare entro un preciso quadro giuridico-istituzionale una forma nuova di partecipazione civica. Al contrario del percorso europeo fondato su politiche, è proprio la cornice giuridica ciò che, da una parte, contraddistingue il modello italiano radicato nel principio costituzionale di sussidiarietà orizzontale, e, dall'altra, ciò che servirebbe per permettere la libera iniziativa dei cittadini attivi europei. A partire da un'interessante tassonomia[39], le città

---

[35] Communication from the Commission *Towards an urban agenda in the European Union* (COM(1997)0197).

[36] Per un'analisi approfondita delle politiche urbane europee si rimanda a M. FALCONE, *Le politiche europee per le città*, cit., 239-266; cfr. E. CARLONI-M. VAQUERO PIÑEIRO, *Le città intelligenti e l'Europa. Tendenze di fondo e nuove strategie di sviluppo urbano*, in *Istituzioni del federalismo*, 4, 2015, 865-894.

[37] C. IAIONE-E. DE NICTOLIS, *The role of law in relation to the New Urban Agenda and the European Urban Agenda*, in N.M. DAVIDSON-G. TEWARI (eds.), *Law and the New Urban Agenda*, London, 2020, 49-73. Gli autori, in particolare, sostengono che un modello di *governance* collaborativa attraverso forme nuove di partenariato (*public-community partnerships*) potrebbe permettere di raggiungere gli obiettivi dell'Agenda urbana europea.

[38] Per una panoramica su tutti i documenti costitutivi di questo *acquis* urbano in divenire si rimanda a *Annex New Leipzig Charter List of Reference Documents*, 2020.

[39] M. DE VISSER, *The Future Is Urban: The Progressive Renaissance of the City in EU Law*, in *Journal of International and Comparative Law*, 7(2), 2020, 389-408.

nell'Unione Europea potrebbero definirsi come potenziatori di democrazia (*democracy-enhancers*), in quanto sempre più spazi di partecipazione civica oltre la democrazia rappresentativa, e in cui anche tutti coloro che – pur appartenendo ad una comunità locale – sono sprovvisti del requisito formale della cittadinanza nazionale[40] possono comunque contribuire come cittadini attivi alla cura degli interessi generali. La partecipazione quale concetto di diritto primario europeo si rivela dunque fondamentale per riconoscere e valorizzare nelle città tutte le forme di partecipazione civica, già note o nuove che siano, eventualmente all'interno di cornici giuridico-istituzionali. La libertà dei cittadini attivi oltre lo Stato si sostanzierebbe dunque proprio nella possibilità di esercitare questa forma nuova di partecipazione, rivolta al fare, attraverso la cura dei beni comuni nelle città europee.

6. *Da* Il potere dei senza potere *al potere dei cittadini attivi nelle città europee: prime conclusioni*

È una forma nuova di democrazia quella che emerge da questa lettura congiunta di partecipazione civica, beni comuni, e città: una democrazia locale, diffusa, contributiva, promozionale, abilitante, basata sull'iniziativa. Si tratta di un modello ancora fluido e non definito, ma i cui tratti caratteristici si iniziano ad intravedere proprio a partire dalle trasformazioni in atto nel modello italiano. In Unione Europea allora la sfida da compiere è essenzialmente una: tradurre gli strumenti dell'Amministrazione condivisa. A livello sovranazionale serve infatti un ragionamento in merito a quanto è avvenuto, con anticipo, in Italia: è tempo per l'Unione Europea di garantire e riconoscere la libera attivazione dei cittadini europei sui *commons* attraverso una loro partecipazione al fare. Per questo riconoscimento forse non serve più attendere la creazione *top-down* di nuove strutture, una revisione dei Trattati, o un maggiore desiderio partecipativo dei cittadini alle politiche e al processo decisionale dell'Unione: è questo il tempo opportuno per iniziare a *fare* la democrazia, valorizzando e lasciando spazio a ciò che già c'è e partecipa con azioni concrete all'interesse generale delle nostre società.

Uno spunto finale per ripensare il ruolo dei cittadini attivi nelle città europee ci viene dalle riflessioni senza tempo del dissidente ceco, europeo, Václav Havel[41] che nel 1978 scriveva dell'autonomia individuale come fattore decisivo per il cambiamento che, tramite la realizzazione delle proprie potenzialità con responsabilità verso la comunità, può essere in grado di incidere concretamente sulla

---

[40] R. BAUBÖCK, *Cities vs States: Should Urban Citizenship be Emancipated from Nationality?*, *VerfBlog*, 2020, in *https://verfassungsblog.de/cities-vs-states-should-urban-citizenship-be-emancipated-from-nationality/*.

[41] V. HAVEL, *Il potere dei senza potere*, Milano, 2013, con prefazione di M. Cartabia.

realtà, contribuendo così a creare una *polis parallela*[42] rivolta agli autentici bisogni della vita e ai problemi della società. È proprio questa *polis parallela* che, creata nel tempo grazie a *società informali* che operano senza un successo visibile e immediato, dobbiamo accingerci a costruire: da *Il potere dei senza potere* possiamo sostenere oggi un *potere dei cittadini attivi europei* che, attraverso una cura diffusa dei beni comuni – magari attraverso Patti di collaborazione europei – potrebbero riuscire a ricucire gli strappi nella nostra democrazia, dal livello locale a quello europeo.

[42] Concetto per la prima volta definito da Václav Benda nel 1978. V. BENDA, The *Parallel 'Polis'*, in H.G. SKILLING-P. WILSON (a cura di), *Civic Freedom in Central Europe*, London, 1991, 35-41.

Sezione Terza

L'OLTRE NEL RAPPORTO TRA ORDINAMENTI: LE CITTÀ NELLO SPAZIO INTER- E SOVRANAZIONALE

LA CITTÀ OLTRE LO STATO, MA NON SENZA LO STATO

STEFANO SOLARI

SOMMARIO: 1. La dimensione economica della città nella storia. – 2. Lo Stato è un'estensione spaziale della qualità urbana? – 3. La globalizzazione e il ritorno del ruolo propulsivo della città. – 4. Lo Stato risorsa: il ribaltamento della gerarchia economica. – 5. I problemi emergenti dello sviluppo urbano.

1. *La dimensione economica della città nella storia*

La prima teorizzazione della relazione tra città e mercato la troviamo nella Repubblica di Platone. Il punto teorico fondamentale è che gli individui non sono auto-sufficienti, devono coordinarsi per organizzare il loro sostentamento e i loro sistemi di interdipendenza devono essere governati. La città è il luogo fondamentale sia del mercato e delle istituzioni che strutturano il mercato, sia del potere che governa tutto questo. La città ha quindi una unità politica ed economica [1].

Sombart e Braudel hanno sostenuto che il capitalismo sia nato nelle città stato italiane. Queste erano città che basavano la loro economia prevalentemente sui commerci, godevano di una notevole indipendenza in politica estera, avevano una legislazione autonoma, una autonomia amministrativa e giudiziaria, un potere fiscale e i loro mercati godevano di libertà economica. In questo contesto, secondo questi autori, si forma la borghesia [2].

Le prime più originali teorizzazioni economiche sul ruolo della città le troviamo in Giovanni Botero che pubblicò nel 1588 *Delle Cause della Grandezza delle Città* e in Antonio Serra (1613) nel suo *Breve trattato delle cause che possono far abbondare li regni d'oro e argento dove non sono miniere.* Si tratta delle prime opere

[1] Si veda J.I. WEINSTEIN, *The market in Plato's Republic,* in *Classical Philology*, 104, 2009, 439-458, e S. MEIKLE, *Aristotle and the Political Economy of the Polis,* in *Journal of Hellenic Studies* 99, 1979, 57-73, sull'approfondimento di questi temi da parte di Aristotele.

[2] Su questi temi è rilevante lo studio di P.M. HOHENBERG-L.H. LEES, *The Making of Urban Europe,* Cambridge MA, 1965.

che colgono l'importanza di questo fenomeno urbano e gettano le basi per la lettura economica della città[3]. Infatti, questi autori proposero il concetto fondamentale per l'analisi spaziale del fenomeno urbano, cioè l'idea che vi fossero guadagni di valore possibili da una maggior concentrazione delle persone e delle attività produttive. In seguito, gli economisti parleranno di *rendimenti crescenti* (dall'aggregazione). L'idea è che la produzione di valore cresca con la concentrazione delle persone e delle attività produttive in uno spazio limitato. In questo contesto la Città è il luogo chiave sia del profitto, sia della rendita. Quest'ultima permette l'investimento del risparmio ed il mantenimento del suo valore nel tempo. Quindi, l'assembramento genera non solo valore e liquidità, ma anche certezza patrimoniale. Conseguentemente, la città diviene anche il luogo dell'amministrazione, pubblica e privata.

Nel settecento si sviluppa un interessante dibattito a Napoli sul ruolo della grandezza della capitale del Regno, documentato da Simoncini, e che vede il contributo di Paolo Mattia Doria, di Antonio Genovesi e di molti allievi di quest'ultimo[4]. Mentre Doria considerava Napoli troppo grande (comprendeva circa un settimo degli abitanti del Regno) e questa grandezza fonte di disagi e di impoverimento della provincia, Genovesi espresse una posizione più bilanciata[5]. Egli riteneva che vi fossero dei meccanismi autoregolatori che consentivano alle città di dimensionare domanda ed offerta reciprocamente, con una conseguente tendenza ad un corretto dimensionamento. In più, egli non riteneva, come gli studiosi prossimi alla fisiocrazia, che lo sviluppo della grande città andasse necessariamente a detrimento della provincia. Riteneva fosse necessario avere una forte capitale così come lasciare sviluppare le regioni periferiche.

Soprattutto dal '600, la città diviene il fulcro dei processi di *incivilimento*. Questo processo, descritto da Norbert Elias[6], ma più utilmente teorizzato da GianDomenico Romagnosi[7] e dalla scuola etica dell'economia padovana[8], ha

---

[3] Si veda G. BOTERO, *Delle cause della grandezza delle città, libri III*, Appresso Giovanni Martinelli, Roma, 1588; ID., *Della ragion di Stato, libri dieci*, Appresso i Gioliti, Venezia, 1589; A. SERRA, *Breve trattato delle cause che possono far abbondare li regni d'oro e argento dove non sono miniere*, Milano, 1613-1803.

[4] Si veda G. SIMONCINI, *La Grandezza delle Capitali nel Dibattito dei Riformatori Illuministi, Napoli, Parigi, Londra,* Firenze, 2021.

[5] A. GENOVESI, *Lettere Accademiche, Lettere Accademiche Sulla Questione Se Sieno Più Felici Gli Scienziati o Gl'ignoranti. Napoli: Stamperia Simoniana,* 1764.

[6] Si veda N. ELIAS, *The Civilising Process,* Oxford, 1939-2000.

[7] Per Romagnosi, l'incivilimento è «un continuo avvicinamento ad una vieppiù colta e soddisfacente convivenza». Si veda G.D. ROMAGNOSI, *Dell'Indole e dei Fattori dell'Incivilimento con Esempio del suo Risorgimento in Italia*, Firenze, 1834, 15. Quest'idea è poi sviluppata in ID., *Dottrina dell'Umanità*, Firenze, 1836.

[8] Su questo si veda G. TONIOLO, *Dei remoti fattori della potenza economica di Firenze nel Medio Evo. Considerazioni sociali economiche*, Milano, 1882; ora in: TONIOLO (1952), *Dei remoti fattori*

come fonti d'ispirazione ancora le città italiane, ma come propagatore la Francia aristocratica. L'Illuminismo guarda alla città come oggetto delle riforme che possono condurre ad un progresso dell'umanità. L'*incivilimento* ha una dimensione sia culturale, sia più precisamente giuridica. Consiste nel progresso delle istituzioni così come nel miglioramento dell'educazione degli individui destinati ad una vita ad elevata prossimità con gli altri. La città diviene il luogo dove si concentrano, necessariamente accoppiate, conoscenza manageriale e *politesse*. Gli elementi giuridico e politico sono responsabili di strutturare e di orientare l'*incivilimento*. Da sempre la città era il luogo del dritto e della politica, con la modernità diviene il centro della concezione del progresso e dell'innovazione. Di conseguenza, il potere della città è soprattutto economico (il capitale) e culturale (la conoscenza), ma è disciplinato dal diritto.

Nel ventesimo secolo gli studi urbani sono la base dello sviluppo della sociologia economica. Durkheim nel suo lavoro sulla *Division du Travail Social*[9] riprende il concetto di densità, materiale e morale (come intensità di comunicazione) reinterpretandola attraverso il concetto di Smith di *divisione del lavoro*. La divisione sociale del lavoro nella città è possibile in forme più particolari, specifiche e sostenibili. Werner Sombart nell'opera *Il Borghese*[10] esprime la nuova realtà dell'economia monetaria urbana. Max Weber articola l'analisi della realtà urbana suddividendo tra città di produzione, commercio e rendita[11]. Queste dimensioni economiche si sovrappongono a quelle di tipo difensivo-militare, civile-istituzionale e simbolico-religiosa.

Oltre al denaro, Georg Simmel studia in particolare la città[12]. Sottolinea che la concentrazione urbana consente nuove libertà nel contesto dell'economia monetaria: l'anonimato e una elevata densità di opportunità garantite da rendimenti crescenti. Sostiene anche che le città del ventesimo secolo danno la possibilità di ospitare e generare una "varietà di mondi". Si inizia a guardare al fenomeno di sviluppo urbano come un processo di crescita di tipo "biologico", difficilmente determinabile[13]. Negli Stati Uniti si studia il problema delle megalopoli, del gi-

---

della potenza economica di Firenze nel Medio Evo e scritti storici, Città del Vaticano, Comitato Opera Omnia: s. I, vol. IV, 1-287; e ID., *Scolastica ed umanesimo nelle dottrine economiche al tempo del Rinascimento in Toscana*, Pisa, 1888; ora in: G. TONIOLO, *Dei remoti fattori della potenza economica di Firenze nel Medio Evo e scritti storici*, Città del Vaticano, Comitato Opera Omnia, 1952, s. I, vol. IV, 291-371. Giuseppe Toniolo, nato e cresciuto nella scuola padovana, sarà maestro di Sombart.

[9] E. DURKHEIM, *De la Division du Travail Social*, Parigi, 1893-1996.

[10] W. SOMBART, *Der Bourgeois*, Monaco, trad. it. *Il Borghese*, Parma, 1913-1994.

[11] M. WEBER, *Economia e Società. La Città*, Roma, 1922-2016.

[12] G. SIMMEL, *Die Großstädte und das Geistesleben*, Dresden, 1903, trad. it. *La Metropoli e la Vita dello Spirito*, Roma, 1995.

[13] Si veda L. MUMFORD, *The Culture of Cities*, trad. it. *La Cultura delle Città*, Torino, 1937-

gantismo urbano autopropulsivo [14], della congestione e della disgregazione capitale sociale [15]. Si inizia quindi a sviluppare una letteratura che non smentisce le dimensioni economico-politiche descritte sino a quel momento, ma che si preoccupa per le tendenze alla degenerazione dell'aspetto sociologico, del peggioramento della qualità della vita [16].

2. *Lo Stato è un'estensione spaziale della qualità urbana?*

Lo Stato, inteso come potere che garantisce il diritto in modo uniforme in un territorio e come istituzione che esercita il monopolio della forza, rappresenta una forma storica in continua evoluzione. Lo Stato moderno si sviluppa cercando di carpire molte delle qualità urbane manifestatesi nel Medioevo. Ci riesce relativamente bene col diritto. Ha in parte successo nell'articolare in modo funzionale produzione e rendita tra diverse realtà e nell'accentrare la funzione fiscale.

Lo stato moderno è stato molto funzionale al controllo della produzione agricola. Successivamente, nel diciannovesimo secolo, lo Stato risulta anche fondamentale per lo sviluppo industriale: si pensi alla Germania guglielmina, alle economie miste fordiste, al *developmental state* delle tigri asiatiche [17]. Ma non riesce a omogeneizzare i processi economici che invece hanno la tendenza a concentrarsi nello spazio.

La storia dell'economia politica del ventesimo secolo è costellata di sforzi per capire come encapsulare lo sviluppo, omogeneizzarlo per garantire simili condizioni economiche e standard di vita nelle diverse regioni, generare sinergie e autocontenere i processi produttivi. Lo Stato si propone quindi di influenzare, di regolare e in certi casi di sostituire le forze che determinano i processi economici. Il commercio internazionale, precedentemente dominio delle città, è inquadrato come interazione tra stati. La conseguenza è che il suo equilibrio instabile rimarrà un incubo per i governi per tutto il ventesimo secolo (e oltre).

2007. Questa prospettiva biologica è stata adottata anche per le città antiche da G. WOLF, *The Life and Death of Ancient Cities*, Oxford, 2020.

[14] Leopold Kohr sostiene che già Edward Wakefield all'inizio dell'ottocento aveva dimostrato che una percentuale tra l'80% e l'85% del reddito di una città di qualsiasi grandezza è costituito non dagli scambi col mondo esterno, ma dagli affari e commerci che i suoi abitanti conducono tra loro. Si veda L. KOHR, *The City of Man*, University of Puerto Rico, trad. it. *La Città a Dimensione Umana*, Como, 1976-1992, 84.

[15] L. MUMFORD, *City Development, Studies in Disintegration and Renewal*, London, 1946.

[16] Leopold Kohr (op. cit.) studia la città a dimensione umana, che dovrebbe essere articolata su piazze sulle quali converge la socialità umana.

[17] Si veda l'eccellente lavoro di E.S. REINERT, *The role of the state in economic growth*, in *Journal of Economic Studies*, vol. 26, 1999, 4/5, 268-326.

Nel ventesimo secolo, grazie allo sviluppo delle comunicazioni, la città perde in parte il ruolo di motore dello sviluppo culturale. Stampa, radio e televisione nazionali così come la scuola dell'obbligo hanno svolto il ruolo di omogeneizzazione culturale e di standardizzazione su basi nazionali. In questa situazione, comunque, la città mantiene il suo ruolo di motore economico, di gestione manageriale.

D'altra parte, nell'esperienza italiana del ventesimo secolo vi sarà lo sviluppo dell'economia dei piccoli centri, normalmente provinciali. Quindi, la relazione città-territorio prende soprattutto la forma provinciale. In particolare, lo sviluppo del Nord Italia è strutturato secondo una rete di città provinciali, ognuna con una certa tipicità o specializzazione, ma che in ogni caso garantiscono la gestione dei servizi amministrativi e della rendita urbana [18]. Queste piccole città, hanno garantito uno sviluppo policentrico all'interno dell'economia nazionale consentendo una diffusa crescita di servizi facilmente accessibili ai cittadini. D'altra parte, ha consentito una elevata diffusione sul territorio delle professioni tipicamente cittadine, permettendo redditi elevati su una vasta parte del territorio italiano.

L'abolizione delle province è stata un provvedimento motivato da motivazioni astratte, che fa violenza alla naturale strutturazione del territorio italiano. Ha innescato un processo di disaccoppiamento economia-amministrazione e di destrutturazione dello spazio economico che non è chiaro che effetti avrà nel lungo periodo.

3. *La globalizzazione e il ritorno del ruolo propulsivo della città*

Le riforme che dagli anni '80 del Novecento hanno condotto alla globalizzazione e all'indebolimento dello Stato, hanno contribuito ad un aumento delle diseguaglianze nei paesi occidentali [19]. Tuttavia, vi è un effetto meno visibile che consiste nell'affrancamento delle grandi città dalle logiche di sviluppo e di regolazione nazionali. Lo Stato ha perso un ruolo strategico di indirizzo per le forme progressive del capitalismo. Questo ruolo è stato acquisito da alcune grandi imprese globali (ma in realtà ben saldamente espressione del capitalismo americano) che hanno progettato e diffuso sistemi d'informazione e d'interazione economica, inclusa la regolamentazione *ad hoc*. Queste piattaforme stanno incorporando una

---

[18] Per quanto riguarda l'organizzazione economica dei centri urbani periferici, si veda S. SOLARI, *Il declino dell'economia dell'assembramento ed il ritorno dello Stato: prospettive economico-politiche post-emergenza*, in *L'Ircocervo*, 20, 2021 (1), 1-15. Si veda anche P. PERULLI, *Nord. Una Città-Regione Globale*, Bologna, 2012, che esplora l'organizzazione urbana del Nord-Italia.

[19] Una riduzione della diseguaglianza a livello globale per l'ascesa delle classi medie dei paesi di recente sviluppo, ma una caduta delle classi medie dei paesi industrializzati.

quota notevole dei processi economici globali. Questa traiettoria di crescita ha però generato una forte contrazione della manodopera in occidente.

In secondo luogo, questa globalizzazione ha visto la ripresa della città-stato commerciale e, soprattutto, manageriale. Le grandi città sono divenute i nodi di relazioni globali interurbane. La finanza, le attività manageriali, i servizi professionali, ma anche quelli più tradizionali come il turismo e l'intrattenimento si definiscono sempre più in uno spazio economico interurbano globale.

La città contemporanea, come in passato, si raccoglie attorno a servizi ad elevata produttività e con elevati tassi di crescita (attività di ricerca, finanza, management, gestione delle reti ...). Questi servizi servono soprattutto a controllare risorse su scala globale. La novità degli ultimi 30 anni è lo sviluppo di nuove competenze ed infrastrutture che permettono alla città di essere parte di una rete di relazioni che definisce i processi economici contemporanei a maggiore crescita. La globalizzazione, infatti, non è definita da uno spazio omogeneo, ma da una rete ben connessa. I rendimenti crescenti sono alimentati non solo dalla concentrazione nello spazio fisico, ma anche dalla concentrazione reticolare. Per entrare nel club sono necessari sia investimenti sulle connessioni, sia una emancipazione dallo spazio giuridico dello stato nazionale. Senza quest'ultima è difficile essere parti attive in questo spazio economico in crescita.

La globalizzazione mette in competizione i produttori indipendentemente dalla loro localizzazione. In questo senso lo Stato perde capacità regolativa. Ma lo Stato che è emerso dai processi delle liberalizzazioni consente all'élite urbana e manageriale di meglio estrarre le rendite, ovunque prodotte.

La globalizzazione ha però trovato un ruolo anche ai centri minori, orfani dalle attività industriali e dei servizi professionali ad essi funzionali. Infatti, i notevoli problemi di distribuzione del reddito creati da questa dinamica strutturale sono stati in parte compensati dalla creazione di posti di lavoro nei servizi tradizionali. La forza d'attrazione di questi poli urbani ha potuto realizzarsi anche grazie a numerose attività produttive a bassa e tendenzialmente statica produttività individuale come il turismo, l'organizzazione di eventi culturali, ecc. [20]. Si tratta del recente sviluppo dell'*economia dell'assembramento*, che genera valore anche da consumi a basso valore unitario aumentando i volumi di produzione (ora in difficoltà per la pandemia).

Ciò è stato permesso da uno spostamento dei consumi nella direzione di *beni relazionali.* Si tratta di beni che si producono in una relazione, come l'allegria di bere un aperitivo con amici o visitare un museo con un collega e imbastire una piacevole chiacchierata di buon contenuto culturale. In tali attività, il supporto materiale (aperitivo, mostra) è economicamente secondario e funge di supporto al

---

[20] Si veda P. PERULLI, *La Città. La Società Europea nello Spazio Globale,* Milano, 2007.

vero bene che è l'intrattenimento o altre relazioni che soddisfino bisogni di livello superiore. La strategia economica è quella della produzione di beni a relativamente basso valore, uniti ad ambientazioni appropriate, che fungono da supporto alla vera produzione e consumo di beni relazionali che avviene direttamente da parte del consumatore stesso[21]. Quindi si organizza un consumo di massa basato sulla socialità: il valore è generato soprattutto dai consumatori stessi. La città è la sede privilegiata di questo tipo di produzioni per gli stessi motivi studiati da Botero e Serra: la capacità di sviluppare rendimenti crescenti. Ciò si ottiene attirando visitatori, turisti, persone in cerca di distrazione.

Questa nuovo ruolo delle città nell'organizzazione di servizi tradizionali di intrattenimento ha anche permesso di mantenere i valori immobiliari delle città minori a livelli elevati. I locali inutilizzati, abbandonati dal commercio tradizionale o per il calo della popolazione, sono stati reimpiegati in servizi a basso costo ma ad elevata velocità di sfruttamento come gli "affitti brevi". Ciò ha permesso di mantenere la redditività degli investimenti immobiliari nonostante il calo dell'attività produttiva industriale e commerciale.

Tutto questo ha proiettato anche le città minori nella globalizzazione e nella finanziarizzazione dell'attuale capitalismo globale. Questo modello di sviluppo degli ultimi vent'anni però si basa su elevati assembramenti e presenta problematiche sanitarie nel presente contesto. Ad ogni modo, la classe media, in difficoltà per la deregolamentazione delle professioni e per l'aumento di concorrenza, ha potuto riallocare i suoi capitali e ridefinire le sue attività lavorative. Quindi, la perdita di reddito delle classi medie dovuta alla globalizzazione finanziaria è stata compensata dalle opportunità offerte dalla stessa globalizzazione producendo un'*economia dell'assembramento*.

In entrambe le dinamiche, delle grandi città manageriali e dei piccoli centri reinventati come turistici, c'è una evidente proiezione in uno spazio che non è quello nazionale. C'è una interconnessione con reti di servizi gestite a livello planetario e non regolamentate. Si verifica quindi un *disaccoppiamento* tra spazio della produzione, spazio della cittadinanza e spazio della gestione ed estrazione del valore[22]. Lo spazio della produzione è solo parzialmente la città perché concorrono a questa produzione servizi e piattaforme esterne. Lo spazio della cittadinanza rimane quello tradizionale. Lo spazio di gestione ed estrazione del valore è solo accidentalmente locale. La rendita che grava sulle attività produttive urbane è sempre più controllata da attori non localizzati in città, spesso del tutto non loca-

---

[21] Si veda S. SOLARI, *Il declino dell'economia dell'assembramento ed il ritorno dello Stato: prospettive economico-politiche post-emergenza*, cit.

[22] Questa situazione era già chiaramente prefigurata trent'anni fa da P.J. TAYLOR, *World cities and territorial states: the rise and fall of their mutuality*, in P.L. KNOX-P.J. TAYLOR (a cura di), *World Cities in a World System*, Cambridge, 1995, 48-62.

lizzati[23]. Quindi lo Stato non è più il contenitore amministrativo dei processi economici urbani, né è funzionale alla regolazione dei nuovi spazi o dell'interazione tra il locale e il non localizzato.

4. *Lo Stato risorsa: il ribaltamento della gerarchia economica*

Lo Stato contemporaneo ha dato forma alle statistiche e ad una serie di concetti utili alla comprensione delle economie nazionali dell'era agricola e industriale. Questi concetti e la particolare definizione di come misurare i fenomeni rilevanti ora limitano la nostra comprensione degli eventi in corso. Ciò rende difficile comprendere e misurare i fenomeni di sviluppo dell'economia urbana attuale.

Lo stato rimane tuttavia una fondamentale risorsa. Il suo potere di coercizione rimane importante per definire e regolare le risorse locali. Inoltre, la capacità di raccolta fiscale e di spesa per servizi pubblici e infrastrutture è essenziale per lo sviluppo urbano. La funzione fiscale dello stato ha il rilevante effetto di riallocare le risorse. In Italia vi è una notevole redistribuzione di risorse verso i micro-comuni e verso le città maggiori. I micro-comuni, quelli con meno di mille abitanti, sono del tutto anti-economici generando una spesa superiore ai 1.800 euro procapite. Le grandi città sono però anche più costose perché hanno necessità di servizi ed infrastrutture costose[24]. Quindi le risorse vengono allocate sia verso la periferia, sia verso i grandi centri.

Neil Brenner ha sottolineato la tendenza nel capitalismo odierno a concentrare le risorse economiche e le infrastrutture nelle città e regioni più competitive relativamente alle relazioni commerciali mondiali[25]. Di conseguenza, gli stati nazionali hanno perso sovranità, ma sono rimasti fondamentali nel permettere lo sviluppo urbano. Le dimensioni fondamentali dello stato come relazione di potere e di coercizione o di orientamento rimangono fondamentali per creare le nuove forme spaziali *multiscalari*[26]. Quindi, questi poteri vengono piegati sugli interessi delle grandi città. I costi della nuova metropoli, soprattutto per infrastrutture, sono normalmente assorbiti dallo stato e di conseguenza redistribuiti ad altre realtà. Inoltre, la città riesce ad imporre i suoi interessi allo spazio limitrofe, che diviene

---

[23] Molte attività, spesso sotto forma di piattaforme, più che essere globali sono non localizzate: non hanno una vera e propria territorialità.

[24] Secondo i dati IFEL, i comuni meno costosi sono quelli tra i 5.000 e i 60.000 abitanti. Sopra i 60.00 la spesa procapite accelera per la necessità di finanziare servizi che non esistono nei comuni minori. Si veda anche D. RIZZI-M. ZANETTE, *I fabbisogni standard di spesa dei comuni italiani,* in *Politica Economica,* 2/2011, 219-254.

[25] N. BRENNER, *Stato, Spazio, Urbanizzazione,* Roma, 2016.

[26] N. BRENNER, *Stato, Spazio, Urbanizzazione,* cit.

una risorsa a disposizione dello sviluppo centrale. Tutto questo è svolto grazie all'infrastruttura coercitiva dello Stato.

Quindi, lo Stato non riesce a determinare i processi cruciali di vita delle città, ma ne assorbe i costi in misura consistente. Dove questo non avviene in misura sufficiente, come nel caso di Roma, la città perde rilevanza e fallisce l'obiettivo di inserirsi nei processi globali di crescita. In Italia c'è stato un grande ritardo nello sviluppo urbano, in parallelo con una scarsa legittimazione dello stato, ed un freno legato alla dimensione policentrica frammentata dello sviluppo economico. L'avvento del nuovo modello di città ha quindi segnato la morte dello sviluppo decentrato. Ciò ha scatenato una guerra delle élite cittadine nel garantirsi il controllo delle fonti di valore. Se Milano è riuscita con ritardo a recuperare la posizione, Roma rimane in profonde difficoltà.

Va infine ricordato che lo sviluppo delle metropoli, per quanto riguarda l'infrastruttura di relazione, è soprattutto basato su un grande sforzo delle istituzioni. Si pensi ai movimenti di capitali che, contrariamente a quanto si pensa, non sono il risultato della rimozione di barriere, ma sono resi possibili dalla costruzione di infrastrutture legali e istituzionali molto complicate e costose da gestire. È con la costruzione di istituzioni che si generano nuove opportunità e diritti, grazie ad uno sforzo infrastrutturale collettivo. Ma si può anche considerare l'esempio dei grandi movimenti di turisti, a vantaggio dei centri culturali e ricreativi, che in realtà sono un deficit costante dal punto di vista dei costi generali di natura pubblica. Quindi, la nuova città è il luogo di *nuove libertà positive*, costruito grazie alla dimensione istituzionale e coercitiva dello stato nelle sue nuove forme e relazioni [27].

5. *I problemi emergenti dello sviluppo urbano*

La grande città è però protagonista della *crisi ecologica*. La sua configurazione, le attività svolte e le sue caratteristiche di massa si caratterizzano per enormi costi sociali (energia, spazio, modifica del clima, inquinamento, miseria...). Le grandi città globali sono responsabili di gran parte dei problemi ecologici. In tali città vive il 54% delle persone, ma si consuma 2/3 dell'energia e si produce il 70% delle emissioni dannose. La maggior parte della plastica flottante è prodotta dalle grandi città costiere. Sono anche il più grande produttore di rifiuti non riciclabili e la prima causa di stravolgimento dei processi ecologici e della scomparsa degli habitat naturali.

---

[27] Si consideri S. SASSEN, *Territory, Authority, Rights. From Medievel to Global Assemblages*, Princeton NJ, 2006, trad. it., *Territorio, Autorità, Diritti. Assemblaggi dal Medioevo all'Età Globale*, Milano, 2008.

Di conseguenza i temi sviluppati da Mumford e Simmel ritornano d'attualità. La città va oltre la sua sostenibilità sociale ed ecologica. Il potere dello Stato rientra in gioco anche su questa dimensione. La possibilità di commerciare dei *diritti ad inquinare* o dei *certificati green* può esistere solo con il ruolo certificatore e regolatore dello Stato. È noto l'effetto di maggiore efficienza che questa riallocazione dovrebbe consentire. La città, come luogo di intensivo impatto sull'ambiente ne beneficerà acquistando da aree selvagge il suo diritto ad essere verde.

LE CITTÀ NEL DIRITTO INTERNAZIONALE

MARCO DIMETTO

SOMMARIO: 1. Note introduttive. – 2. Le città e la funzione normativa internazionale. – 2.1. Le città e il diritto internazionale generale. – 2.2. Le città e le loro iniziative pattizie internazionali – 3. Le città e l'applicazione di norme del diritto internazionale. – 3.1. Le città e la violazione del diritto internazionale. – 3.2. Le città e l'incorporazione del diritto internazionale – 4. Le città e le Organizzazioni internazionali. – 5. Alcune considerazioni conclusive.

1. *Note introduttive*

Gli Stati sono all'origine del diritto internazionale [1]. È questa circostanza, tanto scontata quanto decisiva, a rendere non poco complessa l'analisi della natura del rapporto che intercorre tra le città e l'ordinamento giuridico internazionale. In diverse occasioni, si è evidenziato come le città siano "invisibili" agli occhi del fenomeno giuridico internazionale [2], e ciò essenzialmente perché in nessun modo esse possono essere qualificate come soggetti del diritto internazionale, in quanto giuridicamente assorbite dallo Stato cui esse appartengono [3].

---

[1] Così C. DOMINICE, *Les collectivités territoriales non-étatiques et la formation du droit international*, in *Les collectivités territoriales non-étatiques dans le système juridique international, Société française pour le droit international*, Parigi, 2002, 56. Infatti, è noto come, almeno nell'impostazione originaria, il diritto internazionale si fosse affermato quale "*[...] science du droit qui a lieu entre les Nations, ou États, et des obligations qui répondent à ce droit*" (E. DE VATTEL, *Le Droit des Gens, ou Principes de la Loi Naturelle, appliqués à la Conduite et aux Affaires des Nations et des Souverains*, Parigi, 1758, «Préliminaires», § III).

[2] *Ex multis* cfr. M. SOSSAI, *Invisibility of Cities in Classical International Law*, in H.P. AUST-J.E. NIJMAN-M. MARCENKO (a cura di), *Research Handbook on International law and Cities*, Cheltenham/Northampton, 2021, 64 ss.; inoltre, cfr. G.E. FRUG-D.J. BARRON, *International Government Law*, in *The Urban Lawyer*, vol. 38, 2006, 14. In dottrina si è sostenuto come le città siano invisibili anche rispetto al diritto dell'Unione europea (cfr. F. NICOLA, *Invisible Cities in Europe*, in *Fordham International Law Journal*, vol. 35, 2012, 1282 ss.). Il presente contributo, tuttavia, non indagherà il rapporto tra le città e il diritto dell'Unione europea (sia consentito rinviare al saggio di G. COMAZZETTO, *Le città nel processo di integrazione europea*, in questo *Volume*).

[3] Cfr. O. AUDEOUD, *Les collectivités infra-étatiques dans la vie internationale*, in *L'État souverain*

Nondimeno, negli ultimi anni, in parallelo all'emersione e all'affermazione del concetto sociologico ed economico di "città internazionale" ("*global city*", in inglese, o "*ville internationale*", in francese)[4], anche gli studiosi del diritto internazionale si sono chiesti se le città globali, o globalizzate, luogo ove si svolgono attività sempre più complesse e proiettate oltre i confini statuali, possano ambire a ricoprire un ruolo maggiormente rilevante nell'ordinamento giuridico internazionale[5]. Nell'ambito dei loro studi, alcuni di essi hanno evidenziato come il processo, oramai avanzato, di "denazionalizzazione" abbia comportato l'emersione di un nuovo paradigma "trinitario", che vede sullo stesso piano – nella dimensione internazionale – lo Stato e gli enti locali[6].

Sulla scorta di tali riflessioni teoriche, il presente contributo – applicando le categorie proprie del diritto internazionale – intende affrontare tre distinte, e tuttavia connesse, questioni. Anzitutto, ci si chiederà se, ed eventualmente in che modo, le città possano intervenire nel processo di produzione normativa internazionale (al par. 2). Inoltre, ci si interrogherà sulle fattispecie in cui è possibile ravvisare una connessione giuridica diretta tra le città e le norme del diritto internazionale (al par. 3). Infine, si tenterà di illuminare le relazioni che intercorrono fra le città, da una parte, e le Organizzazioni internazionali governative, dotate di personalità giuridica internazionale[7], dall'altra (al par. 4). Seguiranno alcune considerazioni conclusive (al par. 5).

à l'aube du XXI siècle, *Colloque Société française pour le droit international*, Parigi, 1994, 139. Se pure è vero che non tutte le ricostruzioni teoriche sulla soggettività internazionale escludono recisamente la rilevanza degli enti infra-statali, tra cui le città, per il diritto internazionale (cfr. M. SOSSAI, *Invisibility of Cities*, cit., 69-71), è parimenti innegabile come nella prassi, almeno dalla prima metà del XX secolo, si sia affermata la tesi meno "liberale" (cfr. R. PORTMANN, *Legal Personality in International Law*, Cambridge, 2010, 64 ss.).

[4] L'idea di "*global city*" si è affermata grazie all'opera di S. SASSEN, *The Global City: New York, London*, Tokyo-Princetown, 1991. In precedenza, tuttavia, il concetto di "*ville internationale*" (ossia di città internazionale, o globale) era già emerso, seppure con tratti notevolmente diversi (si considerino, ad esempio, gli scritti contenuti nel volume collettaneo curato da H.C. ANDERSEN, *Creation of A World Centre of Communication*, Roma, 1918, ove l'A., nella premessa, evidenziava come – nei suoi piani – la "città internazionale", per ambire ad essere un vero "[...] *covenant between peoples*", dovesse essere luogo "[...] *in which to unite and house the most essential interests known definitely to be useful and necessary to all Nations alike, and which, from all indications, must by force of circumstances logically develop into a harmonious form of organization*").

[5] G.E. FRUG-D.J. BARRON, *International Government Law*, cit., 5; cfr. Y. BLANCK, *The City and the World*, in *Columbia Journal of Transnational Law*, vol. 44, 2006, 877 ss. Fenomeno diverso in quanto "speciale", e per questo non considerato in questo contributo, è quello delle "città internazionalizzate", quali ad esempio la Città Libera di Danzica (sull'istituto dell'internazionalizzazione di territori nel diritto internazionale, cfr. *ex multis* R. WOLFRUM-J. PICHON, *Internationalization*, in *Max Planck Encyclopedia of Public International Law*, Oxford, 2010).

[6] Y. BLANCK, *The City and the World*, cit., 932 ss.

[7] Le Organizzazioni internazionali hanno una personalità giuridica internazionale distinta da quella propria degli Stati membri (cfr. *Interpretation of the Agreement of 25 March 1951 between the WHO and Egypt, Advisory Opinion, I.C.J. Reports 1980*, 89-90, par. 37).

2. *Le città e la funzione normativa internazionale*

Tra le fonti del diritto internazionale[8], quelle che, perlomeno in astratto e *a priori*, non è escluso possano essere influenzate dall'azione delle città sono la consuetudine internazionale e i trattati internazionali.

2.1. *Le città e il diritto internazionale generale*

La consuetudine internazionale è frutto della combinazione di due elementi distinti: la prassi degli Stati e la loro *opinio iuris*[9]. Non potendo dare conto in questa sede dell'ampio dibattito sui caratteri di ciascuno di essi, conviene limitarsi a verificare se le condotte delle città possano in qualche modo rilevare ai fini della ricostruzione della prassi o dell'*opinio iuris* dello Stato cui esse appartengono.

A questo proposito, è necessario considerare quanto contenuto nelle "*Draft Conclusions on Identification of Customary International Law*", licenziate dalla Commissione del diritto internazionale delle Nazioni Unite nel 2018[10]. Nella parte di esse dedicata alla ricostruzione del primo elemento della consuetudine, nonostante la *Conclusion 5* disponga che la prassi dello Stato consiste nella condotta dello Stato "*whether in the exercise of its executive, legislative, judicial or other function*", il commento a tale *Conclusion* precisa poi che "*the conduct of any State organ is to be considered conduct of that State [...], whatever position it holds in the organization of the State, and whatever its character as an organ of the central government or of a territorial unit of the State*"[11]. Inoltre, la *Conclusion 6*, dopo aver precisato al par. 1 che la prassi si manifesta attraverso un ampio novero di forme, al par. 2 evidenzia come essa possa manifestarsi anche attraverso meri atti ammi-

---

[8] Così come contemplate dall'art. 38 dello Statuto della Corte internazionale di giustizia (per una dettagliata analisi della disposizione menzionata, sia consentito rinviare a A. PELLET-D. MÜLLER, *Article 38*, in A. ZIMMERMANN-C.J. TAMS (a cura di), *The Statute of the International Court of Justice. A commentary*, III ed., Oxford, 2019, 819 ss.).

[9] Tali elementi riflettono la c.d. concezione "binaria" della consuetudine internazionale: "il primo costituito dal comportamento che i destinatari della norma hanno seguito in modo ripetuto, costante e uniforme nel tempo (*usus o repetitio facti*), il secondo espresso dal convincimento dei medesimi soggetti di porre in essere quel dato comportamento dovendo agire in conformità ad una prescrizione giuridica (*opinio iuris atque necessitatis*)" (così F. SALERNO, *Diritto internazionale. Principi e norme*, V ed., Milano, 2019, 159).

[10] Cfr. *Report of the International Law Commission, Seventieth Session (30 April-1 June and 2 July-10 August 2018), General Assembly, Official Records, Seventy-third Session, Supplement No. 10 (A/73/10)*, 117 ss. Le "*Draft Conclusions*" sono reperibili anche on-line sul sito *https://legal.un.org/ilc/texts/instruments/english/commentaries/1_13_2018.pdf* [ultimo accesso effettuato il 20 giugno 2021].

[11] *Ivi*, 132.

nistrativi, ossia gli strumenti attraverso cui viene giuridicamente manifestata la volontà degli organi delle città [12].

Tale apertura alle attività degli enti locali dello Stato, fra cui le città, è però oggetto di un forte temperamento alla *Conclusion 7*, la quale – dopo aver evidenziato la necessità di tenere in considerazione tutta la prassi rilevante di un singolo Stato, la quale "*is to be assessed as a whole*" – prevede che, nel caso in cui tale prassi non sia coerente o uniforme, la rilevanza a essa attribuita possa essere eventualmente ridotta [13]. A questo proposito, il commento chiarisce che la prassi degli organi centrali di governo risulta maggiormente significativa di quella delle "*political subdivisions of the State*", ancorché molto dipenda dall'assetto costituzionale dello Stato la cui prassi è oggetto di indagine [14].

Nella parte delle "*Draft Conclusions*" destinata a chiarire le modalità ricostruttive dell'*opinio iuris*, invece, nessun riferimento – diretto o indiretto – è operato agli enti infra-statali e alle loro attività.

La sintetica panoramica svolta dimostra come sia irrealistico credere che l'attività delle città possa divenire prassi idonea alla generazione di norme consuetudinarie, nonché alla dimostrazione della loro esistenza, quando essa non sia conforme a quella dello Stato, ovvero quando essa si muova al di fuori del solco normativo tracciato da quest'ultimo. Infatti, qualora la prassi degli enti locali fosse in contrasto con la volontà degli organi centrali dello Stato, questi ultimi manifesterebbero in concreto la loro contrarietà rispetto agli atti degli enti locali impugnandoli dinanzi alle competenti autorità giurisdizionali, con la conseguenza che l'ultima parola spetterebbe comunque a un organo centrale dello Stato. In un caso siffatto, dunque, la prassi rilevante non sarebbe quella degli enti locali bensì quella dello Stato, manifestata attraverso le pronunce dei propri organi giurisdizionali [15].

2.2. *Le città e le loro iniziative pattizie internazionali*

Lo *jus tractatum*, ossia la capacità giuridica di concludere trattati internazionali, è caratteristica propria degli Stati [16], nonché delle Organizzazioni internazionali

---

[12] *Ivi*, 133.

[13] *Ivi*, 134.

[14] *Ivi*, 135.

[15] In questo senso cfr. C. DOMINICE, *Les collectivités territoriales non-étatiques*, cit., 56.

[16] La Convenzione di Vienna sul diritto dei trattati del 1969 (*United Nations*, *Treaty Series*, vol. 1155, 331), che trova applicazione solamente ai trattati conclusi fra Stati (art. 1), afferma di non voler pregiudicare gli accordi internazionali "[...] *between States and other subjects of international law or between such other subjects of international law*" (art. 3). Questo è indice del fatto che, difettando della soggettività internazionale, gli enti infra-statali, fra cui le città, non possono in alcun modo concludere trattati internazionali.

governative[17], e soltanto alcuni ordinamenti giuridici nazionali prevedono dei meccanismi giuridici che – secondo diverse modalità – consentono agli enti infra-statali di prendere parte al processo di elaborazione dei trattati internazionali conclusi dallo Stato[18].

Al contempo, tuttavia, non è una novità che l'azione degli enti infra-statali, fra cui le città, sia spesso proiettata, in parallelo a quella dello Stato, al di là dei confini nazionali[19]. Tradizionalmente, tale proiezione internazionale si è concretizzata nella stipula di intese prive di vincolatività oppure nella conclusione di accordi di cooperazione transfrontaliera (o di cooperazione interterritoriale), strumenti che – pur giuridicamente vincolanti – si collocano tendenzialmente al di fuori dell'ambito applicativo del diritto internazionale[20].

Tuttavia, si è altresì evidenziato come l'azione di numerose città, soprattutto le più rilevanti a livello globale, si sia tradotta – soprattutto in tempi recenti – in una vera e propria azione di connessione "diplomatica", la quale – sulla base di una asserita inadeguatezza degli Stati[21] – mira a influenzare l'"*international policy-*

---

[17] Si consideri la Convenzione di Vienna sul diritto dei trattati tra Stati e Organizzazioni internazionali o tra Organizzazioni internazionali del 1986 (A/CONF.129/15), la quale tuttavia non è ancora entrata in vigore per mancanza di un numero sufficiente di ratifiche.

[18] Su tali meccanismi, non immediatamente rilevanti per la presente analisi, in quanto diversamente disciplinati dai diversi ordinamenti giuridici che li contemplano, sia consentito rinviare *ex multis* a C. DOMINICÉ, *Les collectivités territoriales non-étatiques*, cit., 59 ss.

[19] Sulla varietà delle forme e degli ambiti della cooperazione decentralizzata, cfr. *ex multis* O. AUDEOUD, *Les collectivités infra-étatiques*, cit., 146 ss.

[20] L'unico caso in cui gli accordi tra enti territoriali di Stati diversi potrebbero qualificarsi come veri e propri trattati internazionali sarebbe quello in cui tali enti, "dotati ognuno in base al relativo ordinamento nazionale dell'appropriato *treaty-making power*, decidessero di utilizzare congiuntamente tale potere" (L. CONDORELLI-F. SALERNO, *Le relazioni transfrontaliere tra comunità locali in Europa nel diritto internazionale ed europeo*, in *Rivista Trimestrale di Diritto Pubblico*, vol. 36, 1986, 405-406). Ciò, tuttavia, accade assai sporadicamente, con la conseguenza che agli accordi tra enti territoriali di Stati diversi, formulati in termini giuridici, non si applica il diritto internazionale (cfr. V.M. BERNAD-Y ALVAREZ DE EULATE, *La coopération transfrontalière régionale et locale*, in *Recueil des Cours*, vol. 243, 1993, 384 ss.; P.M. DUPUY, *La coopération régionale transfrontalière et le droit international*, in *Annuaire français de droit international*, vol. 23, 1977, 847 ss.). Il diritto internazionale torna tuttavia ad essere rilevante quando gli Stati, anche grazie all'opera di Organizzazioni internazionali, concludano accordi internazionali volti a disciplinare la cooperazione dei loro enti locali territoriali (cfr. F. COULÉE, *Collectivités territoriales non étatiques et champ d'application des traites internationaux*, in *Les collectivités territoriales non-étatiques*, cit., 102). Ad esempio, è nota la Convenzione-quadro europea sulla cooperazione transfrontaliera delle collettività e autorità territoriali del 1980 del Consiglio d'Europa, successivamente integrata e rafforzata da due protocolli addizionali. Da ultimo, per una recente analisi sulla natura delle attività di cooperazione transfrontaliera dei Comuni italiani, sia consentito rinviare a G. BIAGIONI, *Le attività internazionalmente rilevanti dei Comuni italiani*, in *Istituzioni del Federalismo*, 2020, 109 ss.

[21] Sul nesso logico-giuridico intercorrente tra "globalizzazione, città e diplomazia", cfr. G. TIEGHI, *Info/City States: le città 'oltre lo Stato'. Dalla Connectivity alla City Diplomacy*, in *DPCE Online*, vol. 43, 2020, 1301 ss.

making process", nel tentativo di realizzare obiettivi su scala internazionale e possibilmente a favore dell'umanità intera [22].

Così, nel corso del tempo, le città si sono riunite in organizzazioni non governative con diversi obiettivi, dapprima generali – ad esempio per rafforzare *tout court* il ruolo degli enti locali e per tutelare gli interessi di questi ultimi sul piano internazionale ("*United Cities and Local Governments*", "UCLG" [23]) – e successivamente più specifici – ad esempio per contrastare il riscaldamento globale ("*C40 Climate Leadership Group*, "C40" [24]), per promuovere uno sviluppo urbano sostenibile ("*Local Governments for Sustainability*", "ICLEI" [25]) o per contrastare la povertà ("*Cities Alliance*" [26]).

A prescindere dalla capacità di alcune di queste organizzazioni non governative di entrare fruttuosamente in relazione con Organizzazioni internazionali governative (questione di cui si dirà *infra* al par. 4), c'è chi in dottrina si è spinto a sostenere come alcuni degli strumenti da esse promossi contengano obblighi "law-like", di carattere sia sostanziale sia procedurale [27].

---

[22] B. LEFFEL-M. ACUTO, *Economic Power Foundations of Cities in Global Governance*, in *Global Society*, vol. 32, 2018, 281; inoltre, cfr. C. SWINEY, *The Urbanization of International Law and International Relations: The Rising Soft Power of Cities in Global Governance*, in *Michigan Journal of International Law*, vol. 41, 2020, 245 ss. Peraltro, si noti come – già in tempi non recenti – parte della dottrina internazionalistica si fosse interrogata su "*la place des collectivités territoriales non-étatiques dans la problématique [...] de la bonne gouvernance mondiale*", giungendo alla conclusione che gli enti infra-statali giocano un ruolo essenziale al fianco degli Stati, in quanto destinati a "*renforcer le poids des acteurs publics dans le processus de gouvernance, en intégrant en particulier des acteurs qui sont la plupart du temps issus du suffrage universel*", contribuendo così alla democratizzazione dell'ordine internazionale (cfr. E. JOS, *Collectivités territoriales non-étatiques et système juridique international dans le contexte de la mondialisation*", in *Les collectivités territoriales non-étatiques*, cit., 15).

[23] Cfr. il sito di "UCLG": "*UCLG [...] is committed to representing, defending, and amplifying the voices of local and regional governments*", in *https://www.uclg.org/en/organisation/about* [ultimo accesso effettuato il 20 giugno 2021].

[24] Cfr. il sito di C40 Cities: " *[...] mayors of the C40 cities are committed to delivering on the most ambitious goals of the Paris Agreement at the local level, as well as to cleaning the air we breathe*", in *https://www.c40.org/about* [ultimo accesso effettuato il 20 giugno 2021].

[25] Cfr. il sito di ICLEI: "*ICLEI [...] is a global network of more than 2500 local and regional governments committed to sustainable urban development. [...], we influence sustainability policy and drive local action for low emission, nature-based, equitable, resilient and circular development*", in *https://www.iclei.org/en/About_ICLEI_2.html* [ultimo accesso effettuato il 20 giugno 2021].

[26] Cfr. il sito di "Cities Alliance": "*Cities Alliance is a global partnership fighting urban poverty and supporting cities to deliver sustainable development*", in *https://www.citiesalliance.org/who-we-are/about-cities-alliance/overview* [ultimo accesso effettuato il 20 giugno 2021].

[27] C. SWINEY, *The Urbanization of International Law*, cit., 265 ss. Esempi di tali obblighi sono quelli di "*pacts*" e "*declarations*" adottati da "C40" ("*Once accepted [...] these agreements are treated as formal commitments and require regular reporting and monitoring*"), quelli discendenti dall'adesione a "*The One Planet Charter*", iniziativa congiunta di "C40", "*Global Covenant of Mayors*" e "ICLEI", mirante all'adozione di specifiche *policies* deputate ad accelerare l'attuazione dell'Accordo

Tuttavia, tali impegni possono dirsi vincolanti ai sensi del diritto internazionale solo se gli enti infra-statali coinvolti non soltanto siano dotati, ai sensi del proprio ordinamento nazionale, di un adeguato *treaty-making power*, bensì anche manifestino la volontà di voler fare a esso ricorso [28]. Quando ciò non accada, e invero ciò accade assai raramente, nonostante di regola le attività di tutti gli organi dello Stato vadano imputate a quest'ultimo (cfr. *infra* 3.1), la violazione di tali impegni, che non costituiscono obblighi vincolanti ai sensi del diritto internazionale, non avrà conseguenze giuridiche rilevanti per lo Stato sul piano della sua responsabilità internazionale.

Alla luce di queste brevi considerazioni, dunque, è chiaro come gli impegni assunti dalle città – nell'ambito delle anzidette organizzazioni non governative – potranno al massimo dispiegare effetti di mera persuasione sugli Stati e sulle Organizzazioni internazionali governative, ovverosia diffondere il convincimento della necessità che la comunità internazionale agisca, in dati ambiti, per il raggiungimento di obiettivi generali [29].

3. *Le città e l'applicazione di norme del diritto internazionale*

L'interazione diretta tra le città e il diritto internazionale può darsi essenzialmente in due casi opposti. Da una parte, la condotta degli organi della città potrebbe determinare una violazione del diritto internazionale. Dall'altra, le città potrebbero scegliere di implementare norme del diritto internazionale che lo Stato cui esse appartengono abbia deliberato di non voler applicare o, semplicemente, non abbia ancora applicato.

3.1. *Le città e la violazione del diritto internazionale*

In dottrina si è sostenuto che una delle ragioni determinanti l'emersione delle città sul piano internazionale sarebbe testimoniata dalla pronuncia di sentenze arbitrali, rese da Tribunali internazionali d'investimento, le quali dimostrerebbero come il diritto internazionale stia trasformando "*the domestic legal relationship*

---

di Parigi del 2015. Obblighi analoghi sono quelli che discendono dall'adesione all'"*Urban Food Policy Pact*" del 2014, essendo le parti di esso vincolate "*to build and establish food systems centered on sustainability and social justice*", oppure dal "*World Green Building Council's Net Zero Carbon Building Commitment*", il quale obbliga le parti a intraprendere un percorso idoneo ad assicurare che gli edifici sul loro territorio soddisfino – entro il 2050 – i "*net-zero carbon standards*".

[28] La questione dell'esercizio del *treaty-making power* è stata già affrontata *supra* a p. 105, n. 20.

[29] Sull'utilizzo della *soft law* da parte delle città, cfr. ancora C. SWINEY, *The Urbanization of International Law*, cit., 270.

between cities and higher levels of government", nella misura in cui, sancendo l'illiceità internazionale di certe condotte delle città, finirebbe per regolare direttamente la loro attività [30].

In realtà, tali sentenze dimostrano esattamente il contrario, ovverosia che gli Stati conservano una piena responsabilità per la violazione di norme di diritto internazionale a opera dei propri organi [31]. Più che un nuovo o rinnovato protagonismo degli enti locali nella dimensione internazionale, quindi, si tratterebbe della riproposizione di una problematica classica del diritto internazionale, e cioè quella dell'effetto diretto di norme internazionali negli ordinamenti nazionali, effetto che può essere ammesso dal giudice solo all'esito dell'indagine sulla struttura e sul contenuto della norma internazionale [32].

Secondo l'insegnamento, ancora attuale, della Corte permanente di giustizia internazionale, i trattati internazionali non attribuiscono diritti agli individui in via diretta, salvo che le parti contraenti abbiano espressamente previsto una siffatta circostanza nell'accordo [33]. Quando ciò accada, in certi casi l'individuo potrà anche direttamente manifestare, dinanzi a organi giurisdizionali internazionali appositamente costituiti, una pretesa legittima a che lo Stato, compresi tutti i suoi organi, rispetti gli obblighi internazionalmente assunti [34].

---

[30] G.E. FRUG-D.J. BARRON, *International Government Law*, cit., 36 ss. In quella sede, cui si rinvia per i riferimenti e per un adeguato resoconto della vicenda fattuale e giuridica, gli A. valorizzano le sentenze arbitrali nei procedimenti *Metalclad Corp. v. United Mexican States* e *TECMED v. United Mexican States*. Nel primo procedimento, la società ricorrente (statunitense) aveva vittoriosamente sostenuto – dinanzi a un Tribunale arbitrale internazionale – la violazione, da parte del Messico, dei diritti che le erano assicurati dal NAFTA, e ciò perché – nonostante le autorità federali dello Stato avessero inizialmente autorizzato la costruzione di una discarica presso la municipalità di Guadalcazar – successivamente le autorità locali si erano a questa opposte, ostacolando la realizzazione dell'investimento. Nel secondo procedimento, Tecmed (società spagnola) aveva dimostrato la violazione dei diritti discendenti dal Trattato bilaterale d'investimento tra Spagna e Messico, alla luce del fatto che le autorità messicane avevano revocato, dopo solo un anno, i provvedimenti che la autorizzavano alla gestione di una discarica, allegando condotte di Tecmed non conformi a tali provvedimenti, nullificando così l'investimento.

[31] C. SWINEY, *The Urbanization of International Law*, cit., 241 ss.; inoltre, cfr. il Progetto di articoli sulla responsabilità internazionale degli Stati licenziato dalla Commissione del diritto internazionale dell'ONU nel 2001.

[32] *Ex multis* cfr. M. SARZO, *L'effetto della norma internazionale nell'ordinamento interno nella prospettiva del giudice internazionale*, Napoli, 2019, 61 ss.

[33] CPGI, *Jurisdiction of the Danzig Courts, Series B – No. 15*, 3 marzo 1928, 17-18. Non sono pochi i trattati internazionali da cui discendono diritti per gli individui. Secondo l'insegnamento della CIG, ad esempio, è un diritto individuale quello previsto dall'art. 36, par. 1, lett. *b)*, della Convenzione di Vienna sulle relazioni consolari del 1963 (cfr. *LaGrand (Germany v. United States of America), Judgment, I.C.J. Reports 2001*, 494, par. 77).

[34] A questo proposito vanno menzionati i diritti individuali previsti dai trattati bilaterali o multilaterali d'investimento a tutela degli investitori di una delle Parti contraenti, i quali abbiano investito sul territorio di un'altra Parte, diritti la cui violazione può essere invocata direttamente innanzi a Tribunali arbitrali internazionali cui è demandato il compito di risolvere le controversie fra

3.2. *Le città e l'incorporazione del diritto internazionale*

Fenomeno diverso e maggiormente interessante è quello dell'applicazione, da parte delle città, di norme contenute in trattati internazionali, quando questi non siano vincolanti per lo Stato cui esse appartengono oppure quando lo Stato, pur vincolato da tali norme, non abbia ancora agito per conformarvisi. In particolare, numerose città si sono sforzate di implementare, attraverso l'adozione di strumenti normativi locali, norme internazionali sulla protezione dei diritti umani [35], e – anche per questo – esse sono state qualificate come "*human rights cities*" [36].

Senza poter entrare in questa sede nel merito delle numerose e variegate iniziative che le città hanno assunto, conviene limitarsi a formulare alcune generali considerazioni sulla loro portata. Nonostante patiscano limiti notevoli [37], tali iniziative risultano certamente significative. Infatti, non soltanto hanno il merito di rendere localmente "giustiziabili" diritti che, altrimenti, sarebbero negati agli individui, a motivo di scelte o omissioni degli organi dello Stato centrale, bensì an-

l'investitore e lo Stato ove il primo abbia investito (si tratta del cosiddetto sistema *Investor-State Dispute Settlement*, fortemente criticato e che molti auspicano possa essere presto riformato nei suoi tratti strutturali: cfr. M. DIMETTO, *Verso un modello di giustizia internazionale in materia d'investimenti. Il ruolo dell'Unione europea*, in A. GATTINI-B. BAREL (a cura di), *Le prospettive dell'export italiano in tempi di sfide e crisi globali. Rischi e opportunità*, Torino, 2021, 189 ss.). Sono direttamente azionabili dagli individui, dinanzi a Corti appositamente create, anche i diritti previsti in diverse Convenzioni regionali sui diritti dell'uomo (non essendo possibile, in questa sede, dare conto delle peculiarità di ciascun sistema regionale di protezione dei diritti umani, sia consentito rinviare alla trattazione generale svolta da R. PISILLO MAZZESCHI, *Diritto internazionale dei diritti umani. Teoria e prassi*, Torino, 2020, 160 ss.).

[35] B. OOMER-M. BAUMGÄRTEL, *Frontier Cities: The Rise of Local Authorities as an Opportunity for International Human Rights Law*, in *The European Journal of International Law*, vol. 29, 2018, 616-617, ove gli A. evidenziano come numerose città abbiano manifestato la volontà di implementare localmente strumenti giuridici internazionali, quali la Convenzione sull'eliminazione di ogni forma di discriminazione della donna del 1979, la Convenzione sui diritti delle persone con disabilità del 2006 e la Convenzione internazionale sull'eliminazione di ogni forma di discriminazione razziale del 1965.

[36] Tuttavia, è opportuno notare come l'espressione "*human rights cities*" non ricomprenda solamente le città che abbiano implementato norme pattizie discendenti da trattati che il loro Stato non abbia ratificato (come sostenuto da B. OOMEN-E. VAN DEN BERG, *Human Rights Cities: Urban Actors as Pragmatic Idealistic Human Users*, in *Human Rights & International Legal Discourse*, vol. 8, 2014, 163), bensì – più in generale – tutte quelle che sono organizzate "[...] *around norms and principles of human rights*" (cfr. M. GRIGOLO, *The Human Rights City. New York, San Francisco, Barcelona*, Londra-New York, 2019, 5). Per una ricognizione storica del movimento delle *Human Rights Cities*, cfr. *ex multis* G. TIEGHI, *Human Rights Cities: lo Human Rights-Based Approach per la governance locale*, in *DPCE online*, vol. 40, 2019, 1943 ss., ove è altresì possibile rinvenire interessanti riflessioni sulla rilevanza delle *Human Rights Cities* nella prospettiva costituzionale (*ivi*, 1951 ss.).

[37] H.N. HADDAD, *When Global Becomes Municipal: US Cities Localizing Unratified International Human Rights Law*, in *The European Journal of International Law*, vol. 31, 2021, 1398: "*Although inspired by international law, municipal ordinances are written and operate within the structure of city governments, and therefore are shaped, bolstered and undermined by local contexts and city politics*".

che rispondono alla necessità di diffondere una cultura dei diritti umani "animata" tanto dagli organi dello Stato quanto dagli enti territoriali che lo compongono, e non soltanto dal primo "imposta"[38]. Inoltre, forse anche più delle "reti internazionali" costituite dalle città (cfr. *supra* al par. 2.2), esse hanno il potenziale di influenzare l'azione futura degli organi di governo dello Stato, in un senso maggiormente rispettoso dei diritti umani[39].

Che in diversi contesti, secondo le modalità appena indicate, le città cerchino di superare l'inazione dello Stato è un conto, ed è pacifico. Che ciò sia un fattore idoneo a determinare il superamento della sovranità statuale, a vantaggio di quella delle città[40], tuttavia, è un altro. Senza poter in questa sede entrare diffusamente e approfonditamente nel merito delle tesi che valorizzano la portata delle iniziative di "raccordo diretto" tra le città e il diritto internazionale, non ci sembra che queste ultime possano essere oltremodo enfatizzate. Infatti, non soltanto le città possono "agganciarsi" al diritto internazionale solo nella misura in cui l'ordinamento giuridico in cui esse operano lo consenta, bensì anche è arduo immaginare che gli organi centrali di governo dello Stato rimangano inerti quando reputino che le condotte degli enti locali siano idonee a pregiudicare la coerenza e l'effettività dell'indirizzo generale della politica estera dello Stato.

4. *Le città e le Organizzazioni internazionali*

Sempre nel tentativo di avere maggior voce nelle dinamiche della *global governance*[41], gli enti infra-statali, e dunque le città, interagiscono frequentemente con le Organizzazioni internazionali governative[42].

---

[38] B. OOMEN-M. BAUMGÄRTEL, *Frontier Cities*, cit., 620-621. Si considerino, a questo proposito, le prese di posizione del Consiglio per i diritti umani dell'ONU, secondo cui "*states and local governments have a shared responsibility and a mutually complementary role in the domestic implementation of international human rights norms and standards*" (cfr. *Human Rights Council, Report of the Advisory Committee on Its Ninth Session, UN Doc. A/Hrc/AC/9/6,* 14 agosto 2012, 19).

[39] M.F. DAVIS, *Thinking Globally, Acting Locally: States, Municipalities, and International Human Rights*, in C. SOOHOO-C. ALBISA-M. DAVIS (a cura di), *Bringing Human Rights Home*, 2007, 128 ss.

[40] Come invece sostenuto, tra gli altri, da J. NIJMAN, *The Future of the City and the International Law of the Future*, in S. MULLER-S. ZOURIDIS-M. FRISHMAN-L. KISTEMAKER (a cura di), *The Law of the Future and the Future of Law*, Oslo, 2011, 223. Va detto, tuttavia, che Nijman parte da un diverso presupposto teorico, qui criticato, della personalità giuridica internazionale dell'individuo (cfr. J.E. NIJMAN, *The Concept of International Legal Personality. An Inquiry into the History and Theory of International Law,* Cham, 2004).

[41] Così M. ACUTO, *Engaging with Global Urban Governance*, in J. HARRISON-M. HOLYER (a cura di), *Doing Global Urban Research*, Londra, 2018, 106.

[42] E questo accade nonostante gli strumenti giuridici costitutivi di tali Organizzazioni ignorino sostanzialmente gli enti infra-statali (sul punto, cfr. J.-M. SOREL, *La prise en compte des collectivités*

Da una parte, le città possono entrare in relazione con le Organizzazioni internazionali attraverso l'azione delle organizzazioni internazionali non governative che sono da esse formate e animate (cfr. *supra* al par. 2.2). Ciò avviene in numerosi casi [43], e l'esempio più conosciuto è sicuramente quello dello "*United Nations Advisory Committee on Local Authorities*" ("UNACLA") [44], fra le cui iniziative la più rimarchevole è certamente lo *UN-Habitat* [45]. Dall'altra, non è infrequente che le città intrattengano rapporti con le Organizzazioni internazionali in via diretta. A questo proposito, conviene menzionare i programmi di sviluppo urbano promossi dalla Banca Mondiale, che prevedono ingenti investimenti in progetti che mirano a rendere le città maggiormente sostenibili [46].

Se azioni del primo tipo inducono le Organizzazioni internazionali a promuovere, nei confronti degli Stati, iniziative volte all'incremento dei poteri, delle competenze e delle responsabilità degli enti infra-statali [47], quelle del secondo dispiegano effetti ben più concretamente incisivi sugli Stati e sui loro enti infra-statali. È noto, infatti, come l'accesso alle misure internazionali di sostegno economico-finanziario sia condizionato alla elaborazione e, ovviamente, al rispetto di strategie miranti a rendere le realtà locali, e quindi le città, "sostenibili" [48].

In generale, gli interventi internazionali a sostegno di iniziative locali sono comunemente (e giustamente) visti con favore non solo perché contribuiscono a determinare il venir meno, almeno parzialmente, delle situazioni di svantaggio che rendono le città, che ne sono destinatarie, scarsamente competitive, bensì anche perché le città, e gli enti infra-statali in generale, sono attori imprescindibili per la realizzazione di progetti di sviluppo sostenibile [49]. Tuttavia, al di là della lo-

---

territoriales non-étatiques par les organisations internationales à vocation universelle, in *Les collectivités territoriales non-étatiques*, cit., 129 ss.).

[43] Che per ragioni di spazio non è possibile esporre in questa sede (conviene rinviare alle analisi di C. SWINEY, *The Urbanization of International Law*, cit., 247 ss., e di J. NIJMAN, *The Future of the City*, cit., 220 ss.).

[44] Organo consultivo delle Nazioni Unite istituito nel 2000 con l'obiettivo di rafforzare il dialogo tra l'Organizzazione e le autorità locali, composto per metà da individui designati da UCLG, e la cui presidenza è assegnata a quest'ultima.

[45] "*UN-Habitat works with partners to build inclusive, safe, resilient and sustainable cities and communities. UN-Habitat promotes urbanization as a positive transformative force for people and communities, reducing inequality, discrimination and poverty*", in *https://unhabitat.org/about-us* [ultimo accesso effettuato il 20 giugno 2021].

[46] *https://www.worldbank.org/en/topic/urbandevelopment/overview#2* [ultimo accesso effettuato il 20 giugno 2021].

[47] *Ex multis*, cfr. ancora J. NIJMAN, *The Future of the City*, cit., 226 ss.

[48] I.M. PORRAS, *The City and International Law: in Pursuit of Sustainable Development*, in *Fordham Urban Law Journal*, vol. 36, 2009, 555.

[49] R. PAVONI, *Sustainable Development as a Cornerstone of Cities' Engagement with International Law*, in *Italian Yearbook of International Law*, vol. 30, 2020, 59 ss.

ro notevole carica ideologica, non è detto che le anzidette strategie riescano a tenere debitamente in considerazione tutte le conseguenze, non sempre e non necessariamente positive, del processo di "privatizzazione" della città che esse stimolano[50], e neppure i limiti che discendono da una visione puramente "localistica" dello sviluppo sostenibile[51].

5. *Alcune considerazioni conclusive*

La struttura della breve analisi appena svolta è sembrata la più opportuna per contribuire a una ricerca così vasta e complessa quale "la città oltre lo Stato", nonché per tentare di rispondere a una domanda cruciale che, secondo chi scrive, un internazionalista chiamato ad affrontare il tema del rapporto tra le città e il diritto internazionale deve necessariamente porsi: è inevitabile che – nell'ottica del diritto internazionale – "città oltre lo Stato" significhi "città contro lo Stato"?

Alla luce delle riflessioni che si sono appena formulate, pare che la risposta non possa che essere negativa. In effetti, l'azione internazionale delle città si è intensificata nel corso degli ultimi anni, e si è dimostrata più efficace proprio nella misura in cui essa non si è rivolta "contro" lo Stato, né negli ordinamenti nazionali né in quello internazionale[52]. Semmai, le città hanno svolto un ruolo di supplenza, e ciò senza dubbio anche al fine di rafforzare le loro competenze e le loro responsabilità, promuovendo e attuando iniziative "ispirate" dalla dimensione internazionale, se non direttamente dal diritto internazionale vigente. A parere di chi scrive, tale circostanza non è da considerare come un valore in sé, ma solo nella misura in cui essa si traduca concretamente in un rafforzamento della tutela dei diritti umani, tanto nella loro dimensione collettiva quanto in quella individuale[53].

---

[50] I.M. PORRAS, *The City and International Law*, cit., 584.

[51] *Ivi*, 582: "*Cities may reach for sustainability, but they can only get close to it once they take into account not only internal conditions of city life, but their environmental and social impacts beyond the city limits and realize their co-responsibility for achieving sustainable development not only at the local scale, but at the national, regional and global scale*".

[52] Cfr. R. PAVONI, *Sustainable Development*, cit., 78-79.

[53] Un obiettivo alla cui realizzazione devono ambire non soltanto gli Stati o le città ma ciascuno di noi (cfr. P. ALSTON, *The Populist Challenge to Human Rights*, in *Journal of Human Rights Practice*, vol. 9, 2017, 14).

CITTÀ-STATO E CITTÀ-SANTUARIO. RESIDENTI O UTENTI?

ANDREA PIN

SOMMARIO: 1. Introduzione. – 2. Le città-santuario. – 3. Le *Free economic zones*. – 4. Conclusioni.

1. *Introduzione*

Nel diritto costituzionale comparato si sta sviluppando un interesse per la dimensione urbana. Del resto, il dato empirico mostra l'indispensabilità di una riflessione sul tema: infatti, "nel 2025, il 70% della popolazione mondiale sarà urbanizzata". Di qui la necessità di "chiedersi se non si possa fare qualcosa" per rendere questi contesti di vita "meno fragili e più affidabili" [1] di come essi spesso siano percepiti.

La trasformazione degli spazi di convivenza delle persone sul piano globale non è una novità. Toynbee già nel 1970 immaginava "lo sviluppo di megalopoli in tutti i continenti"; egli le chiamava "ecumenopoli", "un nuovo tipo di città che emerge dalla progressiva 'conurbazione del mondo'" in un sistema integrato. Toynbee vedeva quest'orizzonte come inevitabile – la questione non era infatti "se l'ecumenopoli venisse ad esistenza", ma piuttosto se sarebbe stata "l'artefice o la vittima di se stessa", ossia se essa sarebbe stata un sistema "tollerabile per gli esseri umani" [2].

Gli anni successivi hanno dato ragione a Toynbee, ponendo delle questioni di formidabile importanza, che attingono specificamente al costituzionalismo. È effettivamente seguito un nuovo approccio alla conurbazione, che ha tentato di ricostruire la fisionomia delle aggregazioni urbane sulla base di nuove articolazioni, come è stato il caso delle città metropolitane in Italia e altrove [3]. Tuttavia a queste

---

[1] L. FLORIDI, *Il verde e il Blu*, Milano, 2020, 87.

[2] M. CAPPELLETTI, *Dimensioni della giustizia nelle società contemporanee*, Bologna, 1994, 205, che cita A. TOYNBEE, *Cities on the Move*, Londra-New York, 1970, 196.

[3] Su cui, *ex multis*, G.F. FERRARI, *Le città metropolitane nel diritto comparato: spunti e suggestioni*

riflessioni non è agilmente seguito un ripensamento a fondo del ruolo urbano nel quadro costituzionale: si fa risalire al solo 2020 il primo volume a diffusione internazionale che affronta la fisionomia delle "mega-città" e il loro rapporto con il diritto costituzionale[4]. Del resto, questa mancanza dottrinale replica il silenzio delle costituzioni[5], che non hanno generalmente destinato "un ambito costituzionale indipendente agli agglomerati urbani": nonostante le differenze tra i modelli ordinamentali, nelle costituzioni federali o unitarie "le città sono [pressoché sempre] largamente neglette o soggette a livelli di governo superiori"[6].

Se il fenomeno cittadino ha visto un importante sviluppo in termini sociologici, il diritto costituzionale fatica dunque a riconoscerne il ruolo di "comunità politica autonoma"[7]: il che stride in maniera crescente con l'esigenza di regolare le diverse tipologie di realtà urbane emerse recentemente all'attenzione generale.

Tra le molte torsioni del fenomeno urbano dall'impatto giuspubblicistico, emergono in particolare due tipologie che paiono identificarne le estremità, fornendo dunque un perimetro al dibattito sul ruolo della città in chiave comparata. Ambedue si muovono in un contesto contraddistinto da fenomeni migratori e più in generale dall'inurbamento, ma sono focalizzate su due paradigmi totalmente diversi – da un lato la partecipazione, la relazione e l'inclusione; dall'altro l'efficienza, l'autonomia e l'individualità. Si tratta, nel primo caso, del fenomeno soprattutto statunitense delle città-santuario, all'interno delle quali emerge una concezione della cittadinanza e della cultura urbana basata sulle relazioni sociali e di prossimità, persino in contrapposizione alla dimensione statale e federale. Il secondo caso riguarda il fenomeno delle città nate sulle orme di "aree economiche speciali" o "libere". Queste ultime realtà, tarate su obiettivi di efficienza e performance piuttosto che su esigenze di rappresentanza[8], tradizione culturale e rapporti di vicinanza, costituiscono "zone al di là dello stato", caratterizzandosi per un'apertura all'imprenditorialità e una dinamicità senza pari[9].

In sostanza, questi due fenomeni mettono in luce due archetipi di agglomerato urbano: da un lato quello che valorizza le relazioni sociali al di là e persino nonostante i vincoli imposti dall'ordinamento statale; dall'altro lato quello delle città

---

per il caso italiano, in ID.-P. GALEONE, *Città a confronto. Le istituzioni metropolitane nei paesi occidentali*, Bologna, 2010, 233, il quale nota che "negli ordinamenti a struttura composita, ormai preponderanti nel mondo, rileva la fonte istitutiva di unità di governo metropolitano".

[4] R. HIRSCHL, *City, State: Constitutionalism and the Megacity*, Oxford, 2020.

[5] *Ivi*, 17.

[6] E ARBAN, *City, state: Reflecting on cities in (comparative) constitutional law*, in *Int'l. J. Const. L.*, 19/2021, 2.

[7] *Ivi*, 9.

[8] M. FRAZIER, *Emergence of a New Hanseatic League: How special Economic Zones Will Reshape Global Governance*, in *Chapman L. Rev*, 21/2018, 354.

[9] *Ivi*, 334.

globalizzate, le quali vedono affluire non cittadini per la loro attrattività lavorativa ed economica, che perseguono tramite soluzioni efficientistiche, marcate dall'operatività. Sebbene ambo le fisionomie urbane si siano sviluppate nell'ambito della globalizzazione e della mobilizzazione delle popolazioni, esse risultano profondamente lontane sul piano del funzionamento e della loro stessa concezione.

2. *Le città-santuario*

Il fenomeno delle città-santuario ha assunto un'eco globale negli ultimi anni a causa del conflitto instauratosi tra l'amministrazione Trump e diverse aree degli Stati Uniti relativamente al trattamento dell'immigrazione: mentre il Presidente ha tentato di colpire l'immigrazione clandestina, una varietà di comunità locali – da Los Angeles a New York, solo per citare alcuni tra i moltissimi esempi – ha "vietato alla polizia locale di collaborare o di condividere le informazioni con le autorità federali preposte all'immigrazione e di indagare sulla regolarità dello status di immigrato" [10].

Le città-santuario costituiscono un fenomeno più risalente, emerso già negli anni Settanta [11] del Novecento quando alcune aree urbane degli Stati Uniti hanno dato accoglienza e riparo a rifugiati del Guatemala ed El Salvador, e perpetuatosi con il massiccio ingresso negli anni successivi di presenze migratorie irregolari [12] e in altre circostanze in cui singole località hanno preso le distanze dalle politiche federali o statali su una varietà di temi [13]. Già nella sua primissima fase negli anni Settanta il fenomeno aveva un carattere polemico [14], dal momento che le città favorevoli ai profughi esprimevano in tal modo una critica nei confronti dell'amministrazione federale, il cui impegno nel Centro America aveva destabilizzato quei Paesi stimolando esodi di individui e famiglie [15].

---

[10] G. Caravale, *Donald Trump e le città santuario: aspetti della dialettica federazione-stati*, in *Federalismi*, 12/2021, 35.

[11] J.M. Hoye, *Sanctuary Cities and Republican Liberty*, in *Politics & Society*, 48/2020, 71.

[12] M.J. Garcia, *"Sanctuary Cities": Legal Issues, Congressional Research Service*, 15 gennaio 2009, 1.

[13] T.M. Massaro-S. Milczarek-Desai, *Constitutional Cities: Sanctuary Jurisdictions, Local Voice, and Individual Liberty*, in *Columbia Human Rights Law Review*, 50/2018, 4-5, ove si compila una lista di argomenti che hanno visto la contrapposizione tra le città-santuario e gli Stati o la Federazione: "religion, privacy, the environment, marijuana, libertarianism, historical monuments that cause civil unrest and other harms, alternative versions of American history, gun policies, LGBTQ rights, the minimum wage, and many other matters of public concern".

[14] J.M. Hoye, *Sanctuary Cities and Republican Liberty*, cit., 71: "the sanctuary church movement was politicized; it shifted from a responsive movement to proactive resistance against the American military involvement in South America that generated the flight of these refugees from their home countries".

[15] T.M. Massaro-S. Milczarek-Desai, *Constitutional Cities: Sanctuary Jurisdictions*, cit., 16.

Nel caso più recente, l'atto che ha calamitato l'attenzione politica e mediatica è consistito in un *Executive Order* del presidente Trump, che ha introdotto una misura molto puntuale e apparentemente minore, ma che ha raggiunto il centro delle controversie giudiziarie a causa della natura federale dell'ordinamento americano [16]. Infatti, al fine di perseguire efficacemente qualsiasi politica relativa all'immigrazione, la Federazione ha la necessità di ottenere la collaborazione della generalità delle istituzioni pubbliche [17]. Tuttavia essa difetta del potere di *ordinare* un certo comportamento all'apparato statale e substatale: si tratta del divieto per la Federazione di *commandeering*, ossia di utilizzare gli Stati per perseguire i propri fini. In passato, la Corte suprema ha dichiarato l'incostituzionalità di tale pratica, rilevando come essa congiungesse livelli di governo che la Costituzione federale aveva concepito come separati e confondendo le responsabilità politiche dei diversi enti [18].

A causa di tale divieto, la Federazione normalmente ricorre allo strumento dei finanziamenti premiali. In altri termini, se non può imporre un comportamento agli Stati, è comunque in grado di incentivarli a tenerlo, fornendo le risorse necessarie – spesso calcolandole in maniera generosa. In questo modo, gli Stati e i loro enti – comprese le città – sono spinti a perseguire l'interesse federale senza esservi obbligati.

L'*Executive Order* di Trump, poi ritirato da Biden, applicava questa logica a rovescio. Esso privava di finanziamenti gli Stati che ostacolassero le azioni federali di lotta all'immigrazione, ad esempio omettendo di condividere informazioni relative agli stranieri presenti sul loro territorio ai fini della loro deportazione e rimpatrio. Sul piano applicativo, l'*Order* riguardava prevalentemente i grandi centri urbani, all'interno dei quali si annida la maggior parte della presenza migratoria, che in essi può celarsi più facilmente, allacciare legami con gruppi più consistenti di connazionali e cercare supporto [19].

Al di là delle sensibilità politiche, l'*Executive Order* ha attirato l'attenzione dei giuristi perché il de-finanziamento statale era davvero considerevole. Esso minacciava di privare le città di una significativa parte delle risorse loro devolute: [20] una

---

[16] *Enhancing Public Safety in the Interior of the United States*, n. 13768, emesso nel gennaio 2017. Il nuovo presidente Biden ha poi cancellato l'approccio di Trump fin dall'*Executive Order* del 20 gennaio 2021, a pochi giorni dall'assunzione della carica di Presidente.

[17] L'integrazione tra le politiche migratorie federali e il monitoraggio del territorio da parte degli stati e degli enti locali risale in ogni caso almeno al 2007: si veda D. STRAZZARI, *Federalismo e immigrazione. Un'indagine comparata*, Trento, 2020, 93-94.

[18] Tale la dottrina da *Printz v. United States* 521 U.S. 898 (1997).

[19] J.L. MANFREDI-SANCHEZ, *Sanctuary Cities: What Global Migration Means for Local Governments*, in *Social Sciences*, 9/2020, 147.

[20] A causa della sua decisione di divenire una città-santuario, San Francisco ha perso un miliardo di finanziamento federale; la Contea di Santa Clara ha calcolato la perdita in 1,7 miliardi.

linea di condotta che la Corte suprema aveva già ritenuto incostituzionale. Questa infatti aveva trovato giustificabile il definanziamento solo nella quota necessaria a svolgere le funzioni federali alle quali l'ente si sottraeva; al contrario, era ritenuta incostituzionale – perché ritenuta ingiustificatamente punitiva – la decurtazione di ulteriori risorse [21].

Le città proclamatesi "santuario" di fronte all'*Executive Order* di Trump hanno preso direzioni diverse. Alcune hanno resistito nonostante le copiose decurtazioni, talvolta iniziando azioni legali, mentre altre hanno ottemperato alle richieste della Federazione. Queste ultime non lo hanno fatto soltanto per non perdere le risorse, ma anche per una ragione qui ben più rilevante – ovvero perché costrette o minacciate dallo Stato nel quale esse si trovano [22].

Mentre la Federazione ha ben poche leve se non quelle finanziarie nei confronti dei centri urbani più in generale delle comunità locali [23], ben differente è infatti la situazione di tali enti in relazione agli Stati. Le città infatti non godono di una protezione costituzionale da opporre all'amministrazione statale, che dunque è capace di esercitare interventi molto più intrusivi [24]. Alcuni Stati che condividevano le linee di Trump hanno effettivamente introdotto discipline legislative fortemente incidenti nelle politiche delle loro città, persino prevedendo sanzioni civili e penali per le forze di polizia locale che non collaborassero all'identificazione e deportazione degli immigrati irregolari [25]. Ciò ha obbligato evidentemente le città ad aderire alle attività di identificazione ed espulsione. Del resto anche i Parlamenti di altri Stati erano disposti ugualmente a introdurre tali misure punitive, e solo il largo adempimento da parte di città prima resistenti li ha persuasi a non introdurre normative stringenti [26]. In sostanza, diversi centri urbani hanno aderito all'impostazione di Trump perché costretti o minacciati da un'eventuale legislazione statale, nei confronti della quale non godono praticamente di alcuna protezione costituzionale [27].

Tra i tanti profili di rilievo giuridico e politico scaturiti dalla controversia – su tutti, la scarsa protezione costituzionale dei centri urbani e la rinascita nella sinistra americana di un'attenzione nei confronti delle comunità locali, dopo decenni

---

[21] *National Federation of Independent Businesses v. Sebelius* 567 U.S. 519 (2012).

[22] T.M. MASSARO-S. MILCZAREK-DESAI, *Constitutional Cities: Sanctuary Jurisdictions*, cit., 12: "When local officials have questioned or resisted these types of federal mandates, they have been threatened with loss of federal and state funding and, in some cases, even criminal prosecution".

[23] P. GULASEKARAM-R. SU-R.C. VILLAZOR, *Anti-Sanctuary and Immigration Localism*, in *Col. L. Rev.*, 119/2019, 842.

[24] *Ivi*, 844.

[25] *Ivi*, 839.

[26] T.M. MASSARO-S. MILCZAREK-DESAI, *Constitutional Cities: Sanctuary Jurisdictions*, cit., 6: "State measures are ... more likely to prevail over conflicting local policies".

[27] R. HIRSCHL, *City, State: Constitutionalism and the Megacity*, cit., 53.

di orientamento accentratore – conviene qui focalizzarsi sul piano della cultura politica urbana, che sembra avere un significato particolare [28]. Infatti, al di là dell'inquadramento partitico della questione migratoria, l'idea delle città-santuario è riemersa come descrittiva del peculiare ruolo sociale e connettivo che i centri urbani sviluppano.

Le realtà locali trasformatesi in santuari hanno garantito agli stranieri irregolari l'accesso a tutele sanitarie e al welfare, inclusa l'istruzione, a prescindere dallo *status* migratorio. Alcune di esse sono talvolta giunte ad emettere certificati e documenti di residenza cui hanno associato dei benefici, indipendentemente dalla cittadinanza [29]. Quel che conta ancor di più, tuttavia, ai fini del presente lavoro è considerare lo scopo ultimo che ha sostenuto tali approcci regolatori: l'integrazione e la coesione sociale.

Le soluzioni normative messe a disposizione degli irregolari e qui citate sono risultate funzionali innanzitutto ad evitare lo scivolamento dello strato di immigrazione clandestina nell'ambito del sommerso, con conseguenze criminogene. Scongiurare la marginalità non è stata tuttavia la sola preoccupazione. Le città-santuario hanno infatti argomentato la loro opposizione alla linea di Trump sostenendo che fornire protezione agli irregolari consentisse di stabilire una fiducia [30] e dei rapporti di collaborazione tra questi ultimi e le forze dell'ordine [31], permettendo di combattere e prevenire crimini violenti od organizzati [32]: un dato effettivamente confermato da "numerosi studi", i quali "hanno rilevato come" a questa linea di condotta da parte delle città non sia seguito "un incremento del tasso di criminalità, ma, al contrario l'integrazione" [33].

In sostanza, il tema delle città-santuario ha fatto emergere come la dimensione della convivenza urbana si muova su binari specifici, non sempre collimanti con quelli di altri livelli istituzionali. La condivisione dello spazio urbano si caratteriz-

---

[28] I. SOMIN, *Making Federalism Great Again: How the Trump Administration's Attack on Sanctuary Cities Unintentionally Strenghtened Judicial Protection for State Autonomy*, in *Tex. L. Rev.*, 97/2019, 1248.

[29] J.M. HOYE, *Sanctuary Cities and Republican Liberty*, cit., 83: "Many sanctuary cities function as institutions of social nondomination for irregular migrants ... have provided access to extra educational opportunities for young people and classes in English as a second language for older immigrants". Già nel 2007, "New Haven, Connecticut, created ID cards that provided full access to the city's resources and facilities for any local resident, regardless of immigration status".

[30] T.M. MASSARO-S. MILCZAREK-DESAI, *op. cit.*, 17: "Sanctuary jurisdictions decline cooperation ... because they believe the mandates undermine the trust local police have worked hard to develop within communities, entail expenditure of local resources, and invade legitimate local policy-making power".

[31] C. CUNNINGHAM WARREN, *Sanctuary Lost? Exposing the Reality of the "Sanctuary-City" Debate & Liberal States-Rights'Litigation*, in *Wayne L. Rev.*, 63/2018, 158.

[32] P. GULASEKARAM-R. SU-R.C. VILLAZOR, *Anti-Sanctuary and Immigration Localism*, cit., 839.

[33] G. CARAVALE, *Donald Trump e le città santuario: aspetti della dialettica federazione-stati*, cit., 40.

za per il sostegno e la collaborazione tra tutte le componenti sociali: nell'atmosfera urbana, "i potenziali soggetti da espellere sono colleghi, studenti, vicini, amici e familiari" e vengono trattati di conseguenza[34]. L'esperienza delle città-santuario dunque offre "una visione integrata dei migranti come membri della comunità locale" qualunque sia il loro *status*[35], e più generalmente delle relazioni urbane come rapporti di mutuo riconoscimento e solidarietà.

Con la loro esigenza di assicurare e consolidare il tessuto connettivo tra i diversi individui e gruppi sociali, le città-santuario mostrano una irriducibile singolarità rispetto ad alcune regole pur fondamentali degli ordinamenti nazionali, come la definizione della cittadinanza. Se dal punto di vista strettamente giuridico esse esprimono un atteggiamento più tollerante rispetto alla condizione di irregolarità, esse puntano tuttavia ad un altro, più ampio obiettivo, ossia garantire la relazione urbana, favorire l'inclusione e la partecipazione.

3. *Le* Free economic zones

Le città santuario, come anticipato, sono solo un'estremità del fenomeno che incrocia la dimensione cittadina con la globalizzazione e in particolare con la mobilità demografica. All'altro estremo si colloca un fenomeno urbano ugualmente globalizzato, che consiste nello sviluppo di centri destinati a divenire poli di attrazione di risorse finanziarie, economiche e umane. La formazione di *hub* urbani internazionalizzati, nei quali convergono – spesso in massa – popolazioni estere per coglierne le opportunità di lavoro, è ormai una caratteristica diffusa. Essa ha spesso preso forza grazie all'impulso nazionale o a partnership pubblico-private con il beneplacito delle istituzioni statali, interessate a identificare aree limitate del territorio per farne delle leve per lo sviluppo nazionale e aree di sperimentazione, sottraendole a problemi sistemici legati a "rendite di posizione, inefficienze, cattiva regolazione e corruzione"[36].

Sono esempi noti di questo fenomeno città o porzioni di territorio collocate nelle aree più disparate del globo, ma spesso coinvolte in movimenti di modernizzazione piuttosto repentini. Tra i molti, si possono segnalare i casi di Hong Kong[37], Singapore[38] o New Songdo nella Corea del Sud[39]. La penisola arabica è

---

[34] T.M. Massaro-S. Milczarek-Desai, *Constitutional Cities: Sanctuary Jurisdictions*, cit., 18.

[35] J.L. Manfredi-Sanchez, *Sanctuary Cities: What Global Migration Means for Local Governments*, cit., 146.

[36] L. Cao, *Charter Cities*, in *William & Mary Bill of rights Law Journal*, 2019, 725.

[37] *Ibidem*: "Hong Kong often has been invoked as a model".

[38] M. Frazier, *Emergence of a New Hanseatic League: How special Economic Zones Will Reshape Global Governance*, in *Chapman L. Rev.*, 21/2018, 344.

[39] Su New Songdo in particolare, si vedano J. Sadowski-F. Pasquale, *The spectrum of control:*

punteggiata di tali esperimenti, con un centro gravitazionale particolare in Abu Dhabi, capitale degli Emirati Arabi [40], seguita da Dubai grazie alla spinta offertale da Expo2020 [41]. Iniziative simili stanno emergendo ovunque, come in Honduras [42], Costa Rica [43] o altri luoghi dell'America Latina [44]. In alcuni casi si tratta di aree delimitate all'interno di centri urbani preesistenti – in altri invece la dimensione urbana è concepita *ex novo* e disegnata a tavolino.

Queste aree hanno alcuni elementi volutamente comuni. Ottengono uno statuto particolare dallo Stato, che assegna loro una forma di governo e spesso un vero e proprio ordinamento speciale [45]. Le linee fondamentali di tali centri urbani sono concepite in maniera strategica per attirare capitali e persone dall'estero, costruendosi come o attorno a cd. *Free Zones*, aree delimitate a fortissima vocazione commerciale internazionale [46] che traggono ispirazione da stereotipi fortemente risalenti come le città europee della lega anseatica, riletti in una "variante ipercinetica" [47]. Accanto agli scopi di promozione economica possono esserne associati altri, come l'obiettivo di sperimentare modelli di sviluppo ecologici, alternativi o socialmente inclusivi [48]. Talvolta la creazione di tali zone presenta profili geostrategici, com'è il caso della Cina, la quale con la *Belt and Road Initiative* sta finanziando l'erezione di tali città in diversi Stati in via di sviluppo: non essendo in grado di ripagare il debito pubblico, questi ultimi le cedono porzioni di sovranità in tali aree, permettendole di così costruire – e gestire – un reticolo di centri urbani su scala globale [49].

Questi centri urbani si connotano per alcuni caratteri comuni: anziché caratterizzarsi per le proprie peculiarità, queste città si propongono quali scenari di lavoro e vita relativamente omogenei. Tale uniformità li rende appetibili per una platea di professionisti e lavoratori globalizzati o interessati a pianificare la propria emigrazione.

A social theory of the smart city, in *University of Maryland Francis King Carey School of Law – Legal Studies Research Paper No. 2015-26*, 3.

[40] Abu Dhabi risulta il primo posto della classifica della Banca mondiale per gli affari nel mondo arabo: *Abu Dhabi Company Formation in TwoFour54 Free Zone, 5 Circuit Uncourt*, 2018, 34.

[41] T. KAUL, *Unveiling Expo 2020 Dubai*, in *6 Circuit Uncourt*, 2019, 40. Sui recenti sviluppi di Dubai e sul suo livello di avanzamento tecnologico si vedano J.J. KINGSLEY-M. HEAP, *Dubai: Creating a Global Legal Platform?*, in *Melbourne Journal of International Law*, 20/2019, 277 ss.

[42] L. CAO, *Charter Cities*, cit., 722.

[43] M. FRAZIER, *Emergence of a New Hanseatic League*, cit., 362.

[44] *Ivi*, 345-346.

[45] L. CAO, *Charter Cities*, cit., 721.

[46] Un esempio recente in questo senso è la trasformazione di Sohar intorno al suo porto, dichiarato *Free Zone*: *Company Setup in Sohar Port and Free Zone*, in *% Circuit Uncourt*, 2018, 38.

[47] L. CAO, *Charter Cities*, cit., 721.

[48] *Ivi*, 739.

[49] M. FRAZIER, *Emergence of a New Hanseatic League*, cit., 346.

In queste aree spesso i Paesi possono verificare modelli alternativi di sviluppo urbano basati sull'efficienza, su di un avanzato grado tecnologico e sulla promozione delle attività economiche. Tali aspetti sono critici non solo per l'attrattività nei confronti di non cittadini e imprese estere, ma per la medesima politica nazionale, che sovente è gravata da fenomeni corruttivi, scarsa efficienza e arretratezza. In sostanza, tali città paiono collocarsi sia come volano economico sia come leva reputazionale per l'intera nazione. Esse offrono una "zona speciale di riforme normative, priva di imposizione fiscale, capace di attirare milioni di persone alla ricerca di opportunità dal mondo in via di sviluppo. Ciascuno riceve ... servizi essenziali", usufruendo di scuole ed ospedali sovente fondati e gestiti dagli sviluppatori della nuova realtà urbana [50].

Spesso le strutture fondamentali di queste città vengono disegnate *ex nihilo* da studi professionali con competenze multidisciplinari, che si occupano di aspetti disparati come l'urbanistica, il diritto applicabile e la tassazione. Il governo della città può essere ugualmente affidato dagli organi di indirizzo politico nazionale a comitati composti da soggetti provenienti da qualunque parte del globo, individuati in base alle competenze e alla professionalità. Le relazioni tra i residenti e le istituzioni tendono ad essere de-umanizzate, perché integrate in protocolli e strumenti informatici intelligenti, che evitano l'intermediazione umana e massimizzano l'efficienza e la rapidità [51]. Ciò si traduce normalmente in un elevato grado di automazione tecnologica sia nella pubblica amministrazione sia nei servizi [52] – dal trasporto al welfare [53].

Il diritto applicabile, almeno in alcuni settori su cui si concentra l'iniziativa di sviluppo urbano, è spesso derivato dal *common law*, il quale è tradizionalmente molto proteso alla protezione delle libertà e delle iniziative economiche. Non raramente vengono istituite corti dedicate ad affrontare controversie sorte in tali ambiti urbani o in alcune aree di attività che ne sono il *focus* – corti frequentemente composte di giudici in pensione di altre giurisdizioni di *common law* [54].

Complessivamente, il quadro urbano che tali realtà compongono rappresenta un'isola all'interno del contesto nazionale, mirante all'attrazione di risorse e finalizzata al massimo profitto privato e alla promozione economica locale.

---

[50] B. HUTCHINSON, *Year in Ideas: Professor Touts Special Economic Zones Known as "Charter Cities"*, in *National Post*, 27 dicembre 2012.

[51] J. SADOWSKI-F. PASQUALE, *The spectrum of control*, cit., 7.

[52] M. FRAZIER, *Emergence of a New Hanseatic League*, cit., 359: "Singapore's 4,5 million citizens and enterprises, for example, now can access 1600 eGovernment services at any time, providing rapid turnaround times for passport renewals, tax filings, and building construction".

[53] Sullo sviluppo dell'idea di *Smart City* si vedano J. SADOWSKI-F. PASQUALE, *The spectrum of control*, cit., 2.

[54] M. FRAZIER, *Emergence of a New Hanseatic League*, cit., 348.

4. *Conclusioni*

Le due forme di convivenza urbane qui appena esplorate si collocano probabilmente alle due estremità della convivenza urbana. Da un lato si situano le città-santuario, con la loro tolleranza nei confronti dello straniero irregolare, funzionale a preservare la medesima stabilità e armonia sociale, scoraggiare lo sviluppo di forme di criminalità violenta od organizzata e assicurare la connettività locale. Esse tentano di proteggere il fenomeno spontaneo che lega progressivamente le presenze regolari con quelle irregolari tramite la creazione di "spazi fisici" e "simbolici" comuni, grazie ai quali si sviluppa il senso di condivisione e si incentiva l'integrazione[55]. Dall'altro lato prendono posto le città globali, altamente tecnologiche ed efficienti, che attirano individui dalle diverse parti del mondo a vivere e innanzitutto a lavorare.

Nonostante le cospicue differenze, i due modelli sembrano condividere alcuni aspetti importanti. Essi sono infatti due generi di risposta alla mobilizzazione planetaria di persone e risorse. Inoltre i due modelli si distinguono ugualmente dal diritto nazionale, poiché almeno alcune delle regole cui soggiacciono godono di caratteristiche proprie[56]. Tuttavia, se le zone a vocazione economica e commerciale soffrono ben poco dei vincoli posti dai livelli di governo superiori proprio perché questi ultimi le hanno spesso incentivate se non propriamente concepite come luoghi in cui innestare "ideologie tecnocratiche neoliberali"[57], le città santuario faticano a liberarsi e a imporre la propria logica perché sono ancora concepite come "creature" degli Stati[58].

Entrambi questi stereotipi dunque stimolano la riconsiderazione della dimensione locale: essa risulta un livello istituzionale da proteggere *poiché* veicola degli interessi e prima ancora una logica aggregativa propria, irriducibile agli altri livelli istituzionali e forme di convivenza[59]. Non è naturalmente scontato che questi sviluppi tengano alla prova della pandemia, la quale ha stimolato una ricollocazione della popolazione e un ripensamento dei modelli di vita, favorendo la decentralizzazione e il distanziamento fisico[60]. Tuttavia si tratta di paradigmi che favoriscono una riflessione da parte del diritto costituzionale comparato del ruolo della città, in due direzioni diverse: la relazione o l'individualità.

---

[55] J.L. MANFREDI-SANCHEZ, *Sanctuary Cities: What Global Migration Means for Local Governments*, cit., 151.

[56] T.M. MASSARO-S. MILCZAREK-DESAI, *Constitutional Cities: Sanctuary Jurisdictions*, cit., 4.

[57] J. SADOWSKI-F. PASQUALE, *The spectrum of control*, cit., 4.

[58] P. GULASEKARAM-R. SU-R.C. VILLAZOR, *Anti-Sanctuary and Immigration Localism*, in *Col. L. Rev.*, 119/2019, 852.

[59] N. SCHOENBAUM, *Stuck or Rooted?: The Costs of Mobility and the Value of Place*, in *Yale Law Journal Forum*, 12/2017, 458.

[60] A. HERNANDEZ-MORALES-K. OROSCHAKOFF-J. BARIGAZZI, *The Death of the City*, in *Politico*, 27 luglio 2020.

LE CITTÀ NEL PROCESSO DI INTEGRAZIONE EUROPEA

GIOVANNI COMAZZETTO

SOMMARIO: 1. Premessa. Città, tecnologia e spazi politici. – 2. Le città nella «costellazione postnazionale». Il problema della forma politica. – 3. La dimensione urbana delle politiche europee. – 4. Conclusioni. Luci e ombre del diritto delle città nello spazio europeo.

1. *Premessa. Città, tecnologia e spazi politici*

Nella modernità le città europee sembrano oscillare tra l'essere i luoghi ove massimamente si produce una tensione produttiva di innovazioni politiche e costituzionali (*lato sensu* intese), e l'essere le spettatrici passive delle trasformazioni dei processi capitalistici – subendone anzi le dinamiche, in quanto esse sono le fondamentali 'vie di scorrimento' di persone, mezzi, servizi e capitali, e oggi anche le sedi privilegiate delle società finanziarie e dei centri di gestione dei servizi avanzati, nonché i nodi di quella *rete* a cui sempre più assomiglia il sistema globale. Il punto è spiegato con efficacia da David Harvey: fin dalle origini le città sono nate come «concentrazioni geografiche e sociali di un surplus produttivo» [1], ma con l'affermazione del capitalismo industriale esse assumono un ruolo affatto inedito, in quanto il capitalismo «necessita di processi urbani per assorbire l'eccedenza di capitale che costantemente produce» [2]. Esempio eclatante di questa dinamica è la città di Parigi nel corso dell'Ottocento: la straordinaria riconfigurazione urbanistica voluta da Napoleone III e messa in atto dal Barone Haussmann è un tentativo di stabilizzazione e controllo sociale in un periodo di grande fermento politico e di esplosione delle contraddizioni economiche, e ad essa risponde, in un certo senso, la successiva esperienza della Comune in quanto – anche, ma non solo – tentativo di *riappropriazione* degli spazi urbani da parte dei cittadini.

---

[1] D. HARVEY, *Città ribelli. I movimenti urbani dalla Comune di Parigi a Occupy Wall Street*, tr. it., Milano, 2013.

[2] D. HARVEY, *Città ribelli*, cit.

Questa costante dialettica tra l'eccedenza politica delle città e l'evoluzione dei processi produttivi a livello globale[3] attraversa la modernità e si ripropone, *mutatis mutandis*, nell'odierno contesto delle società postfordiste. Proprio se si concentra l'attenzione sui nessi fondamentali tra innovazioni tecnologiche, processi capitalistici, forme politico-giuridiche e modi dell'esistenza spaziale dell'uomo si possono cogliere alcuni passaggi 'epocali' che marcano importanti discontinuità in quella che altrimenti potrebbe essere rappresentata, linearmente, come una 'storia della città dalle origini ad oggi'. Dovrebbe infatti delinearsi, piuttosto, un percorso che va dalla 'città di case'[4] (*polis*) dell'era pre-moderna (e pre-capitalistica), alla 'città-porto'[5] e alla metropoli dell'era moderna, fino ad arrivare alla 'città intelligente' (o *technopolis*) di un tempo che – con tutte le cautele del caso – può definirsi post-moderno[6]. Le forme politiche di riferimento, entro le quali queste diverse concezioni della città si collocano, divergono in modo significativo: si va dalla straordinaria varietà di figure proprie della lunga epoca che precede la modernità (città-stato, regni, imperi, stato dei ceti, ecc.), all'assoluta centralità della figura dello Stato nel periodo che va dal XVI secolo al XX secolo, per approdare infine al tempo attuale che vede nel progressivo – e forse inesorabile – 'sfondamento' dei confini statali e, più in generale, nella perdita di centralità dello Stato quale unità analitica di riferimento dell'indagine filosofica, sociologica e giuridica[7], il fenomeno più rilevante, con cui la dottrina giuridica deve fare i conti.

Se tra la modernità e la post-modernità vi sia davvero una discontinuità così netta, è certo controverso. Alcuni elementi inducono ad ipotizzare che l'avvento

---

[3] Sull'ambivalenza dell'attuale centralità della città nel sistema globale – che può essere sì centralità «agita, se non usata, dai grandi attori della globalizzazione economica», ma anche un protagonismo che «anziché agito dall'alto – come quello registrato nel fenomeno delle *global* e delle *smart cities* – muove dalla partecipazione dei cittadini» – vedi F. PIZZOLATO, *Economia globale e città: note introduttive su una dialettica centrale per le democrazie del XXI secolo*, in *Economia Pubblica. The Italian Journal of Public Economics and Law*, 1/2020, 105 ss.

[4] Vedi sul punto A. SANDRI, *Città di case e technopolis*, in C. BUZZACCHI-P. COSTA-F. PIZZOLATO (a cura di), *Technopolis. La città sicura tra mediazione giuridica e profezia tecnologica*, Milano, 2019, 137-148.

[5] Osservano E. CARLONI-M.V. PIÑEIRO, *Le città intelligenti e l'Europa. Tendenze di fondo e nuove strategie di sviluppo urbano*, in *Istituzioni del federalismo*, 4/2015, 867, che «si possono fissare delle [...] importanti tappe che vanno dalla rivoluzione commerciale medievale, che aveva il suo baricentro nelle città comunali italiane, alla nascita dell'impero olandese costituito sulla capacità di crescita di Amsterdam, Rotterdam e altri porti fiamminghi, per poi approdare nel corso del XIX secolo alla rivoluzione industriale che collocò al centro dell'economia mondiale le città portuarie della Gran Bretagna prima di vedere emergere la potenza delle città americane delle coste e dei grandi laghi».

[6] Per un approfondimento di questo tema, si consenta di rinviare al contributo presente in questo Volume, dal titolo *Città, spazio, diritto. Ripensare il diritto alla città nell'età dell'informazione*.

[7] L. FERRARI BRAVO, *Globalizzazione: convergenza o integrazione?*, in ID., *Dal fordismo alla globalizzazione. Cristalli di tempo politico*, Roma, 2001, 353-362.

dell'età dell'informazione corrisponda ad una *soglia epocale* – quasi quanto quella ha dato avvio alla modernità –, imponendo ad ogni disciplina – ne sia consapevole, o no – un profondo ripensamento delle sue coordinate teoriche. La stessa esistenza spaziale dell'uomo ne è profondamente e interamente sconvolta: le ICT (*Information and Communications Technologies*) stanno al contempo «modificando il nostro mondo attraverso la creazione di nuove realtà e promuovendo un'interpretazione di ogni aspetto del mondo e delle vite che vi conduciamo in termini d'informazioni» [8]. Le piattaforme digitali costituiscono esse stesse *nuovi spazi*, ove gli uomini agiscono, lavorano, socializzano, scambiano dati – in una parola: *vivono*. La moltiplicazione degli spazi virtuali porta quindi ad una riconfigurazione degli stessi spazi 'reali', modificati e reinterpretati secondo le necessità delle piattaforme digitali.

2. *Le città nella «costellazione postnazionale». Il problema della forma politica*

In questo capitalismo delle piattaforme e delle reti, il ruolo dello Stato-nazione è necessariamente ridimensionato, sebbene non cancellato. Potrebbe dirsi, infatti, che «la globalizzazione costringe lo Stato-nazione ad agire un 'riposizionamento scalare' entro un quadro di poteri più vasto e articolato» [9]. La crisi dello Stato – i cui termini possono soltanto essere accennati in questa sede – emerge su almeno tre fronti: il suo presentarsi come unica fonte del diritto [10]; la sua capacità di governare i processi tecnologici, economici e sociali, e in particolare di contenere e articolare il rapporto tra capitale e politica; l'idoneità dei meccanismi di rappresentanza politica a costituire ancora lo schermo sul quale si proiettano istanze e desideri dei governati [11]. Su tutti e tre i fronti di crisi ora menzionati le difficoltà della forma-Stato si fanno sempre più evidenti: proliferano le fonti del diritto che al filtro della sovranità statale sono riconducibili solo formalmente (si pensi non solo alle organizzazioni internazionali e sovranazionali, ma anche a quei «regimi giuridici privati» la cui natura è tutt'altro che perspicua, e in ogni caso a stento

[8] L. FLORIDI, *La quarta rivoluzione. Come l'infosfera sta trasformando il mondo*, tr. it., Milano, 2017, 47.

[9] A. LAZZARINI, *Figure della complessità: le città nell'età globale*, in *La società degli individui. Quadrimestrale di Filosofia e teoria sociale*, 3/2019, 55.

[10] M. BERTOLISSI-G. DUSO, *Ripensare la costituzione? Il problema della pluralità politica*, in M. BERTOLISSI-G. DUSO-A. SCALONE (a cura di), *La costituzione e il problema della pluralità*, Monza 2008, 9 ss.

[11] Sugli ultimi due profili evidenziati, vedi la diagnosi offerta da S. CHIGNOLA-S. MEZZADRA, *Fuori dalla pura politica. Laboratori globali della soggettività*, in *Filosofia politica*, 1/2012, 66 ss.

messa a fuoco dalla dottrina costituzionalistica [12]); emergono tutti i limiti dei poteri degli Stati rispetto ai mercati, alle istituzioni finanziarie (come la reazione alla crisi del 2007-2008 ha ampiamente dimostrato), e ora ai colossi del *Big Tech*; i meccanismi rappresentativi delle democrazie sono colpiti da una durevole crisi di fiducia [13]. L'espressione «decostituzionalizzazione» sembra designare efficacemente questa crescente, complessiva erosione della capacità degli Stati e delle loro costituzioni di «proporsi comunque come l'orizzonte a partire dal quale le relazioni interumane si riconoscono come ordine politico e ricevono da questo nomi e figure attraverso i quali dirsi e riconoscersi» [14].

L'irreversibile crisi dello Stato moderno, lungi dal costringere gli studiosi ad indulgere ad una sorta *melancholia constitutionalis* [15], costituisce un'occasione felice per il pensiero, in quanto libera l'indagine dalla 'gabbia' dei concetti politici e giuridici moderni – incardinata, senza vie d'uscita, sull'asse *Stato-territorio-sovranità* – e impone di assumere un «atteggiamento storico che, proprio nel momento in cui si libera da uno storicismo acritico [...], sappia riflettere sulla genesi della forma politica moderna e della stessa costituzione, sui presupposti razionali che la hanno resa possibile e sugli eventuali problemi che si determinano nel rapporto tra questi presupposti e la realtà che la costituzione si propone di ordinare» [16]. Proprio sulla base di un simile approccio storico-concettuale al problema dello Stato, Gianfranco Miglio osservava che «il problema oggi non è contrapporre al nazionalismo statuale un nazionalismo di dimensioni più piccole, che del primo riprende tuttavia la logica. Semmai si tratta di capire se è possibile immaginare modelli di organizzazione politica che non abbiano come fondamento il legame indissolubile dell'individuo con il territorio e in particolare con la sovranità territoriale collocata in stati omogenei e territorialmente continui» [17]. Questa esigenza di immaginare nuovi modelli di organizzazione politica sembra suggerire, in particolare, di «incrociare la dimensione spaziale dell'organizzazione politica [...] con il compito del governo politico di processi che ci dominano – processi economici, dell'assetto del capitale, della rete, dell'ambiente –, che non sono governati e sembrano difficilmente governabili» [18]. Collocarsi in un orizzonte più ampio di

---

[12] La bibliografia su questo tema è sterminata. Ci si limita qui a rimandare alle riflessioni di uno dei più autorevoli e originali interpreti di questo passaggio: G. TEUBNER, *La cultura del diritto nell'epoca della globalizzazione. L'emergere delle costituzioni civili*, tr. it., Roma, 2005.

[13] Sul punto si veda quantomeno C. CROUCH, *Postdemocrazia*, Roma-Bari, 2003.

[14] A. BRANDALISE, *Democrazia e decostituzionalizzazione*, in *Filosofia politica*, 3/2006, 408.

[15] L'espressione è di M. LUCIANI, *L'antisovrano e la crisi delle costituzioni*, in *Riv. dir. cost.*, 1996, 126.

[16] M. BERTOLISSI-G. DUSO, *Ripensare la costituzione?*, cit., 10.

[17] G. MIGLIO, *Oltre lo stato-nazione: l'Europa delle città*, in *Ideazione*, 2/2001, 101.

[18] M. BOZZON-G. COMAZZETTO (a cura di), *Crisi della rappresentanza, federalismo ed Europa. Intervista a Giuseppe Duso*, in *Pandora Rivista*, 11 febbraio 2021, reperibile all'indirizzo *https://*

quello definito dai confini degli Stati-nazione – dunque, per noi, l'orizzonte dell'integrazione europea – sembra rispondere al duplice scopo di superare i limiti da sempre propri del «nazionalismo metodologico», e di tentare di governare i processi sopra citati, salvando al contempo le promesse di «liberazione nella libertà»[19] che hanno costituito la pietra angolare del costituzionalismo sociale novecentesco.

Il processo di integrazione europea sembra prestarsi ad una lettura basata sugli studi relativi ai processi federativi[20], piuttosto che sul quadro concettuale proprio del diritto pubblico 'statocentrico'. È lecito domandarsi quale ruolo debbano assumere le città in un siffatto ordine policentrico e post-statuale. Di certo, un tale contesto sembra favorire la valorizzazione di quella 'eccedenza' delle città che l'ingombrante figura dello Stato moderno ha finora tentato di controllare e comprimere – articolando i rapporti centro-autonomie territoriali sull'asse che vede da una parte la capitale dello Stato, e dall'altra il restante territorio statale. La difficoltà a contenere questa eccedenza e vitalità degli spazi cittadini, talvolta insofferenti nei confronti dei rispettivi Stati nazionali e interessati ad instaurare relazioni più strette con le realtà urbane di altri Stati, si radica nel progressivo insorgere in Europa di grandi aree metropolitane. La metropoli europea moderna era tuttavia concepita «come un'unità compatta e separata dallo spazio rurale, presentava una razionale articolazione di funzioni, insediamenti, servizi e attività»[21]; mentre la realtà contemporanea sembra assomigliare sempre più a un'unica, immensa regione metropolitana, della quale è difficile pensare un «fuori». Essa vede poi in alcune «città globali»[22] i centri di comando e controllo dell'economia informazionale, centri in grado di «coordinare, innovare e gestire le attività intrecciate delle reti di imprese»[23]. Come osservava acutamente Luciano Ferrari Bravo, l'immagine della rete è tuttavia fuorviante, e fortissimo è «il rischio di una lettura ideologica del problema». La metafora della rete, «di una interconnessione circolare di flussi e processi, non autorizza in alcun modo una visione dello spazio sociale ordinato in maniera simmetrica e puramente orizzontale (cioè evacuato da problemi

---

www.pandorarivista.it/articoli/crisi-della-rappresentanza-federalismo-ed-europa-intervista-a-giuseppe-duso/ [ultimo accesso: 27 giugno 2021].

[19] La felice formula di Leopoldo Elia è citata in M. BENVENUTI, *Libertà senza liberazione. Per una critica della ragione costituzionale dell'Unione europea*, Napoli, 2016, 7.

[20] S. MEZZADRA, *Ripensare il federalismo nella crisi della forma politica moderna*, in *Quaderni fiorentini per la storia del pensiero giuridico moderno*, vol. 40, 2011, 1141 ss.

[21] A. LAZZARINI, *Figure della complessità*, cit., 53.

[22] L'espressione è stata resa celebre da S. SASSEN, *Città globali: New York, Londra, Tokyo*, tr. it., Torino, 1997.

[23] M. CASTELLS, *La nascita della società in rete*, tr. it., Milano, 2002, 437. Per P. PERULLI-L. VETTORETTO, *Tipi di città e analisi socio-spaziale*, in *Rassegna Italiana di Sociologia*, 4/2018, 705, «l'emergere della città globale *conclude* l'epoca della metropoli: la sua emergenza infatti comanda funzioni planetarie, non più circoscrivibili a nessuno spazio metropolitano definito».

di potere) che troppo spesso se ne ricava. La rete non giace su un piano bidimensionale, i suoi nodi non sono affatto equidistanti e equipollenti. Piuttosto, essa mette in forma un processo generale di *concentrazione di potere non centralizzata* [...]. In altri termini, l'affermarsi della forma-rete – di una miriade di reti variamente estese e interconnesse – è il risultato della necessità capitalistica di compensare sul piano della concentrazione (di potere, di decisione strategica) quel fortissimo decentramento richiesto dalla messa al lavoro di risorse cognitive e affettive, con le quali soltanto si può oggi produrre valore: tale è il senso complessivo del *post-industrial divide*, reso possibile dalla rivoluzione informatica»[24].

Ecco allora che si ripresenta il problema sopra esposto: in quale misura le città possono incidere sui processi globali, e non esserne soltanto condizionate? Un tentativo di risposta può essere abbozzato analizzando il problema da due prospettive differenti ma senza dubbio connesse: la *dimensione urbana* delle politiche europee, da un lato, e il ripensamento del *diritto delle (e alle) città* alla luce del processo di integrazione europea, dall'altro[25].

3. *La dimensione urbana delle politiche europee*

L'attenzione delle istituzioni europee nei confronti del fenomeno urbano e di politiche di sviluppo incentrate sulle città è relativamente recente. Per lungo tempo si è infatti sottolineata la «cecità regionale» delle Comunità europee, da intendersi come un sostanziale disinteresse delle istituzioni europee nei confronti dell'assetto costituzionale interno degli Stati membri[26]. A marcare un profilo di discontinuità, quantomeno sul piano dei principi, è stato senz'altro il Trattato di Maastricht, che contemplando per la prima volta il principio di sussidiarietà[27] (oggi previsto dall'art. 5, par. 3, TUE) – da leggere insieme ai connessi principi di prossimità e di partenariato, che informano le relazioni tra l'Unione Europea e le autonomie territoriali e civiche – confermava l'accresciuta attenzione delle istituzioni comunitarie nei confronti delle ricadute 'territoriali' delle politiche adottate

---

[24] L. FERRARI BRAVO, *Federalismo*, in A. ZANINI-U. FADINI (a cura di), *Lessico postfordista. Dizionario di idee della mutazione*, Milano, 2001, 122.

[25] Le annotazioni che seguono si soffermano sul ruolo delle città nello spazio giuridico europeo. Per quanto concerne il rapporto tra la dimensione cittadina e il diritto internazionale, si rinvia al contributo di M. DIMETTO, *Le città nel diritto internazionale*, in questo *Volume*.

[26] M. SAVINO, *Regioni e Unione europea: il mancato «aggiramento» dello Stato*, in *Le Regioni*, 3-4/2007, 437 ss.

[27] Sulle radici concettuali della sussidiarietà e sul rapporto di questo principio con la concezione moderna del potere politico, vedi P. COSTA, *Sui debiti concettuali del principio di sussidiarietà. Contributo allo studio di un concetto quasi-moderno*, in F. PIZZOLATO-P. COSTA (a cura di), *Il lato oscuro della sussidiarietà*, Milano, 2013, 47-67.

a livello sovranazionale e l'esigenza di un raccordo più significativo con le istituzioni di governo sub-statale nel quadro del complessivo sistema multilivello. Da tempo, peraltro, non mancavano i segnali di un tale progresso, dall'istituzione del Fondo europeo di sviluppo regionale e del Comitato per le politiche regionali (composto tuttavia da funzionari statali e membri nominati dalla Commissione[28]), all'Atto unico europeo del 1986 (che istituiva, come campo d'azione della Comunità, la «coesione economica e sociale», con particolare attenzione agli squilibri regionali), fino ad approdare appunto al Trattato di Maastricht, con il quale si andava anche ad istituire per la prima volta una sede 'comunitaria' – il Comitato delle Regioni[29] – ove potessero trovare rappresentanza le istanze dei livelli di governo sub-statale.

Per quanto concerne, tuttavia, l'avvio del dibattito su politiche finalizzate in modo specifico alla valorizzazione dei centri urbani alla luce sia del loro ruolo strategico per innescare processi di crescita sostenibile e integrazione socio-culturale, sia della loro natura di dimensioni 'di base' della democrazia, si è dovuto attendere il 1997, in particolare la Comunicazione (adottata dalla Commissione) dal titolo *La problematica urbana: orientamenti per un dibattito europeo*[30]. In essa si ravvisava la necessità di migliorare lo sviluppo urbano e rendere più incisivi gli interventi comunitari già previsti per le zone urbane. Si riteneva peraltro che non fosse necessario alcun rafforzamento dei poteri delle istituzioni europee, trattandosi invece di «adottare una strategia più mirata che si serva degli strumenti esistenti a livello nazionale e comunitario e di rafforzare la cooperazione e il coordinamento ai vari livelli». A questo primo passaggio, che identificava nel nodo del maggior intervento dell'Unione nel campo dello sviluppo urbano, unito ad un maggiore coinvolgimento delle realtà urbane nella definizione delle politiche in materia, l'obiettivo principale di questo 'nuovo corso' dell'integrazione europea, ne sono seguiti numerosi altri: è qui sufficiente citare la *Carta di Lipsia sulle città europee sostenibili*, approvata dal Consiglio (informale) dei ministri responsabili per lo sviluppo urbano e l'assetto del territorio svoltosi a Lipsia il 24 e 25 maggio 2007, e la *Dichiarazione di Toledo sulla rigenerazione urbana*, adottata nel 2010, anch'essa nell'ambito di una riunione informale dei ministri degli Stati membri responsabili per lo sviluppo urbano.

Nei primi anni del nuovo millennio si sono quindi susseguiti diversi atti di *soft law*, adottati perlopiù a seguito di riunioni intergovernative di carattere informale, ma anche comunicazioni e *report* della Commissione e risoluzioni del Parla-

---

[28] P. COSTANZO-L. MEZZETTI-A. RUGGERI, *Lineamenti di diritto costituzionale dell'Unione europea*, Torino, 2006, 426.

[29] Sul tema si rinvia al contributo di A. SCALONE, *Il CdR nel quadro istituzionale dell'Unione europea e il ruolo (problematico) degli enti locali*, in questo *Volume*.

[30] COM(1997)197 def.

mento Europeo, che hanno via via segnato le tappe di un processo incrementale che ha delineato le coordinate fondamentali di una complessiva «visione europea» della città[31]. Significativo, in questo senso, il rapporto della Commissione *Cities of tomorrow. Challenges, visions, ways forward*[32], ove si afferma che «Le città svolgono un ruolo fondamentale come motore dell'economia, luoghi di connettività, creatività e innovazione e centri servizi per le zone circostanti. Grazie alla loro densità, le città hanno un potenziale enorme di risparmio energetico e di spinta verso un'economia a zero emissioni di carbonio. Esse presentano, tuttavia, anche problemi come disoccupazione, discriminazione e povertà»; che «i loro confini amministrativi non corrispondono più alla realtà fisica, sociale, economica, culturale o ambientale dello sviluppo urbano e risultano necessari nuovi modelli di governance più flessibili»; e che «per quanto riguarda obiettivi e valori, la città europea del futuro è generalmente considerata come: un luogo dallo sviluppo sociale avanzato, con un grado elevato di coesione sociale, alloggi socialmente equilibrati, nonché servizi sanitari ed educativi rivolti a tutti; una piattaforma per la democrazia, il dialogo culturale e la diversità; un luogo verde, di rinascita ecologica e ambientale; un posto attrattivo e un motore della crescita economica».

Tra le iniziative più concrete che si sono virtuosamente collocate entro questa prospettiva meritano sicuramente una menzione il *Patto dei Sindaci* del 2008 (integrato nel 2015 in un nuovo *Patto dei Sindaci per il clima e l'energia*), promosso dalla Commissione Europea al fine di supportare gli enti locali nel perseguimento degli obiettivi comunitari su clima ed energia, e soprattutto l'*Agenda Urbana per l'Unione Europea*, i cui lineamenti essenziali sono definiti nel *Patto di Amsterdam* del 2016[33]. L'obiettivo dell'Agenda è quello di creare partenariati tra la Commissione, le autorità locali, gli Stati membri, le organizzazioni europee come il Comitato delle Regioni e le parti interessate, come ad esempio le organizzazioni non governative e le imprese. Nell'ambito di questi partenariati si sviluppano piani d'azione in vista di tre obiettivi fondamentali: migliorare la qualità ed efficacia della legislazione; implementare i programmi di finanziamento e facilitare l'accesso degli enti locali; creare una rete ove condividere le conoscenze (dati, studi, buone pratiche). Tali iniziative si collocano dunque in una traiettoria che mira alla creazione di uno 'spazio istituzionale' ove le rappresentanze delle comunità cittadine possano interagire tra loro e con le istituzioni europee senza la necessaria mediazione dei rispettivi Stati membri.

Per completare il quadro, è opportuno segnalare che anche iniziative e istituti

---

[31] E. CARLONI-M.V. PIÑEIRO, *Le città intelligenti e l'Europa*, cit., 881.

[32] Il testo del *report* è reperibile all'indirizzo *https://ec.europa.eu/regional_policy/sources/docgener/studies/pdf/citiesoftomorrow/citiesoftomorrow_final.pdf* [ultimo accesso: 29 giugno 2021].

[33] Il testo del Patto di Amsterdam è reperibile all'indirizzo *https://ec.europa.eu/regional_policy/sources/policy/themes/urban-development/agenda/pact-of-amsterdam.pdf* [ultimo accesso: 15 giugno 2021].

preesistenti sono stati adeguati al nuovo orientamento di crescente sostegno nei confronti delle amministrazioni locali. Riferimenti più puntuali allo sviluppo urbano sono ad esempio contenuti nella disciplina delle politiche di coesione basate sui fondi strutturali. Il recentissimo regolamento 2021/1060 del Parlamento Europeo e del Consiglio del 24 giugno 2021, recante le disposizioni comuni applicabili a istituti quali il Fondo europeo di sviluppo regionale e il Fondo di coesione, conferma la novità introdotta nel 2013 relativa al cosiddetto «sviluppo locale di tipo partecipativo», che consiste nella possibilità di creare dei «gruppi di azione locale» composti dai rappresentanti degli interessi socio-economici pubblici e privati. Si tratta pertanto di uno strumento che mira a valorizzare le istanze sociali ed economiche afferenti al territorio interessato alla gestione del fondo, con l'obiettivo principale di dare sostegno «alle attività in rete, all'accessibilità, alle caratteristiche innovative del contesto locale e, se del caso, alla cooperazione con altri operatori territoriali» (art. 31). Questa e altre innovazioni, che fanno emergere sicuramente il rafforzamento delle attenzioni per lo sviluppo delle aree urbane e per il coinvolgimento delle realtà locali nella gestione dei fondi europei, scontano per ora le difficoltà che storicamente hanno caratterizzato tali forme di investimento: esse, nei cicli precedenti, non state infatti in grado di trasformarsi in motore di sviluppo delle autonomie locali in ragione del fatto che «i programmi di questo tipo restano sotto il condizionamento e la regia degli Stati nazionali, o, semmai, delle regioni, con scarso coinvolgimento delle autorità locali, fatta eccezione per i comuni più rilevanti» [34]. Fatica dunque a delinearsi all'orizzonte, almeno in questo settore di interesse europeo, un significativo potenziamento dell'autonomia delle autorità pubbliche locali.

4. *Conclusioni. Luci e ombre del diritto delle città nello spazio europeo*

La crescente attenzione verso le realtà urbane da parte delle istituzioni europee, nei termini sin qui rapidamente delineati, risponde non soltanto al desiderio di affrontare su questo piano, giudicato fondamentale, le sfide che l'Unione ritiene oggi necessarie per garantire una elevata qualità della vita e uno sviluppo sostenibile, ma anche alla necessità di correggere 'storture' che hanno trovato proprio nel processo di integrazione la loro scaturigine, o comunque un importante fattore di accelerazione. Si pensi, a questo proposito, agli effetti che la realizzazione del mercato comune e poi della moneta unica hanno determinato sui regimi proprietari interni agli Stati membri, secondo una traiettoria che ha visto nei pro-

[34] F. GIGLIONI, *Beni comuni e autonomie nella prospettiva europea: città e cittadinanze*, in M. BOMBARDELLI (a cura di), *Prendersi cura dei beni comuni per uscire dalla crisi. Nuove risorse e nuovi modelli di amministrazione*, Trento, 2016, 198.

cessi di liberalizzazione e privatizzazione e dunque nel progressivo ritiro della 'mano pubblica' un passaggio fondamentale nel percorso di sempre maggiore integrazione tra gli Stati membri. Oltre a questa tendenza di lungo periodo, occorre poi considerare il drammatico impatto della crisi economico-finanziaria (e delle successive misure di austerità adottate dagli Stati membri, con il decisivo avallo – e spesso su richiesta – delle istituzioni europee) sull'autonomia (finanziaria, e non solo) degli enti territoriali[35] – ora nuovamente minacciata dalle conseguenze della recessione dovuta alla pandemia da Covid-19.

Le pur promettenti innovazioni esposte in precedenza corrono pertanto il rischio di risultare scarsamente incisive, anche prescindendo da quelle che a prima vista sembrano esserne carenze tutt'altro che trascurabili – tra queste, la 'debolezza' normativa degli atti che regolano la politica urbana europea, la forte focalizzazione settoriale delle politiche di sviluppo, il (quasi sempre) necessario 'filtro' degli Stati nell'interlocuzione tra città e istituzioni europee, nonché la *silhouette* tecnocratica che tende ad assumere il paradigma della *smart city*[36].

Se si considera come il ruolo delle città nel processo di integrazione si sia progressivamente affermato perlopiù al di fuori dell'architettura istituzionale e degli strumenti normativi offerti dai Trattati, è tuttavia possibile abbozzare una considerazione finale meno pessimistica. Il declino del modello 'statocentrico' di organizzazione politica apre la strada a nuove forme politiche, più flessibili e meno 'chiuse' rispetto a quelle che hanno contraddistinto la modernità. Il passaggio a forme di convivenza leggibili piuttosto come 'patti federativi' orientati ad una *unità plurale* che come unità monolitiche imperniate sui concetti di sovranità e territorio, impone allora di ripensare radicalmente le categorie fondamentali del diritto pubblico, superando l'ossessione 'europea' per l'omogeneità e per la *reductio ad unum*. Quanto richiamato sin qui induce a ritenere che le città debbano ricoprire un ruolo chiave in un tale assetto, in quanto comunità politiche 'di base', purché siano dotate degli strumenti (anche, ma non soltanto) normativi necessari a perseguire politiche di sviluppo sostenibile e integrazione sociale, a potenziare connessioni e reti transnazionali di cooperazione, e soprattutto a sperimentare processi partecipativi – ad esempio nella gestione dei beni comuni – ispirati all'idea di democrazia di prossimità.

Due filoni di indagine sembrano essere di particolare rilievo: da una parte, il tema del governo dei processi globali attraverso modelli di organizzazione articolati su più livelli, e dall'altra parte la natura e la qualità delle relazioni tra le parti

---

[35] Sul punto vedi G. RIVOSECCHI, *Gli effetti del processo di integrazione europea sulle autonomie territoriali*, in *Rivista AIC*, 3/2017, 1-25.

[36] Su potenzialità e limiti del modello della «città intelligente» vedi A. MICHIELI, Smart city: *verso l'autogoverno digitale?*, in C. BUZZACCHI-P. COSTA-F. PIZZOLATO (a cura di), *Technopolis. La città sicura*, cit., 175-193.

del sistema multilivello. Queste ultime, entro una *comunità federativa* rettamente intesa, debbono essere improntate al principio di solidarietà [37], da intendersi qui, più che come 'valore', come *principio strutturale* e irrinunciabile del sistema complessivo: esso consiste, più precisamente, nella *cooperazione necessaria* che sostiene il processo federativo e tiene insieme le parti (Unione, Stati, regioni, città) dell'Unione-Federazione; esige la *messa in comune di beni, risorse e attività*, in quanto la scelta stessa di associarsi, da parte dei membri del patto federativo, si deve ricondurre alla consapevolezza della loro inadeguatezza a perseguire determinate finalità *uti singuli*.

Il ripensamento del quadro teorico complessivo entro cui sono inserite le autonomie locali è dunque passaggio non più eludibile se si vuole diradare la nebbia concettuale che attualmente avvolge il *diritto delle città* e il *diritto alla città*.

[37] Sul punto, si consenta di rinviare a G. COMAZZETTO, *La solidarietà nello spazio costituzionale europeo. Tracce per una ricerca*, in *Rivista AIC*, 3/2021, 258-279.

UN'AUTONOMIA *À LA CARTE*? LA CARTA EUROPEA DELL'AUTONOMIA LOCALE NELL'ORDINAMENTO ITALIANO, TRA VINCOLO GIURIDICO E INTERPRETAZIONI RIDUTTIVE

FABIO CORVAJA

SOMMARIO: 1. Un fondamento internazionale per l'autonomia locale. – 2. La Carta europea dell'autonomia locale come trattato internazionale vincolante. – 3. Gli strumenti di garanzia della Carta: il *monitoring* e il contenzioso interno. – 4. I soggetti destinatari della protezione. Enti e comunità locali. – 5. La Carta come fonte di vincoli giuridici. Le forme della applicabilità diretta della CEAL.

1. *Un fondamento internazionale per l'autonomia locale*

La garanzia costituzionale dell'esistenza e della autonomia degli enti territoriali "minori" [1] – comuni, province, città metropolitane – contenuta negli artt. 5, 114, commi 1 e 2, e 118, Cost., non rende inutile la previsione della ulteriore garanzia per questi enti e per le loro potestà assicurata dalla Carta europea dell'autonomia locale, fatta a Strasburgo il 15 ottobre 1985.

Questo strumento del diritto internazionale pattizio, promosso nell'ambito del Consiglio d'Europa e ratificato da tutti i quarantasette Stati che fanno parte di tale organismo, è entrato in vigore il 1° settembre 1988, una volta raggiunto il numero minimo di ratifiche fissato dall'art. 15, § 2, del trattato.

Per l'Italia, la Carta è in vigore dal 1° settembre 1990. Lo strumento di ratifica è stato depositato in data 11 maggio 1990, in seguito alla approvazione della legge 30 dicembre 1989, n. 439, "Ratifica ed esecuzione della convenzione europea relativa alla Carta europea dell'autonomia locale, firmata a Strasburgo il 15 ottobre 1985", che ne reca anche l'ordine di esecuzione.

---

[1] Sul problema della possibile copertura internazionale offerta dalla Carta europea dell'autonomia locale alle regioni italiane e alle due province autonome si vedano le considerazioni svolte *infra*, nel paragrafo 4.

La Carta, oltre ad obbligare gli Stati che sono parte della convenzione a dare riconoscimento costituzionale – "per quanto possibile" – o almeno legislativo alla autonomia degli enti locali (art. 2) e a riconoscere a tali enti il potere di tutelare giudizialmente la propria autonomia sancita dalla costituzione o dalle leggi e il libero esercizio delle proprie funzioni (art. 11), contiene disposizioni definitorie e di principio sul concetto della autonomia, definito come il diritto e la capacità effettiva, per gli enti locali, di regolamentare e di amministrare nell'ambito della legge, sotto la propria responsabilità e a favore delle popolazioni, una parte importante di affari pubblici (art. 3, § 1), e sulla portata della autonomia, che comprende le competenze assegnate dalla costituzione e dalle leggi in conformità al principio di sussidiarietà, competenze che devono essere il più possibile concrete ed integrali (art. 4, §§ 1, 3, e 4)[2]. La CEAL detta però anche disposizioni di principio più specifiche e norme dettagliate in materia di elezione diretta dei consigli o delle assemblee degli enti locali (art. 3, § 2); di consultazione delle collettività locali in caso di variazioni territoriali (art. 5); di autonomia amministrativa e di adeguatezza delle strutture e del personale all'esercizio delle funzioni (art. 6); di garanzia e di indennità per i rappresentanti eletti dalle collettività locali (art. 7); di controlli amministrativi, di regola limitati al solo controllo di legittimità e rispondenti a criteri di proporzionalità (art. 8); di autonomia finanziaria degli enti locali, che devono poter disporre di mezzi sufficienti e proporzionati all'esercizio delle competenze loro attribuite (art. 9); di diritto degli enti locali a collaborare e ad associarsi, nell'ambito della legge, per la realizzazione di attività di interesse comune e di cooperare, alle condizioni eventualmente previste dalla legge, con le collettività di altri Stati (art. 10, rispettivamente § 1 e § 3).

Se oggi, trascorsi oltre tre decenni dall'entrata in vigore della Carta, è forse divenuto eccessivo il rilievo secondo cui la Carta è trascurata dalla letteratura[3], rimane senz'altro vera l'osservazione per la quale la portata di tale atto normativo è tuttora sottovalutata o, più esattamente, svalutata[4].

---

[2] L'art. 4, § 3, stabilisce che, in linea di massima, l'esercizio delle responsabilità pubbliche deve incombere "di preferenza alle autorità più vicine ai cittadini", con la precisazione che l'attribuzione della funzione ad un'altra autorità deve tener conto dell'ampiezza e della natura del compito e delle esigenze di efficacia e di economia.

[3] Di una "legge pressoché ignorata in Italia" aveva parlato G. VESPERINI, *La legge sulle autonomie locali venti anni dopo*, in *Riv. trim. dir. pubbl.*, 2010, 953 s.; di un "disinteresse italiano per la dimensione internazionale dell'autonomia locale" ragionava F. MERLONI, *La tutela internazionale dell'autonomia degli enti territoriali. La Carta europea dell'autonomia locale del Consiglio d'Europa*, in *Scritti in onore di Giuseppe Palma*, Torino, 2012, 2. Tra i pochi contributi organici risalenti si segnalano gli articoli di G.C. DE MARTIN, *Carta europea dell'autonomia locale e limiti dell'ordinamento italiano*, in *Riv. trim. dir. pubbl.*, 1988, 386 ss., di I. GRASSI, *Il ruolo europeo delle autonomie locali. La Carta europea delle Autonomie locali e la Comunità europea dopo il Trattato di Maastricht*, in *Nuove leggi civ. comm.*, 1992, 1178 ss., e di V. PARISIO, *Europa delle autonomie locali e principio di sussidiarietà: la "carta europea delle autonomie locali"*, in *Foro amm.*, 1995, 2124 ss.

[4] G. PIPERATA, *Gli spazi mobili dell'autonomia nell'ordinamento locale italiano*, in *Dir. amm.*,

A fronte delle letture riduttive della CEAL, o addirittura negatrici del suo carattere normativo, promosse da parte della giurisprudenza costituzionale [5], seguite dai giudici amministrativi [6] e talvolta assecondate della stessa letteratura [7], appare allora utile provare a ricostruire il "posto" di questa fonte nell'ordinamento italiano, entrando in un confronto critico con gli argomenti che sono stati portati a sostegno del carattere meramente programmatico o di "documento di indirizzo" della Carta, e cercando di recuperare il senso normativo e la piena giuridicità delle norme dettate dal trattato [8].

2020, 645, ha notato che la Carta è stata collocata in una "condizione di irrilevanza". Sulla necessità di "rivalutare" il trattato si vedano F. MERLONI, *La tutela internazionale dell'autonomia degli enti territoriali*, cit., § 2, e C. PADULA, *L'autonomia: un principio di scarso valore? La Carta europea dell'autonomia locale e le recenti riforme degli enti locali (legge "Delrio" e d.l. 95/2012)*, in B. PEZZINI-S. TROILO (a cura di), *Il valore delle Autonomie: territorio, potere e democrazia*, Napoli, 2005, 108.

[5] Si veda, in particolare, la sentenza n. 50/2015, punto 3.4.3 in diritto, in cui fa cenno *en passant* "alla natura di documento di mero indirizzo della suddetta Carta europea, che lascia ferme 'le competenze di base delle collettività locali [...] stabilite dalla Costituzione o della legge'", come rinvio alla precedente sentenza n. 325/2010. Quest'ultima, riferendosi però a determinate disposizioni della CEAL – l'art. 3, § 1, e l'art. 4, §§ 2 e 4 – e non all'atto in quanto tale, aveva rilevato che "gli evocati articoli della Carta europea dell'autonomia locale non hanno uno specifico contenuto precettivo, ma sono prevalentemente definitori, programmatici e, comunque generici".

[6] T.R.G.A., Trento, sent. n. 245 del 2020, per cui la Carta "ha mero contenuto di indirizzo politico generale"; T.A.R. Friuli-Venezia Giulia, sent. n. 323 del 2017, secondo cui la CEAL, "come chiarito dalla Corte costituzionale con la sent. n. 50/2015, ha natura di documento di atto di mero indirizzo e come tale non direttamente cogente". Negli stessi termini vedi già T.A.R. Friuli-Venezia Giulia, n. 222/2016. In senso analogo, ma con riferimento ad una specifica disposizione della Carta, si veda T.A.R. Puglia, Lecce, sent. n. 3035/2014, la quale, richiamando la sentenza della Corte costituzionale n. 325/2010, ha negato contenuto precettivo all'art. 3 del trattato.

[7] In precedenza, V. PARISIO, *La "Carta europea delle autonomie locali" e il disegno di legge delega per la "Carta delle autonomie locali" italiana: mera coincidenza nominale o convergenza sostanziale?*, in *Foro amm. - Cons. stato*, 2007, 3613 s., aveva attributo "natura di *soft law*" ai principi contenuti nella CEAL, qualificati dunque come mere "indicazioni di massima cui il sistema di ogni Stato aderente deve uniformarsi" ed assimilati a quelli ricavabili da mere dichiarazioni internazionali, quali la "Dichiarazione di Stoccolma" del 16 giugno 1972 o la "Carta mondiale della natura" del 28 ottobre 1982; tale caratteristica era ricondotta anche alla "formulazione ampia" dei principi, che avrebbero assunto "un valore di indirizzo, più che di immediata cogenza, che viceversa si assocerebbe a previsioni di dettaglio". In dottrina è ancora diffusa l'opinione secondo cui la Carta conterrebbe norme che si dirigono soltanto al legislatore (in questi termini M. DE DONNO-C. TUBERTINI, *La aplicación de la Carta Europea de Autonomía Local en Italia*, in T. FONT I LLOVET-M. VILALTA I REIXACH (a cura di), *La Carta Europea de Autonomía Local a los treinta años de su aplicación: balance y perspectivas*, Barcellona, 2020, 248) o comunque si afferma che per l'ordinamento italiano la Carta avrebbe effetti solo obbligatori (così F. MERLONI, *La tutela internazionale dell'autonomia degli enti territoriali*, cit., § 8, pur in una prospettiva che cerca di valorizzare massimamente l'efficacia giuridica del trattato).

[8] La prospettiva seguita in questo lavoro è quindi complementare a quella proposta da P. COSTA, La *Carta europea dell'autonomia locale tra postdemocrazia e iperdemocrazia. Appunti per una rilettura giuridica, alla luce della giurisprudenza costituzionale*, in *Riv. it. dir. pubbl. comp.*, 2018, 68 ss., il quale, sul presupposto del carattere certamente vincolante della CEAL (sia sul piano internazionale, sia su quello interno), argomenta la necessità di recuperare la giuridicità della Carta a par-

2. *La Carta europea dell'autonomia locale come trattato internazionale vincolante*

Non ci sono dubbi che la Carta europea delle autonomie locali configura un vero e proprio trattato, vincolante nell'ordinamento internazionale per gli Stati che ne sono parte[9]. Conseguentemente, per effetto di quanto prevede l'art. 117, comma 1, Cost., la CEAL è vincolante sul piano interno per la Repubblica italiana, che lo ha ratificato ed eseguito[10].

Nel diritto internazionale, il carattere cogente della Carta risulta, anzitutto, dalla consapevole configurazione della stessa nei termini di una convenzione internazionale, forma che fu scelta dal Comitato dei ministri del Consiglio d'Europa scartando volutamente l'opzione per la meno vincolante forma della "dichiarazione"[11].

L'art. 1 della CEAL è chiaro: le Parti si impegnano "a considerarsi vincolate dagli articoli seguenti", sia pure nella maniera e nella misura prescritta dall'art. 12 della stessa Carta.

---

tire dal suo contenuto sostanziale e fondativo. Nella dottrina, gli argomenti a sostegno della forza normativa della CEAL sul piano interno sono stati sviluppati in modo sistematico, in occasione delle riforme che hanno soppresso l'elezione diretta degli organi provinciali, da C. PADULA, *Quale futuro per le Province? Riflessioni sui vincoli costituzionali in materia di Province*, in *le Regioni*, 2013, 373 s., e soprattutto *L'autonomia: un principio di scarso valore?*, cit., 108 ss., nonché da G. BOGGERO, *La conformità della riforma delle Province alla Carta europea dell'autonomia locale*, in *Federalismi.it*, 24 ottobre 2012, § 4 e poi in *La Carta europea dell'autonomia locale nella giurisprudenza degli Stati europei*, in *le Regioni*, 2015, 1099 ss.

[9] Cfr., per tutti, F. MERLONI, *La tutela internazionale dell'autonomia degli enti territoriali*, cit., § 3.4.

[10] L'art. 1, comma 1, della legge n. 131/2003, specifica che costituiscono vincoli alla potestà legislativa dello Stato e delle regioni, ai sensi dell'art. 117, comma 1, Cost., anche quelli derivanti "dai trattati internazionali", senza ulteriori specificazioni. La giurisprudenza costituzionale riconduce l'insorgere del vincolo per il legislatore all'avvenuta ratifica del trattato: in questo senso si veda la sent. n. 194/2018. La circostanza che la Carta sia stata ratificata anteriormente alla legge cost. n. 3/2001 non esclude, stando alla giurisprudenza costituzionale, il suo carattere vincolante per la legislazione, come si ricava dalle sentenze nn. 348 e 349/2007, relative agli obblighi derivanti dalla CEDU. Sulla inammissibilità di una distinzione tra "trattati di serie A", come ad esempio la CEDU, e "trattati di serie B", come, in ipotesi, la CEAL, si veda A. SPADARO, *La sentenza cost. n. 50/2015. Una novità rilevante: talvolta la democrazia è un* optional, in *Rivista AIC*, n. 1/2015, 24, a commento della sentenza della Corte cost. n. 50/2015.

[11] La genesi della CEAL è dettagliatamente ricostruita da C.M.G. HIMSWORTH, *The European Charter of Local Self-Government. A Treaty for Local Democracy*, Edimburgo, 2015, 13 ss., e B. SCHAFFARZIK, *Handbuch der Europäischen Charta der kommunalen Selbstverwaltung*, Stuttgart, 2000, 31 ss. e più sinteticamente da F-L. KNEMEYER, *Die Vorgeschichte der Europäischen Kommunalcharta* e da P. BLAIR, *Vorbereitung der Charta im Rahmen des Europarats und gegenwärtiger Stand der Unterzeichnung und Ratifikation*, entrambi in F-L. KNEMEYER (a cura di), *Die Europäische Charta der kommunalen Selbsverwaltung: Entstehung und Bedeutung; Länderberichte und Analysen*, Baden-Baden, 1989, 39 ss. e 43 ss. Sul concepimento della Carta si veda anche, dello stesso P. BLAIR, *Verso una carta europea dell'autonomia locale?*, in *le Regioni*, 1982, 612 ss.

Che la Carta detti dei veri e propri obblighi risulta anche dall'intero sistema della convenzione stessa, che consente agli Stati – proprio come compensazione per il carattere mandatorio delle previsioni – di scegliere le norme alle quali dichiararsi vincolati.

L'art. 12 della Carta dispone, infatti, che al momento del deposito dello strumento di ratifica lo Stato indichi le disposizioni dalle quali esso dichiara di sentirsi vincolato. Deve trattarsi di almeno venti paragrafi, collocati negli articoli da 1 a 10, di cui almeno dieci tra quelli specificamente indicati dalla convenzione stessa.

Il senso di questa flessibilità è quello di consentire agli Stati di tenere conto delle proprie peculiari strutture e tradizioni amministrative, in un settore che, a differenza di quello dei diritti umani, è sovente caratterizzato da scelte organizzative molto diverse, sicché sarebbe stato difficile ottenere una uniformità.

Il fatto che il trattato consenta un vincolo parziale, ovvero *à la carte*, come è stato efficacemente detto [12], presuppone dunque il carattere cogente di quelle disposizioni in relazione alle quali lo Stato si sia dichiarato obbligato in sede di ratifica, e conferma la natura vincolante di *tutte* le disposizioni sia per quegli Stati che abbiano dichiarato di ritenersi vincolati dall'intero trattato, sia per quelli che non abbiano specificato i singoli paragrafi o articoli della Carta per essi vincolanti [13].

L'Italia figura tra gli Stati che si sono vincolati all'osservanza di tutte le disposizioni della Carta, giacché il deposito dello strumento di ratifica è stato accompagnato dalla dichiarazione espressa secondo cui "in conformità all'art. 12, paragrafo 2, della Carta la Repubblica Italiana si considera vincolata dalla Carta nella sua interezza". Fino a quando lo Stato italiano non abbia denunciato singole disposizioni del trattato, come pure è possibile in forza di quanto espressamente previsto dall'art. 17, § 2, della CEAL, esso non può dunque scegliere di non rispettare talune norme della Carta europea.

3. *Gli strumenti di garanzia della Carta: il* monitoring *e il contenzioso interno*

Per quanto la Carta dell'autonomia locale sia sovente indicata come una delle tre colonne portanti dell'apparato convenzionale del Consiglio d'Europa, accanto alla Convenzione europea per la salvaguardia dei diritti dell'uomo e delle libertà

[12] Di un sistema "*à la carte*" ha parlato P. BLAIR, *Vorbereitung der Charta im Rahmen des Europarats*, cit., 46, espressione che è poi stata ripresa più volte in letteratura.

[13] Per questa seconda ipotesi si veda C.M.G. HIMSWORTH, *The European Charter of Local Self-Government*, cit., 72, sia pure con qualche perplessità. In effetti, il meccanismo di adesione previsto dall'art. 13 della Carta avrebbe la forma di un *opting-in* e richiederebbe una indicazione espressa. Ma è evidente che la ratifica del trattato da parte di uno Stato senza dichiarazioni limitative non può avere altro senso che quello di una assunzione di tutti gli obblighi derivanti da questo.

fondamentali e alla Carta sociale europea, la CEAL a differenza della CEDU non istituisce una propria Corte internazionale (la Corte europea dei diritti dell'uomo) e a differenza della CSE non prevede espressamente un organo paragiurisdizionale di controllo (il Comitato per i diritti sociali) [14].

Tuttavia, trattandosi di una convenzione stipulata nell'ambito del Consiglio d'Europa, all'interno di tale sistema sono stati sviluppati – in via di prassi [15] – degli strumenti di monitoraggio, benché lo statuto di tale organismo non contempli la salvaguardia della democrazia locale tra i principi che gli Stati membri sono tenuti a rispettare (questi rimangono limitati al principio dello stato di diritto e al riconoscimento dei diritti dell'uomo e delle libertà fondamentali) [16].

Per quanto riguarda la CEAL, il monitoraggio è stato formalmente affidato dal Consiglio dei ministri al Congresso dei poteri locali e regionali [17], che già si era assunto il compito di verificare lo stato di applicazione della convenzione nei diversi Paesi. A sua volta, il Congresso dei poteri locali si avvale di una Commissione di monitoraggio ed è coadiuvato da un Gruppo di esperti indipendenti.

L'attività di monitoraggio si traduce in rapporti di carattere generale e "trasversale", relativi all'applicazione delle singole disposizioni della Carta nei diversi Stati, oppure in rapporti particolari, che analizzano lo stato dell'autonomia locale di un determinato Paese, sempre con riferimento alla CEAL [18].

---

[14] Va peraltro ricordato che mentre la giurisprudenza costituzionale, con le sentenze nn. 120 e 198/2018, riconosce alla Carta europea dei diritti sociali carattere vincolante per le leggi ordinarie, in quanto parametro interposto rispetto all'art. 117, comma 1, Cost., la Corte ha precisato che le pronunce del Comitato, "pur nella loro autorevolezza, non vincolano i giudici nazionali nella interpretazione della Carta, tanto più se – come nel caso in questione – l'interpretazione estensiva proposta non trova conferma nei nostri principi costituzionali" (così la sent. n. 120/2018).

[15] Un fondamento normativo potrebbe essere reperito nell'art. 14 della CEAL, che obbliga le parti a trasmettere al Segretario Generale del Consiglio d'Europa "ogni opportuna informazione relativa alle disposizioni legislative ed altre misure adottate allo scopo di adeguarsi ai termini della presente Carta".

[16] Cfr. l'art. 3 dello statuto del Consiglio d'Europa.

[17] Si veda l'art. 2, § 3, della risoluzione statutaria del Comitato dei Ministri n. (2000)1, secondo cui il Congresso dei poteri locali e regionali elabora, Paese per Paese, rapporti relativi alla situazione della democrazia ai livelli locale e regionale in tutti gli Stati membri nonché negli Stati candidati all'adesione al Consiglio d'Europa e vigila, in particolare, affinché i principi della Carta europea dell'autonomia locale siano attuati in maniera efficace. Lo stesso compito è stato conformato dalle risoluzioni successive, da ultimo dalla risoluzione n. (2020)1, all'art. 1, § 3.

[18] Sul monitoraggio cfr. F. MERLONI, *La tutela internazionale dell'autonomia degli enti territoriali*, cit., § 5, e *Autonomie territoriali e riforma: una prospettiva comparata*, in *Istitut. del fed.*, 2019, numero speciale, 149 ss.; A. DELCAMP, *La charte européenne de l'autonomie locale et son système de contrôle*, in *Annuaire des Collectivités Locales*, vol. 19, 1999, 139 ss.; C.M.G. HIMSWORTH, *The European Charter of Local Self-Government*, cit., 94 ss.; Á.M. MORENO MOLINA, *El seguimiento, por el Consejo de Europa, de la aplicación de la Carta Europea de Autonomía Local en sus Estados miembros*, in T. FONT I LLOVET-M. VILALTA I REIXACH (a cura di), *La Carta Europea de Autonomía Local*, cit., 309 ss.

L'ipotesi, avanzata in letteratura [19], che il Congresso dei poteri locali e regionali si pronunci, tramite il filtro rappresentato dal Gruppo di lavoro esperti indipendenti, sui "ricorsi" delle associazioni esponenziali degli enti locali o su iniziativa di un singolo ente, appare probabilmente una ricostruzione che sovrappone alla prassi del Congresso esperienze nazionali di ordinamenti che conoscono il ricorso di costituzionalità diretto per violazione dell'autonomia comunale (*Kommunalverfassungsbeschwerde*, nel caso della Germania federale; *amparo local*, nel caso dell'ordinamento spagnolo). L'intervento del Congresso dei poteri locali su iniziativa di enti locali lesi, infatti, sembra essere più una declinazione del controllo officioso di cui tale organo è investito, che non un procedimento introdotto da un ricorso equivalente ad una azione giurisdizionale (al quale segue il diritto ad avere una decisione di merito); sicché appare più appropriato ragionare di segnalazioni o di esposti. È vero, però, che nelle sue risoluzioni, il Congresso pare distinguere il monitoraggio condotto d'ufficio da quello avviato su richiesta degli enti interessati e che si tratta di una procedura "nella quale il giudizio tecnico-giuridico ha un forte peso", come è stato rilevato [20].

Rimane in ogni caso il fatto che il monitoraggio – quale che sia l'atto di impulso – si concretizza sempre in una forma di controllo politico, che può concludersi, al più, con raccomandazioni dirette al Consiglio dei ministri, il quale, se lo ritiene, le farà proprie inoltrandole agli Stati interessati [21].

Anche la stessa struttura lessicale ed argomentativa dei rapporti di monitoraggio rimane quella di documenti politici, più che non quella di decisioni di carattere giurisdizionale [22].

Se tale dato è coerente con la struttura della Carta e con la decisione politica di non corredare il trattato di un proprio organo di controllo e di garanzia, esso non può essere utilizzato per negare carattere giuridico agli obblighi discendenti dal trattato. Nel diritto internazionale, del resto, l'assenza di specifici organi per l'interpretazione e la risoluzione delle controversie relative all'applicazione di un trattato e per la sanzione degli obblighi da questo derivante è circostanza assolutamente normale [23].

---

[19] B. SCHAFFARZIK, *Handbuch der Europäischen Charta*, cit., 136 s.; Á.M. MORENO MOLINA, *El seguimiento, por el Consejo de Europa, de la aplicación de la Carta Europea*, cit., 326 ss.

[20] Da F. MERLONI, *La tutela internazionale dell'autonomia degli enti territoriali*, cit., § 5, il quale aggiunge che in tale ipotesi l'amministrazione locale denunciante rivendica un diritto che si ritiene violato e il Consiglio d'Europa può arrivare a dichiarare violata la Carta nel caso concreto.

[21] G. DELLA CANANEA, *Luciano Vandelli e la democrazia locale nella prospettiva europea*, in *Istit. del fed.*, 2019, numero speciale, 185 ss., ricorda anche la possibilità che il Congresso dei poteri locali e regionali investa la Commissione europea per la democrazia attraverso il diritto (c.d. Commissione di Venezia) di questioni relative alla attuazione della CEAL, come di fatto è accaduto nel 2017 in relazione all'esercizio della democrazia locale in Turchia.

[22] C.M.G. HIMSWORTH, *The European Charter of Local Self-Government*, cit., 133.

[23] Lo ha giustamente ricordato anche P. COSTA, *La Carta europea dell'autonomia locale tra post-democrazia e iperdemocrazia*, cit., 65.

Il meccanismo di garanzia della Carta, quindi, è sostanzialmente *interno*, come risulta anche dalla previsione della CEAL (art. 11) che impone agli Stati di garantire i rimedi giurisdizionali per le eventuali violazione delle norme della Carta stessa [24].

Ciò non toglie che il controllo politico che si svolge attraverso le varie forme di *monitoring* conservi una sua centralità, perché impone ai poteri nazionali di confrontarsi e di prendere posizione rispetto ai diversi rilievi provenienti da un organo tecnico specializzato, qual è il Gruppo di esperti, e condivisi prima dal Congresso dei poteri locali e regionali e poi dall'organo rappresentativo della collettività degli Stati che sono parti della convenzione, cioè il Consiglio dei ministri.

4. *I soggetti destinatari della protezione. Enti e comunità locali*

Se allora il principale strumento di garanzia della Carta è rappresentato (accanto al monitoraggio) dalla azione diretta delle autonomie locali a difesa delle prerogative riconosciute loro dalla Carta, diventa rilevante identificare quali sono i soggetti destinatari della protezione, e verificare se essi, in forza della trasformazione della Carta nel diritto interno, siano titolari dei diritti, dei poteri e delle facoltà riconosciuti dal trattato e siano legittimati a tutelare giudizialmente tali posizioni giuridiche soggettive.

La Carta si riferisce a tutte le categorie di enti locali [25] esistenti sul territorio dello Stato che è parte della convenzione, secondo quanto prevede l'art. 13, primo periodo, del trattato.

Il medesimo art. 13, nel secondo periodo, riconosce a ciascuno Stato, al momento della ratifica del trattato, di designare le categorie di collettività locali e regionali alle quali intende limitare il settore di applicazione o che intende escludere

---

[24] L'idea che tale rimedio debba essere un rimedio di giustizia costituzionale, analogo alla *Kommunalverfassungsbeschwerde* o all'*amparo local*, è probabilmente eccessiva, almeno fino a quando gli strumenti di giustizia comune consentano di reagire contro violazioni dell'autonomia locale provenienti dalla legge, tramite – per esempio – il giudizio di legittimità costituzionale in via incidentale, come accade nell'ordinamento italiano. La questione non riguarda dunque il tipo di strumento, bensì la sua effettività. Con riferimento al nostro ordinamento, va ricordata anche la legittimazione delle regioni ad agire nel giudizio di legittimità costituzionale in via principale a tutela delle prerogative costituzionali degli enti locali, legittimazione riconosciuta dalla giurisprudenza costituzionale (da ultimo sent. n. 108/2021).

[25] La locuzione utilizzata nei due testi ufficiali della Carta, in francese e in inglese, sono "*collectivités locales*" e "*local authorities*", che dobbiamo tradurre con "enti locali". La possibilità di riferire la locuzione anche alla componente personale dell'ente, cioè alle comunità locali, è indagata da P. COSTA, *La Carta europea dell'autonomia locale tra postdemocrazia e iperdemocrazia*, cit., 76, che valorizzando la differenza tra i due testi ufficiali e la menzione del "*self-government*" nella versione inglese del trattato ipotizza che la garanzia riguardi anche la sottostante collettività sociale, e non soltanto l'istituzione.

dal settore di applicazione della Carta. È concessa, infine, la possibilità per le parti di includere altre categorie di collettività locali o regionali nell'ambito di applicazione della Carta, mediante ulteriore notifica al Segretario Generale del Consiglio d'Europa, ai sensi dell'art. 13, ultimo periodo.

La Repubblica italiana, al momento del deposito dello strumento di ratifica, non ha prodotto alcuna dichiarazione (né limitativa, né inclusiva), sicché è sicuro che la Carta trova applicazione non soltanto a vantaggio dei comuni, ma anche delle province e delle città metropolitane, e dunque degli altri enti territoriali minori che, insieme con lo Stato e le regioni, compongono la Repubblica.

Per contro, in assenza di una dichiarazione in tal senso da parte dello Stato ratificante, rimane dubbia l'estensione della Carta europea dell'autonomia locale alle regioni italiane [26].

Invero, i riferimenti alle autonomie di livello regionale contenuti nel testo della Carta sono ambigui, perché se da un lato il richiamato art. 13 le considera come possibili destinatari della garanzia, dall'altro lato la stessa convenzione, in altre disposizioni, si preoccupa di difendere l'autonomia degli enti locali dalle possibili interferenze derivanti dai poteri regionali.

Se poi si considera che la Carta è ispirata dal principio di sussidiarietà verticale [27]; che in seno al Consiglio d'Europa la protezione della democrazia regionale è stata oggetto di iniziative distinte, che però non hanno condotto alla adozione di una "Carta europea della democrazia regionale"; che, almeno per l'ordinamento italiano, l'autonomia regionale ha un presidio costituzionale ben più articolato rispetto a quello assicurato agli enti territoriali minori, appare preferibile la tesi secondo la quale nel silenzio dello strumento di ratifica la convenzione non si applica a vantaggio delle autonomie di livello regionale [28],

---

[26] In senso affermativo, sia pure dubitativamente, T.F. GIUPPONI, *Verso un diritto europeo degli enti locali? Il ruolo della Carta Europea delle Autonomie Locali*, in *forumcostituzionale.it*, 2006, 11, secondo cui "sembra che le disposizioni della CEAL possano riferirsi sia ad enti locali sia ad enti regionali", sicché l'Italia, "non specificando nulla in sede di ratifica ed esecuzione, ha indirettamente ritenuto la Carta applicabile a Regioni, province e comuni". Analoga posizione è sostenuta anche da G. BOGGERO, *Il diritto all'elezione diretta negli Enti locali tra Carta europea dell'autonomia locale e convenzione europea dei diritti dell'uomo dopo la c.d. legge Delrio*, in *Istit. del fed.*, 2014, 584, e da I. GRASSI, *Il ruolo europeo delle autonomie locali*, cit., 1183 s.

[27] È stato sottolineato – da V. PARISIO, *Europa delle autonomie locali e principio di sussidiarietà*, cit., 2124 – che essa è il primo atto normativo che a livello europeo ha formulato espressamente tale principio.

[28] Questa conclusione, sul piano della prassi, è confermata dalla circostanza che il Congresso dei poteri locali e regionali ha condotto il monitoraggio relativo all'Italia utilizzando, per le autonomie regionali, non la CEAL, bensì il *Framework Reference for Regional Democracy* del Consiglio d'Europa, come risulta dal rapporto del 18 ottobre 2017, CG33(2017)17. In precedenza, però, lo stesso organo, nel rapporto sull'Italia del 19 marzo 2013, CG(24)8, aveva ritenuto che "in the absence of any declaration by Italy under Art. 13 of the Charter, it may be presumed that Charter standards are to be applied to authorities at all levels – municipalities, provinces and regions".

tesi che è peraltro sostenuta sul piano generale dalla dottrina straniera [29].

Talune disposizioni della Carta appaiono dirette a promuovere e proteggere le collettività locali non solo come enti, ma anche come comunità. Questo aspetto è centrale nel Protocollo addizionale alla Carta, fatto a Utrecht il 16 novembre 2009, sul diritto di partecipare agli affari pubblici delle autorità locali, entrato in vigore il 1° giugno 2012 ma ancora non ratificato dall'Italia [30], che garantisce il diritto delle persone "di adoperarsi per determinare o influenzare l'esercizio delle competenze di una collettività locale" (art. 1, § 2).

Pur prescindendo dal Protocollo, le norme della Carta che prevedono diritti di partecipazione, a partire dalla elettività a suffragio universale o diretto dei consigli o delle assemblee degli enti locali (art. 3, § 2) o dalla consultazione nel caso di variazioni territoriali (consultazione che avviene "eventualmente mediante referendum, qualora ciò sia consentito dalla legge", come dispone l'art. 4, § 4), si prestano ad essere interpretate anche come norme che tutelano posizioni soggettive degli amministrati. Occorre però avvertire che la posizione degli organi del Consiglio d'Europa è nel senso di intendere la disposizione sulla elettività degli organi assembleari degli enti locali come mera "garanzia istituzionale" di diritto oggettivo, che non fonda corrispondenti diritti soggettivi in capo ai cittadini [31]. Sul piano interno, tuttavia, la pretesa del cittadino di partecipare alle elezioni provinciali – argomentata anche con il richiamo alla Carta europea, opposta alla legge n. 56 del 2014 – è stata qualificata dalla giurisprudenza amministrativa come diritto soggettivo (in chiave di prospettazione) [32] e non è escluso che la norma internazionale, una volta immessa nell'ordinamento nazionale, sia ritenuta idonea a tutelare anche diritti individuali delle persone.

5. *La Carta come fonte di vincoli giuridici. Le forme della applicabilità diretta della CEAL*

Come si è ricordato, l'ordinamento italiano ha recepito il contenuto della Carta mediante il procedimento speciale, attraverso l'ordine di esecuzione contenuto

[29] C.M.G. HIMSWORTH, *The European Charter of Local Self-Government*, cit., 173; B. SCHAFFARZIK, *Handbuch der Europäischen Charta*, cit., 111.

[30] È in corso di approvazione la legge di autorizzazione alla ratifica, già approvata in prima lettura dal Senato il 20 aprile 2021 (A.S. 1935) ed ora all'esame della Camera dei deputati.

[31] G. BOGGERO, *Il diritto all'elezione diretta negli Enti locali*, cit., 594.

[32] T.A.R. Campania, Salerno, sent. n. 1326/2018, confermata da Cons. di Stato, sent. n. 5640/2018, che declina la giurisdizione del giudice amministrativo in favore dell'autorità giurisdizionale ordinaria. In senso difforme, peraltro, T.A.R. Puglia, Lecce, sent. n. 3035/2014, rigetta nel merito un ricorso per l'annullamento delle elezioni degli organi della Provincia di Taranto promosso da un cittadino che deduceva l'illegittimità costituzionale della legge Delrio, per violazione (anche) dell'art. 117, comma 1, Cost., in riferimento alla CEAL.

nella legge di autorizzazione alla ratifica, e non con il procedimento ordinario. Tale modalità non incide sull'avvenuto adattamento del diritto statale a quello internazionale, perché per effetto dell'ordine di esecuzione la norma internazionale si è comunque trasformata in norma interna.

Le tesi svalutative della forza giuridica della Carta utilizzano argomenti eterogenei, facendo riferimento (*i*) alla natura non vincolante della Carta in quanto tale, che sarebbe un mero "atto di indirizzo"; (*ii*) alla derivazione internazionale delle norme ricavate dalla Carta, che in virtù della loro origine sarebbero rivolte al solo legislatore; (*iii*) al carattere "di principio" e alla vaghezza delle disposizioni della Carta; (*iv*) al carattere propriamente programmatico degli articoli della CEAL.

Tali argomenti non sembrano però esatti, come si cercherà ora di dimostrare.

5.1. Quanto alla natura della Carta, si è già ricordato sopra come essa costituisca incontestabilmente un trattato internazionale vincolante e non già un atto di *soft law*.

Le affermazioni della Corte costituzionale contenute nella sentenza n. 50/2015 vanno quindi ridimensionate, tanto più che in precedenza, nella sentenza n. 325/2010, la stessa Corte non aveva affatto negato carattere vincolante alla Carta *in quanto tale*, bensì si era limitata ad escludere che *determinati disposti* della CEAL[33], considerati "prevalentemente definitori (art. 3, comma 1), programmatici (art. 4, comma 2) e, comunque, generici (art. 4, comma 4)" avessero "specifico contenuto precettivo". Per escludere la violazione della Carta ad opera delle norme in materia di servizi pubblici locali che avevano limitato la possibilità, per i comuni, di assumere la gestione diretta del servizio idrico integrato, la Corte aveva poi valorizzato il rinvio alla legge contenuto nell'art. 4, § 1, della CEAL[34]. Anche la giurisprudenza successiva alla sentenza n. 50/2015 non pare mettere in dubbio l'idoneità del trattato a fungere da norma interposta nei giudizi di legittimità costituzionale[35].

---

[33] Questo punto è già stato criticamente sottolineato da diversi commentatori della sentenza n. 50 del 2015: si vedano in particolare L. VANDELLI, *La legge "Delrio" all'esame della Corte: ma non meritava una motivazione più accurata?*, in *Quad. cost.*, 2015, 394, e G.C. DE MARTIN-M. DI FOLCO, *L'emarginazione del principio autonomistico e lo svuotamento delle garanzie costituzionali per le istituzioni provinciali in una sentenza "politica"*, in *Giur. cost.*, 2015, 467 s.

[34] Rispondendo al questionario sottoposto dal Congresso dei poteri locali e regionali in sede di monitoraggio, gli uffici della Corte costituzionale confermavano che la Carta, costituendo atto di diritto internazionale recepito con legge ordinaria nell'ordinamento interno, rientra nel campo di applicazione dell'art. 117, comma 1, Cost., e che "nonostante la mancanza di precettività delle sue disposizioni, la Carta si pone come parametro idoneo ad orientare l'attività sia del legislatore, al quale non dovrebbe essere consentito dettare discipline con essa contrastanti, sia dell'interprete, tenuto ad applicare la normativa vigente in conformità con i disposti della Carta medesima" (così il documento M. BELLOCCI-R. NEVOLA [a cura di], *L'applicazione in Italia della "Carta europea dell'autonomia locale*, 2011).

[35] Si veda la sentenza n. 33/2019, commentata da F. PIZZOLATO-C. PAGLIARIN, *La Corte e le funzioni fondamentali dei Comuni: la ragionevolezza degli interventi statali di coordinamento della finanza pubblica nell'attesa di norme ordinamentali*, in *Giur. cost.*, 2019, 636 ss.

Peraltro, anche all'interno della sentenza n. 50/2015, il passaggio che qualifica la CEAL come un "documento di mero indirizzo", appare più un *obiter dictum* che parte sostanziale della motivazione, se si considera che la Carta è comunque utilizzata come parametro interposto rispetto all'art. 117, comma 1, Cost., e che la violazione della CEAL ad opera della legge Delrio, nella parte in cui ha introdotto un meccanismo elettorale di secondo grado per gli organi delle province e per il consiglio metropolitano, è esclusa, da un lato, sulla base di una lettura parziale della disposizione della CEAL (valorizzando cioè la norma che chiede che gli organi siano "*freely elected*" ed ignorando la precisazione "*by secret ballot on the basis of direct, equal, universal suffrage*")[36]; dall'altro, censurando un difetto di prospettazione da parte delle regioni ricorrenti, le quali avrebbero posto la questione in maniera astratta e senza confrontare il meccanismo elettorale e di governo con le funzioni concretamente attribuite a province e città metropolitane[37].

5.2. In secondo, si deve escludere che le norme della Carta vincolino solo lo Stato nel suo complesso, e soltanto nei confronti degli altri Stati che sono parte del trattato. Ciò è vero per la norma internazionale, non per la corrispondente norma interna, la quale vale, invece, per tutti gli organi dello Stato, e in generale per tutti i soggetti, come ogni altra norma dell'ordinamento nazionale, sulla base del suo contenuto e della sua struttura.

Anche l'opinione secondo la quale le norme della CEAL si rivolgono soltanto al legislatore non sembra corrispondere né al contenuto e alla *ratio* della Carta, né alla formulazione delle norme stesse.

In verità, non mancano, all'interno della Carta, delle disposizioni che rinviano alla legge. Tuttavia, tali rinvii – a partire dalla stessa previsione contenuta nell'art. 2 – non debbono essere necessariamente intesi come una delega al legislatore e, soprattutto, non determinano l'inapplicabilità di quelle norme della CEAL che hanno un contenuto preciso ed incondizionato che comunque siano suscettibili di essere applicate direttamente[38].

---

[36] Anche questo punto è stato sottolineato in dottrina, ad esempio da L. VANDELLI, *La legge "Delrio" all'esame della Corte*, cit., 394, e da A. SPADARO, *La sentenza cost. n. 50/2015*, cit., 23.

[37] La possibilità che l'elezione di secondo grado per gli organi della città metropolitana potesse essere giustificata in ragione delle funzioni affidate a tale ente, che prevalentemente coinvolgono direttamente i comuni, è indagata da S. BARTOLE, *Legislatore statale e Corte costituzionale alla ricerca della città metropolitana*, in *Giur. cost.*, 2015, 460 s.

[38] B. SCHAFFARZIK, *Handbuch der Europäischen Charta*, cit., 269 s. Sul piano più generale, la dottrina internazionalistica – con B. CONFORTI, *Diritto internazionale*, X ed., Napoli, 2014, 343 – osserva che le clausole di esecuzione (*clauses of implementation*) sovente presenti nei trattati internazionali, le quali richiedono alle Parti di adottare tutte le misure di ordine legislativo o amministrativo necessarie per dare effetto alle disposizioni dell'accordo stesso, esprimono soltanto "la volontà e l'aspettativa del trattato di ... essere applicato" e che esse non determinano di per sé la inapplicabilità del trattato, bensì si giustificano con la possibile presenza, all'interno di questo, di norme effettivamente non *self-executing*.

Di per sé, l'adozione, da parte del legislatore italiano, del procedimento di adattamento con ordine di esecuzione non impedisce l'applicazione delle norme della Carta da parte degli operatori: a queste va anzi riconosciuto – salve specifiche eccezioni – carattere *self-executing*[39].

Infatti, una volta che la norma internazionale è stata trasformata in diritto interno attraverso l'ordine di esecuzione, essa diventa una norma dell'ordinamento nazionale suscettibile di essere applicata secondo i criteri generali[40] e nel caso di specie non sussistono le ragioni che ne impediscono una applicazione diretta, come accade invece, per esempio, in relazione alle norme di derivazione internazionale che impongono obblighi di penalizzazione, soggetti alla stretta riserva di legge di cui all'art. 27 Cost.; o alle norme la cui esecuzione richiede l'istituzione di appositi apparati amministrativi, anch'essa soggetta a riserva di legge, secondo quando prevede l'art. 97, comma 2, Cost.; oppure alla norme facoltizzanti.

A bene vedere, non mancano nella CEAL previsioni che richiedono necessariamente una concretizzazione legislativa. Si pensi, per fare un esempio, alle norme sulla elezione degli organi rappresentativi delle autonomie locali, che presuppongono, per essere applicate, l'adozione di una disciplina del sistema elettorale. Ma è evidente che ove tale disciplina già vi sia, come è appunto nel caso delle norme sul sistema di elezione degli enti locali (anche delle province, prima della entrata in vigore del d.l. n. 201/2011 e poi della legge n. 56/2014), tale disciplina fa corpo con quella di derivazione internazionale, esattamente come se vi fosse stato un adattamento ordinario[41].

Naturalmente, come è stato avvertito[42], diretta applicabilità delle norme *self-executing* non significa disapplicabilità della *lex posterior* che collida con la norma autoapplicativa del trattato (o più esattamente della norma dettata dalla legge di esecuzione), perché in tal caso la maggior forza della norma di derivazione internazionale dà luogo ad una questione di validità della norma legislativa con essa contrastante, e non ad un problema di efficacia.

5.3. Anche il carattere di principio o "vago" di diverse norme della Carta non costituisce di per sé una ragione per negare a queste forza precettiva.

Va evidenziato, in primo luogo, che le norme della Carta, pur essendo di natura "costituzionale" per il loro contenuto e quindi pur presentando spesso il grado di

---

[39] B. SCHAFFARZIK, *Handbuch der Europäischen Charta*, cit., 252 ss.

[40] Il punto è stato messo in luce molto bene da C. PADULA, *L'autonomia: un principio di scarso valore?*, cit., 109 là dove osserva che "la legge di esecuzione determina l''incorporazione' (o 'nazionalizzazione') della disciplina pattizia nel sistema interno; in presenza di essa, le norme del trattato non possono più essere qualificate come 'esterne'".

[41] Questo aspetto era già stato sottolineato da I. GRASSI, *Il ruolo europeo delle autonomie locali*, cit., 1182.

[42] Sempre da C. PADULA, *L'autonomia: un principio di scarso valore?*, cit., 109 s.

generalità caratteristico dei principi costituzionali, comprendono anche diversi precetti più specifici e concreti, almeno se rapportati a quelli dettati per gli enti locali nel titolo V della Costituzione. Proprio questo dato costituisce una delle ragioni per le quali la tutela offerta dalla Carta europea è utile anche nel nostro ordinamento.

In ogni caso anche i principi generali, come è noto, possono essere oggetto di applicazione diretta o comunque sono dotati di piena efficacia giuridica [43].

Si pensi, anzitutto, al possibile effetto abrogativo dei principi formulati in termini di divieto: nel caso della CEAL, ad esempio, alla norma sul divieto dei controlli di merito sull'attività degli enti locali (art. 8, § 2, per cui ogni verifica amministrativa sugli atti delle collettività locali deve di regola avere come unico fine di assicurare il rispetto della legalità e dei principi costituzionali) bene potrebbe essere riconosciuta capacità abrogativa rispetto ad una disposizione anteriore che prevedesse un controllo esteso al merito.

Ancora, le norme di principio possono essere applicate direttamente dall'amministrazione in sede di adozione di decisioni discrezionali, fungendo da guida e da limite.

Non solo, le norme di principio della Carta possono fungere da base per la ricostruzione della posizione complessiva dell'ente locale [44] oppure, più nello specifico, per il riconoscimento di determinate competenze. Così, la norma, anch'essa di principio, contenuta nell'art. 10, § 3, della Carta, relativa alla facoltà degli enti locali di cooperare con le collettività di altri Stati, alle condizioni eventualmente previste dalla legge, ben può fungere da fondamento legislativo per l'attività di rilievo internazionale dei comuni, specificativo di una competenza che il comune ha in forza della autonomia politica riconosciutagli dall'art. 5 Cost. [45].

---

[43] Sempre attuale è l'insegnamento di V. CRISAFULLI, *La Costituzione e le sue disposizioni di principio*, Milano, 1952.

[44] Si veda T.A.R. Campania, Napoli, sent. n. 2305/2001, che richiama "la decisa valorizzazione delle *realtà locali*, desumibile dalla più recente legislazione, come si evince, in particolare, dalla sussunzione del principio di sussidiarietà, di matrice europea, *ex* art. 4, comma 3, legge 59/1997, da cui trae vita proprio il d.lgs. n. 112/1998, nonché dal richiamo (almeno) alla Carta europea delle autonomie locali, di cui alla legge 30 dicembre 1989 n. 439". La pronuncia è ripresa da T.A.R. Campania, Napoli, sent. n. 9668/2005. La CEAL, insieme con i principi costituzionali di sussidiarietà e di riconoscimento e promozione delle autonomie locali, è stata richiamata anche dalla magistratura contabile, in sede consultiva, per la qualificazione del comune come ente a fini generali, tendenzialmente titolare di tutte le funzioni amministrative: cfr., ad esempio, Corte dei conti – Lombardia, sez. contr., deliberazione 15 settembre 2010, n. 861, la quale ricorda che la Carta europea, nel preambolo, ha specificato che "le collettività locali devono essere considerate un elemento fondante di qualsiasi stato democratico e che l'attribuzione alle stesse di *responsabilités effectives* consente l'esistenza di un'amministrazione più efficace e vicina ai cittadini".

[45] Sul problema vedi A. AMBROSI, *Le attività comunali di "mero rilievo internazionale"*, in questo *Volume*, anche per la valorizzazione dell'art. 8 della Carta, che limita i controlli di merito sugli atti degli enti locali, ai fini di una interpretazione restrittiva del potere di controllo attribuito agli organi statali dall'art. 6 della legge n. 131/2003.

Con diversa funzione, le norme di principio possono poi essere valorizzate in sede di interpretazione sistematica, o meglio adeguatrice[46], di altre norme.

Per esempio, le norme della Carta sul diritto degli amministratori locali ad una remunerazione per il lavoro svolto (art. 7, § 2) sono state utilizzate per l'interpretazione restrittiva delle norme di *spending review* dettate dalla legge n. 56/2014 con riferimento a tali soggetti. In sede consultiva, la Corte dei conti ha rilevato che i diritti di carattere economico dell'amministratore locale "rinvengono fondamento nei principi sanciti dall'art. 51 della Costituzione nonché nell'art. 7 della Carta Europea dell'autonomia locale recepita nel nostro ordinamento con legge di ratifica 30 dicembre 1989, n. 439 che, pur priva di immediato contenuto precettivo ... si pone come parametro di riferimento per il legislatore e l'interprete", e conseguentemente ha ritenuto che l'indennità di funzione del sindaco e degli assessori fosse sottratta al principio di invarianza della spesa dettato dall'art. 1, comma 136, della legge n. 56/2014[47].

5.4. Rimane da considerare l'efficacia delle norme programmatiche in senso stretto, intendendo per tali le c.d. norme di legislazione, ovvero le norme della Carta che "parlano" al solo legislatore.

Sul punto occorre liberare il campo da un possibile equivoco.

Se prima dell'entrata in vigore della legge cost. n. 3/2001 una norma internazionale "programmatica" immessa dalla legge di esecuzione aveva effettivamente la limitatissima efficacia giuridica di un autovincolo legislativo, con l'introduzione del vincolo, per il legislatore statale e regionale, al rispetto degli obblighi internazionali, le norme non *self-executing* dei trattati hanno assunto una forza ben diversa, perché, oltre ad obbligare in positivo il legislatore (ad un'attività non facilmente coercibile), condizionano la validità delle norme legislative che si pongono in contrasto con esse[48].

Per questa ragione è curioso ritrovare nella giurisprudenza costituzionale – e cioè proprio nella sede in cui la forza delle norme programmatiche dovrebbe venire in massimo rilievo – il riferimento al carattere programmatico della Carta quale argomento per metterne in dubbio l'idoneità a fungere da parametro di legittimità costituzionale per la legislazione[49].

---

[46] In ragione del vincolo discendente dall'art. 117, comma 1, Cost.

[47] Corte conti, sez. autonomie, delib. 6 ottobre 2014, n. 24/QMIG, ripresa da Corte conti, Liguria, sez. contr., delib. 2 aprile 2021, n. 53, e da Corte conti, Marche, sez. contr., delib. 14 novembre 2019, n. 125 (relativa all'indennità del presidente del consiglio comunale), Corte conti, Basilicata, sez. contr., delib. 29 marzo 2019, n. 16, e da Corte conti, Liguria, sez. contr., delib. 22 dicembre 2014, n. 76.

[48] Su questo aspetto di efficacia della Carta (che però non è l'unico) si concentra G. MILANI, *La carta europea dell'autonomia locale nel giudizio di costituzionalità: l'esperienza italiana e comparata*, in *Temas Socio-Jurídicos*, 37 (75), 2018, 11 ss.

[49] Del tutto condivisibile è invece il rilievo critico di C. PADULA, *Quale futuro per le Province?*,

Per contro, nonostante gli orientamenti assunti dalla Corte costituzionale, non mancano pronunce successive dei giudici comuni che correttamente riconoscono il valore condizionante dalla CEAL rispetto agli atti con forza di legge[50].

Tale forza condizionante delle norme programmatiche dei trattati rispetto alla legge comporta che esse possano e debbano essere utilizzate anche nella interpretazione del diritto legislativo, come parametro per l'interpretazione adeguatrice.

La valorizzazione sul piano nazionale della efficacia normativa della Carta europea nelle diverse forme in cui si manifesta non può che andare a vantaggio della effettività di questo strumento convenzionale, se si considera che lo stesso Consiglio dei poteri locali ha più volte sottolineato come il principale meccanismo di garanzia del trattato sia rappresentato dal ricorso interno di cui all'art. 11 della CEAL, sollecitando contestualmente gli enti locali e le loro associazioni esponenziali ad agire di fronte ai giudici nazionali per far valere le prerogative che la Carta assicura loro.

In tal modo si innesterebbe un circolo virtuoso per cui la garanzia internazionale dell'autonomia degli enti locali, nel momento in cui viene invocata nell'ordinamento interno, verrebbe a trovarsi rafforzata proprio grazie alle iniziative nazionali.

---

cit., 375, secondo cui "se una norma superiore è definitoria o programmatica, ciò vuol dire che dev'essere attuata da un'altra fonte, non vuol dire che la fonte attuativa può contrastare con essa".

[50] Si veda T.A.R. Lazio, Roma, ord. n. 1027/2017, che rimette alla Corte costituzionale diverse questioni relative alla legittimità delle norme statali e regionali sull'esercizio associato obbligatorio di funzioni da parte dei comunali, prospettando anche la violazione dell'art. 117, comma 1, Cost., in riferimento all'art. 3, §1, della CEAL, definita dal giudice *a quo* come "convenzione europea firmata a Strasburgo il 15 ottobre 1985 e ratificata dall'Italia con legge 30 dicembre 1989, n. 439, come tale vincolante, per il legislatore interno, ai sensi dell'art. 117, comma 1, Cost.". La Corte costituzionale, con la sent. n. 33/2019, ha accolto talune delle questioni, ma soltanto in riferimento ai parametri interni, dichiarando assorbite, infondate o inammissibili le eccezioni di costituzionalità formulate in relazione alla CEAL.

IL CDR NEL QUADRO ISTITUZIONALE DELL'UNIONE EUROPEA E IL RUOLO (PROBLEMATICO) DEGLI ENTI LOCALI

ANTONINO SCALONE

SOMMARIO: 1. La difficile affermazione degli enti sub-statali all'interno dell'UE. – 2. Un breve profilo del CdR. – 3. Un "comitato senza importanza"?. – 4. Quale ruolo per le città nel CdR?

1. *La difficile affermazione degli enti sub-statali all'interno dell'UE*

Le Comunità europee dalle quali deriva l'UE erano fondate su accordi fra Stati riconducibili all'ambito del diritto internazionale; non stupisce pertanto che al loro interno le regioni e gli altri enti sub-statali non avessero avuto, almeno in una prima fase, pressoché alcun ruolo. È per questo motivo che Hans Peter Ipsen, con un'espressione che ha conosciuto notevole fortuna, ha potuto parlare di *Landesblindheit*, di "cecità federale" [1] o, secondo una traduzione probabilmente più centrata, di "cecità regionale" [2]. Un'importante conseguenza di tutto ciò è stata la sostanziale riduzione delle competenze attribuite alle regioni. Esse, oltretutto, nella fase successiva ai Trattati di Roma "sono risultate completamente tagliate fuori dai processi di decisione svolgentesi nell'ordinamento europeo" [3]. Tuttavia, per lo me-

[1] H.P. IPSEN, *Als Bundestaat in der Gemeinschaft*, in *Festschrift für Walter Hellstein zu seinem 65. Geburtstag*, Frankfurt a.M., 1966, 256.

[2] Così G. FALCON, *La "cittadinanza europea" delle Regioni* in *Le Regioni*, 2/2001, 329. Secondo quest'autore, "l'ordinamento comunitario, in un primo momento almeno, e nei principi di fondo, (...) non 'vede' le Regioni ma solo gli Stati, enti fondatori e portatori dei 'diritti costituzionali' privilegiati garantiti dagli Stati". Tale situazione era originariamente rafforzata (e giustificata) dal fatto che "all'atto della stipulazione dei trattati comunitari in pratica soltanto la Germania, tra gli Stati aderenti, poteva vantare al proprio interno un compiuto e realizzato sistema federale o regionale" (*ibidem*). Ai *Länder* tedeschi vanno anche aggiunti, sia pure all'interno di un impianto sostanzialmente unitario, le Regioni italiane a statuto speciale, come suggerisce A. D'ATENA, *Il doppio intreccio federale: le Regioni nell'Unione europea*, in *Le Regioni*, 6/1998, 1402.

[3] *Ibidem*. Va segnalato peraltro che già nel Preambolo del Trattato istitutivo della CEE si affermava, pur in un contesto in cui la nozione di regione non aveva ancora un significato politico

no a partire dagli anni Settanta, una serie di trasformazioni interne ed esterne ai singoli Stati ha ridisegnato e progressivamente valorizzato il ruolo delle entità sub-statali all'interno dell'Europa. Fra le prime vanno segnalate la regionalizzazione di Italia e Belgio; fra le seconde l'ingresso nell'Unione di Stati a struttura regionale, come il Portogallo, la Spagna democratica, l'Austria [4] e l'avvio di politiche europee sempre più sensibili alla dimensione sub-statuale e al riconoscimento della sua valenza politica e istituzionale. In questo contesto vanno segnalati almeno l'introduzione del Fondo europeo di sviluppo regionale, nel 1975, la Dichiarazione comune di Parlamento Europeo, Commissione e Consiglio del 19 giugno 1984 relativa all'"opportunità (...) di una stretta collaborazione tra la Commissione delle Comunità Europee e le autorità regionali ed eventualmente locali" [5] – significativa perché conteneva un esplicito riconoscimento delle entità sub-statali come soggetti politico-istituzionali –, l'Atto Unico Europeo del 1986 che introduceva il Titolo V relativo alla "Coesione economica e sociale", interpretato, forse con troppo ottimismo, come la "svolta decisiva" delle politiche europee a favore della dimensione regionale e locale [6] e, sempre nel 1986, l'introduzione da parte della Commissione del Consiglio consultivo delle autorità regionali e locali, immediato precedente del Consiglio delle Regioni previsto dal Trattato di Maastricht.

Se questa trasformazione non può essere interpretata semplicemente come passaggio dall'Europa degli Stati all'Europa delle Regioni [7] – secondo una lettura a suo tempo avanzata da più parti – è perché, a prescindere dal fatto che gli Stati sono e restano gli *Herrscher der Verträge*, come ribadito dalla famosa sentenza Maastricht del *Bundesverfassungsgericht*, la contrapposizione fra Stati nazionali e entità sub-nazionali risulta di per sé equivoca e riduttiva rispetto alla complessità e alla novità costituita dal processo di unificazione europeo. Questo, è stato giu-

---

specifico, la necessità di ridurre " le disparità fra le differenti regioni e il ritardo di quelle meno favorite". Sul punto cfr. C. PERATHONER, *Le 'Regioni' nel diritto dell'unione europea: limiti, potenzialità e visioni*, in *Federalismi.it*, n. 7/2020, 69. Sul carattere statocentrico dei trattati di Roma e sulla subordinazione di regioni ed enti locali al disegno di istituire un mercato unico europeo, cfr. D. MESSINA, *Il ruolo del Comitato delle Regioni nella* multilevel governance *europea*, in A. PAPA (a cura di), *Le Regioni nella* multilevel governance *europea. Sussidiarietà, partecipazione, prossimità*, Torino, 2016, 60. La ragione è da rinvenirsi, scrive l'Autrice, nella "convinzione che il libero gioco concorrenziale avrebbe da sé favorito l'eliminazione degli squilibri territoriali allora presenti". Dunque "non era prevista una politica comunitaria, né tanto meno si prefigurava l'utilizzo di strumenti di intervento *ad hoc* a disposizione degli attori locali, i quali rimanevano, pertanto, lontani dal nucleo attivo del processo decisionale europeo, con un ruolo sostanzialmente residuale rispetto ai governi nazionali" (*ibidem*).

[4] Cfr. A. D'ATENA, *Il doppio intreccio federale*, cit., 1403-1405.

[5] Cfr. *ivi*, 1405.

[6] C. PERATHONER, *Le 'Regioni' nel diritto dell'unione europea*, cit., 70.

[7] A cui, peraltro, avrebbe fatto seguito una riaffermazione della logica intergovernativa tale da confinare l'ideale dell'Europa delle regioni nell'ambito delle occasioni perse o delle aspettative frustrate.

stamente osservato, non può infatti essere inteso nei termini di "un gioco a somma zero fra UE, regioni e governi centrali, facendo pensare che ciò che perdono gli uni sia necessariamente guadagnato dagli altri"; andrebbe piuttosto colto "in tutta la sua complessità il *jeu d'echélles* fra dinamiche di integrazione europea e le dinamiche di regionalizzazione" [8]. Tale gioco appare incomprensibile nelle sue ragioni di fondo se non si abbandona risolutamente la consueta prospettiva incentrata sull'uso delle tradizionali categorie giuspubblicistiche, in particolare quella di sovranità, e se non si riconosce che l'Europa politica va piuttosto intesa, secondo una felice immagine proposta da Maurizio Fioravanti, come un'ellisse, nella quale sono presenti due fuochi, gli Stati nazionali e il "diritto comune europeo", ognuno dei quali può esistere, conservarsi e operare, solo "presupponendo l'esistenza dell'altro". L'Europa politica è insomma "*un intero composto di parti distinte*, che tali rimangono, pur trovando sempre più significato solo all'interno dell'intero" [9]. È in tale contesto, non strutturato in forma puramente gerarchica, che le entità sub-nazionali possono trovare il loro spazio e il loro senso, come snodi della complessiva *governance* europea. In questa prospettiva, nelle pagine seguenti, intendiamo affrontare il tema del Comitato delle Regioni e del suo ruolo nel quadro istituzionale della UE.

2. *Un breve profilo del CdR*

a. Il fatto che l'immediato antecedente del CdR, il Consiglio consultivo delle autorità regionali e locali, sia nato per iniziativa della Commissione che ad esso poteva rivolgersi per pareri in ordine alle materie comunitarie regionali e al loro impatto sulle regioni [10], sembra suggerire che la Commissione stessa intendesse valersi del contributo delle entità sub-nazionali per rafforzare il proprio ruolo e la propria autonomia decisionale nei confronti del Consiglio, ovvero dell'organo più direttamente riconducibile alla volontà degli Stati e alla logica intergovernativa. La stessa creazione del CdR è stata interpretata come un passo ulteriore nella direzione, dichiarata o meno, di "indebolire il ruolo degli Stati nazionali" [11]. Certo è che la strutturazione del CdR, così come risulta dal Trattato di Maastricht, è "il

---

[8] Così R. PASQUIER, *La fin de "l'Europe des régions"?*, in *Politique européenne*, 2015, n. 50, 155.

[9] M. FIORAVANTI, *La forma politica europea*, in M. BERTOLISSI-G. DUSO-A. SCALONE (a cura di), *Ripensare la Costituzione. La questione della pluralità*, Monza, 2008, 39.

[10] Cfr. C. ALIBERTI, *Il ruolo del Comitato delle Regioni nell'assetto istituzionale dell'Unione Europea* (estratto), in *Diritti regionali. Rivista di diritto delle autonomie territoriali*, 1/2018, 2; C. PERATHONER, *Le 'Regioni' nel diritto dell'unione europea*, cit., 73.

[11] E. DOMORENOK, *Regioni in Europa. Il ruolo del Comitato delle Regioni nella* governance *europea*, Roma, 2010, 27.

risultato di un intenso negoziato svoltosi negli anni precedenti" che aveva dovuto far breccia nella "totale opposizione della maggior parte dei governi nazionali circa la creazione di un nuovo organo" [12]. Alle forti mediazioni che si dovettero porre in campo per pervenire al risultato di introdurre il nuovo organo si devono anche le limitate competenze ad esso attribuite, tanto più se si confrontano con i propositi iniziali di quanti progettavano, invece di un'istanza semplicemente consultiva, una vera e propria rappresentanza istituzionale sul modello del *Bundesrat* tedesco. Ma un'assemblea del genere, è stato osservato, "avrebbe scosso delicati equilibri politici limitando prerogative del Consiglio, della Commissione e del Parlamento" [13].

Il Trattato di Maastricht introduce dunque un organo consultivo sul modello del già esistente Consiglio economico e sociale, previsto fin dai Trattati di Roma [14], col quale nei primi anni condivise l'apparato tecnico-organizzativo. L'art. 198 a) del Trattato prevede che il Comitato delle Regioni sia composto da 198 membri in rappresentanza dei vari Stati, affiancati da un eguale numero di supplenti. Membri e supplenti sono eletti all'unanimità dal Consiglio su proposta degli Stati membri. Il loro mandato dura quattro anni, viene esercitato "in piena indipendenza, nell'interesse generale della Comunità" e senza vincolo di mandato. Appare subito evidente il profilo contraddittorio – frutto evidente delle mediazioni di cui il testo è l'esito – del nuovo organo: per un verso intende dare spazio e riconoscimento istituzionale alle realtà sub-statali, nella loro parzialità e pluralità, per l'altro subordina la composizione del comitato ai singoli Stati che propongono i membri e al Consiglio che li elegge *all'unanimità*. In secondo luogo, il

---

[12] *Ivi*, 48. Sul CdR, oltre alla bibliografia già citata, si vedano: A. WARLEIGH, *The Committee of the Regions*, in ID. (ed.), *Understanding European Union Institutions*, London-New York, 2002, 177-190; M. MASCIA, *Il Comitato delle Regioni nel sistema dell'Unione europea*, Padova, 1996; G. SIRIANNI, *La partecipazione delle regioni alle scelte comunitarie. Il Comitato delle regioni: organizzazione, funzioni, attività*, Milano, 1997; S. PIAZZA, *Il ruolo del comitato delle regioni nella costruzione del regionalismo europeo*, Padova, 1998; A.W. PANKIEWICZ, *Realtà regionali ed unione europea: il Comitato delle Regioni*, Milano, 2001; S. PIATTONI, *Il Comitato delle Regioni*, in S. FABBRINI (a cura di), *L'Unione Europea. Le istituzioni e gli attori di un sistema sopranazionale*, Roma-Bari, 2002; S. RICCI, *The Committee of the Regions and the Challenge of European Governance*, in C. PANARA-A. DE BECKER (ed.), *The Role of the Regions in the EU*, Berlin-Heidelberg, 2011, 109-129; G. FIENGO, *La valorizzazione della dimensione regionale nel Trattato di Lisbona: il ruolo del Comitato delle Regioni*, in *Dir. pubbl. comp. eur.*, 1/2012, 25-33; ID., *Il nuovo ruolo del Comitato delle Regioni delineato dal Trattato di Lisbona*, in L. DANIELE (a cura di), *Il Trattato di Lisbona. Due anni di applicazione. Atti della Giornata di studi in ricordo di Francesco Caruso*, Napoli, 2013, 117-126.

[13] C. PERATHONER, *Le 'Regioni' nel diritto dell'unione europea*, cit., 73; cfr. E. DOMORENOK, *Regioni in Europa*, cit., 48.

[14] A testimonianza del fatto che la "cecità regionale" non si estendeva alle articolazioni d'interesse, pur limitandosi ad attribuire all'organo deputato a rappresentarle competenze pressoché solo consultive. Sul CESE e sui suoi limiti, volendo, cfr. A. SCALONE, *Le rappresentanze istituzionali degli interessi fra dimensione nazionale ed europea: il CNEL e il CESE*, in *Rivista italiana di diritto pubblico comunitario*, 5/2018, 795-823.

carattere plurale e parziale dell'organo viene ulteriormente sterilizzato dal riferimento all'"interesse generale della Comunità" e dal riconoscimento del vincolo di mandato, sul modello classico delle istituzioni rappresentative. In questo modo, però, scema la sua capacità legittimazione che, per evitare di rendere il Comitato un semplice doppione (peraltro con scarsi poteri) delle istituzioni europee, *in primis* del Parlamento, avrebbe dovuto ragionevolmente basarsi su una *diversa* modalità rappresentativa, idonea, appunto, ad esprimere le parti *e non* l'intero.

Per ciò che riguarda le competenze, esse consistono in poteri consultivi *su richiesta* del Consiglio e della Commissione (e non, almeno in questa fase iniziale, del Parlamento) in cinque settori delle politiche comunitarie di rilevanza regionale. Oltre a ciò, il Comitato può esprimere pareri di propria iniziativa (in effetti, nel primo anno di attività, dei quaranta pareri espressi la metà sarà di questo tipo).

b. Negli anni successivi il CdR ha ottenuto, oltre ad un aumento dei membri, un certo incremento dei suoi poteri. In particolare il Trattato di Amsterdam del 2 ottobre 1997 ha raddoppiato i settori nei quali il parere del comitato è obbligatorio; ha stabilito che anche il Parlamento Europeo possa consultarlo e ha svincolato il regolamento del Comitato dall'obbligo di approvazione da parte del Consiglio. Il Comitato, inoltre, ha ottenuto completa autonomia rispetto al CESE sia sotto il profilo organizzativo che relativamente al bilancio. Il Trattato di Nizza del 26 febbraio 2001, al fine di rafforzare il carattere rappresentativo del Comitato, ha introdotto l'obbligo, per ogni membro, di essere membro di un'assemblea elettiva regionale e locale o comunque di avere, all'interno di esse, una responsabilità politica. Al cessare di tale mandato si perde anche lo *status* di membro del Comitato. Inoltre, al fine di rafforzare l'indipendenza del Comitato, ha stabilito che la nomina dei membri da parte del Consiglio avvenga non più all'unanimità, ma a maggioranza qualificata. Il Trattato di Lisbona, infine, ha riconosciuto al Comitato il potere di adire la Corte europea di giustizia a difesa dei propri diritti e delle proprie prerogative (TFUE, art. 263.3), nonché nel caso ritenga sia stato violato il principio di sussidiarietà nell'adozione di un atto legislativo [15].

Il Comitato svolge un ruolo nella fase ascendente del diritto europeo, giacché in una serie di materie di rilevanza *lato sensu* regionale o sub-statale il Consiglio e la Commissione hanno l'obbligo di consultarlo prima di adottare atti normativi (TFUE, art. 307). Tale legame – oltre a quello fra il CdR ed enti territoriali substatali – è rafforzato da quanto stabilito dal "Protocollo sulle modalità di cooperazione tra la Commissione Europea e il Comitato delle Regioni". Questo documento, infatti, all'art. 16 riconosce al Comitato un "ruolo privilegiato" (ma, si badi, non esclusivo) "nelle relazioni tra istituzioni, organi, organismi e agenzie

[15] Secondo quanto previsto dall'art. 8.2 del "Protocollo n. 2 sull'applicazione dei principi di sussidiarietà e di proporzionalità".

dell'Unione Europea e gli enti regionali e locali degli Stati membri" e, all'art. successivo, stabilisce che "in cooperazione con la Commissione, il CdR sviluppa un'autentica strategia di consultazione degli enti regionali e locali, nel rispetto delle prerogative di ciascuno e secondo una procedura di consultazione che si collochi il più possibile a monte del processo decisionale". Al CdR spetta altresì il compito di "collegamento" con "le associazioni degli enti territoriali" (art. 18) e, insieme alla Commissione, organizza e mantiene un "dialogo strutturato" con "le associazioni degli enti regionali e locali" (art. 19). il CdR è dunque *uno* degli attori della dialettica fra Commissione, gli enti locali e le loro associazioni; esso, però, non rappresenta in modo esclusivo le entità sub-statali: il riconoscimento del suo ruolo ne segna al tempo stesso i limiti, lasciando peraltro campo libero ad iniziative autonome della Commissione con gli enti locali e territoriali e con le loro associazioni.

Per meglio garantire la partecipazione all'attività legislativa, il Protocollo prevede in particolare un costante scambio di informazioni fra Commissione e CdR (art. 5) e la trasmissione al CdR da parte del segretario generale della Commissione dell'"elenco delle proposte per le quali la consultazione è obbligatoria, nonché di quelle che possono formare oggetto di una consultazione facoltativa, compresi i pareri di prospettiva. Nell'elenco figurano anche i documenti di natura non legislativa sui quali la Commissione intende chiedere il parere del CdR e le proposte di collaborazione in materia di rispetto dei principi di sussidiarietà e di proporzionalità" (art. 8). Questo permette al Cdr, com'è stato osservato, di "indicare la propria posizione in merito ai progetti di natura legislativa potenzialmente in grado di avere un impatto rilevante a livello territoriale e di fornire le necessarie osservazioni", tramite "specifiche proposte di emendamento ai testi" e "l'adozione di sintesi che consentano di motivare ed evidenziare le scelte effettuate dal Comitato sulla base delle esigenze sollevate dagli enti locali e territoriali" [16].

c. In dottrina si sottolinea di solito il legame fra il ruolo del CdR e il principio di sussidiarietà: la creazione del Comitato e l'introduzione del principio col Trattato di Maastricht indicherebbero una svolta delle politiche europee a favore delle entità sub-nazionali, anche se non proprio di una Europa delle Regioni. Lo stesso CdR, a partire dal parere del 21 aprile 1995 sul Trattato di Maastricht, ha scorto in ciò un rafforzamento della legittimità democratica dell'Unione e un contributo decisivo al riavvicinamento fra questa e i cittadini [17]. In questo parere, però, il principio sembra interpretato in termini più estesi di quanto risulti dalla lettera del Trattato. Se per il CdR, infatti, il principio di sussidiarietà "prevede che i pubblici poteri non intervengano laddove i cittadini possano agire in modo ade-

---

[16] D. MESSINA, *Il ruolo del Comitato delle Regioni*, cit., 73.

[17] *GU*, 2 aprile 1996, n. C 100/1.

guato ed efficace", procedendo "ad una differenziazione tra i poteri pubblici, nella misura in cui i livelli superiori sono tenuti ad intervenire solo quando quelli inferiori non riescono ad agire in modo soddisfacente" [18], il Trattato lo riconduce esplicitamente ed esclusivamente ai rapporti fra Stati membri e istituzioni comunitarie [19]. Del resto, anche il principio del rispetto delle identità regionali e locali introdotto dal Trattato di Lisbona [20] ribadisce comunque il primato degli Stati e solo in questa cornice ed entro questi limiti rende possibile "il coinvolgimento degli enti substatali" [21]. Sicché, quando il CdR rivendica per sé il ruolo di "guardiano" o di "custode" della sussidiarietà, la interpreta evidentemente in quella accezione più estesa. Essa, tuttavia, può trovare la sua giustificazione nel già ricordato diritto, attribuito al Comitato dal Trattato di Lisbona, di ricorrere alla Corte di Giustizia in caso di violazione del principio di sussidiarietà, secondo quanto stabilito dall'art. 8.2 del "Protocollo sull'applicazione dei principi di sussidiarietà e di proporzionalità" [22].

Sempre in relazione al proprio ruolo di difensore del principio di sussidiarietà, merita ricordare che il CdR ha promosso a partire dal 2007 la *Rete di controllo della sussidiarietà*. Essa, si legge nel sito del Comitato, ha come fine "lo scambio di informazioni tra gli enti regionali e locali e l'Unione lungo l'intero ciclo politico in merito a vari documenti e a diverse proposte legislative che, in seguito alla loro

---

[18] *Ibidem*.

[19] Art. 5.3 TUE: "In virtù del principio di sussidiarietà, nei settori che non sono di sua competenza esclusiva l'Unione interviene soltanto se e in quanto gli obiettivi dell'azione prevista non possono essere conseguiti in misura sufficiente dagli Stati membri, né a livello centrale né a livello regionale e locale, ma possono, a motivo della portata o degli effetti dell'azione in questione, essere conseguiti meglio a livello di Unione".

[20] Art. 4.2 TUE: "L'Unione rispetta l'uguaglianza degli Stati membri davanti ai trattati e la loro identità nazionale insita nella loro struttura fondamentale, politica e costituzionale, compreso il sistema delle autonomie locali e regionali. Rispetta le funzioni essenziali dello Stato, in particolare le funzioni di salvaguardia dell'integrità territoriale, di mantenimento dell'ordine pubblico e di tutela della sicurezza nazionale. In particolare, la sicurezza nazionale resta di esclusiva competenza di ciascuno Stato membro".

[21] D. MESSINA, *Il ruolo del Comitato delle Regioni*, cit., 69. Discorso almeno parzialmente diverso potrebbe invece farsi per l'art. 10.3 TUE che fissa il principio di prossimità il quale, senza menzionare gli Stati, prevede soltanto che "le decisioni s[ia]no prese in maniera il più possibile aperta e vicina ai cittadini". Su tale principio cfr. C. DRIGO, Multilevel Governance *dell'Unione europea: autonomie territoriali e processi europei di produzione normativa*, in *federalismi.it*, 15/2018, 5.

[22] Sul punto cfr. C. ALIBERTI, *Il ruolo del Comitato delle Regioni nell'assetto istituzionale dell'Unione Europea*, cit., 478. Va comunque ricordato che il Protocollo, all'art. 6, affida il controllo del rispetto del principio di sussidiarietà in primo luogo ai parlamenti nazionali o a ciascuna camera di cui sono composti. Tali organi possono "entro un termine di otto settimane a decorrere dalla data di trasmissione di un progetto di atto legislativo nelle lingue ufficiali dell'Unione, inviare ai presidenti del Parlamento Europeo, del Consiglio e della Commissione un parere motivato che espone le ragioni per le quali ritiene che il progetto in causa non sia conforme al principio di sussidiarietà". Nel caso lo ritengano necessario, i parlamenti nazionali possono consultare all'uopo "i parlamenti regionali con poteri legislativi".

adozione, avranno un impatto diretto su tali enti e sulle politiche di cui sono responsabili". Ne fanno parte "i parlamenti e i governi delle regioni con poteri legislativi, le regioni e gli enti locali senza poteri legislativi e le associazioni di enti locali dell'Unione Europea. La rete è inoltre aperta alle delegazioni nazionali del CdR e alle camere dei parlamenti nazionali" [23].

3. *Un "comitato senza importanza"?* [24]

Il CdR, così come il CESE, è spesso stato oggetto di critiche relative alla poca rappresentatività, alla scarsità e alla modesta incidenza delle sue competenze e complessivamente alla sua marginalità rispetto al processo decisionale comunitario. Già nel 1996 Christiansen rilevava i limiti del CdR, interpretato come una sorta di compensazione, comunque insufficiente, per la perdita di competenze in molte materie da parte delle regioni, soprattutto belghe e tedesche: "In questo contesto – scriveva – la creazione di un organo consultivo di rappresentanza dei governi regionali e locali conteneva la promessa che i livelli inferiori sarebbero stati maggiormente coinvolti nei processi di decisione politica che li riguardavano, ma dai quali erano stati esclusi. In altre parole, il CdR presenta gli attori regionali attraverso un canale addizionale di rappresentanza che può essere più efficace delle alternative precedenti" [25]. Il ruolo svolto dal Comitato non corrisponde comunque né alle aspettative di chi sperava in un risoluto passo verso l'Europa delle regioni (l'autore ricorda la Dichiarazione della Quinta Conferenza dell'Europa delle Regioni), né ai timori di chi, come ad esempio alcuni membri della Camera dei Comuni inglese, scorgeva in esso "una minaccia ai parlamenti nazionali e alle loro prerogative" [26]. Esso non appare capace di particolare autonomia: non potendo contare su "un nucleo di *policymaking* dotato di conoscenza specializzata" [27], infatti, non è in grado di superare stili e modi di lavoro propri degli vari Stati di cui le Regioni fanno parte. Piuttosto sembra riprodurre al suo interno le divisioni fra gli Stati membri dovute a differenti tradizioni e organizzazioni costituzionali, sicché, più che un comitato delle regioni, il CdR sembra essere un

[23] *https://cor.europa.eu/it/our-work/Pages/networks.aspx.*

[24] Cfr. A. WARLEIGH, *A Committee of No Importance? Assessing the Relevance of the Committee of the Regions*, in *Politics*, 2/1997, 101-107. L'autore, peraltro, contesta tale formula, giudicando piuttosto il CdR come "una stella nascente, sebbene l'estensione della sua traiettoria non è ancora del tutto chiara" (*ivi*, 105).

[25] T. CHRISTIANSEN *The Second Thoughts on Europe's 'Third Level': The European Union's Committee of the Regions*, in *The Journal of Federalism*, 1/1996, 95.

[26] Cfr. *ivi*, 96.

[27] *Ivi*, 103.

"Comitato dei rappresentanti degli Stati membri", anche perché lo stesso Trattato di Maastricht fissa l'"appartenenza ad esso in base alla nazionalità"[28]. Ne consegue che per l'autore il Comitato può svolgere un ruolo soprattutto simbolico quale 'integratore' della legittimità politica, tradizionalmente scarsa, delle istituzioni europee: "Ciò di cui c'era bisogno, e ciò cui il CdR ha provveduto, è uno spazio deliberativo che potesse dimostrare ad un pubblico più ampio che l'integrazione europea e la politica regionale in particolare sono affrontate da politici eletti, non da burocrati anonimi"[29] (a prescindere – sembra di capire – dal fatto che le cose stiano effettivamente così o meno: ciò che è rilevante è appunto l'aspetto simbolico). Ma esso può valere anche come elemento di legittimazione ulteriore delle entità sub-statali e dei loro organi rappresentativi che, spesso "assai limitate nelle competenze nei paesi d'origine", viceversa "guadagnano (...) in statura esibendo a Bruxelles la loro apparente indipendenza"[30].

In un articolo firmato insieme a Lintner in occasione del decimo anniversario dell'istituzione del Comitato, Christiansen ritorna sul valore simbolico del Comitato, ma declinato questa volta in termini di "rafforzamento simbolico dell'idea regionale", anche se questa non corrisponde all'ideale dell'"Europa delle Regioni" avanzato nella prima metà degli anni Novanta. Esso costituisce comunque un rilevante guadagno giacché "segnala il passaggio da una concezione dell'Europa come una struttura monolitica localizzata a Bruxelles ad una che la intende come un sistema di governo più decentrato e multilivello". Per altro verso, "in molti Stati l'esistenza del CdR ha legittimato le aspirazioni europee delle regioni e degli enti locali e ha ulteriormente accelerato la tendenza ad aprire specifici uffici di rappresentanza a Bruxelles"[31] (circostanza, questa, che sembra paradossalmente ridurre la capacità del CdR di rappresentare le entità sub-statali e dunque la sua importanza). Le maggiori potenzialità del CdR sono comunque ravvisate dai due autori nella capacità di sviluppare l'aspetto della competenza. È in tale prospettiva che il Comitato potrebbe trovare una maggiore interazione con le istituzioni europee da un lato e porsi come collettore e mediatore delle istanze regionali e locali dall'altro. Il Libro bianco sulla *governance* europea proposto dalla Commissione nel 2001 aveva fortemente sollecitato il contributo del CdR in termini di proposte, progetti e pareri, in una prospettiva – quella appunto della *governance* – non

---

[28] *Ivi*, 105.

[29] *Ivi*, 108.

[30] *Ivi*, 110. Per un'efficace delineazione dei limiti del CdR, con riferimento soprattutto a scarsa rappresentatività, limitate competenze e carattere consultivo, cfr. D'ATENA, *Il doppio intreccio federale*, cit., 1408-1410 e G. RIVOSECCHI, *Gli effetti del processo di integrazione europea sulle autonomie territoriali*, in *Rivista AIC*, 3/2017, 6-7.

[31] T. CHRISTIANSEN-P. LINTNER, *The Committee of the Regions after 10 Years: Lessons from the Past and Challenges for the Future*, in *Eipascope*, 1/2005, 10.

di tipo gerarchico, ma piuttosto orientata all'implementazione dei saperi e alla circolazione delle informazioni [32]. Per quanto risulti difficile misurare quanto la Commissione (ma il discorso può valere per le altre istituzioni europee) dia seguito alle indicazioni del CdR, gli autori sono orientati a considerare che ciò avvenga appunto "in settori nei quali ci si può aspettare che il CdR sia attualmente in possesso di competenze addizionali e sostanziali", come ad esempio a proposito dei Fondi strutturali [33].

Questo tipo di prospettiva è stata ribadita più di recente da Hönnige e Panke che, attraverso l'analisi di una serie di questionari proposti ai membri delle rappresentanze nazionali a Bruxelles e ai parlamentari europei hanno dimostrato che questi soggetti – innanzitutto per ragioni di tempo – o non prendono per nulla in considerazione i pareri espressi dagli organi consultivi (CESE e Comitato delle Regioni) o lo fanno assai raramente. Spesso, poi, tali pareri sono resi troppo tardi rispetto al processo di approvazione di direttive e regolamenti, tanto da non influire sul loro contenuto. Come mostra l'esame di due casi opposti, quando l'azione dei comitati è tempestiva e corrisponde ad una specifica competenza, può effettivamente esercitare un'influenza significativa sulle decisioni europee. Diversamente non riescono a reggere la concorrenza delle lobby e delle rappresentanze brussellesi di regioni e città, anche perché queste sono maggiormente in grado di fornire ai rappresentanti istituzionali adeguate competenze specifiche. Ne consegue, a giudizio degli autori, la necessità per i due comitati di rendersi proattivi, puntando, più che a rivendicare un profilo rappresentativo in senso classico e una politicizzazione analoga a quella del Parlamento Europeo, ad una rappresentatività di tipo funzionale basata su autorità, competenza e tempestività d'intervento [34]. Peraltro, anche coloro i quali tendono a dare un giudizio positivo dell'azione complessiva del CdR, affermando che essa è più rilevante e incisiva di quanto appaia a prima vista e di quanto spesso sostenuto dagli studiosi, pure riconducono essenzialmente tale importanza alla capacità di essere proattivi e di fornire ai soggetti istituzionali competenze specifiche in settori determinati [35].

---

[32] Cfr. *ivi*, 8. Sul tema si vedano le interessanti osservazioni avanzate da M. ESPOSITO, *Dal Libro bianco sulla* governance *europea alla Convenzione sul futuro dell'Europa: il Comitato delle Regioni e i suoi componenti*, in *Le istituzioni del federalismo*, 1/2004, 123-148. Va ricordato a questo proposito che il CdR aveva risposto positivamente a queste sollecitazioni in un apposito parere (*GU*, 12 agosto 2002, n. C 192/24) e che nel 2009 ritornerà sul tema della *multilevel governance* in un ambizioso parere d'iniziativa denominato *Libro bianco del Comitato delle regioni sulla governance multilivello* (*https://op.europa.eu/it/publication-detail/-/publication/3cba79fd-2fcd-4fc4-94b9-677bbc53916b*).

[33] T. CHRISTIANSEN-P. LINTNER, *The Committee of the Regions after 10 Years*, cit., 10.

[34] Cfr. C. HÖNNIGE-D. PANKE, *Is anybody listening? The Committee of the Regions and the European Economic and Social Committee and their Quest for Awareness*, in *Journal of European Public Policy*, 4/2016, 624-642.

[35] In questa direzione si vedano ad es. S. PIATTONI-J. SCHÖNLAU, *Shaping Eu Policy from Below. Eu Democracy and the Committee of the Regions*, Cheltenham, 2015 e, più di recente, F. SPERA,

4. *Quale ruolo per le città nel CdR?*

Anche tenendo conto della prospettiva delineata nel paragrafo precedente, è possibile indicare un ruolo specifico delle città all'interno del CdR in grado di incrementarne il peso e l'efficacia degli interventi? Va detto innanzitutto che non vi è uno spazio particolare riservato alle città né all'interno del CdR, né all'interno delle delegazioni nazionali [36]. Infatti, originariamente, il CdR era stato pensato con riferimento alla necessità di garantire non tanto un equilibrio fra gli enti sub-statali, quanto piuttosto fra gli Stati membri. Così, fissato il numero di membri assegnati ai vari Stati, è stata lasciata loro libertà di determinare la composizione delle varie delegazioni e gli equilibri interni [37]. Ma non è evidentemente il semplice peso numerico dei componenti delle varie delegazioni a determinare l'importanza o meno dei differenti enti sub-statali, quanto piuttosto la capacità di porsi come interlocutori credibili sulla base del proprio specifico profilo riferito alla dimensione delle competenze e a quella dei processi complessivi di legittimazione. Assumendo come modello ideale – ben consapevoli delle forti differenziazioni che sussistono all'interno della UE e quindi dei limiti di una simile proposta – quello della città media europea [38], le sue potenzialità sembrano allora riconducibili ad alcune circostanze cui faremo brevemente cenno.

La città – e in specifico quella che corrisponde al modello adottato – è un ambito non solo virtuale (e pertanto riducibile meno facilmente di altri a processi di deteritorrializzazione del diritto, smaterializzazione e spersonalizzazione del comando, riduzione della garanzia dei diritti), nel quale si incrociano, secondo la tipologia offerta da Auby, quattro aspetti rilevanti sia sotto il profilo giuridico che sotto quello politico: "Gli spazi pubblici, le infrastrutture e i servizi pubblici, la regolazione dell'uso del suolo e il governo della città" [39]. In ognuno di questi settori la città è in grado di offrire uno specifico e infungibile patrimonio di conoscenze, esperienze e capacità operative la cui importanza all'interno del processo di formazione delle decisioni europee è difficilmente sottovalutabile.

Correlativamente, e per le stesse ragioni, la città, in quanto delimitata da questi quattro aspetti, appare come lo spazio giuridico, topografico e politico nel qua-

---

Il Comitato delle Regioni quale "guardiano" degli interessi regionali nell'Unione europea: analisi sull'impatto dei pareri del comitato nel dibattito sul Quadro finanziario pluriennale 2021-2027 e la Politica di coesione, in *Rivista giuridica del Mezzogiorno*, 3-4/2020, 763-817.

[36] Cfr. E. DOMORENOK, *Regioni in Europa*, cit., 59.

[37] Per l'Italia la composizione della delegazione al CdR è fissata dall'art. 27 della legge n. 234/2012.

[38] Cfr. G.M. LABRIOLA, *Città e diritto. Brevi note su un tema* complesso, in *Istituzioni del federalismo*, 1/2018, 11.

[39] J.B. AUBY, *La città, nuova frontiera del diritto amministrativo?*, in F. PIZZOLATO-A. SCALONE-F. CORVAJA (a cura di), *La città e la partecipazione fra diritto e politica*, Padova, 2019, 13.

le si producono in forma reticolare conflitti, dinamiche (spesso solo informali) di decisione e partecipazione, di inclusione[40] e di esclusione[41]. Essa è dunque rilevante, o potrebbe esserlo, anche per i processi di legittimazione specificamente politica del livello comunitario, nella misura in cui si riesca a svincolare quest'ultimo dalla retorica del meccanismo rappresentativo, al quale peraltro, nonostante la lettera dei Trattati, di fatto sembra corrispondere in misura limitata[42]. Insomma, se nel processo di formazione e sviluppo dell'UE è possibile individuare uno snodo, per quanto non univoco, del superamento della logica fondata sulla centralità esclusiva dello Stato sovrano e del sistema degli Stati, il potenziale innovativo della città sembra in grado di svolgere al suo interno, qualora adeguatamente sviluppato e indirizzato, un ruolo davvero decisivo, nel senso di un diritto alla/della città capace per le sue caratteristiche specifiche[43] di procedere, più che semplicemente contro, *oltre* lo Stato.

È difficile però dire se il CdR possa essere il contenitore più adeguato a svolgere una simile funzione: lo stesso protagonismo in sede comunitaria di molte città (allo stesso modo di quello delle regioni), oltre, se non in concorrenza col Comitato medesimo, sembra sollevare più di un dubbio sul carattere realistico di questa prospettiva. Il suo ruolo può però essere (e per taluni aspetti già lo è) quello di favorire e rafforzare queste attività e queste potenzialità in quanto organo comunitario, senza peraltro pretendere di esaurirne al suo interno le dinamiche.

---

[40] Cfr. F. CORVAJA, *Lo straniero nella città: la cittadinanza amministrativa*, *ivi*, 135-158; L. BUSATTA, *Stranieri e città: la partecipazione 'estesa' quale strumento di accoglienza e di inclusione*, *ivi*, 159-173.

[41] È nelle città che si realizzano manifestazioni di piazza, si realizzano occupazioni, o, al contrario, si reprime, si sgombera, si espropria.

[42] Sul punto, che qui può essere solo accennato, ci permettiamo di rimandare al nostro *Le istituzioni europee: carenza di legittimazione o superamento del principio rappresentativo?*, in *Rassegna di diritto pubblico europeo*, 2/2017, 176-211.

[43] V. NITRATO IZZO, *La città contemporanea e gli spazi del diritto*, in *Materiali per una storia della cultura giuridica*, 2/2016, 521, ha parlato a proposito della città, con un'immagine felice, di una "giuridicità 'porosa' dove livelli e strati di ordini normativi si incontrano grazie alla maggiore prossimità ed assenza di filtri con l'elemento sociale".

CITTADINANZA EUROPEA COME CITTADINANZA FEDERALE

MATTEO BOZZON

SOMMARIO: 1. Cittadinanza europea e cittadinanza nazionale. – 2. Tra storia e comparazione: per una cittadinanza federale oltre lo Stato. – 3. Elementi strutturali della cittadinanza federale (non statale). – 4. Considerazioni conclusive. Cittadinanza europea come cittadinanza plurale.

1. *Cittadinanza europea e cittadinanza nazionale*

Nell'accezione moderna, il termine di 'cittadinanza' tiene insieme fondamentalmente due aspetti: il legame di appartenenza allo Stato e la dimensione relativa alla partecipazione politica. Per indicare la valenza ampia che esso è venuto ad assumere nel discorso comune, Pietro Costa ha suggerito di intendere con 'cittadinanza' "il rapporto politico fondamentale [...] fra un individuo e l'ordine politico-giuridico nel quale egli si inserisce" [1]. Sebbene di per sé il termine contenga un visibile richiamo alla 'città', è alla specifica forma di comunitarizzazione politica statal-nazionale a cui esso si trova intrecciato – da qui la propensione, foriera di non pochi equivoci, per esempio, ad assimilare cittadinanza e nazionalità. È pertanto a partire da un nesso inscindibile di diritti e sovranità che si strutturano gli stessi diritti di cittadinanza nella modernità [2]. Per quanto riguarda la forma dell'appartenenza, il concetto moderno di cittadinanza si declina in una modalità unica ed esclusiva di vincolo, il quale è espressione di una rottura radicale con quel mondo cetuale caratterizzato invece da una compresenza plurale e stratificata di molteplici relazioni di appartenenza, che rende impossibile determinarla nella forma di uno *status* giuridico generale e astratto.

---

[1] P. COSTA, *Cittadinanza*, Roma-Bari, 2005, 3. Come precisato dallo stesso Costa, il termine-concetto 'cittadinanza' va a colmare un vuoto consentendo di tematizzare il nesso "individuo-ordine".

[2] Cfr. M. FIORAVANTI, *Costituzionalismo. Percorsi della storia e tendenze attuali*, Roma-Bari, 2009, 59: "Si è titolari di diritti perché si è cittadini, e si è cittadini perché si appartiene in modo esclusivo a un popolo o a una nazione, a questo popolo, o a quella nazione, che hanno storicamente superato e assorbito le molteplici precedenti appartenenze, di ceto e di luogo".

Alla luce dell'arco storico che conduce al cristallizzarsi della forma moderna dell'appartenenza politica, il tema della 'cittadinanza europea' – e le dispute su di essa – può essere visto per molti versi come una cartina di tornasole rivelatrice di una ormai acritica e automatica inclinazione a ricondurre la cittadinanza all'esperienza nazional-statuale. Se si prende atto del carattere non-statuale dell'Unione Europea, l'uso del termine si rivela da subito carico di una certa ambiguità e finanche inappropriato nel momento in cui esso viene proiettato a livello sovranazionale.

Ciononostante, proprio perché non può che rievocare l'immaginario statal-nazionale, il tema della cittadinanza europea costituisce anche uno dei perni intorno a cui ruota il tentativo di dare spessore politico alla realtà istituzionale europea. Esso si offre ed è trattabile certamente nei termini di uno specifico istituto giuridico, ma si presenta altrettanto dotato di una valenza 'simbolica', in cui si addensano le aspettative e le condizioni per un rafforzamento politico dell'Unione e più ancora della sua legittimità [3]. Si pensi ad esempio a quanto affermato da Jürgen Habermas, il quale ha intravisto nell'introduzione della cittadinanza dell'Unione un elemento essenziale per poter considerare i Trattati europei come il "fondamento di una comunità dotata di Costituzione politica" [4]. Del resto, si deve ricordare che, se ai sensi dell'art. 9 del Trattato sull'Unione Europea, cittadino dell'Unione è considerato chiunque abbia la cittadinanza di uno Stato membro [5], la definizione di tale *status* si trova enunciata nel contesto del Titolo II relativo alle disposizioni sui principi democratici. All'istituto della cittadinanza è in tal modo subito collegata la funzione rappresentativa propria del Parlamento Europeo secondo uno schema che a prima vista appare del tutto conforme al modello degli Stati costituzionali democratici [6].

Sebbene il significato della cittadinanza europea sia stato e resti esposto a un processo evolutivo aperto – in modo particolare in virtù del processo trasformativo legato alla prassi giurisprudenziale della Corte di Giustizia europea [7] –, non si può fare a meno di riscontrare una persistente carenza di fiducia da parte dei cittadini dell'Unione; anzi una delle sfide più rilevanti resta quella di avvicinare i cittadini alle istituzioni europee. Se le basi per il rinvigorimento di un vincolo di appartenenza-partecipazione sono sovente ravvisate in un rafforzamento della rap-

---

[3] Per un inquadramento si tenga presente perlomeno C. MARGIOTTA, *Cittadinanza europea. Istruzioni per l'uso*, Roma-Bari, 2014.

[4] J. HABERMAS, *Questa Europa è in crisi*, Roma-Bari, 2012, 60.

[5] Cfr. art. 20, TFUE: "*È istituita una cittadinanza dell'Unione. È cittadino dell'Unione chiunque abbia la cittadinanza di uno Stato membro. La cittadinanza dell'Unione si aggiunge alla cittadinanza nazionale e non la sostituisce*".

[6] Cfr. art. 10 (2), TUE: "*I cittadini sono direttamente rappresentati, a livello dell'Unione, nel Parlamento europeo*".

[7] Cfr. C. MARGIOTTA, *Cittadinanza europea*, cit., 65-88.

presentanza dei cittadini europei, con la conseguente richiesta di accrescimento delle competenze del Parlamento Europeo ed un suo differente posizionamento nel quadro istituzionale, ciò appare sensato solo sulla scorta di un modello di cittadinanza in larga parte ricavato ancora una volta dall'esperienza degli Stati nazionali. La tendenza che si riscontra è quindi che, per realizzare appieno la cittadinanza europea, le si debba dare una struttura se non identica, perlomeno quanto più prossima possibile a quella della cittadinanza nazionale. La questione che si impone a questa altezza è quanto ciò risulti produttivo rispetto alla difficoltà di catturare l'unità politico-giuridica, come quella Europea, non riconducibile alla forma dello Stato sovrano. È possibile in altri termini intendere diversamente il tema della cittadinanza europea a partire dalla peculiare forma di unità politica a cui si riferisce?

Alla luce dell'ormai sterminata mole di letteratura sul tema, non è mia intenzione fornire un resoconto esaustivo di quest'ultima questione. Con il presente saggio, vorrei piuttosto soffermarmi su uno dei contributi più significativi per ripensare il senso complessivo della cittadinanza europea in termini di cittadinanza federale emerso nell'ambito degli studi comparatistici, ovvero *Unionsbürger. Europas föderales Bürgerrecht in vergleichender Sicht* del giurista tedesco Christoph Schönberger[8]. Senza con ciò avere la pretesa di risolvere la complessità della questione posta, vorrei provare a mettere in luce alcuni spunti e sollecitazioni ricavabili da quest'ultimo che mi paiono utili a ripensare il tema della cittadinanza in un orizzonte al contempo federalistico e non-statuale, tentando di valorizzare l'elemento essenziale della pluralità.

2. *Tra storia e comparazione: per una cittadinanza federale oltre lo Stato*

Uno dei luoghi emblematici che consente di accertare quanto il termine cittadinanza sembri di per sé ricondurre necessariamente ad un immaginario tendente a identificare la comunità politica con lo Stato nazionale è senz'altro rappresentato dalla sentenza della Corte costituzionale federale tedesca sulla ratifica del Trattato di Lisbona. In un passaggio chiave della sentenza, la Corte rimarca infatti come "dall'introduzione della cittadinanza dell'unione *non* si può desumere la fondazione di una federalità di segno statal-federale [*die Begründung bundestaatlicher Föderalität*]"[9]. L'esigenza di una simile puntualizzazione deriva evidentemente dal ritenere che solo in relazione ad un'entità politica di tipo statale si possa

[8] C. SCHÖNBERGER, *Unionsbürger. Europas föderales Bürgerrecht in vergleichender Sicht*, Tübingen, 2005.

[9] K. KAISER, *Der Vertrag von Lissabon vor dem Bundesverfassungsgericht. Dokumentation des Verfahrens*, Heidelberg, 2013, 1557 (T.d.A.).

parlare di cittadinanza in senso proprio. Solo a quel punto, la formalizzazione della cittadinanza dell'Unione nell'ambito dei Trattati europei dovrebbe sottintendere inevitabilmente un'appartenenza ad una entità politica organizzata in modo statale. Un'implicazione, questa, che la Corte ha cura di smentire, poiché l'Unione, piuttosto, si costruisce sull'esistenza di una pluralità di popoli differenti, cosicché, come asserito poco prima, "la cittadinanza dell'Unione deriva unicamente dalla volontà degli Stati membri e non costituisce alcun popolo dell'Unione, che in quanto soggetto giuridico auto-costituentesi sarebbe chiamato alla propria autodeterminazione" [10]. In linea con quanto veniva enfatizzato dalla stessa Corte nella sentenza sul Trattato di Maastricht, l'istituto della cittadinanza dell'Unione (anzitutto in virtù del suo carattere derivato) deve essere inteso allora come espressione di un legame di appartenenza più debole se misurato col metro del vincolo di appartenenza interno agli Stati membri. Esso si limiterebbe pertanto a registrare, dandone espressione giuridica vincolante, un livello di comunanza preesistente. Del termine cittadinanza, insomma, una volta constatato il carattere non statuale dell'Unione, è possibile parlare solo in modo improprio e dimidiato.

In realtà, il connubio tra cittadinanza e forma politica statale appare essere così radicato che la Corte costituzionale federale tedesca rende avvertiti che nemmeno la comparazione con esperienze federali tratte dalla storia costituzionale tedesca secondo ottocentesca deve essere interpretata come indizio storico di un possibile sviluppo dell'Unione in senso statal-federale: "comparazioni storiche che si richiamano alla fondazione dello Stato federale tedesco attraverso la federazione della Germania del Nord 1867 (cfr. SCHÖNBERGER, *Unionsbürger*, Tübingen, 2005, 100 ss.) non portano in questo contesto a esiti diversi" [11]. Questa asserzione, peraltro non ulteriormente discussa, sembra reggersi più su uno dei nuclei chiave della sentenza della Corte – quello consistente nello sbarrare la possibilità di una statalizzazione dell'Unione – che non sul rimando bibliografico esplicito che viene fatto [12].

Il richiamo allo scritto del giurista tedesco Christoph Schönberger risulta infatti perlomeno singolare nella misura in cui l'intento dell'autore non è né quello di suggerire che dalla comparazione con l'esperienza tedesca secondo ottocentesca debba seguire un esito analogo per lo sviluppo dell'Unione Europea in senso statal-federale; né tantomeno quello di assimilare la categoria di cittadinanza federale alla cittadinanza di uno Stato federale (unitario). La problematicità di misurare e

---

[10] K. KAISER, *Der Vertrag von Lissabon*, cit., 1557 (T.d.A.).

[11] *Ibid.* (T.d.A.).

[12] Cfr. D. GRIMM, *Europa ja, aber welches? Zur Verfassung der Europäischen Demokratie*, München, 225 ss. Per una critica alla sentenza, cfr. C. SCHÖNBERGER *Die Europäische Union zwischen "Demokratiedefizit" und Bundesstaatsverbot. Anmerkungen zum Lissabon-Urteil des Bundesverfassungsgerichts*, in *Der Staat*, XLVII, 4/2009, 535-558.

valutare l'Unione Europea secondo schemi e parametri ricavati dagli Stati federali è piuttosto il punto da cui prende le mosse lo studio comparatistico sulla cittadinanza dell'Unione. Con essa, l'autore va così a toccare una essenziale questione di fondo interrogandosi sui presupposti della comparazione nel momento in cui si tratta, studiando la cittadinanza dell'Unione, di provare a farsi carico anche del problema di un'unità politica costruita in maniera diversa rispetto al modello degli Stati sovrani [13]. È su queste stesse basi, del resto, che si giustificava il recupero della categoria di *Bund* (federazione) e l'indicazione del potenziale ermeneutico ad essa intrinseco per comprendere l'Unione Europea, che lo stesso Schönberger ha avanzato in un influente contributo di poco precedente la pubblicazione dello studio sulla cittadinanza europea [14].

La tendenza ad attestarsi su schemi categoriali riconducibili all'esperienza dello Stato nazionale non può in altri termini essere accolta in maniera acritica, ma deve essere messa in questione radicalmente. La condizione per lo studio comparatistico della cittadinanza europea è individuata così in un ripensamento in chiave federale-non-statale della cittadinanza che consente di rivolgere l'attenzione criticamente a quelle che, riguardate retrospettivamente, rappresentano le fasi iniziali di sviluppo di Stati federali (il confronto avviene in modo particolare con le storie costituzionali tedesca, svizzera e americana). La sollecitazione che ne deriva è quella di ricorrere al bagaglio esperienziale del federalismo avendo la consapevolezza che le realtà federali emergenti si differenziano significativamente dagli Stati federali "consolidati" e ancor più da astratte dottrine dello Stato federale. In particolare, non è tenendo ferma la tradizionale distinzione di Stato federale e Confederazione di Stati che è possibile apprezzare gli elementi strutturali di segno federale della cittadinanza [15]. In tal senso, l'attenzione per la storia costituzionale federale offre strumenti non tanto per determinare linee evolutive necessarie, ma anzitutto per porre su basi diverse il pro-

---

[13] Per una radicalizzazione filosofica di tale questione, cfr. G. DUSO, *L'Europa e la fine della sovranità*, in *Quaderni fiorentini*, 31/2002, 109-139.

[14] Cfr. C. SCHÖNBERGER, *Die Europäische Union als Bund. Zugleich ein Beitrag zur Verabschiedung des Staatenbund-Bundesstaat-Schemas*, in *Archiv des öffentlichen Rechts*, CXXIX, 1/2004, 81-120. Obiettivo di una teoria del *Bund* è precisamente quello di ricavare categorie per comprendere gli ordinamenti federali, prescindendo dalla dicotomia Stato federale-Confederazione. "Der Bund fungiert [...] als *juristischer Allgemeinbegriff für föderale Staatenverbindungen*, die sich nicht zu einem konsolidierten Bundesstaat entwickelt haben" (ID., *Unionsbürger*, cit., 11). Decisiva per la riscoperta della categoria di *Bund* è la parte conclusiva della *Verfassungslehre* di Carl Schmitt (cfr. C. SCHMITT, *Dottrina della costituzione*, a cura di A. Caracciolo, Milano, 1984, 471-511). Come noto, è ad Olivier Beaud che si deve il tentativo sistematico di elaborazione di una "dottrina costituzionale della federazione", cfr. O. BEAUD, *Théorie de la Fédération*, Paris, 2009. Per una critica invece al ricorso alla categoria di *Bund*, vd. A. CARRINO, *Il suicidio dell'Europa*, Modena, 2016, 35.

[15] Per una critica sistematica della *summa divisio*, cfr. C. SCHÖNBERGER, *Die Europäische Union als Bund*, cit., 88-98. Si tenga presente inoltre almeno G. DUSO, *Pensare il federalismo: tra categorie e costituzione*, in G. DUSO-A. SCALONE (a cura di), *Come pensare il federalismo? Nuove categorie e trasformazioni costituzionali*, Monza, 2010, 76 ss.

blema della cittadinanza, nella consapevolezza che con ciò inoltre non si è esonerati dal compito di rispondere alle questioni specifiche che la investono nella contingenza storica.

È particolarmente significativo a tal proposito che Schönberger consideri non meno problematiche degli approcci stato-centrici le proposte di intendere la cittadinanza europea sia nei termini di un'innovativa forma post-nazionale di cittadinanza, sia in quelli largamente predominanti di una cittadinanza *sui generis*, nella misura in cui entrambe, ad un vaglio attento, restano in definitiva l'estrinsecazione di un immaginario stato-centrico. La carenza del modello postnazionale, la cui matrice sarebbe costituita dai diritti umani finalmente liberati, in un senso astratto e artificiale, dalle barriere particolaristiche degli Stati, è rappresentata dalla pretesa autoreferenzialità che finisce col separare lo *status* della cittadinanza da qualsiasi derivazione, indice, per così dire, del momento di federalizzazione che ne sta alla base [16]. In altre parole, il carattere derivato della cittadinanza postnazionale istituita è ridotto a un mero accidente, dal quale essa deve sciogliersi, assumendo di conseguenza una cifra unitaria ed esclusiva.

La connotazione *sui generis*, di contro, pur aspirando di per sé a valorizzare la singolarità dell'esperienza europea, oltre a sottrarre la possibilità stessa della comparazione [17], ne può determinare la specificità unicamente in termini negativi, ovvero procedendo dall'antitesi col modello statuale. Al di là delle differenti considerazioni che ne potrebbero scaturire, il modello interpretativo sarebbe ancora una volta improntato surrettiziamente sullo Stato nazionale. Quest'ultimo rimarrebbe insomma come modello privilegiato di riferimento che impedisce di cogliere e valorizzare gli elementi strutturali (e strutturanti) di innovazione presenti nella cittadinanza Europea.

A fronte di tali prese di distanza, il contributo di Schönberger esplora le possibilità legate a un orizzonte comparatistico tra esperienze federali e integrazione europea che relativizza la dimensione dello Stato, in tal modo apprezzando le fasi iniziali di formazione anche di quelli che nel lungo periodo sono diventati Stati federali centralistici. Rivolgendo l'attenzione all'esperienza costituzionale delle federazioni emergenti è possibile individuare una serie di elementi strutturali che permettono di dare una forma giuridica determinata alla cittadinanza federale. Questa linea esplicativa si chiarisce in relazione a quello che Schönberger individua essere il problema fondamentale del federalismo, ovverosia il nesso unità-pluralità: un significato differente della cittadinanza europea intesa come cittadinanza federale non può che passare anzitutto dal riconoscimento di quell'elemento della pluralità (politico-giuridica) che appare essere tanto costitutiva della forma

---

[16] C. SCHÖNBERGER, *Unionsbürger*, cit., 47.

[17] Cfr. R. SCHÜTZE, *Two-and-a-half Ways of Thinking about the European Union*, in *Politique européenne*, LIII, 3/2016, 30-31.

politica europea e dei processi federativi emergenti, quanto strutturalmente negata nel contesto statuale [18].

3. *Elementi strutturali della cittadinanza federale (non statale)*

Che cosa sfugge necessariamente ad una considerazione della cittadinanza federale basata sul modello nazionale? La risposta a tale questione è in fondo banale poiché rimanda agli elementi strutturali della cittadinanza nella sua declinazione nazionale (senza i quali è difficilmente pensabile il meccanismo di autodeterminazione democratica): si tratta in modo particolare del suo carattere unitario, chiuso ed esclusivo. Muovendo dalla dicotomia Stato federale-Confederazione, per esempio, si dovrebbe concludere che di cittadinanza si può parlare in riferimento *o* allo Stato federale nel suo complesso, nel primo caso, *o* ai singoli membri, nel secondo. La distinzione tra Stato federale e Confederazione di Stati rappresenta insomma una barriera concettuale che impedisce di cogliere a priori l'elemento propriamente federale della cittadinanza, ovvero la necessaria *duplice* appartenenza alla federazione *e* agli Stati membri.

Contro il dogma secondo cui ciascun individuo dovrebbe appartenere e partecipare a un solo corpo politico, l'idea di una cittadinanza federale pone in rilievo l'aspetto per cui ogni individuo appartiene e partecipa a due corpi politici, appartenenze che risultano tra loro intrecciate in maniera inscindibile [19]. Se è possibile parlare in senso federale della cittadinanza europea è perché essa si caratterizza per una pluralità costitutiva dei legami di cittadinanza derivante dalla pluralità ed eterogeneità degli ordinamenti che compongono l'Unione. Il livello di governo europeo non è sospeso nel vuoto, ma si incardina in una pluralità di realtà politiche preesistenti: Stati membri e Unione(/federazione) si presentano come due livelli politici distinti e tra loro intimamente connessi. Come si ridisloca la questione della cittadinanza in questo quadro?

Si è già accennato in precedenza al carattere derivato della cittadinanza europea: tale derivazione diretta fa della cittadinanza europea uno *status* complementare a quello della cittadinanza degli Stati membri, istituendo una relazione tra i due. Lungi dal rappresentare un'anomalia, questo raddoppiamento e questa relazione di complementarità sono il riflesso di una dinamica pattizia che presuppone e conserva le parti contraenti all'interno dell'unità alla quale si è dato vita. Nella misura in cui degli Stati che si associano volontariamente per costituire una nuova unità federale trasformano i loro rapporti reciproci, aprendosi l'uno

---

[18] Cfr. G. DUSO, *Quali concetti politici per l'Europa?*, in *Scienza & Politica*, 33/2005, 39-55; M. FIORAVANTI, *Costituzionalismo*, cit., 145.

[19] C. SCHÖNBERGER, *Unionsbürger*, cit., 42-43.

all'altro, anche il rapporto sussistente tra uno Stato membro e i cittadini degli altri Stati membri subisce una trasformazione. In questa prospettiva, la questione della reciprocità federale tra gli Stati membri si presenta come aspetto connaturato al piano comune che tiene assieme le parti. Per intenderne il senso occorre risalire alle finalità del processo federativo che ha dato vita all'Unione quale processo di aggregazione di una pluralità di entità politiche già costituite. La questione quindi di una cittadinanza federale nasce esattamente dal problema dell'unirsi in un'unione federale di più Stati autonomi dotati ciascuno della propria cittadinanza.

Arrivati a questo punto secondo Schönberger è conveniente fare ruotare la trattazione della cittadinanza federale attorno a due assi: uno orizzontale ed uno verticale. Il primo asse è costituito dalle relazioni tra gli Stati membri in funzione del singolo (in quanto appartenente anche all'unione); mentre il secondo dal rapporto tra il singolo e l'unione. Tale netta differenziazione è certo frutto di un'astrazione; essa tuttavia rende visibile la dipendenza che vi è tra il piano della formalizzazione giuridica e quello delle 'trasformazioni materiali', si potrebbe dire. Nel momento originario di formazione di una nuova unione, è la dimensione orizzontale che ha un maggiore peso rispetto a quella verticale. Nei processi federali nascenti infatti emergerebbe uno *status* di cittadinanza tipicamente federale espressione della reciproca apertura da parte delle entità politiche costituenti.

Non a caso un passaggio cruciale della trattazione è quello dedicato all'istituto dell'indigenato comune [*das gemeinsame Indigenat*] codificato all'articolo 3 della Costituzione della Germania del Nord del 1867, in cui è rinvenuta una struttura in certo qual modo archetipica che permette di comprendere un elemento tipicamente federale della cittadinanza[20]. Se il carattere plurale e articolato della cittadinanza rispecchia in certo qual modo il processo che ha dato origine all'entità federale, in termini più generali, l'esito del processo di federalizzazione rispetto alla cittadinanza si concretizza nel riconoscimento ai cittadini degli Stati membri sia della libera circolazione e della possibilità di soggiorno all'interno degli altri Stati membri; sia di un diritto di parità di trattamento e di non discriminazione (riconosciuto ai cittadini di uno Stato membro nel momento in cui si trova a soggiornare in un altro Stato membro). La configurazione concreta di tale *status* rappresenta una variabile del processo di federalizzazione. Libertà di circolazione e soggiorno, parità di trattamento e non discriminazione sono riconosciuti in forma condizionata e graduale, e soggetti a un grado maggiore o minore di 'espansione' (rimanendo al caso dell'UE, per esempio, il riconoscimento di *status* di cittadino

[20] Cfr. C. SCHÖNBERGER, *Unionsbürger*, cit., 100-117. È proprio alle pagine dedicate alla trattazione di questa peculiare forma federale di appartenenza che si riferisce la Corte costituzionale federale tedesca nel passo precedentemente ricordato. Il raffronto con la cittadinanza europea deriva dal fatto che l'*Indigenat* era elemento cardine della normazione volta all'edificazione dello spazio economico tedesco.

unionale non conferisce di per sé pieni diritti politici nel paese di soggiorno). Schönberger mostra allora come la possibilità di una piena equiparazione dei cittadini degli Stati membri sia l'esito di un processo storico nel quale l'acquisizione dei diritti politici e il riconoscimento delle prestazioni assistenziali assumono una rilevanza particolare in relazione all'integrazione individuale al di fuori del paese di origine. Proprio questi ultimi possono essere considerati una traccia del mutato grado di solidarietà maturato tra le aggregazioni politiche che si sono unite.

A partire dalla dimensione orizzontale della cittadinanza appena richiamata, mi limito a ricavare tra le molte possibili, una considerazione che mi pare di particolare interesse. Essa ha a che fare con l'impossibilità di intendere la struttura federale della cittadinanza a partire dall'individuo nella sua astrattezza, al di fuori delle relazioni in cui questo è già inserito. Pur restando la definizione di cittadinanza legata alla relazione dell'individuo con l'ordine, essa non si struttura autoriflessivamente, ma ha nel carattere composito dell'ordine stesso un suo aspetto costitutivo attraverso il quale occorre passare per immaginarne un 'potenziamento'. Nel caso dell'Unione Europea, questo non significa trascurare la cifra anzitutto economica e funzionalistica della cittadinanza europea, che discende dalle originarie finalità del processo di integrazione, ma cogliere in relazione ad essa uno specifico campo (federale, ovvero plurale) di agibilità politica – piuttosto che renderne sempre più indifferenziati i contorni o farla dipendere solo dai (peraltro mutevoli) orientamenti giurisprudenziali.

Fin dall'introduzione formale della cittadinanza con il trattato di Maastricht, la discussione politica su di essa ha teso indubbiamente a privilegiare la dimensione 'verticale' relativa al rapporto tra l'individuo e l'unione. Tale aspetto appare immediatamente comprensibile in relazione al più volte lamentato deficit di legittimazione democratica e al tentativo di assicurare all'Unione una propria legittimazione attribuendo ai cittadini europei un coinvolgimento all'interno del processo decisionale. È significativo che Schönberger ridimensioni notevolmente la portata di tale questione, in quanto nella relazione immediata individuo-unione si rischia di perdere la rilevanza degli altri ordinamenti parziali.

Ciò non toglie che una delle difficoltà che si è presentata da subito ha riguardato la modalità in cui il principio democratico possa essere configurato a livello dell'Unione nella misura in cui esso deve "prescindere dal concetto di popolo" [21]. L'alternativa al popolo come soggetto collettivo unitario è stata sovente ravvisata nel soggetto individuale: a partire da quest'ultimo si tratterebbe di ridefinire il principio democratico. In entrambi i casi, secondo Schönberger, verrebbe surrettiziamente fatto valere un modello di legittimazione che ha nello Stato nazionale il proprio riferimento, in quanto il soggetto legittimante presenta un carattere in-

[21] A.V. BOGDANDY, *I principi fondamentali dell'Unione europea. Un contributo allo sviluppo del costituzionalismo europeo*, Napoli, 2011, 119.

differenziato. In antitesi ad esso, la considerazione delle esperienze federali consente di superare l'idea di un soggetto legittimante sia in quanto totalità degli individui, sia in quanto collettività immediatamente presente. Proprio perché i popoli degli Stati membri non sono un insieme di monadi irrelate, Schönberger suggerisce di intendere il soggetto legittimante come "totalità articolata federativamente dei cittadini" [*die föderativ gegliederte Gesamtheit der Bundesangehörigen*] [22]. Tale connotazione del soggetto legittimante consente di ripensare la modalità in cui l'elemento federativo interviene nel definire anche la composizione della camera di rappresentanza popolare.

Certo ciò non toglie che si tratta di eleggere uno specifico organo federale, ma il contingentamento dei seggi in base al criterio della proporzionalità degressiva (che privilegia gli Stati membri più piccoli) non risulta più come il segno di una debole configurazione del principio democratico in quanto violerebbe il principio di uguaglianza individuale. Se per la Corte costituzionale federale tedesca questo non è altro che il riflesso del permanere dell'uguaglianza sovrana degli Stati di classica matrice internazionalistica [23], per Schönberger invece esso trova una giustificazione nel carattere unitario, ma plurale del soggetto legittimante [24].

4. *Considerazioni conclusive. Cittadinanza europea come cittadinanza plurale*

Si è già ricordato come la possibilità di comparare la cittadinanza europea nel suo processo di formazione con le forme di cittadinanza tipiche delle federazioni emergenti non significhi prefigurare in modo dissimulato un'evoluzione dell'Unione Europea verso lo Stato federale. Altrettanto evidente è come l'individuazione di elementi pregnanti di comunanza con esse non implichi l'assenza di aspetti e problemi specifici che sollecitano la ricerca di risposte innovative. Di fronte al processo di accentramento e unitarizzazione a cui sono andate incontro le realtà politiche considerate da Schönberger, una questione che si impone è

---

[22] C. SCHÖNBERGER, *Unionsbürger*, cit., 500.

[23] K. KAISER, *Der Vertrag von Lissabon*, cit., 1532.

[24] Sempre alla luce del carattere duale dell'appartenenza individuale, la tematizzazione della questione democratica a livello europeo più che una considerazione esclusiva del Parlamento implica che non si possa mai perdere di vista la più complessiva struttura istituzionale in cui esso è inserito. In relazione a tale questione, a partire dalla difficoltà di intendere la dimensione rappresentativa nel quadro istituzionale europeo sulla base di una immediata applicazione di schemi classici si vedano F. PIZZOLATO, *Rappresentanza politica e Unione Europea*, in *Rivista italiana di diritto pubblico comunitario*, XXIII, 2/2013, 371-400; A. SCALONE, *Le istituzioni europee: carenza di legittimazione o superamento del principio rappresentativo?*, in *Rassegna di diritto pubblico*, 1/2016, 188-190.

quella relativa alle ragioni che innescano tale processo[25]. Si tratta di una domanda di particolare rilievo in relazione all'Europa, se è vero che il carattere federale non statale dell'unità politica europea non è legato a una specifica fase di sviluppo, ma è elemento costitutivo che si tratta di valorizzare. A tale riguardo, benché l'autore non fornisca risposte esplicite, vorrei provare a trarre in conclusione delle indicazioni che colgano le sollecitazioni ricavabili dal ripensamento del tema della cittadinanza in un orizzonte federalistico.

Un aspetto di particolare interesse evidenziato dalla trattazione in chiave federale della cittadinanza concerne la rottura dell'esclusività della cittadinanza, ovvero la possibilità che essa si declini al plurale, complicando così anche il carattere duplice messo in evidenza da Schönberger. Questo non significa la mera moltiplicazione dei rapporti di appartenenza e la loro irrelata coesistenza. Al contrario risulta decisiva la relazione che si istituisce tra le comunità politiche: la realtà federale è anzitutto un *sistema di relazioni* tra entità collettive. Se la proiezione del moderno principio rappresentativo non può essere il tramite per la partecipazione senza che ciò vada a detrimento della permanenza politica della pluralità, ci si deve chiedere per quali vie essa possa essere realizzata. Guardando alla dimensione 'orizzontale' della cittadinanza federale, non si può trascurare l'importanza della relazione che il cittadino concretamente intrattiene anzitutto con i livelli locali, urbani e regionali, ma anche con forme di aggregazione cosiddette sociali. È sul piano del coinvolgimento del cittadino a questi livelli parziali e sulla cooperazione degli stessi che si tratta di insistere per potenziare la cittadinanza europea in senso non identitario, ma federalistico, se non ci si vuole limitare a una passiva registrazione del dato della pluralità, ma provare a metterne a valore la carica politica. Questo, del resto, mi pare consenta anche di specificare il senso del diritto del cittadino europeo di partecipare alla vita democratica dell'Unione (riconosciuto all'art. 10 (3) TUE), con l'importanza accordata al fatto che le decisioni siano "prese nella maniera il più possibile aperta e vicina ai cittadini".

[25] Cfr. O. BEAUD, *Théorie de la Fédération*, cit., 425.

Parte Seconda

LE POLITICHE CITTADINE

Sezione Prima

LA TESSITURA DI RETI

FLOATING CITIES, RETI E TERRITORIO: IL COSTITUZIONALISMO TRANSNAZIONALE TRA FUNZIONALISMO E ISTANZA DEMOCRATICA

FILIPPO PIZZOLATO

SOMMARIO: 1. Rete: l'irresistibile attrazione di una forma. – 2. La *smart city* come città-rete e città delle reti. – 3. Dal diritto al costituzionalismo transnazionale?. – 4. Il necessario ancoraggio sovranazionale delle città.

1. *Rete: l'irresistibile attrazione di una forma*

La rete è un'immagine cui sempre più spesso si ricorre per descrivere la forma delle relazioni economiche, sociali e politiche. E "fare rete" è una prescrizione ripetuta, quasi fosse un imperativo di prosperità o addirittura di sopravvivenza. La rete è figura morfologica e strategica che ha il suo archetipo nell'infrastruttura tecnologica e, in particolare, informatica, ma che è generativa di un effetto di isomorfismo organizzativo [1]. Si parla infatti di modello cibernetico [2]. Il concetto di rete evoca un sistema organizzato di connessioni, volto a favorire il flusso di comunicazioni. La rappresentazione prevalente relativa ai *networks* vuole che «tutti i nodi (soggetti o luoghi) inseriti all'interno di reti – descritte come auto-organizzate, orizzontali, non gerarchiche, fluide e aperte, flessibili e capaci di favorire la collaborazione – appaiono come capaci di poter influenzare e incidere sull'intero sistema» [3]. Da qui le potenzialità racchiuse in questa forma, «quale

[1] P. COSTA, *Dal corpo politico alla corporate governance. Organizzazione pubblica e immagine giuridica del mondo*, in *Jus - online*, 5/2020, 257, per il quale «la forma organizzativa è determinata da diffusi criteri istituzionali di razionalità, che possono essere reali ma non di rado sono miti, ancorché sostenuti da un'argomentazione almeno apparentemente logica. Si parla in proposito di "miti razionalizzati"». Sull'importanza della rivoluzione tecnologica e sul suo potenziale re-ontologizzante, si v. L. FLORIDI, *Pensare l'infosfera. La filosofia come design concettuale*, Milano, 2020, 14 e 130.

[2] A. SUPIOT, *La Gouvernance par les nombres. Cours au Collège de France (2012-2014)*, St-Amand-Montrond, 2015, 337.

[3] G. DI COSTANZO, *La rete e il campo. Rappresentazioni della città contemporanea*, in *Crios*, 2/2014, 74.

struttura orizzontale e paritaria, capace di favorire l'innovazione e la competitività» e, al contempo, il rischio di trascurare «le ineguaglianze e le differenze» [4].

Applicata metaforicamente all'ambito giuridico, la rete segnala il tramonto di un ordinamento di tipo gerarchico e concentrico, a favore di un modello pluralistico, entro cui le relazioni sono improntate al coordinamento [5]. Viene meno l'idea di un fine sinteticamente (com'è nella vocazione del politico) perseguito, in ordine al quale le diverse attività trovino posto. La forma politica accostata alla struttura reticolare è la *governance*, il cui «referente epistemologico è costituito dalla nozione di "complessità" ambientale, che si risolve nel fine pratico-funzionale dell'"equilibrio"; al contrario, l'"ordinamento" ha come proprio referente epistemologico e normativo il binomio razionalistico "ordine-sistema"» [6]. All'esito della trasformazione, non si ritiene più possibile progettare l'ordine mediante la legge, mentre si esaltano modalità contrattuali e pronunce giudiziarie come formanti di un "nuovo" diritto [7].

Questo "nuovo" diritto avvia il superamento di una radicata tradizione di ostilità o di indifferenza di fronte alle relazioni di tipo reticolare, se è vero che pratiche apparentemente premoderne, a lungo ritenute non razionali e quasi corrotte, stanno diventando il punto di forza di dispositivi iper-moderni [8]. G. Teubner ha offerto spiegazioni convincenti di questa conversione: «poiché il sapere non mercificabile è radicato in relazioni interpersonali e non può essere trasferito attraverso transazioni discrete di contrattazione precisa, le organizzazioni economiche sono spinte verso dispositivi simili alle reti, in cui le relazioni di fiducia personale esistenti diventano la base quotidiana di discussioni, di scambi continui, di informazioni, dell'interpretazione ricorsiva di eventi e dello sviluppo del sapere. (…) I grandi sistemi tecnici rappresentano l'altra spiegazione principale della rin-

---

[4] G. DI COSTANZO, *La rete e il campo*, cit., 75. L'A. riprende le teorie di E. SHEPPARD, *The Space and Time of Globalization: Place, Scale, Networks, and Positionality*, in *Economic Geography*, 2002, 3, 300 ss.

[5] Si v. lo studio di F. OST-M. VAN DE KERCHOVE, *De la pyramide au réseau? Pour une théorie dialectique du droit*, Bruxelles, 2002.

[6] B. MONTANARI, *Dall'ordinamento alla governance. Uno slittamento di piani*, in ID. (a cura di), *La costruzione dell'identità europea: sicurezza collettiva, libertà individuali e modelli di regolazione sociale*, I, Torino, 2012, 14-15 che così prosegue: «in altre parole, come l'*ordinare*, nel significato del *mettere in ordine*, era stato il fine pratico del diritto fondato appunto sul concetto di "ordine" come principio teoretico, filosofico e culturale; così l'*equilibrio* rappresenta l'obiettivo pratico di una attività regolativa conseguente al modello epistemologico della "complessità" sociale; su posizioni simili: F. OST, *A quoi sert le droit? Usages, fonctions, finalités*, Bruxelles, 2016, 476. Sulla *governance* nell'organizzazione aziendale, v. A. DENEAULT, *Governance. Il management totalitario*, tr. it., Milano, 2018, 51 ss.

[7] B. MONTANARI, *Dall'ordinamento alla governance*, cit., 22 e 27.

[8] G. TEUBNER, *La cultura del diritto nell'epoca della globalizzazione. L'emergere delle costituzioni civili*, trad. e cura di R. Prandini, Roma, 2005, 84-85.

novata importanza delle reti sociali. (...) Si tratta di reticoli ampi e anonimi in cui la fiducia personale è quasi del tutto assente; essa è compensata tuttavia da un affidamento impersonale sul corso regolare dei processi tecnologici» [9].

La traslitterazione di questa costellazione concettuale negli ambiti politico e giuridico è favorita dalle caratteristiche della società mondiale, quale «società senza vertice e senza centro, che si lascia costituzionalizzare soltanto nei suoi frammenti, e precisamente nelle costituzioni delle sfere societarie parziali»; a essa corrisponde pertanto un concetto di diritto mondiale «che tuttavia non sussiste in quanto unità, ma solo in forma frammentata. (...) Alla differenziazione in una molteplicità di sistemi giuridici nazionali viene a sovrapporsi la differenziazione in regimi giuridici definiti in chiave non territoriale, ma settoriale, i quali diventano poi i portatori delle costituzioni civili» [10]. Benché non si trovi a monte una costituzione politica complessiva, «nello scontro delle costituzioni parziali emergeranno probabilmente delle connessioni di tipo reticolare tra le costituzioni» [11].

All'irresistibile attrazione isomorfica che si è descritta sembra non resistere nemmeno la categoria "città", che anzi nella rete recupera una forma descrittivamente e prescrittivamente adeguata ad accompagnare un processo di emancipazione rispetto alla tutela dello Stato [12].

2. *La* smart city *come città-rete e città delle reti*

La *smart city* è il nome della città in rete. Il motore della trasformazione che investe le città è tecnico-economico e riguarda anzitutto le tecnologie dell'informazione e della comunicazione. Questa evoluzione non condanna automaticamente le distanze all'irrilevanza, come talora si sostiene, posto che la connettività, garantita da una molteplicità di sensori, accoppiata ai dispositivi individuali di geo-localizzazione, determina una circolarità tra le informazioni provenienti dallo spazio urbano e la reazione, più o meno consapevole, degli utenti dello spazio

---

[9] G. TEUBNER, *La cultura del diritto*, cit., 86.

[10] G. TEUBNER, *La cultura del diritto*, cit., 137.

[11] *Ibidem*.

[12] G.M. LABRIOLA, *Città e diritto. Brevi note su un tema complesso*, in *Istituzioni del Federalismo*, 1/2018, 14-15; A. CANTARO, *I* modelli*: autonomia e autodeterminazione nelle vicende del costituzionalismo*, in *Rivista AIC*, 3/2019, 19 e 37; G. DI COSTANZO, *La rete e il campo*, cit., 74: «la rete sembra essere la forma per eccellenza. Si ricorre alla rete per rappresentare e analizzare, spesso su scala globale, le relazioni tra differenti città. Tali relazioni non mancano di incidere sulle stesse modificazioni interne alle singole città. La rete è inoltre impiegata per narrare l'espansione diffusa su scala locale tra il centro cittadino e il suo hinterland, per indagare le relazioni tra i "molti" centri che costituiscono le odierne città». In ottica "integrata", anziché "apocalittica", A. STURNI, *Le piattaforme di democrazia digitale nelle città del futuro*, in *Astrid Rassegna*, 9/2021.

stesso [13]. La *smart city* integra tre elementi distinti: «innanzitutto la strumentazione: una serie di sensori onnipresenti che rilevano le condizioni ambientali e i flussi umani e materiali. In secondo luogo, l'analisi: algoritmi che macinano massicce quantità di dati urbani per capire il presente e predire scenari futuri. Infine gli attuatori: dispositivi a controllo digitale in grado di reagire ai dati in tempo reale influendo sullo spazio fisico» [14].

Le applicazioni geo-localizzate restituiscono rilievo al territorio e agli utenti un qualche ruolo attivo, di intervento sulla specifica realtà presente [15]. Si va così componendo – secondo una presentazione forse un po' ottimistica – un ecosistema di rilevazione che potenzialmente coinvolge tutti, seppur con ruoli e consapevolezze diversi, in veste di "dispensatori" e utilizzatori di dati o anche di reattivi attuatori degli stessi [16].

È questa combinazione di accessibilità, utilizzabilità dei dati e reattività a caratterizzare il tipo di partecipazione entro un sistema cibernetico, risultante dall'analisi delle reti, delle comunicazioni e connessioni tra attori all'interno dello stesso. Nell'esercizio di queste attività si traduce il diritto alla città (*smart*) e però anche vi si contrae, smarrendo la dimensione collettiva e progettuale [17]. L'ottica prevalente sembra di tipo funzionalistico, muovendo dall'implementazione del sistema, anziché dai bisogni esistenziali [18]. È cioè la tecnica a richiedere la collaborazione dei cittadini. I dati "lasciati" e raccolti non sono attraversati da una cultura popolare e da una politica democratica che da questa tragga alimento e significati, ma sono elaborati secondo algoritmi preimpostati [19].

---

[13] C. RATTI-M. CLAUDEL, *La città di domani. Come le reti stanno cambiando il futuro urbano*, Torino, 2017, 17-18.

[14] C. RATTI-M. CLAUDEL, *La città di domani*, cit., 22.

[15] C. RATTI-M. CLAUDEL, *La città di domani*, cit., 45. *Ivi*, 49: «Proprio come l'Internet delle cose collega miliardi di dispositivi in tutto il mondo, gli impianti integrati digitali creano una nuova interfaccia con la nostra anatomia fisica. Oltre a fornire un'interfaccia macchina-uomo, questi impianti possono consentire la connessione e l'analisi tra molte macchine e molti uomini. Le persone entrano in rete».

[16] C. RATTI-M. CLAUDEL, *La città di domani*, cit., 39-40.

[17] C. RATTI-M. CLAUDEL, *La città di domani*, cit., 100-101 che citano il diritto alla città di Lefebvre. Per gli A. (p. 101), «i dati e le piattaforme aperte non sono altro che la chiave per condividere idee, sapere e best practice con soggetti disponibili a collaborare. (...) I dati e le piattaforme aperte hanno per una città intelligente e vivace lo stesso valore degli spazi accessibili e pubblici per la città tradizionale». E, ancora (pp. 101-2): «i forum destinati alla partecipazione possono consentire ai cittadini di impegnarsi in azioni collettive trasformando lo spazio che li circonda: la città del futuro può nascere da uno *futurecraft* collaborativo, all'intersezione tra mondo digitale e fisico». Sulla città come sistema cibernetico, v. *ivi*, 55.

[18] L. SARTORI, *Alla ricerca della* smart citizenship, in *Le Istituzioni del Federalismo*, 2015, 931 ss. A conferma indiretta della strumentalità dei cittadini, si v. C. RATTI-M. CLAUDEL, *La città di domani*, cit., 103: «I sistemi dall'alto o top-down, analoghi a quelli delle grandi multinazionali, non sono sufficienti; per trasformare gli spazi urbani servono azioni dal basso o bottom-up. Non può esistere smart city senza smart citizens».

[19] Rinvio a F. PIZZOLATO, *Il consumatore, sovrano della technopolis*, in C. BUZZACCHI-P. CO-

Accanto alla rete come infrastruttura tecnologica, la stessa metafora è utilizzata in tutt'altra direzione, sociale e perfino resistenziale. U. Mattei, ad esempio, vi ricorre per descrivere il governo dei beni comuni, articolato «intorno a diffusione del potere e inclusione partecipativa. (…) Il comune ha come modello un ecosistema, ossia una comunità di individui o di gruppi sociali legati fra loro da una struttura a rete; esso rifiuta più in generale l'idea gerarchica (e anche quella competitiva, prodotto della stessa logica), a favore di un modello collaborativo e partecipativo (...) diventa plausibile che ogni effettiva tutela di un bene comune debba essere politicamente sostenuta da movimenti (destrutturati e a potere diffuso) e assai meno capaci di farlo siano i partiti» [20]. Colpisce una certa consonanza lessicale entro proposte così diversamente orientate. Questa seconda accezione di rete rimanda al concetto di capitale sociale. Secondo un'autorevole definizione, con questo concetto si intende «una struttura di relazioni tra persone, relativamente durevole nel tempo, atta a favorire la cooperazione e perciò a produrre, come altre forme di capitale, valori materiali e simbolici. Questa struttura di relazioni consta di reti fiduciarie formali e informali che stimolano la reciprocità e la cooperazione» [21].

Denominatore comune di questi differenti usi dello stesso termine-concetto è la ridefinizione della politicità secondo uno schema decentrato e cooperativo, a traino tecnologico o sociale, anziché secondo la tradizionale logica della sovranità-rappresentanza che, da un centro e attraverso la legge, ordinava la convivenza. Insito nel paradigma reticolare è anche l'oltre-passamento dell'orizzonte nazionale, confermato dal fenomeno della tessitura, da parte delle città, di reti, appunto, che si distendono su uno spazio transnazionale, aggregato attorno a singole *issues* e non governato con i tradizionali strumenti del diritto internazionale [22].

3. *Dal diritto al costituzionalismo transnazionale?*

Lo stesso spazio politico-giuridico internazionale si trasforma per aderire alla struttura reticolare in cui tendono ad articolarsi interessi economici e sociali. Tale evoluzione è stata studiata non solo in un'ottica descrittiva, di sociologia politica e giuridica, ma anche con lo sguardo prescrittivo del costituzionalista. Entro il diritto transnazionale [23], si è ragionato perfino di costituzionalismo transnaziona-

---

STA-F. PIZZOLATO (a cura di), *Technopolis. La città sicura tra mediazione giuridica e profezia tecnologica*, Milano, 2019, 109.

[20] U. MATTEI, *Beni comuni. Un manifesto*, Roma-Bari, 2011, 81.

[21] A. MUTTI, *Capitale sociale e sviluppo. La fiducia come risorsa*, Bologna, 1998, 8.

[22] Rinvio a F. PIZZOLATO, *Economia globale e città: note introduttive su una dialettica centrale per le democrazie del XXI secolo*, in *Economia pubblica*, 1/2020, 108 ss.

[23] S. SASSI, *Diritto transnazionale e legittimazione democratica*, Padova, 2018, 4, 57 e 194; R. TARCHI, *A proposito del diritto transnazionale*, in *Lo Stato*, 14/2020, 448 e 461-462.

le[24], volendo con ciò intendere che l'istituzionalizzazione di nuovi assetti normativi sarebbe già comprensiva del tema del limite del potere e del riconoscimento dei diritti. Si tratterebbe di un diritto (e di una dimensione costituzionale) aggregati per funzioni e per interessi, anziché su basi territoriali[25]. Alla base del diritto transnazionale vi è una base sociale i cui interessi e le cui relazioni attraversano lo spazio degli Stati, che, al più, sono attori di questo ordinamento, insieme ad altri *stakeholders*[26].

Si riconosce, realisticamente, (ancora) assente un ruolo sintetico della politica o di una qualche istituzione mondiale, del tipo dell'ONU. In talune letture, non ci si limita a constatare un'assenza, ma in questa si legge una condizione fortunata, perché utile a preservare il dinamismo sociale nella produzione del diritto[27]. La pretesa di unità, frutto della sintesi di un qualche soggetto politico, lascia posto a una benefica frammentazione societaria «in una moltitudine di potenziali, energie, forze sociali», che è «il risultato storico della specializzazione dei *media* comunicativi – potere, denaro, sapere, diritto – e dello stretto legame del loro ambiente con impulsi, desideri, aspirazioni degli individui»[28]. Prendono forma aree funzionali autonome e specializzate, che elaborano un proprio diritto autopoietico transazionale, non originato da istituzioni nazionali o internazionali: esempi ne sono la *lex mercatoria*, forse l'ambito più avanzato di questo fenomeno, la scienza, la tecnologia (internet, in particolare), i mass media, la sanità, l'istruzione, i trasporti, ecc.[29]. Protagonisti di questo «processo globale di produzione

---

[24] G. TEUBNER, *Nuovi conflitti costituzionali. Norme fondamentali dei regimi transnazionali*, tr. it., Milano-Torino, 2012, 4: «costituzionalismo al di là dello stato può quindi significare due cose diverse: che i problemi costituzionali si pongono al di fuori dei confini degli stati, in processi politici transnazionali, e contemporaneamente al di fuori del settore politico istituzionalizzato, nei settori "privati" della società mondiale»; v. anche ID., *Il costituzionalismo della società transnazionale*, in *Quaderni costituzionali*, 1/2014, 187 ss.

[25] Sulle autonomie funzionali, in ottica costituzionalistica, si v. A.M. POGGI, *Le autonomie funzionali «tra» sussidiarietà verticale e sussidiarietà orizzontale*, Milano, 2001; C.E. GALLO-A. POGGI (a cura di), *Le autonomie funzionali. Il dibattito sulla governance in Europa e le riforme costituzionali in Italia*, Milano, 2002.

[26] S. SASSI, *Diritto transnazionale*, cit., 22-23. Per l'A. (p. 23) «la genesi delle sue fonti non è prettamente statuale: gli attori del processo decisionale sono anche di natura non statuale. La comunità transnazionale è composta infatti, a differenza di quella nazionale (cittadini) e internazionale (Stati), anche da associazioni, organizzazioni, e movimenti sociali che emergono più o meno spontaneamente. E questa società è tanto polimorfica quanto intenso è lo sviluppo del progresso tecnologico». *Ivi*, 194.

[27] G. TEUBNER, *Nuovi conflitti costituzionali*, cit., 127: «Nella società differenziata funzionalmente, la costituzione politica non può avere il compito, che pure le viene spesso richiesto, di stabilire i principi fondamentali degli altri sistemi parziali senza rischiare un'autoparalisi della società». *Ivi*, 135.

[28] G. TEUBNER, *Nuovi conflitti costituzionali*, cit., 54; ID., *La cultura del diritto*, cit., 63.

[29] G. TEUBNER, *La cultura del diritto*, cit., 21, 59-60 e 118. Nello stesso volume, cfr. R. PRANDINI, *La "costituzione" del diritto nell'epoca della globalizzazione. Struttura della società-mondo e cul-*

giuridica sono le organizzazioni internazionali, le imprese multinazionali, gli uffici legali internazionali, i fondi globali, le associazioni globali e le corti di arbitrato globali» [30].

A livello dei differenti sottosistemi si riaffaccia l'istanza squisitamente costituzionale di istituire meccanismi di auto-limitazione, che ne impediscano un'espansione incontrollata, senza però inibirne il potenziale di produzione normativa autonoma [31]. Come il costituzionalismo classico ha protetto dall'espansione incontrollata del *medium* del potere dello Stato, così «l'autonomia deve (...) essere protetta proprio dal medium comunicativo di un particolare sottosistema sociale in espansione (...) L'economia e la tecnologia sono ovviamente i nuovi candidati (...) i diritti destinati a proteggere la libertà economica dalla repressione statale debbono ora essere utilizzati per proteggere la libertà politica dalle influenze economiche» [32]. Anche nella costituzionalizzazione del diritto transnazionale giocano pertanto un ruolo chiave i diritti, in quanto contro-istituzioni sociali necessarie a proteggere «la differenziazione sociale dalle sue tendenze auto-distruttive» [33].

Il costituzionalismo societario tende all'esito della limitazione del potere non per via di un'improbabile istituzione politica globale, ma attraverso «il rafforzamento del potenziale democratico negli stessi ambiti parziali», trasformando «i diritti fondamentali inclusivi in diritti sociali di cittadinanza attiva all'interno degli ambiti parziali» [34]. Tale partecipazione non coinvolge i cittadini su base territoriale, ma in quanto interessati alla funzione svolta dai sistemi nello spazio transnazionale [35]. L'auto-costituzionalizzazione di ambiti parziali della società mondiale risponde a costellazioni di interessi all'interno dei frammenti parziali, ma è potenzialmente responsiva verso bisogni sociali maggiori [36]. L'esempio migliore è offerto dal costituzionalismo d'impresa delle multinazionali che, a valle di prolungati conflitti con organizzazioni locali, movimenti sociali, ong, ha prodotto codici

---

tura del diritto nell'opera di Gunther Teubner, 206. G. TEUBNER, *Nuovi conflitti costituzionali*, cit., 35-36 richiama lo schema del *global administrative law* con le sue autorità globali.

[30] G. TEUBNER, *La cultura del diritto*, cit., 61.

[31] G. TEUBNER, *La cultura del diritto*, cit., 116.

[32] G. TEUBNER, *La cultura del diritto*, cit., 52.

[33] G. TEUBNER, *La cultura del diritto*, cit., 44. ID., *Nuovi conflitti costituzionali*, cit., 153-154: «I diritti fondamentali contribuiscono qui alla funzione costitutiva di costituzioni civili, nel momento in cui supportano l'autonomizzazione di ambiti sociali parziali. Dall'altro, sono anche significativamente coinvolti nella funzione limitativa di costituzioni sociali, quando si tratta di elaborare autolimitazioni della rispettiva dinamica sistemica. I diritti fondamentali hanno quindi la funzione di rimarcare i confini del relativo ambito sociale rispetto al suo ambiente, offrendo a individui e istituzioni esterne garanzie di autonomia verso le sue tendenze espansive».

[34] G. TEUBNER, *Nuovi conflitti costituzionali*, cit., 161.

[35] S. SASSI, *Diritto transnazionale*, cit., 61.

[36] Cfr. G. TEUBNER, *Nuovi conflitti costituzionali*, cit., 40.

di condotta, considerati come equivalenti funzionali di costituzioni d'impresa nazionali [37].

Come questo caso dimostra, assumono rilievo processi di cosiddetta «irritazione», prodotti all'interno dei sottosistemi sociali e anche all'esterno, per impulso della politica internazionale [38]. Questa funzione di stimolo è assolta «da un gran numero di processi: la creazione di scandali in settori dell'opinione pubblica, le pressioni della politica internazionale, e – dotata di un potenziale particolare – la cooperazione tra regimi autonomi» [39].

Il dinamismo più interessante, nell'ottica della costituzionalizzazione del diritto transazionale, secondo Teubner, si registra proprio ai confini dei diversi sottosistemi sociali, come diritto dei conflitti. Nemmeno a questo punto, però, si recupera una costituzione politica mondiale: «al suo posto si osserva l'emergere di una molteplicità di subcostituzioni, legami del diritto globale con altri sottosistemi globali» [40]. L'istanza garantistica trae vantaggio dalle relazioni e dalle «collisioni» tra i frammenti del diritto [41].

Nelle reti transnazionali cui aderiscono, e mediante la partecipazione alle organizzazioni internazionali, gli enti locali possono contribuire a questo processo di «irritazione», nel senso di Teubner, dei sottosistemi sociali. La partecipazione delle città alle reti è una forma e una risorsa, per quanto debole, di protezione dell'autonomia individuale e sociale rispetto alle tendenze espansive dei sottosistemi funzionali, resisi autonomi. Gli enti locali, in quanto soggetti della partecipazione democratica nello spazio transnazionale, contribuiscono a riportare parzialmente le esigenze del territorio dentro uno spazio funzionale. Si può dubitare dell'esito di questa operazione: se non vi riescono gli Stati, possono riuscirci le città? La forza di queste ultime, ben al di là delle attribuzioni formali (che, nei rapporti internazionali, le costringerebbe entro il cono d'ombra dello Stato), è proprio la partecipazione dei cittadini e la potenzialità di questa di creare legittimazione [42].

---

[37] G. TEUBNER, *Nuovi conflitti costituzionali*, cit., 43.

[38] G. TEUBNER, *La cultura del diritto*, cit., 122. V. *ivi*, 135.

[39] G. TEUBNER, *La cultura del diritto*, cit., 177.

[40] G. TEUBNER, *La cultura del diritto*, cit., 59-60. *Ivi*, 111 e 146.

[41] G. TEUBNER, *La cultura del diritto*, cit., 159: «ciò può essere realizzato mediante un processo selettivo di reticolazione che rafforzi normativamente, le reti già esistenti tra i regimi giuridici». Cfr. anche R. PRANDINI, *ivi*, 208: «Nella società-mondo ciò significherebbe assecondare l'infinito gioco di rinvii da una razionalità all'altra e il compito del diritto sarebbe quello di "rispecchiare" questa danza contribuendo alla "costituzionalizzazione" della pluralità, garantendo l'autonomia reciproca delle razionalità, arginando i pericoli di reciproca sopraffazione e compensando le esternalità negative dei sottosistemi»; e G. TEUBNER, *Nuovi conflitti costituzionali*, cit., 21-22, 179.

[42] Con riferimento alla transnazionalità delle istituzioni europee, v. S. SASSI, *Diritto transnazionale*, cit., 99 ss.

4. *Il necessario ancoraggio sovranazionale delle città*

La rete è davvero la nuova forma del costituzionalismo, non solo in senso descrittivo, ma prescrittivo? La risposta non può che passare attraverso una considerazione della questione del potere e delle sue manifestazioni [43]. Al riguardo, un utile punto di partenza può essere segnato da questa riflessione: «la rete, da un lato, indica una presenza fatta di punti e collegamenti, dall'altro – al negativo –, rivela un'assenza, di duplice natura. I reticoli, infatti, non si distribuiscono in modo omogeneo e non avvolgono in modo uniforme tutto lo spazio: particolari luoghi e soggetti rimangono tagliati fuori dalle reti e dai flussi. Inoltre, l'assenza è data dalla stessa rappresentazione reticolare delle relazioni: elementi non coinvolti nella rete, non presenti nella rappresentazione di nodi e flussi, scompaiono del tutto, non esistono. Tale mancanza appare stridere con l'idea di reti non-gerarchiche, orizzontali e neutrali. Come ogni rappresentazione, invece, la rete ha a che fare con il potere e il dominio» [44].

A dispetto di chi, in modo visionario, indovina nella rete «la base tecnica dell'impersonale, e anche uno straordinario vettore di eguaglianza» [45], la riflessione riportata ha il merito di aprire uno squarcio sull'ambiguità che tale immagine può veicolare, suggerendo, non si sa quanto innocentemente, idee di simmetria, linearità e completezza della distribuzione dei nodi. L'esperienza giuridica dei servizi a rete di rilevanza economica, solo per fare un esempio, dovrebbe piuttosto insegnare circa la necessità di un completamento tutt'altro che automatico della copertura della rete, mediante obblighi di servizio universale che, se non costretto, il mercato non assumerebbe. La forma e l'estensione della rete non hanno una predeterminazione di tipo costituzionale, come invece si verifica nella matrice cui D. Elazar ricorre per descrivere il federalismo (americano) [46], ma assecondano l'interesse di chi la intesse globalmente. Se dunque nella matrice di Elazar la struttura

---

[43] La questione è bene posta da R. BIFULCO, *La c.d. costituzionalizzazione del diritto internazionale: un esame del dibattito*, in *Rivista AIC*, 4/2014, 4 ss. e, più specificamente, 21.

[44] G. DI COSTANZO, *La rete e il campo*, cit., 75; cfr. anche A. GATTI, *La legittimazione del diritto transnazionale tra partecipazione degli interessati e partecipazione democratica*, in *Lo Stato*, 24/2020, 424-425; R. TARCHI, *A proposito del diritto transnazionale*, cit., 458 ss..

[45] A. SCHIAVONE, *Eguaglianza. Una nuova visione sul filo della storia*, Torino, 2019, 298, il quale, affascinato dalla potenza immane della novità, vede nella rete lo strumento attraverso il quale «per la prima volta l'umanità nel suo insieme (...) ha voce» (p. 299); «la nascita di un vero e proprio lessico transnazionale dell'eguaglianza (...) connesso non più ai soggetti, ma all'oggettività dei beni ricompresi al suo interno, e alle funzioni sociali attivate dalla loro fruizione paritaria e comune» (p. 300).

[46] D. ELAZAR, *Idee e forme del federalismo*, tr. it., Milano, 1995, 30; L. FERRARI BRAVO, *Federalismo*, in A. ZANINI-U. FADINI (a cura di), *Lessico postfordista. Dizionario di idee della mutazione*, Milano, 2001, 121 s.

è funzionale al contenimento del potere, qui è servente al potere stesso [47]. Alla luce di questa differenza, appare a rischio di manipolazione ideologica l'accostamento tra rete e federalismo [48]. Né si può pensare che il superamento dei limiti della legittimazione democratica a monte (attraverso l'autorizzazione a decidere) sia compensato dalla prassi democratica dell'opposizione – o dell'irritazione – a valle [49].

In questo quadro, con riferimento alla città, la metafora della rete, quando sia assunta acriticamente, rischia di obliterare l'importanza di uno spazio vissuto e le reali forze in campo, espungendo le contraddizioni e oscurando le differenze; in sintesi, essa restituisce una rappresentazione falsamente "pacificata" [50]. La partecipazione delle città può risultare meramente coreografica e, nella grande maggioranza dei casi, velleitaria e interstiziale. Alcuni interpreti del diritto transnazionale [51], consapevoli dei limiti indicati e preoccupati delle sorti dell'istanza democratica, intravedono un possibile scenario da assumere prescrittivamente: non il vuoto di città fluttuanti senza ancoraggi nello spazio globale, ma il perseguimento del rafforzamento del ruolo e della mediazione di organizzazioni internazionali (l'Unione Europea, *in primis*) che abbiano la scala, se non per governare, almeno per interloquire con le grandi reti di interessi. La mediazione istituzionale consente di attribuire rilievo alla logica democratica e partecipativa dei cittadini e a quella, inscindibilmente connessa, delle autonomie sociali e territoriali. Una tale evoluzio-

---

[47] A. SUPIOT, *Il diritto del lavoro nel 21° secolo*, in ID., *La sovranità del limite. Giustizia, lavoro e ambiente nell'orizzonte della mondializzazione*, Milano-Udine, 2020, 147 osserva che «l'identificazione dei responsabili (scil. dei danni sociali ed ecologici) è oggi resa difficile dall'organizzazione delle imprese in reti o catene di produzione e distribuzione».

[48] L. FERRARI BRAVO, *Federalismo*, cit., 122-3: «la metafora della rete, di una interconnessione circolare di flussi e processi, non autorizza in alcun modo una visione dello spazio sociale ordinato in maniera simmetrica e puramente orizzontale (cioè evacuato da problemi di potere) che troppo spesso se ne ricava. La rete non giace su un piano bidimensionale, i suoi nodi non sono affatto equidistanti e equipollenti. Piuttosto, essa mette in forma un processo generale di concentrazione di potere non centralizzata (…). In altri termini, l'affermarsi della forma-rete – di una miriade di reti variamente estese e interconnesse – è il risultato della necessità capitalistica di compensare sul piano della concentrazione (di potere, di decisione strategica) quel fortissimo decentramento richiesto dalla messa al lavoro di risorse cognitive e affettive, con le quali soltanto si può oggi produrre valore».

[49] È l'obiezione mossa a Teubner da G. DUSO, *Sulla ripresa democratica del principio "quod omnes tangit"*, in C. DE ANGELIS-A. SCALONE (a cura di), *Πολιτεία Liber amicorum Agostino Carrino*, Sesto S. Giovanni, 2020, 249.

[50] G. DI COSTANZO, *La rete e il campo*, cit., 73 e 75.

[51] Si v. ad esempio, S. SASSI, *Diritto transnazionale*, cit., 102 ss., 113, 123 e 178 ss., con riferimento al caso istruttivo della stipula del Trattato CETA sia nel contesto europeo, sia in quello di un ordinamento federale come il Canada. L'A. riconosce (p. 197) che «la maggiore urgenza da risolvere è relativa alla istituzionalizzazione di solidi meccanismi di raccordo tra la partecipazione democratica e quella degli interessati, sia all'interno degli Stati, sia tra gli Stati, sia al di fuori degli stessi Stati».

ne è già in atto nel contesto istituzionale dell'Unione Europea, benché sia necessario rafforzare la posizione delle autonomie territoriali, senza ritenerla assorbita in quella, storicamente rivale, degli Stati sovrani. Non possono ritenersi sufficienti le carte multilivello dei diritti per far fronte «ai demoni del potere e della violenza che lo Stato moderno aveva in qualche modo incanalato – a costo di quali tragedie lo sappiamo bene – (e che) ora vagano per il mondo frammentandosi e moltiplicandosi, mentre la politica sembra averne perso quasi del tutto il controllo» [52]: la rete senza un patto costituzionale che la tenga insieme e la vincoli a obiettivi condivisi è in fondo una metafora del potere.

---

[52] P. PRODI, *Cristianesimo e potere*, Bologna, 2012, 197-198 con efficacissima sintesi.

LE ATTIVITÀ COMUNALI DI "MERO RILIEVO INTERNAZIONALE"

ANDREA AMBROSI

SOMMARIO: 1. Le attività comunali di mero rilievo internazionale: nozione e fondamento. – 2. Le interferenze con le attribuzioni dello Stato in materia di politica estera. – 3. La attività di mero rilievo internazionale dei Comuni come attività amministrativa e come fonte di spesa.

1. *Le attività comunali di mero rilievo internazionale: nozione e fondamento*

L'espressione "attività di mero rilievo internazionale" è stata canonizzata nel 1987 dalla sentenza n. 179 della Corte costituzionale, nel contesto della definizione dei rapporti fra Stato e Regioni circa la spettanza del c.d. "potere estero". Con tale formula, guardando alla "realtà internazionale" e alla "concreta esperienza", si sono intese "attività di vario contenuto, congiuntamente compiute dalle regioni e da altri (di norma, omologhi) organismi esteri aventi per oggetto finalità di studio o di informazione (in materie tecniche) oppure la previsione di partecipazione a manifestazioni dirette ad agevolare il progresso culturale o economico in ambito locale, ovvero, infine, l'enunciazione di propositi diretti ad armonizzare unilateralmente le rispettive condotte. [...] Attraverso gli atti ora nominati le regioni, interessate alla realizzazione degli scopi connessi alle materie loro devolute, non pongono in essere veri accordi né assumono diritti ed obblighi tali da impegnare la responsabilità internazionale dello Stato, ma si limitano [...] a prevedere lo scambio di informazioni utili ovvero l'approfondimento di conoscenze in materie di comune interesse, oppure, ancora, ad enunciare analoghi intenti ed aspirazioni, proponendosi di favorirne unilateralmente la realizzazione mediante atti propri o, al più, mediante sollecitazione dei competenti organi nazionali"; in considerazione di queste caratteristiche – deduce la sentenza – "non sussiste ostacolo alcuno nel nostro sistema costituzionale a riconoscere la legittimità di tali attività" [1]. Avallando in qualche modo la

[1] Sent. n. 179/1987, punto 7. La sentenza è stata più volte testualmente ripresa: tra le al-

prassi[2], con la decisione n. 179/1987 la Corte ha così accantonato l'idea che qualunque contatto con l'estero fosse riservato in via esclusiva allo Stato, salve quelle deroghe che lo Stato medesimo avesse consentito.

L'apertura della Corte venne recepita nell'"Atto di indirizzo e coordinamento in materia di attività all'estero delle regioni e delle province autonome" posto con il d.P.R. 31 marzo 1994, in sostituzione del precedente d.P.C.M. 11 marzo 1980. L'art. 2 del nuovo decreto presidenziale elenca una serie di attività che sono considerate di mero rilievo internazionale, tenendole distinte da quelle promozionali, che per l'art. 1 sono invece intese a favorire lo sviluppo economico, sociale e culturale delle Regioni; in relazione ai due tipi di attività, il decreto prevede forme diverse di controllo governativo.

Nel 2001 lo spazio di autonomia delle Regioni ha trovato garanzia costituzionale con il nuovo art. 117, comma 9, Cost., attuato dall'art. 6 legge 5 giugno 2003, n. 131.

Come si vede, gli elementi normativi rilevanti in materia di "attività di mero rilievo internazionale" fanno essenzialmente riferimento, oggi come in passato, alle Regioni; ciononostante, è un dato di fatto che anche i Comuni svolgono da decenni attività "internazionali" del tutto analoghe a quelle poste in essere dalle Regioni[3].

Se in certi periodi vi sono stati tentativi di negare legittimità alle iniziative comunali, si può dire che nel corso degli anni esse si sono così consolidate nella prassi, da essere ritenute pacificamente ammissibili. Significativi in proposito sono alcuni passaggi dei lavori preparatori della nota legge 15 marzo 1997, n. 59. Il testo predisposto dalla commissione referente, e discusso in prima lettura dall'aula del Senato, escludeva dal conferimento alle Regioni le funzioni e i compiti riconducibili agli "affari esteri e commercio estero, salva l'attività promozionale (art. 1, comma 3, lett. *a*), d.d.l. 1124); tra gli emendamenti presentati in assemblea, uno era diretto ad aggiungere alla lett. *a*) le seguenti altre parole "e salve le attività di mero rilievo internazionale": con l'evidente intento di consentire alle Regioni, in modo espresso, di svolgere anche tale tipo di attività. All'esito della discussione, tuttavia, l'approvazione dell'emendamento non fu più ritenuta necessaria, essendosi convenuto – dallo stesso Governo – che le iniziative in discorso già rientra-

---

tre, v. la sent. n. 737/1988, punto 2, la sent. n. 42/1989, punto 2, la sent. n. 238/2004, punto 5.

[2] E seguendo risalenti suggerimenti della letteratura: C. MORVIDUCCI, *Rapporti tra Stato e Regioni con riferimento alle attività di "rilievo" internazionale*, in *Le Regioni*, 1974, 353 ss.

[3] V. diffusamente C. CURTI GIALDINO, *Sub art. 4, 2° comma*, in E. CAPACCIOLI-F. SATTA (a cura di), *Commento al decreto 616 (d.P.R. 24 luglio 1977 n. 616)*, I, Milano, 1980, 62 ss. È dal 1952 che esiste la Associazione italiana per il Consiglio dei Comuni e delle Regioni d'Europa (AICCRE), nel cui ambito di attività vi è il supporto ai Comuni nella organizzazione di gemellaggi. V. anche E. ONGARO-G. VALOTTI (a cura di), *L'internazionalizzazione di regioni ed enti locali*, Milano, 2002.

vano tra quelle di spettanza delle Regioni e delle Province autonome, come era per i Comuni, che già si impegnavano in analoghe attività [4].

In effetti, dopo le iniziali resistenze, cui si è accennato, nello Stato è prevalso l'atteggiamento non di vietare in radice, ma di sottoporre a controllo preventivo le iniziative degli enti locali, allo scopo di impedire contrasti con le determinazioni nazionali di politica estera; peraltro, l'orientamento si è concretizzato non per mezzo di fonti primarie o regolamentari, ma di circolari governative [5].

A sostegno della legittimità delle attività comunali di mero rilievo internazionale non sta solo la prassi. A fondamento di esse sta primariamente la autonomia politica dei Comuni, non diversa, sotto tale profilo, da quella spettante alle Regioni, e garantita anch'essa in radice dall'art. 5 Cost.; e sta poi la considerazione che le comunità contemporanee non sono pensabili come comunità chiuse in se stesse, e che la apertura verso altre comunità, in un ordinamento costituzionale che conosce il principio internazionalistico e il principio comunitario, non può non travalicare i confini nazionali. Come è stato efficacemente scritto, "[s]e la volontà politica delle comunità territoriali di cui [...] gli enti sono portatori deve esprimersi con riguardo a tutta la rete degli interessi che le singole comunità toccano nella loro specifica individualità, non sono concepibili preclusioni che impediscano l'accesso delle autorità locali a rapporti internazionali non direttamente impegnativi per l'intera comunità statale, e quindi per lo Stato-apparato, che ne costituisce l'ente rappresentativo per eccellenza" [6]. In tale prospettiva, non è certo senza significato che gemellaggi e reti di città siano da tempo sostenuti ed incentivati dall'Unione europea [7].

Il fatto che la riforma del 2001, in particolare nel nuovo comma 9 dell'art. 117 Cost., si occupi solo delle attività estere delle Regioni, non può quindi essere inteso come divieto per i Comuni di intraprendere iniziative di mero rilievo internazionale, o come rinvio del tutto libero alle determinazioni dello Stato [8]. E in ogni caso, con la novella del Titolo V l'attività dei Comuni risulta tutelata, per taluni profili, attraverso il rilievo che l'art. 117, comma 1, Cost., attribuisce alle

---

[4] V., in relazione all'emendamento 1.220, l'intervento del Ministro Bassanini alla seduta pomeridiana n. 76 del 6 novembre 1996 (SENATO DELLA REPUBBLICA – XIII LEGISLATURA, *Assemblea – Resoconto stenografico*, 40).

[5] Sulle diverse posizioni assunte nel tempo dall'esecutivo, e sul contenuto delle circolari adottate, v. C. CURTI GIALDINO, *Sub art. 4, 2° comma*, cit., 64 ss.; v. anche la sent. n. 179/1987, punto 9.

[6] S. BARTOLE, *Atti e fatti (di rilevanza internazionale) nei conflitti di attribuzioni fra Stato e Regioni*, in *Giur. cost.*, 1975, 3125 ss., spec. 3128-3129.

[7] V. da ultimo il Regolamento (UE) 2021/692 del Parlamento europeo e del Consiglio del 28 aprile 2021, che istituisce il programma "Cittadini, uguaglianza, diritti e valori" (v. in particolare l'*8° Considerando*, l'art. 2, par. 2, lett. *c*), e l'art. 5, n. 3).

[8] Oppure delle Regioni, sulla base di pertinenti titoli di competenza (come potrebbero essere le norme costituzionali che attribuiscono alle Regioni speciali potestà legislativa primaria sull'ordinamento degli enti locali).

norme internazionali pattizie. Invero, la "Carta europea dell'autonomia locale", firmata a Strasburgo il 15 ottobre 1985, e la cui ratifica ed esecuzione è stata disposta con legge 30 dicembre 1989, n. 439, all'art. 10, comma 3, stabilisce che "[l]e collettività locali possono, alle condizioni eventualmente previste dalla legge, cooperare con le collettività di altri Stati": una negazione radicale del potere estero comunale si porrebbe quindi in contrasto con quei vincoli internazionali che sono richiamati dall'art. 117 Cost.[9].

Giova precisare a questo punto che le attività di rilievo internazionale non sono le uniche attività "estere" che i Comuni possono porre in essere. La legge 19 novembre 1984, n. 948, di esecuzione della Convenzione europea sulla cooperazione transfrontaliera delle collettività o autorità territoriali, adottata a Madrid il 21 maggio 1980, include i Comuni tra gli enti competenti a concludere gli accordi e le intese previsti dalla convenzione stessa, subordinatamente alla stipulazione, da parte dello Stato, di convenzioni bilaterali con i Paesi confinanti (v. gli artt. 3 e 4); si tratta in tali casi di attività che importano "la responsabilità dello Stato, il quale risponde degli impegni assunti anche se l'ordinamento interno eccezionalmente consente l'iniziativa di enti minori"[10].

Ad apposito regime sono soggetti gli interventi effettuati a favore dei Paesi in via di sviluppo, che sono fatti rientrare in via esclusiva nella "politica estera" statale[11]. La cooperazione è oggi regolata dalla legge 11 agosto 2014, n. 125, la quale prevede varie forme di coinvolgimento degli enti locali (ad es. negli artt. 9, 23, 25), ma con limiti che "esigono un'osservanza rigorosa"[12].

Considerazione a parte va dedicata poi alle attività promozionali, intendendo per tali quelle che enti territoriali svolgono all'estero e sono intese a favorire il loro sviluppo economico, sociale e culturale. Mentre è discutibile che esse si differenzino dalle attività di mero rilievo internazionale per elementi sostanziali[13], è innegabile che in passato le due categorie abbiano avuto una distinta disciplina[14]. Dopo la

---

[9] Sulla natura e posizione nel sistema della Carta europea v. F. CORVAJA, in questo *Volume*.

[10] Così la sent. n. 179/1987, punto 6, che ricomprende nelle iniziative che impegnano la responsabilità dello Stato anche le attività consentite agli enti locali nell'ambito dell'Unione europea e del Consiglio d'Europa.

[11] Cfr. la sent. n. 53/1996, con riferimento alla legge 26 febbraio 1987, n. 49 (abrogata in seguito alla legge n. 125/2014). La posizione è stata più volte ribadita dalla Corte dopo la riforma del Titolo V (v. la sent. n. 211/2006, la sent. n. 131/2008, o la sent. n. 285/2008), ma non senza incontrare critiche (v., con riferimento alle attribuzioni delle Regioni, F. PALERMO, *Stato, Regioni e Corte: dialogo tra sordi sulla cooperazione allo sviluppo?*, in *Le Regioni*, 2008, 1222 ss.).

[12] Così ancora la sent. n. 53/1996, punto 3, con osservazioni valevoli sia per le Regioni sia per gli "altri soggetti di autonomia", ed ancora attuali, se si tiene ferma la giurisprudenza citata alla nota precedente.

[13] G. STROZZI, *Recenti sviluppi nella disciplina dei rapporti tra Stato e Regioni in materia internazionale*, in *Riv. dir. internaz.*, 1988, 350 s.

[14] Risultante dall'art. 4 d.P.R. n. 616/1977, dall'atto di indirizzo e coordinamento del

abrogazione dell'art. 4 d.P.R. n. 616/1977, e a seguito della normativa posta dall'art. 6, comma 2, legge n. 131/2003, ci si può interrogare sulla sopravvivenza di una regolamentazione apposita delle attività promozionali all'estero, diretta a consentire peculiari forme di controllo e coordinamento da parte dello Stato [15]. Agli effetti dell'analisi qui svolta, è tuttavia sufficiente osservare che, nel contesto di attività che potrebbero genericamente essere considerate di mero rilievo internazionale, il legislatore può avere titolo per configurare specifici compiti e funzioni, ripartendoli variamente tra i livelli di governo [16]; e che di ciò naturalmente occorrerà tenere conto, nella valutazione circa la legittimità di iniziative comunali che si sovrappongano o confinino con i compiti assegnati ai livelli superiori [17].

2. *Le interferenze con le attribuzioni dello Stato in materia di politica estera*

a) Sul piano della legislazione ordinaria, per le iniziative di cui si occupa il presente contributo viene in rilievo una sintetica disposizione dell'art. 6 legge n. 131/2003, principalmente dedicato, come risulta dalla sua rubrica, alla "[a]ttuazione dell'art. 117, quinto e nono comma, della Costituzione sull'attività internazionale delle regioni". Per il comma 7 dell'art. 6, "[r]esta fermo che i Comuni, le Province e le Città metropolitane continuano a svolgere attività di mero rilievo internazionale nelle materie loro attribuite, secondo l'ordinamento vigente, comunicando alle Regioni competenti ed alle amministrazioni di cui al comma 2 [ovvero "alla Presidenza del Consiglio dei ministri – Dipartimento per gli affari regionali ed al Ministero degli affari esteri"] ogni iniziativa" [18].

L'*incipit* "resta fermo che ..." fa intendere che non è la disposizione della legge n. 131 a costituire la base normativa delle facoltà comunali in questione: il com-

---

1994, e dalla giurisprudenza costituzionale (sent. n. 179/1987; sent. n. 472/1992; sent. n. 343/1996).

[15] Sulla questione v. F. SALERNO, *Regioni (ruolo nelle relazioni estere)*, in *Enc. dir.*, *Annali*, IV, 2011, 994 ss., e ora G. BIAGIONI, *Le attività internazionalmente rilevanti dei Comuni italiani*, in *Istituzioni del Federalismo*, 1/2020, 107.

[16] Il legislatore statale e quello regionale potrebbero invocare, tra gli altri, l'art. 117, comma 2, lett. *p*), e l'art. 118, commi 1 e 2, Cost.

[17] Come esempio, e impregiudicata la questione della conformità della norma al sopravvenuto riparto costituzionale delle competenze, può valere l'art. 48 d.lgs. n. 112/1998, che se del caso limiterà i Comuni nella organizzazione e nella partecipazione ad eventi che mirino ad incrementare la esportazione dei prodotti locali.

[18] V. anche l'art. 1, comma 2, ultimo periodo, legge 7 aprile 2014, n. 56 ("Disposizioni sulle città metropolitane, sulle province, sulle unioni e fusioni di comuni"), per il quale le città metropolitane hanno, tra le "finalità istituzionali generali", pure la "cura delle relazioni istituzionali afferenti al proprio livello, ivi comprese quelle con le città e le aree metropolitane europee".

ma 7 presuppone le facoltà, e si limita a definirne un profilo di disciplina [19]; il che è coerente con la prassi e con il quadro costituzionale di cui si è detto al paragrafo precedente.

La norma pone in capo ai Comuni il dovere di comunicare ogni iniziativa anzitutto al Governo [20]; la disposizione non precisa se sia poi applicabile la disciplina che lo stesso comma 2 detta per le attività di rilievo internazionale delle Regioni. Per queste ultime, la comunicazione è funzionale a consentire all'esecutivo di verificare la compatibilità delle iniziative con la politica estera dello Stato, eventualmente impedendo lo svolgimento delle stesse [21].

A sostegno della tesi per cui le attività internazionali dei Comuni sono soggette al potere di divieto governativo [22], si può ricordare che allo Stato spettano non solo i "rapporti internazionali", ma più in generale tutta la "politica estera", con la quale può interferire la attività di mero rilievo internazionale degli enti territoriali; e che la Corte costituzionale, con riferimento alle Regioni, ha sostenuto che le caratteristiche delle attività di rilievo internazionale implicano "quale conseguenza necessaria che, se pur non espressamente prescritto, deve ritenersi sempre indispensabile il previo assenso del Governo, in modo che lo Stato possa controllare la loro [delle iniziative] conformità agli indirizzi di politica internazionale, e resti così escluso il pericolo di un pregiudizio agli interessi del Paese" [23].

Per quanto molto nette, tali affermazioni della Corte forse non escludono che,

---

[19] Portata marcatamente innovativa è attribuita alla disposizione da L. VIOLINI, *Il potere estero delle Regioni e delle Province autonome*, in G. FALCON (a cura di), *Stato, regioni ed enti locali nella legge 5 giugno 2003, n. 131*, Bologna, 2003, 144.

[20] La comunicazione alla Regione risponde a sole finalità conoscitive; è da escludere che la Regione abbia un qualche potere di inibizione, perché, non trattandosi (e fino a quando non si tratti) di funzioni o compiti in senso stretto, le attività di rilievo internazionale rimangono nella disponibilità dei Comuni, espressione della loro autonomia politica (per la affermazione di poteri regionali v. invece Corte conti, sez. app. Sicilia, sent. 12 dicembre 2011, n. 371, e G. BIAGIONI, *Le attività internazionalmente rilevanti*, cit., 109).

[21] La limitazione della verifica alla compatibilità con la politica estera dello Stato risulta da una lettura sistematica dell'intero art. 6 legge n. 131/2003, ed è fatta propria dalla Corte costituzionale (sent. n. 238/2004, punto 8, punto 10), per quanto il comma 2 ipotizzi osservazioni non solo del Dipartimento per gli affari regionali e del Ministero degli affari esteri, ma anche di altri "Ministeri competenti"; i rilievi di questi ultimi varranno a meglio raccordare gli indirizzi di politica estera con le specificità delle situazioni che si possono avere nei diversi campi materiali. Nella prassi sembra che il Ministero degli affari esteri presti attenzione anche ai profili finanziari delle iniziative comunali: cfr. M. GENTILE, *Il Ministero degli Affari Esteri e le procedure per gli accordi internazionali*, in S. BALDI-G. NESI (a cura di), *Diplomatici. 33 saggi su aspetti giuridici e politici della diplomazia contemporanea*, Trento, 2018, 29.

[22] Tesi non seguita da G. BUONOMO, *Commento all'art. 6*, in AA.VV., *Legge La Loggia. Commento alla L. 5 giugno 2003 n. 131 di attuazione del Titolo V della Costituzione*, Rimini, 2003, par. 6, e da E. CRIVELLI, *Commento all'art. 6*, in P. CAVALERI-E. LAMARQUE, *L'attuazione del nuovo Titolo V, Parte Seconda, della Costituzione*, Torino, 2004, 160.

[23] Sent. n. 179/1987, punto 8; nello stesso senso v. ord. n. 250/1988. Sulla medesima linea, con riferimento alle "attività promozionali" delle Regioni, è la sent. n. 19/1997, punto 3.

in certi casi, lo Stato possa rinunciare a controlli preventivi: come è accaduto con il d.P.R. 31 marzo 1994, il quale – operando una sorta di valutazione *a priori* di non incidenza negativa sulla politica estera nazionale – consentiva alle Regioni di svolgere senza "alcuna formalità" alcune limitate attività (attività di "studio e informazione su problemi vari; scambio di notizie e di esperienze sulla rispettiva disciplina normativa o amministrativa; partecipazione a conferenze, tavole rotonde, seminari; visite di cortesia nell'area europea; rapporti conseguenti ad accordi o forme associative finalizzati alla collaborazione interregionale transfrontaliera") [24]. Ma certo l'orientamento della Corte corrobora l'interpretazione dell'art. 6 legge n. 131/2003, per la quale alla comunicazione delle iniziative al Governo è collegato il potere di questo di negare l'assenso [25]. D'altro canto, la soluzione contraria non si potrebbe argomentare con le diversità indubbiamente esistenti tra Regioni ed altri enti territoriali: agli effetti della interferenza di una attività locale con la politica estera dello Stato, il peso di una iniziativa di un Comune può risultare nei singoli casi ben maggiore di quello attribuibile ad attività di molte Regioni.

L'art. 6, comma 7, legge n. 131/2003 si riferisce ad "ogni iniziativa" qualificabile come "attività di mero rilievo internazionale"; la disposizione legislativa supera così la distinzione – risultante dall'art. 2 d.P.R. 31 marzo 1994 – tra attività da comunicare necessariamente al Governo, in vista dell'assenso (o del diniego di assenso), e attività svolgibili senza alcuna formalità. All'art. 2 del decreto del 1994 si potrà invece continuare a fare riferimento per una mappatura delle attività da comunicare; ma sarà un riferimento solo orientativo: per un verso, è dubbia la permanente vigenza dell'atto di indirizzo e coordinamento, dopo che la base normativa di esso – l'art. 4 d.P.R. n. 616/1977 – è stata abrogata dall'art. 8 legge n. 59/1997 [26]; per un altro verso, le attività in questione per loro natura tendono a sottrarsi ad una rigida tassonomia. Rilevanti saranno comunque sia attività che si concretizzano in "intese" con enti territoriali di altri Paesi [27], sia iniziative che rimangono nella forma dei semplici contatti, o che risultano da un insieme di atti e comportamenti unilaterali, più o meno stretti tra di loro.

Incerta è la questione, se attività internazionali siano solo quelle che i Comuni

---

[24] V. art. 2, comma 1, lett. *a*), e comma 2.

[25] Si tratta di un potere espressamente rivendicato dall'esecutivo nella circolare 27 novembre 2015, sulla "Attività di rilievo internazionale delle Regioni e degli Enti locali", emanata dalla Presidenza del Consiglio dei ministri – Dipartimento per gli affari regionali, le autonomie e lo sport (in *GU*, serie generale, 9 febbraio 2016, n. 32).

[26] E occorre ricordare che comunque il d.P.R. 31 marzo 1994 si occupa(va) degli "enti subregionali" solo per le attività da essi svolte nell'esercizio di funzioni delegate dalle Regioni e dalle Province autonome (art. 7, comma 4), come poteva aversi nel settore della promozione all'estero.

[27] Per G. BIAGIONI, *Le attività internazionalmente rilevanti*, cit., 106, i Comuni, a differenza delle Regioni, non potrebbero concludere intese con enti territoriali interni ad altri Stati; non si vede però la ragione della esclusione, e del resto la circ. Dip. aff. reg. 27 novembre 2015 parla di atti pattizi, intese, gemellaggi, giuramenti di fraternità, dichiarazioni di intenti.

intraprendono in collegamento con enti territoriali stranieri, o se nella categoria rientrino anche attività comunque svolte all'estero, senza una controparte pubblica: si pensi alla partecipazione a conferenze, concorsi, manifestazioni, non promossi da enti territoriali (o, più in generale, da enti pubblici) dell'altro Stato. Nel primo senso deporrebbero la definizione dell'art. 2, comma 1, d.P.R. 31 marzo 1994 (che considera le attività svolte "nei riguardi di enti stranieri, normalmente omologhi"), e la sentenza capostipite n. 179/1987 (che ragiona di "attività di vario contenuto, congiuntamente compiute dalle regioni e da altri (di norma, omologhi) organismi esteri"); ma la nozione più ampia risulta accolta nella prassi [28], e nello stesso atto di indirizzo e coordinamento del 1994, che alla lett. *b*) dell'art. 2 menziona i "contatti con le comunità regionali all'estero [...]", che possono aversi senza il coinvolgimento degli enti territoriali del Paese di accoglienza.

La mancanza di una preventiva e adeguata, e quindi tempestiva e completa [29], informazione al Governo, rende di per se stessa illecita la attività comunale: in tal senso si può argomentare anche dall'orientamento costantemente fatto valere dalla Corte costituzionale, con riferimento alle attività estere delle Regioni [30]. In considerazione di ciò, si deve notare come la relativa incertezza sui confini della attività di rilievo internazionale, traducendosi in incertezza sulla legittimità di atti e sulla liceità di comportamenti, può essere di ostacolo al compimento delle attività, ed è poco rispettosa della autonomia degli enti e delle comunità locali.

b) Quanto ai criteri che dovrebbero sorreggere le valutazioni governative, è logico ritenere che l'esecutivo verifichi in via preliminare se le iniziative comunali si pongono effettivamente entro il perimetro delle "attività di mero rilievo internazionale", o se invece incidono (o pretendono di incidere) nei rapporti internazionali in senso stretto, impegnando la responsabilità internazionale dello Stato [31].

Superato il primo test, le iniziative potranno essere non assentite per ragioni attinenti alle scelte e agli indirizzi di politica estera dello Stato: ciò deriva sia dal

---

[28] Sent. n. 250/1988; sent. n. 737/1988; Corte conti, sez. app. Sicilia, sent. n. 371/2011.

[29] Sent. n. 124/1993, punto 2.

[30] Sent. n. 739/1988, punto 2; sent. n. 124/1993, punto 2; sent. n. 428/1997, punto 3; sent. n. 13/2003, punto 3.

[31] Non è qui possibile soffermarsi sui criteri di distinzione tra i "veri accordi" (sent. n. 179/1987, punto 7) e la congerie degli impegni privi di forza vincolante; per prime indicazioni v. comunque D. CARREAU-F. MARRELLA, *Diritto internazionale*, III ed., Milano, 2021, 223 ss., i quali pongono l'accento sulla volontà delle parti, che può essere diretta o meno ad assumere obblighi che si intendono rilevanti per il diritto internazionale. Le difficoltà nella distinzione sono naturalmente analoghe a quelle che si incontrano nella valutazione delle attività regionali (per attività che la Corte ha consentito, "in quanto insuscettibili di incidere nei rapporti internazionali o di impegnare la responsabilità internazionale dello Stato", v. la sent. n. 737/1988, punto 3, o la sent. n. 42/1989, punto 3; per casi in cui la Corte non ha deciso il punto, ritenendo che la Regione avesse leso le attribuzioni statali per il motivo assorbente della mancata preventiva comunicazione al Governo dell'atto da sottoscrivere, v. la sent. n. 739/1988, punto 2, e la sent. n. 124/1993, punto 2).

comma 7 dell'art. 6 legge n. 131/2003, letto in connessione con i commi 2 e 5, sia dalla giurisprudenza costituzionale formatasi sui rapporti Stato – Regioni [32]. Con il dire questo, però, si esclude solo che possano rilevare motivi di opportunità meramente "interni", frutto di divergenti valutazioni politiche o partitiche, e il problema del criterio di apprezzamento è solo impostato, perché il rapporto tra iniziative comunali e decisioni statali di politica estera può essere considerato in almeno due modi diversi.

Secondo una impostazione, le autorità di governo potrebbero negare l'assenso adducendo semplicemente la inopportunità della iniziativa rispetto agli indirizzi di politica estera fatti propri dallo Stato. La tesi può trovare supporto nella lettera dell'art. 6, comma 5, legge n. 131/2003, e in qualche decisione della Corte costituzionale. La quale, ad esempio, ha ritenuto fondato il diniego opposto dal Governo ad una missione in Libano della Regione Umbria, programmata per una visita all'Organizzazione per la Liberazione della Palestina, e ciò per la "particolare natura e situazione dell'Organizzazione ospitante" [33]. Se però si considera che le attività di mero rilievo internazionale sono per definizione potenzialmente interferenti con la politica estera, la tesi per cui lo Stato può negare l'assenso solo perché l'iniziativa non risponde alle proprie visioni o scelte politiche nel settore, si traduce nel negare che gli enti locali possano esprimere un indirizzo politico davvero proprio, eventualmente divergente da quello centrale [34].

Ma sul rapporto Stato-Comuni in ordine al "potere estero" è argomentabile una altra impostazione, secondo cui il Governo può legittimamente impedire l'iniziativa locale solo quando la unità dell'indirizzo politico sia lesa o messa a rischio *in concreto*, per le particolarità presentate dal singolo caso [35]. Così ragionando, la esclusività delle attribuzioni statali (art. 117, comma 2, lett. *a*), Cost.), che non è in discussione, determina la minore compressione possibile della autonomia comunale, radicata anche essa in Costituzione. La prospettiva indicata trova un appoggio nell'art. 8, comma 3, Carta eur. aut. loc., secondo cui "[l]a verifica amministrativa delle collettività locali deve essere esercitata nel rispetto di un equilibrio tra l'ampiezza dell'intervento dell'autorità di controllo e dell'importanza degli interessi che essa intende salvaguardare".

Le norme della Costituzione e della Carta europea che garantiscono la autonomia locale impongono una lettura restrittiva di alcune previsioni dell'art. 6 leg-

---

[32] Cfr. la sent. n. 428/1997, punto 3.

[33] V. l'ord. n. 250/1988.

[34] L'indirizzo restrittivo dell'autonomia locale sembra fatto proprio dalla circ. Dip. aff. reg. 27 novembre 2015, per la quale "le proposte di atti che si intendono sottoscrivere potranno essere non assentite ove ricorrano ragioni generali di opportunità di politica internazionale".

[35] Sui problemi che si incontrano nel definire il parametro "politica estera" v. A. AMBROSI, *Politica estera e «attività internazionale delle Regioni» in una sentenza interpretativa di rigetto sull'art. 6 della legge n. 131 del 2003*, in *Le Regioni*, 2005, 213 ss.

ge n. 131/2003: le "questioni di opportunità [...] derivanti dalle scelte e dagli indirizzi di politica estera dello Stato", che consentono di inibire l'iniziativa locale, e le "valutazioni relative alla politica estera dello Stato", che i Comuni non possono esprimere in occasione delle attività di rilievo internazionale, sono da limitare alle situazioni che arrecano un pregiudizio effettivo e concreto all'interesse nazionale.

Giova in proposito anche notare che, nella prassi, si danno casi in cui i Comuni si impegnano con enti territoriali interni ad altri Stati in iniziative che mirano proprio ad indurre mutamenti nella politica perseguita dagli Stati in certi settori: dalla tutela ambientale alla difesa dei diritti umani, dalla industria militare alla immigrazione[36]. Consentire al Governo di negare tali iniziative solo perché non rispondenti alla propria linea politica, significa negare il principio pluralista nella sua dimensione istituzionale.

Il quadro delineato dei rapporti Comuni – Governo in ordine alle attività di mero rilievo internazionale risulta dalla scarna disposizione del comma 7 dell'art. 6 legge n. 131/2013, letta alla luce dell'intero art. 6 e dei principi elaborati dalla nutrita giurisprudenza costituzionale sul "potere estero" delle Regioni; in particolare, il potere di assentire o meno le attività comunali, e i criteri di esercizio di esso non risultano in modo esplicito dalla legge n. 131[37]. Tale disciplina potrebbe porre una questione di compatibilità con l'art. 8 della citata Carta europea dell'autonomia locale, il primo comma del quale prevede che "[o]gni verifica amministrativa sulle collettività locali potrà essere effettuata solamente nelle forme e nei casi previsti dalla Costituzione o dalla legge"; ma la compatibilità sembra argomentabile ritenendo che il comma 7 faccia corpo con il comma 2[38]. L'art. 8 Carta eur. aut. loc. varrà invece a sostenere la impraticabilità di interpretazioni che estendano, oltre a quelli relativi alla politica estera, lo spettro degli interessi che il Governo può curare sulla base dell'art. 6 della legge n. 131.

c) Soltanto un accenno al tema dei mezzi di tutela delle facoltà e dei poteri rispettivi di Comuni e Stato. Se le iniziative vengono preventivamente comunicate al Governo, contro l'eventuale diniego, o contro le condizioni poste, è dato ricorso al giudice[39]. Il quale però non potrà non tenere conto della ampia discreziona-

---

[36] V. le interessanti considerazioni di G. BUONOMO, *Commento all'art. 6*, cit., par. 4, che si possono riferire alle attività estere non solo delle Regioni, ma anche dei Comuni.

[37] Si ricorderà che è stata la circolare ministeriale 27 novembre 2015 a ritenere espressamente applicabile ai Comuni la disciplina che la legge n. 131 pone per le Regioni.

[38] Per quanto solo una disciplina legislativa più chiara e dettagliata risponderebbe appieno alla esigenza di garanzia posta dalla Carta europea, eliminando le incertezze interpretative evidenziate (ad esempio, si è notato come la lettera del comma 2 si riferisca solo ad "intese", mentre la estensione della disciplina a tutte le attività di rilievo interazionale risulti dalla giurisprudenza costituzionale, e sia esplicitata da una circolare).

[39] Viene a proposito in rilievo, accanto agli artt. 24 e 111 Cost., l'art. 11 Carta eur. aut. loc.

lità spettante in materia all'esecutivo[40], e in molti casi interverrà quando l'iniziativa avrà perduto attualità.

Qualora invece i Comuni non diano le informazioni dovute, o non si attengano alle indicazioni ricevute, le prerogative del Governo potrebbero essere tutelate mediante lo strumento dell'annullamento straordinario, nel caso in cui le attività di mero rilievo internazionale si concretizzino in atti formali (come un accordo di gemellaggio, o una dichiarazione comune), e in presenza delle condizioni richieste per l'applicazione dell'art. 138 TUEL. Quando atti di tal genere manchino – perché la attività è consistita in semplici contatti, in visite di cortesia, nello scambio di informazioni, e così via –, le iniziative di rilievo internazionale saranno fatti compiuti, e il controllo si esaurirà nell'eventuale controllo atomistico sui singoli segmenti nei quali esse sono scomponibili (come meglio si dirà nel paragrafo successivo). Ma si potrà pensare, in casi estremi, allo scioglimento del consiglio o alla rimozione del sindaco, qualora la attività comunale integri i rigorosi presupposti di cui all'art. 141, comma 1, lett. a), e all'art. 142 TUEL[41].

3. *La attività di mero rilievo internazionale dei Comuni come attività amministrativa e come fonte di spesa*

La realizzazione di una iniziativa di mero rilievo internazionale richiede la adozione di una serie più o meno articolata di atti amministrativi, di varia natura: basti pensare alla deliberazione di un accordo di gemellaggio, o alla autorizzazione di una missione all'estero, o alla liquidazione delle spese di soggiorno di ospiti stranieri, e così via. Tali atti soggiacciono al regime loro proprio.

Soppressi i controlli previsti in passato sulla base dell'abrogato art. 130 Cost., e venute a mancare le decisioni giurisdizionali rese su ricorso contro gli atti dei comitati regionali, le indicazioni più rilevanti sul modo di svolgere le attività di rilievo internazionale provengono oggi dalla Corte dei conti, attraverso pronunciamenti di diversa natura ed efficacia, come – oltre alle sentenze conseguenti ad azioni di responsabilità per danno erariale[42] – i pareri chiesti dagli stessi enti locali, ai sensi dell'art. 7, comma 8, legge n. 131/2003, o le deliberazioni assunte in sede di controllo delle spese di rappresentanza, secondo quanto

---

[40] Come riconosce la ord. n. 250/1988.

[41] Lo scioglimento del consiglio regionale era stato ipotizzato da S. BARTOLE, *Atti e fatti (di rilevanza internazionale)*, cit., 3135, come reazione a comportamenti che una Regione avesse tenuto in violazione dell'assetto costituzionale delle competenze concernenti la politica estera e i rapporti internazionali.

[42] L'azione del procuratore e l'eventuale giudizio della Corte finiscono con l'assolvere indirettamente ad una sorta di funzione di controllo sulle attività estere comunali, eventuale ed esercitata a posteriori.

previsto dall'art. 16, comma 26, d.l. 13 agosto 2011, n. 138, conv. in legge 14 settembre 2011, n. 148.

Volendo esemplificare, in modo molto schematico, alcuni orientamenti della Corte, si può dire che essa, nell'ambito della verifica di legittimità dell'azione amministrativa, richiede in primo luogo che l'ente locale abbia agito entro il perimetro delle proprie attribuzioni. Se il criterio in sé è ovvio, va segnalato che talora il magistrato contabile esige che le attività di mero rilievo internazionale abbiano un fondamento legislativo specifico ed espresso [43].

Sempre in termini generali, la sola omissione dei doveri informativi posti dall'art. 6, comma 7, legge n. 131/2003, rende *contra legem* la attività estera comunale, e può quindi essere fonte di responsabilità erariale [44]. In ordine ai singoli segmenti, nei quali si scompone una attività di rilievo internazionale, si possono porre questioni di legittimità più puntuali: ad esempio, se le spese di viaggio connesse ai gemellaggi siano o meno soggette ai vincoli che lo Stato abbia eventualmente disposto, nell'esercizio della propria competenza sul coordinamento della finanza pubblica [45].

Nel parametro della valutazione i magistrati contabili includono i principi di efficienza, efficacia ed economicità indicati dall'art. 1, comma 1, legge n. 241/1990; su tale base, essi scrutinano – senza che a ciò osti la norma per cui deve restare ferma "l'insindacabilità nel merito delle scelte discrezionali" [46] – la rispondenza della attività degli amministratori "a criteri di razionalità e congruità rilevabili dalla comune esperienza amministrativa", avvalendosi "di parametri esterni (quali la competenza, il termine e la materia) ed interni (rapporto fra fine istituzionale e fine concreto; congruità e proporzionalità delle scelte; principi di razionalità, imparzialità e buona amministrazione)", e apprezzando il "rapporto tra gli obiettivi conseguiti e i costi sostenuti" [47].

I gemellaggi e le connesse iniziative sono spesso considerati esclusivamente dal punto di vista delle norme che limitano le spese di rappresentanza o per pubbliche

---

[43] Corte conti, sez. app. Sicilia, sent. n. 371/2011. È questo il presupposto al quale potrebbe collegarsi la apodittica affermazione per cui "risultano non conformi a legge le voci di spesa afferenti" ai "gemellaggi", che si trova in Corte conti, sez. reg. controllo Lombardia, delib. 18 febbraio 2013, n. 54.

[44] Per quanto la questione del rispetto o meno di essi raramente venga messa a tema: per un caso v. Corte conti, sez. app. Sicilia, sent. n. 371/2011. Tenendo conto della finalità della comunicazione alla Regione, la omissione di essa non dovrebbe importare le conseguenze evidenziate nel testo.

[45] Corte conti, sez. contr. Veneto, par. 23 marzo 2011, n. 265; Corte conti, sez. contr. Lombardia, par. 12 dicembre 2011, n. 652.

[46] Art. 1, comma 1, legge 14 gennaio 1994, n. 20, e successive modificazioni.

[47] Corte conti, sez. I giurisdiz. centrale, sent. 28 luglio 2008, n. 346, punti 6.2-6.3. La sentenza si riferisce a fatti inquadrabili propriamente come iniziative promozionali all'estero, ma nel ragionamento comprende le attività di mero rilievo internazionale; essa viene citata spesso come precedente nei pronunciamenti della Corte che appunto di attività di rilievo internazionale si occupano.

relazioni[48]; di conseguenza, per la legittimità delle iniziative si esigono tra l'altro una stretta correlazione con le finalità istituzionali dell'ente, la sussistenza di elementi che richiedano una proiezione esterna delle attività del Comune per il migliore perseguimento dei propri fini, la loro idoneità ad accrescere il prestigio dell'ente[49]. Le attività di rappresentanza non devono poi porsi in contrasto con i principi di imparzialità e di buon andamento, di cui all'art. 97 della Costituzione[50].

Vi sono poi pronunciamenti per i quali le attività all'estero necessitano di una previa disciplina generale, di fonte statutaria o regolamentare[51], e devono essere svolte sulla base di programmi, "piuttosto che scaturire da isolate o episodiche iniziative", in modo tale da conseguire "un effettivo e preventivato vantaggio per l'ente locale"[52].

La solidità di alcuni dei paletti posti dalla magistratura contabile suscita qualche dubbio. Richiedere che anche le attività di mero rilievo internazionale (distinte dalle attività promozionali) trovino nella legge un esplicito fondamento, ulteriore rispetto a quello dell'art. 6, comma 7, legge n. 131/2003, significa sia svalutare tale disposizione, sia non riconoscere che l'ente ha un ruolo di rappresentanza generale degli interessi della comunità locale. Considerate le norme della Costituzione che vengono in rilievo, vale per il Comune quello che la Corte costituzionale ha notato per le Regioni: "[q]uesto ruolo" – si legge nella sentenza n. 829/1988 – "di rappresentanza generale degli interessi della collettività regionale e di prospettazione istituzionale delle esigenze e, persino, delle aspettative che promanano da tale sfera comunitaria deriva alle singole regioni dal complessivo disegno costituzionale sulle autonomie territoriali [...] e, in primo luogo, dall'art. 5 Cost. e dai principi fondamentali contenuti nelle disposizioni iniziali della Costituzione. Grazie a tali norme, infatti, si afferma, per un verso, il principio generale che le autonomie locali costituiscono una parte essenziale dell'articolazione democratica dell'ordinamento unitario repubblicano e, per altro verso, si attribuisce a siffatto articolato complesso di istituzioni democratiche – ora sotto la denominazione di "Repubblica", ora sotto quella di "Italia" – l'adempimento di una serie di compiti fondamentali: compiti che vanno svolti, oltreché attraverso le proprie competenze, nella pienezza delle potenzialità di partecipazione comunitaria di cui ciascuna

---

[48] Corte conti, sez. contr. Veneto, par. n. 265/2011; Corte conti, sez. contr. Marche, delib. 12 marzo 2015, n. 102.

[49] Corte conti, sez. contr. Marche, delib. n. 102/2015; Corte conti, sez. contr. Lombardia, delib. 26 settembre 2018, n. 243; Corte conti, sez. contr. Lombardia, delib. 18 febbraio 2013, n. 54; Corte conti, sez. app. Sicilia, sent. n. 371/2011, richiede che si motivi circa una specifica utilità per l'ente.

[50] Corte conti, sez. contr. Lombardia, delib. 26 aprile 2012, n. 151; Corte conti, sez. contr. Lombardia, delib. n. 243/2018.

[51] Corte conti, sez. contr. Marche, delib. n. 102/2015.

[52] Corte conti, sez. contr. Puglia, par. 18 aprile 2012, n. 53.

istituzione è capace e che sono diretti a favorire il più elevato sviluppo della persona umana, della solidarietà sociale ed economica, della democrazia politica, della cultura e del progresso tecnico-scientifico, della convivenza pacifica tra i popoli (artt. 2, 3, 9 e 11 Cost.)" [53].

Alla base della posizione restrittiva della Corte dei conti vi è probabilmente la non distinzione tra le "materie", in rapporto alle quali i Comuni possono svolgere attività di mero rilievo internazionale, e le "funzioni" e i "compiti", i quali certo anche in materie comunali possono essere allocati dalla legge statale o regionale ad un livello superiore di governo, allocazione che però logicamente non impedisce gemellaggi, visite di cortesia, incontri finalizzati alla "formulazione di proposte e prospettazione di problemi di comune interesse" [54].

La necessità di una previa regolamentazione da parte del Comune non è ancorabile né all'art. 117, comma 6, Cost., che mira piuttosto a garantire la autonomia normativa dell'ente nei confronti dello Stato e delle Regioni, né – in termini generali – al principio di legalità che regge l'azione degli enti pubblici, il quale entra in gioco quando si tratti di esercitare funzioni e poteri amministrativi in senso stretto [55]. Neppure è invocabile il d.m. 23 gennaio 2012, che – in attuazione dell'art. 16, comma 26, d.l. n. 138/2011 – ha adottato lo "schema del prospetto nel quale vanno elencate le spese di rappresentanza sostenute dagli organi di governo degli enti locali": dal prospetto risulta chiaramente che l'approvazione di un regolamento comunale, peraltro riferito alle sole spese di rappresentanza, è meramente eventuale.

Alcune valutazioni paiono sconfinare nel campo degli apprezzamenti di merito [56].

---

[53] Punto 2.2; si noti come il discorso della Corte si riferisca non solo alle Regioni ma a tutte le "autonomie locali", e abbracci i rapporti di esse con gli altri popoli e Paesi.

[54] Il vincolo a che i Comuni agiscano "nelle materie loro attribuite" risulta positivamente dall'art. 6, comma 7, legge n. 131/2003; la disposizione va però letta in collegamento con quelle del testo unico sull'ordinamento degli enti locali che delineano la autonomia comunale (in particolare agli artt. 3 e 13, d.lgs. n. 267/2000), e tenendo conto che è nella natura delle attività di mero rilievo internazionale di potersi svolgere al di fuori di specifici campi materiali, attraverso confronti, studi, scambi di esperienze, e conseguenti atti di proposta e di stimolo nei confronti di altri livelli di governo (sul tema v. ancora la sent. n. 829/1988, punto 2.2, con significativo richiamo proprio della giurisprudenza sulle attività estere delle Regioni).

[55] E comunque occorre considerare che le iniziative comunali hanno già un esplicito riconoscimento legislativo nell'art. 6 legge n. 131/2003.

[56] Ad es., Corte conti, sez. giurisdiz. Campania, sent. 23 ottobre 1995, n. 78, esclude che possano derivare vantaggi da un gemellaggio con città di altro Stato, considerando "l'estrema diversità delle culture, la lontananza della cittadina gemellata"; Corte conti, sez. I giurisdiz. centrale, sent. n. 346/2008, punto 7, dopo avere negato in radice che l'attività di cui si discuteva fosse consentita al Comune, cambia registro, e scrive che "ciò che si rimprovera ai convenuti non è tanto l'effettuazione di qualche attività all'estero – che in certi limiti, anzi, sarebbe stato anche possibile inquadrare nell'ambito delle funzioni proprie dell'ente locale – ma l'organizzazione (e relativo svolgimento)

Ancora: si è visto che spesso i magistrati contabili insistono sul punto, che le attività estere devono rispondere ad uno specifico fine istituzionale del Comune, quando addirittura non ne devono aumentare il "prestigio"[57]. L'insistenza sulla posizione dell'ente mette in ombra la comunità, e dimentica che significative attività di rilievo internazionale hanno come punto di riferimento essenziale proprio le persone che compongono la comunità, piuttosto che l'ente e i suoi organi di vertice.

Si rifletta sui gemellaggi: bene cogliendone la natura, il ricordato Regolamento (UE) 2021/692 li inquadra tra gli strumenti per raggiungere l'obiettivo di incrementare "coinvolgimento e partecipazione dei cittadini". Le azioni finanziate dal Regolamento mirano invero in tale ambito a "promuovere gli scambi tra cittadini di paesi diversi, specialmente attraverso il gemellaggio di città e le reti di città, per permettere loro di cogliere concretamente la ricchezza e la diversità del patrimonio comune dell'Unione e per sensibilizzarli al fatto che tali elementi costituiscono un solido fondamento per un futuro comune"[58]. Prospettiva lontana da quella assunta dalla Corte dei conti, là dove essa ritiene fonte di criticità la partecipazione di soggetti della società civile ad eventi organizzati nel contesto dei gemellaggi: per la Corte, "ogniqualvolta le spese sostenute finiscono per essere indirizzate a promuovere la partecipazione alle iniziative di gemellaggio di singole specifiche associazioni culturali/private appare venir meno la stretta connessione con il fine istituzionale da perseguire, nonché un possibile contrasto con il principio di imparzialità *ex* art. 97 Cost."[59]. Ora, se proprio è necessario individuare un "fine istituzionale" perseguibile dal Comune con un gemellaggio, esso consiste semplicemente nell'agevolare i contatti dei cittadini con la realtà estera.

Solidi o meno che siano, occorre alla fine constatare che i paletti piantati dalla Corte dei conti sortiscono l'effetto di confinare entro spazi assai ristretti le attività di rilievo internazionale dei Comuni: se non altro, perché lasciano ipotizzare rischi di contestazione della attività in quanto ritenuta produttiva di danno all'ente pubblico[60].

---

di una vera e propria attività ordinaria e continuativa di "politica estera", con trasferte e missioni a cadenza pressoché regolare".

[57] Corte conti, sez. app. Sicilia, sent. n. 371/2011.

[58] Così l'art. 5.

[59] Corte conti, sez. contr. Lombardia, delib. n. 243/2018.

[60] Forse non c'è una relazione diretta, ma l'orientamento restrittivo dei magistrati contabili si affianca a discutibili iniziative di Comuni, o di loro forme associative; ad esempio, la violazione dei doveri di comunicazione di cui si è detto pare molto diffusa (cfr. circ. Dip. aff. reg. 27 novembre 2015), e alcuni gemellaggi sembrano pensati più che altro come occasione per trasferte turistiche all'estero di notabili locali (v. i casi di cui alle citate Corte conti, sez. giurisdiz. Campania, sent. n. 78/1995, e Corte conti, sez. I giurisdiz. centrale, sent. n. 346/2008).

CITIES, LAW AND LANGUAGE. GOING BEYOND THROUGH EDUCATIONAL NETWORKS

GIOVANNA TIEGHI

1. *Cities and Education: The Challenging Inter-Cities Network*

The emerging role of municipalities all over the world in promoting different trends of theoretical and practical scientific investigation, pushes for an updated constitutional outlook consistent with a dynamic global city-centered society. It deals with the revitalization of the *network paradigm* [1] as the foundational arrangement of an efficient federative action among cities [2].

The main key players are not the national States, but the cities. Precisely: not all of them. Only the ones ready – which means: the ones who challenge themselves – on the one hand, to operate "without passing through their respective national governments" [3] and, on the other hand, to build effective

[1] The Education City vision is led today by Education Cities in Israel. In 2017, the organization received international recognition by the Finnish HUNDRED program that chose it as one of the hundred most inspirational education initiatives in the world today. An Education City shifts from working in a "*Pyramid Paradigm*" to a "*Network Paradigm*": Insights at *www.education-cities.com/education-city/*.

[2] C. RATTI, *La città di domani. Come le reti stanno cambiando il futuro urbano,* Torino, 2017.

[3] S. SASSEN, *Le città nell'economia globale,* Bologna, 2003, 83 (free translation).

'*belts*'[4] of cooperation. "Models for fostering economic development and international cooperation"[5] but, even, "mutual connectivity and" – what is relevant for the purposes of this paper – "*mutual learning*" (Forum ONU[6]) in various areas of cooperation. The final aim is to provoke a real "global values *chain*"[7].

In the *global* scenarios[8], questioning the efforts for *connectedness* – stability, innovation and rule of law – and in *connectivity* to the rest of the world[9], some critical issues retrieve the human dimension of law based on local *city educational values and best practices.* Crucial topics of a *global network* society beyond the traditional State[10].

Is the idea of a network in the educational field a way to overrule the historical institutional arrangements which for centuries have been describing the traditional vertical relationship (top-down/State-local approach)? Is this kind of *inter-city* paradigm drastically conflicting with the basic principles fostering traditional national sovereignty? Can the approach here suggested be conceived as the denial of domestic (i.e. national) values and local legal background?

To focus on the issues implied by those controversial questions it is crucial to point out the basic assumption for better comprehension the core value of the thesis proposed: it implies a reconsideration of cities much beyond the single State (i.e. legal system) where they are settled but, at the same time, perfectly representing their local identity and their domestic historical educational roots[11].

---

[4] One of the most relevant projects of the *Sustainable Development Agenda 2030* is the *One Belt Road Initiative*: "The initiative considers several areas of cooperation, such as policy coordination, infrastructure, commercial, financial. Besides, there is one, in particular, that is the involvement of communities. It is the networks of cities and territories that will foster exchange and cooperation between the main local political, economic, and social actors": *citydiplomacy.org/.*

[5] V. YANG, *One Belt One Road: An Inclusive, Multistakeholder Model for Global Development,* May 2017, *www.weforum.org/press/2017/05/one-belt-one-road-an-inclusive-multistakeholder-model-for-global-development.*

[6] On April 2019, at Beijing, China, *The Second Belt and Road Forum for International Cooperation* took place: details and information at *news.un.org/en/story/2019/04/1037381.*

[7] It regards the *Global Value Chains Initiative* which seeks "to develop an industry-centric view of economic globalization that highlights the linkages between economic actors and across geographic space (...) creating grater analytical precision, intellectual impact and policy relevance" and "(..) include a research agenda (...) and a series of intensive workshops convened to test and broaden the framework through interaction among network participants and with the broader academic, policy-making and activist communities" see *https://www.globalvalueschains.org.*

[8] Z. BAUMAN, *Globalizzazione e glocalizzazione,* Roma, 2005.

[9] G. TIEGHI, *Info/City States: la città 'oltre lo Stato'. Dalla Connectivity alla City Diplomacy,* in *DPCE Online*, n. 2/2020.

[10] R. SCARCIGLIA, *Comparative Methodology and Pluralism in Legal Comparison in a Global Age,* in *Beijing Law review,* 6:46.

[11] "In a world of dysfunctional states ever less capable of defending human rights, cities – once

How to put that challenging combination of cities' perspective in a global agenda?

1.1. *The Right To An Educating City*

The topic assumes an experimental and stimulating version once studied through the lens of a specific subject: education.

"The right to an educating city must be affirmed as an extension to the right to education": this is the cornerstone of the Preamble of the Charter of Educating Cities, in its important 30th anniversary [12]. It legally describes the *city-education nexus* starting from the principle that "cities in all countries must use their local dimension to act as experimentation and consolidation platforms for *full democracy citizenship* (...)". "Education based on values and human rights", on a different side, "is more pressing than ever before, as it gives meaning, provides encouragement, *draws up a democratic roadmap* (...)" [13].

The basic principles and considerations highlighted in the Charter provide an unusual and challenging constitutional scenario. It's clear that the issues raised here belong to a matter of methodology and, at the same time, of legal categories to be re-thought and updated. On the other hand, it's a matter of substantial rights (specifically: starting from the right to education) to be more than formally safeguarded: rather, operatively included in the city's network process.

Further implications on the crucial field of education appear to be relevant on three different levels.

Firstly, the acquisition of a public comparative law approach [14] able to foster the so called "transformative trend of twenty-first century" [15] based on the pillars of social cohesion, education, interdisciplinarity, horizontal comparison, shared responsibility [16] and social justice [17], so as to engage operational best practices (par. 1.2).

---

thought too parochial for the job – are increasingly taking on the responsibility. In domains such as immigrant rights, climate justice and minority rights it is not states but metro-regions and their intercity networks that are defending rights 'glocally'; both locally and globally": B. BARBER, *Cities as Glocal Defenders of Rights,* in AA.VV., *The Future of Human Rights in an Urban World. Exploring Opportunities, Threats and Challenges*, Netherlands, 2014, 17.

[12] *Charter of Educating Cities*, Preamble, 8, at *https://www.edcities.org/wp-content/uploads/2020/11/ENG_Carta.pdf.*

[13] *Charter of Educating Cities*, Preamble, cit., 7.

[14] R. HIRSCHL, *Comparative matters: response to interlocutors*, in *Boston University Law Review,* 2016.

[15] Report of the Executive Director on the implementation of the New Urban Agenda and the 2030 agenda for Sustainable Development.

[16] "It is the central government which has the primary responsibility for the promotion and

Secondly, the upgrade of the *glocal* perspective [18] with the aim to work on the global federative action of cities: the aim is to find local solutions to global issues so as to properly implement the intercity network through education. A path towards the localization of some specific SDGs' [19] emphasizing new cultural local demands and focusing on global educational purposes (par. 2 and 2.1).

Finally, from a substantial point of view, to be true *Educating Cities,* cities need to be considered not just as local entities or territories but, above all, as people. Individuals to be, first, educated. And in the global/*glocal* context that implies a new comparative law approach towards the nexus Law and Language as the vehicle of an intercultural education (par. 3 and 3.1).

"To become who you are and to do the work you want to do is to be open to want and give at the same time": this opening process, outlined by the Associate Justice of the US Supreme Court, Sonia Sotomayor during the famous lecture at the University of Stanford on March 10, 2017 [20], stressing the 'circular' attitude appropriately describes the communitarian soul which characterizes the circular virtuous relationship between personal, individual education and the community itself. "Educating cities", in fact, as the Charter of Educating Cities underlines, "embrace the goal of inclusion, welcoming each person as they are and inviting them to engage in a shared citywide project" [21].

---

protection of human rights, while local government has a complementary role to play. (...) Local authorities are actually those who are to translate national human rights strategies and policies unto practical application. (...) The principle of shared responsibility of different tiers of government for the protection of human rights has been on several occasion underlined by the United Nation human rights treaty body": HUMAN RIGHT COUNCIL, *Role of Local Government in the Promotion and Protection of Human Rights – Final Report of the Human Rights Council Advisory Committee,* A/HRC/30/49, August 7, 2015, UN General Assembly, in ***https://www.uclg.org/sites/default/files/2015_report_en_role_of_local_government_in_the_promotion_and_protection_of_human_rights.pdf,*** *6.*

[17] "(...) cities all hold the premise of strengthening social justice at the local level, and realizing abstract human rights ideals": E. VAN DEN BERG-B. OOMEN, *Towards a Decentralisation of Human Rights: The Rise of Human Rights Cities,* in AA.VV., *The Future of Human Rights in an Urban World. Exploring Opportunities, Threats and Challenges,* cit., 11.

[18] G. TIEGHI, *Città, diritti umani e tutela* glocal, in *federalismi.it - Focus Human Rights,* n. 2/2019.

[19] See a deep analysis at ***https://www.edcities.org/en/towards-the-localization-of-the-sustainable-development-goals/.***

[20] A. SHASHKEVICH, *Supreme Court Justice Sonia Sotomayor emphasizes importance of broad education, empathy in her talk at Stanford,* at ***https://news.stanford.edu/2017/03/10/justice-sonia-sotomayor-speaks-stanford/***; S. BUDMAN, *Supreme Court Justice Sonia Sotomayor's Stirring Speech Galvanizes Students at Stanford University,* plus video, at ***https://www.nbcbayarea.com/news/local/supreme-court-justice-sonia-sotomayor-gives-stirring-speech-at-stanford/45505/.***

[21] *Charter of Educating Cities,* Preamble, cit., 7.

1.2. *The 'Beyond' Tool: A Public Law Comparative Approach*

To build a process aimed to promote multilevel rights while overcoming the *state-based approach,* the *city-centered* perspective opens, – especially in the field of education – original scenarios which combine a peculiar constitutional outlook[22], basically, on revisiting the nexus law-person-local entities. And, as suggested, "(...) new thinking about constitutionalism and urbanization is desperately needed"[23].

But to re-think, the need is to 'go beyond'. Beyond what?

Firstly, beyond the traditional constitutional arrangement[24]. The already mentioned 'Transformative trend' supports the thesis by which cities are not to be conceived as "localities in countries" but, rather, parts of a triangle – this is the way the network was described – where "the global, the system of nation states and the system of urban networks"[25] interplay.

Secondly, beyond the law-in-books approach. A concrete option for the upgrade of the *rights perspective.* From a comparative point of view, it means an effort to foster the *local human rights* of those contemporary democracies which are investing on cities[26]. In this way, the city, implementing law-in-action (more than law-in-books), gives voice to the local community, the real "integral synthesis of the humanity to which it belongs"[27].

Thirdly, beyond the top-down strategies of governance even beyond the non-western legal systems[28]. That implies the "*decentralization of human rights*"[29] with two different consequences: the use of the bottom-up approach which looks at the cities as agents of progress finalized to a new democratic[30]

---

[22] W. MAGNUSSON, *Cities vs States: Should Urban Citizenship be Emancipated from Nationality?*, Dec. 16, 2019, at *https://globalcit.eu.*

[23] R. HIRSCHL, *City, State. Constitutionalism and the Megacity*, Oxford, 2020.

[24] N. KRISCH, *Beyond Constitutionalism: the Pluralist Structure of Postnational Law*, Oxford, 2010.

[25] GPM Resolution *Empowering Cities to Cope with Global Challenges*, Nairobi, May, 29 2019, cit., 1, lett. C ("*A changing world system*"), at in *https://globalparliamentofmayors.org/wp-content/uploads/2019/06/GPM-Resolution-Empowering-cities-to-cope-with-global-challenges-May-2019.pdf.*

[26] G. TIEGHI, *Human Rights Cities:* lo *Human Rights-Based Approach* per la *Governance* locale, in *DPCE Online*, n. 3/2019.

[27] S. TRENTIN, *La crisi del Diritto e dello Stato*, Roma, 2006, 181.

[28] D. AMIRANTE, *Al di là dell'Occidente. Sfide epistemologiche e spunti euristici nella comparazione "verso Oriente"*, in *DPCE Online*, n. 1/2015.

[29] E. VAN DEN BERG-B. OOMEN, *Towards a Decentralisation of Human Rights: The Rise of Human Rights Cities*, in AA.VV, *The Future of Human Rights in an Urban World. Exploring Opportunities, Threats and Challenges*, quot., 11 ss.

[30] G. TIEGHI, *Autonomia e partecipazione: 'Laboratori di democrazia' per un rinnovato 'Right to Experiment'?*, in *Rivista AIC*, 3/2019.

freedom [31], and the shift from vertical to horizontal comparison, with involvement of a city-to-city relationship [32].

Fourthly, beyond law. It provides an interdisciplinary approach to comparative constitutionalism. It involves many other scientific fields working as a "round-trip" [33]. From this special setting, the legal approach can gain potential tools to be used as a cultural pattern.

"In other words", it has been underlined, "how can the comparatist reconcile the strongly national attitude of constitutional law with the end of boundaries fostered by globalization?" [34]. The Educating Cities case is an experimental challenging project to be taken into consideration.

2. *The Charter of Educating Cities: The 30th Anniversary. Global Strategies Revitalizing New Cultural Local Demands*

In 2020, the third review of the *Charter of Educating Cities* marked the 30th anniversary of a *glocal* challenging path. The cities represented at the first International Congress of Educating Cities, already held in Barcelona in 1990, in the initial Charter set forth the basic principles that were to constitute the "educational driving force of cities". They were based on "the conviction that the personal development of their inhabitants cannot be left to chance" [35].

Great efforts were done to reach some precise goals to better match global strategies and new cultural demands: the one supporting the other, and vice versa, reciprocally and circularly. Starting from the assumption of "forces and inertias of 'miseducation'", some peculiar pillars were formalized in the Preamble: the idea that "education transcends the school walls to permeate the entire city" in order to lead to a "citizen-focused education"; the belief that "education begins in childhood, but it never ends, nor is it restricted to vocational or professional

---

[31] A. SEN, *Lo sviluppo è libertà. Perché non c'è crescita senza democrazia*, Milano, 2000, 158-159.

[32] R. HIRSCHL, *Cities in National Constitutions: Northern Stagnation, Southern Innovation*, in *IMFG Papers on Municipal Finance and Governance*, No. 51/2020.

[33] "In this sense, the journey of comparative law is a round-trip, since, after knowing the law of the others, the jurist comes back to his home system with his new knowledge in order to bring new understandings and solutions to his own country's law"/city's law: A. BARAGGIA, *Challenges in Comparative Constitutional Law Studies: Between Globalization and Constitutional Tradition*, Special Issue – Comparative Law, in *Law and Method*, October 2017, 7.

[34] A. BARAGGIA, *Challenges in Comparative Constitutional Law Studies: Between Globalization and Constitutional Tradition*, cit., 8.

[35] International Association of Educating Cities, *The Charter of Educating Cities*, at *https://www.edcities.org/en/charter-of-educating-cities/*.

training"; the assumption by which education aims to raise awareness "in order to balance our freedom and responsibility, (...) promoting reflection and a critical thinking, as in the ability to understand complex problems". Finally, a new trend for "(...) a true change of era, and even paradigm. People need to be trained to understand today's political, social, economic and ecological situation and freely choose how they want to inhabit it".

These basic principles realize the foundational – i.e. constitutional – safeguards regarding the individual who lives within a community, and give evidence of a *glocal* application of theoretical standards: the so-called *"action-oriented platform"* of the *Hague Declaration*[36] which properly fosters *"action-oriented solutions"*. Therefore, where *local* e *global* meet in the name of the motto *"Think global, act local"*[37].

The Educating cities, from their side, are aware to undergo "a permanent process (...) towards the 'common good'". But the commitment is drastically focused: "These citizens", emphasizes the Charter in the Preamble, "are aware of the challenges that humankind faces today and", that's the core message, "count on the knowledge and skills that allow them *to take joint responsibility in the search for solutions required* by today's life-changing circumstances". Isn't that challenge consistent with a new constitutional outlook where obligations and rights have to be equally combined?

"In our interdependent world, cities have not only the obligation but the right to achieve solutions to global issues"[38]. Those famous words, stressed by the political scientist Benjamin Barber, can be considered the turning point which engaged the cities in a *glocal educational process.* Principle 10 of the Charter, in fact, defining the ongoing process towards an effective *bottom-up governance* on the field, appropriately highlights the importance of the "Identity of the city" promoting "the tangible and intangible heritage and historical memory that makes it unique". That is directly connected with the "Knowledge of the territory" (Principle 6) as a means of implementation of local projects and policies with a broader – and multicultural – impact.

The Charter was reviewed at the third International Congress (Bologna, 1994), at the eighth Congress (Genoa, 2004), lastly in 2020 to adapt its focus to "new social challenges and needs"[39]. The goal to concentrate on a global federa-

---

[36] Hague Declaration, September 2016: public presentation of the *Global Parliament of Mayors (GPM),* at *https://globalparliamentofmayors.org/wp-content/uploads/2016/12/The-Hague-Declaration.pdf.*

[37] M. DAVIS, *Thinking Globally, Acting Locally: States, Municipalities, and International Human Rights,* in AA.VV., *Bringing Human Rights Home: A History of Human Rights in the United States,* Philadelphia, 2007, 258-286.

[38] B. BARBER, *TEDGLOBAL talk,* Edinburgh, 2013. Now in B. BARBER, *If Mayors Ruled the World: Dysfunctional Nations, Rising Cities,* New Haven, 2013.

[39] *The New Charter of Educating Cities,* Dialogue with Mr. Joan Manuel del Pozo (philosopher,

tive cities' action seems to be acquired as a touchstone to implement an efficient intercity network through educational policies and experimental projects[40]. They represent the operational application of the "Commitment of the City" (from principles 6 to 13)[41] and of the part "Fully dedicated to serving its inhabitants" (from principles 14 to 20)[42].

2.1. *Cities And Global Educational Purposes: The 4th and the 11th Goals of the 2030 Sustainable Development Agenda – UN to go Beyond Traditional Boundaries*

This Charter draws on many international standards and principles[43], starting from the Universal Declaration of Human Rights (1948) to the more recent 2030 Agenda for Sustainable Development (2015).

The localization of the SDGs'[44] demonstrates the urgent need to build a network starting from new cultural local demands which must meet global educational purposes. The Goals involved are the 4th and the 11th: again, education ("Ensure inclusive and equitable quality education and promote lifelong learning opportunities for all") and cities ("Make cities and human settlements inclusive,

emeritus professor and trustee of the University of Girona), Ms. Yayo Herrero (anthropologist, engineer, social educator, teacher, researcher and ecofeminist activist) and Ms. Maria Truñó (Delegate Chairperson of the IAEC and Commissioner for Education of Barcelona City Council), at *https://www.youtube.com/watch?v=N9czqfLF31s.*

[40] "(…) more than 500 BIDCÈS experiences from different issues such as citizenship participation, leisure, lifelong learning, community development, sustainable development, intergenerational relationship, etc.": *Focus Experience*, at *https://www.edcities.org/en/publicaciones/focus-experience/*. Among them, the Educational cities *https://www.educational.city/*

[41] Knowledge of the Territory; Access to information; Governance and citizen participation; Monitoring and continuous improvement; Identity of the city; Liveable public spaces; Functionality of municipal amenities and services; Sustainability.

[42] Health promotion; Training of educational agents; Intrusive vocational guidance and job placement; Social inclusion and cohesion; Joint responsibility against inequalities; Promotion of community involvement and volunteering; Education for democratic and global citizenship.

[43] The International Convention on the Elimination of All Forms of Racial Discrimination (1965); the International Covenant on Economic, Social and Cultural Rights (1966); the Convention on the Rights of the Child (1989); the World Declaration on Education for All (1990); the Fourth World Conference on Women (Beijing, 1995); the Universal Declaration on Cultural Diversity (2001); the World Charter for the Right to the City (2005); the Convention on the Rights of Persons with Disabilities (2006); the Paris Agreement on Climate Change (2015).

[44] See a deep analysis at *https://www.edcities.org/en/towards-the-localization-of-the-sustainable-development-goals/*).

safe, resilient and sustainable") [45]. Two faces of the medal to be combined for the aims described in the first part of the Charter ("The right to the educating City, from principles 1 to 5) [46].

The process of localization helps to revitalize the bottom-up perspective giving substance to the challenging idea that cities need to find their constitutional space [47] even beyond national borders. The ongoing worldwide dialogue on the matter, involving the constitutional outlook in a comparative perspective, is strengthening the trend towards a significant role of contemporary Constitutions [48] in the way they embrace a multicultural conception of law. In this sense, the "marketplace of ideas" stated in the well-known opinion of the Canadian Supreme Court in 1998, helps again – through an effective process of argumentative comparison of ideas at every institutional and professional level [49] – supporting the upgrade of city networks founded on *intercultural* cities relationship.

3. *Law, Language and Global Communication: An Upgrade of the City's Educational Tool*

From a theoretical point of view it is clear that the global side is covered by an international – and even constitutional – framework. What is controversial is how cities can effectively and operatively widespread – from an educational point of view – their local identity within a 'beyond their State' global process. Indeed, to create efficient networks, cities have to build cooperative human – before than institutional – relationship. And the relationship has to be based on crucial foundational patterns which, through the use of global communication, cover the interest for the local and, at the same time, the potential similarities attracting the global interest.

---

[45] UN, *Transforming Our World: The 2030 Agenda for Sustainable Development, A/RES/70/1,* at *https://sustainabledevelopment.un.org/content/documents/21252030%20Agenda%20for%20Sustainable%20Development%20web.pdf.*

[46] Lifelong inclusive education; Far-reaching educational policy; Diversity and non-discrimination; Access to culture and Intergenerational dialogue.

[47] The topic was deeply discussed at the *2021 Massey Cities Summit/ Le Sommet Sur Les Villes,* Toronto University, Toronto, Canada, entitled "*Constitutional Space for Cities*", April 7-8, 2021 (at *https://www.masseycitiessummit.ca/*).

[48] Keynote Address on "Constitutions and the City: Canada in Comparative Perspective" by prof. Ran Hirschl, University of Toronto and University of Gottingen, Messy Cities Summit, April 8, 2021, at *https://www.masseycitiessummit.ca/conference-recap-day-3.*

[49] G. TIEGHI, *Costituzionalismo giacobino o liberale: direttrici per la "comparazione critica di idee",* in AA.VV., *Libertà Giovani responsabilità. Scritti in onore di Mario Bertolissi,* by G. Bergonzini-F. Pizzolato-G. Rivosecchi-G. Tieghi, Napoli, 2020.

That dualistic soul is consistent with the difference-similarities investigation which is the foundation of the comparative law method: can we consider a city rights-based model to enhance comparative law methodology in the constitutional field?

The path here suggested finds its affirmative reply if some specific directives of analysis, emphasizing the law and language nexus [50], are seriously regarded.

Firstly, cities have to be conceived as people to be educated to find their role in society ("inclusive vocational guidance and job placement", Principle No. 16 of the Charter), so as to work aware that their local identity can be understood, shared and valorized even in a global context, by global actors. The use of a global language (i.e. English) as lingua franca (ELF) of international legal communication, helping to go beyond native settings, provides the linguistic and cultural skills to work on the revitalization of local features on a global contest, using the ESP (English for Specific Purposes) activity to fit the legal discourse community.

Secondly, the so-called process of internationalization is favoring higher educational institutions, from Primary schools to Universities based in historical worldwide cities. They are aimed to push contemporary local actors to be involved in a global space and have to be consistent with the current cultural demands in a way that operatively lets the individual "access to culture" (Pr. No. 4 of the Charter). But the "right to culture", which implies "a dynamic and ever-changing cultural and citizen involvement in the management of cultural facilities and initiatives" cannot be separated from an intercultural communication [51] among non-native speakers [52]. That implies the connection with ELF and its status as a Global Language [53] to be used in a variety of domains [54].

"The language of the law must not be foreign to the ears of those who are to obey it" [55]: the famous words by Learned Hand, (US) Judge of the United States District Court for the Southern District of NY, even if dated back, in the achievement of intercultural networks reply to the call of contemporary law and the language of globalization (with all operational connections between them). That connective tool, to be used in the global area to put the new constitutional actors (i.e. cities) into action, represents a true strength for a new constitutional

---

[50] Y. MALEY, *The Language of the Law,* in J.B. GIBBONS (ed.), *Language and the Law,* London, 1994; H.E. MATTILA, *Comparative Legal Linguistics,* Surrey, 2006.

[51] D. TANNEN, *Language and Culture,* in R.W. FASOLD-J. CONNOR LINTON (eds.)., *An Introduction to Language and Linguistics,* Cambridge, 2006.

[52] J. PARKER, *A New Disciplinary: Communities of Knowledge, Learning and Practice,* in *Teaching in Higher Education* 7, (4), 2002.

[53] D. CRYSTAL, *English as a Global Language,* Cambridge, 2003.

[54] B.B. KACHRU, *Teaching World Englishes,* in *Indiana Journal of Applied Linguistics,* 15 (1), 1989.

[55] L. HAND, *The Spirit of Liberty: Papers and Addresses,* New York, 1953.

position to be experienced as a part of an educational local process. A century later, the US Supreme Court Justice Oliver Wendel Holmes Jr. suggested in his famous line, "The Life of the Law has not been logic: It has been experience" [56].

3.1. *Practices of CLIL: Global Education and Intercultural Language*

The empirical attitude is a significant value of the Charter. The same Preamble highlights the point that "Educating cities with their formal educational institutions, non-formal initiatives (with and educational intention, but outside the formal education system) and informal activities (...) will work together, either bilaterally or multilaterally, to make the *exchange of experiences* become true". The core value is "the spirit of cooperation" [57] which, first, enables to engage in community life through an "intergenerational dialogue" (Principle 5).

To operatively achieve the city network through education, starting from a global vision of the person (with the turning point of a citizenship-approach from solidarity – passive attitude, to a pro-active mood of inhabitants, through participation and transdisciplinary experiences), a new academic value is proving essential in a city-centered outlook: the citizen/taxpayer as a spokesman for local needs and preferences [58] will actively contribute to the outcome of the network. In other words, the city as a "municipal academy" [59].

The proposal is based on practices known as CLIL to effectively build a networking comparative education using a global language to connect with city contents. For our purposes, legal city systems and glocal best practices. Content and Language Integrated Learning, indeed, describe "a double-focused didactic approach, by means of which a vehicular language is used for learning and teaching

---

[56] In 1880-1881 Holmes was invited to lecture on the common law at the Lowell Institute in Boston, and from these addresses he developed his book *The Common Law* (1881).

[57] Named also, in the field, as "the *art* of collaborations": Y. HECHT, *Democratic Education - The Beginning of a Story*, Jerusalem, 2005.

[58] G. TIEGHI, *A Challenging Scientific Path: The Academic Value of TRS for a Contemporary, Skilled and Comparative Law Education,* in *Journal of Tax Administration - JOTA*, Volume 4, No. 2 (2018) Special Issue: *Taxpayer Rights.*

[59] "(...) the entire city transforms into a 'learning social network' that facilitates the growth of its entire population. In this way, every restaurant in town can serve as a part of the municipal culinary school, and every Bank can serve as a part of the municipal school of economics. In fact, we are not talking merely of organizations: every man, young or old, can offer his area of expertise, in such a way that the entire city becomes a campus and provides a life-long learning experience in every area of interest": Y. HECHT, *Education City. A learning Social Network. The Path of education System in the 21st Century. The Fourth wave,* at *http://www.educareallaliberta.org/yaacov-hecht-education-city-a-learning-social-network/.*

contents and language, to foster mastery of both contents and language at predefined levels"[60].

In conclusion, a methodology which emphasizes the role of language as a means of acquisition of contents through cooperative learning and practices. A true, critical turn in legal language education for municipalities: enhancing critical reflection in the intercultural language learning it contributes to the development of a critical perspective on language and, above all, glocal culture[61]. A particularly appropriate way for the upgrading of the city-to-city network viewpoint beyond the State.

4. *Educational Driving Forces of Cities: Fostering A Contemporary Challenging City Network to confront the "Culture of Now"*

"Civil society does not have to wait for city government to take action". "Citizens do not have to wait for civil society to work together to fight for their rights"[62]. If those assumptions are even partially true, the Charter statements about the role of the people appear to seriously challenge contemporary cities and the critical thinking of their citizens[63]. The attempt is to constructively define their constitutional role through new empirical networks.

"People", the Preamble affirms, "should develop skills to confront the '*culture of now*', to take part in global complexities from the local world to stimulate *independent and critical thinking* in the face of an information overload controlled from hubs of economic and political power". In this context of engaging the public, institutional debate as a crucial tool[64] of education, the ongoing worldwide multiple crisis gives the chance of some new trends of 'law in action' which cannot be underestimated: based on experimental institutional arrangements[65] and

[60] D. MARSH *et al., CLIL Practice: Perspectives from the Field,*, Jyväskylä, 2010.

[61] On the development of International Education through Intercultural Language Teaching and Learning, see A.J. LIDDICOAT-A. SCARINO, *Intercultural Language Teaching and Learning,* Malden MA, 2013.

[62] B. BARBER, *Cities as Glocal Defenders of Rights,* cit., 21.

[63] G. TIEGHI, *Ripensare la Repubblica tra partecipazione e dibattito pubblico locale*: "If we can keep it", in M. BERTOLISSI (ed.), *Regione Veneto 1970-2020. Il futuro estratto dai fatti*, Venezia, 2020.

[64] I delivered these remarks as an invited lecturer at *2021 Massey Cities Summit/ Le Sommet Sur Les Villes,* Toronto University, Toronto, Canada, on the topic "*Rethinking the City Starting from the Canadian 'Taxpayer Town Halls': Towards the Involvement of a New constitutional Space?*", on April 7, 2021 (at https://www.masseycitiessummit.ca/conference-recap-day-2), within Session no. 5: "*Cities, Regionalism, Fiscal Responsibilities, and Intergovernmental Arrangements*".

[65] G. TIEGHI, *Autonomia e partecipazione: 'laboratori di democrazia' per un rinnovato* 'right to experiment'?, quot.

on a glocal dialogue. The Educating cities, with their cultural attitude, can provoke a real turning point on the way to look at cities beyond the State.

"Cities in all countries", indeed, "must use their local dimension to act as an *experimentation* and a consolidation platform for full democratic citizenship" [66]. The push is for the ongoing dialogue through argumentation including a "Life-long inclusive education" (Principle 1), therefore, education "for democratic and global citizenship" (principle 20).

The implications are a matter of facts: where cities can be the main characters in this ongoing cultural process, the words of US Supreme Justice Sotomayor – reminding her mum's constant refrain – can find a stimulating, updated glocal point of reference: "You've got to get your education! It's the only way to get ahead in the world" [67]. Even beyond national States.

---

[66] This part of the Preamble of the Charters perfectly matches with a realistic picture of contemporary democracies: "The educating city (...) does not seek simple unilateral solutions: it accepts the contradiction and proposes processes of knowledge, dialogue and engagement as the ideal way of living in and with uncertainty. The cultivation of language and critical thinking in a world overflowing with 'post-truths' in politics, the media and social networks, is increasingly important to stop citizens from sitting back and accepting so many stigmatizing stereotypes" (Preamble, quot., 8).

[67] S. SOTOMAYOR, *My Beloved World,* New York, 2013, 481.

GEMELLAGGI ED ORIZZONTI RELAZIONALI DELLE CITTÀ: QUALCHE SPUNTO A PARTIRE DALLA "FRATELLI TUTTI"

GIACOMO MENEGATTO

SOMMARIO: 1. Premessa: alla ricerca del valore giuridico di un'enciclica. – 2. La "Fratelli tutti" e la città che si apre al mondo. – 3. Il gemellaggio come strumento di fraternità per comunità e cittadini. – 4. Considerazioni conclusive.

1. *Premessa: alla ricerca del valore giuridico di un'enciclica*

Non è la prima volta che un discorso che si propone di analizzare un istituto appartenente – anche, ma non solo – alla dimensione del "giuridico" viene svolto a partire dal testo di un'enciclica papale[1]. Si può tentare di intraprendere questa strada, a patto che si chiariscano le premesse dalle quali si intende muovere, nonché, soprattutto, la prospettiva metodologica che ci si propone di adottare.

Se è vero, come è stato osservato, che il diritto – ove venga concepito quale dimensione di più ampio respiro, che rinuncia ad abdicare all'opprimente clausura nella quale i rigidi confini della norma lo costringono – è "composto di tutti gli elementi della vita" e che, dunque, "nulla" gli è "estraneo"[2], non do-

---

[1] Lo si è già fatto, ad esempio, in M. BERTOLISSI, *Il diritto pubblico nella "Centesimus Annus"*, in *Diritto e Società*, 3/1992, 385 ss., nonché in ID., *La* Laudato si' *come fatto normativo*, in AA.VV., *Riforme. Opinioni a confronto*, Giornata di studi in ricordo di Livio Paladin, a cura di M. Bertolissi, Napoli, 2015, 49 ss. Ma v. anche, di recente – nella prospettiva giuslavoristica e proprio con riferimento all'enciclica "Fratelli tutti" –, M. FAIOLI, *Fratellanza e lavoro. Contributo agli studi in materia di insegnamento sociale della Chiesa cattolica*, in *federalisimi.it*, 7/2021, 105 ss.

[2] Così, C. VIVANTE, *La riforma del codice di commercio*, in *Nuova Antologia*, 1923, 161-162, là dove suggerisce di "riprendere il contatto colla realtà vivente", segnalando l'opportunità di ricercare "la conoscenza dei fatti fuori della logica, per poter poi costruire saldamente a rigore di logica". V., altresì, quanto hanno osservato R. BIN, *Processi giusgenerativi ed effettività della Costituzione*, in *Lo Stato*, 4/2015, 11, secondo il quale "il diritto non è solo un sistema di regole poste in qualche modo e che servono a qualificare i 'fatti' della vita, ma un mondo in cui la nostra stessa vita si svolge e assume significato"; e M. BERTOLISSI, *Il diritto pubblico nella "Centesimus Annus"*, cit., 385-386, il

vrebbe risultare eccessivamente difficoltoso il riscontro di "quanto pregnante" possa essere "la *normatività* di un documento" [3] come l'enciclica "Fratelli tutti" [4]. Un documento, nel quale Papa Francesco, a partire dall'esperienza quotidiana di ciascuno di noi – intesi quali uomini, cittadini, soggetti di diritti e di doveri –, offre al lettore riflessioni di raro spessore, attorno a temi quali la solidarietà ("siamo analfabeti nell'accompagnare, curare e sostenere i più fragili e deboli delle nostre società sviluppate" [5]), la dignità umana (da declinarsi "al di là dell'origine, del colore o della religione", assieme alla "legge suprema dell'amore fraterno" [6]), la libertà e l'eguaglianza [7], la famiglia ("il primo luogo in cui si vivono e si trasmettono i valori dell'amore e della fraternità, della convivenza e della condivisione" [8]), la buona politica [9], le relazioni internazionali [10], la sussidiarietà ("che garantisce la partecipazione e l'azione delle comunità e organizzazioni di livello minore, le quali integrano in modo complementare l'azione dello Stato" [11]), la guerra e la pena di morte [12].

Di fronte ad argomenti di un tale tenore (e tralasciando le idee di giustizia e di diritto, pure affrontate in quella sede dal Papa [13]), dovrebbe risultare davvero arduo, per chiunque, sostenere la totale carenza del carattere della *giuridicità* all'interno di un documento siffatto, nel quale, in fondo, è possibile rinvenire auspici non dissimili da quelli che i Costituenti ebbero a versare – rispettivamente – nelle disposizioni di cui agli artt. 2, 3, 13, 29, 49, 10, 118, 11 e 27 della Legge fondamentale della Repubblica.

Ma v'è di più: rimanendo coerenti rispetto alle premesse or ora illustrate – e,

---

quale – nel constatare che "l'enciclica papale offre di sé, specialmente al cultore del diritto pubblico, un'immagine straordinariamente feconda" – ricorda, ancora una volta, che "la 'giuridicità' non è affatto costretta all'interno del mero dato formale (...), dovendosi considerare, accanto ad esso, il fatto costitutivo della normatività, riconducibile in linea generale alle vicende più disparate".

[3] M. BERTOLISSI, *La* Laudato si' *come fatto normativo*, cit., 57.

[4] FRANCESCO, *Fratelli tutti. Enciclica sulla fraternità e l'amicizia sociale*, con *Guida alla lettura* di A. Smerilli, Città del Vaticano, 2020. Per un approfondimento ulteriore, v., ad esempio, U. SARTORIO, *"Fratelli tutti". Un sogno da fare insieme. Commento all'enciclica sulla fraternità e l'amicizia sociale*, Padova, 2020.

[5] FRANCESCO, *Fratelli tutti*, cit., 78.

[6] FRANCESCO, *Fratelli tutti*, cit., 59.

[7] FRANCESCO, *Fratelli tutti*, cit., 107: "La fraternità ha qualcosa di positivo da offrire alla libertà e all'uguaglianza".

[8] FRANCESCO, *Fratelli tutti*, cit., 114.

[9] FRANCESCO, *Fratelli tutti*, cit., 147.

[10] FRANCESCO, *Fratelli tutti*, cit., 160.

[11] FRANCESCO, *Fratelli tutti*, cit., 165.

[12] FRANCESCO, *Fratelli tutti*, cit., 227.

[13] Cfr., ad esempio, FRANCESCO, *Fratelli tutti*, cit., 161 e 163.

dunque, persistendo nell'intendere il diritto (o, meglio, il Diritto [14]) non già come mera combinazione di prescrizioni legislative, bensì come fenomeno perennemente immerso nella realtà e, dunque, da apprezzarsi "soltanto nell'interpretazione ultima consacrata dalla *concreta esperienza* giuridica" [15] –, merita di non essere sottovalutata la circostanza in base alla quale la stessa lettera enciclica, nell'affrontare e declinare principi di per sé dotati di un'intrinseca rilevanza giuridico-costituzionale (quali sono quelli cui si è poc'anzi fatto cenno), reca in sé considerevoli potenzialità, anche dal punto di vista ermeneutico [16]. Essa, infatti, può senz'altro rappresentare un utile strumento in grado di fornire all'interprete preziose direttrici d'orientamento, in ispecie a fronte della sempre più avvertita necessità di pervenire ad una *continua attualizzazione* [17] del testo costituzionale: che è possibile, nella misura in cui i valori ivi contemplati vengano intesi ed applicati alla luce del loro costante svolgersi nella quotidianità. Quella quotidianità, che opere come l'enciclica "Fratelli tutti" non mancano di osservare con profondità di pensiero, denunciandone le criticità, evidenziandone le prospettive e dipingendone la (variabile) sostanza, contribuendo, dunque, ad attualizzarne il contenuto, alla luce degli eventi – che non possono e non debbono essere ignorati – e della loro evoluzione.

Così, analoghe considerazioni possono essere predicate in ordine al valore centrale – richiamato anche dall'espressione di San Francesco che campeggia nel titolo [18] – attorno al quale ruota l'intera enciclica: vale a dire, la *fraternità*, il cui pieno valore costituzionale è stato più volte affermato e difficilmente può essere revocato in dubbio [19], specie alla luce della sua essenza più intima ed autentica, che nel

---

[14] M. BERTOLISSI, *Livio Paladin. Appunti riflessioni ricordi di un allievo*, Napoli, 2015, 72, nel rievocare un'espressione cara all'illustre costituzionalista triestino.

[15] E. PARESCE, *Interpretazione (filosofia)*, in *Enc. dir.*, XXII, Milano, 1972, 175, ripreso anche da L. PALADIN, *Le fonti del diritto italiano*, Bologna, 1996, 102. Il corsivo non compare nel testo originale.

[16] Con riguardo al tema dell'interpretazione costituzionale, appare doveroso il rinvio – per qualsivoglia approfondimento sul punto – alla monumentale opera di A. VIGNUDELLI, *Interpretazione e Costituzione. Miti, mode e luoghi comuni del pensiero giuridico*, Torino, 2011, spec. 387 ss. e *passim*.

[17] Di "Costituzione continuamente attualizzata", parlò l'allora Presidente della Corte costituzionale, Livio Paladin, nel corso dell'udienza celebrativa tenutasi in occasione del trentesimo anniversario dell'entrata in funzione di quest'organo giurisdizionale: cfr., sul punto, G. TIEGHI, *Per una "Costituzione continuamente attualizzata": Corte costituzionale e* overruling, in AA.VV., *Riforme. Opinioni a confronto*, cit., 136.

[18] "«Fratelli tutti», scriveva San Francesco d'Assisi per rivolgersi a tutti i fratelli e le sorelle e proporre loro una forma di vita dal sapore di Vangelo": FRANCESCO, *Fratelli tutti*, cit., 29, nell'esordio.

[19] Si veda, per tutti, F. PIZZOLATO, *Il principio costituzionale di fraternità. Itinerario di ricerca a partire dalla Costituzione italiana*, Roma, 2012, che costituisce il punto d'approdo di oltre un decennio di ricerche sul punto, oltre che ID., *Fraternità (principio di)*, in *Digesto delle Discipline Pubblicistiche*, Torino, 2012, 378 ss.

messaggio del Pontefice viene declinata in termini di amicizia sociale, cultura dell'incontro, amore universale, apertura al mondo.

Ed è proprio in questa prospettiva che si manifesta al lettore dell'enciclica anche il tema delle *città*. Città che, non soltanto, appaiono luoghi privilegiati – in quanto livello territoriale più vicino al cittadino – per la promozione e la realizzazione di condotte fraterne tra gli uomini [20], ma che, a loro volta, possono divenire esse stesse dirette protagoniste di forme di cooperazione, collaborazione e, dunque, di vera e propria fraternità, con altre omologhe realtà istituzionali, vicine o lontane che siano.

2. *La "Fratelli tutti" e la città che si apre al mondo*

Non solo fraternità *nelle* città, ma anche fraternità *tra* le città [21]. È questo il binomio che sembra trapelare dalla valorizzazione di alcuni cruciali passaggi della "Fratelli tutti".

Se, infatti, sotto il primo profilo, il Papa auspica la promozione di una "capacità quotidiana di allargare la mia cerchia" [22] e, dunque, di una propensione alla cura reciproca e alla sussidiarietà *inter cives* [23], è con riferimento al secondo aspetto che cultura dell'incontro e amicizia sociale si spostano, idealmente, dal piano delle persone a quello delle comunità nelle quali queste ultime sono inserite.

Così, Papa Francesco, innanzi tutto, mette in guardia tutti noi nei confronti di quegli ostacoli – insidiosi, carsici, ma pressoché connaturati nell'indole umana – che, nei contesti urbani, si frappongono alla realizzazione di una vera e propria "fraternità" tra città: "Anche oggi, dietro le mura dell'antica città c'è l'abisso, il

---

In ordine alla connotazione cristiana del principio in parola, v., in particolare, J. RATZINGER, *La fraternità cristiana*, Roma, 2005.

[20] A tal proposito, cfr., tra l'altro, BENEDETTO XVI, *Caritas in veritate*, Città del Vaticano, 2009, *Introduzione*, § 7, ove – dopo aver individuato la nozione di "bene comune" nel "bene di quel 'noi-tutti', formato da individui, famiglie e gruppi intermedi che si uniscono in comunità sociale" – ravvisa nella "*pólis*", nella "città", il luogo ideale del suo sviluppo.

[21] Questa duplice prospettiva è già stata autorevolmente ed approfonditamente indagata, prima della pubblicazione dell'enciclica, in F. PIZZOLATO, *Fraternità delle città: note introduttive*, in *Amministrazione in Cammino*, 14 aprile 2016, e in ID., *Economia globale e città: note introduttive su una dialettica centrale per le democrazie del XXI secolo*, in *Economia Pubblica*, 1/2020, 101 ss., con numerosi richiami ad esperienze di diversa entità e portata.

[22] FRANCESCO, *Fratelli tutti*, cit., 102.

[23] Del resto – con riferimento alla qualificazione della città in termini di sede privilegiata dello sviluppo e della valorizzazione di condotte fraterne –, il Papa ricorda che "È possibile cominciare dal basso e caso per caso, lottare per ciò che è più concreto e *locale*, fino all'ultimo angolo della patria e del mondo, con la stessa cura che il viandante di Samaria ebbe per ogni piaga dell'uomo ferito" (FRANCESCO, *Fratelli tutti*, cit., 87).

territorio dell'ignoto, il deserto. Ciò che proviene di là non è affidabile, perché non è conosciuto, non è familiare, non appartiene al villaggio. È il territorio di ciò che è 'barbaro', da cui bisogna difendersi ad ogni costo. Di conseguenza si creano nuove barriere di autodifesa, così che non esiste più il mondo ed esiste unicamente il 'mio' mondo" [24]. Di fronte ad una tale predisposizione all'isolamento e ad una così diffusa riluttanza verso l'incontro con l'altro [25], l'auspicio del Pontefice è, allora, quello di "costruire città e Paesi che, pur conservando le rispettive identità culturali e religiose, siano aperti alle differenze e sappiano valorizzarle nel segno della fratellanza umana" [26]: sappiano, cioè, concepire una dimensione universale nell'ambito della quale ciascuna collettività cittadina si identifichi non in termini di fortezza solitaria, votata alla più inconcludente autoreferenzialità, bensì come parte di un tutto al quale è intimamente legata e dal quale può trarre occasioni di sviluppo e arricchimento sociale, culturale ed economico.

Il tutto – ricorda il Papa –, senza dimenticare quell'innata (e naturale) tensione che si produce "tra la globalizzazione e la localizzazione" [27], due estremi rispetto ai quali le città sono chiamate ad individuare il giusto punto di equilibrio, allo scopo di non rinunciare alla propria vocazione internazionale, pur nel doveroso mantenimento del proprio valore identitario: "Bisogna prestare attenzione alla dimensione globale per non cadere in una meschinità quotidiana. Al tempo stesso, non è opportuno perdere di vista ciò che è locale, che ci fa camminare con i piedi per terra" [28].

Ora, strumenti di traduzione giuridica degli auspici formulati dal Pontefice –

---

[24] FRANCESCO, *Fratelli tutti*, cit., 49.

[25] Il tema è stato affrontato, con spunti di straordinario valore e perdurante attualità, da R. KAPUŚCINSKI, *L'altro*, Milano, 2006, *passim*: "Ogni volta che l'uomo si è incontrato con l'altro, ha sempre avuto davanti a sé tre possibilità di scelta: fargli la guerra, isolarsi dietro a un muro o stabilire un dialogo" (*ivi*, 67), ma è in quest'ultima opzione che consiste "l'unico atteggiamento capace di far vibrare la corda dell'umanità" (*ivi*, 76). Del resto, proprio con riferimento al contesto urbano, R. MAZZOLA, *Laicità e spazi urbani. Il fenomeno religioso tra governo municipale e giustizia amministrativa*, in *Stato, Chiese e pluralismo confessionale*, marzo 2010, 8, ha notato che, al giorno d'oggi, "Lo spazio cittadino, con sempre maggiore frequenza, viene percepito dalle istituzioni, sia centrali sia periferiche, come il luogo simbolico da preservare da ogni possibile contaminazione culturale e da ogni probabile lesione dell'ordine pubblico".

[26] FRANCESCO, *Fratelli tutti*, cit., 128.

[27] FRANCESCO, *Fratelli tutti*, cit., 137, riprendendo il contenuto dell'Esortazione apostolica *Evangelii gaudium* del 24 novembre 2013. Sul tema della c.d. prospettiva *glocal*, v., ad esempio, G. TIEGHI, *Città, diritti umani e tutela* glocal, in *federalismi.it*, 2/2019.

[28] FRANCESCO, *Fratelli tutti*, cit., 137. Sul punto, v. anche, di recente, le riflessioni svolte da A.S. BRUNO, *Il territorio come "risorsa complessa" e la nuova geografia urbana della laicità*, in *federalismi.it*, 7/2021, 22 ss., secondo la quale "Il legame tra cittadini e territorio è profondamente segnato dalla esclusività, allorquando i luoghi di uno spazio statale sono 'fondamento costitutivo ed originario' di quello spazio, i cui confini non ne delimitano semplicemente la chiusura, ma ne indicano l'unità e la identità" (*ivi*, 23).

auspici che, come si è visto, si collocano nel segno di una fuoriuscita delle comunità cittadine dal proprio guscio protettivo e, dunque, nella direzione di un'apertura delle medesime allo spazio circostante, vicino o lontano che sia – esistono da tempo, e molte sono le esperienze associative, di diversa entità e rilevanza, che se ne sono fatte promotrici [29]. In particolare, in questa sede, ci si soffermerà sull'istituto del *gemellaggio*, onde verificarne, almeno parzialmente, l'idoneità a dare attuazione – anche attraverso i suoi più recenti sviluppi – a questa parte del messaggio papale.

3. *Il gemellaggio come strumento di fraternità per comunità e cittadini*

Non esiste fraternità senza eguaglianza; non è configurabile relazione fraterna che non si fondi su di una autentica base paritaria. La fraternità, in altri termini, mal si concilia con la subordinazione di una parte rispetto all'altra, esigendo, al contrario, identità di condizioni ed equo trattamento degli attori coinvolti.

Così, volgendo, per un istante, lo sguardo all'antichità, non sarebbe certo agevole configurare quale relazione fraterna (o, in ogni caso, quale rapporto d'amicizia c.d. sociale, secondo l'espressione utilizzata da Papa Francesco) i *foedera* che Roma era solita concludere con le popolazioni di città limitrofe o distanti [30], nell'ambito dei quali, il più delle volte, l'eterna Città – nell'instaurare quella che, di fatto, rappresentava espressione di una vera e propria "relazione di forza" – "si poneva come popolo superiore di cui l'altro popolo, per quanto libero, era impegnato a rispettare la maestà" [31].

Eppure, è proprio con riferimento a queste risalenti esperienze federative – alle quali l'idea di parità tra i contraenti, anche solo potenziale, doveva apparire del tutto estranea – che si ritrova, all'interno delle fonti latine, il richiamo – pressoché speculare, quanto alla terminologia usata, a quello operato dal Pontefice – all'*amicitia socialis* tra i popoli [32] che si apprestavano a stringere un patto (in specie,

---

[29] V. *infra*, *sub* 3.

[30] U. VINCENTI, *Categorie del diritto romano. L'ordine quadrato*, Napoli, 2014, 327, distingue, sulla base della testimonianza di Tito Livio (Liv., 34.57.7-9), tre tipologie di *foedus*: "nei trattati del primo genere il vincitore detta a propria discrezione le condizioni di pace per i vinti; in quelli del secondo genere, che si concludono quando nessuna delle parti abbia vinto la guerra, gli ex belligeranti instaurano eque e pacifiche relazioni tra loro (...); nei trattati del terzo genere popoli che mai furono nemici convergono i termini di un'alleanza".

[31] U. VINCENTI, *Categorie del diritto romano*, cit., 326 e 327, sulla scorta di un passo ciceroniano, che riporta una formula ricorrente all'interno dei *foedera*: "*Maiestatem populi Romani comiter conservanto*".

[32] Liv., 34.57.7-9, cit., con riferimento all'ultima delle tipologie di trattato richiamate *supra*, così si esprime: "*tertium esse genus cum qui numquam hostes fuerint ad amicitiam sociali foedere inter se iungendam coeant*". U. VINCENTI, *Categorie del diritto romano*, cit., 327, ricorda che, secondo la

tra quelli che non erano stati protagonisti di un precedente rapporto di belligeranza). Si trattava, tuttavia, di un'amicizia sociale piuttosto singolare[33], se analizzata attraverso le lenti della contemporaneità: decisamente sbilanciata a favore di una parte, dettata da interessi prettamente utilitaristici, agevolmente ribaltabile, senza formalità di sorta, nel suo esatto contrario.

Come è noto, occorre attendere la fine della Seconda guerra mondiale, l'istituzione delle Nazioni unite e la nascita dell'esperienza comunitaria, perché si possa cominciare a parlare di fraternità e di amicizia sociale tra realtà cittadine, nel senso oggi propriamente attribuibile a tali espressioni[34]: vale a dire, quello atto ad intendere la fraternità tra corpi sociali secondo "un orizzonte di pensiero di stampo organicistico, entro cui l'assunzione delle differenze, personali e sociali, non vale a fondare graduatorie o titoli egemonici, bensì a rinvenire il fondamento di una cooperazione orientata a un ideale comune di pace e di giustizia"[35]: ma anche di proficua collaborazione, conoscenza reciproca, confronto di idee, valorizzazione della diversità, solidarietà, partecipazione dei cittadini alla vita democratica delle proprie comunità.

Ed è proprio all'instaurazione di una rete di relazioni votata al perseguimento di principi di questo tipo – principi che, in tutta evidenza, appaiono pienamente in linea con gli indirizzi espressi dal Pontefice nella "Fratelli tutti" – che è rivolto l'istituto del *gemellaggio tra città*, il quale, non a caso, veniva originariamente denominato "affratellamento"[36].

Il fenomeno del gemellaggio (ideato da Jean Bareth) sorse agli inizi degli anni Cinquanta del secolo scorso, grazie, in particolare, all'opera svolta dal Consiglio dei Comuni d'Europa (poi divenuto, a seguito del suo allargamento alle Regioni, Consiglio dei Comuni e delle Regioni d'Europa), istituito – a seguito della lungimirante iniziativa di alcuni sindaci europei – allo scopo di "promuovere l'unità europea anche in funzione antisovietica, curando in particolare le relazioni tra città appartenenti all'Europa occidentale"[37]; realtà, quest'ultima, che, in quasi settant'anni di

---

testimonianza di Polibio (3.22.3), il termine *filìa* (vale a dire, l'equivalente greco di *amicitia*) doveva comparire addirittura nell'esordio del primo trattato tra Roma e Cartagine.

[33] Lo stesso U. VINCENTI, *Categorie del diritto romano*, cit., 327, parla di una "strana amicizia, almeno secondo le nostre vedute".

[34] A tal proposito, è doveroso, sin d'ora, il rinvio all'esaustiva trattazione di F. ZUCCA, *Le relazioni internazionali degli enti locali. Dai gemellaggi al Comitato delle Regioni: cinquant'anni di storia dell'integrazione europea*, Manduria-Bari-Roma, 2013, spec. 85 ss.

[35] F. PIZZOLATO, *Fraternità delle città: note introduttive*, cit., 2.1., che considera un quadro siffatto pienamente coerente con il "*corpus* teorico della dottrina sociale della Chiesa cattolica", nell'ambito del quale "La fraternità si traduce in principio 'ricognitivo' di un ordine che, in quanto tale, non è creato dal diritto, almeno quando questo sia inteso in senso positivistico, e nemmeno è interamente manifestazione di libertà umana, ma che è fondato dalla natura ed è dunque opera di Dio" (*ivi*).

[36] F. ZUCCA, *Le relazioni internazionali degli enti locali*, cit., 85.

[37] MINISTERO PER I BENI E LE ATTIVITÀ CULTURALI - PROGRAMMA "EUROPA PER I CITTADI-

storia, ha promosso più di ventimila[38] *twinning agreements*, coerentemente con gli obiettivi stabiliti dal proprio statuto[39]. Ma la realtà del gemellaggio si espanse ben presto a livello globale, tanto che le Nazioni unite, nel 1964, ne incoraggiarono fortemente l'instaurazione, attraverso l'adozione di un'apposita risoluzione[40]. Inoltre, numerose e diversificate furono le iniziative associative – molte delle quali, tuttora pienamente operative – costituite al fine di promuovere l'istituzione di quelle che – richiamando le espressioni utilizzate nell'enciclica papale – possono essere definite vere e proprie relazioni di fraternità e amicizia tra città: si pensi, tra le altre, alla *World Organisation of United Cities and Local Governments* (sorta nel 2004 a seguito della dissoluzione della precedente esperienza della *United Town Organization*), a *Sister Cities International*, ad *Eurocities*, a *Douzelage*, nei cui statuti, in vario modo, emerge costantemente l'aspirazione verso il conseguimento di una sempre maggiore "conoscenza e amicizia reciproca tra i popoli"[41].

Nell'ambito dell'ordinamento giuridico italiano, le città ad aver stretto, dal secondo dopoguerra ad oggi, gemellaggi o altri tipi di accordi di cooperazione (si pensi, ad esempio, ai c.d. patti di collaborazione, limitati ad alcuni specifici settori[42]), con omologhi enti europei ed extra-europei, sono state (e sono tuttora) numerosissime. Più nello specifico, l'attività avente ad oggetto l'instaurazione di un siffatto tipo di relazioni rientra tra le c.d. "attività di mero rilievo internazionale", allo svolgimento delle quali l'art. 6, comma 7, della legge 5 giugno 2003, n. 131 abilita Comuni, Province e Città metropolitane[43], cui, invece, viene inibita la facoltà – riservata alle Regioni e alle Province autonome – di concludere vere e proprie "intese"[44] con enti territoriali interni ad un altro Stato. Del resto, già l'art. 2, comma 1,

---

NI", *Il gemellaggio fra città e l'Unione Europea. I finanziamenti per i gemellaggi offerti dal Programma "Europa per i Cittadini" 2007-2013*, Roma, 2010, 6.

[38] F. ZUCCA, *Le relazioni internazionali degli enti locali*, cit., 86-87.

[39] Cfr., a riguardo, CCRE, *Statutes – Council of European Municipalities and Regions AISBL*, adottato a Maastricht il 12 dicembre 2016, spec. nel preambolo e all'art. 3.

[40] Si tratta della risoluzione ONU n. 1028 (XXXVII), rubricata "*Town Twinning: means of international co-operation*" e adottata il 13 agosto 1964, la quale, nel riconoscere "il grande valore" dell'istituto in parola, raccomanda l'instaurazione "del più ampio numero possibile di gemellaggi".

[41] Così, ad esempio, UCLG, *The Constitution of the World Organisation of United Cities and Local Governments*, adottata a Parigi il 5 maggio 2004, art. 3, lett. j).

[42] Tale è, a titolo puramente esemplificativo, il patto che la Città di Venezia (Italia) e la Città di Miami (USA) hanno siglato, nel settembre del 2020, allo scopo di "promuovere uno scambio di informazioni, esperienze e buone pratiche nei settori della Cultura, dell'Ambiente, della Progettazione, delle Città intelligenti, del Commercio e dell'Economia locale" (*ivi*, art. 1).

[43] A tal riguardo, R. DICKMANN, *Quali prospettive per l'attività all'estero degli enti locali infraregionali*, in *Quad. cost.*, 2/2006, 376 ss., che individua "tre dimensioni di prospettiva nelle quali è possibile la cooperazione transfrontaliera tra enti di livello infraregionale" (*ivi*, 381).

[44] Tali intese, secondo il disposto legislativo testé menzionato, possono essere dirette "a favorire il loro sviluppo economico, sociale e culturale, nonché a realizzare attività di mero rilievo internazionale" (art. 6, comma 2). Sul punto, v., ad esempio, lo stesso R. DICKMANN, *Osservazioni in te-*

lett. *b*), del d.P.R. 31 marzo 1994 aveva incluso, tra le attività di mero rilievo internazionale, proprio i "gemellaggi" e la "enunciazione di principi e di intenti volti alla realizzazione di forme di consultazione e collaborazione".

L'iniziativa preordinata alla stipulazione di un accordo di gemellaggio – è bene sottolinearlo – parte dal basso: non necessariamente da un Comune, quale ente locale più vicino alle esigenze del territorio, ma anche da un'associazione, da un gruppo rappresentativo di una determinata categoria o da un singolo cittadino, disposti a farsi promotori dell'istanza da rivolgere agli organi della propria città: e ciò, coerentemente con quanto ricorda Papa Francesco, secondo il quale, nell'attuazione delle condotte fraterne, è opportuno "cominciare dal basso e caso per caso, (...) fino all'ultimo angolo della patria e del mondo" [45]. Solo a quel punto, si attiverà la procedura vera e propria, che coinvolgerà diversi attori istituzionali (*in primis*, il Comitato per i gemellaggi e il Consiglio comunale o provinciale, ma anche la Presidenza del Consiglio dei ministri, il Ministero degli affari esteri e la Regione di appartenenza) [46] e che sarà suggellata, a seguito della approvazione di un'apposita delibera da parte del Consiglio comunale o provinciale, dalla firma del "Giuramento di gemellaggio", che spesso assume anche la denominazione di "Giuramento di fraternità". Si tratta, in particolare, dell'atto solenne per mezzo del quale due città si impegnano a "suscitare e mantenere relazioni permanenti" tra le rispettive amministrazioni e popolazioni, "al fine di assicurare una migliore comprensione reciproca, una cooperazione efficace, il sentimento vivo di un destino ormai comune, e quindi un aiuto reciproco nell'affrontare" problematiche legate ai settori più vari [47], in una prospettiva di solidarietà e con spirito di autentica fratellanza.

Del resto, nel corso dell'ultimo decennio, un'importante e rinnovata spinta nei confronti dell'istituto del gemellaggio tra città è provenuta – nella prospettiva del consolidamento di una cittadinanza comunitaria sempre più attiva ed unita – dalle istituzioni dell'Unione Europea [48], anche attraverso lo strumento del c.d. "collegamento in rete tematico tra città gemellate" [49]. Quest'ultimo, nel rigenerare, in qualche modo, i connotati tradizionali del gemellaggio, si prefigge, innanzi tutto, lo scopo di allargare la cerchia delle relazioni tra città, valorizzando non solo la collaborazione tra Comuni gemelli *inter se*, ma anche quella tra uno di questi ultimi e le

---

ma di limiti al "potere estero" delle Regioni e delle Province autonome alla luce del nuovo Titolo V della Parte seconda della Costituzione e della legge "La Loggia", in *federalismi.it*, 12 giugno 2003.

[45] FRANCESCO, *Fratelli tutti*, cit., 87.

[46] Per i dettagli procedurali, si rinvia al particolareggiato documento *Il gemellaggio fra città e l'Unione Europea*, cit., 11-14.

[47] *Come gemellarsi: la guida dell'AICCRE*, scheda 14, reperibile *online*.

[48] In questa prospettiva, v., in generale, AICCE, *Il ruolo dei gemellaggi per l'Unione europea*, Roma, 1978.

[49] Per una più approfondita analisi, è possibile scorrere le pagine del *dossier* – elaborato nell'ambito del Programma "Europa per i cittadini" – *Il collegamento in rete tematico tra città gemellate. Condividere per l'Europa del domani*, spec. 3 ss., anch'esso consultabile *online*.

città gemellate soltanto con l'altro, nel segno della creazione di una vera e propria "rete" tra comunità cittadine. Comunità cittadine che stringono un legame "ampio" (o, comunque, ben più ampio di quello limitato alla classica relazione uno ad uno) e strutturato (eventualmente, ma non necessariamente, dotato di autonoma personalità giuridica), avendo di mira l'approfondimento di determinate tematiche di interesse comune – in particolare, attraverso l'organizzazione di conferenze e seminari e l'elaborazione di specifici progetti pluriennali –, anche nella prospettiva di "condividere le proprie risorse allo scopo di influenzare l'agenda europea e partecipare più da vicino al processo di definizione delle politiche", apprendendo le une dalle altre e scambiando "idee (...) su questioni europee in contesti locali" [50].

Si tratta, in tutta evidenza, di una sfida senz'altro stimolante, che contribuisce ad incrementare ulteriormente la promozione di una serie di relazioni fraterne tra città, nel segno di una tendenza positiva, destinata a consolidarsi sempre di più, come dimostra, tra l'altro, il c.d. "Documento finale sui Gemellaggi": quest'ultimo – elaborato, nel 2011, dall'apposito Gruppo di lavoro istituito presso l'articolazione italiana del CCRE –, dopo aver definito i gemellaggi come "il motore della cittadinanza europea", in grado di favorire "la costruzione di una Europa interculturale", "con tutte le implicazioni che ne derivano" in termini "di amicizia e di solidarietà" –, li fa assurgere a strumento privilegiato "per realizzare la coesione territoriale, culturale e politica", oltre che "per costruire dal basso, dai territori, le basi forti di un'Europa democratica in costante fase di allargamento" [51].

4. *Considerazioni conclusive*

Nell'idea di gemellaggio si compendiano idealmente, allora, due diverse, ma complementari, dimensioni della fraternità: da un lato, quella tra le città che stringono il patto; dall'altro, quella tra i rispettivi cittadini, chiamati ad essere prima promotori, e poi protagonisti, della relazione così instaurata e delle numerose iniziative ad essa correlate. E ciò – riprendendo il *fil rouge* che si è voluto seguire nel corso di questo breve scritto – appare senz'altro in linea sia con gli indirizzi espressi dal Pontefice nelle pagine dell'ultima lettera enciclica; sia – più in generale – con i fondamentali principi che fanno capo alla dottrina sociale della

---

[50] *Il collegamento in rete tematico tra città gemellate*, cit., 5. Un esempio è costituito dalle città gemellate di Ostrów Wielkopolski (Polonia), Delitzsch e Nordhausen (Germania) e Lecce (Italia), che hanno deciso, attraverso una serie di conferenze tematiche, "di approfondire il tema delle donne di oggi e delle sfide cui devono far fronte", allo scopo di sviluppare un "solido partenariato tematico", in grado di fungere da "catalizzatore dello sviluppo di una cooperazione strutturata e di una rete imperniata su questa centralità di intenti" (*ivi*, 3).

[51] AICCRE, *Documento finale sui Gemellaggi*, approvato dal Congresso nazionale a Roma, il 4 marzo 2011.

Chiesa, stando alla quale "L'amicizia civile" – riferibile, secondo quel che si è cercato di mettere in luce, tanto al rapporto tra cittadini, quanto a quello tra comunità – "è l'attuazione più autentica del principio di fraternità" e costituisce un "principio rimasto in gran parte non attuato nelle società politiche moderne e contemporanee", nelle quali, invece, "L'amore sociale" dovrebbe imperversare in quanto antidoto verso ogni forma di egoismo, non a caso definito come "il più deleterio nemico di una società ordinata" [52].

Lungimiranti, allora, possono essere definite le parole che Papa Pio XII – in tutta evidenza, ben conscio delle potenzialità incarnate da questo strumento, anche in una prospettiva di concretizzazione di alcuni dei più rilevanti fondamenti della dottrina sociale – ebbe a pronunciare nel 1956, in occasione della conclusione del patto di gemellaggio tra Roma e Parigi, quando invitò gli amministratori locali a servirsi di un tale accordo "con il vero intendimento dei gusti e delle necessità della Città gemella, ma anche con la volontà di perseguire insieme gli stessi obiettivi, malgrado le condizioni materiali spesso troppo diverse" [53]. Un auspicio, quest'ultimo, che parla di una fraternità che a sua volta, nella sua essenza più autentica, si colora di comprensione e di solidarietà tra i cittadini, *uti singuli* e come parte delle comunità in cui risultano inseriti.

Ed è a questo punto che, in conclusione, è possibile *tornare alla Costituzione*: quella Costituzione che – riportando le significative parole recentemente utilizzate dall'Arcivescovo di Bologna a commento dell'art. 2 Cost. – chiede "a tutti di mettere le proprie capacità a servizio della fraternità, perché la società (...) non è un insieme di isole, ma una comunità tra persone, tra le nazioni e tra i popoli" [54].

Fondamentale, in questa prospettiva, il ruolo rivestito dalle città: come "sede privilegiata della fraternità" [55] e come centro propulsore della promozione di legami – auspicabilmente autentici e duraturi, come si propongono di essere quelli instaurati grazie allo strumento del gemellaggio – tra le rispettive comunità, nel segno di una constatazione piuttosto elementare, che merita, però, di diffondersi sempre più quale vera e propria convinzione: vale a dire, quella secondo la quale "Da soli si rischia di avere dei miraggi, per cui vedi quello che non c'è; i sogni si costruiscono insieme" [56].

---

[52] PONTIFICIO CONSIGLIO DELLA GIUSTIZIA E DELLA PACE, *Compendio della dottrina sociale della Chiesa*, Città del Vaticano, 2014, rispettivamente §§ 390 e 581.

[53] PIO XII, *Pio XII ammonisce a non far dei gemellaggi pure cerimonie esteriori*, in *Comuni d'Europa*, n. 3/1956, 10, ripreso da F. ZUCCA, *Le relazioni internazionali degli enti locali*, cit., 91-92.

[54] M.M. ZUPPI, *Lettera alla Costituzione*, gennaio 2021, il quale mette in luce, tra l'altro, come la Costituzione "ci ricordi che non è possibile star bene da soli perché possiamo star bene solo assieme" e perché "Solo insieme abbiamo futuro".

[55] F. PIZZOLATO, *Fraternità delle città: note introduttive*, cit., § 1.

[56] FRANCESCO, *Fratelli tutti*, cit., 34, nel riprendere ID., *Discorso nell'Incontro ecumenico e interreligioso con i giovani*, in *L'Osservatore Romano*, 9 maggio 2019, 9.

Sezione Seconda

LE POLITICHE PUBBLICHE

TRASFORMAZIONI DEL PROCESSO DI *POLICY MAKING* NELLA DIMENSIONE LOCALE: LA QUESTIONE DELLE DONNE IN POLITICA

LORENZA PERINI

1. *Più donne in politica cambiano le politiche?*

"Da quando il femminismo mi ha dispiegato il senso della condizione di donna, lo sdoppiarsi dell'esperienza mi è parso una miniera; nessuna contraddizione è rimasta al posto in cui era. E ho sperato che questa presa di coscienza di noi cadesse, per così dire, con tutto il suo peso dentro al mondo, personale e pubblico dell'uomo, accelerando e problematizzando tutti i processi di scomposizioni dei poteri. Dando e ricevendo più senso" (ROSSANA ROSSANDA) [1].

Il presente contributo è un tentativo tra i tanti possibili di rispondere ad una domanda: un aumento dei numeri delle donne in politica cambia il processo di *policy making* e quindi la tipologia delle politiche pubbliche messe in atto dalle amministrazioni nazionali e locali? Non si tratta di un aspetto semplice da misurare, non ci sono indicatori univoci per dare conto di questo tipo di fenomeno, soprattutto esso appare difficile da valutare nella dimensione del governo locale della città, così come nel tempo ristretto di una legislatura. Tuttavia, nelle righe che seguono si proverà a dare conto di alcuni tipi di ragionamento e linee di ricerca sviluppate a vari livelli soprattutto internazionali e con metodologia comparata, per rispondere alla domanda almeno con approssimazione sensata, a partire

[1] R. ROSSANDA, *Anche per me. Donna, persona, memoria dal 1973 al 1986*, Milano, 1987, 56.

dalla smentita che vi sia una correlazione sistematica tra qualità della democrazia e più donne in politica, per proseguire cercando di ridimensionare il fatto che, una volta incluse nel gruppo attraverso misure specifiche (quote, o normative simili), le donne siano di per sé realmente salvifiche, automaticamente portatrici di cambiamento. Infine, si affronterà il tema del dove le donne siano realmente più presenti – a livello nazionale o locale? Sfuma l'idea che il livello locale – il governo della città, specialmente quella piccola– sia il luogo ideale per ritrovare le donne. Il problema è molto più complesso e i vari livelli si intrecciano con un substrato culturale che continua a non voler vedere la diversità, non accettare che il lavoro normativo per rendere effettiva la parità nei luoghi in cui si decide sia solo uno step da cui partire per trasformare la scena a vantaggio di tutti e non il risultato cui aspirare.

2. *Rappresentare la disparità*

Utilizzando solitamente argomenti superficiali, da più parti si sostiene che la limitata presenza di donne elette a qualsiasi livello di governo – internazionale, nazionale e locale – abbia a che fare con la democrazia rappresentativa, la quale sarebbe, per questo, incompiuta[2]. É invece altamente probabile che una donna possa sentirsi ben rappresentata da un uomo, o meglio: è altamente probabile (e auspicabile) che chi viene eletto o eletta sia in grado di rappresentare i cittadini indipendentemente dal sesso – ed è per questo che il nostro tipo di democrazia, anche se le donne elette restano incontrovertibilmente poche, può considerarsi comunque realizzata[3]. Altrettanto superficiali risultano le motivazioni con cui solitamente è richiesta una maggiore partecipazione delle donne nelle arene decisionali, generalmente giustificata con l'assunto che le donne, se elette in numero adeguato, sarebbero in grado di cambiare sia il modo che i contenuti della politica. In questo caso, come nel precedente, l'ipotesi di una loro azione salvifica appare piuttosto dubbia e, per di più, mai dimostrata. In ogni caso, se così fosse, ogni soggettività si troverebbe appiattita sulla definizione univoca delle donne come "portatrici di cambiamenti radicali", dotate di presunti poteri "curativi" rispetto ai mali del sistema democratico: due cose decisamente poco plausibili[4].

Tutto ciò non elimina il fatto che un problema di "numeri di donne" in posi-

---

[2] A. SCATTIGNO, *Una democrazia incompiuta. Donne e politica in Italia dall'Ottocento ai nostri giorni*, Milano, 2004.

[3] A. DEL RE, *Quando le donne governano le città genere e gestione locale del cambiamento in tre regioni italiane*, Milano, 2004.

[4] M. GALCERAN, *Política hecha por/desde las mujeres*, in A. DEL RE (a cura di), *Donne politica utopia*, Padova, 2011.

zione apicale esista, ma si tratta più che altro di una questione di giustizia sociale: le donne rappresentano la metà della popolazione mondiale e la metà della popolazione merita di essere non solo adeguatamente *rappresentata*, ma di essere anche adeguatamente *rappresentante*.

In questo scenario, appare chiaro che da un lato limitare l'analisi (e quindi le possibili soluzioni) alla questione dei numeri non fa che rafforzare quella che Joni Lovenduski chiama la "sindrome della sotto-rappresentazione", cioè il fatto che essere una minoranza diventa la forma tipica della rappresentanza femminile, mettendo in ombra il vero nodo politico della questione che esige invece un cambiamento radicale di prospettiva della politica[5]. Dall'altro però risulta innegabile che un l'aumento della presenza femminile nelle arene decisionali sia necessario come azione democratica in sé, ed è vero anche che un maggiore bilanciamento nei numeri può – non è certo, ma può – far emergere questioni nuove, mai pensate prima, mai trattate proprio in quella forma e da quella prospettiva. Questo per dire che anche se sono più importanti i contenuti e le pratiche politiche, i numeri sotto una certa forma sono sostanza e vanno considerati.

3. *Le donne e dove trovarle*

Rivolgendo l'attenzione ad un altro aspetto importante e cioè a dove – a che livello di governo della cosa pubblica– le donne avrebbero più possibilità di essere elette, un'idea comunemente accettata indica che sarebbe più facile per una donna essere eletta a livello locale, cioè nel governo della città e ancora meglio nel piccolo comune, piuttosto che a livello nazionale, e che un mandato locale rappresenterebbe un passo necessario verso una possibile carriera nazionale e/o internazionale[6].

I dati raccolti dal Consiglio delle Regioni d'Europa attraverso vari studi a partire dal 2005, portano però a sfumare questa idea: in quasi la metà dei paesi dell'Unione si contano più donne elette nella camera bassa che nelle municipalità locali[7] e questo porta a ulteriori riflessioni sulle traiettorie del potere ("follow the money") e su come avviene la selezione dei candidati/e – chi sono i *gatekeepers* e dove sta portando l'estrema personalizzazione della politica cui stiamo assistendo da decenni[8].

Volendo approfondire cosa accade in Italia e capire dove cioè si trovano le elette, appare utile mettere in fila alcuni dati. Oggi, nel 2021, soltanto il 15% de-

---

[5] J. LOVENDUSKI, *State feminism and political representation*, Cambridge-New York, 2001.

[6] A. DEL RE, *Quando le donne governano*, cit.

[7] CCRE, *Conseil des Communes et Régions d'Europe, La Ville pour l'égalité*, Commissione Europea, Bruxelles 2005 *https://www.centre-hubertine-auclert.fr/sites/default/files/fichiers/la-ville-pour-legalite.pdf*

[8] E. BELLÈ, *Genere della politica, politica del genere*, Napoli, 2010.

gli oltre ottomila comuni italiani è guidato da una donna. Se poi estrapoliamo il dato dei soli capoluoghi di provincia, la percentuale scende al 9,17% equivalente a 10 comuni su 109 totali. Migliore la situazione negli assessorati, dove la percentuale di donne è salita al 44% grazie ad una specifica legge (la n. 56 del 2014, conosciuta come legge Delrio, dal suo estensore) che prevede che nelle giunte dei comuni con popolazione superiore a 3.000 abitanti nessuno dei due sessi possa essere rappresentato in misura inferiore al 40%. Se però si vogliono rilevare le consigliere e le presidenti dei consigli comunali, le percentuali scendono nuovamente al 34% e al 26% [9].

Scendendo nel particolare di una regione come il Veneto, ad esempio, il quadro di sostanziale difficoltà per le donne a trovare spazio nel governo locale si conferma, con qualche significativa variazione che vale la pena rilevare. Il dato peggiore riguarda i capoluoghi di provincia: su sette città nessuna al momento è guidata da una donna. Migliore la situazione nel resto del territorio, con 103 comuni su 563 con sindaco donna, pari quindi ad una percentuale del 18,29, che è maggiore di quella rilevata a livello nazionale. Analizzando i dati provincia per provincia, si rilevano ulteriori particolari, tra cui che un maggiore spazio rispetto alla media nazionale hanno ottenuto le prime cittadine nei comuni della provincia di Venezia (9 comuni su 44, pari al 20,45%), in quelli della provincia di Padova (19 comuni su 102, pari al 18,62%) e di Rovigo (9 comuni su 50, pari al 18%), mentre nella provincia di Treviso (15 comuni su 94) e Vicenza (18 comuni su 114) la percentuale si attesta attorno al 15% in linea con il dato nazionale. Nettamente al di sotto della soglia le province di Belluno e di Verona, in cui comuni guidati da donne risultano essere oggi meno del 10% (6 comuni su 61 per Belluno, pari al 9,83% e 9 comuni su 98 per Verona, pari al 9,18%).

Tutti questi elementi giocano un ruolo fondamentale nel posizionamento delle donne in un'arena in cui i posti sono obbligatoriamente in numero finito e all'entrata di un elemento corrisponde l'uscita di un altro. Certo, si può decidere che il livello della politica istituzionale e specialmente il livello locale – il governo della città – non è quello più interessante e che la visione di un mondo diverso si costruisce altrove, ma la questione di chi decide su di noi – sulle vite pratiche e quotidiane di noi cittadine e cittadini – rimarrà sempre aperta: prima o poi bisognerà pensare a come cambiare concretamente le regole – per tutti e soprattutto per chi si trova in condizioni di fragilità in questo scenario.

È comunque evidente che su questo terreno molti problemi rimangono aperti e irrisolti. Il primo, che coinvolge l'intero sistema democratico attuale, è legato all'origine della forma della rappresentanza politica. I nostri parlamenti nazionali sono realmente inclusivi e rappresentativi di tutti gli elettori e le elettrici, delle istanze della società nel suo insieme?

---

[9] Ministero dell'Interno, dati aggiornati al 27 gennaio 2021.

4. *Quando i numeri servono ma non bastano*

Mettendo in relazione i dati sulla presenza delle donne ai vertici dei governi locali nei diversi paesi del mondo dal 1990 al 2015, l'Unione Interparlamentare (IPU) riporta che la percentuale in questo lasso di tempo è cresciuta molto poco: dall'11,23 al 23,65% [10]. Venticinque anni non trascorsi tuttavia invano e in cui possiamo elencare importanti politiche, fondi, progetti, documenti, carte, direttive, roadmap a sostegno della parità di genere da parte di tutte le istituzioni del mondo. Venticinque anni in cui si è compreso che il problema del divario numerico non riguarda solo il diritto delle donne ad essere rappresentate e il loro contributo alla costruzione della cosa pubblica, ma si tratta anche di considerare le donne come risorse preziose per determinare le priorità politiche e di sviluppo che producono benefici per la società e per la comunità globale. È una questione di mentalità e di cambio di prospettiva, verso una visione per cui il bilanciamento dei numeri non è il traguardo delle politiche ma il primo passo per cambiarle. La natura variabile e la diversità dei governi europei porta necessariamente a dover considerare anche altri fattori, o meglio una combinazione di fattori – oltre alle semplici percentuali – atti ad influenzare le questioni della parità di genere e della rappresentanza politica. Per esempio, i governi europei hanno diversi gradi di bicameralismo e presidenzialismo, diversi cicli elettorali, e cadono su un ampio spettro di formati governativi istituzionalmente di sinistra o destra. Tutte queste componenti strutturali, così come la considerazione delle pressioni sociali, delle norme culturali e del contesto storico, contribuiscono alla complessa e sfaccettata questione della rappresentanza delle donne nel governo sia dal punto di vista dei numeri che delle istanze.

Questo tema ha attirato l'attenzione di molti studiosi e studiose negli ultimi quindici anni e ciò è probabilmente legato a un notevole aumento della partecipazione politica delle donne (sia come elettrici che come elette) [11], così come a fenomeni socio-culturali che hanno portato molta più attenzione accademica ai problemi delle donne a livello internazionale. Siamo quindi tutti d'accordo sul fatto che l'esistenza della disuguaglianza di genere nei governi europei (e in tutte le altre regioni del mondo), è una realtà ben documentata. Appare evidente, tuttavia, che monitorare questo tipo di cambiamenti delle politiche dovuti all'azioni delle donne "in più", appare arduo e molto più semplice appare concentrare l'attenzione sui numeri, che di positivo hanno che ci permettono di capire almeno quanto sia grande questa "diseguaglianza".

---

[10] IPU, INTER-PARLIAMENTARY UNION, 2018, *Women in National Parliaments, http:// archive.ipu.org/wmn-e/classif.htm*; WORLD BANK, *Proportion of seats held by women in national parliaments,* April 2018, *https://Data.Worldbank.Org/Indicator/SG.Gen.Parl.ZS.*

[11] J. BALLINGTON, *Equality in Politics: A Survey of Women and Men in Parliaments,* Lausanne, 2008.

Tornando ai dati dell'Inter-Parliamentary Union del 2018, essi fotografano tra le tante cose anche la percentuale di uomini e donne nei parlamenti di ogni Stato membro dell'UE. Ebbene, sono proprio questi numeri a dimostrare che la forte disuguaglianza all'interno dei parlamenti europei è una realtà di fatto: considerando le quarantuno camere del Parlamento dei ventotto stati membri, ne risulta che tutte tranne una (la Camera alta del Belgio, che è divisa in parti uguali) presentano più uomini che donne tra gli eletti. Tenendo poi presente come parametro di riferimento non la parità assoluta (50-50), ma una proporzione del 40-60, solo tre stati membri (Belgio, Finlandia e Svezia) presentano almeno una Camera del Parlamento in cui la percentuale di donne supera il limite inferiore (40%). Inoltre, dieci delle quarantuno Camere prese in considerazione presentano meno del 20% di parlamentari donne, il che significa che in quasi un quarto delle Camere europee ci sono almeno quattro parlamentari uomini per ogni donna.

Questo divario a livello nazionale, che già appare significativo, aumenta bruscamente quando si considera la ripartizione delle donne che hanno occupato posizioni di governo: in un arco temporale che va dal 1945 al 2015 i dati indicano che il divario di genere nelle posizioni esecutive nei paesi della UE è ancora più ampio. Solo dieci dei ventotto Stati membri hanno avuto un primo ministro donna e la percentuale media di primi ministri donna nei paesi che le hanno avute è, nel periodo considerato, del 17,1%, senza tenere conto per altro della durata del mandato di ogni primo ministro – nel qual caso la percentuale scenderebbe probabilmente ancora di più [12].

Tra i risultati empirici dello studio di Müller-Rommel precedentemente citato, uno dei più rilevanti è il seguente: il numero assoluto di primi ministri donna è più alto in Europa centro-orientale che in Europa occidentale [13].

Questa differenza nella rappresentanza esecutiva tra l'Est e l'Ovest è dovuta a una disparità strutturale, piuttosto che culturale, poiché si trovano più donne primo ministro nei sistemi semipresidenziali che in quelli parlamentari (22,5% e 14,8%, rispettivamente). Quindi, il maggior numero di donne nei ruoli di primo ministro sembra essere più un risultato della presenza di sistemi a doppio esecutivo che di livelli più alti di parità di genere nella società.

L'equilibrio nella rappresentanza segue anche tendenze regionali, per cui l'Europa settentrionale e occidentale hanno in gran parte una percentuale più alta di donne e la Scandinavia si distingue come "modello" di rappresentanza legislativa di successo, con una rappresentanza femminile superiore alla soglia del 40%. Questa "differenza scandinava" sembra tuttavia essere il risultato di differenze culturali piuttosto che strutturali: Alan Siaroff sostiene infatti che le società più egua-

[12] F. JALALZAI, *Gender, presidencies, and prime ministerships in Europe: Are women gaining ground?*, in *International Political Science Review*, 2014, 35.5, 577-594.

[13] F. MÜLLER-ROMMEL-M. VERCESI, *Prime ministerial careers in the European Union: does gender make a difference?*, in *European Politics and Society*, 2016, 18.2, 245-262.

litarie, in particolare quelle con diritti politici femminili precoci e valori e tradizioni espressi attraverso sistemi di welfare socialista, hanno più donne in Parlamento rispetto ad altri sistemi [14]. La posizione della Scandinavia, in prima linea nella rappresentanza politica femminile, non è ovviamente una novità: già nel 1926 la politologa Alzada Comstock notava che "per trovare il gruppo di donne elette più antico, si deve andare fino in Finlandia, tra coloro che vivono più a nord di qualsiasi altro popolo del mondo" [15].

Oltre ai modelli regionali, si possono osservare poi differenze basate sui partiti. Nella loro analisi circa le donne nel ruolo di primi ministri, Müller-Rommel, Kubbe e Vercesi sottolineano che "esistono notevoli differenze per quanto riguarda l'affiliazione di partito dei primi ministri donne e uomini: inaspettatamente un numero molto alto di donne primo ministro proviene da partiti di centro-destra" [16].

E a questo proposito ancora Alan Siaroff sostiene che la composizione ideologica di un corpo [legislativo] conta, nel senso che i parlamenti di sinistra tendono ad avere più donne, e ancor più nel senso che i governi di sinistra o anche centristi tendono ad avere più ministri donna.

Tuttavia, parimenti tra governi di sinistra e di destra, le donne elette sono spesso escluse dalle commissioni più prestigiose del Parlamento [17]: i dati sulla percentuale di donne nel gabinetto di governo in funzione del numero totale di donne nel Parlamento esaminati da Siaroff, mostrano una generale correlazione positiva tra le due percentuali, tuttavia, quando i paesi scandinavi (4 dei 27 paesi mostrati) vengono rimossi dal quadro, la forza di questa correlazione scende significativamente.

Non solo quindi le donne risultano elette in posizioni legislative ed esecutive con un tasso inferiore rispetto agli uomini, ma quelle che vengono elette sono poi coinvolte in maniera diversa/minore rispetto alle loro controparti maschili nella costruzione delle politiche. Gli studi indicano che alle donne che ricoprono posizioni di governo, in particolare posizioni elettive, viene richiesta una maggiore esperienza rispetto agli uomini con cui competono e per le donne appare inoltre più difficile l'accesso alla leadership di partito e alle posizioni più prestigiose nelle commissioni parlamentari [18]. Queste disparità fungono da significative e influenti

---

[14] A. SIAROFF, *Women's Representation in Legislatures and Cabinets in Industrial Democracies*, in *International Political Science Review*, 2000, 21.2, 197-215.

[15] A. COMSTOCK, *Women Members of European Parliaments*, in *The American Political Science Review*, 1926, 20.2, 56.

[16] F. MÜLLER-ROMMEL-M. VERCESI, *Prime ministerial careers*, cit., 132.

[17] P. PANSARDI-M. VERCESI, *Party Gate-Keeping and Women's Appointment to Parliamentary Committees: Evidence from the Italian Case*, in *Parliamentary Affairs*, 2016, 62-83.

[18] A. SARLO-F.ZAJCZYK, *Dove batte il cuore delle donne? Voto e partecipazione politica in Italia*, Bari, 2012.

barriere per le donne – anche quando elette– rispetto ad un loro accesso concreto al sistema politico e quindi ad una loro piena ed attiva partecipazione alla costruzione delle politiche.

Appare quindi chiaro che continuano ad essere numerosi gli ostacoli da superare per le donne nel processo politico di selezione ed elezione [19] Un ulteriore esempio di questo è la tendenza dei partiti a candidare donne nei seggi in cui hanno meno consenso. Secondo recenti studi, questa disposizione è in parte dovuta alle preferenze degli elettori: nei contesti sociali in cui le disuguaglianze di genere sono più accentuate, i cittadini reputano più competente un candidato uomo piuttosto che una candidata donna [20]. Per contrastare questi fenomeni e aumentare la rappresentanza femminile, in Italia sono state introdotte nelle elezioni amministrative le quote di genere e la doppia preferenza di genere, ovvero la possibilità di votare una donna e un uomo nella scheda elettorale. In vigore dal 2013, secondo un recente studio le misure hanno avuto effetto sulla composizione delle amministrazioni locali, aumentando di 18 punti percentuali la rappresentanza femminile nei consigli comunali. Nonostante i buoni risultati, la doppia preferenza non ha raggiunto il suo pieno potenziale, se è vero che circa il 50% degli elettori non ne è a conoscenza e non fa uso del secondo voto per mancanza di informazione [21]. Ecco che quindi quando anche le donne ci sono sulla scena politica, finisce poi che "non si vedono".

5. *I* meriti *delle donne (non richiesti agli uomini)*

Una delle incongruenze più evidenti nei governi europei è il livello relativo di esperienza che ciascun gruppo deve accumulare prima di ottenere posizioni di leadership parlamentare. I dati sul livello di professionalizzazione tra i primi ministri – uomini e donne – in dieci diversi paesi tra il 1979 e il 2015, indicano che, mentre è ugualmente difficile per entrambi i sessi diventare primo ministro con bassi gradi di esperienza politica (con poco meno di un quarto (23%) dei primi ministri sia uomini che donne provenienti da questa categoria), quasi il doppio dei primi ministri donne (38,5%) aveva maggiore esperienza rispetto agli uomini (19%). Inoltre, mentre il numero di uomini in questa sezione è anch'esso basso (1,6%), il numero di donne che sono diventate prime ministre senza alcun tipo di

[19] A. Casarico, *Perché le donne in politica servono e andrebbero aumentate,* in *Via Sarfatti 25 - Perché le donne in politica servono e andrebbero aumentate – Opinioni,* in *unibocconi.it,* 2019.

[20] T. Le Barbanchon-J. Sauvagnat, *Electoral Competition, Voter Bias and Women in Politics,* in *http://dx.doi.org/10.2139/ssrn.3270570,* 2019.

[21] A. Baltrunaite *et al., Let the voters choose women,* in *Journal of Public Economics* (ISSN 0047-2727), 2019, 180, in *https://doi.org/10.1016/j.jpubeco.2019.104085.*

esperienza è pari a zero[22]. Secondo Müller-Rommel e Vercesi, i dati confermano che le donne primo ministro hanno chiaramente accumulato più esperienza in Parlamento e nel gabinetto prima di entrare in carica rispetto alle loro controparti maschili. Questo conferma ciò che è chiaro a quasi tutte le donne che decidono di entrare nell'arena politica, cioè che esse hanno bisogno di più credenziali degli uomini per raggiungere gli stessi livelli di responsabilità in politica. Oltre alla pressione di essere tenute a raggiungere uno standard più alto, le donne affrontano anche un trattamento diverso (per non dire ingiusto) una volta elette alla carica. In particolare, per quanto riguarda l'assegnazione delle commissioni, le donne sono sistematicamente assegnate a portafogli di minor prestigio, o a quelli che sembrano più vicini alle loro inclinazioni "naturali".

Un caso di studio riguardante le deputate in Italia dice che "le deputate italiane tendono ad essere nominate in commissioni che si occupano di aree politiche a grossa stereotipizzazione femminile (scuola, cultura, famiglia, sociale) in proporzione maggiore rispetto alle loro controparti maschili"[23]. Questo è il caso anche delle donne che successivamente assumono la carica di primo ministro: Müller-Rommel e Vercesi hanno rilevato che "tutte le donne primo ministro in Europa hanno maturato esperienze ministeriali in portafogli di medio o basso prestigio, mentre la maggior parte dei loro colleghi maschi hanno ricoperto alti e prestigiosi incarichi di gabinetto prima di diventare primo ministro"[24]. Questa tendenza non è cambiata in anni di osservazione: lo studio di Pansardi e Vercesi (2016) include un'analisi longitudinale su diversi decenni in diversi paesi e i risultati mostrano che nessun cambiamento significativo è avvenuto nel corso delle sei legislature prese in esame, e che le differenze nell'assegnazione dei posti nelle commissioni continuano a riprodursi lungo le tradizionali linee di genere. Infatti, questa stessa tendenza può essere vista fin dal 1926, quando Comstock osservava le donne nei parlamenti europei notando che se anche alcune donne erano state elette al Reichstag tedesco quelle stesse poi non erano state messe in nessuna delle commissioni importanti"[25].

6. *Le donne non sono un gruppo sociale*

La sotto-rappresentazione delle donne nei governi centrali porta a una serie di altre domande correlate: un aumento del numero di donne elette si traduce necessariamente in politiche "migliori" per le donne? E inoltre. Esistono veramente

---

[22] F. MÜLLER-ROMMEL-M. VERCESI, *Prime ministerial careers*, cit., 136.

[23] P. PANSARDI-M. VERCESI, *Party Gate-Keeping*, cit.

[24] F. MÜLLER-ROMMEL-M. VERCESI, *Prime ministerial careers*, cit., 138.

[25] A. COMSTOCK, *Women Members of European Parliaments*, cit., 46.

delle politiche realmente "solo per le donne"? Il primo passo per affrontare questa domanda è definire i termini di "rappresentanza descrittiva" e di "rappresentanza sostanziale".

La rappresentanza descrittiva si riferisce al numero o alla percentuale di un certo gruppo che compone una rispettiva legislatura, gabinetto o ufficio. La rappresentanza sostanziale si riferisce agli interessi di quel gruppo che sono adeguatamente rappresentati. Queste due forme di rappresentanza non si escludono né si garantiscono a vicenda: in teoria, ci potrebbe essere una legislatura composta al 100% da parlamentari uomini che rappresentano estremamente bene gli interessi di tutti e di tutte, e al contrario, ci potrebbe essere una legislatura con una rappresentanza 50/50 di uomini e donne che fa un cattivo lavoro nel rappresentare – ad esempio – le istanze delle donne.

Uno studio del 2009 che dettaglia la relazione tra rappresentazione descrittiva e sostanziale separa i fattori che contribuiscono alla rappresentazione descrittiva in categorie di livello macro, meso e micro[26]. Tra le variabili di macro-livello, lo studio elenca: l'anno del suffragio femminile, la religione, la cultura dell'uguaglianza di genere, il sistema elettorale, il sistema di welfare state, le quote di genere legali, la socioeconomia, gli effetti di contagio tra i paesi. Tra le variabili di meso-livello ci sono le ideologie di partito, l'organizzazione del partito e le quote di genere presenti nei regolamenti di partito, la presenza di movimenti femminili, le dinamiche elettorali specifiche. Le variabili di micro-livello dipendono invece dalle preferenze degli elettori e dalle motivazioni specifiche che le candidate donne possono avere.

In uno studio del 2003, Russell e O'Cinneide sottolineano che i sistemi di liste elettorali proporzionali usati in Norvegia, Svezia, Francia e Germania sono uno strumento molto efficace per migliorare il numero di donne candidate (in particolare attraverso il successo dello 'zipping' cioè l'alternanza tra candidati uomini e candidate donne nelle liste), ed evitano alcune delle difficoltà legali e politiche sollevate dalle misure di preferenza automatica necessarie per ridurre l'ineguaglianza nel sistema dei collegi uninominali[27]. Questa affermazione è confermata e ampliata da Siaroff, che dice che se da un lato la rappresentanza proporzionale delle liste di partito aiuta ad avere più donne in Parlamento, dall'altro lato i modelli di reclutamento specializzati possono aiutare ad avere più donne nei consigli ristretti e nelle commissioni[28].

Anche la composizione ideologica di un organo conta, nel senso che i parla-

---

[26] L. WANGNERUD, *Women in Parliaments: Descriptive and Substantive Representation*, in *Annual Review of Political Science,* 2009, 12, 51-69.

[27] M. RUSSELL-C. O'CINNEIDE, *Positive Action to Promote Women in Politics: Some European Comparisons*, in *The International and Comparative Law Quarterly*, 2003, 52.3, 587-614.

[28] A. SIAROFF, *Women's Representation in Legislatures*, cit.

menti più orientati a sinistra tendono ad avere un numero più elevato di donne elette. Al contrario, Müller-Rommel e Vercesi, che si aspettavano di trovare una tendenza simile tra i primi ministri donne (anche se la dimensione del campione è significativamente inferiore), hanno trovato una "notevole differenza per quanto riguarda l'affiliazione di partito dei primi ministri donne e uomini, riscontrando un rapporto molto alto di donne prime ministre provenienti da partiti di centro-destra"[29].

Questo scenario appare evocativo di un'altra questione che deve essere considerata: la rappresentanza sostanziale. I risultati contrastanti di Müller-Rommel e Vercesi e Siaroff portano l'attenzione su un'altra faccia del problema: quale parte dello spettro politico rappresenta meglio le donne? Mentre ci sono questioni che, nella sfera politica, sono considerate "questioni femminili" (come l'accesso alla pianificazione familiare, il diritto all'aborto, il congedo di maternità, il divario salariale di genere, ecc.), è importante non caratterizzare le donne come elettori che si preoccupano solo di queste questioni specifiche, quindi questa domanda è, per molti versi, fondamentalmente errata nella sua formulazione.

I media caratterizzano spesso le donne parlamentari come omogenee o sempre d'accordo, tuttavia i dati mostrano che le donne, sia elettrici che elette, hanno opinioni che, così come quelle degli uomini, coprono tutto lo spettro politico. Riferendoci ancora alle osservazioni di Comstock di novant'anni fa, quando le donne nei parlamenti europei erano davvero pochissime, troviamo una certa correlazione rispetto ad oggi: "Non c'è quasi nessuna tendenza ad agire come un corpo", scrive Comstock "l'azione unitaria è quasi impossibile. Prendiamo l'esempio dei Paesi Bassi; quel paese ha avuto sette donne, una per ognuno dei sette partiti politici, in Parlamento nello stesso periodo. L'azione come donne era chiaramente fuori questione"[30]. E questo semplicemente perché le donne non sono assolutamente un gruppo sociale!

Sul tema di quelle specifiche "politiche per le donne" menzionate prima, il risultato che emerge dalla ricerca empirica è che seppure le donne politiche contribuiscano a rafforzare la posizione degli interessi delle donne[31] tuttavia, vi sono anche studi con una portata più ampia che mostrano risultati diversi. Uno in particolare, pubblicato nel 2018, esplora la parità di genere nella congruenza delle politiche in ventuno democrazie europee cercando di quantificare l'effetto della rappresentanza descrittiva sulla rappresentanza sostanziale per quanto riguarda questioni politiche non considerate "questioni femminili", come il libero mercato, la redistribuzione, l'ambiente, gli stili di vita, l'immigrazione, il multiculturali-

---

[29] F. MÜLLER-ROMMEL-M. VERCESI, *Prime ministerial careers*, cit., 142.

[30] A. COMSTOCK, *Women Members of European Parliaments*, cit., 49.

[31] L. WANGNERUD, *Women in Parliaments*, cit.

smo e il ruolo dei principi religiosi in politica[32]. Oltre a trovare che, nel complesso, gli organi parlamentari tendono a riflettere le preferenze politiche delle donne meglio di quelle degli uomini, lo studio afferma che la quota di titolari di cariche femminili non ha un chiaro effetto sul grado in cui i parlamenti rispecchiano le preferenze delle donne La rappresentanza descrittiva non è una condizione necessaria per la rappresentanza sostanziale.

Questa affermazione è contraria a ciò che lo studio chiama "saggezza convenzionale", tenuta da molti nel pubblico. Tuttavia, lo studio trova che c'è una variabile che ha una forte correlazione positiva con la rappresentanza sostanziale: l'affluenza alle urne. Lo studio trova che più le donne vanno a votare alle elezioni parlamentari, meglio i parlamenti riflettono le loro opinioni tematiche preferite[33].

7. *Percorsi per raggiungere la vetta: vie veloci e vie incrementali*

Poiché l'elezione delle donne a cariche elettive, sia legislative che esecutive, è aumentata in tutto il mondo negli ultimi decenni, è possibile vedere alcuni effetti causali diretti nelle aree in cui hanno raggiunto livelli più alti di rappresentanza descrittiva. Oltre all'affermazione di Wangnerud sul fatto che le cosiddette "questioni femminili" apparirebbero più sostenute e più presenti nelle agende politiche a fronte di un maggior numero di donne in politica, alcuni cambiamenti sia politici che istituzionali non si può negare che derivino da un maggior numero di donne in carica. Secondo le ricerche di Stockhamer, dal punto di vista istituzionale l'aumento di donne nelle arene politiche porta ad un ciclo di feedback positivo, in cui diventa più socio-culturalmente accettabile vedere donne che occupano posizioni di leadership, e quindi ancora più donne si candidano e di conseguenza più donne vengono elette[34]. Questa tendenza può essere osservata analizzando la percentuale di donne elette al Parlamento nazionale dal 1950 al 2007: Stockemer elenca i paesi che hanno avuto un alto numero di parlamentari donne all'inizio e ne hanno un numero significativo oggi, affermando che le condizioni ideali per un'alta rappresentanza femminile sono un sistema elettorale altamente favorevole, un'alta percentuale di donne in posizioni manageriali, e una lunga tradizione di empowerment politico femminile. In un altro studio, Leyenaar de-

---

[32] S.C. DINGLER *et al.*, *Do parliaments underrepresent women's policy preferences? Exploring gender equality in policy congruence in 21 European democracies*, in *Journal of European Public Policy*, 2018, 1-20.

[33] S.C. DINGLER *et al.*, *Do parliaments underrepresent women's policy preferences?*, cit.

[34] D. STOCKEMER, *Why are there differences in the political representation of women in the 27 countries of the European Union?*, in *Perspectives on European Politics and Society*, 2008, 8.4, 476-493.

scrive ciò a cui si riferisce come la "via incrementale" e la "via veloce" all'integrazione politica delle donne: mentre la graduale integrazione delle donne in politica attraverso un aumento delle risorse potrebbe fornire una "via incrementale" al raggiungimento della parità, la legislazione sulle quote di genere potrebbe fornire una "via veloce", producendo sostanziali aumenti nel numero di donne che entrano in Parlamento"[35]. Questo percorso incrementale, combinato con gli effetti del ciclo di feedback positivo socio-culturale, contribuisce a un maggior numero di donne in carica che porta a una migliore rappresentanza complessiva.

Un maggior numero di donne in politica può portare anche a molti benefici tangibili a breve termine. Nei paesi con una più alta rappresentanza femminile sono stati notati effetti politici (come l'aumento della spesa per la salute pubblica, l'attenzione a questioni come la violenza di genere, e le politiche "family friendly") così come effetti istituzionali (come livelli più alti di risposta complessiva ai bisogni dei cittadini, magistrature più rappresentative, nonché una maggiore fiducia sociale nelle istituzioni governative). Gli studi di Dingler sostengono che vi sia evidenza del fatto che quando più cariche sono ricoperte da donne questo, di fatto, trasforma le norme istituzionali, il discorso politico e l'agenda politica[36] e in Norvegia è stata osservata una relazione causale diretta tra la presenza di donne nei consigli comunali e la copertura dell'assistenza all'infanzia[37]. Anche se non c'è garanzia che una maggiore elezione di donne continuerà a mostrare in maniera costante e ovunque queste tendenze, è indiscutibile che i paesi che espandono la rappresentanza politica ai due sessi hanno fino ad ora sperimentato un impatto positivo.

Come si vede si tratta di spunti quindi, di analisi puntuali certo, ma che non definiscono un criterio di misurazione del cambiamento né un trend sicuro e progressivo di cambiamento delle politiche rispetto ad una loro maggiore vicinanza alle istanze dei cittadini. Capire se questo aumento della presenza femminile non tanto "di per sé", ma dal punto di vista complessivo cambi di fatto il modo di pensare le politiche, trasformando fin dall'inizio il processo di policy making e che questo cambiamento si presenti e si ampli anche nei casi in cui le donne sono poche o comunque non in situazioni di parità o di leadership: ecco, questo ancora appare difficile da misurare. Per ora diciamo semplicemente che nello scenario fino a qui delineato, i governi, le organizzazioni politiche e i partiti si sono mossi per includere le donne nei processi democratici in cui erano storicamente trascurate, e questa tendenza positiva sembra destinata a continuare. Leyenaar riassume il beneficio politi-

---

[35] M. Leyenaar, *Challenges to Women's Political Representation in Europe*, in *Signs*, 2008, 34.1, 1-7.

[36] S.C. Dingler *et al.*, *Do parliaments underrepresent women's policy preferences?*, cit.

[37] United Nations, *Women's Leadership and Political Participation. Briefing*, in *http://www.unwomen.org/en/what-we-do/leadership-and-political-participation/facts-and-figures*, New York, 2016.

co dell'espansione della partecipazione, affermando che i leader dei partiti possono diventare sempre più consapevoli che una composizione più rappresentativa del loro partito parlamentare può contribuire a una maggiore legittimità, aumentando la propensione della gente ad accettare le decisioni politiche prese.

8. *Conclusione: la parità come punto di partenza e non come fine*

E se, nonostante tutto, i risultati ci dicessero che le politiche di fatto nel lungo periodo non cambiano o cambiano troppo lentamente? Nel giocare la "partita della parità" – e quindi dei diritti – il rischio che si corre è quello di mettere sulle spalle delle donne nel bene (salvifico) e nel male (responsabile) – e solo sulle loro– tutta la responsabilità del "cambiamento" della politica. Una situazione decisamente troppo onerosa che sembra rispondere a un preoccupante disegno di mantenimento delle disuguaglianze.

In sostanza, se è vero che non è politicamente corretto dire di no a una maggiore partecipazione delle donne nelle arene decisionali, è anche vero che la loro presenza può non essere effettivamente utile al mantenimento dello status quo. Ciò che è importante per il sistema in sostanza non è rifiutare la loro presenza ma digerirla e poi ristabilirsi in un processo di "resilienza" nel senso di un adattamento "perverso"[38]. La prova è che, nonostante in Italia le donne siano progressivamente sempre più presenti nei luoghi decisionali, la disparità continua comunque a riprodursi, quando non addirittura a peggiorare assestandosi su posizioni di "regressione inedita e messa in discussione di quanto acquisito in termini di diritti e partecipazione"[39]. Una delle spiegazioni possibili di questa trascuratezza – chiamiamola così – potrebbe essere, come sostiene Chiara Sebastiani, che dal punto di vista della scienza politica, la dimensione di genere non ha mai avuto una particolare importanza negli indicatori di qualità della politica né come chiave di lettura della vita locale[40].

A mancare, secondo Sebastiani, sarebbe in realtà l'interesse vero a decostruire gli stereotipi che governano la scena: una volta rappresentata la marginalità, una volta affermato in tutti i possibili documenti e a tutti i possibili livelli di governance che non è giusto perpetuare questo stato di cose per cui le donne sono numericamente meno degli uomini nei luoghi in cui si decide e si mette per questo in atto una misura di riequilibrio (le quote, più o meno esplicite), il meccanismo

---

[38] A. Genova et alii, *Achieving gender balance at the top of scientific research: guidelines and tools for institutional change*, Genis Lab Project, Fondazione Giacomo Brodolini, Roma, 2014.

[39] F. Farina-D. Carbone, *Oltre le quote. Sguardi plurimi delle elette*, Maggioli editore, Sant'Arcangelo di Romagna, 2016.

[40] C. Sebastiani, *La politica delle città*, Bologna, Il Mulino, 2007.

in realtà si ferma. In qualche modo le donne sono entrate in scena, ci si dice, le abbiamo nominate, sono "nel discorso"; se poi, nonostante tutto, nonostante le leggi, sono ancora poche e la loro esigua presenza non riesce ad influenzare il cambiamento, pazienza, gli sforzi sono stati fatti e ce ne si fa una ragione.

Eppure non è difficile immaginare quale potrebbe essere la visione del cambiamento ad esempio in una delega al bilancio (introduzione del bilancio di genere), o di una delega all'urbanistica (una città che tenga conto delle istanze di donne e uomini), per non parlare della sicurezza (in casa e fuori): ci sono molti esempi preziosi a livello europeo e molte riflessioni femministe in merito. Inoltre, persino nelle deleghe "di cura" si potrebbe ipotizzare un cambiamento effettivo di ottica, dal mero assistenzialismo a una dimensione relazionale e sociale dell'accudimento a livello territoriale, partendo dall'esperienza quotidiana delle donne. Ma nella pratica della gestione locale del potere il peso politico della decisione deve essere ancora contrattato a diversi livelli, dove non sempre, o non ancora, le donne elette hanno diritto – o volontà – di esprimere una visione di genere. Difficile quindi ipotizzare quanto il lavoro di mediazione dei partiti nelle logiche di equilibrio di governo nelle giunte fondate su coalizioni di più forze o il difficile gioco di compromessi politici, vivo anche nei poteri locali, sia di fatto in grado di dare spazio effettivo ad una visione se non innovativa certamente "diversa" (perché mai provata prima) affidata alla piena espressione di capacità femminili in ambiti tradizionalmente "inediti" anche a quante siano in possesso di idonei requisiti tecnici e professionali. La verità è che abbiamo settato il concetto di parità verso il basso; vi è soddisfazione anche soltanto per qualche nome femminile nelle liste, ogni elezione di una donna ci fa gridare al cambiamento. Cambiamento che però stenta a consolidarsi e le donne in politica continuano ad essere troppo sole – poche e in più sole. Non si è ancora ben compreso che la sotto rappresentazione di più di metà della popolazione non è un problema che riguarda le donne, ma incide sulla crescita dell'intero Paese, alimentando le disuguaglianze sociali. «La presenza femminile in politica non serve soltanto alle donne, serve a migliorare la qualità della società. Per tutti». Lo diceva Tina Anselmi cinquant'anni fa e non lo abbiamo ancora capito.

DA LEONIA A ECOTOPIA: IL CONTRIBUTO DELLE CITTÀ ALLA TUTELA DELL'AMBIENTE

ELENA BUOSO

"And we'd better get ready, we need to know where we'd like to go"[1]

SOMMARIO: 1. La città: da luogo anti-natura a centro di tutela dell'ambiente. – 2. Uno sguardo alle nuove politiche urbane ambientali e di contrasto del cambiamento climatico. – 3. Verso le città sostenibili in Italia: se non ora, quando?

1. *La città: da luogo anti-natura a centro di tutela dell'ambiente*

Nel corso della storia umana molti concetti e molte strutture della società sono profondamente mutati. La città è tra questi[2]. L'osservazione può essere riferita a diversi aspetti della convivenza civica, ma risulta particolarmente evidente osservando il rapporto tra i centri urbani e l'ambiente.

Da sempre, ontologicamente e iconograficamente, la città è stata il luogo contrapposto alla natura. La vita in un contesto *civile* e quella allo stato *naturale* sono state affiancate come esempi di destini e di scelte spesso inconciliabili: la prima consona all'uomo e allo sviluppo progressivo della società; la seconda invece pericolosa e per questo da tenere sotto controllo: fuori dalle mura – si pensi alla mirabile rappresentazione del buono e cattivo governo di Ambrogio Lorenzetti a Siena – o plasmata in un giardino: dal patio delle case romane, all'*hortus conclusus* medievale, ai giardini rinascimentali e barocchi e fino all'apparente spontaneità del giardino all'inglese.

---

[1] E ancora "*It is so hard to imagine anything fundamentally different from what we have now ... but without these alternate visions, we get stuck on dead center*". Le frasi di E. Callenbach sono riportate nell'articolo-intervista di S. TIMBERG, *The Novel That Predicted Portland*, in *New York Times*, 12 dicembre 2008, *www.nytimes.com/2008/12/14/fashion/14ecotopia.html*.

[2] Sul ruolo della città nella storia e sulle evoluzioni di questa forma di convivenza, v. C.M. CIPOLLA, *Storia economica dell'Europa pre-industriale*, Bologna, 1974; E. GUIDONI, *La città dal Medioevo al Rinascimento*, Roma, 1981; L. BENEVOLO, *Storia della città*, Bari, 1993.

La contrapposizione, estremamente semplificata nella sintesi di questo contributo, si conferma nelle rappresentazioni distopiche del Novecento, quando l'associazione tra civiltà e città viene catapultata in mondi desertici, contaminati e invivibili, al termine dell'"evoluzione *antinaturale* della specie umana" [3].

Una civiltà senza natura, però, è tanto poco desiderabile quanto – allo stato attuale della scienza e della tecnologia – poco praticabile. Non stupisce, quindi, constatare che la descritta contrapposizione sia una visione superata e che le politiche urbane più attuali pongano l'accento sulla necessità di conciliare e addirittura di integrare lo sviluppo urbano e la tutela ambientale.

La città vuole divenire un luogo che non esclude l'ambiente e anzi, laddove possibile, lo tutela e lo include: non più Leonia, la città che "rifà se stessa tutti i giorni" riempiendo il mondo col pattume dei "resti della Leonia di ieri" [4], ma Ecotopia [5].

È questa l'idea della città [6] sostenibile [7] – formalizzata anzitutto in diversi atti internazionali come la Carta europea di Lipsia del 2007 [8] e l'Agenda ONU

[3] L'espressione è di R. DELLA SETA, voce *Ambiente e qualità della vita nel territorio urbano*, in *Treccani-online*, a chiosa di un brano di D. MORRIS (*The human zoo*, 1969, trad. it., *Lo zoo umano*, a cura di E. Capriolo, Milano, 2005, 7) sulla città come paradigma di questa evoluzione. V. però le istanze, esposte già negli anni Sessanta ma rimaste disattese, raccolte da M. GHIO-V. CALZOLARI, *Verde per la città. Funzioni, dimensionamento, costo, attuazione di: parchi urbani, aree sportive, campi da gioco, biblioteche e altri servizi per il tempo libero*, Roma, 1961, 151 ss.

[4] I. CALVINO, *Le città invisibili*, Milano, 1972, ed. 2020, 111 s.

[5] L'utopia ecologica creata da E. CALLENBACH, *Ecotopia: the notebooks and reports of William Weston*, Berkeley, 1975.

[6] Il ritorno del lemma città è in controtendenza rispetto all'"eclissi terminologica e concettuale del termine città nella disciplina delle autonomie locali", come osserva M.C. ROMANO, *La città-regione quale figura interdisciplinare. Soluzioni istituzionali e nuovi livelli di governo delle città capitali e metropolitane nella prospettiva europea*, in *Dir. amm.*, 3/2020, 677 ss.; sulla attuale centralità di questo concetto nella prospettiva giuridica e sul suo rilevo costituzionale, v. R. CAVALLO PERIN, *L'ordinamento giuridico della città*, in *Munus*, 2/2019, 365 ss.

[7] Cfr. M.G. DELLA SCALA, *La 'città sostenibile' tra pianificazione e strumenti urbanistici integrativi*, in G. DE GIORGI CEZZI-P.L. PORTALURI (a cura di), *La coesione politico-territoriale*, Firenze, 2016, 335 ss. Sul concetto di sviluppo sostenibile e sulla sua evoluzione, v., per tutti, F. FRACCHIA, *Lo sviluppo sostenibile. La voce flebile dell'altro tra protezione dell'ambiente e tutela della specie umana*, Napoli, 2010; ID., *Il principio dello sviluppo sostenibile*, in G. ROSSI (a cura di), *Diritto dell'ambiente*, Torino, 2017, 182 ss.; G. ROSSI, *Dallo sviluppo sostenibile all'ambiente per lo sviluppo*, in *Riv. quad. dir. amb.*, 1/2020, 4 ss.; P. PINTO, *Città e sviluppo sostenibile: la sostenibilità come risposta alla domanda di città*, in questo *Volume*.

[8] "*Leipzig Charter on Sustainable European Cities*" approvata dagli Stati membri dell'Unione Europea il 2 maggio 2007, recentemente rinnovata nella "*New Leipzig Charter – The transformative power of cities for the common good*" del 30 novembre 2020, in *https://ec.europa.eu/regional_policy/en/newsroom/news/2020/12/12-08-2020-new-leipzig-charter-the-transformative-power-of-cities-for-the-common-good* (questo e i *link* successivamente richiamati nelle note sono stati consultati il 4 settembre 2021).

2030 [9] – e dell'urbanistica ambientale, accolta anche dalla nostra giurisprudenza amministrativa [10] e costituzionale [11].

Si tratta di un cambiamento epocale e complesso [12], tantopiù se si considera che l'espansione urbana è uno dei fattori principali di cambiamento e compromissione ambientale per opera dell'uomo [13].

D'altro canto, oltre alla considerazione che più della metà della popolazione residente nei paesi OCSE è concentrata in una delle trecento aree metropolitane del mondo [14], vi è chi fa notare come l'impatto ambientale non sia legato esclusi-

---

[9] "*The Sustainable Development Agenda*", approvata il 25 settembre 2015 dai membri delle Nazioni Unite, prevede diciassette obiettivi, tra cui "*Città e comunità sostenibili*" (n. 11), in *www.un.org/sustainabledevelopment/development-agenda/*.

[10] Secondo il Consiglio di Stato, infatti, "il potere di pianificazione urbanistica, dunque, non è funzionale solo all'interesse pubblico all'ordinato sviluppo edilizio del territorio in considerazione delle diverse tipologie di edificazione distinte per finalità (civile abitazione, uffici pubblici, opifici industriali e artigianali, ecc.), ma è anche rivolto alla realizzazione contemperata di una pluralità di interessi pubblici (e segnatamente di quelli ambientali fino al punto di prevedere il c.d. consumo zero di suolo), che trovano il proprio fondamento in valori costituzionalmente garantiti": sez. IV, 10 maggio 2012, n. 2710, in *Urb. app.*, 1/2013, 59 ss., con commento di P. URBANI, 64 ss.; analogamente, *ex multis*, Cons. Stato, sez. IV, 20 settembre 2005, n. 4828, in *Riv. giur. amb.*, 1/2006, 95 ss., con nota di V. VITIELLO, *La nuova frontiera della c.d. «urbanistica ambientale,* 100; Cons. Stato, sez. IV, 18 settembre 2017, n. 4352, su cui F. SCALIA, *Pianificazione urbanistica e valori ambientali*, in *Riv. DGA*, 5/2017, 6 ss.

[11] V. la celebre sentenza in materia di consumo di suolo e autonomia municipale 16 luglio 2019, n. 179. La Corte ha dichiarato l'illegittimità costituzionale dell'art. 5, c. 4, l.r. Lombardia 28 novembre 2014, n. 31 (Disposizioni per la riduzione del consumo di suolo e per la riqualificazione del suolo degradato), che – disciplinando la fase transitoria occorrente alla integrazione e all'adeguamento dei piani in vista della riduzione del consumo di suolo – impediva ai Comuni di apportare varianti in riduzione degli indici edificatori dei piani vigenti. Su questa decisione, v. P. FALLETTA, *L'irrisolto equilibrio tra regionalismo e municipalismo in materia di pianificazione urbanistica*, in *Giur. cost.*, 4/2019, 2094 ss.; M. GORLANI, *Il nucleo intangibile dell'autonomia costituzionale dei Comuni*, in *Le Regioni*, 4/2019, 1115 ss.; C. PAGLIAROLI, *Disciplina transitoria della legge regionale lombarda sul contenimento del consumo di suolo: profili di incostituzionalità*, in *Riv. giur. ed.*, 4/2019, 853 ss.; G. SCIULLO, *Regionalismo e municipalismo alla prova della pianificazione urbanistica comunale*, in *Riv. giur. urb.*, 3/2020, 648 ss.

[12] Cfr. E. GRANATA, Biodivercity. *Città aperte, creative e sostenibili che cambiano il mondo*, Firenze, 2019.

[13] J.R. MCNEILL, *Qualcosa di nuovo sotto il sole. Storia dell'ambiente nel XX secolo*, trad. it. di P. Arlorio, Torino, 2002, 359. V. anche gli ulteriori dati relativi all'"ecosistema urbano" riportati da R. DELLA SETA, *op. loc. cit.*; EEA, *Verso un'Europa a inquinamento zero*, 2021, 8 ss., in *www.eea.europa.eu/it/publications/segnali-eea-2020-verso-un2019europa.*

[14] V. i dati raccolti dalle Nazioni Unite nel "*2018 Revision of World Urbanization Prospects*", in *https://population.un.org/wup/*. La tendenza è confermata anche dai dati italiani, come riportano P. URBANI, *Politiche pubbliche per le grandi città*, in G. DEMATTEIS (a cura di), *Le grandi città italiane. Società e territori da ricomporre*, Venezia 2011, 317; F. DI LASCIO, *Quali tendenze in corso nella rigenerazione delle città?*, in *Riv. giur. ed.*, 2/2018, 135 s. V., inoltre, la "*Strategia Nazionale per la Biodiversità 2010-2020*", 101 ss., in *www.minambiente.it/sites/default/files/archivio/allegati/biodiversita/Strategia_Nazionale_per_la_Biodiversita.pdf*; e il rapporto ISTAT, *Rapporto sul Territorio 2020. Ambiente, Economia e Società, Cap. 4: "Dove viviamo"*, a cura di A. De Panizza, Roma, 2020, 64 ss., *www.istat.it/storage/rapporti-tematici/territorio2020/capitolo_4.pdf.*

vamente all'urbanismo ma ad un certo modo di vivere e consumare, che connota l'attualità, e che viene semplicemente ridistribuito quando la popolazione si trasferisce in centri più piccoli o nelle campagne, senza diminuire [15]. Il punto non è allora la promozione di una fuga dalle città, tornata l'aspirazione di molti durante la pandemia in corso [16], ma una gestione più consapevole e attenta agli aspetti ambientali di questi centri di civiltà e di innovazione [17].

E d'altronde le città sono addirittura più virtuose di alcuni piccoli centri, con riferimento ad alcuni indici e ai loro valori *pro capite* [18]. Il loro impatto ambientale negativo non è sempre direttamente proporzionale alla loro dimensione, ma piuttosto inversamente connesso all'efficienza di alcuni servizi [19]. Tuttavia è innegabile che, in valori assoluti, le città siano formidabili fattori di impatto ambientale e di cambiamento climatico, dei quali sono al contempo anche vittime particolarmente vulnerabili [20].

---

[15] V. in proposito R. CAMAGNI-P. RIGAMONTI, *Forma urbana e costi collettivi: una analisi quantitativa sulla provincia di Milano, e la regione Lombardia*, in R. CAMAGNI-M.C. GIBELLI-P. RIGAMONTI (a cura di), *I costi collettivi della città dispersa*, Firenze, 2002, 79 ss.; OECD, *The Metropolitan Century: Understanding Urbanisation and its Consequences*, Paris, 2015, 82 ss. e 104.

[16] Oltre il 90% dei casi di contagio, infatti, è avvenuto nei centri urbani, come emerge dal rapporto curato dalla UNITED NATIONS STATISTICS DIVISION, *The Sustainable Development Goals Report 2020 – Goal 11: Sustainable Cities and Communities*, 2020, in *https://unstats.un.org/sdgs/report/2020/goal-11/*. V. in proposito C. CAMAIONI-R. D'ONOFRIO, *Dove vanno le città? La riscoperta delle centralità e delle funzioni urbane essenziali dopo la pandemia*, in M. TALIA (a cura di), *Le nuove comunità urbane e il valore strategico della conoscenza*, Roma-Milano, 2020, 54 ss.; R. FLORIDA *ET AL.*, *Cities in a Post-COVID World*, in *Evolutionary Economic Geography (PEEG)*, 2020, 2 ss., in *https://ideas.repec.org/p/egu/wpaper/2041.html*.

[17] Gli effetti positivi di un corretto sviluppo urbano coinvolgono anche il territorio circostante, v. ad esempio R. AHREND-A. SCHUMANN, *Does regional growth depend on proximity to urban centres?*, in *OECD Regional Development Working Papers*, 2014/07, in *http://dx.doi.org/10.1787/5jz0t7fxh7wc-en*. Sul ruolo trainante delle città per "veicolare al meglio le politiche europee di crescita economica, di coesione territoriale, di protezione dell'ambiente, di progressiva digitalizzazione", M.C. ROMANO, *La città-regione quale figura interdisciplinare. Soluzioni istituzionali e nuovi livelli di governo delle città capitali e metropolitane nella prospettiva europea*, cit., 698.

[18] V. i dati relativi al rapporto costi-benefici in vari settori (come il consumo di suolo, il lavoro – per tipologia e per quantità –, i trasporti ma anche l'offerta culturale e di intrattenimento e il costo delle abitazioni) riassunti e presentati in OECD, *The Metropolitan Century*, cit., 81 ss.

[19] Interessante a questo proposito lo studio sui trasporti e i tempi di percorso dei lavoratori pendolari delle capitali europee e dei paesi limitrofi presentato in OECD, *The Metropolitan Century*, cit., 81, tabella 3.3. L'analisi elabora in forma schematica quanto emerge dal *Flash Eurobarometer: "Quality of life in European cities"*, n. 419/2015, in *https://ec.europa.eu/regional_policy/en/information/publications/studies/2016/quality-of-life-in-european-cities-2015*. Parimenti interessante è il confronto tra alcune metropoli: Los Angeles registra ad esempio valori più alti nell'uso dei motoveicoli, una minore densità edilizia e un maggiore ammontare di emissioni Co2 rispetto a New York, nonostante quest'ultima abbia la maggiore concentrazione abitativa degli Stati Uniti (60% maggiore di LA), come emerge da OECD, *Cities and Climate Change*, Parigi, 2010, 18.

[20] Per tutti v. OECD, *Cities and Climate Change*, cit., 63 ss.; C. MARIANO-M. MARINO, Sea level rise *e strategie di rigenerazione in ambiti urbani costieri. Il caso di Ravenna*, in M. TALIA (a cura

Alla complessità dei problemi brevemente elencati deve aggiungersi la considerazione che la dimensione metropolitana è ormai ineliminabile dalle vicende della specie umana. La città, anzi, risulta preferita dalla maggioranza della popolazione mondiale anche al netto degli aspetti evidentemente e notoriamente negativi, quali il maggiore inquinamento e il più alto costo delle abitazioni. La domanda da porsi, pertanto, non è *se* ma *come* gli ordinamenti possano promuovere lo sviluppo di città sostenibili per l'ambiente.

2. *Uno sguardo alle nuove politiche urbane ambientali e di contrasto del cambiamento climatico*

Le realtà urbane sono complesse e molto diversificate per tipologia e dimensione. La varietà si riflette nello strumentario giuridico e delle politiche di tutela dell'ambiente, che oggi devono affiancare le funzioni tradizionali della città. Questa pluralità riguarda sia l'oggetto delle discipline (come l'edilizia, i trasporti, i rifiuti) [21] sia lo strumento stesso (la pianificazione, le autorizzazioni, i divieti, gli incentivi) sia, infine, il metodo favorito, con un incremento del ricorso al paternalismo libertario (*nudging*) [22] accanto alla tradizionale disciplina autoritativa *ex imperio*.

Tale ampia gamma di strumenti può essere organizzata concettualmente in quattro approcci, in base al ruolo della città [23]:

a) Autogoverno (*self-governing*) ovvero la città come consumatore. I municipi possono limitare il proprio consumo e l'impronta ecologica attraverso la gestione delle proprie risorse, ad esempio promuovendo l'efficienza energetica degli edifici comunali e la sostituzione dei veicoli del trasporto pubblico con mezzi più efficienti ed ecologici;

b) Governare per servizi (*governing by provision*): la città come erogatrice di servizi pubblici, che incide sullo sviluppo delle infrastrutture, la programmazione e l'offerta di singoli servizi locali (quali trasporti, acqua, elettricità, edilizia pubblica, aree verdi);

c) Governare per autorità (*governing by authority*): la città come autorità rego-

---

di), *op. cit.*, 163 ss.; P. PELLEGRINO, *Approcci per città clima-adattive e resilienti. Strategie, strumenti e misure per le città di costa*, *ivi*, 184 ss.

[21] Sul valore del trasporto pubblico locale per la resilienza e la rinascita delle città, v. C. PAGLIARIN, *Trasporti*, in questo *Volume*.

[22] R.H. THALER-C.R. SUNSTEIN, *Nudge. Improving Decisions about Health, Wealth and Happiness*, New Haven, 2008, nella trad. it. a cura di A. Oliveri, *La spinta gentile*, X ed., Milano, 2020, 10.

[23] H. BULKELEY-K. KERN, *Local Government and the Governing of Climate Change in Germany and the UK*, in *Urban Studies*, 2006, 2237 ss.; OECD, *Cities and Climate Change*, cit., 108.

latrice. I governi locali possono emanare regolamenti per ridurre le emissioni di CO2, l'inquinamento luminoso, l'uso di condizionatori e impianti di riscaldamento, l'uso del territorio, la gestione del traffico, i rifiuti;

d) Governare creando condizioni favorevoli (*governing through enabling*)[24]: la città come ente facilitatore del coordinamento tra attori privati e comunità, ad esempio promuovendo *partnership* pubblico-private per la fornitura di servizi e infrastrutture.

Ad ognuno di questi approcci corrispondono politiche e obiettivi ambientali diversi, ma complementari e integrabili. Nonostante la gamma di declinazioni e di combinazioni sia molto ampia, spesso i centri urbani adducono gli elevati costi delle politiche urbane sostenibili come ostacolo che li costringe all'inerzia. Se, però, da un lato è certo che alcune di queste strategie di gestione impongano costi nuovi alla comunità e ai singoli (iniziali e, soprattutto, di manutenzione) deve essere considerato che essi sono destinati a essere compensati nel lungo periodo. Si pensi, ad esempio, alla riduzione del suolo impermeabilizzato e all'aumento di aree verdi con piante ad alto fusto[25]: queste misure comportano un beneficio in termini di abbassamento della temperatura locale, in grado di mitigare ampiamente, se non di neutralizzare, gli effetti del circolo vizioso del c.d. "*urban heat island effect*"[26].

Su più larga scala, gli interventi possono incidere sui costi conseguenti ai fenomeni catastrofici dovuti al cambiamento climatico[27]. Sebbene questi ultimi siano spesso ardui da stimare nella loro entità complessiva, perché riferiti a danni – eventuali e difficilmente quantificabili – dell'ecosistema, del patrimonio culturale o della salute[28], essi devono essere tenuti in considerazione. I "*costs of*

---

[24] Sulla *governance* "capacitante", v. N. GILBERT-B. GILBERT, *The Enabling State: Modern Welfare Capitalism in America*, New York, 1989; G. WIGMANS, *Contingent governance and the enabling city*, in *City*, 2001, 203 ss.; con specifico riguardo alle politiche di rigenerazione urbana e sostenibilità E. CHITI, *La rigenerazione di beni e spazi pubblici: una nuova funzione amministrativa?*, in F. DI LASCIO-F. GIGLIONI (a cura di*), La rigenerazione di beni e spazi pubblici. Contributo al diritto della città*, Bologna, 2017, 31 s.

[25] V. la Comunicazione della Commissione "*Strategia dell'UE sulla biodiversità per il 2030. Riportare la natura nella nostra vita*" del 20 maggio 2020 (COM_(2020)380 final), punto 2.2.8 "*Inverdire le zone urbane e periurbane*", in *https://eur-lex.europa.eu/legal-content/IT/TXT/?uri=CELEX:52020DC0380.*

[26] OECD, *Cities and Climate Change*, cit., 72. V. anche S. RONCHI *ET AL.*, *L'analisi del microclima urbano a supporto della valutazione delle trasformazioni urbane. Primi esiti di una ricerca per migliorare la vivibilità della città di Milano*, in M. TALIA (a cura di), *op. cit.*, 220 ss.; S. URAS-I. POLI, *Strategie di rigenerazione urbana ecosystem-based per l'adattamento al climate change*, *ivi*, 252 ss.

[27] Una stima relativa agli effetti dei fenomeni naturali (allagamenti, tempeste e altre catastrofi naturali) negli Stati Uniti può essere letta in O. CHOI-A. FISHER, *The Impacts of Socio-economic Development and Climate Change on Severe Weather Catastrophe Losses: Mid-Atlantic Region MAR and the US*, in *Climate Change*, 2003, 149 ss.; OECD, *Cities and Climate Change*, cit., 74.

[28] OECD, *Cities and Climate Change*, cit., 74. V. anche S. DIETZ-N. STERN, *Why Economic*

urban inaction" sono un elemento di valutazione della convenienza di interventi pro sostenibilità sulle città [29]; essi inoltre devono essere inquadrati in una prospettiva di ampio raggio perché la somma degli interventi locali può incidere significativamente sulle strategie nazionali [30]. Tantopiù che la dimensione metropolitana e cittadina si presta a sviluppare soluzioni e programmi adeguati alle specifiche condizioni geografiche, climatiche, economiche e culturali delle aree di riferimento. Le città si pongono come laboratori di innovazioni, che possono poi essere replicate a livello regionale o nazionale. E d'altronde non è una novità, nel diritto urbanistico, che strumenti nati dal basso (a livello regionale o addirittura comunale) siano poi stati recepiti dal legislatore o dalla pubblica amministrazione nazionali.

Molte e variegate, per oggetto e per portata, sono allora le politiche adottate – illuminazione cittadina, trasporti, economia circolare e gestione dei rifiuti, gestione degli spazi e degli edifici pubblici e privati – nei programmi di azione di centri urbani molto diversi tra loro [31] e nelle candidature delle Capitali verdi europee [32].

Un tratto comune che emerge, pur nella pluralità delle soluzioni e delle proposte, è la nuova consapevolezza ambientale delle città, che non puntano solo a mi-

---

Analysis Supports Strong Action on Climate Change: A Response to the Stern Review's Critics, in *Review of Environmental Economics and Policy*, 1/2008, 94 ss.

[29] Così OECD, *Cities and Climate Change*, cit., 75.

[30] Ancora OECD, *Cities and Climate Change*, cit., 82 ss.; con riferimento al contributo delle città alla crescita verde v. anche OECD, *Green Growth in Cities*, in *OECD Green Growth Studies*, Paris, 2013, 13 ss.

[31] Si veda, ad esempio, la "*Climate Action Strategy*" della Città di Londra per il 2020-2027, con la quale la municipalità si impegna a raggiungere emissioni di carbonio nette pari a zero entro il 2027, con riguardo alle proprie attività, ed entro il 2040, con riferimento alla catena delle forniture e degli investimenti e al raggiungimento dello zero netto per miglio quadrato urbano: *www.cityoflondon.gov.uk/services/environmental-health/climate-action/climate-action-strategy*.

Interessanti – e purtroppo drammaticamente attuali alla luce della catastrofe che in questi giorni ha colpito la città, portando alla dichiarazione di "*Emergency Disaster*" del 3 settembre 2021 – anche le politiche della città-Stato di New York e del suo Ufficio per il cambiamento climatico: *www.dec.ny.gov/energy/44992.html*.

In Europa molte città (nordiche) sono state pioniere, dotandosi già nei decenni scorsi di piani per il contrasto del cambiamento climatico particolarmente incisivi. Così, ad esempio, a partire dal 2007 la città di Amburgo (il piano attuale: *www.hamburg.de/klimaplan/*); nel 2012 la città di Copenaghen, puntando addirittura alla neutralità carbonica per il 2025 (*http://en.klimatilpasning.dk*) e nel 2019 Parigi (*https://cdn.paris.fr › paris › 2019/07/24*), con obiettivi meno ambiziosi ma una carica simbolica importante dopo l'approvazione dell'accordo di Parigi, ossia della Convenzione quadro delle Nazioni Unite sui cambiamenti climatici nel 2016.

[32] Il premio, istituito nel 2008 per le città con oltre 100.000 abitanti, è stato assegnato a partire dal 2010 a diverse città dell'Europa centro-settentrionale (l'elenco e i criteri sono consultabili in *https://ec.europa.eu/environment/europeangreencapital*). Per le città più piccole è, invece, previsto il riconoscimento "Foglia verde europea": *https://ec.europa.eu/environment/europeangreencapital/europeangreenleaf/*.

gliorare l'ambiente locale o a impattare meno sulle aree limitrofe, ma si pongono obiettivi climatici con ripercussioni globali [33].

3. *Verso le città sostenibili in Italia: se non ora, quando?*

Gli approcci e molte delle soluzioni sinteticamente richiamati sono presenti anche nel nostro ordinamento, che tuttavia non pare fino ad ora avere posto un *focus* significativo su organiche e coordinate politiche urbane ambientali e di lotta al cambiamento climatico[34] o che, comunque, non è sempre in grado di attuare quanto previsto dal legislatore e programmato dall'esecutivo [35].

Gli strumenti apprestati dall'ordinamento nazionale sono molteplici – talvolta risalenti [36] – e dal contenuto eterogeneo, costituendo dei contenitori versatili in grado di ospitare la tutela ambientale ma anche lo sviluppo edilizio e infrastrutturale *tout court*. Così può dirsi, anzitutto, per la pianificazione: urbanistica, paesaggistica ma anche speciale, come quella in materia di mobilità sostenibile [37]. I diversi livelli e tipi di pianificazione hanno accolto con una certa enfasi – soprattut-

[33] Va ricordato il programma ONU, "*Cities for Climate Protection*" cui hanno aderito oltre 650 centri su tutto il globo, in *https://sustainabledevelopment.un.org/partnership/?p=1498*.

[34] Sulla necessità di superare la frammentarietà del sistema di tutele, v. A. SOLA, *La tutela ambientale nelle città. Nuovi problemi, vecchi strumenti*, in *Federalismi.it*, 21/2019, 24. V., però, anche quanto segnalano C. ARZÀ *ET AL.*, *Le Agende per lo Sviluppo sostenibile delle città metropolitane di Genova, Milano, Torino e Venezia*, in *Working papers. Rivista online di Urban@it*, 2/2020, 4 ss.

[35] V. la già ricordata "*Strategia Nazionale per la Biodiversità 2010-2020*", 101 ss., che riassume perfettamente la molteplicità di approcci. Tra le "priorità di intervento" per le aree urbane sono previste: a) l'elaborazione di indicatori per valutare l'efficacia delle iniziative e i progressi, orientando il processo decisionale; b) la promozione del risparmio energetico negli edifici e la riduzione delle superfici cementificate ed asfaltate per garantire la permeabilità dei suoli e il ripristino di un ciclo delle acque più naturale; c) l'ottimizzazione del ciclo dei rifiuti; d) la riqualificazione ecologica delle aree urbane, con progetti integrati di recupero degli ambiti costruiti e degli habitat naturali; e) l'implementazione di corridoi ecologici; f) la predisposizione e la piena applicazione di piani urbanistici con attenzione alla dimensione naturale e alla biodiversità, anche dei suoli urbani.

[36] Ad esempio il Decreto Interministeriale "*Mobilità Sostenibile nelle Aree Urbane*" è del 27 marzo 1998.

[37] I Piani Urbani per la Mobilità Sostenibile (PUMS) sono previsti, in attuazione della disciplina europea dall'art. 3, comma 7, del d.lgs. 16 dicembre 2016, n. 257 e dal d.m. Ministero delle Infrastrutture e dei Trasporti 4 agosto 2017 (*Individuazione delle linee guida per i piani urbani di mobilità sostenibile, ai sensi dell'articolo 3, comma 7, del decreto legislativo 16 dicembre 2016, n. 257*) come aggiornate con d.m. 28 agosto 2019, n. 396. Un monitoraggio dei piani approvati e loro disciplina normativa sono reperibili al sito *www.osservatoriopums.it/il-pums*. In tema v. anche L. MARFOLI, *Trasporti, ambiente e mobilità sostenibile in Italia*, in *Riv. giur. amb.*, 3-4/2013, 305 ss.; T. BONETTI, *Il trasporto pubblico locale nel prisma della mobilità sostenibile*, in *Dir. amm.*, 3/2020, 563 ss.

to del legislatore regionale – le istanze ambientali [38], di contenimento del consumo di suolo [39], della multifunzionalità delle zone [40] e della rigenerazione urbana [41],

---

[38] Cfr. P. CHIRULLI, *Urbanistica e interessi differenziati: dalle tutele parallele alla pianificazione integrata*, in *Dir. amm.*, 1/2015, 50 ss.; P. MARZARO, *Governo del territorio, interessi differenziati e tecniche di regolazione degli interessi. Note di sistema*, in *Riv. giur. urb.*, 2/2019, 190 ss.; P.L. PORTALURI-C. NAPOLITANO, *L'ambiente e i piani urbanistici*, in G. ROSSI (a cura di), *Diritto dell'ambiente*, V ed., Torino, 2021, 242 ss.

[39] V. G.F. CARTEI-L. DE LUCIA (a cura di), *Contenere il consumo di suolo. Saperi ed esperienze a confronto*, Napoli, 2014; G.F. CARTEI, *Il problema giuridico del consumo di suolo*, in *Riv. It. Dir. Pubbl. Com.*, 6/2014, 1261 ss.; L. DE LUCIA, *Il contenimento del consumo di suolo e il futuro della pianificazione urbanistica e territoriale*, in G. DE GIORGI CEZZI-P.L. PORTALURI (a cura di), *La coesione politico-territoriale*, Firenze, 2016, 299 ss.; E. BOSCOLO, *Beni comuni e consumo di suolo. Alla ricerca di una disciplina legislativa*, in P. URBANI (a cura di), *Politiche urbanistiche e gestione del territorio. Tra esigenze del mercato e coesione sociale*, Torino, 2015, 69 ss.; P. CHIRULLI, *La pianificazione urbanistica tra esigenze di sviluppo e riduzione del consumo di suolo: la riqualificazione dell'esistente*, in *Riv. giur. urb.*, 4/2015, 592 ss.; W. GASPARRI, *Suolo, bene comune? Contenimento del consumo di suolo e funzione sociale della proprietà privata*, in *Dir. pubbl.*, 1/2016, 109 ss.; F. SCALIA, *Governo del territorio e tutela dell'ambiente: urbanistica e limitazione del consumo di suolo*, in *Urb. app.*, 10/2016, 1065 ss.; P. URBANI, *A proposito della riduzione del consumo di suolo*, in *Riv. giur. ed.*, 3/2016, 227 ss.; M. DUGATO, *L'uso accettabile del territorio*, in *Ist. Fed.*, 3/2017, 597 ss.; A. CALEGARI, *Le leggi regionali sul consumo di suolo*, in P. STELLA RICHTER (a cura di), *Verso le leggi regionali di IV generazione*, Milano, 2019, 187 ss. Sia poi consentito il rinvio a E. BUOSO, *Il principio di proporzionalità ambientale e il superinteresse al contenimento del consumo di suolo*, in G. CERRINA FERONI *ET AL.* (a cura di), *Ambiente, energia, alimentazione Modelli giuridici comparati per lo sviluppo sostenibile*, CESIFIN online, 2016, 325 ss.

[40] La multifunzionalità viene indicata come particolarmente opportuna dal punto di vista ambientale, perché consente di aumentare la densità abitativa e di ridurre le emissioni dovute ai trasporti: OECD, *Cities and Climate Change*, cit., 106 ss.

[41] V. R. DIPACE, *La rigenerazione urbana tra programmazione e pianificazione*, in *Riv. giur. ed.*, 5/2014, 5 ss., che evidenzia le potenzialità delle politiche di rigenerazione anche per contrastare la fragilità dei territori a fronte di eventi calamitosi; T. BONETTI, *La rigenerazione urbana nell'ordinamento giuridico italiano: profili ricostruttivi e questioni aperte*, in E. FONTANARI-G. PIPERATA (a cura di), *Agenda RE-CYCLE. Proposte per reinventare la città*, Bologna, 2017, 59 ss.; G. PIPERATA, *Rigenerare i beni e gli spazi della città: attori, regole e azioni*, *ivi*, 28 ss.; F. DI LASCIO, *Quali tendenze in corso nella rigenerazione delle città?*, cit., 135 ss.; EAD.-F. GIGLIONI (a cura di), *La rigenerazione di beni e spazi pubblici*, cit.; G. TORELLI, *La rigenerazione urbana nelle recenti leggi urbanistiche e del governo del territorio*, in *Ist. fed.*, 3/2017, 29 ss.; A. GIUSTI, *La rigenerazione urbana. Temi, questioni e approcci nell'urbanistica di nuova generazione*, Napoli, 2018; G. GUZZARDO, *La regolazione multilivello del consumo di suolo e del riuso dell'abitato*, in *Riv. it. dir. pubbl. com.*, 1/2018, 119 ss.; A. FIORITTO, *La (debole) legalità urbanistica: il caso della rigenerazione urbana*, in M. PASSALACQUA-B. POZZO (a cura di), *Diritto e rigenerazione dei* brownfields. *Amministrazione, obblighi civilistici, tutele*, Torino, 2019, 67 ss.; F. CRUPI, *Rigenerazione e città pubblica. Strategie e strumenti per rispondere alle nuove sfide della contemporaneità*, in M. TALIA (a cura di), *op. cit.*, 102, ss.; C. GIAIMO *ET AL.*, *Pianificare la rigenerazione dei tessuti insediativi. Il caso dell'adattamento ai fenomeni di pioggia intensa a Settimo torinese (TO)*, *ivi*, 144 ss.; G.F. CARTEI-E. AMANTE, *La disciplina della rigenerazione urbana nella legge dell'Emilia-Romagna n. 24 del 2017*, in *Riv. giur. urb.*, 2/2020, 321 ss.; T. FAVARO, *Verso la* smart city: *sviluppo economico e rigenerazione urbana*, in *Riv. giur. ed.*, 2/2020, 87 ss.; G. GARDINI, *Alla ricerca della città giusta. La rigenerazione come metodo di pianificazione urbana*, in *Federalismi.it*, 24/2020, 44 ss.; infine F. GIGLIONI, *La sostenibilità ambientale come vincolo giuridico per la rigenerazione urbana*, in *Riv. quad. dir. amb.*, 1/2020, 16 ss., evidenzia il potenziale contrasto tra

quando accanto alle funzioni di recupero e di riqualificazione dell'esistente si inseriscano chiari obiettivi di sostenibilità ambientale e miglioramento climatico [42]. È positivo che proprio questi compaiano tra le prime finalità del disegno di legge in materia di rigenerazione urbana attualmente discusso in Senato [43].

Oltre alla funzione tradizionale di gestione del territorio e dei suoi usi, che si esplica con la pianificazione, possono essere ben inquadrati in un'ottica ambientale i patti di collaborazione [44] e i regolamenti comunali in materia di gestione condivisa dei beni comuni [45], ma anche alcuni interventi normativi episodici, come le norme sullo sviluppo di spazi verdi urbani e del patrimonio arboreo comunale [46].

---

rigenerazione urbana e la sostenibilità ambientale, dovuto a una certa ambiguità di fondo della prima, ma anche la possibilità di calibrare l'impatto dei vincoli di sostenibilità sui diritti di proprietà in base all'uso del bene materiale su cui vengono esercitati (p. 39).

[42] Com'è noto il concetto di recupero si è arricchito nel tempo: v. D. DE PRETIS, *Piani integrati e buon andamento dell'amministrazione*, in *le Regioni*, 3/1993, 919 ss.; G. LEONE-A.L. TARASCO, *Spunti ricostruttivi in tema di programmi integrati di intervento: dal modello statale alla disciplina regionale*, in *Foro amm.-C.d.S.*, 2003, 1149 ss.; A CHIERICHETTI, *Riqualificazione urbana e pianificazione urbanistica*, in *Riv. giur. ed.*, 1/1999, 92 ss.; C. PINAMONTI, *I piani e i programmi di recupero urbano*, in D. DE PRETIS (a cura di), *La pianificazione urbanistica di attuazione: dal piano particolareggiato ai piani operativi*, Trento, 2002, 195 ss.; M. BREGANZE, *Contratti di quartiere: strumenti utili per il recupero urbano?*, in *Riv. amm.*, 1997, 1139 ss.; R. DAMONTE, *Programmi di riqualificazione urbana e di sviluppo sostenibile (PRUSST) di cui al d.m. 8 ottobre 1998, n. 1169*, in *Riv. giur. ed.*, 2/2001, 33 ss.; G. GRAZIOSI, *I programmi di riqualificazione urbana*, in S. BELLOMIA ET AL. (a cura di), *Proprietà e pianificazione del territorio, Trattato dei diritti reali*, vol. IV, diretto da A. Gambaro-U. Morello, Milano, 2013, 653 ss.; R. DIPACE, *La rigenerazione urbana tra programmazione e pianificazione*, cit., § 2.

[43] Art. 1 d.d.l. n. 1131 della XVIII legislatura (*Misure per la rigenerazione urbana*), *www.senato.it/leg/18/BGT/Schede/Ddliter/testi/51435_testi.htm*. V. le osservazioni dell'Istituto Nazionale di Urbanistica, in *www.inu.it/wp-content/uploads/documento-osservazioni-inu-testo-unificato-rigenerazione-urbana.pdf*.

[44] M.V. FERRONI, *Le forme di collaborazione per la rigenerazione di beni e spazi urbani*, in *Nomos*, 2017, 3 ss.; A. SOLA, *I privati nella gestione delle emergenze ambientali. I patti di collaborazione*, in *Amb. Dir.*, 1/2019, 19 ss.; F. GIGLIONI, *La sostenibilità ambientale come vincolo giuridico per la rigenerazione urbana*, cit., 28 ss., anche in relazione al baratto amministrativo.

[45] V. il Regolamento del Comune di Bologna 15 maggio 2014 "*sulla collaborazione fra cittadini e amministrazione per la cura e la rigenerazione dei beni comuni urbani*". Cfr. C. IAIONE, *La collaborazione civica per l'amministrazione, la governance e l'economia dei beni comuni*, in G. ARENA-ID. (a cura di), *L'età della condivisione. La collaborazione fra cittadini e amministrazione per i beni comuni*, Roma, 2015, 51 ss.; F. GIGLIONI, *I regolamenti comunali per la gestione dei beni comuni urbani come laboratorio per un nuovo diritto delle città*, in *Munus*, 2/2016, 271 ss.; P. MICHIARA, *I patti di collaborazione e il regolamento per la cura e rigenerazione dei beni comuni urbani. L'esperienza di Bologna*, in *Aedon*, 2/2016, 2; F. DI LASCIO, *Spazi urbani e processi di rigenerazione condivisa*, in EAD.-F. GIGLIONI (a cura di), *op. cit.*, 65 ss.; L. MUZI, *L'amministrazione condivisa dei beni comuni urbani: il ruolo dei privati nell'ottica del principio di sussidiarietà orizzontale*, *ivi*, 117 ss. V. anche F. DI LASCIO, *Quali tendenze in corso nella rigenerazione delle città?*, cit., § 3. Ad oggi circa 250 Comuni hanno approvato simili regolamenti, secondo il censimento costantemente aggiornato di Labsus, in *www.labsus.org/i-regolamenti-per-lamministrazione-condivisa-dei-beni-comuni/*.

[46] Oggetto di disciplina legislativa con la legge 14 gennaio 2013, n. 10, su cui v. G. MARI, *Il*

Il quadro che emerge non è sempre lineare né chiaro. Nonostante il decreto trasparenza imponga ai Comuni la pubblicazione di informazioni ambientali [47] (art. 40, d.lgs. 14 marzo 2013, n. 33) è spesso difficile anche per gli addetti ai lavori districarsi nella giungla delle norme, dei proclami e dei dati. La norma è, invero, particolarmente opportuna, perché il cambiamento culturale che il nuovo corso comporta (non a caso l'Europa ha utilizzato l'espressione "*New Deal*" per il suo ambizioso progetto di neutralità climatica e tutela delle generazioni future [48]) necessita anzitutto di una condivisione delle informazioni, delle buone pratiche e delle soluzioni, anche giuridiche, disponibili.

Condivisione e interconnessione sono peraltro concetti chiave per la città, che – essa stessa una rete di relazioni e rapporti – si inserisce in altre reti [49]: la città è essenzialmente un "*hub of a plurality of networks*" [50]. La ricca gamma di possibilità, il dinamismo e la proiezione verso il futuro che sottendono a questa concezione sono al fondo dell'idea di *smart city*, che connota lo sviluppo delle città odierna [51].

Guardando all'Italia vien da chiedersi se, nonostante le evidenze empiriche e scientifiche, sia ancora troppo diffusa una carente consapevolezza dell'ineludibi-

---

verde urbano pubblico e la pubblicizzazione del verde privato, in *Riv. giur. ed.*, 1/2018, 39 e in part. 41 ss.; M. BROCCA, *Note in tema di verde urbano*, in *Ambientediritto.it*, 1/2021

[47] Ossia, tramite il richiamo all'art. 2, comma 1, lett. *a*), del d.lgs. 19 agosto 2005, n. 195, di "qualsiasi informazione disponibile in forma scritta, visiva, sonora, elettronica od in qualunque altra forma materiale" concernente: 1) lo stato degli elementi dell'ambiente e le interazioni tra questi elementi; 2) fattori quali le sostanze, l'energia, il rumore, le radiazioni, i rifiuti, le emissioni, gli scarichi ed altri rilasci nell'ambiente; 3) le misure, anche amministrative, quali le politiche, le disposizioni legislative, i piani, i programmi, gli accordi ambientali e ogni altro atto nonché le attività che incidono o possono incidere sugli elementi e sui fattori dell'ambiente, e le misure o le attività di protezione; 4) le relazioni sull'attuazione della legislazione ambientale; 5) le analisi costi-benefici ed altre analisi e ipotesi economiche; 6) lo stato della salute e della sicurezza umana, le condizioni della vita umana, il paesaggio, i siti e gli edifici d'interesse culturale, per quanto influenzabili dallo stato degli elementi dell'ambiente.

[48] Ricorrendo ad un'espressione che significa "patto" ma anche "cambio di passo/nuovo corso", come il *New Deal* di rooseveltiana memoria. Il *Green Deal*, presentato dal Consiglio Europeo il 13 dicembre 2019 e approvato con modifiche dal Parlamento Europeo il 15 gennaio 2020, punta a rendere l'Europa il primo continente a impatto climatico zero, in *https://ec.europa.eu/info/strategy/priorities-2019-2024/european-green-deal_it*.

[49] Cfr. F. PIZZOLATO, Floating cities, *reti e territorio: il costituzionalismo transnazionale tra funzionalismo e istanza democratica*, in questo *Volume*, v. anche OECD, *Cities and Climate Change*, cit., 118; in relazione al "Patto dei Sindaci" v. E. FERRERO, *Le smart cities nell'ordinamento giuridico*, in *Foro amm.*, 4/2015, 1278 ss.

[50] R. CAVALLO PERIN, *Beyond the municipality: the city its rights and its rites*, in *IJPL*, 2/2013, 308.

[51] E. FERRERO, *Le* smart cities *nell'ordinamento giuridico*, cit., 1267 ss.; C. DE MAIO, *Climate Change and Decentralized Renewable Energy: The Role of Smart Cities*, in *European Energy and Environmental Law Review*, 2019, 176 ss.; C. IAIONE, *Legal Infrastructure and Urban Networks for Just and Democratic Smart Cities*, in *IJPL*, 2/2019, 747 ss.; C. LAURI, *Smart City*, in *Dig. pubbl.*, agg. VIII, Torino, 2021. Si vedano inoltre i contributi raccolti in J-B. AUBY-M. ALMEIDA CERREDA-S. DÍEZ SASTRE (a cura di), *Smart Cities*, numero monografico di *ERDAL*, vol. 2, 1/2021, 5 ss.

lità di questo percorso, anche e soprattutto nella città. In effetti nel Belpaese il fattore ambiente non ha ancora la centralità che altrove lo rende il fulcro delle strategie di sviluppo delle città [52], come confermano i principali *ranking* delle realtà urbane [53].

L'evoluzione è però in arrivo e inevitabile. Il ruolo che le città possono e devono assumere come spazio di tutela ambientale attiva è ormai evidente e contribuisce in maniera incisiva alla costruzione del loro *status*, anche giuridico [54].

La crisi pandemica, che ha investito il pianeta partendo da una città [55], ha evidenziato l'impellenza di interventi incisivi e segnato una accelerazione in molte delle politiche: dalla riorganizzazione dei Ministeri [56] al decreto semplificazioni in attuazione del Piano nazionale di ripresa e resilienza [57].

I nuovi scenari sono caratterizzati da enormi sfide che richiedono di essere affrontate in maniera compatta, con il senso di corresponsabilità che permea la no-

---

[52] Non è infrequente, infatti, che questa dimensione non sia particolarmente evidenziata nei lavori sulla città come soggetto dell'ordinamento, v. M. ROVERSI MONACO, *La città nell'ordinamento giuridico*, in *Ist. fed.*, 4/2016, 975 ss.

[53] In queste classifiche, che hanno valore puramente indicativo e informativo, la sostenibilità ambientale costituisce fondamentale elemento di benessere e vivibilità: v, per tutti, il *Global Liveability Ranking* a cura dell'Economist Intelligence Unit (EIU) (*www.eiu.com*); per l'Italia il *Rating Pubblico* di Fondazione etica (*https://ratingpa.it/*).

[54] Sul tema della città come concetto giuridico autonomo negli ordinamenti attuali e sul ruolo che di conseguenza essa vi assume, v. H. LEFEBVRE, *Le Droit à la ville*, Paris, 1968; G.E. FRUG, *The City as a Legal Concept*, in L. RODWIN-R.M. HOLLISTER (a cura di), *Cities of the Mind. Environment, Development, and Public Policy*, Boston, 1984, 233 ss.; J.B. AUBY, *Droit de la ville*, Paris, 2013; M. ROVERSI MONACO, *La città nell'ordinamento giuridico*, cit., 975 ss. e in part. 984 ss.; D. D'ORSOGNA *ET AL.* (a cura di), *Città e diritto*, Napoli, 2017; F. GIGLIONI, *La città come ordinamento giuridico*, in *Ist. fed.*, 1/2018, 29 ss.; ID., *Il diritto pubblico informale alla base della riscoperta della città come ordinamento giuridico*, in *Riv. giur. ed.*, 1/2018, 6 ss.; G. PIPERATA, *Gli spazi mobili dell'autonomia nell'ordinamento locale italiano*, in *Dir. amm.*, 3/2020, 673 ss.; M.C. ROMANO, *La città-regione quale figura interdisciplinare. Soluzioni istituzionali e nuovi livelli di governo delle città capitali e metropolitane nella prospettiva europea*, cit., 681 ss.

Si veda anche Trib. UE, 13 dicembre 2018 (cause riunite nn. T-339/16, T-352/16, T-391/16) con cui le città di Parigi, Bruxelles e Madrid contestavano un regolamento della Commissione sui limiti di emissioni. Il Tribunale, dopo averne riconosciuto la legittimazione processuale, accolse il ricorso nel merito. La decisione è richiamata da G. PIPERATA, *op. loc. ult. cit.*, come esempio delle nuove rivendicazioni che corrispondono all'emersione della città quale nuovo soggetto giuridico.

[55] La popolosa Wuhan, nella provincia cinese dell'Hubei. La vicenda è ricostruita dall'Istituto Superiore di Sanità, in *www.epicentro.iss.it/coronavirus/sars-cov-2*.

[56] D.l. 1 marzo 2021, n. 22 (*Disposizioni urgenti in materia di riordino delle attribuzioni dei Ministeri*), che come noto ha introdotto il Ministero della transizione ecologica (art. 2) e riorganizzato quello delle infrastrutture e dei trasporti, rinominandolo in Ministero delle infrastrutture e della mobilità sostenibile (art. 5).

[57] D.l. 31 maggio 2021, n. 77 (*Governance del Piano nazionale di ripresa e resilienza e prime misure di rafforzamento delle strutture amministrative e di accelerazione e snellimento delle procedure*) in part. l'art. 33 (*Semplificazioni per l'efficienza energetica e la rigenerazione urbana*).

stra Costituzione e si esprime particolarmente nei principi di solidarietà [58] e di sussidiarietà orizzontale [59]. Ma le sfide portano anche grandi *chances* e la città costituisce un efficace *stress test* dell'effettività dei diritti dell'uomo di fronte ai problemi attuali e alle possibili soluzioni [60]. Un *test* che dobbiamo superare, brillantemente.

---

[58] F. GIUFFRÈ, *La solidarietà nell'ordinamento costituzionale*, Milano, 2002, 83 ss.; F. POLACCHINI, *Doveri costituzionali e principio di solidarietà*, Bologna, 2016.

[59] Con particolare riferimento alle implicazioni del principio di sussidiarietà di cui si discute, v. G. BERTI, *Considerazioni sul principio di sussidiarietà*, in *Jus*, 3/1994, 405 ss.; V. CERULLI IRELLI, *Sussidiarietà (dir. amm.)*, in *Enc. giur. Treccani*, Milano, 2003; F. MERUSI, *Il diritto 'sussidiario' dei domini collettivi*, in *Riv. trim. dir. pubb.*, 1/2003, 77 ss.; G. ARENA, *Il principio di sussidiarietà orizzontale nell'art. 118 u.c. Costituzione*, in AA.VV., *Studi in onore di Giorgio Berti*, Napoli, 2005, I, 179 ss.; G. PASTORI, *Amministrazione pubblica e sussidiarietà orizzontale*, *ivi*, 1749 ss.; F. GIGLIONI, *Forme di cittadinanza legittimate dal principio di sussidiarietà*, in *Dir. soc.*, 2/2016, 305 ss.; A. SIMONATI, *La partecipazione dei privati al governo del territorio nella legislazione regionale: fra tradizione e sperimentazione, per una nuova urbanistica "reticolare"*, in *Riv. giur. ed.*, 3/2016, 268 ss.; C. IAIONE, *La città collaborativa: la governance dei beni comuni per l'urbanistica collaborata e collaborativa*, in E. FONTANARI-G. PIPERATA (a cura di), *op. cit.*, 85 ss.

[60] Così R. CAVALLO PERIN, *Beyond the municipality: the city its rights and its rites*, cit., 314, trad. nostra.

CITTÀ E SVILUPPO SOSTENIBILE: LA SOSTENIBILITÀ COME RISPOSTA ALLA DOMANDA DI CITTÀ

PAOLO PINTO

SOMMARIO: 1. La città, risposta e domanda dell'umanità. – 2. Lo sviluppo sostenibile: dal *Rapporto Brundtland* all'*Agenda 2030* delle Nazioni Unite. – 3. La dimensione urbana dello sviluppo sostenibile. – 4. La città insostenibile. – 5. Alla ricerca di una nuova (dimensione di) città. – 6. La città come (parte della) soluzione: la città come motore dello sviluppo sostenibile. – 7. A mo' di conclusione: il ruolo del diritto.

1. *La città, risposta e domanda dell'umanità*

Di una città – ebbe a dire Italo Calvino – "non godi le sette o le settantasette meraviglie, ma la risposta che dà a una tua domanda. / O la domanda che ti pone obbligandoti a rispondere" [1].

L'uomo, cercatore di senso, da secoli ha eletto la città a proprio *habitat* preferenziale, sede privilegiata nella quale confrontarsi con l'inesauribile ricerca di risposte e di nuove domande.

Come ci insegna la filosofia greca, la città – concetto ben più complesso della semplice *synoikia* [2] – nasce come *risposta* all'esigenza di socialità dell'uomo, che è *zòon politikòn* [3]: per poter vivere, e non semplicemente esistere, non è sufficiente il sapere tecnico, ma è necessaria la *politikè tèchne* [4], la quale, appunto, può svilupparsi solo come espressione della *pòlis*.

---

[1] I. CALVINO, *Le città invisibili*, Torino, 1972, 20 (in particolare, v. il dialogo tra Marco Polo e Kublai Khan).

[2] Cfr. U. CURI, *Alle radici dell'idea di città*, in F. PIZZOLATO-A. SCALONE-F. CORVAJA (a cura di), *La città e la partecipazione tra diritto e politica*, Torino, 2019, 3 ss. Secondo l'A., la *synoikia* è termine che potrebbe essere tradotto in italiano come *con-case*, nozione ben distinta da quella di *polis*.

[3] Cfr. ARISTOTELE, *Politica*, secondo cui l'uomo tende per natura alla *polis*, intesa come dimensione associativa della vita umana.

[4] Il riferimento è al mito platonico del Protagora (320c-322d).

Ma la città, quale progetto politico che si realizza nello spazio [5], ben presto è divenuta essa stessa fonte di *interrogativi*. Quella che lega l'umanità alla dimensione urbana è, difatti, una relazione complessa [6], la quale è mutata nel corso della storia e, verosimilmente, continuerà a mutare [7].

Lo sviluppo demografico mondiale si sta concentrando, con sempre maggiore rapidità, nelle città e, come è stato osservato, a questa straordinaria crescita – che si spinge "fino a occupare ogni singola, per quanto piccola, porzione abitabile della Terra e al livello di densità massima consentito dalla tecnologia e dalla resistenza alle malattie" [8] – "corrisponde la nascita di nuove problematiche alle quali bisognerà presto dare risposte chiare e coerenti" [9].

Tra gli interrogativi che tali 'nuove domande' hanno suscitato, sempre maggiore rilevanza ha assunto quello relativo al rapporto tra la città, considerata la "più mirabile creatura" [10] dell'uomo, e lo sviluppo sostenibile, vale a dire il tentativo di dare risposta alle più grandi sfide del nostro tempo garantendo, anche a chi verrà dopo di noi, la possibilità di futuro.

In altri termini, lo sviluppo sostenibile si pone come domanda la cui risposta non potrà prescindere dalla dimensione urbana, giacché "è nella città che la battaglia per la sostenibilità sarà definitivamente vinta o persa" [11].

2. *Lo sviluppo sostenibile: dal* Rapporto Brundtland *all'*Agenda 2030 *delle Nazioni Unite*

Seppur non sia possibile rinvenire una definizione totalmente univoca di sviluppo sostenibile [12], la nozione ad oggi maggiormente accreditata – e, a parere di

---

[5] Cfr. L. MAZZA, *Cittadinanza e diritto alla città in Patric Geddens e Henri Lefebvre*, in *Contesti. Città, Territori, Progetti*, 1-2/2017, 20.

[6] Cfr. URBAN@IT, *Sesto rapporto sulle città. Le città protagoniste dello sviluppo sostenibile*, Bologna, 2021, 26, ove si ragiona delle città come *meccanismi complessi.*

[7] Cfr. E. CAMPANELLA, *Il futuro delle città italiane*, in *R. Aspenia* (81), 2018, *passim*; cfr. anche L. MONTI-R. CERRONI, *Le città del futuro: la "terza via" possibile tra* smart cities *e* smart villages, 2017, in *www.amministrazioneincammino.luiss.it/category/servizi-pubblici/note-e-commenti-servizi-pubblici/.*

[8] E.O. WILSON, *Prefazione*, in J.D. SACHS, *Il bene comune: economia per un pianeta affollato*, Milano, 2010, X.

[9] URBAN@IT, *Sesto rapporto*, cit., 108.

[10] R. FERRARA in R. FERRARA-C.E. GALLO (a cura di), *Trattato di diritto dell'ambiente*, vol. 1, Milano, 2014, 21.

[11] A.J. MOHAMMED, riportato in URBAN@IT, *Sesto rapporto*, cit., 17.

[12] Cfr., ad es., J.D. SACHS, *Il bene*, cit., 36 ss., il quale ritiene che "sviluppo sostenibile significa prosperità condivisa e sostenibile dal punto di vista ambientale". Cfr. anche F. SANTOLINI, *Ecolo-*

chi scrive, preferibile – è quella elaborata nel c.d. *Rapporto Brundtland* del 1987.

Partendo da quanto sancito quindici anni prima dalla *Conferenza dell'ONU per l'Ambiente Umano di Stoccolma*[13] e dal Rapporto al Club di Roma *The Limits to Growth*[14], la *Commissione mondiale su ambiente e sviluppo*[15] giunse a identificare in ambiente, economia, questioni sociali e *governance* i quattro pilastri fondamentali dello sviluppo sostenibile, inteso quale processo che consente "il soddisfacimento dei bisogni della presente generazione senza compromettere la possibilità delle generazioni future di soddisfare i propri"[16].

Tale nozione, imperniata sui valori di equità e giustizia, venne poi posta alla base dell'azione dell'Organizzazione delle Nazioni Unite[17] e ricevette sempre maggior attenzione a livello globale sino ad affermarsi quale "*key concept* costituzionale"[18] condiviso.

Il 25 settembre 2015 i 193 Paesi membri delle Nazioni Unite hanno adottato, all'unanimità, la Risoluzione 70/1 *Trasformare il nostro mondo. L'Agenda 2030 per lo sviluppo sostenibile.* Con essa si sono stabiliti i 17 Obiettivi di sviluppo sostenibile – di cui l'undicesimo espressamente dedicato alla dimensione urbana[19] – da raggiungere entro il 2030 al fine di "garantire un presente e un futuro migliore al nostro Pianeta e alle persone che lo abitano"[20].

---

gia, economia, diritto e sviluppo sostenibile, in *R. della scuola superiore dell'economia e delle finanze*, 8-9/2004, 40 ss., ove si ragiona dello sviluppo sostenibile come un "concetto fluido".

[13] Con essa si sancì il diritto ad un ambiente salubre e si riconobbe la necessità di una migliore gestione delle risorse naturali, da perseguire con un approccio economico-giuridico globalmente condiviso; cfr. M. MALO, *Il valore dell'ambiente negli ordinamenti giuridici*, in M. MALO (a cura di), *Giustizia per l'ambiente: pace per la comunità*, Padova, 2019, 39.

[14] Rapporto commissionato dal Club di Roma ad alcuni scienziati del *Massachusetts Institute of Technology* (MIT). Esso avvertì che la crescita della popolazione, l'avanzare dell'industrializzazione, i livelli crescenti di inquinamento e dello sfruttamento indiscriminato delle risorse, avrebbero comportato il sicuro superamento dei c.d. *planetary boundaries* attorno alla metà del XXI secolo. Per la sostanziale sovrapposizione tra *planetary boundaries* e Obiettivi di sviluppo sostenibile, cfr. T. WIEDMANN-C. ALLEN, *City footprints and SDGS provide untapped potential for assessing city sustainability*, in *Nature Communications*, 12, 3758, 2021, 2.

[15] Cfr. COMMISSIONE MONDIALE SU AMBIENTE E SVILUPPO, presieduta dalla norvegese Gro Harlem Brundtland.

[16] COMMISSIONE MONDIALE SU AMBIENTE E SVILUPPO, *Report Our Common Future,* 1987 (c.d. *Rapporto Brundtland*), I_3. Già dalla definizione esposta si evince che tale nozione si differenzia, rispetto a quella per es. abbracciata da J.D. Sachs (V. *supra*) non riservando all'ambiente un ruolo di 'protagonista solitario'.

[17] V., ad es., *Dichiarazione di Rio sull'Ambiente e lo Sviluppo* del 1992; *UN Millennium Declaration* del 2000; Conferenza sullo sviluppo sostenibile (*Rio+20*) del 2012.

[18] T. GROPPI, *Sostenibilità e costituzioni: lo Stato costituzionale alla prova del futuro,* in *DPCE*, 1/2016, 44.

[19] Cfr. Agenda 2030, *Goal 11: rendere le città e gli insediamenti umani inclusivi, sicuri, duraturi e sostenibili.* Cfr. gli approfondimenti sul punto disponibili in *asvis.it/goal11.*

[20] ASVIS, *L'Agenda 2030 dell'Onu per lo sviluppo sostenibile*, in *asvis.it/l-agenda-2030-dell-onu-per-lo-sviluppo-sostenibile/.*

Oltre che dall'universalità e dalla necessaria partecipazione di tutti e di ciascuno al cambiamento, tale piano d'azione globale risulta connotato da un approccio marcatamente olistico, il quale impone una visione integrata degli ostacoli da affrontare e delle azioni da proporre. L'Agenda 2030, infatti, recepisce e consacra la nozione di "sostenibilità a tutto campo" [21] adottata dal Rapporto Brundtland: si tratta, dunque, di affrontare in maniera trasversale i temi su cui poggiano i citati pilastri dello sviluppo sostenibile, al fine di elaborare "soluzioni integrali, che considerino le interazioni dei sistemi naturali tra loro e con i sistemi sociali" [22].

Con tale "nuova Agenda universale" [23] la comunità internazionale ha espresso, con maggior chiarezza rispetto al passato, "un chiaro giudizio sull'*insostenibilità* dell'attuale modello di sviluppo, non solo sul piano ambientale, ma anche su quello economico e sociale" [24]: si è, cioè, superata l'idea che la sostenibilità riguardi solo il profilo ambientale, affermando invece "una visione integrata delle diverse dimensioni dello sviluppo" [25], che impone di bilanciare crescita economica, inclusione sociale e tutela dell'ambiente.

Lo sviluppo sostenibile non è un *quid* confinato nella dimensione futura: esso propone sì un paradigma che non pregiudichi le possibilità (di futuro, appunto) dei posteri, ma lo fa tramite un *processo*, un avanzamento, che si radica nell'oggi, al fine di soddisfare (anche) i bisogni della generazione presente. Vi è, dunque, una giustapposizione tra la componente intra-generazionale e quella inter-generazionale che si risolve nell'*equità intergenerazionale* [26] quale protezione degli interessi e dei diritti non solo della generazione attuale ma anche di quelle non ancora nate [27]: un ponte, quindi, tra *già* e *non ancora*.

---

[21] E. GIOVANNINI, *L'utopia*, cit., 8.

[22] J.M. BERGOGLIO (PAPA FRANCESCO), *Laudato si'*, Roma, 2015, §139. Per i rapporti tra l'enciclica *Laudato si'* e gli Obiettivi di sviluppo sostenibile, cfr. G. GIRAUD-P. ORLIANGE, *Laudato si' e Obiettivi di sviluppo sostenibile: una convergenza da affinare*, in *Aggiornamenti Sociali, giugno-luglio 2017*, 497 ss.

[23] *Agenda 2030*, cit., *Preambolo*.

[24] URBAN@IT, *Sesto rapporto*, cit., 35.

[25] ASVIS, *L'Agenda 2030 dell'Onu per lo sviluppo sostenibile*, in *asvis.it/l-agenda-2030-dell-onu-per-lo-sviluppo-sostenibile/*.

[26] Cfr. A. PAPANTONIOU *Intergenerational Equity in Times of Climate Change Legal Action: Moving towards a Greater Protection of Human Health?*, in S. NEGRI (a cura di), *Environmental health in international and EU law: current challenges and legal responses*, Abingdon-Torino, 2020, 115.

[27] Cfr. F. FRACCHIA, *Sviluppo sostenibile e diritti delle generazioni future*, in *R. Quadrimestrale di Diritto dell'Ambiente*, 0/2010, 13 ss.

3. *La dimensione urbana dello sviluppo sostenibile*

È stato stimato che, dei 169 *target*[28] in cui si dipanano gli Obiettivi di sviluppo sostenibile, sono almeno 105 quelli che non potranno essere raggiunti senza un adeguato coinvolgimento e coordinamento dei governi locali, e in particolare delle città[29].

Nel mondo, ad essere occupato dalla città è solo il 3% della superficie terrestre[30], ma – a fronte dell'esiguità di questo dato – in esse vive il 55% della popolazione globale[31], percentuale che si eleva al 70% se si prende in considerazione la sola dimensione europea[32]. *Pro futuro*, le proiezioni segnalano che nel 2050 gli insediamenti urbani ospiteranno il 70% degli abitanti del Pianeta[33] e l'80% degli europei[34].

Quanto rilevato sarebbe, di per sé solo, sufficiente a palesare la centralità, rispetto allo sviluppo sostenibile, della città quale 'casa comune' della maggior parte dell'umanità. Ma vi è di più. È stato osservato che, quando si ragiona di sviluppo o di sostenibilità ecologica, le città "non godono di una buona reputazione"[35]. A livello globale, infatti, esse sono responsabili del 75% del consumo finale di energia e di una percentuale analoga di emissioni di gas a effetto serra[36], le quali costituiscono il problema di fondo del cambiamento climatico di natura antropogenica[37].

---

[28] Per l'indicazione puntuale dei *Target*, cfr. ASVIS, *L'Italia e gli obiettivi di Sviluppo Sostenibile. Rapporto 2019*, Roma, 2019, 153 ss.

[29] Cfr. OECD, *A Territorial Approach to the Sustainable Development Goals: Synthesis report*, 2020,79.

[30] Cfr. Centro Regionale di Informazione delle Nazioni Unite, *Obiettivo 11: Rendere le città e gli insediamenti umani inclusivi, sicuri, duraturi e sostenibili*, in *unric.org/it/obiettivo-11-rendere-le-citta-e-gli-insediamenti-umani-inclusivi-sicuri-duraturi-e-sostenibili/*.

[31] Cfr. Centro Regionale di Informazione delle Nazioni Unite, *UN 75 – I grandi temi: Una demografia che cambia*, in *unric.org/it/un-75-i-grandi-temi-una-demografia-che-cambia/*.

[32] Cfr. S. De Luca *et al.*, *Politiche europee e città. Lo sviluppo urbano sostenibile nella politica di coesione*, 2019, in *www.urbanit.it*, 7.

[33] Cfr. Centro Regionale di Informazione delle Nazioni Unite, *UN 75*, cit.

[34] Cfr. S. De Luca *et al.*, *Politiche europee*, cit., 7.

[35] D. Satterthwaite, *The role of cities in sustainable development*, 2010, in *www.bu.edu/pardee/files/2010/04/Unsdkp004fsingle.pdf*, 1. rad. nostra.

[36] Cfr. REN21, *Renewables in cities 2021. Global status report. Summary for policy makers*, 2021, 2, in *www.ren21.net/wp-content/uploads/2019/05/REC_2021_summary-for-policy-makers_en.pdf.* Cfr. Wef, *Net Zero Carbon Cities*, 2021, in *www.weforum.org/projects/systemic-efficiency.* Cfr. anche ASVIS, *Città e comunità sostenibili. Rendere le città e gli insediamenti umani inclusivi, sicuri, duraturi e sostenibili*, 2019, in *asvis.it/goal11/home/438-4907/ren21-le-citta-rappresentano-il-75-delle-emissioni-globali-*. Per le 'fonti' delle emissioni carboniche e per la distribuzione in termini percentuali, cfr. URBAN@IT, *Sesto rapporto*, cit., 134 ss. Si noti che l'impronta carbonica della città include non solo le emissioni di gas serra prodotti all'interno dei confini urbani, ma anche quelle provenienti da attività produttive al di fuori della città che sono però collegate alle attività della città medesima, cfr. T. Wiedmann-C. Allen, *City*, cit., 1.

[37] Cfr. M.B. Gerrard, *An Environmental Lawyer's Fraught Quest for Legal Tools to Hold Back*

Pertanto, se è vero, da un lato, che il "cambiamento climatico costituisce una sfida rilevante per le aree urbane" [38], è altrettanto vero, dall'altro lato, che "l'azione urbana per il clima assume [...] un ruolo cruciale per portare a termine le ambizioni del Trattato di Parigi" [39] e, più in generale, dell'intera sfida dello sviluppo sostenibile [40], il quale – si è detto – costituisce una dimensione più ampia e complessa della di per sé già complicata crisi climatico-ambientale.

Le città costituiscono, come noto, il livello di governo più vicino ai cittadini e, anche per questo, dispongono di una pluralità di "leve politiche per incidere sulle emissioni di gas serra a livello urbano" [41], oltre ad avere – assieme alle regioni – un ruolo decisivo nelle *policies* cruciali per lo sviluppo sostenibile e il benessere della popolazione [42].

Come è stato osservato, nella svolta verso la sostenibilità, le città – "perimetro straordinario nel quale si compongono le linee dell'avventura terrena dell'uomo" [43] – "saranno sempre più centrali nel determinare il modello di sviluppo" [44].

4. *La città insostenibile*

Se, storicamente, la città ha rappresentato la sede tradizionale del benessere sino a divenirne il simbolo 'naturale', oggi, invece, la vita cittadina è troppo spesso associata ad un "peggioramento dello stile di vita" [45]. Sovente, infatti, la realtà urbana rischia di trasformarsi in teatro dei maggiori disagi sociali e ambientali e fattore chiave nella proliferazione di patologie. Quanto ai primi, si pensi alla lotta contro povertà, diseguaglianze e, in generale, contro la "*cultura dello scarto*" [46]: sfi-

---

the Seas, in *Daedalus* 149, n. 4/2020, 88. Sul punto, cfr. B. GATES, *Clima. Come evitare un disastro. Le soluzioni di oggi. Le sfide di domani*, Milano, 2021, 19 e *passim*.

[38] URBAN@IT, *Sesto rapporto*, cit., 23.

[39] ASVIS, *C40: la lotta al cambiamento climatico nelle città ha molteplici effetti positivi,* 2018, in *asvis.it/goal11/notizie/1302-3589/c40-la-lotta-al-cambiamento-climatico-nelle-citta-ha-molteplici-effetti-positivi,* 1.

[40] Cfr. T. WIEDMANN-C. ALLEN, *City*, cit., 2.

[41] URBAN@IT, *Sesto rapporto*, cit., 129. Sul punto, cfr. D. SATTERTHWAITE, *The role*, cit., 7.

[42] Cfr. OECD, *A Territorial Approach*, cit., *sub* § 'Key Findings'.

[43] R. FERRARA in R. FERRARA-C.E. GALLO, *Trattato*, cit., 21-22.

[44] E. GIOVANNINI, *L'utopia*, cit., 11-12.

[45] R. PELLA *et al.*, *La salute nelle città: pensare globalmente, agire localmente*, in *Italian Health Policy Brief*, speciale/2016, 2.

[46] J.M. BERGOGLIO (PAPA FRANCESCO), *Laudato si'*, cit., Cap. I, § 20.

de rese ancora più difficili nel contesto delle realtà urbane e suburbane degradate[47]. Quanto alle problematiche ambientali, ci si limita a richiamare, oltre al problema dell'inquinamento atmosferico[48], la perdita di biodiversità[49] e il fenomeno delle c.d. isole di calore (o *urban heat islands*). Per quanto attiene al nesso tra salute e città, si noti che, sin dalla *Carta di Ottawa* del 1986[50], le seconde sono state riconosciute quali "protagoniste fondamentali delle azioni di promozione della"[51] prima. Nello specifico, l'incidenza della città e dei fattori ad essa correlati nella proliferazione delle patologie si è manifestata tanto in riferimento alle malattie trasmissibili (da ultimo, Covid-19), quanto a quelle non trasmissibili (c.d. *Non Communicable Diseases* o NCDs), sino al punto di parlare – in relazione a queste ultime – di "*nuova epidemia urbana*"[52] che minaccia la sostenibilità dei sistemi sanitari.

Risulta dunque palese che il rapporto tra città e sviluppo sostenibile non si limita e risolve nel *Goal 11*, essendovi – come evidenziato – rilevantissimi nessi anche, per quanto qui di interesse, con le ambizioni del *Goal 3* inerente a salute e benessere[53].

L'ambizione dello sviluppo sostenibile impone, dunque, di agire nell'immediato, non solo perché il tempo a disposizione "sta per scadere e il compito che ci attende è molto importante"[54], ma anche perché stiamo già subendo – anche in città – gli effetti della crisi climatico-ambientale e dell'insostenibilità del nostro modello di sviluppo.

---

[47] Cfr. URBAN@IT, *Sesto rapporto*, cit., Parte III, 175 ss.; cfr. *ibidem*, 12 ove si evidenzia che "Le diseguaglianze sono anche il risultato di fattori propri di modelli di città".

[48] Cfr. la mappa europea della qualità dell'aria urbana in *www.eea.europa.eu/it/highlights/la-nuova-mappa-visuale-europea*. Cfr. anche EUROPEAN ENVIRONMENT AGENCY, *Report, 22/2018*, ove si legge che "*Air pollution is the single largest environmental health risk in Europe*".

[49] CBD-ICLEI *et al.*, *Cities and Biodiversity Outlook - Action and Policy*, 2012.

[50] Cfr. WORLD HEALTH ORGANIZATION, *Ottawa Charter for Health Promotion*, Ginevra, 1986.

[51] ASVIS-URBAN@IT, *L'agenda urbana per lo sviluppo sostenibile*, 2018, 25.

[52] J. ORTEGA *et al.*, *Open letter: Wake up call for urban health*, 2016, in *habitat3.org*, 1. Cfr. anche SDG WATCH EUROPE *et al.*, *Falling through the cracks: exposing inequalities in the EU and beyond*, in *www.sdgwatcheurope.org*, 55.

[53] Per gli altri *Goal* rilevanti al fine di avere città sostenibili (e in particolare i *Goal* 6, 7, 12 e 13), cfr. T. WIEDMANN-C. ALLEN, *City*, cit., 2.

[54] Antonio Guterres, riportato in ANSA, *Clima: Guterres, il tempo a noi concesso sta per scadere*, 22 aprile 2021, in *www.ansa.it*.

5. *Alla ricerca di una nuova (dimensione di) città*

È sempre maggiore la consapevolezza su "quanto la sostenibilità sociale sia strettamente connessa a quella economica e non disgiunta da quelle ambientale" [55]; e questo è stato resto plasticamente evidente – specie in riferimento alle città [56] – dalla crisi scaturita da Covid-19.

Da questo punto di vista, l'emergenza pandemica ha alimentato le c.d. *utopie antiurbane*, le quali guardano alla città come a un'entità *denaturalizzata* e vedono nella dimensione urbana l'"emblema di quell'attitudine dell'uomo contemporaneo a distruggere [quella] natura" [57] che alcune visioni, devote alla *retrotopia* [58], immaginano essere stata, in un passato in realtà mai esistito, l'Eden dell'umanità [59].

Escludendo la possibilità – prima ancora che l'opportunità – di una *fuga dalla città* [60], si tratta, quindi, di cercare una nuova città o, meglio, una nuova dimensione di città che apra a nuovi modi di abitare.

L'"esplosione di riflessioni sulle città" [61] – che, a parere di chi scrive, la pandemia ha solo accelerato, ma non originato – si interseca perfettamente con la transizione verso la *smart city*, intesa quale "città pienamente sostenibile e [...] in grado di assicurare un'elevata qualità della vita ai suoi cittadini, attraverso un uso adeguato della tecnologia" [62].

In altri termini, la *smart city* diviene la risposta alle istanze che il nuovo urbanesimo pone e nel cui ambito la *domanda di città* si traduce in una domanda di servizi per una migliore qualità della vita in un contesto sostenibile [63].

Ma vi è di più. L'insostenibilità dell'attuale paradigma impone una riflessione

---

[55] URBAN@IT, *Sesto rapporto*, cit., 16.

[56] Sul punto, oltre alle presunte correlazioni tra il livello di inquinamento atmosferico e la diffusione di Covid-19 (su cui cfr. F. DI TODARO, *Inquinamento e Covid-19: che cosa sappiamo?*, in *www.fondazioneveronesi.it*), si pensi all''assalto ai supermercati' durante la c.d. *prima ondata* di diffusione del virus in Italia nella primavera 2020.

[57] R. DELLA SETA, *Pandemia e utopie antiurbane, come uscirne?*, 10 maggio 2021, in *ilbolive.unipd.it/*.

[58] Cfr. Z. BAUMAN, *Retrotopia*, Bari, 2017, ove si evidenzia che, a fronte dell'incertezza sul futuro, si tende a sognare il ritorno al passato, ad un'età dell'oro che in realtà non vi è mai stata.

[59] Il rapporto dell'uomo con la natura e il suo manifestarsi quale matrigna indifferente al destino degli uomini era già stato oggetto di riflessione da parte di G. LEOPARDI, v. *Operette morali, Dialogo della natura e di un islandese* (Op. XII).

[60] Cfr. URBAN@IT, *Sesto rapporto*, cit., 12. Sul punto, cfr. anche R. DELLA SETA, *Pandemia*, cit.

[61] C.S. BERTUGLIA *et al.*, *La città dopo la pandemia*, 22 febbraio 2021, in *ilbolive.unipd.it/*.

[62] URBAN@IT, *Sesto rapporto*, cit., 108.

[63] Cfr. S. NESPOR, *Smart city. Riflessioni su un libro che traccia l'evoluzione di un'idea*, 2020, in *www.rgaonline.it*, 1.

della realtà urbana che metta al centro l'uomo e la *domanda di città* che esso pone: nel fare ciò, è evidente che non ci si potrà limitare alle, seppur fondamentali, soluzioni tecnologiche, ma saranno necessarie risposte innovative che spingano a ripensare, in tutte le sue dimensioni, la pianificazione urbana [64] "dando nuovi usi e funzioni ad aree marginali o degradate" [65].

6. *La città come (parte della) soluzione: la città come motore dello sviluppo sostenibile*

Se è vero – ed è vero – che le città molto spesso sono la manifestazione evidente dell'insostenibilità del nostro "modo di stare al mondo" [66], è però altrettanto vero che riducendole solo a 'problema' si corre il rischio di non riuscire a scorgere il contributo che esse possono offrire all'inveramento degli Obiettivi di sviluppo sostenibile e al 'disaccoppiamento' tra elevati standard di vita ed emissioni di gas climalteranti [67].

Le città, dunque, non sono solo il problema, ma sono altresì parte della soluzione [68] o – in altri termini – le città sono parte integrante della risposta alla domanda di collocarci su un sentiero di sostenibilità [69], necessità che risulta intrisa dell'"urgenza feroce del presente" [70].

In quest'ottica, una strategia per affrontare congiuntamente transizione ecologica e questioni sociali nell'alveo dello sviluppo sostenibile parrebbe essere rappresentata dal c.d. modello dei piccoli centri [71], quale paradigma orientato al *green city approach* [72] e, al contempo, volto del nuovo umanesimo digitale [73].

---

[64] Cfr. URBAN@IT, *Sesto rapporto*, cit., 109 e *passim*.

[65] S. CIAFANI, *Le città italiane e le sfida europea*, in A. FIORILLO *ET AL.*, *Ecosistema Urbano, rapporto sulle performance ambientali delle città*, 2018, 5.

[66] R. FERRARA in R. FERRARA-C.E. GALLO, *Trattato*, cit., 22.

[67] Cfr. D. SATTERTHWAITE, *The role*, cit., 7.

[68] Cfr. A. BALDUCCI, *Covid-19, le città sono la risposta al problema, non il problema*, 2020, in *www.urbanit.it*.

[69] Sentiero di sostenibilità sul quale né Italia né Europa né il Mondo ora si trovano, sul punto cfr. SDSN *et al.*, *2019 SDG Index and Dashboards Report. European Cities*, 2019, in *unsdsn.org*. Cfr. anche cfr. T. WIEDMANN-C. ALLEN, *City*, cit., 2., ove si evidenzia che attualmente nessun Pese al mondo si colloca pienamente all'interno del c.d. *safe and just operating space*.

[70] M.L. KING, discorso tenuto il 28 agosto 1963 al *Lincoln Memorial*, ove "*We are confronted with the fierce urgency of now*".

[71] Cfr. RUR, *L'Italia*, cit. e AA.VV., *Slow life, slow city*, 2017, in *www.rur.it*.

[72] Quale "approccio integrato e multisettoriale al benessere, all'inclusione sociale e allo sviluppo durevole delle città, basato sugli aspetti ormai decisivi della elevata qualità ambientale, dell'efficienza e della circolarità delle risorse, della mitigazione e dell'adattamento al cambiamento climati-

Si tratta, in definitiva, di affrontare il *falso dilemma* tra fuga dalle città e valorizzazione dei piccoli borghi [74] e riconoscere che – al fine di collocarsi nel contesto globale odierno [75] e nella sua economia [76] – diviene molto spesso "irrilevante distinguere ciò che è connesso fisicamente da ciò che lo è in modo solo virtuale" [77].

Se supportato con i giusti investimenti infrastrutturali, tale modello di 'riequilibrio insediativo' – prima relegato ai margini e che ora si affaccia al mondo grazie alle nuove possibilità che il digitale apre, *in primis* il c.d. *smart working* [78] – permetterà di trasformare i borghi da realtà in crisi di spopolamento, a "modello di ripresa sostenibile" [79], capace di garantire spazi urbani a misura d'uomo, di ritrovare un rapporto con la natura [80] e, quindi, di recuperare il "modello italiano del buon vivere, tipico dei piccoli centri" [81].

In tal senso, quindi, è necessario immaginare città che siano non solo *compatte, vivibili e resilienti* – caratteristiche, queste, che si ritiene debbano essere alla base di qualsivoglia politica di sviluppo sostenibile" – ma altresì *disaggregate* [82], secondo il modello della *15 minutes city* [83].

Secondo tale teoria, infatti, vi sono sei funzioni essenziali che "rendono felice un abitante della città: vivere dignitosamente, lavorare in condizioni adeguate, procurarsi il necessario, benessere, istruzione e tempo libero" [84]. Ebbene, per migliorare la qualità della vita – conciliando il benessere, la c.d. *sociability* e le esigenze di sostenibilità del pianeta – è necessario ridurre il raggio d'accesso a queste

---

co", cfr. GREEN CITY NETWORK, *Green City Approach*, in *www.greencitynetwork.it/green-city-approach/.*

[73] Cfr. A. POGGI, *Umanesimo digitale, stella polare della ripresa*, 2020, in *www2.deloitte.com*. Si noti che sostenibilità e umanesimo tecnologico rappresentano le due *grandi missioni* attorno cui si sviluppano gli obiettivi europei: cfr. E. LETTA, *Dalla crisi più violenta, l'Europa potenza*, in AA.VV., *Il mondo dopo la fine del mondo*, Bari, 2020, 278.

[74] Cfr. URBAN@IT, *Sesto rapporto*, cit., 11.

[75] Cfr. P. BONINI, in F. OCCHETTA, *Le politiche del popolo*, Milano, 2020, 155.

[76] Cfr. F. PIZZOLATO, *Economia globale e città: note introduttive su una dialettica centrale per le democrazie del XXI secolo*, in *Economia Pubblica*, 102.

[77] URBAN@IT, *Sesto rapporto*, cit., 11.

[78] Cfr. T. BOERI, *Un futuro in lavoro remoto?*, in AA.VV., *Il* mondo, cit., 40 ss.

[79] V. CHIERCHIA, *Città sull'acqua e antichi borghi*, in *Il Sole 24 Ore*, n. 125, 9. maggio 2021, 7.

[80] Per gli effetti positivi del contatto con la natura, cfr. R.M. RYAN *et al.*, *Vitalizing effects of being outdoors and in nature*, in *Journal of Environmental Psychology*, 30(2), 2010.

[81] RUR, *L'Italia dei piccoli centri da primato europeo*, in *www.rur.it./litalia-dei-piccoli-centri-da-primato-europeo/.*

[82] Cfr. URBAN@IT, *Sesto rapporto*, cit., 10.

[83] Cfr. C. MORENO, *The 15 minutes-city: for a new chrono-urbanism!*, 2019, in *www.moreno-web.net/the-15-minutes-city-for-a-new-chrono-urbanism-pr-carlos-moreno/.*

[84] C.S. BERTUGLIA *et al.*, *La città*, cit.

sei funzioni, le quali, appunto, dovrebbero poter essere raggiunte in meno di un quarto d'ora a piedi o in bicicletta.

E, si noti, un incremento in termini di felicità [85] della cittadinanza potrebbe avere ricadute positive anche in relazione allo sviluppo sostenibile, giacché – come è stato rilevato – "[s]e le persone sono più felici, la 'macchina' funziona meglio e la sfera dei loro bisogni si modifica, superando la dimensione puramene egoistica e comprendendo i bisogni della società nel suo complesso (cioè delle altre persone) e dell'ecosistema" [86].

È evidente che, quello delineato, rappresenta un percorso non privo di difficoltà, il quale richiederà imponenti investimenti e interventi strutturali [87], ma è stato osservato che gli appalti pubblici, a cui è dedicato un *target* specifico degli Obiettivi di sviluppo sostenibile [88], rappresentano "uno degli strumenti più efficaci per accelerare la transizione verso la sostenibilità urbana" [89].

7. *A mo' di conclusione: il ruolo del diritto*

Sin dalla sua origine – ossia sin da quando, secondo il mito platonico del Protagora, l'umanità ricevette in dono *aidòs* e *dike* [90] – la città ha assunto una rilevanza centrale per il diritto, *ne cives ad arma ruant*, affinché i cittadini, non correndo alle armi, continuino ad essere tali e non si riducano a meri conviventi della *synoikia*.

D'altro canto, lo sviluppo sostenibile – il quale, seppur di recente teorizzazione, costituirebbe invero "una delle idee più antiche del patrimonio umano" [91] – impegna il diritto quale strumento per coniugare gli interessi presenti degli individui in quanto singoli con l'obiettivo di autoconservazione della specie umana in quanto tale.

Al riguardo, è stato evidenziato che lo sviluppo sostenibile pone due questioni di fondamentale importanza: da un lato la relazione dell'uomo con la natura e,

---

[85] La felicità, intesa non come condizione istantanea ma come soddisfazione per la propria vita, costituisce una componente sempre più spesso presa in considerazione anche dagli economisti, oltre che da psicologi e filosofi. Al riguardo, cfr. J.E. DE NEVE *et al.*, *Cities and Happiness: A Global Ranking and Analysis*, 2020, in *worldhappiness.report/ed/2020/cities-and-happiness-a-global-ranking-and-analysis/.*

[86] E. GIOVANNINI, *L'utopia*, cit., 60-61.

[87] V., per es., la copertura del territorio a banda larga e il correlato rischio del c.d. *digital divide.*

[88] *Target* 12.7: appalti pubblici sostenibili.

[89] URBAN@IT, *Sesto rapporto*, cit., 81.

[90] Cfr. mito del *Protagora* citato.

[91] INTERNATIONAL COURT OF JUSTICE, *Gabčíkovo-Nagymaros Project (Hungary/Slovakia), Judgment of 25.09.1997, Separate Opinion of Vice-President Weeramantry*, 107. Trad. nostra.

dall'altro lato, la relazione dell'uomo con se stesso[92]. Entrambe le questioni – è evidente – si esprimono nel loro massimo grado nella città, dimensione nella quale le interazioni dell'uomo con i consociati e con l'ecosistema assurgono ad elementi essenziali.

Il diritto è, invero, il principale meccanismo con cui la società risolve le controversie che si scatenano al suo interno e attua le politiche di volta in volta necessarie, si esauriscano esse dentro i confini urbani o, al contrario, ineriscano i rapporti dell'umanità con il Pianeta che la ospita.

Al suo interno il diritto ricomprende, infatti, una pluralità di strumenti cui ricorrere nella svolta degli Ordinamenti verso la sostenibilità[93]. Al riguardo, però, la natura complessa dello sviluppo sostenibile – il quale si compone di profili eterogenei ed interconnessi – osta a soluzioni c.d. *one-size-fits-all*: al contrario, si dovrà esperire un uso congiunto e coordinato dei differenti strumenti normativi, a cui si dovrà porre mano con un approccio *science-based*[94] che abbia sempre come fine ultimo l'uomo e la sua ricerca di senso.

In quest'ottica, è divenuto oggi imprescindibile, anche per il diritto, capire come funzionano le città, quali sfide e quali opportunità presentano e come queste possono essere sfruttate per un futuro sostenibile[95]. Esse, difatti, non sono solo il livello di governo più vicino al cittadino, ma altresì il palcoscenico ove l'essere umano rappresenta gli atti della propria vita.

In altri termini, per inverare la sua vocazione ad essere "il prodotto di quei pochi che comprendono la realtà e guardano lontano"[96], il diritto – posto dinnanzi alle domande dell'uomo che tenta di soddisfare i propri bisogni senza pregiudicare le possibilità di futuro dei posteri – dovrà essere capace di elaborare risposte che affrontino i pilastri dello sviluppo sostenibile a partire dalla dimensione che l'uomo abita: la città. D'altronde, ci interroga ancora oggi Shakespeare, "*what is the city, but the people?*"[97].

---

[92] Cfr. C. VOIGT, *Sustainable Development as a Principle of International Law*, Boston, 2009, 89.

[93] Cfr. M.B. GERRARD, *An Environmental*, cit., 79. Tra tali strumenti figurano, per es., gli obblighi normativi, gli incentivi, le previsioni inerenti il c.d. *information provision*, la rimozione degli ostacoli normativi e i meccanismi di mercato,

[94] Cfr. S. NESPOR, *Diritto dell'ambiente e diritto allo sviluppo: le origini*, 2017, in *www.nespor.it*, 7, ove si ragiona del diritto come "un nano sulle spalle di giganti: può vedere più cose di loro e più lontane, ma non certo per l'altezza del suo corpo, ma per le varie discipline che lo sorreggono".

[95] Cfr. M. ACUTO *ET AL.*, *Science and the Future of Cities*, London-Melbourne, 2018, 3.

[96] R. VAN JHERING, riportato in S. NESPOR, *Diritto*, cit., 2.

[97] Cfr W. SHAKESPEARE, *Coriolanus*, Atto III, Scena I.

APPALTI INNOVATIVI E CITTÀ DEL FUTURO TRA INNOVAZIONE E PARTECIPAZIONE

CRISTIANA BENETAZZO

SOMMARIO: 1. Premessa: la *smart city* come nozione ampia dai confini giuridicamente incerti e il suo particolare legame con lo sviluppo di servizi innovativi e di nuovi modelli di realizzazione (e gestione) e delle infrastrutture e dei servizi urbani. – 2. Gli appalti pubblici come strumento individuato dai documenti programmatici europei e dagli accordi internazionali per il perseguimento degli obiettivi di sviluppo urbano sostenibile. – 3. *Segue.* Il modello di collaborazione istituzionale definito dal d.l. n. 179/2012 e il programma "*Smarter Italy*". – 4. Il ruolo delle città nell'attuazione dei sistemi di innovazione e la vivacità delle iniziative attualmente operative in Italia. – 5. La dimensione locale del modello *"smart"* e l'innovazione tecnologica, soprattutto digitale, come strumento privilegiato per favorire nuove forme di concertazione pubblico-privata: i primi progetti civici in tal senso e le proposte operative.

1. *Premessa: la* smart city *come nozione ampia dai confini giuridicamente incerti e il suo particolare legame con lo sviluppo di servizi innovativi e di nuovi modelli di realizzazione (e gestione) e delle infrastrutture e dei servizi urbani*

Il contesto giuridico-istituzionale degli ultimi anni, segnato dalle crisi economiche e dagli effetti della pandemia, è stato favorevole per l'elaborazione di linee di intervento e di un modello di azione di elevata tecnologia e di coerenza con l'ambiente, per uno sviluppo urbano sostenibile ed integrato come obiettivo non solo europeo [1], ma anche mondiale [2].

[1] È possibile ricostruire un quadro organico esaminando, in particolare, l'Agenda Urbana per l'Unione Europea, istituita nel 2016 con il "Patto di Amsterdam", dopo una complessa evoluzione delle politiche europee in relazione agli obiettivi e agli strumenti delineati anche a livello internazionale per lo sviluppo sostenibile delle città: principi emersi nella Conferenza internazionale *Habitat III* e precisati – per l'attuazione – negli impegni e nelle azioni contenute nella *New Urban Agenda* delle Nazioni Unite (precisamente la Conferenza Habitat a Quito, in Ecuador, del 2016 e i documenti *New Urban Agenda*, inserita nell'Agenda per lo Sviluppo Sostenibile per il 2030, e *Habitat III*). Ulteriori importanti riferimenti derivano da altre conferenze e documenti internazionali.

Il tema sollecita un processo di trasformazione urbana verso una dimensione "*smart*", che integra, secondo una visione sistemica, le prospettive economica, ambientale, sociale e "culturale" e che richiede nozioni interdisciplinari e molte iniziative per la diffusione e la conoscenza [3].

Nonostante, già a partire dalla Carta Urbana Europea del 18 marzo 1992 si assista ad un incremento delle azioni settoriali (per spazi urbani, ambiente, energia, trasporti, ecc.) riconducibili ad una definita politica europea per le *smart cities* e ulteriori obiettivi siano espressi in diversi documenti delle Istituzioni europee, non risulta, invero, agevole delineare un inquadramento giuridico o individuare una qualificazione esauriente di *smart city*, dato che non esiste una definizione normativa in senso stretto, ma una nozione ampia dai confini giuridicamente incerti, che deriva prevalentemente da atti europei di soft law e da accordi internazionali, da programmi e da progetti in fase di attuazione.

La vera consistenza della nozione va dunque ricercata nella prassi, ove il progetto di *smart city* – come meglio si dirà *infra* [4] – prende forma attraverso politiche locali, atti a carattere convenzionale o di autoregolazione, partenariati pubblico-privati, strumenti di *governance*.

Non si può, del resto, fare a meno di notare come il quadro normativo entro cui si collocano queste "sperimentazioni intelligenti" risulti alquanto frammentato – in particolar modo sulle questioni relative al ruolo dei cittadini e della comunità rispetto allo sviluppo di queste iniziative [5] – tant'è che la disciplina di settore spesso consiste in una sorta di *patchwork* in cui si tentano di assemblare gli istituti necessari alla realizzazione dei diversi progetti [6]. Nella stessa direzione, vanno poi considerati i piani strategici europei (come, ad es., *Next Generation EU* o *Recovery Fund*), per sostenere la ripresa degli Stati membri colpiti dalla pandemia di Covid 19 e rilanciare l'economia, i quali, pongono, tra le principali linee

---

[2] Nella Carta mondiale per il diritto alla città (2005) emerge la qualificazione di diritto della collettività, intrecciato con agli altri diritti umani riconosciuti a livello internazionale. Per approfondimenti si rinvia a J.L. AVILA ORIVE, *Ciudadanía urbana, desarrollo sostenibile y derecho a la ciudad,* Valencia, 2018, 160 ss.

[3] Per le linee principali di evoluzione del concetto di sviluppo sostenibile v. J.L. AVILA ORIVE, *Ciudadanía urbana, desarrollo sostenibile y derecho a la ciudad, Valencia*, 2018, 207 ss.

[4] Si vedano, in particolare, i §§ 4 e 5.

[5] Cfr. L. SARTORI, *Alla ricerca della* smart citizenship, in *Ist. fed.*, 4/2015, 928 ss.

[6] Va in proposito sottolineato che nell'ambito dell'attuale strategia *Horizon 2020*, così come nel prossimo programma *Horizon 2027*, vengono incentivati non solo gli investimenti sulle infrastrutture ma anche alle iniziative necessarie a promuovere anche la dimensione civica e sociale dei modelli *smart city.* Tuttavia, come rilevato anche da altri, la portata concreta di questi indicatori risulta quanto mai critica e ciò che appare più problematico è definire, in termini quantitativi, aspetti che tradizionalmente godono di una diversa natura (cfr., in proposito, S. BOLOGNINI, *Dalla "smart city" alla "human smart city" e oltre*, Milano, 2017, spec. 54 ss. in ambiti come *smart living, smart people* e *smart governance.*

di azione (*missions*), la digitalizzazione e innovazione delle imprese e delle pubbliche amministrazioni[7].

Dal punto di vista oggettivo/materiale, questi documenti programmatici esprimono il più recente indirizzo sulla questione urbana e le specifiche esigenze del territorio, al fine di una progettazione integrata secondo gli obiettivi della città europea del futuro, superando la visione tradizionale incentrata sulle scelte urbanistiche e sulle competenze amministrative degli enti territoriali[8]. Prevalgono il criterio dell'integrazione delle politiche settoriali, un maggiore coinvolgimento delle autorità locali anche secondo un'estensione più ampia del territorio regionale di appartenenza e l'obiettivo finale di includere in via diretta i vari aspetti nella legislazione dell'UE[9]. Per meglio interpretare il significato di questo modello, è dunque più importante conoscerne le applicazioni pratiche che delinearne una puntuale definizione teorica, dato che – come già accennato – esso ricade in un complesso ambito interdisciplinare, oggetto di studi empirici per i profili tecnici e di una faticosa ricostruzione normativa come modello di organizzazione e di governo *smart* del territorio urbano e/o per le opportunità offerte ai cittadini e alle imprese[10].

2. *Gli appalti pubblici come strumento individuato dai documenti programmatici europei e dagli accordi internazionali per il perseguimento degli obiettivi di sviluppo urbano sostenibile*

Il punto di partenza per la presente disamina è senz'altro la considerazione che

---

[7] Basti qui ricordare che ogni Stato membro che intende utilizzare gli investimenti stanziati dal Consiglio Europeo con l'accordo citato (approvato nel luglio 2020) deve destinare il 37% della spesa all'economia verde e il 21% agli investimenti digitali.

[8] Nelle politiche di coesione dell'UE vi sono diversi programmi per la città, come, ad es., Urbact, reperibile in *www.urbact.eu*, da cui emergono concetti e obiettivi evoluti di sviluppo sostenibile come crescita economica equilibrata contestuale ad un elevato livello di tutela ambientale.

[9] In tal senso S. ANTONIAZZI, *Smart City: diritto, competenze e obiettivi (realizzabili?) di innovazione*, in *www.federalismi.it*, 10/2019, 10. Nel medesimo senso cfr. E. SPILLER, Citizens in the loop*? Partecipazione e* smart city, in F. PIZZOLATO-A. SCALONE-F. CORVAJA (a cura di), *La città e la partecipazione tra diritto e politica*, Torino, 2019, 289 ss.

[10] La letteratura in argomento è davvero molto ricca. Senza alcuna pretesa di completezza, possono qui ricordarsi i lavori di G.F. FERRARI (a cura di), *La prossima città*, Milano, 2017, 495 ss.; L. MONTI-R. CERRONI, *Le città del futuro: la "terza via" possibile tra smart cities e smart villages*, in *Amministrazione in Cammino*, 17 luglio 2017; E. FERRERO, *Le smart cities nell'ordinamento giuridico*, in *Foro amm.*, 2015, 1268 ss.; R. FERRARA, *The smart city and the green economy in Europe: a critical approach*, in *Dir. e proc. amm.*, 2-3/2015; F. FRACCHIA-P. PANTALONE, *Smart City: condividere per innovare (e con il rischio di escludere?)*, 25 novembre 2015, in *www.federalismi.it*, 22/2015; S. SEPE-E CROBE, *Smart city, glocalismo, diritto globale*, in *Impresa&Stato*, 97/2013; A. CASINELLI, *Le città e le comunità intelligenti*, in *Giorn. dir. amm.*, 3/2013.

gli strumenti individuati dai documenti programmatici sopra citati – atti comunitari di *soft law*, accordi internazionali, programmi e progetti in corso di attuazione – per il perseguimento degli obiettivi di sviluppo urbano sostenibile, inclusivo ed integrato, sono gli appalti pubblici. Gli appalti pubblici svolgono, infatti, un ruolo fondamentale nella "strategia Europa 2020" – per una crescita intelligente, sostenibile ed inclusiva – costituendo uno degli strumenti basati sul mercato necessari alla realizzazione dei suoi obiettivi [11]. L'acquisto di prodotti, lavori e servizi innovativi svolge un ruolo fondamentale per migliorare l'efficienza e la qualità dei servizi pubblici e nello stesso tempo affrontare le principali sfide a valenza sociale [12]. Un concetto che, sul piano dell'attività contrattuale della P.A., è rafforzato dalla direttiva appalti 2014/24/UE, che, al Considerando 47, ha invitato gli Stati membri ad utilizzare gli appalti pubblici strategicamente nel miglior modo possibile per stimolare l'innovazione [13], introducendo, accanto agli istituti previsti dalle vigenti direttive, una nuova procedura di aggiudicazione, ovvero il partenariato per l'innovazione [14], poi recepito dall'art. 65 del Codice dei contratti pubblici del 2016 [15].

L'Italia negli ultimi anni ha seguito con particolare attenzione gli indirizzi comunitari nel settore del *procurement* di innovazione e pre-commerciale, in alcuni casi con un approccio proattivo, ed è uno dei Paesi più dinamici in tale settore.

Tale modello di collaborazione è definito dall'art. 19 del d.l. 18 ottobre 2012, n. 179 conv. in legge 17 dicembre 2012, n. 221, il quale individua le amministrazioni coinvolte (MIUR, MiSE, Agenzia per la Coesione Territoriale, le Regioni, oltre all'Agenzia per l'Italia Digitale) che, nel loro complesso, formerebbero il

---

[11] Comunicazione della Commissione COM(2010)2020 del 3 marzo 2010, in *https://ec.europa.eu/.*

[12] V., in particolare, il Considerando n. 47 della direttiva 2014/24/UE.

[13] Si legge, nel citato considerando 47, secondo periodo che «[...] Le autorità pubbliche dovrebbero utilizzare gli appalti pubblici strategicamente nel miglior modo possibile per stimolare l'innovazione. L'acquisto di prodotti, lavori e servizi innovativi svolge un ruolo fondamentale per migliorare l'efficienza e la qualità dei servizi pubblici e nello stesso tempo affrontare le principali sfide a valenza sociale. [...]».

[14] Più precisamente, il partenariato per l'innovazione è una novità introdotta nell'ordinamento comunitario dall'art. 31 della direttiva 2014/24/UE. Si tratta, come meglio si dirà *infra*, nel § 3, di una procedura di scelta del contraente alla quale è possibile ricorrere «[...] nelle ipotesi in cui l'esigenza di sviluppare prodotti, servizi o lavori innovativi e di acquistare successivamente le forniture, i servizi o i lavori che ne risultano non può, in base a una motivata determinazione, essere soddisfatta ricorrendo a soluzioni già disponibili sul mercato».

[15] Cfr. M.E. COMBA, *La domanda pubblica come leva per l'innovazione: le potenzialità degli appalti innovativi per le Anchor Institutions*, in *www.federalismi.it*, 4/2019, 56, che fa espresso riferimento a L. BUTLER, *Innovation in Public Procurement: Towards the "Innovation Union"*, in F. LICHÉRE-R. CARANTA-S. TREUMER (a cura di), *Modernising Public Procurement: The New Directive*, Copenhagen, 2014, spec. 337-383, 345.

fulcro di un sistema istituzionale in grado di indirizzare gli obiettivi strategici, coordinare l'utilizzo delle risorse finanziarie ed attuare progetti strategici di innovazione della P.A. La costruzione di questo sistema istituzionale ha iniziato a prendere forma nel primo semestre del 2018, quando AgID ha iniziato a perfezionare una serie di accordi istituzionali per facilitare il ricorso alle procedure innovative e la partecipazione delle imprese e dei centri di ricerca alle gare.

3. Segue. *Il modello di collaborazione istituzionale definito dal d.l. n. 179/2012 e il programma* "Smarter Italy"

Un più forte impulso a questa strategia complessiva è derivato dall'avvio del programma *Smarter Italy*, promosso dal Ministero dello Sviluppo economico (MISE), dal Ministero dell'Istruzione e dell'Università e Ricerca (MIUR) e dal Ministro per l'Innovazione tecnologica e la digitalizzazione (MID), con l'obiettivo di migliorare la vita delle comunità e dei cittadini, attraverso la sperimentazione nei territori di soluzioni tecnologiche emergenti in diversi ambiti: mobilità, ambiente, benessere della persona e beni culturali.

Il programma si basa sullo strumento degli appalti innovativi con i quali, come si è sopra visto [16], a differenza degli appalti tradizionali, lo Stato non acquista prodotti o servizi standardizzati già disponibili sul mercato, ma stimola operatori e imprese a creare soluzioni basate su tecnologie emergenti per rispondere concretamente ai fabbisogni di servizi espressi dalle realtà territoriali.

Dal punto di vista normativo, il programma nasce con il d.m. 31 gennaio 2019 che ha destinato 50 milioni di euro per l'attuazione dei bandi di domanda pubblica intelligente. A seguito del decreto, è stata anche stipulata una convenzione tra AgID e MiSE per la gestione dell'iniziativa. Il Ministero, infatti, si avvarrà della collaborazione dell'Agenzia per selezionare i progetti innovativi presentati dalle imprese [17]. Peculiarità della convenzione è che ad essa possono aderire anche altre amministrazioni interessate a sostenere lo sviluppo del proprio territorio grazie allo strumento degli appalti innovativi. Dalla sanità, al turismo, passando per l'ambiente: diversi sono i settori che potranno beneficiare delle soluzioni avanzate, non presenti sul mercato, che saranno di volta in volta selezionate.

Il programma prevede, al momento, tre linee d'azione, la prima delle quali è incentrata sul tema Città intelligenti, *Smart Mobility & Logistics.*

Questa prima area di intervento – che, a sua volta, è suddivisa in quattro "Sfi-

---

[16] Cfr., in particolare, il § 2.

[17] V., in particolare, l'azione 76 del Piano Triennale per l'Informatica nella Pubblica Amministrazione 2019-2021 (d.P.C.M. 21 febbraio 2019).

de", tutte incentrate sul settore della mobilità [18] – è indirizzata a fornire soluzioni innovative e sostenibili utili a migliorare la mobilità delle persone e delle merci non solo nei centri storici ma anche in aree a domanda debole [19] e/o in contesti urbanistici complessi, sviluppatisi senza l'applicazione di un piano regolatore omogeneo e/o in territori con orografia disomogenea.

Attraverso la combinazione tra tecnologie emergenti quali Intelligenza Artificiale (AI), Internet delle cose (IoT), *blockchain* e reti di nuova generazione (5G), il programma mira, in particolare, a soddisfare le mutate condizioni di trasporto dettate dall'esigenza di far fronte alla pandemia causata dal Covid-19 [20], che rendono indispensabile il rafforzamento del servizio nelle tratte a maggior domanda [21].

Questa prima parte del programma, che viene attuato dall'Agenzia per l'Italia digitale (AgID), ha preso avvio con l'adesione di 23 Comuni selezionati di cui 11 città definite '*Smart Cities*' e 12 piccoli centri definiti "Borghi del futuro".

Più precisamente, il programma si articola in tre fasi, la prima delle quali è dedicata alla definizione delle aree tematiche oggetto di intervento; la seconda, alla definizione e qualificazione dei fabbisogni di innovazione (fabbisogni *smart*) attraverso le consultazioni di mercato tra la pubblica amministrazione e gli operatori di mercato, (paradigma dell'*open innovation*); la terza, all'esecuzione delle procedure di appalto, tipiche dell'*innovation procurement*: appalto pre-commerciale (PCP), dialogo competitivo, partenariato per l'innovazione (PPI), procedura competitiva con negoziazione.

Una sfida complessa che dovrebbe portare benefici ai cittadini, spingendo il contesto imprenditoriale ad innovarsi e a generare un impatto rilevante sull'efficienza della pubblica amministrazione.

---

[18] Nello specifico, le quattro sfide sono consultabili in *https://appaltinnovativi.gov.it/smarter-italy-mise/citt%C3%A0-intelligenti-smart-mobility-logistics.*

[19] Le Aree a Domanda Debole (ADD) sono porzioni di territorio, urbano o interurbano, con domanda di trasporto bassa o medio-bassa e caratterizzate da una considerevole dispersione spaziale e temporale. In questo contesto emerge la necessità di individuare soluzioni innovative in grado di offrire una copertura capillare del territorio, garantendo gli spostamenti dei cittadini dalle loro residenze fino ai "*transportation hubs*" principali (stazioni principali di bus e treni) o fino ai luoghi principali (scuole, ospedali, centri urbani, centri sportivi, ecc.).

[20] Il paradigma della nuova mobilità post Coronavirus prevede, quindi, maggiori flussi di veicoli alternativi alle autovetture e un trasporto pubblico che garantisca la salute del cittadino/utente, spesso appartenente alle categorie più fragili della popolazione, rispettando le misure di contenimento del contagio.

[21] Le soluzioni ideali dovranno consentire di soddisfare pienamente la domanda del territorio, pur garantendo il rispetto dei seguenti requisiti:
- sostenibilità economica sia per l'amministrazione pubblica che per l'utenza;
- basso impatto ambientale;
- sostenibilità economica sia per la P.A. che per l'utenza.

4. *Il ruolo delle città nell'attuazione dei sistemi di innovazione e la vivacità delle iniziative attualmente operative in Italia*

Prescindendo dal tema della mobilità sostenibile, per cui è ravvisabile un quadro coordinato di interventi, sia pure ancora in fase iniziale di attuazione, per quanto concerne le altre linee di azione (economia circolare, transizione al digitale, ecc.), sembrano mancare, in ambito nazionale, delle linee guida per lo svolgimento degli appalti innovativi, non solo in merito alle condizioni per partecipare agli stanziamenti pubblici, ma anche per stabilire il quadro istituzionale delle *smart city*, incentivando così una lettura unitaria degli indirizzi politici sottesi a questi progetti.

Nonostante il dato normativo risulti piuttosto scarno[22], i progetti *smart city* hanno, infatti, trovato un terreno fertile nell'agenda politica di molte amministrazioni, tant'è che in Italia sono oggi attive più di mille iniziative che coinvolgono quasi la metà dei Comuni presenti sul territorio nazionale[23].

In questo quadro si inserisce il PUMS – Piano urbano della mobilità sostenibile della Conferenza Metropolitana di Padova (Co.Me.Pa.), che merita una particolare attenzione in questa sede in quanto si tratta di una delle prime esperienze, in ambito nazionale, di pianificazione di scala sovralocale avviata su base volontaria. Nello specifico, il PUMS – redatto in coerenza con le Linee Guida per la redazione dei Piani Urbani per la mobilità sostenibile emanate dal Ministero delle Infrastrutture con d.m. 4 agosto 2017 – intende promuovere una visione condivisa delle politiche di mobilità sostenibile a livello intercomunale, assumendo come riferimento di pianificazione il territorio dei 18 comuni aderenti alla Conferenza Metropolitana[24]. Più precisamente, il Piano si configura come uno strumento di pianificazione strategica che, in un orizzonte temporale di medio-lungo periodo

---

[22] L'unico dato normativo che affronta il tema delle «Comunità intelligenti» è rappresentato dall'art. 20 del d.l. n. 179/2012 (convertito nella legge n. 221/2012), che attribuisce ad AGID il coordinamento del processo di attuazione e predisposizione degli strumenti tecnologici ed economici per il progresso delle comunità intelligenti. In seguito, un'esplicita maggiore considerazione è stata prevista nella legge di riforma delle province, che attribuisce alla Città metropolitana le funzioni di promozione e di *gestione dei servizi*, delle *infrastrutture* e delle *reti di comunicazione* (art. 1, comma 2, legge n. 56/2014) e quelle di indirizzo, di pianificazione e di supporto ai Comuni dell'area metropolitana, con particolare riguardo alla promozione e all'attuazione dei sistemi di *informatizzazione* e di *digitalizzazione* (art. 44, lett. *f)*, legge n. 56/2014).

[23] Cfr. A. MICHIELI, Smart city: *verso l'autogoverno digitale?*, in C. BUZZACCHI-P. COSTA-F. PIZZOLATO (a cura di), *Technopolis. La città sicura tra mediazione giuridica e profezia tecnologica*, Milano, 2019 179 ss., ove si analizzano i dati forniti dall'Osservatorio dell'Associazione nazionale dei comuni italiani.

[24] Si tratta di un territorio rappresentativo, dove risiede metà della popolazione della provincia di Padova (più di 450 mila abitanti) in cui sono presenti realtà assai differenti tra loro: dal polo urbano di Padova di rango sovra-regionale, ai comuni della cintura padovana a vocazione industriale, fino ai comuni della fascia dei Colli euganei ad elevata vocazione turistica.

(10 anni) sviluppa una visione di sistema della mobilità urbana perseguendo il raggiungimento di obiettivi di sostenibilità ambientale, sociale ed economica [25].

La medesima tipologia di interventi ha coinvolto, in diversi settori strategici, quasi tutte le Regioni italiane: già tra dicembre 2019 e febbraio 2020, un gruppo di undici Comuni italiani hanno aderito alla sperimentazione della rete 5G: Bari, Catania, Cagliari, Matera, Roma, L'Aquila, Prato, Genova, Modena, Milano e Torino.

Emblematica, dal punto di vista dell'*open innovation*, è l'esperienza della Casa delle Tecnologie emergenti, coordinata dal Comune di Matera in convenzione con il MiSE, con attività sviluppate dal Consiglio Nazionale delle Ricerche (CNR) in collaborazione con l'Università della Basilicata ed il Politecnico di Bari. Una strategia di innovazione della città basata sulle tecnologie emergenti (IoT, 5G, *blockchain*, Robotica e AI) e sulle loro applicazioni che contribuisce a rendere Matera un esempio straordinario di storia e innovazione. Insieme a questo progetto, il CNR sarà impegnato, con il Comune di Matera, anche sul versante dello sviluppo di nuove forme per il controllo della accessibilità urbana, sul monitoraggio ambientale in relazione al bacino idrico del torrente Gravina e delle problematiche ad esso connesse [26].

In altri casi, è ravvisabile un programma coordinato di interventi, come, ad es., quello che interessa il Comune di Bologna, ove, ancora prima dell'istituzione della Città metropolitana [27] e sulla base di un'alleanza strategica tra i settori della ricerca, dell'impresa e della P.A. si è acquisito un discreto livello innovativo sotto diversi aspetti: copertura a banda larga per servizi *web* più efficienti, *App* per il traffico, parcheggi, richiesta di certificati, sistemi di telecontrollo dell'illuminazione pubblica, rete di teleriscaldamento, soluzioni di trasporto alternativo e strumenti di pianificazione energetica [28].

---

[25] Si veda la relazione tenuta dall'Ing. Luca Coin del Comune di Padova al Seminario di Studi su "*Appalti Innovativi e fabbisogni* smart *tra tutela della concorrenza e IP*", organizzato dal Dipartimento di Diritto Pubblico, Internazionale e Comunitario nonché dal Dipartimento di Ingegneria Civile, Edile e Ambientale dell'Università di Padova, svoltosi in data 8 ottobre 2020 nell'ambito del Festival dello Sviluppo Sostenibile, edizione 2020, su cui v. *https://Festivalsvilupposostenibile.It/2020/Cal/869/Appalti-Innovativi-E-Fabbisogni-Smart-Tra-Tutela-Della-Concorrenza-E-Ip#.X2sff2gzauk*.

[26] Si tratta del "Gemello Digitale", un progetto innovativo ideato dal CNR, che svilupperà una copia virtuale di processi o servizi reali sui quali effettuare dei *test* per prevenire errori e migliorare le funzionalità in virtù dei dati raccolti dai sensori.

[27] Cfr. lo Statuto aggiornato dal Consiglio metropolitano con atto n. 20 del 25 maggio 2016 ed altresì approvato in Conferenza metropolitana di Bologna nella seduta del 30 maggio 2016 con delibera n. 3.

[28] Per approfondimenti si rinvia a R. RIVA SANSEVERINO-E. RIVA SANSEVERINO-V. VACCARO, *Smart city: casi studio*, in E. RIVA SANSEVERINO-R. RIVA SANSEVERINO-V. VACCARO (a cura di), *Atlante delle smart city*, Milano, 2012-2015, 134 ss. Per le innovazioni *smart* in Emilia-Romagna v. S. BERTINI, *Smart development in regional economies, The Emilia-Romagna Region in the European*

Soluzioni di questo tipo, seguendo l'esempio di altre città europee, sono state sperimentate anche da altre città italiane.

5. *La dimensione locale del modello "*smart*" e l'innovazione tecnologica, soprattutto digitale, come strumento privilegiato per favorire nuove forme di concertazione pubblico-privata: i primi progetti civici in tal senso e le proposte operative*

Da questo contesto così complesso derivano indicazioni interdisciplinari per le città: esse devono partecipare attivamente allo sviluppo territoriale, economico e sociale dell'UE secondo il modello della città intelligente, creativa e sostenibile, in linea con le moderne tecnologie e con adeguate modalità di comunicazione; tuttavia, si prospetta in concreto il problema di ricondurre i vari interventi ad una visione complessiva di città del futuro per garantire ai cittadini un'agevole dimensione innovativa[29]. Questa vocazione, per così dire "inclusiva" della città, è un'idea nuova e antica, tant'è che essa trova origine addirittura nell'età medievale[30] in cui la stessa dimensione giuridica era radicata profondamente nel tessuto comunitario[31] Questa idea "storica" di città non vuole, però, suggerire semplicisticamen-

---

frame, in G. ANTONELLI-G. CAPPIELLO (eds.), *Smart Development in Smart Communities*, cit., 208 ss. Per ulteriori approfondimenti sull'esperienza italiana e di alcuni Comuni (Bologna, Milano, Torino e di recente Genova) v. *Ecoscienza*, 5, 2012, e 1, 2013. La Regione Emilia-Romagna ha adottato alcune discipline in linea con gli obiettivi di *Smart City*: ad es., la l.r. 29 settembre 2003, n. 19, per la riduzione dell'inquinamento luminoso e il risparmio energetico per gli impianti di illuminazione pubblica; la l.r. 5 giugno 2017, n. 10, recante interventi per la promozione e lo sviluppo del sistema regionale di ciclabilità (v., in particolare, l'art. 6, secondo comma, lett. «n) fornitura e installazione di tecnologie intelligenti per il monitoraggio della ciclabilità»); la l.r. 21 dicembre 2017, n. 24, circa la tutela e l'uso del territorio, ad es., con vari riferimenti alla rigenerazione urbana e alla vivibilità degli spazi urbani.

[29] Così N. DE LISO-L. ZAMPARINI, *Issues and challenges for smart cities*, in G. ANTONELLI-G. CAPPIELLO (eds.), *Smart Development in Smart Communities*, cit., 65 ss.

[30] Questo vincolo simbiotico tra *civitas* e comunità è chiaramente descritto in un'opera giuridica del Trecento, il *Dictionarium iuris* di Alberico da Rosate, che contiene una bellissima definizione di città: «*Civitas autem non saxa sed habitatores vocatur*». Si tratta di una definizione che esprime efficacemente l'identità tra città e cittadinanza, un po' tipica dell'epoca, ove si richiama il fatto che la dimensione della città/cittadinanza, dipende dalla comunità che abita la città non tanto dalla materialità che distingue la città sotto un profilo meramente fattuale: "le città non sono mura ma sono abitanti". In tempi più recenti, questo legame di prossimità e continuità storica tra i membri della comunità e la città è stato particolarmente accentuato da C. SARAGOSA, *Città tra passato e futuro. Un percorso critico sulla via di Biopoli*, Roma, 2011, 195 ss., secondo cui «La città organica non è la creazione di una volontà individuale ma è il frutto di molte generazioni che l'hanno sedimentata nel tempo».

[31] V., in proposito, E. CORTESE, *Il rinascimento giuridico medievale*, Roma, 1996.

te un impraticabile ritorno al passato ma esige una comprensione organica della stessa, che si articola in una continuità e contiguità tra generazioni passate, presenti e future. Questa rappresentazione fa della città un organismo vivente nella storia e non solo una realtà sociale "attuale", assumendo una dimensione spazio-geografica e valoriale che appare come l'espressione di processi economici e finanziari globali.

Su un piano più generale, il vantaggio di questo modello antico e nuovo è senz'altro la "compartecipazione per inclusione", che risponde più alla volontà della comunità e meno alla determinazione legislativa e che sposta i livelli della negoziazione politico-istituzionale dal livello centrale al livello periferico [32].

Molti progetti civici (Torino, Milano) sicuramente hanno questa finalità di includere il momento comunitario all'interno dei processi decisionali.

Sul fronte della partecipazione, ad esempio, merita attenzione l'iniziativa promossa dalla città di Torino, sfruttando un *software* libero: attraverso il portale "*DecidiTorino*" [33], infatti, l'Amministrazione incoraggia i cittadini a presentare delle proposte o a partecipare ai dibattiti avviati da altri per discutere in un forum istituzionalizzato i bisogni e le necessità della città e dei suoi abitanti al fine di trovare assieme soluzioni condivise ed efficienti. Analogamente, la città di Milano sta promuovendo un portale di accesso unico a tutti i dati in possesso del Comune, facilitando così non solo la fruibilità dei fascicoli personali ma anche la disponibilità degli *open data* [34]. Ma la lista potrebbe continuare a lungo, documentando gli sviluppi di un'impostazione ormai condivisa, in ambito locale.

Chiaramente, si tratta solo di un inizio e, certo, non si può affidare ad una dichiarazione di intenti la solidità che ci si potrebbe aspettare da un'iniziativa di *hard law*. Al fine di promuovere forme di intelligenza urbana per la *smart city* sarà, quindi, necessario investire in una nuova cultura della *governance* locale, creando luoghi in cui possa trovare spazio un confronto sui principi di buona amministrazione "digitale", includendo non solo gli attori economici ma anche

---

[32] «La proiezione architettonica di questo modello – è stato osservato – si sviluppa non in verticale ma in orizzontale, come non può non essere quando quella che si persegue e si vuol favorire è esattamente l'orizzontalità dei rapporti inter-soggettivi: l'*agorà* e i luoghi pubblici *informali* rappresentano l'immagine urbanistica di rapporti sociali "amichevoli"»: cfr. T. GRECO, *Sicurezza/insicurezza: figure e paradigmi di un dibattito,* in T. GRECO (a cura di), *Dimensioni della sicurezza,* Torino, 2009, 30 ss.

[33] Su questo specifico progetto si veda il sito ufficiale *https//deciditorino.it.* Per una panoramica sulla strategia digitale del capoluogo piemontese cfr. C. DELMASTRO-R. DE MIGLIO-A. CHIODI-M. GARGIULO-P. PISANO, *The smart city of Torino,* in L. ANTHOPOULOS (a cura di), *Smart City Emergence. Cases From Around the World,* Elsevier, 2019, 51 ss.

[34] Per un'analisi del progetto milanese si rinvia ai siti ufficiali: *https://citiesfordigitalrights.org/milan* e *https//dati.comune.milano.it.* Per una panoramica sulla strategia digitale del capoluogo lombardo, può vedersi: B. TRIVELLATO, *How Can 'Smart' Also Be Socially Sustainable? Insights from the Case of Milan,* in *European Urban and Regional Studies,* 24(4)/2017, 337 ss.

delle rappresentanze «atipiche», volte a fare gli interessi della comunità fin dalle prime fasi di progettazione[35].

In sede giuridico-istituzionale, nella costruzione di questo modello di città europea del futuro, si potrebbe perciò ragionare su un nuovo "contrattualismo *smart*", al fine di inaugurare un nuovo rapporto (che, in realtà, è tutt'altro che nuovo)[36] con il pubblico potere, improntato ad una dimensione più condivisa e compartecipata delle infrastrutture e dei servizi pubblici, in funzione di un benessere collettivo, che possa includere la dimensione innovativa e tecnologica e, al contempo, dare una risposta giuridica un po' meno fluida al significato di "creare rete" che è diventato un po' il nostro "mantra" contemporaneo; perché le reti hanno un significato e soprattutto hanno un modo, attraverso cui si costruiscono: città più cittadini, il risultato di quel modello di trama e ordito che genera il vero e proprio modello "*smart*".

---

[35] In questo senso espressamente S. BOLOGNINI, *Dalla "smart city" alla "human smart city" e oltre*, Milano, 2017, spec. 54 ss.; nel medesimo senso: P. VAN WAART-I. MULDER-C. DE BONT, *A Participatory Approach for Envisioning a Smart City*, in *Social Science Computer Review*, 2015; C. DELL'ERA-P. LANDONI, *Living Lab: A Methodology between User-Centred Design and Participatory Design*, in *Creativity and Innovation Management*, 23(2)/2014, 137-154; J. MUELLER- H. LU-A. CHIRKIN-B. KLEIN-G. SCHMITT, *Citizen Design Science: A strategy for crowd-creative urban design*, in *Cities*, 72(A)/2018, 181-188.

[36] Come si è osservato all'inizio del presente § 5 in merito alla vocazione "inclusiva" della *smart city*.

LA PROSPETTIVA *CULTURAL-GLOCAL* DELLE CITTÀ CONTEMPORANEE: TERRITORIO, CITTADINI E BENI CULTURALI

FRANCESCA DONÀ

SOMMARIO: 1. Territorio, cittadini e beni culturali: un insito legame nella prospettiva dei *local human rights*. – 2. Partecipazione e sussidiarietà: i motori della dimensione *glocal*. – 3. L'amministrazione condivisa dei beni culturali. – 4. Il carattere universale dei beni culturali e la materia del turismo. – 5. La prospettiva *glocal* e il recupero del concetto di *cives mundi*.

1. *Territorio, cittadini e beni culturali: un insito legame nella prospettiva dei* local human rights

Il *diritto delle città*[1] costituisce oggetto di molteplici approfondimenti giuridici, secondo differenti direttrici: fra tutte, la dimensione cittadina rappresenta il fulcro di un vivace dibattito dottrinale[2], che vede la città come nuovo centro di sperimentazione dei diritti, sulla scia della cosiddetta "*decentralization of human rights*"[3], secondo la quale il processo di promozione dei diritti umani deve inevi-

[1] Con l'espressione *diritto delle città* si intende "quel complesso di regole che governano spazi urbanizzati la cui origine trova fonte nella rappresentanza delle comunità che le istituzioni cittadine interpretano e nel diretto coinvolgimento delle organizzazioni o delle individualità della società civile": così F. GIGLIONI, *Che cos'è il diritto delle città*, in *labsus.org*, 2018.

[2] Interessanti spunti sul tema sono offerti dal precedente volume collettaneo del progetto Gruppo Città dell'Università di Padova - Dipartimento di diritto pubblico: AA.VV., *La città e la partecipazione tra diritto e politica*, a cura di F. PIZZOLATO-A. SCALONE-F. CORVAJA, *Quaderni del Dipartimento di diritto pubblico, internazionale e comunitario dell'Università degli Studi di Padova*, Torino, 2019.

[3] E. FRIIS-HANSEN-H.M. KYED, *Participation, Decentralization and Human Rights*, Washington, 2009; E. VAN DEN BERG-B. OOMEN, *Towards a Decentralisation of Human Rights: The Rise of Human Righs Cities*, in AA.VV., *The future of Human Rights in an Urban Worlds. Exploring Opportunities, Threats and Challenges*, Amnesty International Netherlands, Amsterdam, 2014, 11 ss.

tabilmente passare attraverso il superamento dell'approccio *state-based* per giungere ad una prospettiva (g)locale [4].

Stando a quanto appena affermato, il costituzionalista di oggi si deve interrogare su una specifica circostanza di partenza: quali fra le democrazie contemporanee stanno optando per questo cambio di marcia e stanno, quindi, traslando il loro *focus* costituzionale dalla dimensione statale a quella urbana e investendo, quindi, sullo sviluppo – economico, sociale e culturale – delle città [5]? Quali ordinamenti, invece, restano tutt'ora ancorati al paradigma della statualità? [6].

Se il giurista intuisce, perciò, di trovarsi di fronte ad un sistema al cui interno sussistono già queste spinte innovative, egli dovrà necessariamente soffermarsi su quali diritti di nuova generazione – legati all'ambito urbano e, quindi, denominati *local human rights* [7] – possono nascere e trovare idonea tutela.

Fra questi, merita di essere preso in considerazione il diritto-dovere del cittadino di contribuire *"al progresso materiale o spirituale della società"* [8], attraverso l'arricchimento della propria sfera culturale.

Di qui, l'evidente connessione con il diritto dei beni culturali, il quale viene riconsiderato sotto una differente chiave di lettura, ossia la lente del costituzionalista, che vede e individua, nella tutela del patrimonio culturale la diretta applicazione di diversi principi costituzionali [9], secondo il binomio *diritto-persona* [10].

L'accostamento fra *diritto dei beni culturali* e *diritto delle città* consente, dunque, di esplorare più a fondo il tema affrontato e di carpirne i differenti risvolti istituzionali: in che modo i beni culturali possono consegnare alla dimensione cittadina una prospettiva centrale e fattiva, nell'ottica di un autentico risveglio costituzionale? Quali sono i risvolti "*ultrastatuali*" di queste dinamiche? Come si coniuga la prospettiva *local* con quella *global*?

---

[4] È la dimensione *city-centered*. Si veda, in particolare, G. TIEGHI, *Città, diritti umani e tutela glocal*, in *federalismi.it*, n. 2/2019, spec. 2-3.

[5] Una tale premessa va letta anche alla luce di quella che è l'emergente crisi dello Stato: M. BERTOLISSI, *Fiscalità, diritti, libertà. Carte storiche e ambiti del diritto costituzionale*, Napoli, 2015, 1.

[6] M. BERTOLISSI, *Autonomia e responsabilità sono un punto di vista*, Napoli, 2015, 314; C. PINELLI, *Forme di Stato e forme di governo*, in *Rivista AIC*, n. 2/2020, 287. V., sul punto, anche A. MORELLI, *La riscoperta della sovranità nella crisi della globalizzazione*, in *Consulta online*, n. 1/2018, nonché C. NARDOCCI, *Prime note in tema di sovranità, rappresentanza politica e multiculturalismo: tra nuove forme di cittadinanza e "diritti di autogoverno"*, in *federalismi.it*, n. 3/2018.

[7] Sulla definizione di *local human rights*: AA.VV., *The local relevance of human rights*, a cura di K. De Feiter-S. Parmentier-C. Timmerman-G. Ulrich, Cambridge, 2011.

[8] Art. 4 Cost.

[9] F. RIMOLI, *La dimensione costituzionale del patrimonio culturale: spunti per una rilettura*, in *Riv. giur. ed.*, n. 5/2016, 505, che definisce il patrimonio culturale come "memoria e testimonianza acquisita del passato ed è in questo senso patrimonio e luogo dell'identità di un popolo; ma deve essere, al contempo, esperienza del presente e genesi del futuro di una collettività".

[10] M. BERTOLISSI, *Autonomia e responsabilità sono un punto di vista*, cit., 75-76.

Secondo chi scrive, l'angolo visuale di interesse è proprio il seguente: il patrimonio culturale urbano e le buone pratiche attuate per valorizzarlo restituiscono alle realtà urbane quella duplice prospettiva, che ci ricorda l'esperienza dei Comuni medievali, e che consente di esprimere, da un alto, una dimensione cittadina, dall'altro, un respiro internazionale [11].

È indiscutibile, infatti, che il concetto di patrimonio culturale significhi molto più di quanto possa essere racchiuso in una definizione normativistica, stabilita dal diritto positivo e scevra delle implicazioni socioculturali, le quali, invece, rivestono un ruolo assolutamente saliente, meritevole di essere preso in scrupolosa considerazione, nell'accingersi allo studio di questi temi.

È altrettanto doveroso, inoltre, rilevare che l'autenticità della dimensione *glocal* [12] deve passare attraverso la constatazione di esperienze ed esercizi radicati nei fatti, in grado di fornire la giusta "consistenza" ad una definizione, che – altrimenti – sembra destinata ad esistere solo sulla carta.

2. *Partecipazione e sussidiarietà: i motori della dimensione* glocal

La dimensione *glocal* attuata dalle città che intendono valorizzare il loro patrimonio artistico culturale è foriera anche di quel principio partecipativo non espressamente citato dal testo costituzionale e che si ritrova, tuttavia, negli scritti di chi ha partecipato all'Assemblea costituente [13].

Se si parte dal presupposto, di carattere prima fattuale e poi teorico, che la democrazia non può dirsi completamente attuata se, accanto alle usuali forme di organizzazione degli individui, non vengano introdotti strumenti per consentire la "*presenza diretta e attiva dei cittadini*" nell'esercizio in concreto delle funzioni dello Stato [14], non potrà che ritenersi necessario che la prospettiva *city-centered* sia accompagnata da una visione comune rispetto al principio di partecipazione –

---

[11] U. VINCENTI, *Ius publicum. Storia e fortuna delle istituzioni pubbliche di Roma antica*, Napoli, 2018.

[12] Il termine deriva dall'espressione "*glocalization*" coniata da Z. BAUMAN, *Globalizzazione e glocalizzazione*, Roma, 2005.

[13] Uno fra tutti Costantino Mortati, in C. MORTATI, *Art. 1*, in AA.VV, *Commentario della Costituzione, Principi fondamentali*, a cura di G. Branca, Bologna-Roma, 1975, 49, il quale chiosa che "L'impiego delle forme democratiche che trovano il loro fulcro nel congegno parlamentare sia riuscito solo imperfettamente a realizzare una democrazia sostanziale. Il principio della sovranità popolare riuscirà ad ottenere concretezza ed effettività solo quando la partecipazione dei singoli alla politica generale si effettui seguendo un processo che passi attraverso una molteplicità di gradi intermedi, fra loro collegati, in modo che quelli di grado inferiore siano ordinati come condizionanti e preparatori degli altri più elevati, in una progressione che giunga fino all'organizzazione centrale dello Stato".

[14] F. BENVENUTI, *Il nuovo cittadino. Tra libertà garantita e libertà attiva*, Venezia, 1994, 22.

che impone di aumentare la cifra democratica dell'ordinamento attraverso esperienze partecipative dei suoi cittadini – e a quello di sussidiarietà [15].

Il paradigma della partecipazione aiuta a restituire, allora, una concreta attuazione al principio di sussidiarietà nella sua veste verticale (che predilige i livelli istituzionali maggiormente vicini ai cittadini-utenti) e in quella orizzontale (che vede la collaborazione tra pubblico e privato come risorsa per incrementare l'efficienza del sistema-Paese).

Occorre, dunque, ora calare questa premessa sul diritto delle città, le quali sono comunemente considerate espressione di tradizioni e costumi locali riferiti ad una specifica comunità e la cui prova di ciò è costituita dalle opere tangibili dell'uomo (quali i monumenti, le opere d'arte, l'architettura, ecc.) e dalla dimensione non immediatamente palpabile, rappresentata dalla cultura popolare, delle tradizioni e dagli usi.

È questo stesso insito legale tra territorio, comunità e patrimonio culturale che invita il giurista e – in particolare – il costituzionalista ad approfondire questa connessione, riconoscendo i presupposti per l'applicazione e l'implementazione del principio di partecipazione dei cittadini e il principio di sussidiarietà [16], attraverso la comprensione del significato autentico del fenomeno.

Il riferimento al principio di sussidiarietà diviene, poi, essenziale secondo un differente ordine di ragioni e, cioè, al fine di comprendere la svolta indicata dal concetto di *local human rights*. La sussidiarietà, infatti, con riferimento ad entrambe le sue accezioni, verticale e orizzontale, esprime, in termini giuridici, la necessità che i tracciati dell'ordinamento non siano così rigidi – e, quindi, tali da impedire lo sviluppo di questa nuova generazione di diritti, quali il diritto ad essere informati e a poter essere istruiti, anche all'infuori del tradizionale circuito istituzionale [17] – e che, invece, consentano l'esprimersi della persona umana, tra-

[15] G. ARENA, *Il principio di sussidiarietà orizzontale nell'art. 118, u.c. della Costituzione*, in *Studi in onore di Giorgio Berti*, Napoli, 2005; A. POGGI, *Le autonomie funzionali "tra" sussidiarietà verticale e sussidiarietà orizzontale*, Milano, 2001; AA.VV, *Il sistema amministrativo dopo la riforma del Titolo V della Costituzione*, a cura di G. Berti-G. De Martin, Roma, 2002; A. D'ATENA, *Costituzione e principio di sussidiarietà*, in *Quaderni Costituzionali*, n. 1/2001.

[16] F. PIZZOLATO, *Le nuove forme della partecipazione civica e le autonomie territoriali*, in *Jus Online*, 2/2018, 47: "Proprio perché il fine complessivo della Repubblica (art. 3) e quello, articolato, delle formazioni sociali (art. 2) è convergente, lo svolgimento della persona, la sua realizzazione esige un'alleanza tra istituzioni e cittadini singoli e associati, di cui la sussidiarietà è l'espressione sintetica".

[17] "Da un lato è dirimente il profilo verticale dei rapporti tra gli Enti territoriali – *ex* art. 114 Cost. – ossia tra l'ente pubblico più vicino al territorio in cui è radicato un bene culturale e tutti gli altri Enti della Repubblica – *ex* artt. 9 e 114 Cost. – chiamati, a diverso titolo, ad assolvere, secondo le rispettive competenze, i propri compiti in materia di tutela, valorizzazione e fruizione dei beni culturali; dall'altro lato è oggi sempre più significativo il profilo orizzontale dei rapporti tra cittadino e amministrazione, posto che non si può revocare più indubbio che il cittadino sia, rispetto al patrimonio dei beni culturali, titolare di ben due peculiari, e differenti, posizioni giuridiche sog-

mite la valorizzazione della stessa all'interno del suo *habitat* naturale e con la possibilità che un tale modo di procedere inneschi altre buone prassi, spendibili anche al di là dei confini urbani.

La sussidiarietà abbinata, da una parte, alla partecipazione e, dall'altra, alla prospettiva *city-centered,* consente, pertanto, di ricavare una causa di giustificazione, di carattere costituzionale, allo spostamento dell'angolo visuale sulla persona umana, così come prospettato nelle righe precedenti, che permette di individuare, in un'ottica circolare fra *cittadini, territori* e *istituzioni* [18], una nuova fase della valorizzazione del patrimonio culturale urbano [19], capace di aprire prospettive altre, che travalichino non solo le mura della città, ma anche i confini dello Stato.

3. *L'amministrazione condivisa dei beni culturali*

Se la città è, prima di tutto, legame con il territorio, non possono essere ignorate alcune buone pratiche che sono fiorite, negli ultimi anni, in diversi comuni italiani, riconducibili all'esperienza dell'"*amministrazione condivisa*" [20].

Ed è proprio nell'ambito del diritto dei beni culturali – e, in particolare, nella prassi amministrativa comunale – che si è assistito allo sviluppo di nuovi moduli consensuali, intercorrenti tra cittadini e pubblica amministrazione, che prendono il nome di patti di collaborazione.

In particolare, si è previsto che i suddetti vengano stipulati sulla base di regolamenti comunali che abbiano lo scopo di provvedere alla "*gestione condivisa dei "beni comuni urbani"*[21]. Questi ultimi, a loro volta, racchiudono "*beni, materiali e*

---

gettive: la prima corrispondente ad un 'diritto diffuso alla redditività economica (ossia, in ogni caso, alla sua migliore gestione possibile) del nostro, inestimabile, patrimonio culturale'; la seconda posizione giuridica soggettiva che – oramai da diverso tempo – va riconoscendosi in capo al cittadino corrisponde, poi, alla titolarità di un vero e proprio diritto soggettivo di 'accesso ai beni culturali', da considerarsi, oggi, incluso negli stessi livelli essenziali delle prestazioni che devono essere garantite su tutto il territorio nazionale, *ex* art. 117, comma 2, lett. *m*) della Carta costituzionale": A. MITROTTI, *Il riparto di competenze in materia di beni culturali alla luce del felice coniugio tra redditività del patrimonio culturale e diritto di accesso ai beni culturali*, in *Rivista AIC*, n. 4/2018, 5.

[18] Mi sia consentito, sul punto, rinviare a F. DONÀ, *Partecipazione e sussidiarietà nella valorizzazione dei beni culturali: strumenti disponibili e prospettive future*, in *federalismi.it.*, n. 25/2020.

[19] E. FIDELBO, *Strumenti giuridici di valorizzazione del rapporto tra patrimonio culturale e territorio: il caso dei patti di collaborazione tra amministrazioni locali e cittadini*, in *Aedon*, n. 3/2018, 3-4.

[20] G. ARENA, *Introduzione all'amministrazione condivisa, in Studi parlamentari e di politica costituzionale*, n. 3-4/1997. La circostanza merita di essere sottolineata perché tradizionalmente il settore dei beni culturali è intriso di vincoli pubblicistici, tali per cui il ruolo del privato è ridotto ai minimi termini.

[21] "Si tratta di iniziative che fondano direttamente sull'art. 118, comma 4, Cost., quale espressione dell''autonoma iniziativa (dei cittadini) a prendersi cura di un interesse generale' e che, in assenza tanto di un diretto riferimento normativo, quanto di una definizione tecnico-giuridica so-

immateriali, che i cittadini e l'amministrazione riconoscono essere funzionali al benessere delle comunità e dei suoi membri, all'esercizio dei diritti fondamentali della persona e all'interesse delle generazioni future, attivandosi di conseguenza nei loro confronti ai sensi dell'art. 118, comma 4 della Costituzione, per garantirne e migliorarne la fruizione individuale e collettiva"[22].

Il rinvio al principio di sussidiarietà, lungi dall'essere un mero richiamo formale, personifica, nei fatti, quella nuova attitudine che mira a restituire al cittadino il suo posto all'interno delle dinamiche urbane, a prescindere dalla presenza di disposizioni legislative che prevedano ipotesi e fattispecie tipizzate.

Non a caso, nella definizione di beni comuni urbani sono citati: "*il benessere della comunità e dei suoi membri*", quale situazione di fatto, che rileva anche sotto il profilo socio-giuridico e l'"*esercizio dei diritti fondamentali della persona*", assieme all'"*interesse delle generazioni future*", quali contenuti che sembrano attagliarsi perfettamente alla visione *city-centered* e alla volontà di incentivare lo sviluppo e la promozione dei *nuovi diritti urbani*. Il richiamo all'"*esercizio dei diritti fondamentali della persona*" e all'"*interesse delle generazioni future*"[23] sembra, in tutta evidenza, suggerire un interesse per quella particolare attenzione alla dimensione locale dell'uomo, quale situazione autentica "*ove si svolge la sua personalità*"[24].

Nello specifico, poi, i patti di collaborazione vengono descritti come gli strumenti "*con cui Comune e cittadini attivi concordano tutto ciò che è necessario ai fini della realizzazione degli interventi di cura e rigenerazione dei beni culturali*"[25].

---

no state ricondotte a sistema da una serie di regolamenti comunali, secondo un modello di 'positivizzazione' in cui la potestà regolamentare degli enti locali diviene strumento di attuazione del disposto costituzionale": B. ACCETTURA, *Politiche di valorizzazione e funzione sociale dei beni culturali. Pratiche di cittadinanza attiva*, in *federalismi.it*, n. 16/2019, 9.

[22] Art. 2, comma. 1, lett *a*), Regolamento del Comune di Bologna "*sulla collaborazione tra cittadini e amministrazione per la cura e la rigenerazione dei beni comuni urbani*". Sui concetti di beni comuni e beni culturali si rinvia a: B. ACCETTURA, *Politiche di valorizzazione e funzione sociale dei beni culturali. Pratiche di cittadinanza attiva*, cit., 10; G. ARENA, *Amministrazione e società. Il nuovo cittadino*, in *Riv. trim. dir. pubbl.*, n. 1/2017, 49, ove afferma che "*le attività di cura dei beni comuni*" costituiscono "*una nuova modalità di partecipazione alla vita pubblica*" nella quale vengono condivise "*responsabilità e risorse per la soluzione di problemi di interesse generale*", nonché F. CORTESE, *Che cosa sono i beni comuni*, in AA.VV., *Prendersi cura dei beni comuni per uscire dalla crisi*, a cura di M. Bombardelli, Trento, 2016, 61.

[23] Sulle funzionalità dei beni comuni rispetto al soddisfacimento dei diritti della persona, si rinvia a: A. LUCARELLI, *La democrazia dei beni comuni*, Bari, 2013, 66 ss.; N.T. CAPUTI JAMBRENGHI, *Note minime su beni comuni e funzione amministrativa*, in *Costituzionalismo.it*, n. 1/2017 e P. CHIRULLI, *I beni comuni, tra diritti fondamentali, usi collettivi e doveri di solidarietà*, in *Giustiziamm.it*, 2012. Nello specifico, per i beni culturali, si vedano, invece,: F. MOROLLO, *Valorizzazione del patrimonio culturale nella rete costituzionale della sussidiarietà orizzontale*, Atti del Convengo "*Arte, cultura e ricerca scientifica. Costituzione e Amministrazione*", Reggio Calabria, 2018, 9-10.

[24] M. BERTOLISSI, *Tempo, esperienze, riforme*, in AA.VV., *Scritti per Paolo Grossi offerti dall'Università di Padova*, a cura di M. Bertolissi, Torino, 2019, 59.

[25] La definizione è ripresa dall'art. 4, comma 1, del Regolamento del Comune di Bologna cita-

Anche i principi generali richiamati nei suddetti accordi meritano di essere analizzati, perché manifestano appieno quella transizione in atto tra gli schemi classici del diritto positivo (e, in particolare, del diritto pubblico) e quella rinnovata prospettiva che si pone l'obiettivo di collocare al centro le occasioni di dialogo tra il cittadino e la pubblica amministrazione, attraverso esperienze di democrazia partecipativa.

Infatti, per quanto riguarda i corollari ispiratori dei patti, questi ultimi sono rappresentati dalla "*fiducia reciproca*", dall'"*inclusività*" e dalla "*solidarietà*". Circa le forme, invece, il canone prescelto è quello dell'"*informalità*" [26]. L'iniziativa, per addivenire alla stipula delle convenzioni di collaborazione, è intestata sia alla parte pubblica, sia a quella privata, a conferma della posizione di sostanziale parità contrattuale dei soggetti coinvolti. Lo stesso può dirsi anche per la fase di progettazione e programmazione degli interventi da effettuare.

Il settore dei beni culturali ha fatto da apripista – proprio in ragione del congenito legame che si instaura fra comunità cittadina e patrimonio culturale – per le *best practices* legate ai patti di collaborazione tra cittadini attivi e autorità locali, i quali si sono rivelati uno strumento di grande utilità per la gestione dei beni comuni urbani: la prova di ciò è rappresentata dal fatto che, ad oggi, sono moltissimi i Comuni italiani ad aver adottato questo tipo di approccio consensualistico.

Le conseguenze positive – in termini di espansione del carattere democratico di un ordinamento – di percorsi di tal genere hanno un effetto moltiplicatore, perché ricadono sia sulla comunità cittadina, sia su quella statale e, poiché il patrimonio culturale generale è attrattiva per i turisti, anche su quella sovranazionale.

Tali dinamiche che, infatti, sembrerebbero limitarsi al mero contesto urbano, divengono tasselli fondamentali per l'attuazione della prospettiva *cultural-glocal*: attraverso l'impegno condiviso tra amministrazione e cittadini attivi si realizzano, non solo, la cura e la valorizzazione dei beni culturali urbani, nell'ottica squisitamente locale, ma si permette, inoltre, ai soggetti coinvolti, di valorizzare il patrimonio culturale, svolgendo una funzione di carattere costituzionale di arricchimento culturale sia della popolazione italiana, sia del cittadino in sé e per sé considerato, a prescindere dalla sua provenienza, secondo una prospettiva di costituzionalismo globale.

---

to. Si veda, inoltre, P. MICHIARA, *I patti di collaborazione e il regolamento per la cura e la rigenerazione dei beni comuni urbani. L'esperienza del Comune di Bologna*, in *Aedon*, n. 2/2016.

[26] F. GIGLIONI, *Il diritto pubblico informale alla base della riscoperta delle città come ordinamento giuridico*, in *Riv. giur. ed.*, n. 1/2018, 7.

4. *Il carattere universale dei beni culturali e la materia del turismo*

Da tale ordine di ragioni deriva dal carattere – ontologicamente – universale dei beni culturali, il quale consta del fatto che il loro valore culturale può essere riconosciuto a prescindere dalla provenienza o dalla nazionalità del cittadino che si ritrova ad apprezzarlo [27].

Di qui, l'immediato legame tra valorizzazione del patrimonio culturale e turismo [28]: e, nello specifico, la promozione dei beni comuni urbani, messa in opera da parte dei cittadini dell'*urbs*, al fine di avvicinare gli altri *cives* (provenienti, in via astrattamente teorica, da tutto il mondo).

Ora, dal punto di vista giuridico, come si traduce questa condizione fattuale, immediatamente rilevabile dalla realtà dei fatti, ma non facilmente traducibile in specifici istituti di diritto? Per compiere questa operazione di connessione, tra contesto urbano e dimensione ultra-statuale, di quale autonomia giuridica debbono godere le città nella loro veste di custodi e promotori del patrimonio culturale?

È chiaro, allora, che simili considerazioni non possono prescindere da una rilettura del concetto di *autonomia*, che non deve essere declinato in relazione a specifiche liste di competenze affidate ai singoli livelli di governo, ma che dovrebbe essere teso a raccogliere le situazioni pluralistiche dell'ordinamento (e, per il caso di specie, dell'ordinamento cittadino) per poter dare loro significati e consistenze, giuridicamente tutelabili. Pertanto, l'autonomia delle città diviene espressione e baluardo del principio pluralista, che tutela e tiene assieme le *differenze*, motore dell'impulso democratico di un ordinamento [29].

Sotto questa lente, la materia del turismo costituisce, allora, uno spazio normativo di grande rilevanza sotto il profilo costituzionale [30], in virtù della nuova centralizzazione del ruolo e, quindi, del diritto *delle città* [31]: le dinamiche urbane – quali, ad

---

[27] Sul punto, si veda L. CASINI, *La globalizzazione giuridica dei beni culturali*, in *Aedon*, n. 3/2012.

[28] Per una panoramica sui profili strettamente costituzionali del turismo si veda il contributo di S. SERGIO, *La valorizzazione dei beni culturali mediante il turismo*, in *federalismi.it*, n. 6/2018.

[29] Sul legame tra autonomia e pluralismo: D. MONE, *Autonomia differenziata come mezzo di unità statale: la lettera dell'art. 116, co. 3 Cost., conforme a Costituzione*, in *Riv. AIC*, n. 1/2019, 264; R. BIN, *Prospettive della specialità*, in *Le Regioni*, n. 3/2016, 442; G. ROLLA, *The development of asymmetric regionalism and the principle of autonomy in the new constitutional systems: a comparative approach*, in AA.VV., *One Country, Two Systems, Three Legal Orders - Perspectives of Evolution - Essays on Macau's Autonomy after the Resumption of Sovereignty by China*, a cura di J. Costa Oliveira-P. Cardinal, Berlino, 2009, 463-464; mi sia consentito, infine, rinviare a F. DONÁ, *Autonomia differenziata e partecipazione popolare*, in *Dirittifondamentali.it*, n. 2/2019.

[30] M. MALO-C. COLALUCA, *Il turismo nella Costituzione*, in V. FRANCESCHELLI-F. MORANDI (a cura di), *Manuale di diritto del turismo*, VI ed., Torino, 2017, 7 ss.

[31] Si veda, G. TIEGHI, *Città, diritti umani e tutela glocal*, cit., 8, spec. ove cita R. PUTNAM, *La tradizione civica nelle Regioni italiane*, Milano, 1997.

esempio, quelle citate in precedenza sui patti di collaborazione – si pongono come modelli istituzionali in materia di turismo culturale, capaci di essere letti, studiati ed eventualmente replicati, in maniera più o meno fedele, in altri contesti giuridici.

La città diviene, quindi, il luogo in cui si esplica la personalità del cittadino e, quindi, dell'uomo, la quale, tuttavia, non subisce limitazioni di spazio, ma, anzi, si irradia anche nei confronti delle altre comunità cittadine nell'ottica di *fare rete* e di creare rapporti [32] (prima sociali e poi giuridici [33]), per espandere la tutela e la valorizzazione del patrimonio culturale comune.

Da questa operazione scaturisce, quindi, una duplice combinazione di affermazioni di carattere giuridico: secondo la direttrice urbana, emerge una nuova forma democratica di *governance* tra amministrazione e cittadini-attivi [34]; secondo la direttrice esterna, ultrastatuale, invece, questi nuovi modelli sperimentali, oltre che accrescere il diritto di tutti i *cives mundi* ad acculturarsi, tramite la fruizione dei beni culturali valorizzati, si pongono come basi per una rinnovata concezione dei rapporti tra città e Stato; fra città e città e financo fra Stato e Stato [35].

La città, allora, diviene il luogo, posto all'interno dell'ordinamento statale che, attraverso la valorizzazione dei propri contenuti culturali, riesce ad oltrepassare i confini dello Stato stesso [36] e ad espandere il suo contenuto costituzionale nei confronti di soggetti che non facciano immediatamente parte dell'ordinamento giuridico in cui queste ultime sono collocate geograficamente.

5. *La prospettiva* glocal *e il recupero del concetto di* cives mundi

Secondo ordine di idee, il diritto dei beni culturali svela, in maniera piena, esplicativa e comprensibile anche a chi è scevro di nozioni giuridiche, la prospet-

---

[32] È un invito al pragmatismo giuridico: M. DAVIS, *Thinking Globally, Acting Locally: States, Municipalities, and International Human Rights*, in AA.VV., *Bringing Human Rights Home: a History of Human Rights in the United States, University of* Pennsylvania Press, Philadelphia, 2007.

[33] G. TIEGHI, *Info/City States: la città 'oltre lo Stato'. Dalla Connectivity alla City Diplomacy*, in *DPCE online*, n. 2/2020.

[34] Sul legame tra democrazia partecipativa e prospettiva locale: A. VALASTRO, *La democrazia partecipativa alla prova dei territori: tendenze e prospettive dei regolamenti comunali*, in *Osservatorio sulle fonti*, 2016, nonché U. ALLEGRETTI, *L'amministrazione dall'attuazione costituzionale alla democrazia partecipativa*, Milano, 2009.

[35] Si tenta di riprendere, in questa sede, i concetti di tradizione costituzionale e diritto transnazionale presenti nello scritto di G. De VERGOTTINI, *Tradizioni costituzionali e comparazione: una riflessione*, in *Rivista AIC*, n. 4/2020, là dove afferma che "l'inadeguatezza dei sistemi giuridici nazionali nell'affrontare le sfide della transnazionalizzazione ha comportato alcuni raffronti intesi a suggerire di integrare le nostre fonti giuridiche ammettendo la 'tradizione' come fonte diritto.

[36] B. BARBER, *Cities as Glocal Defenders of Rights*, in AA.VV., *The Future of Human Rights in an Urban World. Exploring Opportunities, Threats and Challenges*, cit.

tiva *glocal*, che tenta (e riesce a) di tener assieme la dimensione cittadina con quella internazionale [37].

Le buone prassi amministrative – che coinvolgono i cittadini attivi delle città – forniscono l'esempio tangibile della tutela del bene pubblico, come cura della propria comunità, terra e tradizione; l'apertura, invece, alla dimensione sovranazionale è rappresentata dall'immediata fruibilità del "prodotto" culturale, che travalica origini e provenienze e impone il suo messaggio comunicativo a chi lo vuole ascoltare.

Attraverso questa operazione si creano, inoltre, nuovi modelli giuridici, nascenti tra le reti di connessione cittadine, che possono essere studiati e utilizzati in differenti ordinamenti giuridici [38], innescando, a loro volta, altre buone pratiche [39].

Lo studio del costituzionalista, affiancato da una prospettiva comparatistica, riesce, allora, a ricongiungere questi due aspetti al fine di ricavarne un prototipo costituzionale, che coinvolga, quindi, il significato più autentico della forma di Stato, ossia il rapporto fra governanti e governati, e che riesca ad concentrarsi sulla esistenza e sulla (effettiva) consistenza del diritto alla completa fruizione patrimonio culturale di un Paese, nonché al dovere di conservarlo, tutelarlo e valorizzarlo, il quale si traduce – ciclicamente – nella possibilità per altri di apprezzare e usufruire di qualcosa che è – soltanto in apparenza – di proprietà di qualcuno.

La città, spazio naturale per lo sviluppo della persona umana, diventa avanguardia di una nuova generazione di diritti e, in particolare, del diritto a ricevere una educazione culturale, anche al di fuori delle consuete istituzioni scolastiche, che restano insostituibili, ma che, in un mondo in continua evoluzione, necessitano di una integrazione esterna [40].

---

[37] "Non si può più pensare di non riconoscere nelle città il ruolo di soggetti potenzialmente più abilitati a rispondere proprio a quella tensione strutturale tra l'universalismo e il particolarismo": così G. TIEGHI, *Info/City States: la città 'oltre lo Stato'. Dalla Connectivity alla City Diplomacy*, cit., 1289.

[38] R. SCARCIGLIA, *Comparative methodology and pluralism in legal comparison in a global age*, in *Beijing Law Review*, 2015.

[39] Sul punto, si vedano, i contributi di P. COSTA, *La sicurezza della* Global City. *Prassi globale e critica costituzionale*, in *Costituzionalismo.it*, n. 2/2018; F. FRACCHIA-P. PANTALONE, *Smart city: condividere per innovare (e con il rischio di escludere?)*, in *federalismi.it*, n. 22/2015; S. SEPE-E. CROBE, *Smart city, glocalismo, diritto globale*, in *Impresa&Stato*, n. 97/2013; nonché A. CASINELLI, *Le città e le comunità intelligenti*, in *Giornale di diritto amministrativo*, n. 3/2013.

[40] Non a caso, in alcuni Paesi si sta discutendo della possibilità di avvalersi della formazione continua e permanente: dell'ipotesi, quindi, di frequentare istituti scolastici anche da adulti: si veda l'ultimo rapporto OCSE *Skills Outlook 2021*, il quale ha sottolineato la necessità di avviare nuovi percorsi di formazione, tenendo conto dell'importanza che oggi hanno assunto le competenze trasversali, l'emergenza sanitaria, la transizione digitale e l'attenzione per l'economia sostenibile.

La dimensione locale[41] diviene, allora, promotrice di nuovi spazi per i diritti – *rectius* per l'esercizio dei diritti – e inventrice di strumenti idonei a sorpassare il *gap* tra cittadini e istituzioni, tali da essere spesi in connessione con altre città, anche oltre lo Stato di appartenenza, nell'ottica di riprendere autenticamente il concetto di *cives mundi*.

Il patrimonio culturale si fa, quindi – e allo stesso tempo – fine e mezzo di questa nuova rappresentazione giuridica, che consente ai cittadini, *in primis* a quelli che lì vi risiedono e, in seconda battuta, ai cittadini "acquisiti", di contribuire allo sviluppo culturale di una comunità e, quindi, di attuare il principio costituzionale di uguaglianza sostanziale, di cui all'art. 3, comma 2, Cost., nonché di far rinvigorire quella speciale tutela contemplata dall'art. 9 della Carta fondamentale.

---

[41] F. PIZZOLATO, *Le nuove forme della partecipazione civica e le autonomie territoriali*, cit., 60-61: "E tuttavia, proprio per le caratteristiche che ha assunto, la partecipazione civica può più facilmente entrare in relazione con la sfera istituzionale più prossima alla comunità territoriale e cioè con gli enti locali. I Comuni soprattutto operano infatti con una concretezza immediatamente apprezzabile dai cittadini che possono cogliere la ricaduta dell'azione amministrativa in termini di servizio alla collettività. La valorizzazione delle autonomie è quindi, oltre che una direzione di inveramento della Costituzione, una via pressoché obbligata se si vuole riannodare un filo collaborativo con i cittadini".

LA CITTÀ COME LUOGO DI ACCOGLIENZA E DI INTEGRAZIONE DELLO STRANIERO

LUCIA BUSATTA – CLARA SILVANO *

SOMMARIO: 1. Lo straniero e la città. – 2. Un ritorno all'accoglienza in chiave locale. – 3. Città e stranieri: la residenza quale criterio di accesso alle prestazioni sociali ... e non solo. – 4. Conclusioni a partire dal contesto pandemico: come l'emergenza sanitaria ha modificato il rapporto con la città.

1. *Lo straniero e la città*

Nel percorso migratorio dello straniero la città rappresenta un punto di passaggio necessario e, nella maggior parte dei casi, il punto di approdo finale.

La dimensione spaziale della città quale punto di incontro tra lo straniero e la comunità in cui egli si trova inserito si riflette nella correlata dimensione amministrativa, dal momento che, come si avrà modo di vedere, l'ente locale rappresenta l'Amministrazione di riferimento sia nel momento di accoglienza dello straniero sia in quello della sua successiva integrazione nel tessuto sociale.

Se, infatti, è pur vero che la complessa procedura di accoglienza dello straniero che arriva nel nostro Paese vede coinvolti tutti i livelli di governo [1], chiamati a

---

* Sebbene il lavoro sia il risultato di una riflessione congiunta delle Autrici, i paragrafi 1 e 2 sono da attribuire a Clara Silvano, mentre i paragrafi 3 e 4 a Lucia Busatta.

[1] Nel processo di accoglienza dello straniero sono coinvolti il livello statale, il livello regionale e quello locale i quali, secondo quanto previsto dall'art. 8 del d.lgs. 18 agosto 2015, n. 142, formano un sistema di accoglienza fondato sul principio di leale collaborazione, secondo le forme di coordinamento nazionale e regionale previste dall'art. 16 del medesimo decreto, costituite dal Tavolo di coordinamento nazionale e dai Tavoli di coordinamento regionali. Come osserva F. BIONDI DAL MONTE, *La disciplina del diritto di asilo tra accoglienza ed emergenza*, in J. WOELK-F. GUELLA-G. PELACANI (a cura di), *Modelli di disciplina dell'"emergenza immigrazione". La situazione dei richiedenti asilo dal diritto internazionale a quello regionale,* Napoli, 2016, 87, «Al primo è demandato il compito di individuare le linee di indirizzo e predisporre la programmazione degli interventi diretti a ottimizzare il sistema di accoglienza, compresi i criteri di ripartizione regionale dei posti da destinare alle finalità di accoglienza (da fissarsi con intesa in sede di Conferenza unificata)», linee di indirizzo e programmazione che «sono attuati a livello territoriale attraverso Tavoli

coordinarsi e collaborare in nome del principio di leale collaborazione, in proficua sinergia con il sistema del Terzo settore [2], la dimensione locale rappresenta il contesto ideale per poter avviare percorsi di accoglienza che si tramutino in concrete possibilità di integrazione [3].

Mentre, almeno in astratto [4], la dimensione cittadina favorisce l'incontro dello straniero con la comunità locale, l'accoglienza nei centri governativi, al contrario, rappresenta, anche a livello meramente visivo, una condizione di isolamento e di distanziamento, fisico e spirituale, degli ospiti stranieri di tali strutture rispetto alla comunità ospitante, che risultano così un corpo estraneo, il più delle volte sgradito.

Inoltre, è proprio e solo nella dimensione cittadina che lo straniero può iniziare il proprio percorso di integrazione, esercitando i diritti e i doveri connessi alla c.d. "cittadinanza amministrativa" [5].

In questa sede si intende quindi valutare quali siano gli strumenti a disposizione della città per essere non solo un luogo di accoglienza e di integrazione, ma anche per adempiere al meglio a tali compiti, garantendo la qualità dei servizi, e il rispetto e la promozione dei diritti degli stranieri. L'importanza di queste considerazioni assume maggior spessore, sia alla luce della recente riforma del sistema di accoglienza (introdotta con d.l. n. 130/2020), sia in considerazione delle complesse sfide poste dall'attuale pandemia, che ha reso più evidenti alcune storture del sistema e ha acuito le già esistenti situazioni di marginalità e talune diseguaglianze.

---

di coordinamento regionale, che individuano i criteri di localizzazione dei centri governativi e delle strutture temporanee, nonché i criteri di ripartizione, all'interno della Regione, dei posti da destinare alle finalità di accoglienza».

[2] Mentre, infatti, la titolarità dei progetti di accoglienza è in capo all'Ente locale, la realizzazione degli stessi è spesso concretamente affidata ad uno o più soggetti del Terzo Settore. In tema si confronti L. VIOLINI, *Immigrazione e sussidiarietà*, in *Le Regioni*, 5-6, 2019, 1831, in particolare par. 3.2.

[3] Come però osservato da F. PALERMO, *Dall'emergenza all'accoglienza attraverso l'integrazione della società. Primi spunti per un'indagine sul ruolo degli enti substatali*, in J. WOELK-F. GUELLA-G. PELACANI (a cura di), *op. cit.*, 13, «lo spazio d'azione (e non di mera esecuzione) per gli enti territoriali in tanto può espandersi in quanto si riduca l'approccio emergenziale al fenomeno migratorio». Sul ruolo degli enti locali nel sistema di accoglienza si confronti S. PENASA, *Enti locali e sistema di protezione: da una accoglienza "di emergenza" a una accoglienza "integrata"?*, in J. WOELK-F. GUELLA-G. PELACANI, *op. cit.*, 167.

[4] La città non rappresenta sempre uno spazio di accoglienza e inclusione a maggior ragione nei confronti delle comunità straniere che vivono situazioni di marginalità e ghettizzazione. In tema si confronti A. MAZZA LABOCCETTA, *Città multipolari: un approccio di politica urbana per assorbire la marginalità*, in *sudeuropa*, 2-3, 2019.

[5] Cfr. F. CORVAJA, *Lo straniero nella città: la cittadinanza amministrativa*, in F. PIZZOLATO-A. SCALONE-F. CORVAJA (a cura di), *La città e la partecipazione tra diritto e politica*, Torino, 2019, 135.

2. *Un ritorno all'accoglienza in chiave locale*

Fin dalle sue origini [6], la disciplina italiana dell'accoglienza degli stranieri ha conferito all'ente locale un ruolo centrale, individuandolo quale livello di governo ideale per consentire un'accoglienza che potesse poi sfociare in una possibilità di concreta integrazione dello straniero nel tessuto economico e sociale [7].

Tale sistema, così come consolidato dal d.lgs. n. 142/2015 [8], prevede una prima fase di soccorso e assistenza, che continua a essere svolta nelle strutture allestite ai sensi del d.l. 30 ottobre 1995, n. 451, convertito con modificazioni dalla legge 29 dicembre 1995, n. 563 [9].

Ad essa segue la c.d. "prima accoglienza" nei centri governativi già esistenti o istituiti in strutture temporanee (i cosiddetti Centri di Accoglienza Straordinaria, CAS) [10], nei quali il richiedente asilo è accolto «*per il tempo necessario all'espletamento delle operazioni di identificazione, ove non completate precedentemente, alla verbalizzazione della domanda e all'avvio della procedura di esame della medesima domanda, nonché dell'accertamento delle condizioni di salute*».

Il percorso prosegue, poi, con la terza e determinante fase della "seconda accoglienza", affidata in via preferenziale ai progetti e alle strutture del sistema di pro-

---

[6] Come osserva M. GIOVANNETTI, *L'accoglienza dei richiedenti asilo e rifugiati in Italia. vent'anni di politiche, pratiche e dinamiche di bilanciamento del diritto alla protezione*, in M. GIOVANETTI-N. ZORZELLA (a cura di), Ius Migrandi *Trent'anni di politiche e legislazione sull'immigrazione in Italia*, Milano, 2020, 824 ss., le prime esperienze di accoglienza sviluppatesi nei primi anni 90, in assenza di un quadro normativo, sono esperienze partite dal basso, frutto della sinergia tra i Comuni e operatori del Terzo Settore, realizzate con l'obiettivo di: «garantire un sistema di servizi non limitato all'accoglienza di base, ma comprendente anche l'orientamento legale e il sostegno sociale per tutta la durata dell'iter della procedura di asilo». Tale modalità è stata poi istituzionalizzata dall'art. 32 della legge 189 del 2002 che ha creato il Sistema di protezione per richiedenti asilo e rifugiati (SPRAR) e ha garantito un finanziamento strutturale ai progetti di accoglienza mediante l'istituzione del Fondo nazionale per le politiche e i servizi dell'asilo (FNSPA). In merito all'evoluzione del sistema di accoglienza in Italia si confronti N. PETROVIC, *Storia del diritto d'asilo in Italia (1945-2020) Le istituzioni, la legislazione, gli aspetti socio-politici*, Milano, 2020.

[7] Sottolinea il legame tra accoglienza sul territorio e integrazione dello straniero S. PENASA, *Enti locali e sistema di protezione: da una accoglienza "di emergenza" a una accoglienza "integrata"?*, cit., 176.

[8] Il decreto legislativo ha recepito le direttive 2013/33/UE e 2013/UE, che hanno modificato, rispettivamente, la direttiva 2003/9/CE (c.d. direttiva accoglienza), e la direttiva 2005/85/CE (c.d. direttiva procedure). Per un'analisi della recente normativa, si veda A. BRAMBILLA-N. MORANDI, *Il sistema comune europeo di asilo e la normativa italiana in materia di protezione internazionale*, in AA.VV, *Il diritto di asilo tra accoglienza ed esclusione*, in *www.asinoedizioni.it*, 2015, 57.

[9] Si tratta della c.d. legge Puglia, con la quale sono stati istituiti, nel 1995, 1996 e 1997, sulle coste pugliesi tre centri di prima accoglienza per «le persone prive di qualsiasi mezzo di sostentamento ed in attesa di identificazione ed espulsione». L'apertura di questi centri è stata la risposta ai primi flussi massicci che accompagnano la crisi albanese del 1991 e quella del 1997, la guerra civile in Somalia del 1992 e, soprattutto, l'esodo dall'ex Jugoslavia (1991-1995; 1998-1999).

[10] Tali centri sono individuati dall'Ufficio Territoriale di Governo, sentito l'ente locale coinvolto, nel caso in cui non vi siano più posti disponibili nei centri governativi e nell'allora rete SPRAR.

tezione degli stranieri e dei rifugiati, fondato sull'adesione volontaria degli enti locali alla rete dei progetti di integrazione [11].

L'impostazione del sistema di accoglienza in Italia, come sopra delineata, ha subito rilevanti modifiche per effetto del c.d. Decreto Sicurezza del 2018 [12], nell'ambito di una riforma più generale in materia di sicurezza e immigrazione [13].

In particolare, il decreto in questione ha ridefinito il sistema di accoglienza italiano sancendo il passaggio da un sistema (unico) distinto per fasi di accoglienza ad un sistema di accoglienza (binario) distinto in base allo *status* dei beneficiari [14].

L'art. 12 del d.l. n. 113/2018, modificando l'art. 1 *sexies* del d.l. n. 416/1989, convertito con modificazioni dalla legge 28 febbraio 1990, n. 309 [15], incide sulla platea dei beneficiari del sistema di accoglienza in capo agli Enti locali, riservato ai soli titolari di protezione internazionale, ai minori stranieri non accompagnati, ai titolari dei nuovi permessi di soggiorno introdotti dall'art. 1 del d.l. n. 113/2018 [16] e ai titolari di permessi per casi speciali.

---

[11] Dal momento della sua istituzione fino al 2018 tale sistema di accoglienza era denominato SPRAR (Sistema di protezione per richiedenti asilo e rifugiati). In seguito all'approvazione de d.l. n. 113/2018 è stato chiamato SIPROIMI (Sistema di protezione per titolari di protezione internazionale e per minori stranieri non accompagnati), mentre oggi, in forza del d.l. n. 130/2020, ha nuovamente mutato denominazione in SAI (Sistema di accoglienza e integrazione). Per ulteriori riferimenti si rimanda al seguente link *https://www.retesai.it/la-storia/.*

[12] Si tratta del d.l. 4 ottobre 2018, n. 113, convertito con modificazioni dalla legge 1 dicembre 2018, n. 132 recante *Disposizioni urgenti in materia di protezione internazionale e immigrazione, sicurezza pubblica, nonché misure per la funzionalità del Ministero dell'interno e l'organizzazione e il funzionamento dell'Agenzia nazionale per l'amministrazione e la destinazione dei beni sequestrati e confiscati alla criminalità organizzata.*

[13] Per un giudizio ampiamente critico sulla riforma nella parte relativa all'immigrazione cfr., *inter multis*, A. RUGGERI, *Cittadini, immigrati e migranti alla prova della solidarietà*, in *Dir. Imm. Citt.*, 2, 2019.

[14] Così M. GIOVANNETTI, *Giro di boa. La riforma del sistema di accoglienza e integrazione per richiedenti e titolari di protezione internazionale*, in *Dir. Citt. e Imm.*, 1, 2021, 34.

[15] Si tratta, come noto, della prima normativa adottata in materia di asilo. Per un commento della medesima si veda P. BONETTI, *La condizione giuridica del cittadino extracomunitario. Lineamenti e guida pratica*, Rimini, 1993.

[16] Come noto, con tale decreto è stato eliminato il permesso di costruire per motivi umanitari e sono stati tipizzati sette permessi di soggiorno, tre dei quali già previsti nel Testo Unico dell'Immigrazione e rinominati dal d.l. n. 113/2018 permessi di soggiorno per casi speciali (il permesso di soggiorno per motivi di protezione sociale, il permesso di soggiorno per le vittime di violenza domestica e il permesso di soggiorno per particolare sfruttamento lavorativo), mentre gli ulteriori quattro sono stati introdotti *ex novo* (il permesso di soggiorno per cure mediche, il permesso di soggiorno per calamità, il permesso di soggiorno per atti di particolare valore civile e il permesso di soggiorno per protezione speciale). Su questo aspetto specifico della riforma si confronti M. BENVENUTI, *Il dito e la luna. La protezione delle esigenze di carattere umanitario degli stranieri prima e dopo il decreto Salvini*, in *Dir. Imm. Citt.*, 1, 2019 e l'ampia bibliografia ivi citata e da ultimo M. ACIERNO, *La protezione umanitaria prima e dopo il decreto legge n. 113 del 2018*, in N. ZORZELLA-M. GIOVANNETTI (a cura di), Ius Migrandi, *Trent'anni di politiche e legislazione sull'immigrazione in Italia*, Milano, 2020, 805.

Sono così esclusi dal nuovo sistema di accoglienza, denominato SIPROIMI, i richiedenti protezione internazionale, fino alla definizione della loro domanda di protezione, i quali troveranno accoglienza nelle strutture governative e in quelle straordinarie; ciò al fine esplicito di andare oltre «un diritto di permanenza indistinto» e di segnare una «netta differenziazione tra coloro che hanno un titolo definitivo a permanere» e coloro che «sono in temporanea attesa della definizione del loro status giuridico» [17].

La differenza tra i sistemi di accoglienza in base allo *status* del beneficiario si riflette sul tipo di servizi offerti: infatti, come si evince chiaramente dal Nuovo Schema di Capitolato di appalto dei servizi di accoglienza [18], nelle strutture governative sono garantiti esclusivamente i servizi di vitto, alloggio e la fornitura di beni e servizi essenziali, mentre non sono più compresi quelli diretti a supportare l'integrazione, quali i corsi di lingua italiana e l'orientamento al territorio, che erano previsti dal precedente schema di capitolato adottato con d.m. 7 marzo 2017.

Il sistema di accoglienza "binario" delineato dal d.l. n. 113/2018 è stato di recente modificato dal d.l. 21 ottobre 2020, n. 130, convertito con modificazioni dalla legge 18 dicembre 2020, n. 173, che ha ripristinato il sistema plurifase nel quale il sistema di "seconda accoglienza", denominata significativamente Sistema di Accoglienza e Integrazione (SAI), si fonda sulla rete degli Enti locali [19].

Nello specifico, la platea di beneficiari del sistema di "seconda accoglienza" si riespande, tornando a includere anche i richiedenti protezione internazionale, esclusi dalla riforma del 2018. Inoltre il passaggio nei centri governativi di prima accoglienza deve considerarsi, almeno sulla carta, temporaneo e finalizzato ad una futura accoglienza nel nuovo sistema SAI.

In aggiunta, si interviene sugli standard offerti nei centri governativi i quali, ai sensi dell'art. 10 del d.lgs. n. 142/2015, così come modificato dall'art. 4, comma 3, del d.l. n. 130/2020, devono garantire adeguati standard igienico-sanitari, abitativi, di sicurezza, nonché idonee misure di prevenzione, controllo e vigilanza, relativamente alla partecipazione o alla propaganda attiva a favore di organizzazioni terroristiche internazionali. Ancora, nei centri governativi viene ripristinata l'erogazione di servizi necessari all'integrazione dello straniero nel nuovo tessuto sociale, come i servizi di mediazione linguistico-culturale, la somministrazione di

---

[17] Circolare del Ministero dell'Interno 18 dicembre 2018, n. 83774.

[18] Nuovo Schema di Capitolato di appalto dei servizi di accoglienza presentato il 7 novembre ed inviato ai prefetti con circolare 21 novembre 2018, n. 14810, reperibile al seguente link *http://www.libertaciviliimmigrazione.dlci.interno.gov.it/it/documentazione/circolari/circolare-sul-nuovo-schema-capitolato-appalto-i-centri-prima-accoglienza.*

[19] F. BIONDI DAL MONTE, *Il sistema di accoglienza e integrazione e i diritti dei minori stranieri. Riflessioni sulla disciplina introdotta dal d.l. n. 130/2020,* in *Forum di Quaderni Costituzionali,* 1, 2021.

corsi di lingua italiana e i servizi di orientamento legale e al territorio.

Il ritorno ad un sistema di accoglienza che privilegia, quantomeno in termini astratti, un'accoglienza in chiave locale non può che essere salutato con favore per le maggiori possibilità di una futura integrazione dello straniero nella comunità ospitante. Sono, tuttavia, diverse sono le problematiche che permangono nel sistema e che già erano state oggetto di critiche da parte della dottrina [20].

In primo luogo, l'adesione dei Comuni al sistema SAI rimane volontaria e, stando agli ultimi dati raccolti, rimane numericamente limitata [21]. Ciò, evidentemente, ha un effetto negativo anche sulla concreta accessibilità al sistema di seconda accoglienza da parte dei potenziali beneficiari, per insufficienza di posti, con il risultato che l'accoglienza nei centri governativi e straordinari perde il proprio carattere di temporaneità [22].

Un' ulteriore criticità riguarda le risorse per la rideterminazione dei posti di accoglienza della rete SAI necessari a far fronte all'ampliamento della platea dei beneficiari di questo sistema: anche tali interventi devono rispettare la clausola di invarianza finanziaria *ex* art. 14 del d.l. n. 130/2020, e devono essere, quindi, previsti a "costo zero".

Allo stesso modo, l'implementazione dei servizi nei centri governativi deve essere svolta «con le risorse umane, finanziarie e strumentali disponibili a legislazione vigente, senza nuovi o maggiori oneri a carico della finanza pubblica», servizi che, peraltro, continuano a essere non perfettamente omogenei rispetto alle categorie di beneficiari.

Infatti, l'art. 4, comma 3, lett. *c*) del d.l. n. 130/2020 [23] prevede che all'interno del circuito SAI vengano prestati i servizi di primo livello, ai quali possono accedere tutti i beneficiari del sistema di accoglienza e i servizi di secondo livello, aggiuntivi rispetto a quelli di primo livello, che comprendono l'orientamento al lavoro e la formazione professionale, dai quali sono esclusi i richiedenti protezione

---

[20] *Ex multis* F. BIONDI DAL MONTE, *La disciplina del diritto d'asilo tra accoglienza ed emergenza*, in J. WOELK-F. GUELLA-G. PELACANI (a cura di), *op. cit.*, 92 ss.

[21] Secondo il Rapporto Annuale SIPROIMI/SAI 2020, i Comuni interessati dalla rete SAI a vario titolo (in quanto titolari di progetto, sede di struttura o perché facenti parte di un'aggregazione – Unione/Comunità montana, Distretto o Ambito, Consorzio o Società della salute) sono 1.614, su un totale di quasi 8.000 Comuni. Tuttavia, come osserva giustamente F. CAMPOMORI, *La governance multilivello delle politiche di accoglienza dei richiedenti asilo e rifugiati in Italia*, in *Ist. Fed.*, 1, 2019, 14, «Il rifiuto ad una progettazione SPRAR non esime comunque i Comuni dall'accoglienza: i CAS possono essere aperti dai Prefetti nei vari territori anche senza il consenso delle amministrazioni comunali».

[22] Secondo i dati forniti dal Ministero dell'Interno, i cittadini stranieri presenti nei centri di accoglienza governativi nel dicembre 2020 erano 54.364, pari al 68% del totale, mentre nei centri SIPROIMI/SAI erano 25.574, pari al 32%.

[23] Tale articolo introduce il comma 2 *bis* all'art. 1 *sexies* del d.l. n. 416/1989.

internazionale[24], esclusione resa ancora più discriminatoria dalla lentezza con la quale vengono evase le domande di protezione internazionale[25], con il rischio di rimanere anni sul territorio nazionale senza avere accesso alle misure di orientamento al lavoro e di formazione professionale.

Al netto delle "debolezze" di questa riforma, essa ha il merito di aver ripristinato un sistema di accoglienza che, proprio per la dimensione locale in cui si inserisce, più facilmente può trasformarsi in un percorso di integrazione dello straniero nella sua nuova comunità[26]. Tuttavia, una piena valutazione positiva sarà possibile solo a fronte di un'effettiva attuazione della riforma e del dimostrato impegno sul campo da parte degli enti locali per la realizzazione di un'accoglienza veramente inclusiva, che si trasformi in una concreta possibilità di integrazione dello straniero.

3. *Città e stranieri: la residenza quale criterio di accesso alle prestazioni sociali ... e non solo*

Nel complesso intreccio tra funzioni pubbliche e posizioni individuali, la città non rappresenta solamente il luogo dell'accoglienza. Lo spazio cittadino, infatti, può essere inteso anche quale dimensione dell'integrazione e della realizzazione del percorso migratorio dello straniero[27]. A questo riguardo, bisogna considerare che, al di là della scelta dello straniero di stabilirsi in un contesto cittadino, in periferia oppure in un'area montana o rurale, la dimensione urbana rappresenta,

---

[24] Sottolinea criticamente questo aspetto F. BIONDI DAL MONTE, *Il sistema di accoglienza e integrazione e i diritti dei minori stranieri. Riflessioni sulla disciplina introdotta dal d.l. n. 130/2020*, in *Forum di Quaderni Costituzionali*, 1, 2021, 133.

[25] Come osservato da S. PENASA, *Enti locali e sistema di protezione*, cit., 183, la durata eccessivamente lunga delle procedure innanzi le Commissioni territoriali incide «sulla sostenibilità del sistema di accoglienza».

[26] Questo necessario passaggio da una fase di accoglienza a una successiva integrazione dello straniero è oggi espressamente previsto dall'art. 5 del d.l. n. 130/2020 che prevede per i beneficiari delle misure di accoglienza nel Sistema di accoglienza e integrazione, alla scadenza del periodo di accoglienza previsto dalle norme sul funzionamento del medesimo Sistema, sono avviati ulteriori percorsi di integrazione, a cura delle Amministrazioni competenti e nei limiti delle risorse umane, strumentali e finanziarie disponibili a legislazione vigente nei rispettivi bilanci.

[27] Se considerata come spazio geografico, la città può essere una fra le possibili soluzioni a disposizione del migrante che sceglie di stabilirsi sul nostro territorio, grazie alla possibilità di trovare alloggio, lavoro, scuole e servizi per i figli, eccetera. Non bisogna però dimenticare che vi sono anche molte esperienze positive e storie di inclusione fuori dalla città, in realtà montane o rurali, che hanno portato nuove energie in territori scarsamente abitati o prossimi all'abbandono. È un fenomeno già ampiamente mappato anche nella letteratura scientifica, soprattutto antropologica e sociologica, su cui si veda, ad esempio, A. MEMBRETTI-I. KOFLER-P.P. VIAZZO (a cura di), *Per forza o per scelta. L'immigrazione straniera nelle Alpi e negli Appennini*, Roma, 2017.

sempre e inevitabilmente, un punto di approdo o di passaggio necessario. Se ciò è vero dal punto di vista geografico, vale a maggior ragione se si intende città come luogo dell'amministrazione. Da questa prospettiva, il Comune rappresenta il livello amministrativo con il quale è più naturale e frequente relazionarsi durante la propria permanenza sul territorio dello Stato.

Quando si parla di stranieri e migrazioni, dunque, non v'è dubbio che la città sia una dimensione centrale per l'accoglienza e il primo ente con il quale il non cittadino si relaziona. La città, però, è anche il luogo dell'integrazione e dello svolgimento del percorso migratorio e di vita di una persona e può, infine, divenire la sede di stabilizzazione e di conclusione di un difficile (e spesso doloroso) *iter* per la ricerca di una vita dignitosa e per la costruzione di un futuro solido per i propri figli.

Da questo punto di vista, dunque, la città è la dimensione in cui si sviluppa e fiorisce la c.d. "cittadinanza amministrativa", da intendersi come «appartenenza ad una comunità territoriale» [28]. Al di là dell'esercizio del diritto di voto, infatti, vi sono un novero di situazioni nelle quali lo straniero è parte attiva della comunità alla quale ha scelto di appartenere. Tale legame può essere inteso in termini di partecipazione ad una comunità di diritti e doveri [29], che comprende la possibilità di beneficiare delle prestazioni sociali ma anche di essere parte attiva nel progresso sociale ed economico del territorio in cui si risiede.

Come è evidente, tale vincolo in termini giuridici si costruisce a partire dalla residenza [30], concetto intorno al quale si è rinnovato un certo interesse nella letteratura giuridica a partire dal 2018, quando una novella introdotta dal già citato Decreto Sicurezza alla disciplina dell'accoglienza ha escluso la possibilità di iscrizione anagrafica ai richiedenti asilo [31]. In base all'art. 43 c.c., la residenza è il luogo nel quale la persona fissa la propria "dimora abituale"; con tale espressione, in linea anche con una giurisprudenza ormai consolidata, non si intende solamente il dato oggettivo, consistente nella dimora della persona in un determinato luogo,

---

[28] R. CAVALLO PERIN, *La configurazione della cittadinanza amministrativa*, in *Diritto amministrativo*, 2004, 204. In argomento, anche con riferimento agli stranieri, cfr. A. BARTOLINI-A. PIOGGIA (a cura di), *Cittadinanze amministrative*, Firenze, 2016.

[29] A questo proposito e per alcune riflessioni ulteriori, sia consentito rinviare a L. BUSATTA, *Stranieri e città: la partecipazione "estesa" quale strumento di accoglienza e inclusione*, in F. PIZZOLATO-A. SCALONE-F. CORVAJA (a cura di), *La città e la partecipazione tra diritto e politica*, cit., 159 ss.

[30] Per alcune considerazioni sulla residenza, quale criterio di acquisto della cittadinanza amministrativa cfr. F. CORVAJA, *Lo straniero nella città: la cittadinanza amministrativa*, in F. PIZZOLATO-A. SCALONE-F. CORVAJA (a cura di), *La città e la partecipazione tra diritto e politica*, cit., 137.

[31] Ci si riferisce al d.l. n. 113/2018, convertito con modificazioni dalla legge n. 132/2018, che in riferimento alla residenza anagrafica dei richiedenti asilo ha modificato l'art. 4 del d.lgs. n. 142/2015. La disposizione è stata poi dichiarata illegittima dalla Corte costituzionale, con sentenza n. 186/2020, su cui tra un attimo torneremo. Sul punto cfr. anche il contributo di L. BUSATTA, in questo *Volume*.

ma ci si riferisce anche ad un elemento soggettivo, ossia alla volontà che si producano gli effetti giuridici previsti dal nostro ordinamento per la residenza [32].

Circa questo aspetto, proprio nella sentenza con la quale la Corte costituzionale ha sancito l'illegittimità del menzionato divieto, i giudici delle leggi hanno colto l'occasione per rammentare la *ratio*, da ricondursi alla tutela dell'ordine pubblico, sottesa alle funzioni anagrafiche svolte dal Comune: «Tale registrazione della situazione effettiva dei residenti nel territorio comunale costituisce il presupposto necessario per l'adeguato esercizio di tutte le funzioni affidate alla pubblica amministrazione, da quelle di sicurezza e ordine pubblico, appunto, a quelle sanitarie, da quelle di regolazione e controllo degli insediamenti abitativi all'erogazione di servizi pubblici, e via dicendo» [33].

Dopo aver rilevato la violazione del principio di eguaglianza, dovuta all'irragionevole distinzione tra categorie di stranieri introdotta dal legislatore, la Corte si occupa anche di porre in relazione l'iscrizione anagrafica con l'accesso ad una serie di servizi e benefici di carattere sociale. La prospettiva adottata è decisamente pragmatica e orientata a valorizzare l'effettività della garanzia dei diritti per i richiedenti asilo. La mancanza di iscrizione anagrafica, infatti, fa venir meno il legame formale e istituzionale con il territorio e, sebbene non escluda in radice l'accesso a determinati servizi [34], ne rende certamente più difficile e complessa la fruizione. Non si tratta solo di un *vulnus* alle funzioni pubbliche e di una limitazione della certezza che l'anagrafe svolge; ad avviso della Corte, le difficoltà riscontrate nell'accesso ai servizi elementari si traduce per la persona nella lesione della sua pari dignità sociale, creando una situazione di minorazione sociale priva di giustificazione.

La residenza, dunque, costituisce non solo la formalizzazione del legame tra la persona e il territorio che lo ospita, ma viene anche definitivamente qualificata come lo "stargate" che permette l'accesso alle prestazioni sociali. A questo riguardo, bisogna rammentare come la residenza sia stata individuata dalla Corte costituzionale stessa quale criterio sulla base del quale è ragionevolmente possibile differenziare i beneficiari di determinate prestazioni sociali, in particolare quando si tratta di provvidenze regionali [35]. Al contrario, la cittadinanza rappresenta un cri-

---

[32] Cass. Civ., 17 gennaio 1972, n. 126. S. Rossi, *Declinazioni della dignità sociale. L'iscrizione anagrafica nella sentenza n. 186/2020 della Corte costituzionale*, in *Federalismi.it*. 26, 2020, 143 ss.

[33] Corte cost., sent. N. 186/2020, punto 4.1 del considerato in diritto.

[34] Si pensi, *in primis*, all'iscrizione al servizio sanitario, che deve essere garantita anche ai richiedenti asilo secondo quanto previsto dall'art. 21 del d.lgs. n. 142/2015 e dall'art. 34 del d.lgs. n. 286/1998, *Testo unico per l'immigrazione*. A tale riguardo, bisogna inoltre rammentare che l'art. 5, comma 3, del d.lgs. n. 142/2015, come modificato nel 2018, prevede testualmente che «L'accesso ai servizi previsti dal presente decreto e a quelli comunque erogati sul territorio ai sensi delle norme vigenti è assicurato nel luogo di domicilio individuato ai sensi dei commi 1 e 2».

[35] Ci si riferisce a Corte cost., sent. n. 432/2005, con la quale la Corte dichiarò incostituzionale

terio ulteriore che, in tema misure sociali, difficilmente può essere considerato un discrimine ragionevole.

Con la decisione del 2005, la Corte costituzionale sancì un principio, confermato e perfezionato anche in successive pronunce, in base al quale gli interventi pubblici che mirano a soddisfare bisogni primari della persona non tollerano distinzioni basate sulla cittadinanza. Viene, piuttosto, considerato ammissibile un criterio basato sulla residenza, qualora la prestazione sociale sia erogata da una Regione o da un ente locale, poiché essa rappresenta un criterio oggettivo di collegamento tra la persona e il territorio [36].

Sempre in tema di accesso ai benefici sociali per gli stranieri, come si ricorderà, la Corte ha avuto modo di evidenziare che, quando si tratta di soddisfare un bisogno primario della persona, corrispondente alla tutela del nucleo essenziale di un diritto fondamentale, non sono tollerabili distinzioni basate su un titolo di soggiorno, il cui ottenimento dipende da un requisito di reddito: «[...] È possibile, inoltre, subordinare, non irragionevolmente, l'erogazione di determinate prestazioni – non inerenti a rimediare a gravi situazioni di urgenza – alla circostanza che il titolo di legittimazione dello straniero al soggiorno nel territorio dello Stato ne dimostri il carattere non episodico e di non breve durata; una volta, però, che il diritto a soggiornare alle condizioni predette non sia in discussione, non si possono discriminare gli stranieri, stabilendo, nei loro confronti, particolari limitazioni per il godimento dei diritti fondamentali della persona, riconosciuti invece ai cittadini» [37].

Più articolata (e, invero, non sempre coerente) è la posizione della Corte circa la legittimità della c.d. residenza qualificata, quale criterio di accesso alle prestazioni sociali. Se, da un lato, appare netta – e completamente condivisibile – la prospettiva per cui tale criterio non possa essere adottato dal legislatore regionale per aggirare l'impossibilità di escludere i non cittadini all'accesso alle prestazioni sociali [38], varie sono state, negli ultimi anni, le valutazioni operate sulla legittimità di previsioni

---

una legge della Regione Lombardia che subordinava l'accesso alla circolazione gratuita sul trasporto pubblico locale per gli invalidi al requisito della cittadinanza. In commento alla sentenza cfr. M. CUNIBERTI, *L'illegittimità costituzionale dell'esclusione dello straniero dalle prestazioni sociali previste dalla legislazione regionale*, in *Le Regioni*, 2-3, 2006, 510 ss.; M. GNES, *Il diritto degli stranieri extracomunitari alla non irragionevole discriminazione in materia di agevolazioni sociali*, in *Giurisprudenza Costituzionale*, 6, 2005, 4681 ss.; F. RIMOLI, *Cittadinanza, eguaglianza e diritti sociali: qui passa lo straniero*, in *Giurisprudenza Costituzionale*, 6, 2005, 4657 ss.

[36] Riprende la più recente giurisprudenza costituzionale sull'accesso alle prestazioni sociali per gli stranieri A. GUARISO, *Le sentenze della Corte costituzionale 106, 107 e 166 del 2018: diritto alla mobilità e illegittimità dei requisiti di lungo-residenza per l'accesso all'alloggio e alle prestazioni sociali*, in *Diritto, Immigrazione e cittadinanza*, 3, 2018, 1 ss.

[37] Corte cost., sent. n. 306/2008, punto 10 del considerato in diritto.

[38] In tema, ad esempio Corte cost., sent. n. 106/2018, e sent. n. 168/2014. Vedasi A. GUARISO, *Le sentenze della Corte costituzionale 106, 107 e 166 del 2018: diritto alla mobilità e illegittimità dei requisiti di lungo-residenza per l'accesso all'alloggio e alle prestazioni sociali*, cit., in partic. 5.

normative che subordinavano la possibilità di richiedere una determinata prestazione ad una residenza prolungata su un dato territorio[39].

Cercando di fornire una lettura uniforme dei pronunciamenti della Corte, che talora possono apparire divergenti, possiamo rilevare un atteggiamento decisamente rigoroso e severo in riferimento alle differenziazioni basate su criteri soggettivi (la residenza qualificata, la tipologia di titolo di soggiorno, ecc.) che mirano più o meno dichiaratamente a rendere difficoltoso l'accesso alla prestazioni sociali per gli stranieri, rispetto ai cittadini. Ugualmente intransigente è la posizione che la Corte assume qualora i requisiti si dimostrino carenti di solida correlazione tra le condizioni poste dal legislatore e il bisogno cui si mira a fornire risposta[40].

Più tollerante diviene, invece, la posizione della Corte quando essa individua nella disciplina legislativa una *ratio* idonea a giustificare una scelta che inevitabilmente finisce per escludere alcune categorie di soggetti dal godimento di una determinata prestazione sociale. Si tratta di casi nei quali detta prestazione non configura il nucleo essenziale di un diritto, ma è piuttosto configurabile come prestazione aggiuntiva, tanto che la necessità di allocare ragionevolmente risorse naturalmente scarse può motivare la previsione di detti requisiti.

Si tratta, ad esempio, di quanto affermato nella sentenza n. 50/2019, nella quale la Corte ha escluso che sia discriminatorio o irragionevole che il permesso di soggiorno di lungo periodo sia il presupposto per l'ottenimento dell'assegno sociale, rivolto agli ultra-sessantacinquenni: «Tali persone ottengono infatti, alle

---

[39] Significativa è, a riguardo, la recente sentenza n. 107/2018, con cui la Corte ha severamente censurato il criterio della residenza protratta di 15 anni nel territorio della Regione Veneto, che conferiva titolo di precedenza per l'accesso agli asili nido. Nelle parole della Corte: «La previsione di un simile requisito, infatti, ove di carattere generale e dirimente, non risulta rispettosa dei principi di ragionevolezza e di uguaglianza, in quanto «introduce nel tessuto normativo elementi di distinzione arbitrari», non essendovi alcuna ragionevole correlazione tra la durata prolungata della residenza e le situazioni di bisogno o di disagio, riferibili direttamente alla persona in quanto tale, che in linea astratta ben possono connotare la domanda di accesso al sistema di protezione sociale», punto 3.1 del considerato in diritto. In argomento cfr. M. BELLETTI, *La Corte costituzionale torna, in tre occasioni ravvicinate, sul requisito del radicamento territoriale per accedere ai servizi sociali. Un tentativo di delineare un quadro organico della giurisprudenza in argomento*, in *Le Regioni*, 5-6, 2018, 1138 ss.; C. CORSI, *La trilogia della Corte costituzionale: ancora sui requisiti di lungo-residenza per l'accesso alle prestazioni sociali*, in *Le Regioni*, 5-6, 2018, 1170.

[40] Come, ad esempio, nella sentenza n. 107/2018, nella quale la Corte ha rilevato l'irragionevolezza della residenza quindicinale sul territorio della Regione Veneto, non solo perché manifestamente arbitraria, ma anche perché non è ravvisabile alcun collegamento tra tale requisito e la vocazione sociale degli asili che, oltre a soddisfare un bisogno organizzativo della famiglia soddisfano anche una primaria esigenza educativa dell'infanzia. Sull'irragionevolezza del requisito della residenza qualificata, in relazione al bisogno che ci si propone di soddisfare, la Corte è tornata più recentemente, con la sentenza n. 44/2020, su cui F. CORVAJA, *Finale di partita. L'incostituzionalità dei requisiti di lungo-residenza previsti dalle leggi regionali quali condizioni di accesso alle prestazioni sociali*, in *Osservatorio costituzionale*, 6, 2020, 431 ss.; C. DOMENICALI, *Sull'illegittimità del criterio del radicamento territoriale per l'accesso all'edilizia popolare: dalla condizionalità all'universalità dei diritti sociali?*, in *Le Regioni*, 3, 2020, 628 ss.

soglie dell'uscita dal mondo del lavoro, un sostegno da parte della collettività nella quale hanno operato (non a caso il legislatore esige in capo al cittadino stesso una residenza almeno decennale in Italia), che è anche un corrispettivo solidaristico per quanto doverosamente offerto al progresso materiale o spirituale della società (art. 4 Cost.)» [41].

Una simile *ratio* è, peraltro, rinvenibile in una pronuncia più risalente, nella quale la Corte costituzionale, dopo aver dichiarato l'incostituzionalità di alcune disposizioni di una legge della Regione Friuli Venezia Giulia sull'accesso alle prestazioni sociali, ha fatto salva la previsione del requisito della residenza qualificata biennale per l'ottenimento del c.d. assegno di natalità poiché «non è manifestamente irragionevole che il legislatore si rivolga proprio a quelle formazioni sociali che non solo sono presenti sul territorio, ma hanno già manifestato, con il passare degli anni, l'attitudine ad agirvi stabilmente, così da poter venire valorizzate nell'ambito della dimensione regionale» [42]. In altre parole, insomma, laddove il legislatore non intervenga su in bisogno primario dell'individuo, possono essere considerate in astratto ragionevoli quelle misure che premiano il radicamento della persona – pur senza distinzioni basate sulla cittadinanza – con il territorio che eroga il beneficio [43].

L'ultimo tassello, che completa la configurazione della c.d. cittadinanza amministrativa dello straniero e che consente a quest'ultimo non solo di godere delle prestazioni sociali e dei benefici messi a disposizione delle istituzioni in un determinato territorio, ma anche di partecipare attivamente alla costruzione della comunità presso cui vive, è rappresentato dalla possibilità di svolgere il servizio civile volontario. Come si ricorderà, la Corte costituzionale ebbe l'occasione di pronunciarsi a riguardo nel 2015, sancendo l'incostituzionalità dell'esclusione degli stranieri dai bandi per il servizio civile volontario [44]. Nel rilevare la violazione degli artt. 2 e 3 Cost., la Corte sottolineò come tale attività consenta di «realizzare i doveri inderogabili di solidarietà e di rendersi utili alla propria comunità, il che corrisponde, allo stesso tempo, ad un diritto di chi ad essa appartiene». Per tale

---

[41] Corte cost., sent. n. 50/2019, punto 7 del considerato in diritto. In argomento v. F. CORVAJA, *Straniero e prestazioni di assistenza sociale: la Corte costituzionale fa un passo indietro ed uno di lato*, in *Diritto Immigrazione e cittadinanza*, 3, 2019, 249.

[42] Corte cost., sent. n. 222/2013, punto 8 del considerato in diritto. In commento alla sentenza cfr. D. MONEGO, *La «dimensione regionale» nell'accesso alle provvidenze sociali*, in *Le Regioni*, 1-2, 2014, 244 ss.

[43] Oltre ai contributi già citati, ne trattano anche M. ROSINI-M. TOMASI, *Il ruolo delle Regioni nella definizione ed implementazione delle politiche di integrazione dei cittadini stranieri: uno studio degli atti normativi*, in *Le Regioni*, 5-6, 2018, in partic. 832. Per uno studio complessivo sul tema si veda F. BIONDI DAL MONTE, *Dai diritti sociali alla cittadinanza. La condizione giuridica dello straniero tra ordinamento italiano e prospettive sovranazionali*, Torino, 2013.

[44] Corte cost., sent. n. 119/2015.

motivo, è illegittima l'esclusione dei non cittadini, non solo perché si preclude loro la possibilità di offrire il proprio contributo alla collettività, ma anche perché il servizio civile in sé svolge un'importante funzione di solidarietà sociale, poiché offre significative opportunità di inserimento «in attività di cooperazione nazionale ed internazionale, di salvaguardia e tutela del patrimonio nazionale». Perciò, il servizio civile non solo consente di adempiere un dovere di solidarietà nei confronti della comunità nella quale si è inseriti e, nel caso di alcune categorie di stranieri, presso la quale si è stati accolti, ma nello spirito circolare che caratterizza il principio personalista, costituisce anche una fondamentale «opportunità di integrazione e di formazione alla cittadinanza» [45].

La città, insomma, rappresenta, in termini spaziali, il perimetro all'interno del quale trovano compiuta realizzazione i principi di promozione della persona, di solidarietà e di eguaglianza che caratterizzano gli interventi e le discipline sociali e assistenziali e costituisce, in termini organizzativi e amministrativi, l'ente privilegiato per il contatto tra persona e istituzioni. L'accessibilità e l'effettività dei servizi, in altre parole, si misurano anche attraverso l'efficienza e la responsabilità dell'amministrazione dell'ente locale, il primo e il più prossimo punto di contatto tra individuo ed enti.

4. *Conclusioni a partire dal contesto pandemico: come l'emergenza sanitaria ha modificato il rapporto con la città*

Le considerazioni sinora sviluppate, sia in riferimento al contesto dell'accoglienza sia con riguardo all'accesso alle prestazioni sociali e alle complesse dinamiche dell'integrazione devono essere ora poste alla prova nella peculiarità del contesto generato dalla pandemia. L'emergenza sanitaria che, a partire dai primi mesi del 2020, ha profondamente modificato le nostre abitudini, consegnandoci a dimensioni di vita inedite, ha cambiato anche i rapporti tra persone e istituzioni e, nella prospettiva della città, ha imposto di rafforzare alcuni canali di intervento.

In particolare, come è ormai notorio, uno dei principali impatti di carattere economico e sociale indotti dalla pandemia concerne l'allargamento della forbice delle disuguaglianze sociali. Soprattutto in una prima fase, nella primavera del 2020, l'emergere di situazioni di marginalità sociale e di difficoltà economi-

[45] Corte cost., sent. n. 119/2015, punto 4.1 del considerato in diritto. In commento alla sentenza cfr. S. PENASA, *Verso una "cittadinanza costituzionale"? L'irragionevolezza del requisito della cittadinanza italiana per l'accesso al servizio civile volontario*, in *Rivista AIC*, 3, 2015, 1 ss. Per le più recenti implicazioni della possibilità di svolgimento del servizio civile anche per gli stranieri v. A. RAUTI, *Il servizio civile regionale e provinciale: un «ibrido» interessante*, in *Le Regioni*, 1, 2020, 11 ss.

che esacerbate dalle regole di distanziamento necessarie a ridurre la diffusione del virus, così come le problematiche situazioni in alcune strutture di accoglienza avevano stimolato strenue prese di posizione soprattutto da parte di associazioni ed enti in prima linea nell'offrire assistenza e supporto agli stranieri [46]. I copiosi interventi normativi adottati per far fronte ai molteplici problemi pratici e operativi generati dalla pandemia e dalla sospensione di molte delle attività ordinarie disposta per ridurre la circolazione delle persone hanno in parte toccato anche le vite degli stranieri [47]: le proroghe e i rinvii disciplinati con i primi interventi normativi e successivamente prorogati si sono, infatti, estesi anche alla durata dei permessi di soggiorno [48]; ancora, il cd. Decreto Rilancio del 2020 ha introdotto una – seppur molto limitata – regolarizzazione per alcune categorie di lavoratori [49].

Sebbene questi interventi possano essere certamente valutati in termini positivi, anche per la dimostrazione della volontà di far fronte ad alcune importanti problematiche che, come è evidente, non riguardano solamente gli stranieri direttamente destinatari dei provvedimenti, ma l'intera collettività, per la quale risulta sempre e comunque svantaggioso l'aumento della presenza di irregolari o la perdita del titolo di soggiorno di stranieri già presenti sul territorio, alcuni problemi di effettività delle misure adottate non hanno atteso molto ad emergere.

Proprio con riguardo alle città come luogo di integrazione e inclusione, non

---

[46] Soprattutto durante le prime e concitate fasi dell'emergenza sanitaria, sono stati molti gli appelli partiti principalmente da enti e associazioni, ma non solo, e rivolti alle istituzioni "a non lasciare indietro nessuno" e a prendersi cura delle persone già in condizioni di marginalità per contenere l'insorgere di ulteriori e più gravi situazioni di fragilità sociale. Senza pretese di completezza, si vedano, ad esempio, l'appello lanciato da Asgi in data 22 marzo 2020, dal titolo *Emergenza covid-19. l'impatto sui diritti delle/dei cittadine/i straniere/i e le misure di tutela necessarie: una prima ricognizione*; la lettera aperta per la regolarizzazione dei migranti irregolari, lanciata da Asgi e sottoscritta da numerosi soggetti ed enti (22 aprile 2020), dal titolo *Emergenza covid: è indispensabile la regolarizzazione delle persone straniere*; l'appello contro le discriminazioni nell'erogazione degli aiuti per l'emergenza, lanciato nel marzo 2020 da Asgi; la lettera-appello del marzo 2020, lanciata da FLAI-CGIL per la tutela dei migranti nei ghetti e per il trasferimento dei migranti in strutture di accoglienza idonee. Tutte queste iniziative sono disponibili sul sito *www.asgi.it*.

[47] Ne discute, ad esempio, P. BONETTI, *Gli effetti giuridici della pandemia del Coronavirus sulla condizione degli stranieri*, in *Federalismi.it, Osservatorio emergenza Covid*, 1, 2020.

[48] Le prime proroghe vennero introdotte dall'art. 103 del d.l. n. 18/2020, convertito con modificazioni dalla legge n. 27/2020, che aveva esteso la durata dei permessi di soggiorno fino al 31 agosto 2020. Successivamente, l'art. 11 *ter* del d.l. n. 52/2021, convertito con modificazioni dalla legge n. 87/2021, ha esteso sino al 31 luglio 2021 il termine di scadenza dei permessi di soggiorno.

[49] Si tratta dell'art. 103 del d.l. n. 34/2020. In commento cfr. S. BRIGUGLIO, *Una regolarizzazione in tempo di pandemia: la lezione del passato*, in *Diritti senza confini*, rubrica disponibile sul sito *www.asgi.it*, 28 maggio 2020; M. PAGGI, *La sanatoria ai tempi del coronavirus. Un primo commento alla regolarizzazione*, in *Diritti senza confini*, disponibile sul sito *www.asgi.it*, 29 maggio 2020; di W. CHIAROMONTE-M. D'ONGHIA, *Cronaca di una sanatoria in tempo di emergenza sanitaria: genesi, finalità e limiti*, in *Diritto, Immigrazione e cittadinanza*, 3, 2020, 1 ss.

possono non essere segnalate alcune pronunce di merito che hanno censurato la scelta di alcuni Comuni di escludere dal c.d. "buono spesa" chi non fosse in possesso almeno del permesso di soggiorno di lungo periodo [50]. Sebbene a livello giurisdizionale sia stata ben presto rilevata la discriminatorietà di misure di questo genere [51], questa vicenda conferma – semmai ce ne fosse bisogno – che limitazioni al godimento di diritti e ostacoli nelle garanzie di una piena eguaglianza sostanziale, soprattutto nei confronti delle persone che vivono condizioni di maggiore fragilità, e spesso nei riguardi degli stranieri, possono facilmente celarsi anche nelle trame delle norme con le quali si intende colmare i più basici bisogni.

L'attenzione, perciò, non deve mai sopirsi, nemmeno nelle condizioni di emergenza. A conferma di ciò, ad esempio, uno studio dell'Istituto Superiore di Sanità ha posto in evidenza come, anche di fronte ad una condizione potenzialmente (e drammaticamente) unificante, come quella della pandemia, nella quale il rischio di contagio non tiene certamente conto della nazionalità, gli stranieri abbiano subito le conseguenze negative dei problemi di accessibilità ai servizi sanitari [52]. L'analisi ha posto in evidenza ritardi diagnostici per la popolazione straniera, rispetto ai cittadini italiani e, di conseguenza, una maggiore probabilità di ospedalizzazione, provocata oltre che dalle barriere di accesso ai servizi (dal punto di vista linguistico, culturale ma anche sociale), pure dalla percezione delle conseguenze negative dell'isolamento e della quarantena per l'attività lavorativa e la permanenza nel territorio italiano [53].

Tale indagine è davvero paradigmatica dei vuoti di effettività che frequentemente caratterizzano la situazione giuridica degli stranieri: a fronte di un dato normativo apparentemente neutro e spesso pensato per livellare alcune diseguaglianze economiche o sociali, si aprono a grappolo deficit di tutela e ostacoli alla fruizione di prestazioni e benefici che concorrono a riempire di contenuto la garanzia di diritti fondamentali [54].

---

[50] L'incremento del fondo di solidarietà comunale è stato disposto con l'ordinanza del Capo del Dipartimento della Protezione Civile 29 marzo 2020, n. 658, recante *Ulteriori interventi urgenti di protezione civile in relazione all'emergenza relativa al rischio sanitario connesso all'insorgenza di patologie derivanti da agenti virali trasmissibili*. A ciascun Comune spettava, poi, individuare i criteri per soddisfare i nuclei familiari maggiormente in stato di bisogno. Riguardo questo intervento e le problematiche discriminatorie ben presto emerse, cfr. F. BIONDI DAL MONTE, *Cittadini, stranieri e solidarietà alimentare al tempo del coronavirus*, in *Diritti senza confini*, disponibile sul sito *www.asgi.it*, 21 maggio 2020.

[51] Cfr. ad esempio, Trib. Brescia, decreto 28 aprile 2020; Trib. Ferrara, decreto 30 aprile 2020.

[52] M. FABIANI *ET AL.*, *Epidemiological characteristics of COVID-19 cases in non-Italian nationals notified to the Italian surveillance system*, in *European Journal of Public Health*, 1, 2021, 37 ss.

[53] Istituto Superiore di Sanità, *L'impatto della pandemia sulle popolazioni migranti*, Dossier statistico immigrazione 2020, disponibile all'indirizzo *https://www.epicentro.iss.it/migranti/dossier-statistico-immigrazione-2020-pandemia*.

[54] Discute queste problematiche nel contesto pandemico anche M. D'AMICO, *Emergenza, Diritti discriminazioni*, in *Rivista del Gruppo di Pisa*, 2, 2020, 36 ss.

La città, luogo di accoglienza e di integrazione, in questo complicato quadro, dispone degli strumenti per individuare minuziosamente i vuoti di tutela e per intervenire concretamente e puntualmente sulle diseguaglianze che incrementano le fragilità e le marginalità: la prossimità alla persona che caratterizza l'ente locale, le proficue sinergie con il terzo settore, così come le distanze relativamente contenute tra persona e istituzioni dovrebbero costituire le leve per fronteggiare in concreto le diseguaglianze sociali, vecchie e nuove, con le quali lo spazio urbano contemporaneo si misura.

GOOD PRACTICES PER L'INCLUSIONE: IL TERRENO PIÙ FERTILE È LA CITTÀ

CRISTINA LEVORATO

SOMMARIO: 1. Premessa. – 2. Le politiche urbane europee. – 3. Altre forme di sovranità: la cittadinanza attiva. – 4. L'inclusione sociale come chiave di volta per la sostenibilità urbana.

Normalmente si misura la tenuta di un ponte a partire
dalla solidità del suo pilastro più piccolo.
La qualità umana di una società dovrebbe essere
misurata a partire dalla qualità della vita
dei più deboli fra i suoi membri.
(ZYGMUNT BAUMAN)

1. *Premessa*

La disaffezione per la partecipazione, causata dalla crisi strutturale della statualità – derivante dall'ostilità dell'uomo comune nei confronti dell'apparato centrale che considera lontano oltre che frutto di potere e comando autoritario – ha coinciso con il recupero dell'identità, della coesione [1], dell'appartenenza alla comunità locale e delle responsabilità condivise secondo un parametro ontologico universale, di cui la Costituzione è custode, per cui l'identità della persona umana è riconosciuta al di sopra e aldilà dello Stato. Il "locale" sta ricoprendo una funzione via

[1] La coesione in tutte le sue sfumature come coesione sociale, politica ed economica è affermata dal diritto europeo, nazionale e negli statuti di molte regioni ordinarie. L'art. 158 del Trattato istitutivo della Comunità europea proclama che la promozione di uno sviluppo armonioso della Comunità avviene attraverso un rafforzamento della coesione sociale. Con il Trattato di Lisbona l'art. 158 è stato arricchito dall'art. 174 aggiungendo la coesione territoriale. A livello nazionale il quinto comma dell'art. 119 prevede lo stanziamento di risorse aggiuntive per interventi speciali in favore degli enti territoriali per promuovere, «la coesione e la solidarietà sociale». A livello regionale nei preamboli degli statuti di Piemonte ed Emilia Romagna si fa esplicito riferimento alla coesione sociale come obiettivo dell'operato.

via crescente in una prospettiva di governance fondata sul principio di sussidiarietà, che per vocazione valorizza i rapporti di "vicinanza" [2].

Questa nuova concezione di partecipazione alla cura dei beni pubblici [3] ha fatto riscoprire il "noi" e il "nostro" rispetto al "loro". I cittadini hanno così appreso che con azioni concrete un mondo più umano e sostenibile oltre l'"io" è possibile e ciò si incardina in una pragmatica interpretazione del principio solidarista, cioè quel dovere di solidarietà senza il quale non c'è progresso per nessuno come sottolineato nella sentenza della Corte cost. n. 75/1992 [4]. I patti di collaborazione – accordi stretti tra cittadini e amministrazioni locali per operare sull'e nell'interesse generale – ne sono l'esempio.

Le politiche urbane – secondo il principio di sussidiarietà – suscitano notevole interesse anche nelle istituzioni europee, pur non essendone una competenza diretta. L'agenda UE è, infatti, concentrata su questi fermenti dal basso e tra le sue priorità future annovera la facilitazione dell'integrazione attraverso la partecipazione sociale. Un posto d'avanguardia, tra gli obiettivi, per un'Europa più sostenibile e vicina ai cittadini, è ricoperto dall'inclusione.

Il nuovo modo di partecipazione al bene comune, attraverso l'associazionismo locale, rappresenta, quindi, il nuovo paradigma che evidenzia forme di diritto agito, più che basato sulla legittimazione democratica riconosciuta, in cui gli ideali globali sono traslati in *local practice* perché è a livello locale che si manifestano, quotidianamente, i bisogni vitali delle persone, delle famiglie e dei gruppi, secondo quella concezione pragmatica del diritto, che va oltre il normativismo, in cui si assiste al passaggio dal diritto sostanziale alla sostanza del diritto, dove la cittadinanza non è concessa ma ricostruita dal basso giorno per giorno e che identifica una sorta di ordine superiore su cui la nostra Costituzione si fonda, dove grazie al principio di sussidiarietà, le direttrici inclusione/territorio trovano la loro ragion d'essere in una prospettiva di rinnovamento del pluralismo giuridico contemporaneo.

---

[2] Proprio sull'interpretazione del principio di sussidiarietà per cui un carattere ordinante è già insito nell'organizzazione della vita sociale. I consociati infatti formano una solida trama strutturata in cui lo Stato non può fare altro che riconoscerla e affiancarsi. C. MILLON-DELSOL, *Il principio di sussidiarietà*, Milano, 2003, 52 ss.

[3] Quando si crea un legame tra un bene e i soggetti che se ne prenderanno cura quel bene diventa "bene comune". Per una dettagliata ricostruzione del passaggio da bene pubblico a bene comune in G. ARENA, *I custodi della bellezza. Prendersi cura dei beni comuni. Un patto fra cittadini e istituzioni per far ripartire l'Italia*, Roma, 2020, 101 ss.

[4] Pronuncia ripresa anche di recente da Corte cost., sent. n. 131/2020 la quale – nel richiamare la sent. n. 75/1992 – afferma che "fin da tempi molto risalenti le relazioni di solidarietà sono state all'origine di una fitta rete di libera e autonoma mutualità che, ricollegandosi a diverse anime culturali della nostra tradizione, ha inciso profondamente sullo sviluppo sociale, culturale ed economico del nostro Paese"; "forme di solidarietà" che, in quanto espressive di una relazione di reciprocità, devono essere ricomprese "tra i valori fondanti dell'ordinamento giuridico, riconosciuti, insieme ai diritti inviolabili dell'uomo, come base della convivenza sociale normativamente prefigurata dal Costituente" Corte cost., sent. n. 309/2013.

2. *Le politiche urbane europee*

"Per promuovere uno sviluppo armonioso dell'insieme dell'Unione, questa sviluppa e prosegue la propria azione intesa a realizzare il rafforzamento della sua coesione economica, sociale e territoriale".

L'art. 174 del TFUE identifica nella coesione territoriale la peculiarità e il passaggio obbligato per lo sviluppo dell'Unione. Questa consapevolezza unita all'alto tasso di urbanizzazione e alla presa di coscienza che l'"eurocentrismo" e lo "statocentrismo" non erano più modelli appaganti per i cittadini europei, ha evidenziato la necessità di far leva sulla politica multilivello e sulla gestione partecipativa con un forte coinvolgimento dei cittadini. Era cioè necessario un governo fortemente territorializzato (*place-based*), individuando le modalità per far cooperare i vari livelli di governo, poiché lo *status quo* non faceva risaltare quel pluralismo sociale e di conseguenza giuridico, di cui la società "viva" si nutre e per cui si contraddistingue. Si prospettava all'orizzonte uno scenario in cui si configurava l'imprescindibile necessità di valorizzare quelle comunità che sono la "sintesi integrale di quella umanità a cui si appartiene" [5] e con esse i luoghi in cui si intrecciano le trame della quotidianità del singolo e si esprimono le sue potenzialità e aspirazioni, in sostanza la sua personalità. Si ravvisava, quindi, la necessità di evidenziare la politica della società civile, quella che privilegia in primo luogo i processi sociali piuttosto che quelli istituzionali, che fa risaltare la dimensione sociale sul gioco di potere.

Il *focus* delle politiche europee doveva, quindi, diventare la città intesa come nucleo originario chiamata a competere nella sfida ad essere animatrice dal basso delle politiche economiche e sociali che interessano i cittadini.

È con la Carta di Lipsia [6], nel 2007, che viene definito il principio dello sviluppo urbano integrato che è alla base di importanti programmi rivolti alle città come URBACT e *Urban Innovative Actions*. La Carta di Lipsia è il frutto di un lungo e intenso lavoro consultivo tra istituzioni, organizzazioni internazionali e reti nazionali ed europee che hanno concordato e condiviso le strategie necessarie per rendere le città più coese e inclusive, ponendo maggiore attenzione sui quartieri in crisi, ma anche sottolineando la necessità di promozione della *governance* multilivello e della partecipazione attiva dei cittadini.

Questi sono i prodromi che porteranno nel 2016 su impulso dell'Olanda, alla guida del Consiglio Europeo, alla creazione di un'Agenda urbana europea come modello di politica urbana.

L'Agenda urbana dell'UE, quindi, incarna il ruolo di facilitatore dello sviluppo urbano con lo scopo di porre in essere, attraverso l'interazione tra istituzioni eu-

---

[5] S. TRENTIN, *La crisi del Diritto e dello Stato*, a cura di G. Gangemi, Roma, 2006, 181.

[6] *https://ec.europa.eu/regional_policy/archive/themes/urban/leipzig_charter.pdf.*

ropee, governi nazionali ed enti locali, delle politiche più adatte alle necessità delle realtà urbane in termini di inclusione, sostenibilità e benessere in generale.

Un ruolo da protagonisti nel dare impulso alla formazione dell'Agenda è stato ricoperto da *stakeholders*, città e loro reti e rappresentanti urbani nel Comitato delle regioni, che nel corso del tempo, hanno favorito un sempre maggiore consolidamento della questione urbana nell'agenda istituzionale europea, fino a sfociare nella sua formalizzazione con la firma del patto di Amsterdam[7], che oltre ad aver istituito l'Agenda, ne ha fissato i principi fondamentali. Lo scopo era favorire un maggiore raccordo tra i diversi programmi in favore delle città e una razionalizzazione degli strumenti per lo sviluppo urbano sostenibile.

L'interesse per le politiche urbane, nel tempo, ha continuato a mantenere vivace il dibattito a tutti i livelli istituzionali, tanto che a distanza di dodici anni, nel 2019, la Carta di Lipsia[8] è stata rinnovata per far fronte alle nuove sfide che si trovano davanti le città cioè transizione digitale e cambiamenti climatici, senza tralasciare l'eliminazione delle disuguaglianze che rappresenta la questione fondamentale su cui si istaurano le altre, e che deve essere il primo obiettivo di ogni città. Devono, pertanto, essere messe in campo azioni per migliorare la *governance* tra cui un sempre maggiore coinvolgimento dei cittadini. L'approvazione della

[7] Il patto di Amsterdam è stato preceduto dalla comunicazione "La dimensione urbana delle politiche dell'Ue – Elementi fondanti di una Agenda urbana Ue" che ha esplicitato l'esigenza di un'Agenda urbana che sarebbe potuta servire ad aumentare efficacia, efficienza e qualità delle politiche attraverso un miglior coordinamento delle politiche dei soggetti e dei livelli di *governance* oltre a una comprensione dei contesti di sviluppo urbano *https://ec.europa.eu/regional_policy/en/information/publications/communications/2014/the-urban-dimension-of-eu-policies-key-features-of-an-eu-urban-agenda*. Da una consultazione su "La dimensione urbana delle politiche dell'UE – elementi chiave di un'agenda urbana dell'UE" che ha dimostrato il favore dei cittadini europei nei confronti di un maggior coinvolgimento delle istituzioni europee nelle questioni urbane, *https://ec.europa.eu/regional_policy/en/newsroom/consultations/urbanagenda/*. "I risultati della consultazione pubblica sulle caratteristiche fondamentali di un'agenda urbana dell'UE" sintetizzano le opinioni di tutte le parti europee interessate e i motivi che rendono necessaria un'agenda urbana, sul suo contenuto, funzionamento e sui ruoli che devono avere i diversi attori in ambito locale e comunitario, inoltre esplicita come, sulla base degli strumenti e delle risorse esistenti, nel rispetto della sussidiarietà e senza nuove norme o oneri amministrativi, la Commissione possa affrontare le aspettative delle parti interessate. *https://ec.europa.eu/regional_policy/sources/consultion/urb_agenda/pdf/swd_2015.pdf.* E dalla dichiarazione di Riga del 2015 che identifica gli elementi chiave e i principi base da includere nella definizione dell'Agenda urbana europea. I principali elementi della Dichiarazione sono: il riconoscimento della diversità delle aree urbane, la concentrazione sulle opportunità offerte dalle aree urbane, l'attuale povertà delle politiche europee che hanno una dimensione urbana, e la cooperazione tra aree urbane. In quell'occasione è stato anche stabilito il pieno riconoscimento politico per lo sviluppo dell'Agenda urbana nel rispetto dei principi di sussidiarietà, proporzionalità e delle indicazioni della consultazione pubblica sull'Agenda urbana *https://eu2015.lv/images/news/2015_06_10_EUURBANDECLARATION.pdf, https://ec.europa.eu/regional_policy/sources/policy/themes/urban-devlopment/agenda/pact-of-amsterdam.pdf.*

[8] *https://ec.europa.eu/regional_policy/sources/docgener/brochure/new_leipzig_charter/new_leipzig_charter_en.pdf.*

nuova carta di Lipsia, a margine del negoziato sulla nuova politica di coesione[9], concorre ad indicare la strada sulle politiche relative alla città del e per il futuro, delineando il percorso in termini di politiche urbane, sia europee che nazionali, favorendo un legame diretto con i *Suistanable Development Goals*.

Non va dimenticato che l'approccio integrato e *place-based* rimane il principio cardine della Carta, ma è stato allargato lo sguardo individuando quattro caratteristiche-chiave della città europea: ecologica, inclusiva, coesa oltre che produttiva e connessa. Non è stato, altresì, tralasciato il riferimento al bene comune e all'interesse pubblico. L'obiettivo è l'implementazione di azioni e soluzioni innovative a livello locale, rimarcando gli strumenti di cui le città necessitano per porre in essere le azioni relative a queste sfide. A supporto dei temi dell'Agenda urbana, a sottolineare, quindi, l'attenzione per queste questioni da parte delle istituzioni sovranazionali è stato rinnovato nella programmazione pluriennale europea 2021-2027 l'*Urban Innovative Actions*, programma della Commissione Europea che finanzia progetti di innovazione urbana in coordinamento con gli altri programmi territoriali sui temi urbani.

Va sottolineato che la pandemia da Covid-19 ha messo in crisi modelli economici e di interazioni sociale fortemente dipendenti dalla dimensione urbana, ed è proprio dalle città che un nuovo modello di sviluppo e di resilienza potrà ripartire. Il Piano di Ripartenza e Resilienza rappresenta un'opportunità per l'implementazione di progetti urbani di elevato impatto anche sociale.

Appare evidente come il dibattito attorno alle questioni delle città e i documenti che ne sono scaturiti indicano in modo palese quanto il futuro delle politiche cittadine dipenderà sia dalla collaborazione tra i vari livelli: europeo, nazionale e locale, sia dalla connessione con le risorse della politica di coesione perché come ha sottolineato il commissario europeo all'allargamento e alla politica regionale Johannes Hahn "Le città si trovano nella posizione più indicate per disegnare soluzioni che trasformeranno la vita nelle aree urbane. È per questo che la Commissione Europea ha assegnato dei finanziamenti diretti alle città così che possano testare idee che le renderanno grandi luoghi in cui vivere, lavorare e innovare".

È però necessario rilevare che ciò sarà possibile se si supereranno le criticità che contraddistinguono il nostro Paese sia in riferimento alla capacità di sfruttare i finanziamenti europei sia all'abilità a mantenere fermo il risultato lungo la catena di soggetti e adempimenti, a volte anche lunghi, in cui si articola la *governance* multilivello per evitare che logiche autoreferenziali prevalgono sul raggiungimento dell'obiettivo.

---

[9] *https://ec.europa.eu/regional_policy/it/2021_2027/*.

3. *Altre forme di sovranità: la cittadinanza attiva*

La nuova sensibilità europea nei confronti delle politiche urbane e del coinvolgimento con forme nuove di partecipazione dei cittadini, nata a cavallo tra il XX e il XXI secolo, ha coinciso nel nostro Paese, con l'introduzione in Costituzione dell'art. 118, specificamente l'ultimo comma, a seguito della riforma del titolo V del 2001, il quale sancisce "Stato, Regioni, Città metropolitane, Province e Comuni favoriscono l'autonoma iniziativa dei cittadini, singoli e associati, per lo svolgimento di attività di interesse generale, sulla base del principio di sussidiarietà", esso ha fornito la disciplina e le regole relative ai rapporti tra cittadini e amministrazioni. L'introduzione del principio di sussidiarietà orizzontale [10], quindi, ha dato la legittimazione al livello più alto dall'ordinamento giuridico all'amministrazione condivisa tra cittadini e istituzioni riconoscendo che accanto al principio di sussidiarietà, nell'accezione nota, se ne affiancava un'altra: la sussidiarietà pluralista e paritaria, in cui il cittadino, sia come singolo sia attraverso i corpi intermedi, deve avere la possibilità di cooperare con le istituzioni nel definire gli interventi che incidono sulle realtà sociali a lui più vicine.

La costituzionalizzazione di tale principio, quindi, il riconoscimento della partecipazione alle decisioni e alle azioni che riguardano la cura di interessi aventi rilevanza sociale, nella realtà più prossima, non è stata sinonimo di applicazione immediata dello stesso o di un avvio repentino della partecipazione dei cittadini alla vita della propria comunità. È stato il tempo e una sempre maggiore consapevolezza che si potevano trasferire su un piano pubblico esperienze di collaborazione, che già esistevano in molti settori privati. Qui, infatti, vengono spesso condivise esperienze e abilità per ricavarne un interesse comune maggiore di quello che si sarebbe ottenuto operando singolarmente. La trasposizione di questo modo di agire, unito all'intraprendenza a trovare soluzioni nuove e "sartoriali" per risolvere i problemi di interesse collettivo, oltre che la disponibilità a mettersi in gioco e ad assumersi delle responsabilità hanno reso possibile lo sviluppo di un nuovo modo di concepire la partecipazione democratica, diverso e nuovo, rispetto al semplice, e a volte sterile, inserimento della scheda nell'urna valorizzando le persone, elevandole dallo *status* di sudditi e di soggezione in cui molto spesso si sentono relegati. L'appartenenza alla società viene vissuta secondo l'assioma per cui "arricchendo" gli altri si arricchisce anche e soprattutto sé stessi, "perché l'essenza del pluralismo consiste nel trarre il massimo vantaggio dalla varietà, considerandola un'opportunità e sapendo che non ci può essere una soluzione valida

---

[10] Sul principio di sussidiarietà orizzontale si veda C. MILLON-DELSOL, *Il principio di sussidiarietà*, Milano, 2003; *Il principio di sussidiarietà orizzontale e le sue applicazioni: un nuovo modo di amministrare*, Roma, 2003 in *astrid-online.it*; G. ARENA, *Sussidiarietà orizzontale ed enti del Terzo Settore*, in *Rivista Impresa Sociale*, 3/2020.

per tutti i problemi *e unica applicabile a tutte le latitudini* (corsivo nostro). Questo modello di partecipazione fa emergere un nuovo rapporto dei cittadini con l'amministrazione in una società pluralista: siano cittadini singoli, associati, soggetti economici, essi possono diventare protagonisti nella soluzione di problemi di interesse generale [...] instaurando con l'amministrazione un rapporto paritario di co-amministrazione in cui ciascuno mette in comune le proprie risorse e capacità in vista di un obiettivo comune" [11], per così dire una "democrazia di prossimità" [12].

A ciò si unisca il dovere da parte delle amministrazioni pubbliche, a fronte di quanto sancito dall'art. 118, ultimo comma, della Costituzione, di favorire e incentivare tale partecipazione nella consapevolezza delle conseguenze positive che ne possono derivare per le persone e per la collettività. In effetti la partecipazione attiva dei cittadini alla vita collettiva può concorrere a migliorare la capacità delle istituzioni di dare risposte più efficaci ai bisogni delle persone e alla soddisfazione dei diritti sociali che la Costituzione ci riconosce e garantisce.

A questi fermenti dal basso e a questo nuovo rapporto tra cittadini e amministrazione è stata data legittimazione normativa, in attuazione anche all'art. 118 della Costituzione con il Codice del Terzo settore [13], oltre che con i Regolamenti sulla collaborazione fra cittadini e amministrazione per la cura e la rigenerazione dei beni comuni urbani più noti come Regolamenti per l'amministrazione condivisa, i quali hanno lo scopo di tradurre in disposizioni amministrative il principio di sussidiarietà orizzontale [14].

L'autonomia regolamentare ai Comuni è sancita dall'art. 117, comma 6, Cost., e si configura come lo strumento con cui l'Ente locale si fa interprete della Legge fondamentale e portavoce degli interessi della comunità [15], inoltre, il regolamento comunale è uno strumento di rapida, semplice approvazione e modificazione e proprio per la sua versatilità è stato possibile, partendo dal modello tipo, quello di Bologna, migliorarlo e personalizzarlo sulla base delle esperienze pregresse e delle esigenze che doveva soddisfare [16].

---

[11] G. ARENA, *Introduzione all'Amministrazione condivisa,* in *Studi parlamentari e di politica costituzionale,* n. 117-118, 29 ss.

[12] M.V. FERRONI, *Le forme di collaborazione per la rigenerazione di beni e spazi urbani,* in *Nomos,* 3/2017, 4.

[13] Si veda in particolare l'art. 55.

[14] Il primo Regolamento comunale-tipo è stato elaborato con Labsus dal Comune di Bologna ed è il risultato di un lungo e complicato lavoro durato circa due anni. È stato messo gratuitamente a disposizione di tutti i comuni italiani sul sito di Labsus (*www.labsus.org*) nel 2014. Nel 2020 più di 200 comuni italiani lo hanno già adottato).

[15] F. GIGLIONI, *I regolamenti comunali per la gestione dei beni comuni urbani come laboratorio per un nuovo diritto delle città,* in *Munus,* 2016, 285.

[16] G. ARENA, *I custodi della bellezza. Prendersi cura dei beni comuni. Un patto fra cittadini e istituzioni per far ripartire l'Italia,* Roma, 2020, 33 ss.

Il nuovo modo di percepire la partecipazione e la sua rilevanza è stato, recentemente, sottolineato in una sentenza della Corte costituzionale [17], la quale indica "Gli enti del terzo settore, in quanto rappresentativi della «società solidale», spesso costituiscono sul territorio una rete capillare di vicinanza e solidarietà, sensibile in tempo reale alle esigenze che provengono dal tessuto sociale, e sono quindi in grado di mettere a disposizione dell'ente pubblico sia preziosi dati informativi (altrimenti conseguibili in tempi più lunghi e con costi organizzativi a proprio carico), sia un'importante capacità organizzativa e di intervento: ciò che produce spesso effetti positivi, sia in termini di risparmio di risorse che di aumento della qualità dei servizi e delle prestazioni erogate a favore della «società del bisogno»" ed è destinata a diventare uno dei pilastri del principio di sussidiarietà orizzontale [18]. Su queste premesse si può affermare che un nuovo rapporto tra istituzioni e «società solidale», per usare il termine coniato dai giudici della Consulta, è possibile e si basa "sulla convergenza di obiettivi e sull'aggregazione di risorse pubbliche e private per la programmazione e la progettazione, in comune, di servizi e interventi diretti a elevare i livelli di cittadinanza attiva, di coesione e protezione sociale, secondo una sfera relazionale che si colloca al di là del mero scambio utilitaristico".

Fondamentale in questa sentenza è la distinzione che viene fatta tra questo nuovo modello rispetto a quello configurato dal mercato e dalle finalità di profitto che lo caratterizzano (il riferimento è, al Codice dei contratti pubblici) che sono "fasi di un procedimento complesso di un diverso rapporto tra il pubblico ed il privato sociale, non fondato semplicemente su un rapporto sinallagmatico".

Aldilà degli aspetti innovativi relativi al superamento dell'idea che solo il sistema pubblico sia idoneo a conseguire interessi generali, a inserire il metodo collaborativo, di cui all'art. 55 del CTS, nel solco della Costituzione considerandolo come attuazione del principio di sussidiarietà e a rimarcare l'inesistenza di incompatibilità tra l'art. 55 del CTS e il diritto europeo [19]. A modesto avviso di chi scrive, è la distinzione tra modello sinallagmatico specialmente basato sul profitto e modello basato sulla solidarietà, a rappresentare un'ulteriore peculiarità di questa pronuncia. Viene riconosciuto un paradigma basato sulla condivisione di risorse che è precondizione per la sopravvivenza e anche punto di equilibrio del sistema economico sociale e politico della civiltà umana: un sistema lento, spesso invisibile e non retribuito che pone le basi all'economia retribuita che concorre a

[17] Corte cost., sent. n. 131/2020.

[18] Per una lettura critica della sentenza L. GORI, *Gli effetti giuridici "a lungo* raggio" della sentenza n. 131/2020 della Corte costituzionale, in *Rivista impresa sociale*, n. 3/2020. E. ROSSI, *Il fondamento del Terzo settore è nella Costituzione. Prime osservazioni sulla sentenza n. 131 del 2020 della Corte costituzionale*, in *forumcostituzionale.it*, 3/2020.

[19] E. ROSSI, *Il fondamento del Terzo settore è nella Costituzione. Prime osservazioni sulla sentenza n. 131 del 2020 della Corte costituzionale*, cit., 58.

produrre PIL e proprio per questo "occorre reinserire tra i parametri economici correnti il valore che la gratuità del gesto di cura possiede all'interno della struttura economica della società, gratuità che è sciaguratamente scambiata per assenza di valore: la cura è l'anello mancante nella scala dei valori economici e politici della nostra organizzazione umana e questo non fa tornare mai i conti" [20].

4. *L'inclusione sociale come chiave di volta per la sostenibilità urbana*

La crisi economica, la disoccupazione, che in molti casi ne è stata la conseguenza, l'immigrazione e nell'ultimo periodo anche la pandemia, hanno fatto aumentare le disuguaglianze che inevitabilmente si accompagnano ad una riduzione dei diritti delle persone: diritti sociali, di accesso alle cure sanitarie, ad un'abitazione dignitosa, all'istruzione.

L'individualismo imperante fa scomparire la natura sociale dell'esistenza, cercando da sé la soluzione a problemi che hanno, invece, natura sociale in una sorta di *mors tua vita mea* in cui è lasciato solo chi è già nella solitudine [21]. Il pericolo dell'aggravarsi delle ingiustizie, delle disuguaglianze e dell'involuzione della democrazia [22] impone l'obbligo di mettere in atto, urgentemente, delle strategie che pongano tutti su un piano di uguaglianza delle opportunità e di progettare un modello di società che si prefigga l'obiettivo di consentire a tutti i cittadini di soddisfare i propri bisogni secondo le proprie capacità in cui l'ambiente e l'insieme delle regole sociali non devono aggiungere ulteriori vincoli ad una esistenza che è già complicata [23]. Su queste convinzioni si basano anche le politiche urbane comunitarie e la politica di coesione europea e cioè sulla necessità che oltre alle risorse finanziarie sia indispensabile rimuovere gli ostacoli, sia in termini di pregiudizi sia materiali, che limitano o impediscono lo sviluppo umano. Non è, in-

---

[20] A. MARINELLI, *La città della cura*, Napoli, 2015, 128 ss.

[21] Le caratteristiche di questo tipo di rapporti umani basate sul principio individualistico dell'indifferenza verso il prossimo in particolare il prossimo più in difficoltà in cui si perde l'idea di bene comune, in cui c'è la formazione di una nuova tipologia di poveri, c'è una crescente instabilità sociale è definita da Bauman modernità liquida. Z. BAUMAN, *Voglia di comunità*, Bari, 2003, 39 ss.

[22] "La crisi si manifesta dunque nella tensione (che si deve considerare salutare) verso forme più partecipate e sostanziali di democrazia ma anche – e questo è il versante rischioso – nella <<stanchezza>> per la democrazia e in una più o meno velata, ma sempre più sfacciata, riemersione di nostalgie autoritarie. Sembra perfino che la celebrazione dell'autoritarismo sia un fenomeno di tendenza, al pari di una delle tante forme di trasgressione, anziché segnale di propensione ad una sudditanza". F. PIZZOLATO, *I sentieri costituzionali della democrazia*, Roma, 2019, 10.

[23] L'approccio delle capacità in base al quale per valutare la qualità della vita di una società e le condizioni di ciascun individuo è indispensabile conoscere cosa le persone siano in grado di fare ed essere all'interno della società è analizzato da M. NUSSBAUM, *Giustizia sociale e dignità umana. Da individui a persone*, Bologna, 2012, 7 ss.

fatti, sufficiente soddisfare le necessità contingenti del singolo ma è indispensabile fornirgli gli strumenti per emanciparsi e per uscire dalla situazione di marginalità che lo relega alle periferie della società e ciò può avvenire attraverso il suo coinvolgimento.

Il sistema partecipativo, uno degli strumenti dell'approccio *place-based*, quindi, sembra essere tra i sistemi che maggiormente possono favorire l'inclusione degli ultimi nella comunità locale, proprio perché è nei contesti ristretti – quartiere, paese – che l'essenza dei diritti umani [24] e della dignità trovano terreno fertile per creare vincoli di appartenenza a quella comunità che si fonda sulla valorizzazione dei diritti fondamentali e sull'uguaglianza sostanziale (art. 3, comma 2, Cost.). Su questo substrato matura il desiderio di partecipare al bene comune in base a quel modello europeo di sviluppo urbano sostenibile integrato che nasce dal basso che accoglie le differenze evidenziandone la complessità sociale e che attraverso le varie dimensioni della vita urbana – sociale, culturale, economica – può perseguire l'elevazione dei livelli di qualità della vita nelle comunità territoriali interessate. Lo sfondo su cui ciò può realizzarsi è la solidarietà, infatti, "insistere sul valore costituzionale e universale della solidarietà, significa sensibilizzare la collettività intera sui principi della lealtà civica e della responsabilità nei confronti degli altri individui" [25]. Si deve, però, trattare di una sorta di *do ut des*, uno scambio di relazioni intersoggettive in cui sono essenziali anche formazione e istruzione, come chiave di volta nel consentire la mobilità sociale e territoriale, in quanto elementi indispensabili per l'evoluzione della società pluralista secondo l'accezione costituzionale.

La politica di coesione sociale dunque in siffatte circostanze può piantare radici profonde dando linfa ad un sistema in cui le differenze intrinseche nella comunità trovano l'equilibrio per raggiungere gli obiettivi del bene comune che consiste nella cura del prossimo (immigrati, poveri, disabili) e/o dei beni che ci sono prossimi (piazze, scuole), attività che creano capitale umano di valore inestimabile esaltato anche dal coinvolgimento in questi progetti, che si concretizzano soprattutto attraverso la formula del partenariato, degli ultimi che in questo modo si possono integrare oltre che veder riconosciuta la loro dignità tramite l'ottimizzazione delle loro capacità.

Alla volontà di partecipazione dei cittadini alla costruzione del bene comune si deve accompagnare il lavoro delle amministrazioni che devono informare, proporre e formare, fornendo gli strumenti affinché i cittadini si attivino. L'incontro fra cittadini attivi e amministrazioni pronte a condividere le responsabilità sulla

---

[24] Per un quadro sulla tematica si segnalano *ex multis* N. BOBBIO, *L'età dei diritti*, Torino, 1990; L. CARLASSARE, *Forme di Stato e diritti fondamentali*, in *Quaderni costituzionali*, 1/1995, 33 ss.

[25] A. APOSTOLI, *Il consolidamento della democrazia attraverso la promozione della solidarietà sociale*, in *Costituzionalismo.it*, 1/2016, 31.

base delle numerose iniziative istituite dall'UE che ha rinvenuto nelle politiche urbane il primo strumento per l'inclusione sta dando in tutto il territorio notevoli risultati ulteriormente migliorabili se si riuscirà a fare rete condividendo le esperienze.

Si potrebbe obiettare che questo nuovo modo di operare curando crei delle oasi nel deserto, o che i cittadini possono fare solo piccoli miglioramenti non in grado di trasformare il mondo. In realtà il bene è destinato a propagarsi come i cerchi nell'acqua quando si lancia un sasso, le buone prassi sono contagiose e diventano la buona politica. Diceva Aristotele: iniziare dalle buone abitudini le fa poi diventare consuetudini e pratiche facili da ripetere. A chi contesta che i cittadini non sono capaci di grandi cose non si può non dire che "la rivoluzione non si addice alla cura che invece percorre la strada della trasformazione. Una trasformazione attuata con quello che c'è, con la creatività, poco alla volta dettaglio dopo dettaglio, correggendo il tiro con pragmatismo senza mai perdere di vista il senso del percorso. La città della cura non smette mai di costruirsi, di trasformarsi, la complessità e la pluralità dei bisogni aggiornando di continuo gli stimoli e le istanze. La cura quotidiana non è altro che manutenzione della vita: ripetendo quotidianamente gli stessi gesti, produce una crescita progressiva, accompagna la trasformazione. Similmente la cura della città opera attraverso la manutenzione ordinaria un continuo ridisegno e adattamento alle istanze plurali della vulnerabilità" [26].

L'inclusione sociale, tuttavia, a modesto parere di scrive, non può viaggiare su binario unico, quindi, non può essere unicamente un obiettivo delle politiche basate sulle persone ma deve viaggiare parallelamente ad approcci basati sul territorio. Infatti, se ci si occupa esclusivamente delle persone, si aiuteranno queste ultime ad allontanarsi dallo svantaggio ma si impoveriranno ulteriormente i territori, solitamente le periferie o i quartieri, degradati da cui provengono. Se ci si occupa in via esclusiva del territorio si rischia di spostare semplicemente il problema altrove o in altri casi di disincentivare lo sviluppo autonomo delle comunità locali.

È questa la sfida più ardua che le politiche pubbliche devono essere in grado di affrontare affinché le città del futuro siano più sostenibili e più inclusive. Nel fare ciò la città non può farcela da sola. È pur vero, che ogni città è un mondo a sé a seconda della densità demografica, delle dimensioni ecc. e quindi, le decisioni devono essere prese quanto più in prossimità al destinatario delle stesse, secondo il principio di sussidiarietà che è stato rafforzato anche dal Trattato di Lisbona. È, però, necessario che le politiche locali siano strettamente legate a quelle nazionali ed europee, i vari livelli non si possono sostituire ma coordinare operando in un

[26] A. MARINELLI, *La città della cura*, cit., 130.

sistema di *governance* multilivello, in cui la statualità deve essere ridefinita in termini di "statualità sostenibile" cioè sistemi in cui le funzioni di governo devono essere distribuite lungo una scala di livelli territoriali che partono dagli enti locali salendo fino alla politica internazionale[27].

[27] A. PAPISCA, *La riforma dell'ONU e l'Europa come laboratorio di "statualità sostenibile"*, in L. BOSIO, *Costruire l'unità della famiglia umana: l'orizzonte profetico del cardinale Pietro Pavan (1903-1994)*, Roma, 2004, 243 ss.

CITTÀ E CAPITALISMO DELLE PIATTAFORME

ANDREA MICHIELI

La Commissione Europa in una Comunicazione del 2016 sottolineava come le piattaforme digitali stessero cambiando le modalità degli scambi economici creando un esponenziale «valore digitale» per ogni genere di beni e servizi [1]. Da poco più di un decennio la mediazione economica delle piattaforme sta innovando profondamente l'economia globale: dalle prime piattaforme di ricerca si è passati rapidamente alla creazione di mercati *online* e a strumenti di intermediazione per ogni tipo di scambio.

Le piattaforme, attraverso strumenti digitali connessi a internet (a partire dagli *smartphone*), permettono di mettere in contatto domanda e offerta in modo immediato e spersonalizzato. Esse hanno organizzazioni globali e sedi in Paesi dove il regime fiscale è più favorevole, ma le conseguenze della loro intermediazione incidono nel territorio: sviluppano le loro strategie oltre gli Stati, ma le attuano all'interno dei centri cittadini.

A fronte dell'espansione del capitalismo delle piattaforme, come si metterà in luce, la regolazione da parte delle autorità europee e nazionali è stata condotta mediante misure di *soft law*, incoraggiando forme di autoregolazione, con l'obiettivo di incentivare l'espansione del mercato digitale. Tale approccio regolativo ha prodotto squilibri a cui le autonomie locali hanno dovuto far fronte. Infatti, come segnalato nel marzo 2020 dal Comitato europeo delle Regioni, «lo sviluppo e l'espansione costanti delle attività economiche nelle quali si inseriscono le piattaforme digitali esercitano un impatto su scala locale e regionale e devono pertanto essere regolamentati anche a livello degli enti regionali e locali, nei limiti delle re-

[1] COMMISSIONE EUROPEA, *Le piattaforme online e il mercato unico digitale. Opportunità e sfide per l'Europa, Bruxelles*, Comunicazione del 25 maggio 2016, in *https://eur-lex.europa.eu/legal-content/IT/TXT/?URI=CELEX%3A52016DC0288*.

lative competenze, soprattutto in termini di imposizione fiscale e pianificazione urbana» [2].

L'intreccio di problemi sociali e giuridici che pongono le piattaforme digitali è complesso, interessando la tutela del consumatore, la regolazione delle autorizzazioni e delle licenze, l'organizzazione dei servizi e dei mercati finanziari, le normative urbanistiche e quelle in materia di concorrenza [3]. A fronte della pluralità di questioni che la diffusione delle piattaforme pone, il contributo, in modo più circoscritto, intende mettere in luce i caratteri fondamentali del capitalismo delle piattaforme, evidenziarne l'impatto sulle città, ricostruire la regolazione finora adottata dall'UE e da alcune città e, infine, provare a tracciare un nuovo possibile approccio regolativo più attento alle esigenze delle autonomie.

1. *Economia digitale e capitalismo delle piattaforme*

Come è stato evidenziato da più parti, l'economia mondiale e il capitalismo hanno acquisito nella dimensione digitale un "nuovo spirito" [4]. Il digitale, infatti, ha permesso una rapida trasformazione dei rapporti economici che si fonda su tre elementi portanti: la ridefinizione spaziale degli scambi, la smaterializzazione delle merci e dei flussi finanziari [5].

La caratteristica principale dell'economia digitale – che nell'ultimo decennio, grazie allo sviluppo delle piattaforme, si è diffusa capillarmente nelle città – è quella di produrre un nuovo valore digitale per le attività economiche già esistenti e creare nuove forme di scambi. Il mezzo per raggiungere questi scopi è la raccolta, l'elaborazione e il riutilizzo dei dati tramite gli algoritmi – di *machine learning* e *deep learning* [6] –, l'intelligenza artificiale e l'internet delle cose [7]. L'utilizzo dei dati, infatti, serve per mettere in connessione gli agenti del mercato e per stimolare nuovi comportamenti e consumi; i *big data* sono fondamentali per l'elaborazione delle strategie di mercato, per la vendita degli stessi o di elaborazioni aggregate e, in definitiva, per il consolidamento monopolistico delle piattaforme.

---

[2] Comitato europeo delle regioni, *Il lavoro su piattaforma digitale: questioni regolamentari a livello locale e regionale*, Parere C 79/36, *Gazzetta Ufficiale dell'Unione Europea*, 10 marzo 2020, in *https://eur-lex.europa.eu/legal-content/IT/TXT/?uri=CELEX%3A52019IR2655*.

[3] L. AMMANNATI, *Verso un diritto delle piattaforme digitali?*, in *Federalismi.it*, 7/2019, 3.

[4] È. CHIAPELLO-L. BOLTANSKI, *Il nuovo spirito del capitalismo*, Sesto San Giovanni (MI), 2014.

[5] N. SRNICEK, *Capitalismo digitale. Google, Facebook, Amazon e la nuova economia del web*, Roma, 2017, 11.

[6] Per una disanima dell'impatto dell'I.A. cfr. U. RUFFOLO, a cura di, *Intelligenza artificiale. Il diritto, i diritti, l'etica*, Milano, 2020.

[7] F. BECCHIS, *Regolazione delle piattaforme digitali: la nuova mappa dell'Ue*, in *Lavoce.info*, 21/1/2021, in *https://www.lavoce.info*.

Il capitalismo digitale si è definitivamente imposto con l'avvio del nuovo millennio, periodo in cui si sono diffuse grandi piattaforme transnazionali [8]. Da allora il capitalismo è diventato capitalismo delle piattaforme o, secondo altre definizioni, dei *big data* [9], della sorveglianza [10] e dell'intelligenza artificiale [11].

Le piattaforme rappresentano, dunque, un salto di qualità dell'economia veicolata attraverso *internet* e gli strumenti digitali: attraverso di esse, infatti, il *web* entra nella realtà quotidiana dei rapporti economici, li filtra e orienta. Pertanto, le piattaforme, pur essendo di proprietà di società multinazionali, creano nuovi comportamenti nella dimensione microeconomica e sono in grado di incidere sul territorio costantemente, mediante gli strumenti digitali che ciascuno di noi indossa e utilizza.

È difficile poter definire le piattaforme [12]: il loro campo di azione, soprattutto negli scambi economici, è vasto e in continua espansione. Vi sono piattaforme pubblicitarie, che creano mercati *online*, motori di ricerca, *social media*; piattaforme per l'economia collaborativa e di distribuzione di applicazioni, servizi di comunicazione, sistemi di pagamento, altre ancora che vendono contenuti creativi [13]. Vi sono inoltre piattaforme pubbliche che innovano i servizi per i cittadini: si pensi alle cosiddette piattaforme abilitanti, che permettono di offrire dati certi e accessibili a tutti i cittadini e alla pubblica amministrazione (come i pagamenti elettronici o l'anagrafe digitale). Queste piattaforme possono conseguire l'obiettivo del buon andamento della P.A. che la Costituzione prescrive e, inoltre, nell'ambito locale posso contribuire a creare spazi di condivisione e di democrazia dal basso [14], oltre che di pratiche collaborative tra autorità pubblica e cittadino [15].

Un recente studio suddivide le piattaforme private in cinque tipologie: *adverti-*

---

[8] A titolo esemplificativo può essere utile citare alcune aziende leader di questi gruppi di imprese: del primo fanno parte Google e Yahoo; del secondo, Amazon, eBay, Alibaba; del terzo, Airbnb, Uber, Lyft.

[9] D. CHANDLER-C. FUCHS, *Digital Objects, Digital Subjects: Interdisciplinary Perspectives on Capitalism, Labour and Politics in the Age of Big Data*, London, 2019.

[10] S. ZUBOFF, *Il capitalismo della sorveglianza. Il futuro dell'umanità nell'era dei nuovi poteri*, Roma, 2019.

[11] N. DYER-WITHEFORD-A. MIKKOLA KJØSEN-J. STEINHOFF, *Inhuman Power: Artificial Intelligence and the Future of Capitalism*, London, 2019.

[12] L. AMMANNATI, *Per una "nuova" regolazione delle piattaforme digitali*, in *Astrid Rassegna*, 10/2021, in *http://www.astrid-online.it/*.

[13] COMMISSIONE EUROPEA, *Le piattaforme online e il mercato unico digitale. Opportunità e sfide per l'Europa, Bruxelles*, cit.

[14] Da ultimo, in questa prospettiva, A STURNI, *Le piattaforme di democrazia digitale nelle città del futuro*, in *Astrid rassegna*, 9/2021, in *http://www.astrid-online.it/*.

[15] S. PROFETI-V. TARDITI, *Le pratiche collaborative per la co-produzione di beni e servizi: quale ruolo per gli Enti locali?*, in *Istituzioni del Federalismo*, 4/2019, 861 ss.

sing, *cloud*, industriali, prodotto e *lean*[16]. In particolare, ci si vuole soffermare sulle ultime due tipologie che hanno un forte impatto sul "tessuto" urbano. Le cosiddette piattaforme-prodotto sono quelle che forniscono merci oppure le offrono in noleggio, trattandole però come servizi. Le piattaforme *lean* (snelle) sono quelle che offrono uno strumento di comunicazione che dovrebbe essere di mera interfaccia tra prestatori del servizio e consumatori (come, ad esempio, *Uber* o *Airbnb*). Queste tipologie di piattaforme tendono a presentarsi come mera interfaccia tra domanda e offerta; in realtà, attraverso i dati accumulati, esse operano un'intermediazione che genera nuovi mercati, diviene insostituibile e si compone in un *network* dalle esponenziali possibilità commerciali.

2. *Città e capitalismo digitale*

La città è da sempre centro di informazioni e scambi[17]. Fin dagli anni '90 del Novecento si è diffuso il modello delle *global cities*[18] come nuovi *hub* degli scambi economici transazionali[19]. Il concetto stesso di *smart city* ha riproposto la città come luogo del capitalismo cognitivo, la cui «fonte principale del valore non risiede più nel capitale e nel lavoro materiale, ma nel sapere sociale generale e nella capacità di catturare e mobilitare il potenziale intellettuale e cognitivo presente nella società»[20].

Le più diffuse piattaforme private – non a caso – sono sorte e si sono diffuse negli Stati Uniti, Paese in cui l'innovazione nella *smart city* è stata creata mediante un processo dal basso verso l'alto (*bottom-up*), con una ritrazione dei pubblici poteri che sono stati chiamati a promuovere un quadro normativo favorevole alle nuove tecnologie su un determinato mercato, secondo un modello di Stato facilitatore (*enabling State*)[21]. In questo modo le *smart city* – pensate come città fatte

---

[16] N. SRNICEK, *Capitalismo digitale. Google, Facebook, Amazon e la nuova economia del web*, cit.

[17] Si pensi, in età moderna, a come, durante la rivoluzione industriale, il capitalismo aveva reso la città l'infrastruttura delle grandi fabbriche manifatturiere. Cfr. A. CARACCIOLO, *Dalla città tradizionale alla città nell'età del capitalismo*, in *Quaderni storici*, 3/1974, 693-710.

[18] P. COSTA, *La sicurezza della global city. Prassi globale e critica costituzionale*, in *Costituzionalismo.it*, 2/2018, 100-125.

[19] In questo senso A.D. KING, *Global cities. Post-Imperialism and the Internationalization of London*, London-New York, 1990; S. SASSEN, *Global City: New York, London, Tokyo*, Princeton, 1991.

[20] Cfr. A. DI BELLA, *Smart city e geografie della mediazione aziendale*, in *Bollettino della Società Geografica Italiana*, 8/2015, 517.

[21] Il modello europeo è invece caratterizzato da una diversa visione secondo la quale i pubblici poteri hanno un ruolo più attivo nel delineare le strategie e gli obiettivi di sviluppo e innovazione: F. GASPERI, *Città intelligenti e intervento pubblico*, in *Il diritto dell'economia*, 1/2019, 76.

di un'intelaiatura *ICT* in grado di offrire servizi adeguati ai bisogni dei cittadini, in vari campi (trasporti, gestione dei rifiuti, salute, welfare) – sono state il presupposto per l'accumulazione dei dati da parte delle società private e per l'attuale espansione delle piattaforme [22].

Nel nuovo millennio, dunque, le *smart city* sono divenute il paradigma cittadino del "nuovo" capitalismo della conoscenza [23] e, in tale contesto, le piattaforme private si sono diffuse, riportando il capitalismo e la globalizzazione economica nel cuore dei centri cittadini [24].

Le piattaforme digitali private hanno creato nuovi rapporti economici virtuali tra consumatori e fornitori che hanno prodotto e continuano a produrre una trasformazione – talvolta celata all'economia formale – dei quartieri, dei servizi, degli spazi e di alcuni settori economici; le mutazioni sono rapide e talvolta sono comprensibili solo da chi detiene la proprietà delle piattaforme o le utilizza [25].

In una prima fase di espansione, le piattaforme erano state accolte favorevolmente dalle città, con lo scopo di diffondere nuovi servizi collaborativi e l'accumulo dei dati sulla vita urbana che le amministrazioni non erano in grado di elaborare. Le autorità locali, infatti, riconoscevano in *internet* e nelle nuove tecnologie digitali «le potenzialità utili a incrementare la dotazione e la qualità dei servizi offerti e ricorr[evano] a nuove partnership pubblico-private con una forte enfasi sulle competenze e le tecnologie delle aziende private per predisporre nuovi sistemi tecnici di governo urbano» [26].

L'intermediazione delle piattaforme nel contesto urbano è stata, dunque, per un decennio un mercato in cui domanda, offerta e mediazione si sono sviluppate liberamente. L'esito della prima espansione delle piattaforme è stato il consolidamento di poche società in alcuni settori della vita delle città, tanto da influenzare il cambiamento urbano [27]. Di fronte a questa zona franca del mercato e della regolamen-

---

[22] S. SASSEN, *La città nell'economia globale*, Bologna, 2010, 86.

[23] M. HARDT-A. NEGRI, *Commonwealth*, Cambridge, 2009, 250 ss.

[24] C'è chi ha sostenuto che «a causa di un lungo declino della redditività nel settore manifatturiero, il capitalismo [ha] iniziato a occuparsi dei dati come un mezzo per mantenere crescita economica e vitalità in presenza di un settore produttivo altrimenti pigro», N. SRNICEK, *Capitalismo digitale. Google, Facebook, Amazon e la nuova economia del web*, cit., 12. Sul rapporto tra economia globale e città: F. PIZZOLATO, *Economia globale e città: note introduttive su una dialettica centrale per le democrazie del XXI secolo*, in *Economia pubblica*, 1/2020, 102 ss.

[25] Un esempio semplice di quanto sostenuto è offerto dall'affitto dei monopattini elettrici da parte di alcune piattaforme nelle grandi città: i monopattini, dopo l'utilizzo, vengono lasciati "parcheggiati" in alcuni luoghi della città, senza un apparante criterio, se non quello che le piattaforme dettano agli utenti.

[26] A. DI BELLA, *Smart city e geografie della mediazione aziendale*, cit., 520.

[27] F. ARTIOLI, *Digital platforms and cities: a literature review for urban research. Cities are back in town*, Sciences Po Urban School, Working Paper, 1/2018, in *http://blogs.sciences-po.fr/recherche-villes/*.

tazione, alcune città europee si sono fatte promotrici di un coordinamento per giungere a un diverso approccio regolativo nei confronti delle piattaforme: esito di questo percorso è un documento firmato da più di cinquanta città nel mondo nel 2018[28]. Con la dichiarazione di Barcellona[29] – che ha natura di carta d'impegno e programmatica – le città, dinnanzi al tentativo di alcune piattaforme di agire al di sopra della legge (*above the law*), hanno rivendicato il diritto dei cittadini di determinare le regole della vita urbana e il dovere delle piattaforme di rispettarle.

La dichiarazione, oltre a prevedere un appello per la creazione di posti di lavoro dignitosi e un sistema inclusivo di accesso alle piattaforme, sottolineava a più riprese la necessità che le città tornino ad avere "sovranità" digitale sulle piattaforme private che pongono in essere forme di intermediazione di beni e servizi nei loro territori.

Inoltre, le città riunite a Barcellona hanno sottolineato come sia sempre più necessario distinguere le piattaforme che sono realmente "collaborative" e hanno effetti sociali positivi, da quelle che invece celano interessi essenzialmente commerciali. La Dichiarazione di Barcellona offre i criteri per definire "collaborative" le piattaforme; esse devono: «ospitare prevalentemente relazioni *peer-to-peer*; essere basate su modelli economici e retributivi equi». Inoltre devono «favorire una *governance* comunitaria partecipativa, l'apertura e la trasparenza della tecnologia e dei dati, l'inclusione, fornendo servizi uguali ai diversi segmenti degli abitanti della città evitando qualsiasi discriminazione»[30].

Circa il governo del digitale, le città chiedevano di: a) stabilire quadri di negoziazione tra città e piattaforme per garantire il rispetto della legalità e delle normative locali; b) garantire la trasparenza delle operazioni e delle transazioni in relazione al trasferimento dei dati dalla piattaforma; c) sviluppare un coordinamento tra le città per incoraggiare cambiamenti nelle politiche di regolamentazione e di inquadramento nella sfera digitale, al fine di facilitare un'attività economica compatibile e proteggere i diritti degli utenti; d) promuovere protocolli digitali al fine di garantire il rispetto dei regolamenti di ogni città; e) condividere strumenti, meccanismi e tecniche di controllo tra città; f) rendere le piattaforme digitali responsabili delle loro infrazioni; g) richiedere che le piattaforme chiedano il permesso prima di operare in una città; h) raggiungere accordi tra piattaforme e città

[28] *Sharing cities declaration: cities' common principles and commitments for city sovereignty regarding the platform economy*, Barcellona, 13 novembre 2018, in *https://www.sharingcitiesaction.net/declaration/*.

[29] Il documento è l'esito di un coordinamento delle città che è sintomatico di un più ampio movimento di coordinamento "oltre lo Stato" delle comunità urbane, come rilevato da F. PIZZOLATO, *Economia globale e città: note introduttive su una dialettica centrale per le democrazie del XXI secolo*, cit., 109-110.

[30] *Sharing cities declaration: cities' common principles and commitments for city sovereignty regarding the platform economy*, cit. [nostra traduzione].

per definire le modalità appropriate di operare in ogni contesto e in stretto accordo con i quartieri.

Le città, infine, si impegnavano a creare una *task force* internazionale per sostenere lo sviluppo di azioni concrete su questi temi. La dichiarazione offre un'articola prospettiva di ripensamento del rapporto tra città e piattaforme, ispirata a un movimento di riappropriazione del territorio, come luogo di differenziazione. In particolare, circa la regolazione delle piattaforme, si coglie l'esigenza delle città di avere maggiori competenze e funzioni amministrative per gestire l'impatto locale delle piattaforme secondo un modello regolativo preventivo e non soltanto di contenimento *ex post*.

3. *Regolazione delle piattaforme, dalla dimensione europea a quella urbana*

La diffusione della *platform economy*[31] ha suscitato un dibattito internazionale circa la modalità di regolazione[32] delle piattaforme in ordine ai profili della concorrenza e dell'incidenza sui servizi pubblici.

A livello globale, il dibattito si è concentrato sulle modalità con cui gli Stati dovrebbero reagire alla concentrazione di potere di mercato delle società maggiormente diffuse[33]. Più circoscritto è stato il dibattito sull'impatto locale delle piattaforme, laddove si manifesta un carattere essenziale – e di difficile regolazione – della nuova economia digitale: le piattaforme, infatti, tendono a presentarsi come mera interfaccia tra utenti, deresponsabilizzandosi circa le conseguenze dell'intermediazione degli scambi economici sulla vita sociale e politica locale. Si pensi ad esempio ad alcuni lavori della cosiddetta *gig economy*: le piattaforme simulano di essere meri strumenti di comunicazione per la collaborazione tra lavoratori occasionali e consumatori, non assumendo i rischi dell'organizzazione del lavoro[34].

---

[31] Secondo l'Osservatorio sulle piattaforme private dell'Unione Europea (*https://platformobservatory.eu/*) le cinquanta principali piattaforme rappresentano oltre il 60% della quota di traffico negli Stati membri dell'UE e hanno realizzato nel 2018 un fatturato mondiale di quasi 276 miliardi di euro.

[32] Le piattaforme si atteggiano come regolatori privati degli scambi tra domanda e offerta, tra utenti/consumatori e produttori/fornitori, quasi costituendo un sistema di regole alternativo a quello pubblico. Cfr. M.G. JACOBIDES-A. SUNDARARAJAN-M. VAN ALSTYNE, *Platforms and Ecosystems: Enabling the Digital Economy*, World Economic Forum White Paper, Cologny/Geneva, 2019.

[33] L.M. KHAN, *The separation of platforms and commerce*, in *Columbia Law Review*, 4/2019, 1090 [nostra traduzione].

[34] Su questi profili si rimanda al saggio di D. TESTA all'interno di questo *Volume*.

Su questi profili, paradigmatica è stata la causa *Asociación Profesional Elite Taxi vs. Uber Systems Spain SL* dinnanzi alla Corte di giustizia dell'Unione Europea: in questa controversia, Uber ha sostenuto che la sua attività fosse di mero collegamento tra l'offerta di trasporto urbano e la domanda. La Corte, invece, accogliendo le conclusioni dell'Avvocato Generale Maciej Szpunar, ha riconosciuto che le piattaforme non si limitano «a mettere in relazione offerta e domanda», ma creano «l'offerta, oltre a disciplinarne le caratteristiche essenziali e organizzarne il funzionamento» del servizio. Pertanto, concludeva l'Avvocato generale, «Uber non funge da semplice intermediario tra i conducenti disponibili a erogare occasionalmente un servizio di trasporto e i passeggeri alla ricerca di un servizio siffatto. Al contrario, nelle città in cui è presente, essa funge da vero e proprio organizzatore e operatore di servizi di trasporto urbano. Se è vero, come afferma Uber nelle sue osservazioni nell'ambito della presente causa, che la sua idea è innovativa, tale innovazione ricade tuttavia nel settore del trasporto urbano»[35]. Non si vuole esplorare oltre la vicenda giudiziaria[36] che richiederebbe uno spazio certamente maggiore di approfondimento, ma paiono importanti gli argomenti che in essa furono trattati e risolti: da un lato il tentativo delle società di servizi digitali di esentarsi dalla responsabilità del loro operato; dall'altro l'impatto evidente – e riconosciuto dalla Corte – delle piattaforme sul trasporto urbano e, più in generale, sulle città.

L'Unione Europea ha tentato di adottare un percorso per l'armonizzatore delle discipline sulle piattaforme e sull'economia collaborativa. La prima iniziativa è stata avviata nel 2015 con la Comunicazione sulla strategia per il mercato unico digitale[37]. Successivamente, nella già richiamata dichiarazione del 2016[38], la Commissione Europea metteva in luce alcune delle caratteristiche salienti delle piattaforme che è opportuno richiamare.

Secondo la Commissione, le piattaforme «possono creare e formare nuovi mercati, fare concorrenza a quelli tradizionali e organizzare nuove forme di partecipazione o di esercizio di attività economiche basate sulla raccolta, sul trattamento e sulla modifica di grandi quantità di dati». Esse inoltre: a) «operano all'interno di mercati multilaterali, ma con gradi di controllo variabili sulle interazioni diret-

---

[35] Conclusioni dell'avvocato generale Maciej Szpunar nella causa C-434/15, 11 maggio 2017, in *https://Curia.Europa.Eu/Juris/Document/Document.Jsf?Text=&Docid=190593&Doclang=IT.*

[36] Sulla quale si rimanda a M.E. BUCALO, *I servizi delle piattaforme online fra giurisprudenza sovranazionale e interna e necessità di regolazione dell'economia collaborativa. Riflessioni a partire dal caso* Airbnb, in *Federalismi.it*, 22/2020, 66 ss.

[37] Commissione Europea, *Strategia per il mercato unico digitale in Europa*, Comunicazione del 6 maggio 2015, Bruxelles, in *https://Eur-Lex.Europa.Eu/Legal-Content/IT/Txt/?Uri=Celex%3A52015 DC0192.*

[38] COMMISSIONE EUROPEA, *Le piattaforme online e il mercato unico digitale Opportunità e sfide per l'Europa*, *Bruxelles*, cit.

te tra gruppi di utenti»; b) «beneficiano degli "effetti di rete", in virtù dei quali, generalmente, il valore del servizio aumenta con l'aumentare degli utenti»; c) «spesso si basano sulle tecnologie dell'informazione e della comunicazione per raggiungere i propri utenti in modo istantaneo e con facilità»; d) «svolgono un ruolo chiave nella creazione di valore digitale, in particolare intercettando tale valore in modo rilevante (anche attraverso l'accumulo di dati), agevolando nuove iniziative imprenditoriali e creando nuove dipendenze strategiche» [39].

La Commissione, alla luce delle caratteristiche individuate, indicava due linee di indirizzo. Da un lato, sosteneva un'idea di *self co-regultaion* e *self regulation* [40]. Secondo questa prospettiva regolatoria, le piattaforme stesse avrebbero dovuto attivarsi per auto-regolamentarsi, secondo criteri reputazionali, di trasparenza e di monitoraggio. Inoltre, la Commissione auspicava anche un approccio di armonizzazione centralizzata nella prospettiva di una regolazione uniforme e coordinata dall'UE. L'indirizzo complessivo della Commissione perseguiva l'intento di evitare che la legislazione statale imponesse regole troppo rigide sull'innovazione, impedendo l'espansione del mercato dell'economia collaborativa che vedeva (e vede) l'Europa meno competitiva rispetto ad altri continenti.

La Commissione, d'altra parte, non si soffermava sui problemi urbani e sugli effetti della diffusione delle piattaforme nelle città, tanto che il Comitato europeo delle regioni, nel suo parere sulla Comunicazione, lamentava «il mancato riferimento all'intenzione di coinvolgere le entità locali e regionali nelle future analisi». Inoltre il Comitato incoraggiava la costituzione di «"Forum delle città sull'economia collaborativa" per la condivisione di esperienze e lo scambio di buone pratiche, che, oltre al CdR, dovrebbe coinvolgere le reti e organizzazioni europee attive nella dimensione locale e regionale dell'economia collaborativa e che dovrebbe coordinarsi con i partenariati tematici pertinenti dell'Agenda urbana per l'UE»; sottolineava, inoltre, come tale *forum* avrebbe costituito «una risorsa fondamentale e un partner di primo piano nel quadro delle necessarie valutazioni d'impatto territoriale in questo settore» [41].

Più recentemente, la Commissione ha rivisto profondamento il suo indirizzo. Dapprima introducendo obblighi di trasparenza per le piattaforme con il regolamento UE 2019/1150 [42]; successivamente, con una Comunicazione sul futuro

---

[39] *Ibidem.*

[40] Così scriveva la Commissione nella già citata Dichiarazione del 2016: «spesso l'auto-regolamentazione e la co-regolamentazione possono conseguire i risultati migliori al fine di favorire lo sviluppo in Europa di ecosistemi di piattaforme forti e possono consolidare o andare ad integrare la normativa esistente che già disciplina determinate attività delle piattaforme online», *ibidem.*

[41] Comitato europeo delle regioni, *Parere del Comitato europeo delle regioni – Il lavoro su piattaforma digitale: questioni regolamentari a livello locale e regionale*, cit.

[42] *Regolamento UE 2019/1150 che promuove equità e trasparenza per gli utenti commerciali dei servizi di intermediazione online*, pubblicato nella *Gazzetta ufficiale dell'Unione Europea* dell'11 luglio 2019, in *https://eur-lex.europa.eu/legal-content/IT/TXT/?URI=CELEX:32019R1150.*

digitale dell'Europa[43] e con due proposte di regolamenti sui servizi digitali (*Digital services act*; proposta di regolamento COM(2020)825) e sui mercati digitali (*Digital market act*), ha inteso equiparare i servizi *online* a quelli *offline*, superando il regime di privilegio concorrenziale di cui avevano goduto in precedenza le piattaforme. Inoltre, allo scopo di ridefinire con chiarezza la responsabilità degli intermediari digitali, le due nuove proposte di regolamento invitano le autorità statali a creare una vigilanza costante sul mercato delle piattaforme e legittimano l'intervento *ex ante* in materia di *antitrust*. Pur compiendo notevoli passi avanti, anche gli ultimi provvedimenti europei non attribuiscono alcuna competenza alle città e agli enti locali, quali enti di regolazione, che, anzi, sono considerati come possibile fonte di ostacolo per le imprese[44].

In Italia, non si può dire che la situazione del coinvolgimento degli enti locali sulle politiche per l'innovazione e, in particolare, sulla regolazione delle piattaforme sia differente.

Circa la competenza esclusiva e trasversale nella materia della concorrenza, il «ruolo del legislatore nazionale risulta da un lato sensibilmente ridotto dalle disposizioni dell'Unione, alle quali dovrà dare attuazione, dall'altro predominante rispetto a quello del legislatore regionale [...], cui per stabile giurisprudenza costituzionale si ascrive la disciplina dei servizi resi dalle piattaforme *online*»[45]. Inoltre, la competenza esclusiva dello Stato nella materia del coordinamento informatico (art. 117, comma 2, legge reg.) ha contribuito a rafforzare le competenze centrali dell'Agenzia per l'Italia Digitale, a scapito dell'innovazione a partire dai territori.

L'impostazione fortemente accentrata dell'innovazione è espressa nel Piano triennale per l'innovazione digitale della P.A. che, suggerendo il mutamento del paradigma delle *smart city* verso quello di *smart landscape*, intende avviare «la transizione da un modello statico, con al centro cittadini e imprese, ad un modello dinamico di governance delle relazioni tra entità (persone, enti regolatori, imprese, dispositivi, ecc.)». Tale «nuovo modello» dovrebbe pertanto travalicare «i confini geografici del contesto urbano, includendo nella governance delle relazioni gli impatti sulle imprese appartenenti all'intera catena logistica e sul movimento delle merci nella pluralità dei nodi logistici: porti, aeroporti e imprese di distri-

---

[43] COMMISSIONE EUROPEA, *Plasmare il futuro digitale dell'Europa*, Comunicazione del 19 febbraio 2020, Bruxelles, in *https://Eur-Lex.Europa.Eu/Legal-Content/IT/TXT/HTML/?URI=CELEX:52020 dc0067&From=IT.*

[44] La Commissione scriveva, infatti, che «le PMI hanno bisogno di un mercato unico senza attriti né ostacoli dovuti a normative locali o nazionali divergenti, che aumentano gli oneri amministrativi», *ibidem*.

[45] M.E. BUCALO, *I servizi delle piattaforme online fra giurisprudenza sovranazionale e interna e necessità di regolazione dell'economia collaborativa. Riflessioni a partire dal caso* Airbnb, cit., 93.

buzione»[46]. Il paradigma dei "paesaggi intelligenti" cela, dietro la necessità di un coordinamento dei territori, la prospettiva di rendere le città un "nodo logistico" dell'infrastruttura digitale, riducendone la complessità e la creatività dell'autogoverno entro i vettori dello sviluppo infrastrutturale.

Questa impostazione del Piano triennale conferma che l'attribuzione delle «funzioni relative alla definizione delle "piattaforme" della *smartness* locale in capo all'Agid» ha di fatto orientato a priori il senso complessivo del progetto di intelligenza urbana, nel senso di una centralità dei processi di digitalizzazione, cosicché l'agenda urbana è stata assorbita da quella digitale nazionale[47].

4. *Regolazione delle piattaforme a misura di città*

Le piattaforme si sviluppano su scala globale, incidendo profondamente sul territorio. Esse creano "bolle" di consumo, di lavoro e di scambi che si "appoggiano" sulle città. Si pensi all'"uberizzazione" dei servizi (la sostituzione di servizi pubblici, che dovrebbero svolgersi in regime di autorizzazione o concessione, mediante prestazioni informali) e del lavoro (la creazione di mercati del lavoro paralleli a quelli legali, con configurazione dei lavoratori come autonomi e occasionali, a dispetto di una stabile organizzazione da parte delle piattaforme) e alla trasformazione di interi quartieri e luoghi (mediante l'utilizzo di piattaforme per la prenotazione di appartamenti e servizi turistici, al di fuori delle concessioni comunali).

Nella tensione tra dimensione globale dell'organizzazione e impatto locale e alla luce del quadro della regolazione europea e italiana, le città si sono trovate fortemente isolate e hanno proceduto in ordine sparso mediante accordi diretti con le piattaforme più diffuse.

In Italia, in particolare, i Comuni più popolosi hanno scelto «di perseguire un approccio inclusivo e collaborativo al disegno delle politiche, co-progettando il sistema di regolazione»[48]: un approccio che è stato efficace soprattutto nell'ambito della collaborazione tra le piattaforme per il sociale[49]. Gli accordi sono stati raggiunti anche con le piattaforme commerciali, soprattutto nel settore del turi-

---

[46] Agenzia per l'Italia digitale, *Da Smart City a Smart Landscape*, 25 giugno 2019, in *https://www.agid.gov.it/it/smart-landscape*.

[47] E. CARLONI, *Città intelligenti e agenda urbana. Le città del futuro, il futuro delle città*, in *Munus. Rivista giuridica dei servizi pubblici*, 2/2016, 245.

[48] I. PAIS-E. POLIZZI-T. VITALE, *Governare l'economia collaborativa per produrre inclusione: attori, strumenti, stili di relazione e problemi di implementazione*, in A. ANDREOTTI, a cura di, *Governare Milano nel nuovo millennio*, Bologna, 2019, 222.

[49] *Ivi*, 224 ss.

smo[50] o per la promozione di canoni di affitto concordati ed equi[51].

La Città di Milano si è fatta promotrice di alcuni importanti accordi, adottando un approccio di graduale regolamentazione delle piattaforme, avviato nel 2014 con le linee guida *Milano Sharing City*: dapprima ha chiamato a raccolta le piattaforme; poi ha svolto degli incontri di co-progettazione e audizione degli *stakeholder*; infine ha adottato una regolamentazione *soft* mediante accordi. Tra questi, è noto – poiché ha aperto una strada poi percorsa da altre città – quello con Airbnb che mira a regolare gli aspetti economico-fiscali dell'utilizzo della piattaforma nel quadro delle disposizioni regionali sul turismo. L'accordo però ha gravi lacune, tra le quali sono state segnalate l'assenza di meccanismi per la denuncia di affitti illegali, di un *team* dedicato al controllo e all'ispezione dei comportamenti abusivi, anche in collaborazione con l'Agenzia delle Entrate e, infine, la mancanza di meccanismi di *data scraping*[52].

Negli scorsi anni, come mostra il caso di Milano, le città hanno avviato progetti per far emergere il fenomeno delle piattaforme e per creare spazi istituzionalizzati di interlocuzione. Gli accordi e le convenzioni bilaterali sono stati, in questo senso, un primo passo per inquadrare le piattaforme. Tali accordi, però, pur facendo emergere fenomeni che, fino a poco tempo fa erano invisibili, non possono essere la soluzione stabile del rapporto tra piattaforme e città perché rafforzano le società già diffuse.

Una diversa regolazione "a misura di città" non può che essere pensata secondo due dimensioni: una globale e una locale. La prima dovrebbe adottare regole sulla concorrenza e sulla tassazione delle piattaforme[53]. La seconda, invece, che oggi è sguarnita di strumenti amministrativi adatti, dovrebbe essere portata avanti dalle amministrazioni locali per orientare l'impatto delle piattaforme sui territori.

Così pensata, una regolazione locale delle piattaforme dovrebbe prevedere codici di condotta che obblighino le società a tenere traccia del loro operato nei contesti urbani. In questo senso, si potrebbe potenziare il progetto, promosso dal Comune di Milano, del Catalogo dei servizi dell'Economia collaborativa[54] che, per ora, ha come sola finalità quella di mantenere un'interazione stabile con i

---

[50] *Turismo responsabile: accordo del Comune di Roma con Airbnb*, in *https://news.airbnb.com/it/turismo-responsabile-accordo-del-comune-di-roma-con-airbnb/*.

[51] Politiche abitative. Comune e Airbnb, accordo per promuovere il canone concordato, in *https://www.comune.milano.it/-/politiche-abitative.-comune-e-airbnb-accordo-per-promuovere-il-canone-concordato-1*.

[52] I. Pais-E. Polizzi-T. Vitale, *Governare l'economia collaborativa per produrre inclusione: attori, strumenti, stili di relazione e problemi di implementazione*, cit., 227.

[53] M.A. Lemley, *The Contradictions of Platform Regulation*, Stanford Law School, 3 febbraio 2021, in *https://papers.ssrn.com/sol3/papers.cfm?abstract_id=3778909*, 43.

[54] I. Pais-E. Polizzi-T. Vitale, *Governare l'economia collaborativa per produrre inclusione: attori, strumenti, stili di relazione e problemi di implementazione*, cit., 221 ss.

soggetti della *sharing economy* e che invece potrebbe divenire un registro stabile delle attività delle piattaforme.

È poi necessario che le città siano messe nelle condizioni di poter determinare *ex ante* gli effetti che le piattaforme producono nel contesto urbano. Infatti, le società digitali si avvantaggiano nei settori e nelle attività prive di regolazione che diventano "territori" da conquistare, da cui estrarre nuovi dati e in cui modificare i consumi, le abitudini, il lavoro [55].

Infine, sarebbe auspicabile una ridefinizione delle competenze e delle funzioni amministrative degli enti locali. Piuttosto che insistere su regolazioni accentrate, la valorizzazione del principio autonomistico suggerirebbe la promozione di reti di enti locali che possano elaborare insieme soluzioni tecnologiche a misura delle città, secondo uno «sviluppo policentrico reticolare» [56]. Ciò non soltanto nell'ambito dell'offerta di servizi e nel coordinamento degli stessi, ma anche nella regolazione delle piattaforme private [57]. In questo senso, sarebbe da valorizzare la competenza concorrente nella materia del "governo del territorio" e non quella esclusiva dello Stato circa il "coordinamento informatico", superando così l'accentramento delle competenze all'AGID che, pur muovendo dalla giusta prospettiva di razionalizzazione della spesa, non può essere la scusa per definire le modalità di sviluppo e utilizzo dei dati nel contesto locale senza coinvolgere le autonomie, secondo la logica, espressa nel Piano triennale per l'innovazione [58], delle città come "nodi della logistica".

5. *Piattaforme e autogoverno locale*

Le piattaforme digitali private stanno riscrivendo ampi settori della vita economica e sociale [59]. Nonostante l'aumento dell'offerta dei servizi digitali, si assiste a una iper-concentrazione del potere di poche piattaforme globali che tentano di imporre regole e strumenti alle città [60].

---

[55] *MIT Technology Review*, 2016, citato in N. SRNICEK, *Capitalismo digitale. Google, Facebook, Amazon e la nuova economia del web*, cit., 84.

[56] E. FORTE-L. SIVIERO, *Trasformazione logistica e città metropolitane del Mezzogiorno*, in *Rivista economica del Mezzogiorno*, 1-2/2013, 122 ss.

[57] I pochi tentativi di fare rete in questo settore non sembrano essere andati a buon fine a motivo dell'assenza di un chiaro riparto di competenze: si pensi al caso della Città metropolitana di Milano che, pur avendo promosso un'iniziativa per la regolazione congiunta delle piattaforme, non è riuscita a coinvolgere le città dell'*hinterland*: I. PAIS-E. POLIZZI-T. VITALE, *Governare l'economia collaborativa per produrre inclusione: attori, strumenti, stili di relazione e problemi di implementazione*, cit., 225.

[58] Sull'analisi del Piano triennale e delle competenze di AGID si veda: G. URBANO, *Le "Città intelligenti" alla luce del principio di sussidiarietà*, in *Istituzioni del federalismo*, 2/2019, 463-484.

[59] L. AMMANNATI, *Verso un diritto delle piattaforme digitali?*, cit., 2.

[60] M. CASTELLS, *La nascita della società in rete*, Milano, 2014, 438.

Tra l'espansione di un fenomeno dal valore economico esponenziale e la difficoltà regolativa delle autorità nazionali e internazionali, si colloca l'iniziativa delle amministrazioni comunali che devono raccogliere la sfida di governare le esternalità del nuovo mercato digitale[61].

La ridotta capacità regolativa delle città sul mercato delle piattaforme – o almeno sui suoi effetti territoriali – rischia di depotenziare sempre più l'autogoverno[62] e di abbandonare il cittadino dinnanzi a un mercato sregolato[63]. La mediazione delle piattaforme, infatti, tende a sostituire quella sociale e rendere la *smart city* una comunità di utenti sempre più ristretta rispetto a quella della cittadinanza[64].

In questo scenario «emerge sempre più chiaramente l'esigenza di avviare processi per l'innovazione che siano più inclusivi e orizzontali, incentivando la partecipazione di vari stakeholder e in particolare degli enti locali, dove gli effetti diretti dell'economia delle piattaforme si fa più evidente (si pensi ad Airbnb e Uber), mentre gli enti locali rimangono normalmente esclusi (o solo marginalmente inclusi) nei relativi processi regolatori»[65].

Gli enti locali, competenti per la tutela e la promozione di alcuni diritti fondamentali sanciti in Costituzione, dovrebbero assumere un ruolo attivo e progettuale, e dunque non marginale o sussidiario al mercato, al fine di impedire che le città si trasformino nel mercato deregolato del massimo profitto digitale[66].

Il modello economico delle piattaforme digitali impone «una profonda revisione non solo dei contenuti delle norme, ma soprattutto dei metodi e delle modalità per la loro elaborazione»[67]. In questo senso, si è sottolineato come le forme di partenariato e di accordi di collaborazione tra Comuni e piattaforme possano essere certamente strumenti di emersione di ciò che si muove attorno ai rapporti economici digitali; però tali strumenti non sono sufficienti a stabilire un efficace

---

[61] I. PAIS-E. POLIZZI-T. VITALE, *Governare l'economia collaborativa per produrre inclusione: attori, strumenti, stili di relazione e problemi di implementazione,* cit., 222.

[62] C'è chi ha sostenuto, infatti, che «il capitalismo di sorveglianza è la negazione esatta della democrazia dal basso» in A. VENANZONI, *Smart cities e capitalismo di sorveglianza: una prospettiva costituzionale*, cit., 25.

[63] F. PIZZOLATO, *Il consumatore, sovrano della technopolis*, in C. BUZZACCHI-P. COSTA-F. PIZZOLATO, *Technopolis. La città sicura tra mediazione giuridica e profezia tecnologica*, Milano, 2019, 109.

[64] Sul rapporto tra infrastruttura digitale e autogoverno sociale ci si permette di rinviare a A. MICHIELI, *Smart city: verso l'autogoverno digitale?*, *ivi*, 175 ss.

[65] M. DE MALDÈ, *L'economia delle piattaforme: quali misure di promozione e sviluppo*, in Aspen Istitute Italia, Amministrazione pubblica e capitalismo delle piattaforme digitali, cit., 102.

[66] A. VANOLO, *Smart city e sviluppo urbano: alcune note per un'agenda critica*, in *Scienze del territorio*, 3/2015.

[67] M. MENSI, *L'oggetto dell'indagine. L'economia dei dati e l'ecosistema normativo*, in ASPEN ISTITUTE ITALIA, *Amministrazione pubblica e capitalismo delle piattaforme digitali*, cit., 5.

controllo che dovrà essere sempre più, vista la natura stessa delle piattaforme, preventivo e autorizzativo. Inoltre, andando a consolidare l'esperienza milanese del registro comunale delle piattaforme, si potrebbe giungere all'«approvazione di un piano generale di utilizzo e di governo dei dati nella città intelligente», quale «autentico piano regolatore ombra da sovrapporre alle modifiche urbanistiche innervate di dispositivi tecnologici» [68]. Un piano regolatore o un registro delle attività permetterebbero di tracciare gli ecosistemi delle piattaforme e il loro impatto sul territorio.

Oltre al tracciamento, sarebbe necessario che alle piattaforme fosse imposta la restituzione del loro patrimonio informativo alle città. Come ha chiesto la Dichiarazione di Barcellona, infatti, sarebbe auspicabile «garantire che le città siano in grado di accedere in modo rispettoso della privacy ai dati rilevanti delle imprese che operano nei loro territori (come le informazioni sui trasporti, la sicurezza, il lavoro, e tutte le potenziali informazioni di interesse pubblico)», elevando questi dati a «bene comune per risolvere le sfide urbane» [69].

Attraverso gli strumenti di regolazione menzionati, a differenza di quanto accade oggi, si potrebbero maggiormente coinvolgere i cittadini nelle scelte strategiche sul futuro della città digitale. Anche in questo settore, infatti, la partecipazione civica non può essere relegata a momento meramente riparativo, ma dovrà sempre più essere messa nelle condizioni di esprimere un progetto trasformativo inserito in una progettualità politico-istituzionale [70].

Poiché le decisioni pubbliche locali saranno sempre più *data-driven*, basate e influenzate dall'aggregazione dei dati raccolti ed elaborati, ed essendo superata la prima "ondata" di espansione delle grandi piattaforme, è sempre più urgente individuare le modalità di regolazione della nuova forma di capitalismo che si svilupperà sempre più "oltre lo Stato" ed "entro le città": una questione di primaria importanza per la democrazia costituzionale che trova nell'autogoverno locale la sintesi della realtà politica, sociale ed economica del cittadino [71] e che deve essere ripensata adeguando i principi ed i metodi della legislazione alle esigenze dell'autonomia e del decentramento.

---

[68] A. VENANZONI, *Smart cities e capitalismo di sorveglianza: una prospettiva costituzionale*, in *Forum di Quaderni costituzionali*, cit., 14.

[69] *Sharing cities declaration: cities' common principles and commitments for city sovereignty regarding the platform economy*, cit.

[70] F. PIZZOLATO, *Il consumatore, sovrano della technopolis*, cit., 60 ss.

[71] G. DOSSETTI, *Democrazia sostanziale*, a cura di A. Michieli, Marzabotto (BO), 2017, 24 ss.

IL LAVORO DEI CICLO-FATTORINI NELLA CITTÀ GLOBALE. ESPERIENZE DI TUTELA LOCALE, MUTUALISMO E NUOVI SPAZI DI DEMOCRAZIA

DAVIDE TESTA

1. *Introduzione. Lavoratori subalterni al servizio della città globale*

La città globale, centro attrattivo di capitali e attività finanziarie, è stata oggetto di studi importanti negli ultimi decenni [1], che ne hanno evidenziato le contraddizioni tipiche e problematizzato le caratteristiche, specialmente in termini di disparità economiche e sociali, che ne connotano l'essenza conflittuale.

L'economia di mercato globalizzata applicata al contesto urbano, responsabile della diseguaglianza endemica della *global city*, vede infatti l'emergere di una folta schiera di lavoratori subalterni a supporto delle attività produttive concentrate nel cuore della città [2].

"I centri cittadini delle grandi metropoli da cui si irradia il potere economico-finanziario – sintetizza Paolo Costa – sono il prodotto della circolazione dei modelli organizzativi delle grandi *corporation* e delle relative reti di *firm* professionali". All'interno dei centri direzionali, si colloca un'élite globalizzata "sempre più omogenea al suo interno e sempre meno omogenea con le realtà nazionali e re-

[1] Per la prima volta, il termine *global city* appare in: S. SASSEN, *The New Labor Demand in Global Cities*, in M.P. SMITH, *Cities in Transformation*, Beverly Hills, 1984, 139-171.

[2] S. SASSEN, *Le città nell'economia globale*, tr. it., Bologna, 2003, 204: "esiste un'intera infrastruttura di posti di lavoro e di attività scarsamente remunerati e non professionali, che costituiscono una parte essenziale della cosiddetta economia delle *corporations*".

gionali di origine" [3]; all'esterno, ai margini dei centri metropolitani ormai svuotati di cittadini, rimangono i lavoratori subalterni, ulteriormente marginalizzati anche dal punto di vista fisico e urbanistico [4].

Assistiamo, secondo Sassen, tanto nelle città globali quanto nei centri medio-piccoli, all'emergere di una classe di professionisti, dei contesti edilizi connessi e di nuove diseguaglianze socio-spaziali [5].

Nello sviluppo delle città globali e nella loro trasformazione in *smart cities* [6] convivono aspetti tecnologici, urbanistici e demografici che sono stati accostati alla legge bronzea dei salari di Ferdinand Lassalle [7]: vi si ritrovano lo spostamento dei lavoratori più qualificati verso gli uffici delle "aree direzionali" delle grandi città, le migrazioni dai Paesi più poveri e la concentrazione delle masse oggi assai più eterogenee ai margini [8].

In questo contesto si può ben dire che le dinamiche dell'economia globale "ridefiniscano i confini della geografia della centralità e della marginalità, al di fuori dei perimetri dell'appartenenza alla stessa comunità nazionale, in quanto la dicotomia tra ricchezza e povertà si manifesta in maniera più che mai eclatante all'interno delle stesse città" [9].

La città globale, travolta dal fenomeno della *gig economy*, nella prospettiva dei

---

[3] P. COSTA, *La sicurezza della global city. Prassi globale e critica costituzionale*, in *Costituzionalismo.it*, 2/2018, 103-104.

[4] L. TOZZI, *Il sogno interrotto della global city. Milano e l'ingiustizia spaziale*, in *Critica Urbana*, 14/2020.

[5] S. SASSEN, *Cities Today: A New Frontier for Major Developments*, in *The Annals of the American Academy*, 626/2009, 54.

[6] Sul punto P. COSTA, *La sicurezza della global city. Prassi globale e critica costituzionale*, cit., 103: la *smart city* può essere riconosciuta come "la proiezione urbanistica, amministrativa e socioeconomica 'interna' della città globale".

[7] F. VARANINI, *Le cinque leggi bronzee dell'era digitale e perché conviene trasgredirle*, Milano, 2020.

[8] INTOTHEBLACKBOX, *Platform Unionism. I rider e le nuove frontiere della lotta di classe metropolitana*, in *Dinamo Print*, 2/2020, 21: "la 'rivoluzione industriale 4.0' (di cui la 'rivoluzione delle piattaforme' è uno dei tratti iconici) ha alcuni caratteri atavici intrinsechi anche alle 'rivoluzioni industriali' precedenti, ad esempio una profonda necessità di manodopera sfruttata dal e nel 'sud globale'".

[9] F. PIZZOLATO, *Economia globale e città: note introduttive su una dialettica centrale per le democrazie del XXI secolo*, in *Economia Pubblica*, 1/2020, 104. Cfr.: S. SASSEN, *Le città nell'economia globale*, cit.; L. TOZZI, *Il sogno interrotto della global city. Milano e l'ingiustizia spaziale*, cit., 28: il mondo globalizzato, scrive, ha avuto bisogno "di rompere l'ordinamento spaziale interno agli stati, di riconfigurare i circuiti internazionali intorno a nuclei spaziali urbani o distretti produttivi che concentrassero al loro interno le risorse che prima erano distribuite in modo più uniforme sui territori nazionali"; E. OLIVITO, *Città e diseguaglianze fra centro e periferie: lo sguardo miope sulle città*, in *Costituzionalismo.it*, 2/2020, 73: "le tecnologie dell'informazione [...] contribuiscono semmai a concentrare nelle città globali i servizi e il controllo sulle operazioni economiche geograficamente disperse, con la creazione di nuove geografie della centralità e della marginalità".

rapporti di lavoro è oggi soprattutto la città della piattaforme [10], le quali "si collocano come punto di congiunzione fra destrutturazione pluridecennale del lavoro e nuove tecnologie digitali" [11]. L'affermazione delle piattaforme digitali nelle città ha comportato, oltre alla trasformazione delle professioni tradizionali e dello stesso spazio urbano, l'emergere di nuove modalità di organizzazione delle prestazioni di lavoro più fluide e assai meno garantite [12], la cui figura emblematica è rappresentata ciclo-fattorini, i cosiddetti *riders*.

2. *Sindacalismo indipendente e auto-organizzazione*

L'organizzazione della prestazione lavorativa mediante algoritmi – i quali, ben lungi da una tecnologica neutralità, rappresentano pur sempre le ragioni del profitto – piuttosto che a propositi di tutela e prospettive di eguaglianza tra i lavoratori, si presta a celare forme di sfruttamento e discriminazione [13].

Proprio ove l'azione collettiva avrebbe potuto rivestire un ruolo di primo piano nell'elaborazione di nuove e più adeguate forme di tutela dei lavoratori delle piattaforme, però, "i sindacati confederali, legati al decennale schema della centralità del lavoro subordinato a tempo indeterminato, si sono visti impreparati di fronte ai mutamenti in rapidissima evoluzione dell'economia digitale [14].

Il contropotere sindacale, d'altra parte, ha costruito la propria efficacia e legittimazione all'interno di un sistema strettamente caratterizzato dalla subordinazione, dove il sindacato ha raccolto anche la sua base sociale [15]; i ciclo-fattorini, il cui rapporto di lavoro è stato collocato al di fuori dalle tradizionali categorie, garantite da una solida contrattazione collettiva, hanno dato vita ad una moltitudine di esperienze di "sindacalismo informale" [16] locali e indipendenti: le *riders union*.

---

[10] Sul tema si veda il contributo di A. MICHIELI, *Città e capitalismo delle piattaforme*, all'interno di questo Volume.

[11] INTOTHEBLACKBOX, *Platform Unionism. I rider e le nuove frontiere della lotta di classe metropolitana,* cit., 22.

[12] *Ibidem*: "questo ci induce a considerare le mutazioni nella geografia dello sfruttamento e la sua estensione dallo spazio perimetrato della fabbrica a quello espansivo e intensivo dell'urbano".

[13] Trib. Bologna, ord. 31 dicembre 2020. Sul tema: D. TESTA, *La discriminazione degli algoritmi: il caso Deliveroo, Trib. Bologna, 31 dicembre 2020*, in *Ius in Itinere*, 26 gennaio 2021.

[14] Secondo la critica di Romagnoli, l'amore dei sindacati per la specie ha fatto perdere loro di vista il genere. U. ROMAGNOLI, *Quel diritto che dal lavoro prende il nome*, in A. SOMMA (a cura di), *Lavoro alla spina, welfare à la carte*, Milano, 2019.

[15] P. COSTA, *Cittadinanza sociale e diritto del lavoro nell'Italia repubblicana*, in G.G. BALANDI-G. CAZZETTA (a cura di), *Diritti e lavoro nell'Italia repubblicana*, Milano, 2009.

[16] M. MARRONE, *Gig economy e sindacalismo informale*, in A. SOMMA (a cura di), *Lavoro alla spina, welfare à la carte*, cit.

Ai sindacati confederali, recentemente, va riconosciuto l'impegno profuso nell'affrontare strutturalmente il tema del lavoro nelle piattaforme digitali, alla ricerca di nuove strategie protettive che prescindano dall'esplicita demarcazione tra autonomia e subordinazione. Si deve fare riferimento, a tal proposito, in modo particolare alla Carta dei diritti universali del lavoro elaborata dalla CGIL, volta alla predisposizione di un sistema di protezione generalizzato, comprensivo di una tutela legislativa universale di base, dell'estensione delle tutele del lavoro subordinato alle categorie contermini [17], del ripristino di un forte contropotere sindacale.

Quanto alle esperienze di sindacalismo informale, bisogna prendere atto anzitutto che quasi tutte le organizzazioni dei *riders* si definiscono in aperta opposizione rispetto ai sindacati confederali, cui viene imputato l'aver sostituito alla lotta per i diritti dei lavoratori una politica di accordi al ribasso [18], rivendicando di contro con forza la propria autonomia.

Tra le prime e più note organizzazioni di *riders* a fare la propria comparsa sul territorio nazionale, si noti, solo Riders Union Bologna si connota espressamente come realtà sindacale; Riders Union Firenze, Riders Union Roma, Deliverance Milano, Deliverance Project a Torino, tra le altre, rifiutano invece questa qualificazione, pur svolgendo, nei fatti, funzioni certamente assimilabili a quelle proprie del sindacato.

Mentre tra le organizzazioni strettamente legate alla categoria dei ciclo-fattorini vi è addirittura chi si definisce solamente in negativo e in relazione all'oggetto della propria attività [19], inoltre, alcune realtà già da tempo stabilite nel territorio urbano mantengono la propria struttura di organizzazioni politiche.

"È necessario – si legge sulla pagina *web* di una di esse – sostenere l'auto-organizzazione del lavoro a partire dalle piccole o grandi vertenze che investono la metropoli come spazio privilegiato della produzione e dello sfruttamento contemporanei. [...] A partire dall'insistenza territoriale, è possibile costruire il comune delle lotte e della solidarietà" [20].

Emerge da questo primo sguardo, da un lato, l'impossibilità di ridurre ad unità formazioni sociali che rivendicano anzitutto la propria originaria autonomia; le

[17] L'art. 42 della Carta dei diritti universali del lavoro fa riferimento al "lavoro autonomo con caratteristiche di dipendenza economica".

[18] Deliverance Milano, *post* su Facebook del 22 giugno 2018.

[19] Deliverance Project, informazioni dell'omonima pagina Facebook, verificato il 22 febbraio 2019: "Deliverance Project non è un collettivo, né un sindacato né tanto meno un'organizzazione politica, ma lo strumento per condividere esperienze e tentare di creare connessioni in un contesto caratterizzato da una capillare automatizzazione e precarizzazione finalizzate principalmente ad isolare e rendere inermi i soggetti coinvolti e sconvolti dai nuovi strumenti di organizzazione del lavoro".

[20] Camere del Lavoro Autonomo e Precario, in *http://www.clap-info.net/chi-siamo/*, verificato il 20 giugno 2021.

realtà che oggi rappresentano le istanze dei lavoratori delle piattaforme nei diversi contesti urbani e metropolitani, però, anche per mezzo della loro interconnessione informatica, tendono progressivamente a costruire reti di solidarietà che trovano ragion d'essere non più soltanto nella difesa di una specifica categoria, ma nella comune appartenenza alla città [21].

3. *Mutualismo e fraternità tra cittadini*

Se quasi tutte le esperienze di sindacalismo informale hanno alla fonte necessità di reciproca e quotidiana assistenza tra i lavoratori, dunque una radice mutualistica, esse si sono spesso formate o legate successivamente a contesti che fanno della mutualità e dell'elemento collettivo il proprio tratto distintivo.

Abbandonata una connotazione puramente sindacale, d'altra parte, il conflitto non è più incentrato esclusivamente sul rapporto di lavoro, ma diviene sovente strutturale: ne risultano, dunque, gruppi radicalmente antagonisti nei confronti dell'ordine sociale ed economico vigente, che in quanto tali concentrano i propri sforzi nella costruzione di comunità alternative, più o meno spontanee, a partire dal livello locale, di quartiere o in ogni caso urbano.

"La storia del mutualismo è una storia di ribellione e riscatto, la storia di uomini e donne che hanno fatto 'lega' per proteggersi vicendevolmente dalle conseguenze del processo di disgregazione, di rottura dei legami sociali determinato dal capitalismo industriale". Il legame mutualistico proviene dalla comune necessità che lega soggetti deboli, cioè "essenzialmente persone prive o private di un bene della vita, che tuttavia è complesso tutelare per la disomogeneità delle situazioni esistenziali che portano alla condizione di debolezza" [22].

Questa originaria constatazione di debolezza dell'individuo, posta alla radice dell'autorganizzazione e della condivisione dei mezzi e dell'esperienza, costituisce il presupposto del principio costituzionale di fraternità. Proprio qualora, infatti, "si muova dal riconoscimento di una comune condizione di vulnerabilità, la declinazione personalistica (o assistenzialistica) della solidarietà è rimossa in favore di una assunzione di corresponsabilità e cioè della ricerca e cura insieme del bene comune" [23].

---

[21] A.C. FRESCHI, *Comunità virtuali e partecipazione. Dall'antagonismo ai nuovi diritti*, in *Quaderni di Sociologia*, 23/2000, 1: "analisi recenti hanno invece sottolineato come relazioni comunitarie possano nascere nella rete, e come queste intersechino quasi sempre il livello delle relazioni 'convenzionali' reintroducendo così il piano della dimensione territoriale".

[22] S. ROSSI, *Fraternità e mutualismo: forme nuove di un legame antico*, in *Diritto Pubblico*, 3/2013, 837.

[23] F. PIZZOLATO, *Il principio costituzionale di fraternità*, Roma, 2012, 97.

La dimensione fraterna del comune impegno verso la comunità "si pone come un'alternativa possibile all'individualismo che connota le strutture sociali contemporanee, in cui 'gli uomini sono divenuti totalmente privati, sono cioè stati privati della facoltà di vedere e di udire gli altri, dell'essere visti e dell'essere uditi da loro. Sono tutti imprigionati nella soggettività della loro singola esperienza'" [24].

Al contrario, le esperienze di autorganizzazione tipiche del contesto urbano "si sviluppano fortemente nella dimensione dell'agire, mirano a realizzare nel concreto il mondo alternativo che pensano. In certi casi si riduce banalmente a un 'fare', ma in molti altri è un 'agire' complesso, nel senso arendtiano del termine, ed è carico di autoriflessività e intenzionalità culturale e politica" [25].

L'azione delle formazioni mutualistiche e parasindacali legate ai contesti urbani, peraltro, in ragione dello sforzo comune verso i suddetti mondi alternativi, tende a estendersi oltre i rispettivi ambiti territoriali, creando delle reti.

Osserva dunque Pizzolato che "la città è (anche) teatro di un protagonismo, forse di un antagonismo, che anziché agito dall'alto – come quello registrato nel fenomeno delle *global* e delle *smart cities* – muove dalla partecipazione dei cittadini. L'antagonismo in azione è espressione di un'anteriorità (originarietà) e 'ulteriorità' della città, che può essere colta sia concettualmente, sia fattualmente, facendo cioè riferimento alle dinamiche e ai flussi concreti che la interessano e che oltrepassano la dimensione statale" [26].

3.1. *L'esperienza della pandemia*

L'emergenza epidemiologica dovuta al Covid-19, nel corso del 2020, ha messo in luce come l'autorganizzazione delle formazioni sociali radicate nell'area urbana sia stata in grado di affrontare e venire a capo di problemi esistenziali – primo tra tutti, l'accesso ai beni di prima necessità – di cittadini scollegati dalle lotte e dai sindacati, creando reti collettive all'interno della città, talvolta con la collaborazione attiva delle amministrazioni, talvolta, almeno in una prima fase, in contrapposizione ad esse.

Le conseguenze dell'emergenza sanitaria, in termini di limitazioni alla libertà di circolazione, hanno oltretutto valorizzato il ruolo sociale dei *riders*, tra i pochissimi a potersi muovere liberamente tra le vie della città, rafforzandone al contem-

---

[24] S. ROSSI, *Fraternità e mutualismo: forme nuove di un legame antico*, cit., 811; citazione interna: H. ARENDT, *Vita activa*, tr. it., Milano, 1989, 43.

[25] C. CELLAMARE, *Città fai-da-te: Tra antagonismo e cittadinanza. Storie di autorganizzazione urbana*, Roma, 2019, 112.

[26] F. PIZZOLATO, *Economia globale e città: note introduttive su una dialettica centrale per le democrazie del XXI secolo*, cit., 105.

po la posizione mediatica, fondamentale per l'azione dei sindacati informali: da un lato, infatti, nello svolgimento della propria attività lavorativa, essi hanno garantito ai concittadini una delle poche *chance* di conservare le pregresse abitudini, consegnando a domicilio pasti e colazioni; dall'altro sono stati di frequente in prima linea nelle iniziative di reciproca assistenza rivolte alla collettività urbana.

Gli spazi urbani, più in generale, "hanno continuato a essere attraversati dai flussi, sempre crescenti, della logistica industriale per la distribuzione delle merci. Accanto a questi nelle città si sono mosse veloci forme di logistica solidale, capaci di controllare l'organizzazione per la raccolta, lo stoccaggio, la distribuzione dei beni necessari a grandi fasce di popolazione [...] Il contrasto alla sofferenza sociale, nella sua dimensione temporanea, è stato in grado di costruire un'altra economia e una nuova istituzione politica, attraverso forme di associazione, di cooperazione e di mutualità" [27].

Le molte organizzazioni solidaristiche già esistenti, nei mesi della pandemia, sono state capaci di creare nelle città una "rete di pratiche di mutualismo basate sull'autorganizzazione e la condivisione" [28]: distribuzione di alimenti di prima necessità, mense e distribuzione di pasti caldi, sportelli di assistenza e centri di ascolto psicologico.

Talune iniziative si sono scontrate inizialmente con le autorità pubbliche: a Cosenza, i volontari di "Cosenza solidale" sono stati ripetutamente sanzionati per l'attività di distribuzione di beni di prima necessità, fino ad arrendersi a tale restrittiva applicazione della legge; riconosciuto il valore dell'impegno mutualistico dei cittadini, però, lo stesso questore ha poco dopo annullato tutte le sanzioni [29].

A Bergamo, al contrario, la rete solidale di consegne a domicilio destinate a persone in condizioni di fragilità "Superbergamo", promossa dal circolo MAITE insieme ad altre formazioni sociali della città, ha potuto contare sin dal principio sul sostegno effettivo del Comune [30].

A Roma, ove l'attività di volontariato è prevedibilmente molteplice e più frammentata [31], è interessante osservare l'esistenza di realtà di mutualismo di quartiere: Libera assemblea di Centocelle, Libera Repubblica di San Lorenzo, Rete Operativa di Solidarietà e Mutuo Soccorso Acilia-Ostia (R.O.S.S.A.).

Alcune iniziative di solidarietà e mutuo soccorso, infine, al termine del perio-

---

[27] R. MARCHINI, *L'impatto del mutualismo sui contesti urbani*, in *Dinamo Print*, 2/2020, 87.

[28] *Ivi*, 84.

[29] C. DIONESALVI, *Cosenza. La solidarietà contagiosa*, in *Dinamo Print*, 2/2020, 98 ss.

[30] F. BRUSA, *Bergamo. Il mondo di sotto*, in *Dinamo Print*, 2/2020, 92 ss.

[31] A. ROMANO, *Comune, reti sociali e pratiche di mutualismo per ripristinare lo stato sociale*, URBAN@IT, 1/2020; S. SIMONCINI, *Il mutualismo conflittuale a Roma*, in *Comune Info*, 19 giugno 2020: solo a Roma sono state stimate circa duecento iniziative, tra "centri di raccolta alimentare e spesa sospesa", "mense e distribuzione pasti", "ascolto, sostegno e animazione a distanza".

do di *lockdown* hanno addirittura mutato veste, lasciando l'esperienza solidaristica per tramutarsi in *startup* locali per la consegna di pasti a domicilio: è il caso di CocaiExpress, a Venezia.

È significativo, in conclusione, notare come molte tra le realtà di reciproco aiuto e soccorso urbano nate nel corso della pandemia abbiano adottato nomi suggestivi della fraternità partigiana: a Milano si sono costituite dieci Brigate Volontarie per l'emergenza, con il supporto di Arci ed Emergency e un centralino messo a disposizione dal Comune, e le Staffette di Mutuo Soccorso, a Scampia la Brigata di Appoggio Mutuo (BAM), a Bologna le Staffette Alimentari Partigiane[32], a Senigallia le Brigate Volontarie per l'Emergenza[33].

4. *Esperimenti di città collaborativa e strumenti di tutela dei* riders

Le esperienze di sindacalismo informale, al di là degli sviluppi in chiave mutualistica e dei rapporti con i sindacati confederali, all'interno dei singoli contesti urbani hanno avuto il merito di accendere la luce sulle esigenze dei lavoratori delle piattaforme che lavorano nella città. Alla voce delle *riders union*[34], in particolare, non sono rimaste insensibili le giunte comunali più accorte delle città ove le rimostranze dei lavoratori hanno avuto maggior risalto.

L'iniziativa che ha aperto la strada alle successive, prima ancora che la Suprema Corte si pronunciasse per la prima volta sulla necessità di una protezione adeguata per i *riders*, con la sentenza n. 1663/2020, è senz'altro la Carta dei diritti fondamentali del lavoro digitale nel contesto urbano, promossa dal Comune di Bologna e sottoscritta il 31 maggio 2018 insieme a Riders Union Bologna, alle piattaforme digitali Sgnam e Mymenu e alle organizzazioni territoriali di CGIL, CISL e UIL.

La Carta, che per la prima volta stabilisce "standard minimi di tutela che si applicano a tutti i lavoratori e collaboratori operanti all'interno del territorio della Città metropolitana di Bologna"[35], mira anzitutto a realizzare una tutela generalizzata per i ciclo-fattorini delle aziende aderenti, indipendentemente dalla qualificazione del rapporto di lavoro sottostante[36].

---

[32] AA.VV., *Mutualismo al tempo del COVID*, R-innovare la città - Osservatorio sull'emergenza Coronavirus.

[33] A Senigallia, oltre alla rete organizzativa delle Brigate Volontarie per l'Emergenza, che ha potuto contare sui numeri verdi di Caritas e Comune per consegne di alimenti o medicine, sono nati ulteriori progetti del tutto autonomi: BAMS (Base Alimentare di Mutuo Soccorso) e BIMS (Bimbi e Mutuo Soccorso).

[34] A. J. AVELLI, *Diritti per i riders*, in *Lavoro Diritti Europa*, 14 gennaio 2021.

[35] Carta dei diritti fondamentali del lavoro digitale nel contesto urbano, art. 2.

[36] M. FAIOLI (a cura di), *Il lavoro nella gig economy*, in *Quaderni del CNEL*, 3/2018.

Correlativamente, essa prevede una serie di obblighi informativi a carico delle piattaforme digitali, riguardanti principalmente il contratto, la formazione, i criteri di funzionamento del *rating* reputazionale e gli effetti di quest'ultimo, nonché disposizioni legate alla tutela dei dati personali, agli aspetti antidiscriminatori, ai rischi per la salute e la sicurezza dei lavoratori: tra queste ultime, ad esempio, si annoverano il diritto alla disconnessione, il diritto di associarsi ad un'organizzazione sindacale e di astenersi collettivamente dal lavoro per un fine comune [37], nonché requisiti minimi quanto al trattamento economico [38].

Poco dopo, anche il Comune di Napoli ha approvato l'analoga Carta dei Diritti dei *riders* e dei lavoratori della *gig-economy*, sottoscritta dai sindacati confederali, con lo scopo di "migliorare le condizioni lavorative dei *riders* e di coloro che svolgono attività lavorativa definibile come 'collaborazione gestita attraverso le piattaforme digitali' promuovendo un'occupazione più sicura e dignitosa", il cui art. 14, peraltro, istituisce un tavolo permanente di monitoraggio sull'applicazione delle prescritte misure.

Altri Comuni, infine, hanno intrapreso buone prassi di minore impatto, come il Tavolo Territoriale Rider di Milano, che coinvolge l'amministrazione e le organizzazioni di *riders* e datori di lavoro.

Già nel 2018, inoltre, iniziative volte alla protezione dei lavoratori delle piattaforme sono state intraprese anche dalla Regione Lazio [39] e dalla Regione Lombardia [40], le quali hanno esercitato le proprie competenze al fine di predisporre uno standard adeguato di protezione dei diritti dei ciclo-fattorini, tra i quali la trasparenza informativa riguardo al contratto e alla valutazione della prestazione, la lotta alle discriminazioni, il diritto alla salute e alla sicurezza sul lavoro, il diritto a un salario minimo garantito e quello a determinate forme di previdenza.

Le Regioni, però, a differenza dei Comuni agiscono nell'ambito delle ben più ampie competenze attribuite loro dall'art. 117, comma 3, Cost., il quale classifica la "tutela e sicurezza del lavoro" tra le competenze concorrenti.

---

[37] Il diritto di sciopero è messo a repentaglio dall'inquadramento dei ciclo-fattorini, nonostante la condizione di debolezza contrattuale ed economica. La questione è avvertita anche in ambito europeo (S. BORELLI, *La prospettiva europea*, in A. SOMMA (a cura di), *Lavoro alla spina, welfare à la carte*, cit.).

[38] S. DE FAZI-R. PIANO (a cura di), *Gig economy*, in *Dossier. I documenti delle ACLI*, 9/2018, 14.

[39] M. FAIOLI, *Il lavoro nella gig economy*, cit.: "la normativa regionale del 15 giugno 2018, n. 9858 appare innovativa per il metodo adottato. I contenuti della disposizione sono stati sottoposti alla valutazione di lavoratori, cittadini, associazioni, parti sociali ed esperti, attraverso una consultazione on-line svoltasi dal 25 maggio al 15 giugno. Il testo non affronta la questione della configurazione giuridica dei *riders*, ma si propone l'obiettivo di estendere uno standard di diritti a tutti i lavoratori che operano per il tramite di piattaforme digitali".

[40] *Ibidem*. All'esito del confronto tra la Commissione Regionale Politiche del Lavoro e Formazione e i rappresentanti delle organizzazioni sindacali, la Regione Lombardia ha promulgato una delibera del 23 luglio 2018 mediante la quale essa si riserva di sottoscrivere protocolli di impegno reciproco con le imprese di *food delivery*.

Ciononostante, i primi esempi di azione amministrativa volta a regolamentare il lavoro urbano, nei limiti delle attribuzioni dell'ente Comune, dimostrano come la dimensione della città stia "cominciando ad elaborare una propria 'cultura dei diritti'" [41], autonoma e parallela a quella dello Stato, non solamente in termini di "diritto alla città" [42], ma anche di nuova linfa ai diritti fondamentali, come il lavoro, nel contesto urbano.

5. *Conclusioni. Oltre la* global city*: nuovi spazi di democrazia urbana*

La globalizzazione, che rileva qui nella prospettiva dell'urbano, "trova 'sopra gli Stati' uno spazio per il libero gioco dei mercati, perfetto perché privo delle garanzie che assicurano le barriere costituzionali generate da sovranità e territorio" [43]: la città globale, privata del legame con il territorio e con i cittadini, tollera a fatica qualsiasi "istanza di equità sociale, se non forse nell'aspirazione al miglioramento qualitativo di alcuni servizi pubblici, che tuttavia pare collocarsi più propriamente nella logica del confort" [44].

Alla perduta centralità del lavoratore, nelle città globali si accompagna dunque la mancata valorizzazione e, quasi, l'annullamento del cittadino. Esse sono al contrario rivolte agli utenti, fruitori di servizi e destinatari di specifiche garanzie in quanto consumatori, ovvero titolari di dati personali.

"La sostituzione del cittadino con il consumatore e l'utente – secondo Bin – comporta una profonda revisione anche dei rapporti interni alla 'categoria': la solidarietà è un tipico concetto della cittadinanza, ma non lo è affatto del 'consumo'. Il consumatore non è solidale: se avverte un legame di solidarietà, esso lo lega al produttore piuttosto che agli altri consumatori" [45].

Se è vero questo, si osserva al contempo l'emergere di un movimento di segno opposto rispetto al progredire spersonalizzante della globalizzazione, ove le garanzie sfuggite al controllo dello Stato "cercano oggi di rivivere proprio nelle città, dove molti dei diritti fondamentali conoscono non solo concretizzazione, ma anche nuova declinazione, forme e modi originali" [46].

---

[41] E. SPILLER, *Citizens in the loop? Partecipazione e Smart City*, in F. PIZZOLATO-A. SCALONE-F. CORVAJA (a cura di), *La città e la partecipazione tra diritto e politica*, Firenze, 2019, 298.

[42] H. LEFEBVRE, *Il diritto alla* città, tr. it., Verona, 2014; C. BELINGARDI, *Diritto alla città e beni comuni*, in *Contesti. Città, Territori, Progetti*, 1-2/2016.

[43] D. DONATI, *Le città collaborative: forme, garanzie e limiti delle relazioni orizzontali*, in *Istituzioni del Federalismo*, 4/2019, 954.

[44] P. COSTA, *La sicurezza della global city. Prassi globale e critica costituzionale*, cit., 102.

[45] R. BIN, *Lavoro e Costituzione: le radici comuni di una crisi*, in G.G. BALANDI-G. CAZZETTA (a cura di), *Diritti e lavoro nell'Italia repubblicana*, cit., 282.

[46] D. DONATI, *Le città collaborative: forme, garanzie e limiti delle relazioni orizzontali*, cit., 954.

Lo *status* di cittadino dunque "viene a essere interpretato come strumento capace di livellare le classi sociali", in una visione che vede l'affermazione dei diritti sociali come "reazione e moderazione degli effetti di quel capitalismo che, per sé, trova origine ed esito nella disuguaglianza" [47].

Sia le articolazioni territoriali dello Stato, sia le formazioni sociali e mutualistiche, sono impegnate, da un lato, a rappresentare e assistere le fasce più deboli della cittadinanza, che tendono a essere espulse dalla città e dai servizi, dall'altro, a far sì che l'evoluzione delle città non le trasformi in meri centri gravitazionali per capitali, ma persegua uno sviluppo urbano sostenibile, equo, conforme ai principi costituzionali.

L'evoluzione scientifica e tecnologica, che secondo un'importante tradizione filosofica, al pari dei rapporti sociali, evolve in conformità al progredire dei rapporti economici [48], "richiede di essere governata in chiave democratica" [49]: necessita cioè di un cosciente sforzo propositivo, una tensione verso le istanze più progressiste della Costituzione repubblicana, uno slancio sociale opposto rispetto al "sempre più marcato appiattimento sulla gestione dell'esistente, sulla (asserita) assenza di alternative alla subalternità verso i meccanismi di mercato" [50].

La città, in conclusione, può reagire alla sua oggettivazione e riduzione a centro di interessi economici transnazionali, riscoprendo al contempo una rinnovata partecipazione democratica, mediante due complementari linee d'azione: quella istituzionale e quella dell'autorganizzazione.

I due profili, oltretutto, alla luce della costituzionalizzazione del principio di sussidiarietà orizzontale, sono oggi particolarmente interconnessi: l'art. 118, ultimo comma, Cost., spingendosi oltre la tutela dei diritti fondamentali della persona nelle formazioni sociali, ai sensi dell'art. 2, dispone che lo Stato e gli enti locali favoriscano attivamente "l'autonoma iniziativa dei cittadini, singoli e associati per lo svolgimento di attività di interesse generale sulla base del principio di sussidiarietà".

---

[47] *Ivi*, 953.

[48] A. LABRIOLA, *Del materialismo storico*, in F. SBARBERI (a cura di), *Antonio Labriola. Scritti filosofici e politici*, Torino, 1973, vol. II: "i progressi della tecnica, che arricchiscono di comodi le città, rendono più misera ed abietta la condizione dei contadini, e nelle città stesse più umile la condizione degli umili. [...] Il progresso fu ed è fino ad ora parziale ed unilaterale. [...] Tutto cotesto progresso parziale, che si è fino ad ora svolto nella pressione degli uomini su gli uomini, ha suo fondamento nelle condizioni di opposizione, per cui le antitesi economiche han generato tutte le antitesi sociali, e dalla relativa libertà di alcuni è nata la servitù di moltissimi; e il diritto è stato l'auspice della ingiustizia. Il progresso visto così, ed appreso nella sua chiara nozione, ci appare come il compendio morale ed intellettuale di tutte le umane miserie, e di tutte le materiali disuguaglianze".

[49] F. PIZZOLATO, *La città come dimensione del diritto e della democrazia*, F. PIZZOLATO-A. SCALONE-F. CORVAJA (a cura di), *La città e la partecipazione tra diritto e politica*, cit., 37.

[50] G. COMAZZETTO, *Orizzonti del neomunicipalismo*, in F. PIZZOLATO-A. SCALONE-F. CORVAJA (a cura di), *La città e la partecipazione tra diritto e politica*, cit., 214.

Tale previsione, aprendo nuove frontiere di "collegamento tra 'mondi vitali' e le istituzioni pubbliche"[51], determina il passaggio "da un rapporto conflittuale basato sulla distinzione gerarchica tra Stato e cittadini ad una relazione biunivoca o collaborativa [...] per una migliore realizzazione dei fini comuni"[52].

È pur vero, come si è potuto cogliere, che non sempre la collaborazione è possibile: numerose iniziative di autorganizzazione nascono anzi in ottica antagonista rispetto a politiche sociali, economiche e del lavoro ritenute non adeguate. Talvolta, come le Carte per i ciclo-fattorini di Bologna e Napoli hanno dimostrato, amministrazioni locali lungimiranti hanno posto le basi per una proficua collaborazione; altrimenti, l'esistenza di formazioni sociali radicate nel contesto urbano garantisce comunque la sopravvivenza di una componente partecipativa e autenticamente sociale nella città, meritevole di riconoscimento e tutela.

Se le città globali, dunque, rappresentano innanzitutto poli attrattivi del confort, frutto della concentrazione di capitali e tecnologie, alla città, come istituzione e come formazione sociale, spetta il gravoso compito di trasformare il confort in welfare, incanalando le spinte dell'economia digitale – altrimenti potenzialmente distruttive della società civile e dei precari equilibri di equità e uguaglianza – nei paradigmi dello stato sociale.

---

[51] S. Rossi, *Fraternità e mutualismo: forme nuove di un legame antico*, cit., 832.

[52] *Ivi*, 833.

L'ALLEANZA SOVRANNAZIONALE DELLE ESPERIENZE CITTADINE PER UN TRASPORTO PUBBLICO LOCALE SOSTENIBILE, EFFICIENTE E FLESSIBILE

CAROLA PAGLIARIN

SOMMARIO: 1. Città e trasporti oltre lo scenario pandemico. – 2. Il quadro complesso delle competenze del trasporto pubblico locale. – 3. Ripensare il trasporto pubblico con uno sguardo sovrannazionale per la resilienza e la rinascita della città.

1. *Città e trasporti oltre lo scenario pandemico*

I trasporti sono un elemento imprescindibile della vita stessa della città in quanto, semplicemente, consentono alle comunità urbane contemporanee di essere quel che sono [1].

Proprio perché costituiscono il *medium* per vivere la città, usufruire dei suoi servizi e coglierne le opportunità, i trasporti costituiscono il nodo cruciale dello sviluppo economico e sociale delle comunità urbane. Sono l'elemento essenziale che garantisce l'effettività dei diritti. Non stupisce, dunque, che gli stessi trasporti siano il cuore delle politiche volte all'affermazione del principio di uguaglianza sostanziale: ad esempio, sono oggetto di attenzione con riferimento all'inclusione delle persone con disabilità [2] e, in tempi relativamente più recenti, vengono studiati per il loro ruolo nelle politiche di genere. Con riferimento ai diritti delle donne, in particolare, essi dovrebbero essere il fulcro degli interventi in tema di sicurezza, potrebbero essere pensati per agevolare il lavoro retribuito e i compiti di cura (che, di fatto, sono rimessi ancora per la gran parte alla componente femminile della popola-

[1] Con la fluidità e la vitalità del tessuto delle relazioni che attraversano la città, difficilmente inquadrabile dentro una cornice giuridico-istituzionale unitaria, come rileva F. PIZZOLATO, *La città come dimensione del diritto e della democrazia*, in F. PIZZOLATO-A. SCALONE-F. CORVAJA (a cura di), *La città e la partecipazione tra diritto e politica*, Torino, 2019, 31 ss., specialmente 34.

[2] Sul tema si rinvia al contributo di C. LEVORATO nel presente *Volume*.

zione), dovrebbero essere concepiti anche per tutelare la maternità [3].

Con la città i trasporti condividono anche le contraddizioni, avendo una rilevanza cruciale dal punto di vista economico, sociale e della finanza pubblica, ma non essendo privi di profili problematici, a partire dai costi ambientali [4] e della salute delle persone a loro associati [5].

In particolare, la relazione tra i trasporti e la produzione dell'inquinamento, rendono gli stessi parte integrante dei fattori della crisi ecologica, che oggi, da più parti, si addita anche come causa remota – ma non troppo – del diffondersi della pandemia da Covid-19 e di altre che l'hanno preceduta o potrebbero seguirla. Questo è ancora più evidente nel contesto di una lettura della città quale emblema della rottura degli equilibri naturali in favore di una realtà del tutto artificiale che caratterizza la contemporaneità. Negli agglomerati urbani, comunque, si registrano concentrazioni di inquinanti atmosferici mediamente molto più elevate che nei contesti esterni, dovute, oltre che per il riscaldamento degli edifici, proprio al traffico, tendenzialmente congestionato. Per superare i molteplici profili negativi (non solo ambientali, evidentemente) di questo fenomeno si guarda con interesse oggi al modello della "città da quindici minuti" [6] in cui tutti i servizi sono disponibili per i cittadini ad una distanza massima di un quarto d'ora a piedi o in bicicletta. Tuttavia, a questa soluzione si attribuisce il difetto di allontanare la città contemporanea dalla sua stessa natura, portando ad una sorta di confinamento nello spazio prossimo (facendo anche perdere a chi si trova immerso nella sua dimensione l'occasione dell'esplorazione dell'ignoto: un elemento caratteristico e ambivalente dell'esperienza urbana [7]). Questo modello ideale di città, come altri concepiti in passato per superare i limiti e le contraddizioni a cui si è fatto cenno, trovano spesso elaborazione e accoglimento nelle grandi realtà urbane di nazioni diverse, che si confrontano tra loro in un dialogo fitto e incessante, capace di rendere le medesime realtà prossime, e, al contempo, sostanzialmente estranee

---

[3] Applica il pensiero femminista sui temi della città, facendo emergere nell'analisi e nella narrazione il ruolo centrale dei trasporti, L. KERN, *Feminist City: A Field Guide*, Toronto, 2019, trad. it. *La città femminista*, Roma, 2021.

[4] Si rinvia sul punto al contributo di E. BUOSO nel presente *Volume*.

[5] Come rileva la stessa Commissione Europea: cfr. Comunicazione della Commissione, *Strategia per una mobilità sostenibile e intelligente: mettere i trasporti europei sulla buona strada per il futuro*, COM(2020)789, 9 dicembre 2020.

[6] Si tratta di un'idea di prossimità all'interno della città – recentemente formulata da C. MORENO, *Droit de cité*, Parigi, 2020 –, orientata allo sviluppo sostenibile, sostenuta da evidenti ragioni di tutela dell'ambiente, della salute, della qualità della vita e di coesione sociale.

[7] Questo profilo di fascino della città è sottolineato anche con riferimento all'esperienza più propriamente femminile: sul punto si veda L. KERN, *La città femminista* cit. *passim*. In letteratura si pensi a V. WOLF, *A zonzo: un'avventura londinese* (1930), in ID., *Voltando pagina. Saggi 1904-1941*, a cura di L. Rampello, Milano, 2011; C. BRONTË, *Villette* (1853), trad. it. di S. Caltabellotta, Roma, 2013.

alle esperienze comunali di minori dimensioni presenti nel proprio Stato. Stato a cui in fine le città ritengono di non poter utilmente guardare per trovare soluzioni normative alla loro peculiare complessità. Da tempo, dunque, esse si confrontano per elaborare politiche comuni oltre i confini nazionali anche nel settore dei trasporti[8]. Pur presentando la trattazione dei temi in discorso una vocazione sovrannazionale, non mancano però – e ovviamente – peculiarità legate al contesto domestico. Così, ad esempio, si può evidenziare come le città italiane presentino livelli di inquinamento atmosferico mediamente più elevati che nel resto dell'Europa occidentale: ciò dipende largamente proprio dalla cronica inadeguatezza delle infrastrutture e dei servizi del traporto pubblico urbano e locale, che ha sempre favorito la netta prevalenza della mobilità privata su gomma, di gran lunga la più inquinante. Tuttavia, il quadro si è ora per tutti ulteriormente complicato, dato che gli stessi mezzi pubblici hanno dimostrato intrinseche criticità. Questi, infatti, comportano forme di assembramento – a base, del resto, della loro stessa efficienza economica – risultate ideali per la diffusione della pandemia da Covid-19, che si sta ancora combattendo, e *habitat* perfetto per future, probabili, altre malattie di analoga natura.

Del resto, il virus si propaga nelle grandi densità della popolazione ed è, quindi, noto come le città siano il terreno di sviluppo ottimale per qualsiasi forma di contagio. E, a contrario, è altrettanto noto che il modo più efficace per contenere il propagarsi della malattia infettiva, da secoli e secoli, è il distanziamento fisico fra gli individui, ricetta a cui si è fatto ricorso pressoché ovunque anche per superare l'ultima crisi sanitaria. Si sono, quindi, imposte misure restrittive che hanno inciso in misura significativa sulle libertà dei cittadini – determinando questioni di compatibilità con il testo costituzionale di cui non è possibile in questa sede nemmeno accennare – e, per ciò che qui maggiormente interessa, che hanno avuto come conseguenza una diminuzione degli spostamenti compiuti dalle persone con ovvi effetti anche sul trasporto urbano. Si è così dovuta stabilire una limitazione della capacità dei mezzi di trasporto pubblico, mentre il timore dell'affollamento, a tacer d'altro, ha inciso non poco sulla genesi e il mantenimento delle disposizioni che hanno imposto la riduzione delle attività urbane e di quelle scolastiche in presenza, in particolare. L'esigenza di adeguamento dell'offerta dei servizi che ne è scaturita (ad esempio, con un aumento delle corse e una variazione degli orari) è stata però frustrata dalle difficoltà oggettive della riprogrammazione, ma anche dall'esistenza di nodi problematici strutturali, come le criticità relative

---

[8] Come nell'iniziativa CIVITAS per la mobilità urbana sostenibile: cfr. *www.civitas.eu*. In tema G.M. LABRIOLA, *Città e diritto. Brevi note su un tema complesso*, in *Le Ist. del Federalismo*, 1/2018, 14. La stessa Commissione europea vuole porsi direttamente a fianco delle città, ad esempio, per collaborare nella realizzazione dei piani di mobilità urbana sostenibile (cfr. Comunicazione della Commissione, *Strategia per una mobilità sostenibile e intelligente*, cit.).

al rapido espletamento delle procedure ad evidenza pubblica [9] necessarie e la persistenza di vincoli di bilancio e limiti alla capacità di spesa degli enti locali. Tutte questioni solo mitigate dagli interventi normativi di carattere emergenziale, come il decreto legge n. 76/2020, sulle cosiddette "semplificazioni", o l'anticipo di trasferimento del Fondo TPL e i finanziamenti per i servizi aggiuntivi necessari per il rispetto delle misure di distanziamento sociale.

Lo stravolgimento di un sistema ormai consolidato – per quanto molto criticato –, fatto di picchi di flusso, non sembra essere del tutto estemporaneo e legato al momento emergenziale. Le limitazioni alla circolazione delle persone hanno seguito l'andamento della pandemia, ma gli spostamenti – soprattutto attraverso il trasporto pubblico locale – hanno mantenuto una contrazione rispetto agli anni precedenti anche nei periodi di ripresa delle attività, come analisi economiche hanno rilevato [10]. Questo presumibilmente sia per una diminuzione dei livelli di alcune attività economiche sia per il maggiore utilizzo del lavoro agile sia, forse, per un timore nell'uso di mezzi di trasporto collettivi.

La persistenza di alcuni di questi fattori anche dopo l'auspicabile vittoria sulla diffusione del virus porta alla necessità di ripensare i trasporti nella città e, con essi, tutte quelle politiche che su di essi poggiano, facendo leva anche sulle soluzioni – formulate, come si è detto, nell'ambito di riflessioni sovrannazionali – che avevano di mira la realizzazione di contesti cittadini più sostenibili.

2. *Il quadro complesso delle competenze del trasporto pubblico locale*

Sia le risposte alla crisi pandemica sia le strategie di ripresa hanno dovuto e devono fare i conti con un quadro normativo complesso in tema di trasporti e di trasporto pubblico locale, in particolare, modulato – oltre che dalla legislazione europea, impegnata a realizzare il mercato unico e le libertà dei Trattati [11] – tra competenze statali, regionali e locali.

Peraltro, la trama delle competenze legislative e amministrative a livello territoriale è arricchita dalla presenza di una Autorità – l'ART –, che rispetto agli enti autonomi territoriali svolge anche funzioni di ausilio e di impulso [12]. Essa ha sia

[9] In tema si rinvia al contributo di C. BENETAZZO nel presente *Volume*.

[10] S. MOCETTI-G. ROMA, *Il trasporto pubblico locale: passato, presente e futuro*, in BANCA D'ITALIA, *Questioni di Economia e Finanza*, aprile 2021, in *www.bancaditalia.it.*

[11] In tema sia consentito rinviare a C. PAGLIARIN, *La* governance *dei trasporti, nuove prospettive tra integrazione europea e regionalismo differenziato italiano*, e C. PERATHONER, *Il diritto dei trasporti nel mercato interno europeo e nella sua dimensione esterna*, entrambi in C. PAGLIARIN-C. PERATHONER-S. LAIMER, *Per una Europa più unita nel settore dei trasporti. Assetti istituzionali, economici e normativi*, Milano, 2020, rispettivamente, 1 s. e 201 s.

[12] L'art. 37, comma 1, del d.l. n. 201/2011, ha previsto l'istituzione di un'Autorità di regola-

compiti di tutela della concorrenza (mirando a garantire eque condizioni di accesso e di uso delle infrastrutture, nonché a evitare discriminazioni tra gli operatori [13]), sia varie funzioni di regolazione [14].

Tornando alla ripartizione delle competenze tra Stato e Regioni, va ricordato che, stando all'art. 117 della Costituzione, queste ultime devono, in linea di principio, considerarsi titolari della competenza residuale in materia di trasporto pubblico locale (di linea e non di linea), tuttavia, come ribadito dalla Corte costituzionale [15], trattandosi di un servizio pubblico locale di rilevanza economica, tale competenza incontra il limite «del rispetto del bilanciamento operato dal legislatore statale nella materia trasversale e prevalente, ad esso affidata in via esclusiva, della tutela della concorrenza».

L'articolato sistema di competenze, di Stato, Regioni e autonomie locali, è stato tracciato, nello specifico, dal d.lgs. 19 novembre 1997, n. 422, una fonte antecedente l'approvazione della modifica del Titolo V, Parte II della Costituzione, ma valutata con questa compatibile [16] e che non è stata scalfita dalle tribolate vicende della disciplina dedicata ai servizi pubblici locali di rilevanza economica [17].

---

zione dei trasporti «competente nel settore dei trasporti e dell'accesso alle relative infrastrutture e ai servizi accessori, in conformità con la disciplina europea e nel rispetto del principio di sussidiarietà e delle competenze delle regioni e degli enti locali di cui al titolo V della parte seconda della Costituzione».

[13] La Corte costituzionale nella sentenza n. 41/2013 ha osservato che «l'istituzione dell'Autorità indipendente è funzionale alla liberalizzazione dei pubblici servizi in tutti i comparti del trasporto». In tema A. CARDONE, *Autorità indipendenti, tutela della concorrenza e leale collaborazione: troppi "automatismi" a danno dell'autonomia? (nota a Corte cost., n. 41 del 2013)*, in *Riv. Reg. Merc.*, 1/2014; A. FRIGNANI, *L'Autorità dei trasporti: fra tutela della concorrenza e regolazione (una partenza in salita)*, in *Nuovo Notiz. Giur.*, 2/2014, 1 ss.

[14] L'autorità si occupa dei criteri per la fissazione delle tariffe, degli schemi dei bandi di gara, dei criteri per la nomina delle commissioni, della promozione della qualità dei servizi a beneficio degli utenti, dell'efficienza produttiva delle gestioni e del contenimento dei costi, della fissazione del contenuto minimo degli specifici diritti — anche di natura risarcitoria — degli utenti. Le competenze di ART sono state via via ampliate: l'art. 10 della legge 3 maggio 2019, n. 37 – legge europea per il 2018 – ha attribuito all'istituzione il ruolo di Autorità nazionale di vigilanza in materia di diritti aeroportuali, mentre l'art. 16 del decreto-legge 28 settembre 2018, n. 109, convertito nella legge 16 novembre 2018, n. 130, ne ha esteso le funzioni in materia di accesso alle infrastrutture autostradali alle concessioni in essere.

[15] Tra le tante Corte cost., sent. n. 30/2016; nn. 16/2021 e 38/2021. Sul riparto di competenze in tema di trasporto pubblico locale, cfr. G. D'ALESSIO, *La "governance" del trasporto, pubblico locale in relazione alle competenze di Stato, Regioni ed enti locali*, in *Studi parl, e di pol. cost.*, 171-172/2011, 189 ss.

[16] Sul punto A. CANDIDO, *La governance del trasporto pubblico locale in Italia: quali prospettive?*, in L. AMMANNATI-A. CANEPA (a cura di), *Politiche per un trasporto sostenibile*, Napoli, 2017, 97 ss.

[17] A tale proposito, è noto che la previgente disciplina del 2008 è stata abrogata con il *referendum* del 12 e 13 giugno 2011, creando un vuoto legislativo in tema di servizi pubblici locali. La successiva normativa, introdotta attraverso l'art. 4 del d.l. n. 138/2011 (convertito in legge n. 148 dello stesso anno), è stata dichiarata incostituzionale con la sentenza n. 199/2012. La disciplina

Del resto, l'intreccio delle competenze non tradurrebbe la reale complessità del quadro se non si desse conto delle difficoltà connesse al finanziamento pubblico del settore, che si collocano nel più ampio – e impervio – processo di attuazione dell'autonomia finanziaria locale. Così non sorprende che il Fondo nazionale per il trasporto pubblico locale sia stato oggetto nel tempo di significative modifiche [18] e che la Corte costituzionale [19], invocando la presenza di una crisi economica diffusa e necessità sociali, abbia ritenuto ammissibili interventi statali di finanziamento del settore, volti ad assicurare un livello uniforme di godimento di diritti tutelati dalla Costituzione stessa, "in funzione di sostegno ed integrazione delle limitate risorse regionali disponibili" [20], anche rilevata la perdurante incompleta attuazione dell'art. 119 Cost. in ordine al sistema di finanziamento regionale. Da ultimo, come si è visto poco sopra, le fragilità del sistema di finanziamento sono emerse in tutta la loro evidenza con lo sviluppo della attuale crisi sanitaria.

3. *Ripensare il trasporto pubblico con uno sguardo sovrannazionale per la resilienza e la rinascita della città*

Su questo quadro complesso la pandemia ha inciso significativamente, determinando gli interventi, a cui si è fatto riferimento in esordio, che si inseriscono nel più ampio scenario del variegato panorama di norme dettate per l'emergenza. Interventi che, come è ampiamente noto, hanno generato frizioni relative agli ambiti delle competenze statali e regionali già di per sé non certo nitidi [21].

---

generale sui servizi pubblici locali è venuta così meno, lasciando in piedi soltanto le norme settoriali, tra cui, per il trasporto pubblico locale, quelle contenute nel d.l.gs. n. 422/1997. Tuttavia, per delineare il quadro si deve tener conto anche di quanto disposto dall'art. 3 *bis* del d.l. n. 138/2011. Tale fonte, prevedendo l'obbligo di costituire gli ambiti territoriali ottimali, di dimensione di norma non inferiore a quella del territorio provinciale, per lo svolgimento dei servizi pubblici locali, ha introdotto un ulteriore livello di governo che si sovrappone agli enti territoriali. Sui numerosi rischi di interferenze e sovrapposizioni di competenze, cfr. L. AMMANNATI, *Modelli di* governance *a confronto: una introduzione*, in L. AMMANNATI-A. CANEPA (a cura di), *La politica dei trasporti in Europa: verso uno spazio unico?*, Torino, 2015, 102.

[18] Il Fondo nazionale per il trasporto pubblico locale è stato riformato con l'art. 27 del d.l. 24 aprile 2017, n. 50, convertito con modificazioni dalla legge 21 giugno 2017, n. 96 e successive modificazioni e integrazioni. In particolare, è stata stabilizzata, in via normativa, l'entità del fondo e si sono previste modifiche in ordine alla gestione dello stesso.

[19] Corte cost., sent. n. 74/2019 in tema di risorse del Fondo istituito per il concorso dello Stato al raggiungimento degli *standard* europei di efficienza e qualità dei mezzi destinati al trasporto pubblico locale e regionale. Sul punto si veda anche la sent. n. 78/2018.

[20] Corte cost., sentt. n. 74/2019 e n. 211/2016.

[21] Sulle molteplici questioni inerenti al sistema delle fonti poste dalle norme succedutesi per il contrasto alla pandemia si è formato da subito un densissimo dibattito, arricchito dall'analisi della giurisprudenza sia dei giudici amministrativi sia della Corte costituzionale (cfr. sent. n. 37/2021 e

Del resto, al di là dell'intrecciarsi delle competenze legislative e amministrative, la qualità e l'efficienza del trasporto pubblico locale si presentano tutt'altro che omogenee nel nostro Paese. Il quadro complessivo registrava, infatti, già prima della pandemia, un netto divario territoriale a sfavore del Centro e del Sud e una maggiore insoddisfazione sul funzionamento nelle grandi aree metropolitane rispetto al resto del territorio [22]. Gli indicatori di bilancio risultavano peggiori nelle città meridionali, con una più alta incidenza del costo del lavoro e una minore propensione agli investimenti.

La lettura di questo risultato non è semplice, ma si può certo osservare come il funzionamento del trasporto pubblico locale sia influenzato dall'efficienza dei gestori del servizio, dalle modalità di affidamento e da altre caratteristiche del contratto di servizio e delle risorse destinate alla sua fornitura. A questo riguardo si può osservare che la gran parte delle società di gestione dei servizi sono partecipate – e quasi sempre controllate – da enti pubblici e che tra le modalità di affidamento prevale quella diretta o a un operatore *in house* [23], mentre l'utilizzo di procedure competitive è più diffuso nelle Regioni settentrionali. Indipendentemente dalla modalità di affidamento, la gestione attuale è in proroga in oltre l'ottanta per cento dei casi e il d.l. n. 18 del 2020 ha previsto la possibilità di sospendere tutte le procedure di affidamento dei servizi di trasporto pubblico locale e di prorogare gli affidamenti in essere fino a dodici mesi successivi alla dichiarazione di conclusione dell'emergenza [24].

Le imprese del comparto, prevalentemente in mano pubblica, come si è detto, sono state colpite dalla crisi legata alla pandemia quando già alcune di esse versavano in uno stato di difficoltà economica [25]. Nell'immediato, i provvedimenti emergenziali hanno previsto delle misure di sostegno per compensare le perdite e far fronte alle nuove esigenze legate alla prevenzione del contagio, con l'istituzione di un apposito fondo [26].

---

ord. n. 4 dello stesso anno). Di tale dibattito non è possibile qui dar conto nemmeno in sintesi. Con riferimento al tema specifico del trasporto pubblico locale ci si limita a rinviare a M. CARRER, *Il trasporto pubblico locale nella pandemia. Annotazioni giuridiche sui primi interventi normativi*, in *Osservatorio AIC*, 3/2020.

[22] S. MOCETTI-G. ROMA, *Il trasporto pubblico locale*, cit.

[23] In tema M. BRASSON, *I servizi pubblici di trasporto di passeggeri nella disciplina del regolamento n. 1370/2007/CE e dei contratti pubblici*, in C. PAGLIARIN-C. PERATHONER-S. LAIMER, *Per una Europa più unita nel settore dei trasporti*, cit., 145 s. In tema di affidamenti diretti, a favore di organismi *in house providing* da parte degli enti locali si vedano, recentemente, Cons. Stato, sez. V, sent. 5 febbraio 2021, n. 1090 e Cons. Stato, sez. V, sent. 6 luglio 2020, n. 4310.

[24] Cfr. art. 92, comma 4 *ter*, del d.l. 17 marzo 2020, n. 18, convertito, con modificazioni, dalla legge 24 aprile 2020, n. 27.

[25] Sul punto S. MOCETTI-G. ROMA, *Il trasporto pubblico locale*, cit.

[26] Un fondo, con una dotazione di 900 milioni di euro per il 2020 (d.l. n. 34/2020 e d.l. n. 104/2020) e 300 milioni per il 2021 (d.l. n. 149/2020). In particolare, 300 milioni nel 2020 e 100

L'insieme di questi elementi rende difficile determinare quali spazi saranno lasciati in futuro all'apertura alla concorrenza e alla definizione contrattuale di adeguati *standard* di qualità di un settore probabilmente meno appetibile da un punto di vista economico e soggetto a incertezze sul piano della pianificazione dei servizi [27]. Incertezze dettate dall'affermarsi – almeno in parte in via strutturale – del lavoro agile, dalle prevedibili esigenze di flessibilità dell'offerta dei servizi anche per il futuro, con la possibilità di avere meno picchi nell'utilizzo dei mezzi pubblici e spostamenti diluiti su più momenti della giornata.

Inoltre, accanto al paradigma del trasporto pubblico locale che oggi conosciamo, essenzialmente basato sulla gestione monopolistica e sulla concorrenza per il mercato, va delineandosi un modello di mobilità urbana integrata, secondo la formula di *Mobility as a Service* [28]. La futura evoluzione del settore dovrà, inoltre, inevitabilmente fare i conti con i programmi di investimento, che saranno messi in atto per favorire la ripresa dopo la gravissima crisi sanitaria. Infatti, come tutte le modalità di trasporto, il trasporto pubblico locale è la sede di ingenti investimenti pubblici, attraverso i quali si possono realizzare gli obiettivi legati alla riconversione in chiave sostenibile e digitale, al centro di tutte le politiche europee e del programma *Next Generation EU* in particolare [29], concepito per contrastare la pandemia anche nelle sue gravissime conseguenze economiche [30] e sociali [31].

---

nel 2021 possono essere utilizzati per il finanziamento di servizi aggiuntivi, anche destinati a studenti, necessari per il rispetto delle misure di distanziamento sociale.

[27] M. NATHAN-H. OVERMAN, *Will coronavirus cause a big city exodus?*, in *LSE*, *CentrePiece*, 2021; G. LOZZI-M. RODRIGUES-E. MARCUCCI-T. TEOH-V. GATTA-V. PACELLI, *Research for TRAN Committee – COVID-19 and urban mobility: impacts and perspectives*, European Parliament, Policy Department for Structural and Choesion Policies, Bruxelles, 2020.

[28] ITF, *Reforming Public Transport Planning and Delivery*, Parigi, 2020.

[29] Più in generale sull'integrazione del trasporto pubblico locale nelle politiche di mobilità sostenibile dell'Unione Europea, si veda anche il parere del Comitato europeo delle Regioni sul tema "Sfide per i trasporti pubblici nelle città e nelle regioni metropolitane" del 10 dicembre 2020.

[30] La Commissione – COM(2020) 456 del 27 maggio 2020, Comunicazione della Commissione al Parlamento Europeo, al Consiglio Europeo, al Consiglio, al Comitato economico e sociale europeo e al Comitato delle Regioni, *Il momento dell'Europa: riparare i danni e preparare il futuro per la prossima generazione*, in *www.ec.europa.eu* al link relativo – ha evidenziato la massiccia contrazione subita dalle attività economiche nell'Unione a causa delle restrizioni imposte per contenere la diffusione del virus.

[31] Per contribuire a riparare i danni economici e sociali causati dalla pandemia di coronavirus, la Commissione europea, il Parlamento Europeo e i leader dell'UE hanno concordato un piano di ripresa per aiutare l'Unione ad uscire dalla crisi e gettare le basi per un'Europa più moderna e sostenibile. Il bilancio a lungo termine dell'UE, congiuntamente al *NEXTGENERATIONEU*, lo strumento temporaneo pensato per stimolare la ripresa, costituirà il più ingente pacchetto di misure di stimolo mai finanziato dall'Unione Europea. Per la "ricostruzione" dopo la pandemia di Covid-19 verrà stanziato un totale di 1800 miliardi di euro. L'obiettivo è un Europa più verde, digitale, resiliente. Oltre il 50% del bilancio andrà a sostenere la modernizzazione, grazie alle politiche di ricerca e innovazione. La relativa documentazione è disponibile in *www.ec.europa.eu* ai link relativi.

In particolare, il potenziamento del trasporto pubblico locale è previsto in uno dei sette settori di investimenti e riforme indicati dalla Commissione Europea nella Strategia annuale per la crescita sostenibile 2021 [32], sulla base della quale gli Stati membri devono redigere i piani nazionali di ripresa e resilienza per l'utilizzo della *Recovery and Resilience Facility*, ed è una componente essenziale della Strategia per una mobilità sostenibile e intelligente, adottata dalla stessa Commissione alla fine del 2020 [33].

Le risorse del *Next Generation EU* sono un'occasione preziosa per incidere sul trasporto – e sul trasporto pubblico locale, in particolare – in modo da realizzare quella galassia di finalità, che intorno ad esso inevitabilmente ruota e di cui si è discorso fin qui. Tuttavia, il Piano Nazionale di Ripresa e Resilienza italiano, nel quale sono indicati gli interventi – gli investimenti e le riforme – che il nostro Paese intende realizzare con le risorse messe a disposizione dall'Europa non sembra invero riconoscere una priorità davvero significativa ai trasporti nella città. Così, nell'ambito delle missioni che includono la mobilità sostenibile, un tassello fondamentale del Piano, ai trasporti urbani e regionali – autobus di nuova generazione, reti tramviarie e metropolitane, mobilità ciclistica, treni regionali – è destinata una parte tutto sommato contenuta delle risorse individuate.

Il sistema di attuazione degli interventi previsti dal Piano Nazionale di Ripresa e Resilienza, in esecuzione del Regolamento (UE) 2021/241 [34], dettato dal d.l. n. 77/2021 [35], ha, del resto, come sfida non solo la realizzazione tempestiva dei traguardi e degli obiettivi posti [36], ma, soprattutto, proprio per giungere ad essi, il superamento di quelle fragilità strutturali che hanno reso il nostro trasporto pubblico locale inefficiente e così sperequato nella sua dimensione territoriale. Per garantire concorrenza, sostenibilità sociale, ambientale ed economica, flessibilità le

---

[32] In particolare nell'ambito di "*Recharge and refuel*". Cfr. Comunicazione della Commissione, *Strategia annuale per la crescita sostenibile 2021*, COM(2020)575, 17 settembre 2020.

[33] Comunicazione della Commissione, *Strategia per una mobilità sostenibile e intelligente* cit., in cui si sottolinea come le città siano e dovrebbero rimanere in prima linea nella transizione verso una maggiore sostenibilità.

[34] Regolamento del Parlamento Europeo e del Consiglio del 12 febbraio 2021 che istituisce il dispositivo per la ripresa e la resilienza.

[35] Il d.l. 31 maggio 2021, n. 77 – come precisa il suo primo articolo – "definisce il quadro normativo nazionale finalizzato a semplificare e agevolare la realizzazione dei traguardi e degli obiettivi stabiliti dal Piano Nazionale di Ripresa e Resilienza, di cui al regolamento (UE) 2021/241 del Parlamento Europeo e del Consiglio del 12 febbraio 2021, dal Piano nazionale per gli investimenti complementari di cui al d.l. 6 maggio 2021, n. 59, nonché del Piano Nazionale Integrato per l'Energia e il Clima 2030 di cui al Regolamento (UE) 2018/1999 del Parlamento Europeo e del Consiglio dell'11 dicembre 2018".

[36] Il comma secondo del d.l. n. 77/2021 precisa, infatti: "Ai fini del presente decreto e della sua attuazione assume preminente valore l'interesse nazionale alla sollecita e puntuale realizzazione degli interventi inclusi nei Piani indicati al comma 1, nel pieno rispetto degli standard e delle priorità dell'Unione Europea in materia di clima e ambiente".

maggiori risorse messe a disposizione dal *Recovery* sono, dunque, una condizione necessaria e tuttavia non sufficiente.

Pur tenendo ferme le considerazioni critiche ora svolte, le realtà urbane però possono vantare delle frecce ulteriori al loro arco per realizzare questi obiettivi ambiziosi. Le città potranno, infatti, fare ricorso a quella fitta rete di relazioni e costruzioni di politiche di dimensione europea e internazionale che hanno contribuito a renderle così dinamiche e feconde per le loro comunità prima ancora che per le istituzioni a cui, ancor oggi, a fatica vengono ricondotte. In una realtà in cui l'unica certezza sembra il continuo cambiamento la costante capacità di rinnovamento e di condivisione dei modelli risulta in effetti particolarmente preziosa. La ripresa, la resilienza, il radicale mutamento del sistema dei trasporti che si profila all'orizzonte sembrano, dunque, dover passare ancora una volta per un'alleanza sovrannazionale delle esperienze cittadine.

LA CITTÀ D'ARTE ITALIANA DI FRONTE AL FENOMENO DEL TURISMO DI MASSA. IL CASO DI VENEZIA

CLARA SILVANO

SOMMARIO: 1. Il turismo di massa e la città d'arte italiana – 2. Il caso di Venezia – 3. Strumenti a tutela della città di Venezia – 4. Verso un turismo più "sostenibile"? – 5. Conclusioni.

1. *Il turismo di massa e la città d'arte italiana*

Il fenomeno del turismo di massa[1] si è sviluppato nel corso del XXI secolo[2], beneficiando del più generale processo di globalizzazione[3] che ha comportato la crescita del reddito in un numero crescente di paesi, la velocizzazione dei flussi di mobilità, le crescenti economie di agglomerazione legate ai trasporti aerei e lo sviluppo delle tecnologie ICT[4].

Se, a livello etimologico, la dizione "*turismo di massa*" si limita a indicare un gran numero di persone che presentano, o sono spinte ad assumere, comportamenti simili[5], nel caso di specie consistenti nel trasferimento temporaneo dal proprio luogo abituale di residenza ad altra località per fini personali o professionali[6], negli ul-

[1] In tema si confronti R. CHRISTIN, *Turismo di massa e usura del mondo*, Eleuthera, 2019.

[2] A. BERRINO, *Storia del turismo in Italia*, 2011, Bologna.

[3] La letteratura in merito al fenomeno della globalizzazione è sterminata. Ai fini di questo contributo ci si limita a richiamare la definizione offerta da G. GOZZINI-G. SCIRÈ, *Il mondo globale come problema storico*, Bologna, 2007, 4 ss.

[4] Così M. TINACCI MOSELLO, *Turismo sostenibile tra globalizzazione, responsabilità e progetto*, in P. ROMEI (a cura di), *Turismo sostenibile e sviluppo locale*, Padova, 2008, 102.

[5] Dalla definizione di "massa" del Vocabolario dell'Enciclopedia Treccani, per la quale, nell'accezione che qui interessa «*il termine è correntemente usato, nel linguaggio politico e giornalistico (spec. nella locuzione. di massa), per indicare una intera popolazione intesa come insieme indifferenziato, o comunque un gran numero di persone che presentano, o sono spinte ad assumere, comportamenti simili: turismo di m.*».

[6] Si confronti WORLD TOURISM ORGANIZATION (UNWTO), *Glossary of tourism terms*, per il

timi anni il turismo di massa ha assunto una percezione negativa nell'immaginario comune, trasformandosi in quello che oggi, con un anglismo, viene definito "*overtourism*", da intendersi, secondo l'Organizzazione mondiale del turismo, come «*the impact of tourism on a destination, or parts thereof, that excessively influences perceived quality of life of citizens and/or quality of visitors experiences in a negative way*» [7].

Il fenomeno del turismo di massa interessa in modo particolare le città d'arte italiane [8] le quali, oltre al dato materiale costituito dalla presenza di un centro antico o comunque contenenti una forte concentrazione di beni storico-artistici, sono percepite nell'immaginario collettivo come altamente espressive e rappresentative dei valori della cultura e della storia e, conseguentemente, investite da forti flussi turistici [9].

Queste città, tra le quali le più famose sono Roma, Firenze e Venezia, si pongono "oltre lo Stato" per il loro ruolo rappresentativo dell'Italia a livello globale [10] che comporta, quale retro della medaglia, di essere una tra le mete favorite del turismo di massa.

Turismo di massa che, nelle città d'arte italiane, evidenzia in maniera esasperata la polarizzazione tra due dei valori costituzionali sottesi al fenomeno del turismo [11]: da un lato l'esigenza di tutelare e valorizzare il patrimonio culturale che

---

quale «*Tourism is a social, cultural and economic phenomenon which entails the movement of people to countries or places outside their usual environment for personal or business/professional purposes. These people are called visitors (which may be either tourists or excursionists; residents or non-residents) and tourism has to do with their activities, some of which involve tourism expenditure*».

[7] Questa è la definizione elaborata DA WORLD TOURISM ORGANIZATION (UNWTO); CENTRE OF EXPERTISE LEISURE, TOURISM & HOSPITALITY; NHTV BREDA UNIVERSITY OF APPLIED SCIENCES; AND NHL STENDEN UNIVERSITY OF APPLIED SCIENCES, '*Overtourism'? – Understanding and Managing Urban Tourism Growth beyond Perceptions, Executive Summary*, UNWTO, Madrid, 2018, DOI, in *https://doi.org/10.18111/9789284420070.*

[8] Sulla complessa e sfuggente definizione di città d'arte e sull'esistenza di un loro speciale regime giuridico si confrontino i contributi di M. CAMMELLI, *Città d'arte tra autonomia e regimi speciali*, in *Aedon*, 2/2015 e di A. BARTOLINI, *Lo Statuto della Città d'arte, ibidem.*

[9] Così S. AMOROSINO, *Le «città d'arte»: nozioni e proposte per una disciplina amministrativa di tutela*, in S. AMOROSINO (a cura di), *Sistemi ambientali e discipline amministrative. Studi per l'effettività delle funzioni*, Padova, 1990, 77.

[10] M. CAMMELLI, *Città d'arte*, cit., il quale osserva come queste città «*si rapportano direttamente a reti sovranazionali per il ruolo che globalmente è loro riconosciuto, e nel complesso hanno opportunità (attenzione dei media e dei mercati) e corrono rischi incomparabilmente superiori a ogni* altra *città: in particolare, del deterioramento del patrimonio culturale per sovraccarico turistico e della alterazione del tessuto urbano ordinario, sia sociale che economico, per il prevalere di dinamiche turistiche e di mercato operanti su scala planetaria*».

[11] Sul valore del turismo nella Costituzione si confronti M. MALO-C. COLALUCA, *Il turismo nella Costituzione*, in V. FRANCESCHELLI-F. MORANDI (a cura di), *Manuale di diritto del turismo*, Torino, 20197, 5.

identifica la città d'arte e dall'altro garantire la libertà di impresa turistica, quale particolare espressione della libertà di iniziativa economica [12]

Nello specifico, l'imponente flusso di turisti che interessa le città d'arte italiane sebbene garantisca un importante indotto economico [13], con tutte le conseguenze positive in termini occupazionali, presenta di converso diverse esternalità negative che incidono in maniera considerevole sul loro equilibrio economico e sociale.

Queste città, infatti, non solo sono state trasfigurate dal fenomeno turistico, che ha portato alla costruzione di una città "a misura di turista" [14], ma rischiano di veder compromesso lo stesso patrimonio artistico che le contraddistingue a livello mondiale e di perdere la propria peculiare identità.

Si tratta allora di capire quali siano gli strumenti, giuridici e non, che queste città hanno messo in campo per governare il fenomeno turistico che le riguarda, con uno sguardo particolare alla città di Venezia.

2. *Il caso di Venezia*

Venezia, città d'arte per eccellenza, costituisce un terreno di studio privilegiato per analizzare le contraddizioni e i problemi legati all'"eccesso di turismo" [15] non-

---

[12] Con riguardo al delicato bilanciamento tra la tutela del patrimonio culturale e l'esercizio della libertà di impresa si confronti la sentenza della Corte cost. 9 luglio 2015, n. 140. In tale sentenza la Corte ha dichiarato l'illegittimità costituzionale degli artt. 2 *bis* e 4 *bis* del d.l. n. 91/2013, introdotti dalla legge di conversione n. 112/2013 in modifica all'art. 52 del d.lgs. 42/2004, che prevedevano l'individuazione, da parte dei Comuni, sentito il Soprintendente, dei locali nei quali si svolgono attività di artigianato tradizionale e altre attività commerciali tradizionali, riconosciute quali espressione dell'identità culturale collettiva ai sensi delle convenzioni UNESCO, nella parte in cui non prevedono l'intesa fra Stato e Regioni. Viene altresì dichiarata l'incostituzionalità dell'art. 4, comma 1, del d.l. n. 83/2014, come convertito dalla legge n. 106/2014, in modifica dell'art. 52 del d.lgs. n. 42/2004, che prevede l'avvio, da parte dei competenti uffici territoriali del Ministero, d'intesa con i comuni, di procedimenti di riesame delle autorizzazioni e delle concessioni di suolo pubblico non più compatibili con le esigenze di rafforzamento delle misure di tutela del decoro dei complessi monumentali e degli altri immobili del demanio culturale interessati da flussi turistici particolarmente rilevanti, nella parte in cui non prevede alcuno strumento idoneo a garantire una leale collaborazione fra Stato e Regioni. Per un commento critico a tale sentenza si confronti P. CARPENTIERI, *Il decoro dei monumenti deve attendere le intese con le Regioni: come subordinare la tutela (art. 9 Cost.) al commercio e alla "leale collaborazione" interistituzionale*, in *Giur. cost.*, 4/2015, 1246.

[13] Secondo lo studio della Banca di Italia «*Questioni di economia e finanza – Turismo in Italia: numeri e potenziale di sviluppo*» del luglio 2019, alle attività turistiche sono direttamente riconducibili oltre il 5 per cento del PIL e oltre il 6 per cento degli occupati del Paese un peso economico comparabile al dato della Spagna e superiore a quello di Francia e Germania.

[14] Analizza in maniera approfondita questo aspetto F. ZANINI, *Gli effetti del turismo sulla struttura terziaria urbana*, in P. ROMEI (a cura di), *Turismo sostenibile*, cit., 53.

[15] Si confronti S. AMOROSINO, *Le «città d'arte»*, cit., 74, per il quale «*il caso limite è, in proposito, Venezia, congestionata ed egemonizzata dalla "monocultura" turistica e al contempo devitalizzata per l'esodo della comunità dei residenti*».

ché i possibili strumenti per governare il fenomeno del turismo di massa; questo perché, rispetto alle altrettanto famose e visitate città d'arte italiane, quali Roma e Firenze, è connotata da una intrinseca fragilità e da una conformazione paesaggistica del tutto peculiare.

Venezia è, infatti, letteralmente sorta dall'acqua [16], sull'acqua ha fondato la sua fortuna e il suo rapporto con l'acqua è ciò che più la contraddistingue [17]: rapporto che ne fa la sua forza e bellezza, ma anche la sua, come già detto, intrinseca debolezza e fragilità.

Si assiste, impotenti, a questa sua fragilità quando l'alta marea invade le calli, si insinua nei negozi, nelle case e, nei monumenti più celebri di questa città [18]; ancora, quando le grandi navi solcano il canale della Giudecca, mettendo a rischio lo stesso patrimonio culturale, che potrebbe venir rovinato per sempre a causa di una manovra sbagliata di questi "colossi del mare", e, ad un livello più profondo, compromettendo la stessa struttura su cui poggia la città e il fragile equilibrio esistente tra la città e la sua laguna [19].

Oltre che per la sua intrinseca fragilità e per la sua straordinaria bellezza, che la

---

[16] Per un approfondimento in merito alle modalità con cui questa città si è sviluppata ed è stata costruita si confronti F. DOGLIONI-G. MIRABELLA ROBERTI (a cura di), *Venezia. Forme della costruzione, forme del dissesto*, Venezia, 2011.

[17] In tema si confronti P. BEVILACQUA, *Venezia e le acque. Una metafora planetaria*, Roma, 1998.

[18] Il riferimento è all'evento eccezionale di acqua alta che ha colpito la città di Venezia il 12 novembre 2019, nel corso del quale l'acqua ha toccato il valore eccezionale di 187 cm. Per un'analisi di questo fenomeno si confronti il Rapporto tecnico-divulgativo di analisi dell'evento del 12 novembre 2019 e della serie di maree eccezionali del mese di novembre redatto dal Centro Previsioni e Segnalazioni Maree del Comune di Venezia (CPSM), dall'Istituto Superiore per la Protezione e la Ricerca Ambientale (ISPRA) e dall'Istituto di Scienze Marine del Consiglio Nazionale delle Ricerche (CNR-ISMAR) e pubblicato nel maggio 2020. In quella occasione, la Basilica di San Marco era stata fortemente danneggiata, avendo l'acqua invaso il nartece della Basilica, bagnando antichi marmi, masegni, colonne.

[19] In tema si confronti G. FABBRI, *Venezia, la laguna, il porto e il gigantismo navale.* Libro Bianco sul perché le grandi navi debbono stare fuori della laguna presentato al Senato nel maggio 2014. Si segnala che il d.l. 1 aprile 2021, n. 45 (Misure urgenti in materia di trasporti e per la disciplina del traffico crocieristico e del trasporto marittimo delle merci nella laguna di Venezia), convertito con modificazioni dalla legge 17 maggio 2021, n. 75, all'art. 3 prevede che «l'Autorità di sistema portuale del Mare Adriatico Settentrionale, entro sessanta giorni dall'entrata in vigore della presente disposizione, procede all'esperimento di un concorso di idee articolato in due fasi, ai sensi dell'art. 156, comma 7, del d.lgs. 18 aprile 2016, n. 50, avente ad oggetto l'elaborazione di proposte ideative e di progetti di fattibilità tecnica ed economica relativi alla realizzazione e gestione di punti di attracco fuori dalle acque protette della laguna di Venezia utilizzabili dalle navi adibite al trasporto passeggeri di stazza lorda superiore a 40.000 tonnellate e dalle navi portacontenitori adibite a trasporti transoceanici, anche tenendo conto delle risultanze di eventuali studi esistenti». Il traffico navale interessato verrà dirottato temporaneamente verso Marghera, come da decisione presa di concerto dai Ministri della Transizione Ecologica, Roberto Cingolani, della Cultura, Dario Franceschini, del Turismo, Massimo Garavaglia e delle Infrastrutture e della Mobilità sostenibili, Enrico Giovannini, in data 25 marzo 2021.

rendono unica al mondo, si è scelto di approfondire il caso di Venezia perché su questa città il fenomeno del turismo di massa ha esercitato un'influenza fortissima, concorrendo a un progressivo spopolamento della città [20] a causa dell'aumentare dei prezzi legato proprio al fenomeno turistico, che ha determinato, a sua volta, un'inevitabile perdita di identità trasformandosi da "città-luogo" a città-prodotto" [21].

Ci si chiede, allora, quali siano gli strumenti di cui Venezia dispone per rispondere a questo fenomeno di portata globale che la investe e di cui sembra esser divenuta succube [22].

3. *Strumenti a tutela della città di Venezia*

Sebbene la città, nella sua dimensione spaziale, rappresenti il luogo in cui si consuma il fenomeno del turismo di massa, la regolamentazione di tale fenomeno da parte dell'ente che più direttamente ne è interessato è costretta a muoversi all'interno delle competenze che allo stesso sono attribuite [23].

Così, pur non avendo il Comune una funzione specifica in materia di turi-

---

[20] Secondo quanto riportato dal Servizio Statistica e Ricerca su dati Anagrafe comunale del Comune di Venezia dal 1977 al 2019 la popolazione residente è diminuita del 48%, passando da 101.000,00 a 52.000,00 unità.

[21] Sulla perdita di identità di Venezia causata dal fenomeno del turismo di massa lapidarie sono le parole di S. SETTIS, *Se Venezia muore*, Torino, 2014, 11, «*[...] in altri termini per ogni persona che vive stabilmente a Venezia, ci sono più o meno 600 visitatori volatili. Questa devastante sproporzione ha l'effetto di una bomba: altera profondamente la demografia e l'economia. Domina ormai la città una monocultura del turismo che esilia i nativi e lega la sopravvivenza di chi resta e della città stessa quasi solo alla volontà di servire*».

[22] Secondo l'Annuario del turismo 2019, curato dall'Assessorato al Turismo del Comune di Venezia nel 2019 si contano circa 5 milioni e 523 mila di arrivi in città, con un trend in crescita rispetto alle presenze del 2015 del +22,9% e 12 milioni e 949 mila unità di presenze (numero complessivo di pernottamenti), mostrando anche qui un trend in crescita rispetto al 2015 del +27,2%.

[23] Sebbene l'art. 118 della Costituzione, frutto della riforma del 2001, attribuisca al Comune, in via generale, le funzioni amministrative, salvo che «*per assicurarne l'esercizio unitario, siano conferite a Province, Città metropolitane, Regioni e Stato, sulla base dei principi di sussidiarietà, differenziazione ed adeguatezza*», la determinazione specifica delle funzioni fondamentali attribuite ai Comuni spetta allo Stato, secondo quanto previsto dall'art. 117, comma 2, lett. *p*), della Costituzione. Guardando allora alla normativa statale, le funzioni attribuite al Comune sono quelle definite dall'art. 13 del d.P.R. n. 276/2000, che utilizza invero una clausola di sapore generale, attribuendo all'ente locale tutte «*le funzioni amministrative che riguardano la popolazione ed il territorio comunale, precipuamente nei settori organici dei servizi alla persona e alla comunità, dell'assetto ed utilizzazione del territorio e dello sviluppo economico*» e, più specificatamente dall'art. 19 del d.l. n. 95/2012, convertito con modificazioni dalla legge n. 135/2012. Con riguardo alla determinazione delle funzioni attribuite ai Comuni si confronti, da ultimo, E. CARLONI-F. CORTESE, *Diritto delle autonomie territoriali*, Milano, 2020, 85 ss. e bibliografia citata (p. 485).

smo[24], rilevano altre attribuzioni che incidono indirettamente sulla regolamentazione del fenomeno turistico.

Un primo strumento, di carattere "difensivo", è rappresentato dal Regolamento di Polizia e Sicurezza Urbana[25], che, nel caso della città di Venezia[26], contiene diverse disposizioni volte a tutelare il patrimonio storico-artistico della città e il suo decoro.

In particolare, alcune disposizioni sembrano proprio rappresentare la reazione della città ad alcuni comportamenti riscontrabili in un certo tipo di turismo irresponsabile e, forse, poco consapevole del valore, della storia e dell'importanza di ciò che sta visitando[27].

---

[24] Soffermandosi sulla Regione Veneto, le funzioni amministrative in materia di promozione, informazione e accoglienza turistica non sono lasciate ai Comuni, come prescriverebbe l'art. 118 della Costituzione richiamato nella nota precedente, ma, in forza dell'art. 15 della l.r. n. 11/2013 (*Sviluppo e sostenibilità del turismo veneto*), sono attribuite alla Giunta regionale, alla quale la legge attribuisce compiti di programmazione, indirizzo e coordinamento in tali materie in maniera unitaria su tutto il territorio veneto. In tema si confronti M. MALO-A. PERINI, *Promozione, informazione, accoglienza turistica*, in V. FRANCESCHELLI-F. MORANDI, cit.,79 ss.

[25] In tema si confronti G. TROPEA, *Sicurezza e sussidiarietà. Premesse per uno studio tra sicurezza pubblica e democrazia amministrativa*, Napoli, 2010. Con riguardo all'utilizzo dei poteri di ordinanza sindacale in ambito latamente "turistico", si segnalano le ordinanze n. 121 e 122 del 2016 del Sindaco di Roma Capitale, meglio note come ordinanza "*anti risciò*" la prima, con la quale si stabiliva il divieto di svolgere qualunque attività assimilabile al trasporto pubblico od individuale di persone con velocipedi a tre o più ruote anche a pedalata assistita dotati di un motore ausiliario elettrico in alcune specifiche aree della città di Roma e ordinanza "*anti centurioni*", con la quale si stabiliva il divieto in un'ampia zona, costituente praticamente tutto il Centro storico di Roma, di qualsiasi attività che prevede la disponibilità di essere ritratto come soggetto di abbigliamento storico, in fotografie o filmati, dietro corrispettivo in denaro. Tali due ordinanze reiterano, invero, due provvedimenti di identico contenuto adottati in occasione dell'anno giubilare; tuttavia, venuto meno il peculiare contesto rappresentato dall'anno giubilare, entrambe tali ordinanze non superano il vaglio del giudice amministrativo, il quale, in sede cautelare, con ordinanza T.A.R. Lazio, Roma, n. 02018/2017 e 02012/2017 né dispone la sospensione dal momento che: «*nessuno degli elementi addotti dall'amministrazione appare tale da configurare in una vera e propria "emergenza", non altrimenti fronteggiabile (cfr. Cons. St., sez. III, sentenza n. 2697 del 29.5.2015) non apparendo giustificato, pertanto, il divieto, reiterato e indiscriminato, di svolgere un'attività lecita, ancorché soggetta ad autorizzazione (cfr. la sentenza della Sezione n. 6206/2016);Considerato, altresì, che permane tuttora il dovere dell'amministrazione di adottare una disciplina organica della materia*». Così testualmente ord. n. 02018/2017 in *www.giustiziaamministrativa.it.*

[26] Nuovo Regolamento di Polizia e di Sicurezza Urbana, approvato con delibera del Consiglio comunale n. 33 del 16 maggio 2019, reperibile al seguente link *https://www.comune.venezia.it/it/content/clone-regolamento-polizia-urbana.*

[27] Ad esempio le disposizioni contenute nel capo III, titolo II, relative al decoro nei centri abitati, che vietano la circolazione nei luoghi pubblici o aperti al pubblico passaggio dei centri abitati in tenuta balneare o a torso nudo (art. 30), e ancora che vietano «*in tutto il territorio del Centro Storico di Venezia, sedersi o sdraiarsi a terra, sui ponti e sui gradini dei portici monumentali, sulle vere da pozzo, vetrine di negozi, murette di fondamenta nonché sulle passarelle per l'acqua alta e comunque costituire ostacolo alla libera circolazione dei pedoni. è inoltre vietato utilizzare come piano d'appoggio le vere da pozzo. È vietato, altresì, sedersi o sdraiarsi a terra e comunque costituire ostacolo alla libera cir-*

Tuttavia, lo strumento sanzionatorio innescato da questa normativa, figlio di una logica necessariamente repressiva, non rappresenta certo uno strumento sufficiente a tutelare la città da alcune manifestazioni legate al fenomeno del turismo di massa.

E questo perché, come tutti i meccanismi sanzionatori, agiscono *ex post* rispetto ad un'azione che ha comunque già dispiegato i suoi effetti negativi[28].

Inoltre, la funzione deterrente di tali disposizioni è minima, dal momento che l'esistenza di siffatti divieti o, comunque, di determinati obblighi comportamentali, non sempre è conosciuta dal turista, in particolare al turista straniero.

Un'altra "arma" a disposizione della città di Venezia è rappresentata dai poteri riconosciuti ai comuni dall'art. 52 del d.lgs. n. 42/2004 per l'esercizio del commercio in aree di valore culturale e nei locali storici tradizionali[29], attuato da Venezia con l'approvazione di un "*Regolamento per l'insediamento delle attività commerciali e artigianali e di pubblico esercizio a salvaguardia di particolari ambito della Città di Venezia*", approvato con deliberazione del Consiglio comunale n. 73/2003[30].

Tale regolamento prevede che lo strumento urbanistico generale individui le unità edilizie del Centro Storico di Venezia in cui non sono consentite le nuove aperture ed i trasferimenti di attività commerciali e/o artigianali che prevedano la vendita di prodotti "turistici".

Ancora, la Giunta comunale, in attuazione del procedimento previsto dall'art. 1, comma 4, del d.lgs. n. 222/2016[31], con deliberazione dell'8 maggio 2018, n. 138 ha previsto il divieto di nuove aperture di attività di vendita e/o di produzione di prodotti alimentari le cui modalità di preparazione e vendita siano finalizzate al consumo su pubblica via nella Città antica e in alcune isole per la durata di tre anni.

Infine, la città di Venezia dispone di strumenti che cercano di regolamentare *ex ante* il flusso turistico, tra cui il nuovo "*Regolamento per l'istituzione e la disci-*

---

colazione dei pedoni nelle aree pedonalizzate e nelle aree di particolare pregio dell'Estuario e delle Città di Terraferma».

[28] Con riguardo al meccanismo di funzionamento della sanzione amministrativa si confronti *funditus* A. TRAVI-C.E. PALIERO, voce *Sanzioni amministrative*, in *Enc. dir.*, vol. XLI, 1989, 345.

[29] Vedasi nota 12 del presente contributo. Si confronti inoltre P. CARPENTIERI, *Decoro urbano e tutela e promozione dei locali storici e delle attività tradizionali*, in *Riv. giur. urb.*, 2/2018, 190.

[30] Si precisa che il Regolamento in oggetto è stato approvato sulla scorta dell'art. 53 del d.lgs. n. 490/1999.

[31] Tale procedimento prevede che le deliberazioni volte a delimitare zone o aree aventi particolare valore archeologico, storico, artistico e paesaggistico in cui vietare o sottoporre ad autorizzazione l'esercizio di attività economiche ritenute incompatibili con le esigenze di tutela e valorizzazione del patrimonio culturale debba avvenire d'intesa con la Regione e sentito il competente soprintendente del MIBACT.

plina del contributo di accesso" [32], unitamente al nuovo sistema tecnologico di controllo e monitoraggio delle presenze in città, chiamato *Smart Control Room*.

Il regolamento, approvato con delibera del Consiglio Comunale n. 11 del 26 febbraio 2019, la cui entrata in vigore è stata da ultimo prorogata al 2022 [33] a causa della pesante crisi del turismo provocata dalla pandemia di Covid-19, si fonda sull'art. 4, comma 3 *bis*, del d.lgs. 14 marzo 2011, n. 23 che istituisce il c.d. "*contributo di sbarco*" il quale, in forza dell'art. 1, comma 1129, della legge 30 dicembre 2018, n. 145, è applicabile dal Comune di Venezia per l'accesso alla Città antica e alle altre isole minori della Laguna.

Siffatto contributo che, per le isole minori e la città di Venezia è alternativo rispetto alla più nota tassa di soggiorno [34], si applica a chi, per l'appunto, approda nella città di Venezia o in una delle isole minori, e costituisce pertanto una sorta di "tassa di ingresso" che prescinde dal successivo eventuale pernottamento in loco.

Si tratta di un'imposta che, alla stregua dell'imposta di soggiorno, trova la propria giustificazione nell'esigenza che i soggetti non residenti nel territorio comunale partecipino ai costi pubblici determinati dalla fruizione del patrimonio culturale e ambientale, anche in funzione di una migliore sostenibilità dei flussi di visitatori e, quindi, in virtù di una vocazione turistica del Comune [35].

Il gettito del contributo è, infatti, espressamente destinato a finanziare interventi di raccolta e di smaltimento dei rifiuti, gli interventi di recupero e salvaguardia ambientale nonché interventi in materia di turismo, cultura, polizia locale e mobilità nelle isole minori [36].

Secondo il regolamento, il contributo di accesso alla Città antica del Comune di Venezia e alle Isole minori della laguna è fissato in euro 6,00 per tutti i giorni dell'anno, salvo che nei giorni di "bollino verde", di minore afflusso, nei quali la

---

[32] Con riguardo all'utilizzo dello strumento fiscale per assorbire le esternalità negative del turismo nella città di Venezia si confronti L. TOSI, *La fiscalità delle città d'arte. Il caso del comune di Venezia*, Padova, 2009.

[33] Delibera c.c. 18 dicembre 2020, n. 96.

[34] Così Cass. civ., sez. trib., 5 dicembre 2019, n. 31800, in *Giustizia Civile Massimario*, 2020.

L'imposta di soggiorno, tributo di antica data presente nel nostro ordinamento già dal lontano 1910, rappresentando addirittura la prima disciplina specifica in materia di turismo, (legge n. 863/1910), è oggi prevista e disciplinata dal d.lgs. 14 marzo 2011, n. 23 (Disposizioni in materia di Federalismo Municipale), nell'ambito della riforma fiscale in senso federale dello Stato, realizzata alla luce dei criteri enucleati nella legge-delega 5 maggio 2009, n. 42 ("Delega al Governo in materia di federalismo fiscale, in attuazione dell'articolo 119 della Costituzione"). In tema si confronti A.E. LA SCALA, *Elementi ricostruttivi della "imposizione sul turismo": opportunità e limiti nel contesto del cd. "federalismo fiscale"*, in *Riv. trim. dir. trib.*, n. 4/2012, 953.

[35] Così G. DE MAIO, *Imposta di soggiorno: riflessioni e prospettive in tempo di pandemia*, in *www.federalismi.it*, luglio 2020, 6.

[36] Così l'art. 1, comma 3, del Regolamento attuativo del tributo nel quale, con riguardo alle finalità del gettito del tributo in questione, si rimanda a quanto previsto dalla legge statale istitutiva dello stesso.

misura del contributo è fissata in 3 euro, nei giorni di "bollino rosso", in cui è prevista una criticità di afflusso, per i quali la tariffa è pari a 8 euro e, infine, nei giorni di "bollino nero", in cui è prevista una eccezionale criticità di afflusso, per i quali la misura del contributo è pari a 10 euro[37].

Mentre il presupposto impositivo è determinato dall'accesso nella Città antica o nelle Isole minori, la misura del contributo varia, come si è visto, in base all'afflusso in città, da un minimo di 3 a un massimo di 10 euro. Al fine di garantire la necessaria determinatezza della misura del tributo[38], i giorni di bollino verde, rosso, e nero sono individuati con delibera di Giunta comunale, di norma, entro il 30 settembre dell'anno precedente a quello di applicazione.

Ciò implica una valutazione di tipo prognostico-probabilistico, fondata sui dati degli anni precedenti, in relazione ai flussi potenziali di turisti; valutazione che deve essere molto precisa e puntuale dal momento che deve valutare per ogni giorno il probabile afflusso in città.

Il margine di errore, come intuibile, è certamente possibile, dal momento che un giorno indicato come verde può essere, in realtà, un giorno da bollino rosso o nero e viceversa.

La difficoltà nell'effettuare "prognosi" esatte può compromettere l'intero sistema di regolazione degli ingressi nella città e, di conseguenza, le esigenze di tutela della Città antica a essa sottese.

In questo senso, uno strumento particolarmente prezioso è rappresentato dalla nuova *Smart Control Room*, innovativo progetto che consente il monitoraggio completo ed efficiente della città lagunare.

Si tratta di un sistema innovativo, fondato su tecnologie di *IOT*, *cloud computing* e intelligenza artificiale, che consentono di raccogliere ed elaborare un enorme quantitativo di dati[39].

---

[37] Si precisa che l'art. 4 del regolamento prevede delle esclusioni al pagamento del contributo per i residenti del Comune di Venezia e per chi si reca nel Comune per ragioni di lavoro o di studio, con l'obbligo per tutti coloro che rientrano nel regime di esclusione di dimostrare la propria condizione di lavoratore o studente mediante autocertificazione, con modalità che saranno stabilite con deliberazione della Giunta Comunale. L'art. 5 prevede invece un'esenzione dal pagamento del contributo per determinate categorie puntualmente indicate le quali devono dimostrare la loro condizione mediante autocertificazione, secondo le modalità stabilite dalla deliberazione della Giunta sopra richiamata.

[38] La necessaria determinatezza dell'ammontare dell'imposta costituisce una declinazione del più generale principio di legalità, che in forza dell'art. 23 della Costituzione, informa l'esercizio della potestà impositiva. Sul tema, *ex multis*, si confronti S. CIPOLLINA, *La riserva di legge in materia fiscale nell'evoluzione della giurisprudenza costituzionale*, in L. PERRONE-C. BERLIERI (a cura di), *Diritto tributario e Corte costituzionale*, Napoli, 2006, 163.

[39] La realizzazione di questo sofisticato sistema di controllo e monitoraggio della Città di Venezia rappresenta un modo per avvicinarla al paradigma della smart city. Sul ruolo essenziale delle tecnologie ICT nello sviluppo della *smart city* si confronti M. CAPORALE, *L'attuazione delle* smart cities. *Competenze e coordinamento tra livelli di governo*, in *Ist. Federalismo*, 4/2015, 951, ove si leg-

Nello specifico nella centrale operativa, oggi situata nella nuova sede della Polizia locale di Venezia, confluiscono gli apparati di monitoraggio e controllo dei sistemi critici della mobilità urbana e di governo della città, fra cui: le centrali di controllo della rete multimodale del trasporto pubblico locale, i sistemi di videosorveglianza del traffico stradale, la rete semaforica, le telecamere e i sensori per il monitoraggio del traffico acqueo e pedonale e il sistema di videosorveglianza della Centrale Operativa della Polizia Municipale.

Nella SCR confluiscono le immagini delle 400 telecamere di sorveglianza, le previsioni meteo, i dati sulle presenze fisiche sul territorio, che permettono per esempio di individuare eventuali assembramenti (elemento critico soprattutto in questo periodo di emergenza) e dati sull'andamento del traffico sia su acqua che su terra [40].

Lo scopo è, per l'appunto, quello di attivare strumenti predittivi utili alla *governance* della città e del suo territorio.

Ciò potrebbe certamente migliorare le capacità di previsione del Comune in relazione ai potenziali flussi turistici, sfruttando la capacità predittiva dei sistemi di intelligenza artificiale, fondata a sua volta, sull'enorme mole di dati raccolti ed elaborati [41].

Ci si chiede poi se, oltre a consentire un'individuazione più puntuale *ex ante* del potenziale afflusso turistico, i dati in tempo reale forniti dal sistema di monitoraggio possano essere utilizzati per modificare l'indicazione precedentemente data in merito all'afflusso di turisti in una determinata giornata nella città di Venezia; il tema è delicato, dal momento che l'indicazione data in relazione all'afflusso previsto e alla conseguente misura del contributo dovuto incidono, seppur in maniera indiretta, sull'esercizio della libertà di circolazione delle persone. Invero, la tassazione sul turismo deve comunque tenere in considerazione l'importanza del settore turistico nell'economia italiana evitando di risultare, anche a causa di uno scarso grado di certezza nell'imposizione, eccessivamente disincentivante [42].

ge: «*l'elemento essenziale e trasversale al fenomeno è l'uso delle tecnologie dell'informazione e della comunicazione (da ora in poi Ict, secondo il più diffuso acronimo anglosassone). Non a caso, la normativa nazionale approvata in tempi recenti e che inquadra le smart cities si colloca nel più ampio disegno del legislatore per l'attuazione della cosiddetta «Agenda digitale»*.

[40] La descrizione del funzionamento della piattaforma è ricavata dall'articolo Smart Control Room": come funziona il cervello digitale di Venezia, in Forumpa.it.

[41] Con riguardo alle nuove frontiere raggiunte dall'attività amministrativa grazie al ricorso ai Big data si confrontino M. FALCONE, Big data *e pubbliche amministrazioni: nuove prospettive per la funzione conoscitiva pubblica*, in *Riv. trim. dir. pubbl.*, 3/2017, 601; F. COSTANTINO, *Rischi e opportunità del ricorso delle amministrazioni alle predizioni dei* big data, in *Diritto pubblico*, 1/2019, 43; Con più specifico riguardo al ruolo dei sistemi di I.A. nello sviluppo delle *smart cities* vedasi R. BRAUNEIS-E.P. GOODMAN, *Algorithmic Transparency for the Smart City*, in *Yale J.L. & Tech.*, 2018, 103.

[42] A.E. LA SCALA, *Elementi ricostruttivi*, cit., 954.

Un sistema di monitoraggio in tempo reale, che consente una regolamentazione dei flussi maggiormente precisa e puntuale, potrebbe funzionare ed essere legittimo solo se coordinato con un sistema di comunicazione in tempo reale della situazione presente in città, in modo da garantire quel minimo di prevedibilità richiesta quando sono in gioco l'applicazione di un tributo e la libertà di circolazione delle persone.

In ogni caso, le valutazioni in merito al funzionamento del contributo dell'accesso, soprattutto a proposito della sua effettiva capacità di regolazione dei flussi turistici, grazie anche ad una sua eventuale sinergia con il sistema di monitoraggio della città consentito dalla nuova *Smart Control Room*, potranno essere effettuate con maggiore *cognitio causae* una volta che il sistema sia entrato in vigore.

4. *Verso un turismo più "sostenibile"?*

Accanto a misure di contenimento degli effetti negativi legati al fenomeno del turismo di massa, Venezia ha messo in campo strategie più complesse, legate al promovimento di un diverso tipo di turismo, noto come "*turismo sostenibile*" [43], in conformità agli obiettivi di maggiore sostenibilità anche in ambito turistico promossi a livello internazionale [44], dell'Unione Europea [45] e nazionale [46].

Si tratta di un modo di fare turismo più lungimirante, che tiene conto degli impatti presenti e futuri sull'economia, sulla società e sull'ambiente e dei bisogni dei turisti ma anche delle comunità ospitanti [47].

---

[43] La necessità di un turismo più sostenibile per la città di Venezia non è strettamente riconducibile a questo ultimo periodo, ma rappresenta un'esigenza che la comunità scientifica aveva già da tempo messo in luce, Ciò è messo in luce dai diversi contributi su questa specifica questione, tra i quali si segnalano, J. VAN DER BORG-A.P. RUSSO, *Un sistema di indicatori per lo sviluppo turistico sostenibile a Venezia, Rapporto di ricerca 06/97*,; ID., "*Towards substainable tourism in Venice*", in I. MUSU (ed.), *Sustainable Venice: Suggestion for the future,* Springer, Dordrecht, 159.

[44] A livello internazionale l'ONU ha dichiarato il 2017 anno del "*Substainable Tourism*", sottolineando il contributo del turismo nel raggiungimento degli obiettivi di sviluppo sostenibile. Anche l'Organizzazione Mondiale per il Turismo ha dedicato attenzione al fenomeno del turismo sostenibile elaborando insieme all'UNEP (United Nations Environment Programme) la guida *Making Tourism More Sustainable - A Guide for Policy Makers*, 2005.

[45] Comunicazione della Commissione Agenda per un turismo europeo sostenibile e competitivo (COM/2007/0621). Da ultimo si segnala l'interessante risoluzione approvata dal Parlamento Europeo il 25 marzo 2021 con la quale si richiede alla Commissione e al Consiglio Europeo di adottare una strategia dell'Unione Europea per il turismo sostenibile.

[46] Si confronti il Piano Strategico di Sviluppo del Turismo 2017-2022 approvato con Atto del Governo n. 372 del 17 febbraio 2017 nel quale tra i principi trasversali allo sviluppo del turismo in Italia si indica anche quello della sostenibilità.

[47] Questo secondo la definizione elaborata dall'Organizzazione Mondiale del Turismo, secondo la quale per turismo sostenibile si intende: «*Tourism that takes full account of its current and future*

Così il Comune di Venezia ha promosso dal 2017 una campagna di sensibilizzazione "*EnjoyrespectVenezia*" al fine di «*orientare i visitatori verso l'adozione di comportamenti rispettosi dell'ambiente, del paesaggio, delle bellezze artistiche e dell'identità di Venezia e dei suoi abitanti*», con l'obiettivo di accrescere la consapevolezza dell'impatto del turismo e diffondere un modo di viaggiare responsabile, che possa contribuire ad uno sviluppo sostenibile.

In particolare, nell'ambito di tale campagna, vengono indicate le 12 buone pratiche del visitatore responsabile, insieme ad alcune indicazioni pratiche essenziali per chi viene a visitare Venezia [48].

In aggiunta, tramite la campagna "*Detourism*", sempre sponsorizzata dal Comune, vengono promossi itinerari turistici alternativi, per scoprire una Venezia diversa, non racchiusa nei circuiti turistici tradizionali.

Accanto alle iniziative istituzionali si segnalano interessanti progetti di turismo sostenibile per la città di Venezia promossi da associazioni sviluppatesi nel territorio [49], nel tentativo da parte della comunità residente di riappropriarsi del proprio spazio urbano e di ricostruire le fondamenta di una città, che a causa della forte spersonalizzazione indotta dal fenomeno turistico di massa, ha perso la sua primaria dimensione di *civitas* [50].

5. *Conclusioni*

L'insostenibilità di un modello economico e sociale fondato sulla monocultura

---

economic, social and environmental impacts, addressing the needs of visitors, the industry, the environment and host communities».

[48] Tra queste 12 buone pratiche ve ne sono alcune che riprendono i divieti contenuti nel Regolamento di Polizia e Sicurezza Urbana relativi, ad esempio, al rispetto dei monumenti o a determinati comportamenti da tenere nel Centro Storico. In questo modo si potrebbe fornire al turista un canale per poter conoscere questi obblighi comportamentali, rendendo in questo modo la normativa più effettiva.

[49] Si segnalano l'Associazione Operatori del Turismo Sostenibile della Laguna di Venezia (OTS), nata il 12 aprile 2018 e avente come finalità la tutela e la promozione del turismo sostenibile nell'ambito del territorio della "Laguna di Venezia" e l'interessante iniziativa Guide di Venezia per un turismo sostenibile(GVTS), promossa da un gruppo di guide turistiche operanti nella città di Venezia che desiderano stimolare nei visitatori la consapevolezza dell'estrema fragilità di Venezia e, al contempo, della sua vasta offerta culturale.

[50] Sul rapporto tra la città e la comunità di persone che la abitano, anche in chiave storica, si confronti G.M. LABRIOLA, *Città e diritto. Brevi note su in tema complesso*, in *Ist. Fed.*, 1/2018, in partic. 8 ss. Sul punto interessanti sono le considerazioni di F. GIGLIONI, *Verso un diritto delle città. Le città oltre il comune*, in E. CARLONI-F. CORTESE, *op. cit.*, 268, «*La città assume una rilevanza autonoma dal punto di vista giuridico solo se è civitas, ovvero ricerca di senso e di identità di cittadinanza, un luogo nel quale la comunità trova una rappresentanza specifica, con soluzioni innovative e originali delle esigenze che esprime*».

del turismo di massa è stata impietosamente messa a nudo dall'epidemia di Covid-19 che ha evidenziato le fragilità del settore [51] e, conseguentemente, delle economie di quelle città che, come Venezia, sono totalmente dipendenti da esso.

Il necessario e ineludibile cambio di passo per restituire a Venezia la dignità di Città, capoluogo di Regione, non facendola appiattire sul suo destino di meta turistica di massa, richiede un insieme di iniziative, di progetti e di competenze che non possono essere espresse unicamente dalla comunità locale e dall'ente che la rappresenta.

Come si è visto, la città, da sola, può infatti provare a governare il fenomeno turistico attraverso le competenze che le sono riconosciute, rafforzando il Regolamento di polizia urbana, esercitando la propria funzione di pianificazione urbanistica e, nei limiti contemplati dalla legge, di organizzazione delle attività commerciali; può arrivare addirittura a regolamentare gli afflussi attraverso lo strumento fiscale, anche con l'aiuto delle nuove tecnologie.

Tuttavia, il superamento dell'impostazione seguita sino a questo momento nella gestione del fenomeno turistico richiede non solo la predisposizione di misure strettamente legate al turismo, ma anche una valorizzazione di tutte le diverse componenti che animano la città di Venezia, dalla sua Università e dalle altre importanti istituzioni culturali, dal suo ruolo istituzionale all'interno della Regione, sfruttando la sua attrattività a livello globale per ottenere finanziamenti di ambiziosi progetti di riqualificazione e riconversione energetica nel segno della sostenibilità.

Tale operazione di valorizzazione della Città di Venezia non può, evidentemente, essere compiuta in maniera efficace dal solo ente locale; non può e forse non deve, dal momento che le sorti e il futuro prossimo di Venezia non preoccupano unicamente la comunità che la abita ma interessano l'intera nazione e, si potrebbe aggiungere, la stessa comunità internazionale, per l'altissimo valore simbolico e rappresentativo che a questa città è universalmente riconosciuto.

In questa direzione sembra andare l'ambizioso progetto "*Venezia Capitale Mondiale della Sostenibilità*", recentemente approvato dalla Giunta regionale del Veneto [52].

Si tratta di un piano di interventi funzionali allo sviluppo sostenibile della città di Venezia, con effetti positivi per tutta la Regione, sviluppato su cinque linee di intervento [53], con il contributo e la promozione accanto alla Regione quale ente

---

[51] Secondo il report pubblicato dall'ISTAT Viaggi e vacanze in Italia e all'estero | anno 2020, il numero globale di pernottamenti persi nel 2020 è pari a circa 160 milioni (-41,8% sul 2019).

[52] Deliberazione della Giunta regionale del 12 marzo 2021, n. 278 pubblicata nel *Bur* del 26 marzo 2021, n. 41.

[53] Dalla deliberazione della Giunta richiamata alla nota precedente si ricava come il progetto sia centrato su cinque assi di intervento: «*Transizione energetica e sostenibilità ambientale che comprende a sua volta dei sub interventi, ovvero la creazione di un Polo dell'Idrogeno, la decarbonizzazione e la*

promotore e al Comune di Venezia, l'Università di Ca' Foscari, lo IUAV, il Conservatorio Benedetto Marcello, l'Accademia di Belle Arti, la Fondazione Cini, Confindustria Veneto e alcune realtà industriali tra le quali Generali, SNAM e BCG.

La cifra distintiva del progetto è data, dall'approccio sinergico di enti pubblici e realtà private nella realizzazione di un insieme di iniziative che sono solo in parte destinate a governare il flusso turistico nel Centro storico e nelle Isole minori, ma che hanno il progetto, molto più ambizioso, di rendere Venezia una città guida nelle politiche di sviluppo sostenibile, sia attraverso concreti interventi di utilizzo di energie rinnovabili e di riconversione energetica, sia attraverso la promozione di Venezia quale luogo di studio sui temi legati alla sostenibilità

Così, se nell'analisi fin qui condotta, la città di Venezia si pone "oltre lo stato" in senso meramente passivo, essendo meta e oggetto di un fenomeno di portata globale quale è il turismo di massa, quest'ultimo progetto ribalta la prospettiva e riconosce il ruolo attivo della città oltre Stato [54] nel promovimento di politiche attive nel segno della sostenibilità.

---

circolarità, la promozione di VENISIA quale centro di innovazione e accelerazione sui temi della sostenibilità (intervento questo che si inserisce tra le iniziative per l'attuazione della Strategia Regionale per lo Sviluppo Sostenibile come da DGR n. 999/2020), la promozione della città di Venezia quale sede di Fondazioni e Centri di Ricerca sulla sostenibilità, il potenziamento della formazione accademica e post universitaria sulla sostenibilità, la manutenzione e la difesa della laguna, nonché la candidatura della città ad ospitare un evento annuale sul tema della sostenibilità.

Education: rilancio offerta formativa, servizi e residenzialità per studenti, per fare di Venezia una città Campus di livello Internazionale.

Evoluzione verso un modello turistico sostenibile: spinta sul digitale per calmierare i flussi e gestire e promuovere i servizi.

Piano commercio e contrasto attività illegali.

Piano di residenzialità dedicata, fiscalità agevolata e servizi per lavoratori, studenti e altri residenti nella Città Storica».

[54] Su questo tema si confronti l'interessante contributo di P. PINTO, *Città e sviluppo sostenibile; la sostenibilità come risposta alla domanda di città*, in questo *Volume*.

Finito di stampare nel mese di febbraio 2022
nella Rotolito S.p.A. – Via Sondrio, 3
20096 Pioltello (MI)

Volumi pubblicati

Per i tipi CEDAM

1. L. Carlassare, *La comunicazione del futuro e i diritti delle persone*, 2000, pp. X-96.
2. L. Carlassare, *Democrazia, rappresentanza, responsabilità*, 2001, pp. VI-177.
3. L. Carlassare, A. Di Blasi, M. Giampieretti (*a cura di*), *La rappresentanza democratica nelle scelte elettorali delle regioni*, 2002, pp. VIII-179.
4. L. Carlassare, *Diritti e responsabilità dei soggetti investiti di potere*, 2003, pp. VI-219.
5. S. Riondato, *Atti del seminario di studio Discriminazione razziale, xenofobia, odio religioso: diritti fondamentali e tutela penale*, 2006, pp. VI-256.
6. L. Carlassare, *Il pluralismo radiotelevisivo tra pubblico e privato*, 2007, pp. VI, 238.
7. C. Benetazzo, *Contratti della P.A. e annullamento dell'aggiudicazione*, 2012, pp. XIV-431.
8. S. Riondato, R. Borsari (*a cura di*), *Diritto penale degli appalti pubblici*, 2012, pp. 366.
10. A. Calegari, *L'invalidità derivata nei rapporti tra atti amministrativi*, 2012, pp. IX-376.
11. E. Buoso, *Proporzionalità, efficienza e accordi nell'attività amministrativa*, 2012, pp. XVII-367.
12. M. Bergo, *Il diritto sociale frammentato. Principio di sussidiarietà e assistenza sociale*, 2013, pp. XXIII-566.
13. A.A. Calvi, *Il soggetto autore del reato: aspetti criminologici, dogmatici e di politica criminale*, 2013, pp. VIII-146.
14. E.M. Ambrosetti, *Contrabbando e contraffazione di sigarette in Italia: le azioni di repressione e prevenzione*, 2013, pp. 170.
15. C.P. Santacroce, *La stabilità degli accordi tra pubbliche amministrazioni*, 2014, pp. XVII-273.
16. C. Silva, *Elementi normativi e sindacato del giudice penale*, 2014, pp. VII-288.
17. A. Ferrato, *La tutela penale del diritto a nascere*, 2017, pp. VII-460.

Per i tipi Giappichelli

18. F. VOLPE, *Ammissioni e autorizzazioni*, 2018, pp. X-102.
19. C. PADULA, *La tutela diretta dei diritti fondamentali. Il* preenforcement constitutional challenge *contro le leggi negli Stati Uniti e le questioni incidentali "astratte" in Italia*, 2018, pp. XII-228.
20. L. BUSATTA, *La salute sostenibile. La complessa determinazione del diritto ad accedere alle prestazioni sanitarie*, 2018, pp. VIII-312.
21. B. CORTESE, *L'ordinamento dell'Unione Europea tra autocostituzione, collaborazione e autonomia*, 2018, pp. XVIII-350.
22. M. TRIVELLIN, *Studi sugli strumenti di soluzione delle controversie fiscali internazionali (con particolare riguardo al* transfer pricing*)*, 2018, pp. X-278.
23. J. GOLDSCHMIDT, *Il processo come situazione giuridica. Una critica del pensiero processuale. Prima parte*. Traduzione e introduzione di Marino Marinelli, 2019, pp. XVIII-206.
24. F. PIZZOLATO-A. SCALONE-F. CORVAJA, *La città e la partecipazione tra diritto e politica*, 2019, pp. XVIII-350.
25. C. BENETAZZO, *ANAC e sistema europeo dei contratti pubblici*, 2020, pp. XVI-304.
26. M. DE CRISTOFARO-M. PILLONI (a cura di), *Recenti prospettive in tema di processo esecutivo* 2020, pp. XII-100.
27. R. BORSARI, *La corruzione pubblica. Ragioni per un cambiamento della prospettiva penale*, 2020, pp. X-454.
28. M. PILLONI, *Profili processuali della domanda di accertamento incidentale*, 2020, pp. X-342.
29. S. TURATTO, *L'impugnazione del lodo rituale per contrarietà all'ordine pubblico*, 2020, pp. XII-308.
30. P. COSTA, *Teoria dell'istituto giuridico e metodo del diritto costituzionale*, 2021, pp. XII-116.
31. A. GATTINI-B. BAREL (a cura di), *Le prospettive dell'export italiano in tempi di sfide e crisi globali. Rischi e opportunità*, 2021, pp. XXII-266.
32. F. PIZZOLATO-G. RIVOSECCHI-A. SCALONE, *La città oltre lo Stato*, 2022, pp. XXII-394.